Kohlhammer

Meister Eckharts Wirkung

Herausgegeben von
Georg Steer

Band 1

Claudia Langer
Otto Langer

Jerusalem und Athen

Meister Eckharts Transformation der aristotelischen Lehre von der Seele, der Vernunft und vom guten Leben

Verlag W. Kohlhammer

Für Julian und Laura

Die Drucklegung dieses Bandes wurde gefördert von
Hans-Jörg Leuchte Immobilien und Beteiligungen, Berlin.

1. Auflage 2022

Gesamtherstellung: W. Kohlhammer GmbH, Stuttgart

Print:
ISBN 978-3-17-041058-9

E-Book-Format:
pdf: ISBN 978-3-17-041059-6

Vorwort des Reihenherausgebers

Das Christentum, wie es Meister Eckhart (ca. 1260–1328) verstand, gab den Anstoß, die Meister Eckhart-Stiftung am 18. August 2006 in Würzburg zu gründen. Eckhart schrieb Predigten und Traktate in lateinischer und deutscher Sprache. Er schrieb für alle Menschen, für Kleriker und Laien, für Nonnen und Mönche, für Arme und Reiche, für Gebildete und Nicht-Gebildete. Seine Christus-Botschaft sollte alle Menschen der ganzen Welt erreichen.
Die Eckhart-Kommission der Deutschen Forschungsgemeinschaft (DFG) hat 1914 beschlossen, „eine Gesamtausgabe der Werke des großen deutschen Denkers und Mystikers zu veranstalten". Der möglichst vollständige Eckhart sollte vermittelt werden. Zwölf voluminöse Bände sind bisher erschienen, hrsg. von L. Sturlese und G. Steer in Nachfolge von J. Quint und J. Koch. Die Ausgabe ist bis dato immer noch nicht abgeschlossen. Es fehlen Register, Indices und erst in den letzten Jahren neu entdeckte deutsche Predigten (34 Predigten).

Stand am Anfang einzig die Edition der Werke Eckharts im Vordergrund, so verlangen jetzt auch Interpretation und Neuübersetzung Beachtung. Die DFG hat seit 1934 Millionen in die Eckhart-Ausgabe gesteckt. Als sie nicht mehr fördern wollte, hing die Finanzierung des bisherigen Unternehmens in der Luft. Es entstand der Gedanke einer Stiftungsgründung und „Schauen" auf das, worauf es Eckhart im Kern ankam. Was heute notwendig ist, fordert Kurt Ruh schon 1985: ein neues, ein geschichtliches Eckhartbild „nicht als Denkmal, sondern zu unserer Lebenshilfe", denn „Eckhart gehört zu denen, dessen Stimme wir nicht vergessen dürfen". So ist es nur folgerichtig, Eckhart erst einmal in seiner „Geschichtlichkeit" zu sehen. Was bedeutet uns in heutiger Zeit Eckhart, was bedeutet Eckhart für die ganze Menschheit? Was bietet uns Eckhart und was verlangt er? Kurt Ruh erklärt: „Eckhart nimmt dem Menschen die Daseinsangst und führt ihn in die Wesentlichkeit zurück, sofern er Gott gehören will und nicht sich selbst. Er verkündet ein ganz vom Geist her bestimmtes Christentum, ein Christentum in seiner ‚Lauterkeit'. „So viel du in Gott bist, so viel bist du in Frieden".

Dies haben drei vermögende Wohltäter verstanden und haben, dem Geiste Eckharts folgend, unerwartet und aus eigenem Entschluss der Meister Eckhart-Stiftung große Zustiftungen anheimgegeben, um die finanzielle Existenz der Stiftung auf Dauer zu sichern: 1. ein Arzt f. Allgemeinmedizin und Virologe, 2. ein Bauunternehmer zusammen mit seiner finanztechnisch versierten Ehefrau und 3. ein über Jahrzehnte sparfreudiges Ehepaar aus dem Universitätsbereich. Ist hier ein Wunder geschehen? Nein. Die Wohltäter handelten aus dem Geiste Eckharts. Das benötigte Geld floss von selbst. Es ist die Aufgabe, jetzt die zweckdienlichen Organisationsformen von Eckharts Vermittlungsstrategien zu erschließen – durch eine neue Publikationsreihe mit dem Titel: „Meister Eckharts Wirkung".

Vorwort

Die Anfänge der vorliegenden Untersuchung reichen in die Zeit der Ausarbeitung unseres Beitrags für das von Norbert Fischer auf Anregung von Georg Steer konzipierte Seminar über Meister Eckhart im Sommer 2015 im Kloster Weltenburg zurück. Wir versuchten damals, Elemente der Mystik Eckharts von Aristoteles und der peripatetischen Tradition her zu verstehen.

In den folgenden Jahren haben wir die aristotelische Spur weiterverfolgt und sind in den deutschen und lateinischen Werken Eckharts auf immer mehr explizite und implizite Bezugnahmen auf Schriften und Theoreme des „Philosophen“ gestoßen. Wir haben daraufhin unsere Fragestellung ausgebaut und präzisiert. Von Anfang an ging es nicht um historische Abhängigkeiten, sondern um den vielschichtigen „Gebrauch“ paganer Theoreme durch Eckhart, der sich nicht nur unmittelbar auf Schriften des Aristoteles, sondern auch auf deren peripatetische und neuplatonische Auslegungen bezieht und in der säkularen zeitgenössischen Diskussion um anthropologische, intellekttheoretische und ethische Fragen, die mit dem Rezeptionsschub des „ganzen Aristoteles“ im 13. Jahrhundert einsetzte, eine eigene unverwechselbare Position entwickelt. Im Mittelpunkt der Untersuchung stand Eckharts zwischen Abgrenzung und integrativer Adaption changierende, janusgesichtige Aristoteles-Rezeption im Kontext der christlichen Auseinandersetzung mit dem paganen Welt- und Selbstverständnis. Die Verbindung von griechischer Philosophie und christlichem Glauben erwies sich in Eckharts Denken als eine spannungsvolle Einheit, in der das Bewusstsein der Differenz ihrer Elemente präsent bleibt.

Die Untersuchung führte uns im Verlauf des letzten Dezenniums mehr und mehr in unsere Heidelberger Lehrjahre bei Hans-Georg Gadamer, Reinhart Koselleck und Ernst Tugendhat zurück. In ihrer Schule lernten wir – in fröhlicher Mühsal – das hermeneutische Handwerk. Diesen großen Lehrern gilt noch einmal unser Dank.

Besonders danken wollen wir auch Georg Steer, der seit dem Weltenburger Seminar unser Vorhaben mit Rat und Tat begleitet und gefördert und die Arbeit in seine neue Reihe aufgenommen hat. Julian Langer und Heidemarie Vogl danken wir für mannigfache, unentbehrliche Hilfe, Florian Specker vom Kohlhammer Verlag für gute, vertrauensvolle Zusammenarbeit.

Strande, im Januar 2022 — Otto Langer und Claudia Langer

Inhalt

Einleitung: „Abendländische Synthese“?

Die Verbindung von griechischer Philosophie und christlicher Glaubenslehre, die sich in der Spätantike und im Hohen Mittelalter in mannigfachen Transformationsprozessen[1] vollzog, bei dem der griechische Referenzbereich und der christliche Aufnahmebereich sich wechselseitig veränderten – es sind bipolare Transformationen – ist seit alters und bis in die Gegenwart umstritten und gilt den einen als Unglück und vom Christentum verursachter Untergang der paganen antiken Kultur, den anderen als wechselseitige Vollendung von griechischer Philosophie und christlicher Glaubenslehre.[2] Prominent ist die Position Hegels, der in seinen ‚Vorlesungen über die Geschichte der Philosophie‘ das Christentum geradezu als Entelechie der griechischen Philosophie deutete, als den notwendigen Vorgang der Verwirklichung der Vernunft in der Geschichte.[3] Darin offenbare sich der höhere Geist, der mit dem Christentum in die Welt gekommen sei.

Eine ganz andere Position bezieht Friedrich Nietzsche. Er behauptet vehement die Unvereinbarkeit von griechischer Philosophie und Christentum. Die

---

1 ‚Transformation‘ ist ein Wort, das in vielen Bedeutungen im Alltag und in den Wissenschaften verwendet wird. So ist in der Mathematik von Koordinaten- und Integraltransformationen, z. B. von der Hilbert-Transformation, die Rede; in der Politikwissenschaft von Transformation im Sinne einer Veränderung der politischen Ordnung, z. B. in den postkommunistischen Systemtransformationen. In der Medizin bedeutet ‚maligne Transformation‘ den Übergang von Zellen in Tumorzellen. Im Bereich des Rechts bezeichnet Transformation die Umsetzung von Völkerrecht in nationales Recht. In der Linguistik untersucht die Transformationsgrammatik die „Umwandlung eines Satzteils in eine andere grammatische Form“. Gegenwärtig bestimmt die digitale Transformation – die in digitalen Technologien begründeten Veränderungen der Gesellschaft – unseren Alltag. Im vorliegenden Zusammenhang geht es um die wechselseitige Veränderung von Kulturen.

2 Vgl. Christoph Johannes Markschies, Das antike Christentum: Frömmigkeit, Lebensformen, Institutionen, München 2006; vgl. auch: Transformation: ein Konzept zur Erforschung kulturellen Wandels, hg. v. Hartmut Böhme u. a., München 2011; Matthias Lutz-Bachmann, Hellenisierung des Christentums?, in: Spätantike und Christentum: Beiträge zur Religions- und Geistesgeschichte der griechisch-römischen Kultur und Zivilisation der Kaiserzeit, hg. v. Carsten Colpe u. a. Berlin 1992, S. 77–98. Rolf Schönberger, Die Transformation des klassischen Seinsverständnisses. Studien zur Vorgeschichte des neuzeitlichen Seinsbegriffs im Mittelalter, Berlin u. a. 1986; Winfried Schröder, Athen und Jerusalem. Die philosophische Kritik am Christentum in Antike und Neuzeit, Stuttgart-Bad Cannstatt 2011.

3 Georg Wilhelm Friedrich Hegel, ‚*Vorlesungen über die Geschichte der Philosophie*‘ hg. v. E. Moldenhauer und K. M. Michel, Frankfurt/M. 1969ff., Bd. 19, S. 493–498.

modernen Menschen seien gegen die Radikalität der christlichen Lehre abgestumpft. Sie „fühlen das Schauerlich-Superlativische nicht mehr nach, das für einen antiken Geschmack in der Paradoxie der Formel ‚Gott am Kreuze‘ lag. Es hat bisher noch niemals und nirgendswo eine gleiche Kühnheit im Umkehren, etwas gleich Furchtbares, Fragendes und Fragwürdiges gegeben wie diese Formel: sie verhieß eine Umwertung aller antiken Werthe“.[4] Die Unvereinbarkeit von antiker Kultur und christlicher Religion hat Nietzsche im ‚Anti-Christ‘ an zwei Figuren zu exemplifizieren versucht: am Dionysos der Griechen als Inbegriff der Bejahung des ganzen, nicht verleugneten Lebens und Typus eines die Widersprüche und Fragwürdigkeiten des Daseins in sich hineinnehmenden und erlösenden Gottes, und am gekreuzigten Christus, Sinnbild der Verneinung des Lebens. Ihre entscheidende Differenz sieht er nicht in ihrem Martyrium, das beide erleiden, sondern in dessen Sinngebung. Im Fall des Dionysos bedinge die ewige Fruchtbarkeit und Wiederkehr des Lebens selbst die Qual und den Schmerz, das Sein gilt als heilig genug, um das Leid zu rechtfertigen. Im Fall des christlichen Gottes sei das Leiden Einwand gegen das Leben als „Formel seiner Verurteilung“. „Der Gott am Kreuz ist ein Fluch auf das Leben, ein Fingerzeig, sich von ihm zu erlösen; – der in Stücke geschnittene Dionysos ist eine Verheißung des Lebens: es wird ewig wiedergeboren und aus der Zerstörung heimkommen.“[5]

1. Die Kritik paganer Philosophen am Christentum – Aspekte des griechischen Selbst- und Weltverständnisses

Die Verbindung von griechischer Philosophie und Christentum, die nach Nietzsches Diagnose den Untergang der antiken Kultur – das „bisher grösste Unglück der Menschheit“[6] – verursachte, hatte schon in der Spätantike auf Seiten paganer Philosophen zu scharfer Kritik am Christentum geführt. Insbesondere Porphyrios, Kelsos und Julian Apostata wiesen in ihren Schriften auf die Unvereinbarkeit der christlichen Vorstellungen von Glauben und Wissen und moralischem Handeln mit den Theoremen epistemischen Wissens und einer vernunftbasierten Praxis hin. Die Christen stellen nach ihrer Ansicht Grund-

4 Friedrich Nietzsche, ‚*Jenseits von Gut und Böse*‘, Kritische Studienausgabe, hg. v. Giorgio Colli und Mazzino Montinari, Berlin u. a. 1999, Nr. 46.

5 Zitiert nach Karl Schlechta, Friedrich Nietzsche, Werke in drei Bänden, München 1956, III, S. 773.

6 Aber diese Katastrophe hat, nach Nietzsche, erst in zweiter Linie das Christentum verursacht. Platon und Sokrates sind die eigentlichen „Werkzeuge der griechischen Auflösung“, in: Kritische Studienausgabe, 1980, Bd. 6, S. 68.

positionen der griechischen Philosophie in Frage. Ihr Glaube sei eine ἄλογος πίστις, ein vernunftloser Glaube. Sie verträten absurde Lehren wie die Auferstehung des Leibes, die Unsterblichkeit der Seele und die Gottessohnschaft Jesu, ohne Begründungen dafür angeben zu können und unterminierten damit die Rationalität. Die paganen Philosophen sehen in dem Akt des Glaubens einen Akt des Gehorsams, der auf jede Überprüfung und Begründung – das λόγον διδόναι – verzichtet und damit auch den Anspruch auf vernünftige Selbstbestimmung des Menschen aufgibt. „Glaube nur, prüfe nicht“[7], sei die Maxime der Christen. Und sie gingen sogar mit Bezug auf neutestamentliche Schriften darüber hinaus, indem sie behaupten, nicht einmal der Glaube sei im eigentlichen Sinn ein Akt des Menschen, sondern Werk Gottes. Während in der Philosophie das epistemische Wissen als Leistung des vernunftbegabten Wesens Mensch gelte, sei das unvernünftige Wissen des Glaubens eine Wirkung Gottes. Sie weisen nachdrücklich auf diese in ihren Augen empfindliche Schwachstelle der christlichen Lehre hin, dass etwa nach dem ‚*Galaterbrief*‘ des Paulus in dem Wissen, das im Glauben liegt, nicht der erkennende Mensch am Werk sei, sondern Gott. Der Mensch erkennt, indem er von Gott erkannt wird.[8]

Die Kontrahenten leben offensichtlich in getrennten Welten. Die Philosophen sprechen vom epistemischen Wissen, das, nach Aristoteles, begründbar ist und über das man Rechenschaft ablegen kann. Paulus meint dagegen ein existentielles Wissen. Dieses orientierende Wissen aus dem Glauben resultiert nicht aus menschlicher Leistung und kann sich, nach Paulus, bis zu einer σοφία, Weisheit, entfalten, die anders als die durch eigene Tätigkeit erworbene philosophische Weisheit, die vor Gott „Torheit“ ist, als Gnadengabe Gottes empfangen wird.

Die „unterschiedlichen Hintergrundannahmen der beiden Parteien“, die durch die verschiedenen Ansätze einer Synthese eher überdeckt werden, sind nicht so offensichtlich, solange das gemeinsame Telos in einer *contemplatio* besteht, der ein Heilscharakter zukommt.[9] So spricht z. B. auch der Neuplatoniker Porphyrios von der *pistis*. Er bezeichnet sie als Vorstufe zur *theoria*, die in der Schau des Einen sich vollendet. Man müsse *darauf vertrauen, dass unsere einzige Rettung darin liegt, dass wir uns Gott zuwenden, und dann, wenn man zu dieser pistis gelangt ist, alle Anstrengungen darauf wenden, die Wahrheit über Gott zu erkennen; und wenn man sie kennt, das Erkannte zu lieben.*[10] Diesen epistemischen Heilsweg bestreitet Augustinus in seinen ‚*Retraktationen*‘. Der Glaube sei keine propädeutische Stufe, die schon in dieser Welt zu einer beglückenden Schau Gottes

---

7 Origenes, *Contra Celsum*, 1,9, PG 11, 672; vgl. Porph. Fr. 1; Fr. 73; vgl. Schröder, 2011, S. 90.

8 Auf diesen Satz wird sich auch Eckhart beziehen.

9 Vgl. Jürgen Habermas, Auch eine Geschichte der Philosophie, Bd. 1: Die okzidentale Konstellation von Glauben und Wissen, Berlin 2019, S. 623.

10 Zitiert nach Habermas, 2019, S. 623.

führe; erst im Jenseits komme es zu einer *visio beatifica*, einer Schau Gottes von Angesicht zu Angesicht.[11]

Die Gegensätze in den Hintergrundannahmen betreffen aber nicht nur die Frage der Diesseitigkeit oder Jenseitigkeit der Schau Gottes, sondern auch den Erkenntnismodus selbst, der „in jüdisch-christlicher Lesart“ kein bloß theoretischer Akt ist, sondern auch ein praktisches, voluntatives Moment enthält. Der Modus des Fürwahrhaltens ist ein anderer, wenn es um Wahrheiten geht, die handlungswirksam sein, d. h. eine die praktische Lebensführung tragende Wirkung entfalten sollen. Diese „Phänomenologie des Glaubensmodus“ ist, nach Habermas, „auch über den Bereich religiöser Überzeugungen hinaus einleuchtend, sobald wir – was unter den antiken Platonikern noch nicht der Fall war – zwischen theoretischem und einem handlungswirksamen praktischen Wissen schärfer unterscheiden“ (ebd., S. 624f.). Er wendet gegen die pagane Kritik an der *alogos pistis* ein, dass sie ein „einseitiges, ja verständnisloses Bild vom christlichen Glauben entwirft, wenn sie das willentliche Moment der Zustimmung, das den Glauben nach patristischer Auffassung vom Wissen unterscheiden soll, als hinreichend betrachtet, um den theologischen Gegnern die Abkehr vom methodischen Zweifel der Wahrheitssuche zu unterstellen“ (ebd., S. 625).

Die pagane Kritik wendet sich insbesondere gegen die christliche Moral. Sie ist, nach Porphyrios, unmenschlich und übertreibe maßlos, wenn sie den Reichtum verdamme und die Armut als Bedingung des Heils verkünde oder übermäßige Demut und Selbsterniedrigung predige. Während für Porphyrios feststeht, dass gute Handlungen Ergebnis vernünftiger Überlegungen und Güterabwägungen und damit dem Menschen als eigene Leistungen anzurechnen seien, sei bei den Christen der eigentlich Handelnde wieder nur Gott. Mit diesem Argument könnte sich Porphyrios auf den ‚*Römerbrief*‘ beziehen, in dem Paulus die menschliche Gerechtigkeit nicht als Verdienst des Menschen, sondern als Gabe Gottes bezeichnet. Die menschliche Gerechtigkeit ist, nach Paulus, in Wahrheit die Gerechtigkeit Gottes (Rom 1,17; 3,21; 10,3; ferner Phil 3,9).

Überblickt man diese Kritik, so ist unverkennbar, dass sie sich vehement gegen ein Welt- und Selbstverständnis richtet, das die Menschen von Sünde und Erbschuld gezeichnet und der Erlösung bedürftig sieht. „Die tiefere Ursache für den Streit [...] ist das Unverständnis der Antike für die Sollgeltung göttlicher Gebote, für die Radikalität der Sünde, die Positivität des Bösen, überhaupt die dialektische Kraft des Negativen.“[12]

Die Einwände des Porphyrios bewahren mit ihrem Insistieren auf vernunftgeleiteter Selbstbestimmung, auf menschlicher Leistungsfähigkeit und nicht hinterfragbarer Weltzugewandtheit noch einen fernen Nachklang des antiken Selbst- und Weltverständnisses, für das namentlich die Polis Athen steht. Es war, nach Christian Meier, geprägt von einem „Könnens-Bewusst-

11 S. u. H 2, Kap. 3,1.

12 Habermas, 2019, I, S. 625.

sein“[13] ihrer Bürger, das auf epochalen kulturellen, gesellschaftlichen und technischen Leistungen beruhte. Unter ‚Können' ist, wie Sokrates im platonischen ‚*Hippias Maior*' (281d) feststellt, das formierte Vermögen zu verstehen, in den verschiedensten Tätigkeitsbereichen rational und methodisch vorzugehen, um so „Herr [zu werden] über das, worin wir durch die Natur besiegt werden“.[14] φρόνησις ist bisweilen der zusammenfassende Ausdruck für die rationalen Fähigkeiten im theoretischen, praktischen und poietischen Bereich, wie sie Aristoteles philosophisch auf den Begriff bringt. Das größte Geschenk der Götter für die Menschen ist das φρονεῖν.[15] Nach diesem Selbstverständnis waren „in umfassendem Sinne die Dinge in die Verfügungsgewalt der Könner gestellt (oder schienen sie dies doch zu sein)“.[16] Philosophen und Dichter rühmten zahlreiche Innovationen, die man nicht als Ergebnis von Wandel und Veränderung, sondern als Erfolg eigenen Handelns verstand, das die πόλις voranbrachte.[17] Auf allen Gebieten, stellt Sokrates fest, sei gegenwärtig die Fähigkeit zu sachgemäßen, methodischen und rationalen Verfahren weit fortgeschritten, in Wissenschaft und Philosophie, in den Künsten, in Medizin, im Gerichtswesen, in der Nautik sei ein neues Niveau erreicht. In klassischer Form hatte schon das Chorlied aus Sophokles' ‚Antigone'[18] dieses Selbstbewusstsein reflektiert: Der Mensch ist der παντοπόρος (V. 359), der immer einen Weg und ein Mittel findet und nur dem Tod gegenüber ἄπορος (V. 359–361), ratlos, hilflos, ist. Er schafft in allen Bereichen Großes: Er „jagt über das graue Meer vor dem winterlichen Föhn dahin“ (V. 334f.), unermüdlich pflügt er die Erde; er versteht sich auf Jagd und Vogelfang und macht sich alle Lebewesen dienstbar. Häuser baut er, Sprechen und Denken brachte er sich bei und errichtete staatliche Ordnungen. „Der Nimmer-Verlegene: verlegen geht er an kein Künftiges“ (V. 359f.). Er ist aber auch der δεινός, der Ungeheure, der sein Können zum Guten oder Bösen einsetzen kann (V. 364–367). Es sind die Leistungen seines Vernunftvermögens, die ihm innerweltliche Autonomie, Freiheit und Selbstbehauptung durch τέχνη und Wissenschaft ermöglichen.[19] Aristoteles bringt insbesondere in ‚*De anima*'

13 Christian Meier, Die Entstehung des Politischen bei den Griechen, Frankfurt/M. 1983, S. 469–499.

14 Antiphon, fr. 4, zitiert nach Felix Heinimann, Eine vorplatonische Theorie der τέχνη, in: MusHel 18 (1961), S. 118, Anm. 60.

15 Sophokles, ‚*Antigone*', V. 1348f.

16 Meier, 1983, S. 492.

17 Der σοφός oder φρόνιμος, der über Kunstfertigkeit, Wissenschaft und Weisheit verfügt, wirkt durch sein Wissen lebenserhaltend und lebenssteigernd, so Platon, *Politeia*, ed. Ioannes Burnet, Oxford 1968, IV, 341d; vgl. dazu Heinimann, 1961, S. 117.

18 Sophokles, ‚*Antigone*', übers. und eingel. von Karl Reinhardt, Göttingen 1961.

19 Den Freiheitswillen der Bürger feierte Aischylos in seiner Tragödie ‚*Die Perser*' (472) acht Jahre nach dem Sieg der Griechen bei Salamis. Es war aus seiner Sicht ein gerechter, mit Hilfe der Götter errungener Sieg der Freiheit über die Tyrannei. Die Bürger der Polis besaßen äußere und innere Freiheit. Athen kannte keinen Despoten. Die Polis ist eine Gemeinschaft freier, selbstständiger Bürger, die keinem Herren untertan, „keinem Sterbli-

und in der ‚*Nikomachischen Ethik*‘ dieses auf lebensweltlichen Erfahrungen beruhende Selbstverständnis des Menschen auf den Begriff: als eines Wesens, das durch seine Vernunft zu einem ἐνεργεῖν δι’ αὑτοῦ, einem Tätigsein aus eigener Kraft, befähigt ist und dessen Glück sich nicht im Jenseits vollendet, sondern innerweltlich in der Perfektionierung seiner höchsten Möglichkeiten in Theorie und Praxis besteht. Das Tätigsein aus eigener Kraft ist ein Kennzeichen der Kultur ‚Athens‘, verstanden als Abbreviation für ‚griechische Kultur‘. Christian Meier hat diese Kultur mit ihrer Vielzahl zivilisatorischer Leistungen und Innovationen in den Wissenschaften und im politischen Bereich, die z. T. bis heute nachwirken, eine „Kulturbildung aus Freiheit“[20] genannt.

Das Verhältnis von Mensch und Welt ist in ihr von „Weltkongruenz“[21] geprägt. „Der Kosmos ist für den Griechen die Heimat des Menschen, die er, und in der er sich grundsätzlich versteht.“[22] Aristoteles begründet diese Zusammengehörigkeit mit einem Vernunftbegriff, dessen Kern die „Untrüglichkeitsthese“[23] ist: Der νοῦς ist das Vermögen der Prinzipien, die er in unmittelbarer Anschauung erkennt; er „berührt“ das Wesen der Dinge in einer einfachen Apprehension, die jeden Irrtum ausschließt (1051b25f.).[24] Der Mensch gehört zur Welt, er ist in ihr zu Hause.[25] Diese Einheit stellt, nach Bultmann,

chen zu Dienst“ sind, wie Aischylos hervorhebt. Sie lassen sich unter kein Joch beugen. Sie sind frei und wollen es bleiben.

20 Christian Meier, Die griechisch-römische Tradition, in: Die kulturellen Werte Europas, hg. v. Hans Joas und Klaus Wiegandt, Frankfurt/M. [5]2010, S. 97.

21 Wolfgang Welsch, Mensch und Welt. Eine evolutionäre Perspektive der Philosophie, München 2012, S. 32f.

22 Rudolf Bultmann, Zur Geschichte der Lichtsymbolik im Altertum, in: Phil 97 (1948), S. 23.

23 Vgl. Dominik Perler, Theorien der Intentionalität im Mittelalter, Frankfurt/M. [2]2004, S. 66–70.

24 Vgl. Klaus Oehler, Die Lehre vom Noetischen und Dianoetischen Denken bei Platon und Aristoteles, Hamburg [2]1985, S. 213f. Thomas von Aquin hat diese These übernommen; vgl. dazu Perler, 2004, S. 104.

25 Die Weltbezogenheit und „Äußerlichkeit“, ja „Oberflächlichkeit“ (Nietzsche) der griechischen Kultur spiegelt sich auch in der Eigenart ihrer Religion. Ein eigenes Wort für ‚Religion‘ haben die Griechen nicht (vgl. Wilamowitz, Glaube der Hellenen I, Basel 1956, S. 15). Sie sprechen von εὐσέβεια und meinen ein Verhalten, das die Bürger im Verhältnis zu den Göttern auszeichnet. Es beinhaltet die Erfüllung kultischer Pflichten gegenüber den Göttern. Die θεραπεία τῶν θεῶν, die Kulthandlungen im Tempel, verlangen kultische Reinheit. Das Gegenteil von εὐσέβεια ist ἀσέβεια, die Versäumnis oder Verweigerung der hergebrachten, dem Brauch und Herkommen entsprechenden und von der Polis gesetzlich anerkannten kultischen Verehrung der Götter. Opfer, Prozessionen, Festspiele, gemeinsame Mahlzeiten, Gebete in Tempeln, Ehrengaben, Gebete, Weihungen, Geburts-, Hochzeits- und Begräbnisriten bestimmten das öffentliche Leben und gliederten den Einzelnen in die Polisgemeinschaft ein. Sie demonstrierten nach außen Macht und Reichtum der Stadt, die sie den im Kult verehrten Göttern verdankte. Die Götterfeste waren Veranstaltungen der Polis, sie waren der Ort der Epiphanie der Götter. In dieser „Religion der Öffentlichkeit“ (Burkert, Griechische Religion, Stuttgart 1977, S. 413) wurden Weltliches und Religiöses nicht getrennt. Die Institutionen der Polis waren religiös bestimmt.

auch der platonische „Dualismus“ nicht in Frage; „denn die jenseitige Welt der Ideen ist dem sichtbaren Kosmos gegenüber nicht jenseitig im Sinne des ausschließenden Gegensatzes, sondern als seine ἀρχή, sein Ursprung“ (ebd., S. 23). Trotzdem ist wohl unstrittig, dass Platon die „Welt-Mensch-Adäquanz“ kritisch sieht. Der Mensch gehört nur bedingt zu dieser Welt; denn er besteht aus einem Körper und einer Seele, die immateriell und unsterblich ist und in der sinnlichen Welt fremd ist. Die ψυχή ist das eigentliche Selbst des Menschen, aber während des Erdenlebens mit dem vergänglichen Körper verbunden. Die zwei Seinsbereiche, der noetische, immaterielle Bereich der Ideen, der immer gleichbleibt und sich nicht verändert, und der sinnliche Bereich, der sich ständig verändert, stehen auf ganz verschiedenen Stufen. Wegen ihrer Verwandtschaft mit der Welt der Ideen strebt die Seele in die Ideenwelt zurück. Diese dualistischen Tendenzen verstärken sich im Neuplatonismus.

2. Paulinische Theologie – die griechische Philosophie als Torheit

Den Positionen einer mundanen Kultur, in der der Mensch sich verwirklicht, steht das christliche Welt- und Selbstverständnis gegenüber, wie es maßgeblich in den paulinischen Briefen formuliert ist. Der Christ ist ein Fremdling (1Petr 2,11) in dieser Welt, in der er *keine bleibende Stätte* (Hebr 13,14) findet, und ist auf dem Weg in die jenseitige Heimat, das himmlische Jerusalem. *Unser Bürgertum, πολίτευμα, ist im Himmel*, sagt Paulus (Phil 3,20).[26] ‚Jerusalem‘ ist gewissermaßen die Abbreviation für diese christliche Orientierung.

Der Amtseid, den die Beamten, Richter und Feldherren bei Amtsantritt schworen, war eine kultische Handlung (vgl. Nestle, Vom Mythos zum Logos, Stuttgart 1975). Die Polis stellte sich in den Dienst der Religion und die Religion in den Dienst der Polis. Wer sich gegen die Religion verging, verging sich gegen die Stadt. Die Feinde der Polis waren die Feinde der Götter.
Überall sind Götter, weil überall Mächte und Gewalten sind. Und da diese Mächte zahllos sind – Naturgewalten, Sonne, Mond, Sterne, Quellen, wilde Tiere, Tod, Geburt – sind auch die Götter zahllos. Sie sind die im Vergleich mit den Menschen Stärkeren, die mächtig Wirkenden, unsterblich und glückselig. Θεός ist ein „Prädikatsbegriff“ (Wilamowitz, S. 17). Prädiziert wird immer „eine dem Menschen überlegene Macht“ (ebd., S. 18).

26 Diese „Bürgerschaft“, die civitas dei und ihr Gegenbild, die civitas diaboli, unterscheiden sich, nach Augustinus, je nachdem welcher amor ihre Mitglieder beseelt. Die Bürger der civitas terrena sind durch Selbstliebe, amor sui, geprägt, der sich bis zur Verachtung Gottes steigert, die Bürger der civitas dei durch Gottesliebe (II, S. 210f.). Durch die beiden Prinzipien, Selbstliebe und Gottesliebe, bilden sich jeweils Vereinigungen vernünftiger Wesen, die gemeinsam erstreben und besitzen, was sie lieben. Das Volk einer civitas wird an seiner Liebe erkannt. „Um festzustellen, was für ein Volk man jedesmal vor sich hat“, muss man „darauf achten, was für Dinge es sind, die geliebt werden“ (II, S. 578). Über die Zugehörigkeit zu den civitates entscheiden also nicht äußere Bedingungen, sondern ein

Die Welt in ihrer Gesamtheit besteht nicht wie für Aristoteles seit Ewigkeit und in alle Ewigkeit, sondern sie wurde von einem allmächtigen Gott in der Zeit, aber in einem zeitlosen Schöpfungsakt aus dem Nichts erschaffen und wird am Ende der Zeit vergehen. Das absolute Dependenzverhältnis des Geschöpfs vom Schöpfer haben die Heiden, wie Paulus an die Römer schreibt, verkehrt, indem sie *dem Geschöpf Verehrung und Anbetung erwiesen anstelle des Schöpfers* (Rom 1,25). Die Welt ist nun zwar Schöpfung Gottes, aber sie *liegt im Machtbereich des Bösen* (1Joh 5,19) und so enthält die Rede vom κόσμος οὗτος als Schauplatz des Menschenlebens, „ein bestimmtes theologisches Urteil“[27]: Die ‚Welt‘ steht in Gegensatz zu Gott, und die Ursache ist die Sünde, die durch Adam in die Welt kam und der Menschheit vererbt wurde. ‚Welt‘ bezeichnet ein universales Unheilsgeschehen, einen Bereich widergöttlicher Mächte (1Kor 2,8), dämonischer Gewalten (Rom 8,38), die als Mächte des Fleisches, der σάρξ, wirksam werden. Wenn der Mensch nach dem Fleische lebt und dem „fremden Gesetz“ in seinen Gliedern (Rom 7,23) folgt und, auf die eigene Tüchtigkeit und Leistung bauend, aus eigener Kraft das Leben für sich zu gewinnen strebt, dann gründet er sein Dasein auf Irdisches (Rom 8,8), das ihn in den Tod reißen wird. Der von der σάρξ getriebene Mensch verkennt die eigene Geschöpflichkeit und erliegt der Einbildung, aus sich selbst, aus eigener Energie, nicht durch Gott und seine Gnade, zu leben und sich selbst zu erlösen. In diesem verblendeten Stolz auf die eigene Wirkkraft und die eigene Weisheit, die eine Weisheit der Welt ist (1Kor 2,6), und im Selbstlob der eigenen Gerechtigkeit, das die Gerechtigkeit Gottes verkennt (Rom 10,3), liegt, nach Paulus, die eigentliche Sünde. Wenn der Mensch seine Hoffnung auf das Fleisch setzt, sei es auf seine Abstammung vom Volk Israel (Phil 3,3f.), auf die Erfüllung des mosaischen Gesetzes (Gal 3,2–6), auf asketische Übungen (Kol 2,18) oder auf menschliche Vorzüge, wird die σάρξ zum handlungsdeterminierenden Prinzip des Menschen. Er setzt auf die eigene Selbstmächtigkeit und will sein wie Gott. Die menschliche Tatkraft, Weisheit und Gerechtigkeit müssen aber in ihrer Substanzlosigkeit erkannt und preisgegeben werden (Rom 10,3; 1Kor 1,19–31). Der Mensch kann sich nur seiner Schwachheit rühmen (2Kor 11,30; 12,9). Alles, was er hat, hat er von Gott empfangen, seine Gerechtigkeit ist kein durch eigene Tüchtigkeit erworbener habitus, sondern die Gerechtigkeit Gottes – eine Position, die Eckhart teilt und philosophisch begründet.

Aus der Welt, dem Ort kosmischer, dämonischer Mächte kann sich der Mensch nicht aus eigenen Kräften befreien, sondern muss durch den präexistenten Gottessohn erlöst werden (Phil 2,6–11), der in die Welt gesandt wurde. Er bringt Licht, Leben und Wahrheit in die Welt und versammelt die Menschen

inneres Unterscheidungsmerkmal: der amor dei. (Wir zitieren die deutsche Übersetzung nach Wilhelm Thimme, Aurelius Augustinus, Vom Gottesstaat, München u. a. 1977 und 1978.)

[27] Rudolf Bultmann, Theologie des Neuen Testaments, Tübingen ^{6}1968, S. 256.

zu dem einen pneumatischen Leib Christi. Die Mächte sind entmachtet, die Glaubenden sind Söhne Gottes und eins in Christus (Gal 3,26–29). Wenn jemand in Christus ist,[28] so ist er ein neues Geschöpf. Die Formel ἐν Χριστῷ ist geradezu das „Kennzeichen der Christusmystik des Paulus".[29] Zwar lebt der Mensch jetzt noch sein natürliches Leben, aber nicht mehr im Vertrauen auf die eigenen Kräfte. Nicht das Fleisch bestimmt ihn, sondern Christus. Indem die Glaubenden ἐν Χριστῷ sind, sind sie für Gott lebendig (Rom 6,11f.), Söhne Gottes (Gal 3,26), frei vom Gesetz (Gal 2,4), gerechtfertigt (2Kor 5,17; Rom 8,1f.) und bestimmt zur Auferstehung (1Thess 4,16). „In Christus sein" heißt also in einem neuen Leben sein. In dieser Formel findet Dibelius das neue Sein des Glaubenden bezeichnet.[30] Der Glaubende lebt in Christus und zieht seine Lebenskraft aus dieser Verbindung mit dem göttlichen Leben. Der paulinischen Christusmystik liegt, nach Wikenhauser, die Überzeugung zugrunde, „dass der Christ in innigster Seins- und Lebensverbindung mit dem pneumatischen Christus steht".[31] Die Möglichkeit des Glaubenden, Sohn Gottes zu werden, ist ein zentrales Thema Eckharts in der ‚*Recollectio*' seines ‚*Johanneskommentars*'.

Aus dem Sein in Christus müssen auch praktische Konsequenzen gezogen und das neue Leben durch richtiges Handeln entfaltet werden. Neben dem Indikativ: „der Christ lebt in Christus ein neues Leben", steht der Imperativ, ein „neues Leben" in helfender Liebe führen zu sollen.[32] Die Erkenntnis (Wissen, Gnosis) dagegen verführt leicht zu Dünkel, während die Liebe aufbaut. Wer meint, etwas erkannt zu haben, hat noch nicht die rechte Weise des Erkennens erkannt. Aber wer Gott liebt, der ist von ihm erkannt (1Kor 8,1–3). Nicht kontemplative Akte, sondern Taten der Nächstenliebe, nicht selbstbezogene Schau, sondern selbstloser Einsatz für andere führen zu Christus. Der Abstieg zum Dienst am Mitmenschen vollzieht die Bewegung der Selbstentäußerung Gottes nach und führt dadurch zur höchsten Annäherung an Christus.

---

28 Vgl. Albrecht Oepke, ἐν Χριστῷ Ἰησοῦ, in: ThWB II, S. 537f. Zur korrespondierenden Formel Χριστὸς ἐν ἡμῖν vgl. Günther Bornkamm, in: ThWB IV, S. 827.

29 Martin Dibelius, Botschaft und Geschichte. Gesammelte Aufsätze, hg. v. Günther Bornkamm, Tübingen 1956, S. 146f.

30 Dibelius, 1956, S. 147.

31 Alfred Wikenhauser, Die Christusmystik des Apostels Paulus, Freiburg/Br. 1956, S. 57.

32 Vgl. Bultmann, 1968, S. 334f.

3. Die Brückenfunktion platonischer und neuplatonischer Philosophie: der „epistemische Heilsweg“

Die Hellenisierung des Christentums und damit auch die Christianisierung der griechischen Welt begannen schon in frühchristlicher Zeit.[33] Das hing mit der historischen Entwicklung der eschatologisch ausgerichteten Urgemeinde zu einer in der Welt sich etablierenden Kirche und mit den Anschlussmöglichkeiten zusammen, die sich ihr in der platonischen und neuplatonischen Philosophie boten.

Das frühe Christentum war in einer vom Hellenismus beherrschten Welt gezwungen, seine Lehre auf dem Boden der griechischen Kultur zu entwickeln. Die weite Verbreitung der griechischen Sprache und Kultur war zugleich die Voraussetzung für seine Ausbreitung über die Grenzen Palästinas hinaus. Die Apostel und Missionare mussten, um sich verständlich zu machen, auf die griechische Welt und ihre kulturellen Formen und Diskurse eingehen, hatten damit aber auch die Chance, verstanden zu werden. Mit dem Ausbleiben der Parusie hatte sich die Urgemeinde auf ein Weiterleben in der Welt einzurichten. Es begann eine Zeit des Lernens, der Adaptierung und Übersetzung der eigenen Lehre und ihrer Vermittlung an die heidnische Umwelt. Die Christen mussten die Verständigung mit den Heiden suchen und ihre Lehre begründen. In ihrer anfänglichen Missionspredigt bedienten sie sich z. B. der kynisch-stoischen Diatribe, einer von hellenistischen Philosophen verwendeten Form volkstümlicher moralphilosophischer Belehrung, die sich an ein breites Publikum wandte,[34] während die ersten Apologeten, die das Christentum als vernünftige Religion auszuweisen versuchten, auf die schulphilosophische Ethik ihrer Zeit zurückgriffen.[35] Sie gaben die eschatologische Weltlosigkeit des Urchristentums preis, um Anschluss an die Welt, Diskutabilität und Wirkungsmöglichkeiten zu behalten.[36] Außerordentliche Anknüpfungspunkte ergaben sich für das Christentum aus den soteriologischen Aspekten der Philosophie Platons und des Neuplatonismus. Konvergenzen und daraus resultierende Anschlussmöglichkeiten zeigten sich insbesondere in drei Punkten: Erstens in der θεωρία als

---

33 In der Einleitung und im 2. Hauptteil übernehmen wir mit freundlicher Genehmigung der Wissenschaftlichen Buchgesellschaft Darmstadt einige Sätze und kurze Passagen aus: Otto Langer, Christliche Mystik im Mittelalter. Mystik und Rationalisierung – Stationen eines Konflikts, Darmstadt (wbg) 2004.

34 Vgl. Werner Jaeger, Das frühe Christentum und die griechische Bildung, Berlin 1963, S. 4; Carl Andresen, Antike und Christentum, in: TRE III, S. 57f.

35 Vgl. Andresen, ebd., S. 59f.

36 Vgl. Hans Blumenberg, Kritik und Rezeption antiker Philosophie in der Patristik. Strukturanalysen zu einer Morphologie der Tradition, in: StGen 12 (1959), S. 487.

einem „epistemischen Heilsweg" (Habermas), dessen *nucleus* der Aufstieg der Seele von der Welt der vielen und vergänglichen Seienden zur Schau der unvergänglichen Ideen ist. Zweitens im platonischen Konzept der Idee des Guten. Drittens in der Beurteilung der sinnenfälligen Welt.

Was die θεωρία betrifft, geht Platon in den Dialogen ‚*Phaidros*' und ‚*Symposion*' von der Annahme eines vorgängigen und erfüllenden Erkenntnisbezugs des Menschen zum Seienden aus und statuiert ein Bedingungsverhältnis von θεωρία und Glück. Dabei unterscheidet er zwischen den Wissensformen des dianoetischen und noetischen Denkens, die im menschlichen Erkennen auf verschiedene Weise miteinander korrelieren.[37] Das dianoetische Erkennen nimmt die vorläufigen Begriffe einer Sache auf und schreitet in einem rational-diskursiven Verfahren erklärend und beweisführend von Bestimmung zu Bestimmung urteilend fort. Dieser Diskurs, in dem der sinnlich-gegenständliche Bereich immer weiter begrifflich überschritten wird, kulminiert in der νόησις, in der Anschauung der Ideen, und schließlich in der Schau der Idee des wahrhaft Guten, in der der Philosoph das höchste Ziel seines Strebens, das Erkennen seine Erfüllung findet. Allerdings ist das noetische Erkennen für seine begrifflichen Explikationen – für eine Rechenschaftslegung (λόγον διδόναι) – wiederum auf das dianoetische Denken angewiesen.

In den beiden Dialogen ‚Phaidros' und ‚Symposion' beschreibt Platon den Aufstieg in die Welt der Ideen mit Termini der eleusinischen Mysterien. Er integriert deren Vorstellung von den Stufen der κάθαρσις, μύησις und ἐποπτεία, der Schau der Kultgottheit, die mit dem Heilsversprechen verbunden ist, im Jenseits ein besseres Los zu finden, in den Entwurf eines geistigen Aufstiegs als „Reinigung von Irrtümern" durch den begrifflichen Diskurs bis zur Anschauung der Ideen und der Idee des Guten. In Platons Darstellung der Auffahrt häufen sich Ausdrücke des Sehens und Schauens, die einen deutlichen Anklang an die Terminologie der Mysterien aufweisen (246e–249d).[38] Diese Bezüge geben dem Ganzen einen geradezu liturgischen Charakter. Die philosophische Schau des wahrhaften Seins ist gewissermaßen ein Weihegeschehen (249c). Lichterscheinungen, ergriffenes Schauen, Freude und Schaudern bestimmen sie wie die kultischen Handlungen in Eleusis. Die philosophische θεωρία vollzieht sich in der Weise einer Epoptie. Auch im ‚*Symposion*' bildet der Stufenweg der Mysterien die „Tiefenstruktur" (Riedweg) des Erkenntniswegs. Diotima fasst ihre Belehrungen über den Eros, die sie Sokrates zukommen lässt, als Einweihung in die Mysterien des Eros zusammen.

Der Weg des Geistes von der Welt der vielen und vergänglichen Seienden, von denen sich der Geist freimachen muss, zur Schau der unvergänglichen Ideen ist für Platon ein Heilsweg. Seine Darstellung verleiht der Ideenlehre die

---

37 Zur Unterscheidung zwischen διάνοια und νόησις vgl. Oehler, 1985, insbes. S. 103ff.

38 Vgl. die Nachweise bei Christoph Riedweg, Mysterienterminologie bei Platon, Philon und Klemens von Alexandrien, Berlin u. a. 1986, S. 37f.

Aura einer religiösen Handlung, mit der ein Heilsversprechen verbunden ist. In der so verstandenen Denkbewegung der platonischen Philosophie mit ihrem soteriologischen Aspekt fand das Christentum eine anschlussfähige Struktur, die aufgenommen, adaptiert und transformiert werden konnte. Die θεωρία, der Heilsweg des Platonismus, den der Neuplatonismus, insbesondere Plotin, mit seinem soteriologischen Selbstverständnis fortsetzte, ermöglichten den christlichen Theologen eine Verbindung von Wissen und Glauben herzustellen.

Trotz der Analogisierung von ἐποπτεία und θεωρία distanziert sich Platon im ‚Staat' von den Mysterien: Sie bleiben seiner Meinung nach in Mythos und Ritual befangen und verkennen das vernünftige Wesen der Seele. Die Mysten philosophieren nicht. Bedeutsamer für das Bildungsprogramm der Philosophenkönige ist die Mathematik, da sie die Seele vom wandelbaren zum unwandelbaren Sein führt (521d3–4) und damit als „Anleitungsmittel zum wahren Sein“ die Idee des Guten leichter erkennen lässt (526e1).[39]

Neben der θεωρία bietet Platons Konzept der Idee des Guten für das Christentum eine zweite Anschlussmöglichkeit. Die ἰδέα τοῦ ἀγαθοῦ ist „das oberste Prinzip alles Seins, Werdens, Erkennens und Handelns“.[40] Der ganze Bildungsgang der für die Leitung des Staates designierten Regenten zielt auf die Vermittlung der Einsicht in diese oberste Idee. Platon führt sie gegen Ende des sechsten Buches anhand eines Gleichnisses im Rahmen einer Proportionalitätsanalogie ein. Sinnliches soll Intelligibles veranschaulichen. Wie das Licht der Sonne in der sinnenfälligen Welt Ursache nicht nur der Sichtbarkeit der Dinge und der Aktuierung des Sehvermögens ist, sondern auch des Wachsens und Gedeihens aller Lebewesen, so ist im intelligiblen Kosmos die ἰδέα τοῦ ἀγαθοῦ die Ursache sowohl der Denkbarkeit der Dinge, d. h. der Ideen, und der Erkenntnisfähigkeit des Menschen, als auch Ursache ihres Seins. Sie vermittelt den Dingen Seiendheit, οὐσία, und das bedeutet: Einheit ihrer Teile, steht aber selbst jenseits aller Seienden, ἐπέκεινα τῆς οὐσίας (509b), und ist eins, ἕν, ohne Teile. Sie ist ontologisches, erkenntnistheoretisches und axiologisches Prinzip, das Gute und Vollkommene, an dem die endlichen Seienden teilhaben.

Das Sonnengleichnis verdeutlicht einerseits den platonischen χωρισμός, die Trennung der Sphären der Sinnenwelt und des Intelligiblen, andererseits aber auch die Vermittlungsfunktion der Idee des Guten als ἀρχή zwischen den beiden Bereichen. Das Abbildungsverhältnis soll auch „eine Fundamentalstruktur der Wirklichkeit im Ganzen repräsentieren.“[41] Die ἰδέα τοῦ ἀγαθοῦ der platonischen Philosophie bietet dem christlichen Monotheismus mit seinem

[39] Auch für Plotin ist die Philosophie ein Stufenweg der θεωρία, der in der Einung mit dem übergöttlichen Einen gipfelt, ein Heilsweg, den der Denkende „in Einsamkeit“, nicht innerhalb einer Kultgemeinschaft, geht. Plotin verbindet Philosophie und Religion, Rationalität und Mystik. Er verschiebt den Schwerpunkt von der Ontologie auf eine philosophische Heilslehre; vgl. Habermas, 2019, I, S. 550f.

[40] Wolfgang Wieland, Platon und die Formen des Wissens, Göttingen 1982, S. 161.

[41] Wieland, 1982, S. 198.

allmächtigen Schöpfergott, aus dem alle Wirklichkeit „wie aus einer Ader" hervorgeht, eine vielversprechende Vorlage für einen Brückenschlag zwischen Platonismus und Christentum. Eckhart hat diese Möglichkeit gesehen, wie aus dem *Prooemium* des ‚*Johanneskommentars*' hervorgeht. Er verweist dort zustimmend auf Augustinus, der in den ‚*Confessiones*' (VII, 9,13) berichtet, er habe in Büchern der Platoniker den Anfang des ‚*Johannesevangeliums*' gelesen, verschweigt aber, dass Augustinus nichts über Inkarnation und Kreuzestod bei den Platonikern gefunden hat.

Eine Anschlussmöglichkeit bot auch die Lichtsymbolik, nach Bultmann Ausdruck der griechischen „Freude am Licht – am ‚strahlenden Licht der Sonne'".[42] In Platons Sonnengleichnis ist das Licht Symbol für das Leben und für das, was Leben und Heil spendet und erhält. In Eckharts Auslegung der Stelle im Johannesprolog über Christus als *lux vera*, als Inbegriff aller Wahrheit und Vollkommenheit, werden diese Vorstellungen mit christlichen Denkmustern verbunden und adaptiert.

Eine dritte Konvergenz und Anschlussmöglichkeit ergab sich aus Platons Urteil über die körperliche Welt als einem Ort des Scheins, der Dunkelheit und des Unheils. Diese negative Bewertung hing mit seiner Vorstellung vom Weg der Seele aus der Welt der vielen und vergänglichen Seienden zu den unvergänglichen Ideen zusammen. Sie enthielt auch die Annahme einer Abstufung der Seins- und Erkenntnisordnung und der Teilhabe am wahrhaft Seienden. Zwischen den überweltlichen Ideen und den sichtbaren Gegenständen besteht ein Gefälle bis hin zur Materie, dem Inbegriff des Nichtseienden, Schlechten. Den wertmäßig unterschiedenen Seinsstufen entsprechen verschiedene Wissensformen und Erkenntnisstufen, νόησις, διάνοια, πίστις, εἰκασία, die Platon im Liniengleichnis vorführt, denen wiederum verschiedene Seelenvermögen entsprechen. In dieser Struktur klingt bereits die Vorstellung einer Partizipation *secundum modum receptionis* an, wie sie im Neuplatonismus, maßgeblich im ‚*Liber de causis*', ausgearbeitet und von Eckhart im ‚*Johanneskommentar*' aufgenommen wurde.

[42] Bultmann, 1948, S. 1.

4. Die Frage der χρῆσις ὀρθή, des „rechten Gebrauchs“ der griechischen Kultur in der Väterzeit

4.1 *Zwei gegensätzliche Positionen – Tertullian: die Philosophie als „Mutter aller Häresien“; Justin: die christliche Lehre als „Urphilosophie“*

1. Den Gegensatz zwischen griechischer Philosophie und Christentum formuliert Tertullian (160–220) in kompromissloser Form. „Was“ – so fragt er – „haben [...] Athen mit Jerusalem gemeinsam, was die Akademie und die Kirche, was Häretiker und Christen? Unsere Unterweisung stammt aus der ‚Halle Salomos‘, der dazu in eigener Person gelehrt hatte, dass man den Herrn ‚in der Einfalt seines Herzens‘ suchen müsse. Sollen diejenigen für sich zusehen, die ein stoisches, ein platonisches, ein ‚dialektisches‘ Christentum hervorgebracht haben.“[43] Mit dieser rabiaten Absage an die philosophische Vernunft versieht Tertullian die christliche Lehre mit einem Absolutheitsanspruch und dem Siegel des Letztgültigen. Sie ist, weit entfernt nur eine Spielart der Philosophie zu sein, vielmehr eine göttliche Angelegenheit, *divinum negotium*.[44] Und wir glauben, „dass es nichts gibt, was wir darüber hinaus glauben müssten“ (8,13). Griechische Philosophie und christlicher Glaube sind durch eine unüberbrückbare Kluft voneinander getrennt. Was sollte auch eine Offenbarungsreligion, die beansprucht, die ganze Wahrheit zu besitzen, mit der Philosophie verbinden? Die Philosophen maßen sich die Wahrheit nur an, die Christen haben sie. Inhaltliche Ähnlichkeiten sind nicht den Philosophen gutzuschreiben, sondern verdanken sich entweder dem *sensus publicus* der Seele oder sind Plagiate aus dem Alten Testament, die von den Philosophen durch Beimengung ihrer Ansichten und Verdrehungen verfälscht wurden. Die Philosophie ist die Mutter aller Häresien, die Philosophen sind die „Patriarchen der Häretiker“.[45]

Tertullian begründet die schroffe Entgegensetzung von Philosophie und christlicher Lehre mit der paulinischen Warnung vor der Philosophie als menschlichem Trug (Kol 2,8) und der Abwertung der philosophischen Weisheit als Torheit vor Gott (1Kor 1,20f.). Nicht durch die scheinbar autonome Selbst-

---

[43] Tertullian, ‚*De praesciptione haereticorum*‘; lat.-deutsch, übers. und eingeleitet von Dietrich Schleyer, Turnhout 2002, S. 7,9–11.

[44] Vgl. Tertullian, ‚*Apologeticum*‘; lat.-deutsch, hg., übers. und erläutert von Carl Becker, München ^{2}1961, S. 46,2; vgl. Fritz-Peter Hager, Zur Bedeutung der griechischen Philosophie für die christliche Wahrheit und Bildung bei Tertullian und Augustinus, in: AntAb 27 (1978), S. 76–84.

[45] Tertulliani, ‚*De anima*‘, hg. v. Jan Hendrik Waszink, Amsterdam 1947, 3,1.

tätigkeit der Vernunft, sondern durch einen Akt der Zuwendung Gottes erlangt der Mensch wahre Weisheit. *Regula fidei* ist daher allein die kirchliche Glaubenslehre. Durch sie hat Gott alles Wissen vermittelt. Sie hemmt die theoretische Neugierde und beendet das menschliche Forschen. „Für uns ist Wissbegierde (*curiositas*) keine Notwendigkeit seit Jesus Christus, Forschung kein Bedürfnis seit dem Evangelium.“[46]

2. Anders als Tertullian hatte Justin (100–165) – in einem Versuch der Überbietung – der griechischen Philosophie die von den Propheten und Christus verkündete Lehre als „Urphilosophie“[47] entgegengesetzt. Die Philosophen hätten sie nur noch fragmentarisch bewahrt oder ganz verloren. In seinem ‚*Dialog mit Tryphon*‘ beschreibt er drastisch den Weg, der ihn von seiner Entdeckung der besonderen Anschlussfähigkeit der Philosophie Platons für das Christentum bis zur Erkenntnis der Überlegenheit der christlichen Lehre als erster Philosophie führt. Er habe weder bei einem Stoiker, der an Kenntnissen über Gott ganz und gar desinteressiert war, noch bei einem Peripatetiker, dessen Interesse letztlich materiellen Dingen galt, Hilfe gefunden, wie die Philosophie ihre eigentliche Aufgabe erfüllen könne, den Menschen mit Gott zu vereinigen. Erst ein Platoniker „gab seinem Denken durch das Schauen der Ideen Flügel“ und verlieh ihm die „Hoffnung, unmittelbar Gott zu schauen“[48] Ein Greis habe ihn schließlich, nachdem auch diese Hoffnung sich nicht erfüllte, darauf hingewiesen, dass er das Wissen, das er suchte, nur bei den Propheten finden könne, da sie allein, vor den sog. Philosophen, die Wahrheit gesehen „und sie den Menschen, ohne ihnen zu schmeicheln, frei von Ruhmsucht verkündet haben“.

Seine These von der Überlegenheit der christlichen Lehre als Urphilosophie begründete Justin mit der Logoslehre. Ihr Kern war die Gleichsetzung des Logos mit Christus; dies war ein wichtiger „Punkt für die Verschmelzung der griechischen Philosophie mit dem apostolischen Erbe“[49]. Eine geschichtliche Person, Christus, wird zum Logos, der das immanente Prinzip der Weltordnung darstellt. Der Logos, das kosmologische Prinzip der stoischen Ontologie, ist somit das Prinzip der geoffenbarten Heilsgeschichte. Verglichen mit den Lehren der Philosophen, die zwar mit Irrtümern behaftet, aber nicht ganz ohne Wahrheit seien, da Gott allen Menschen „Samen der Wahrheit“, σπέρματα

---

46 ‚*De praescriptione*‘, 2002, S. 7,12.

47 Vgl. Ludger Honnefelder, Christliche Theologie als „wahre Philosophie“, in: Spätantike und Christentum. Beiträge zur Religions- und Geistesgeschichte der griechisch-römischen Kultur und Zivilisation der Kaiserzeit, hg. v. Carsten Colpe u. a., Berlin 1992, S. 62; Niels Hyldahl, Philosophie und Christentum. Eine Interpretation der Einleitung zum Dialog Justins, Kopenhagen 1966, S. 114–140.

48 Zitiert nach Honnefelder, 1992, S. 62.

49 Adolf von Harnack, Das Wesen des Christentums, München u. a. 1964, S. 124.

ἀληθείας[50] eingepflanzt habe, sei die christliche Lehre untrüglich wahr und aller menschlichen Philosophie überlegen,[51] weil sich in ihr der Logos, die Wahrheit, selbst offenbare. Sie ist, nach Justin, die älteste und ursprünglichste Philosophie, die Urphilosophie, und begegnet in den Schriften der Propheten, die sie unmittelbar von Gott empfangen und unverfälscht weitergegeben haben. Die Propheten sind „älter als alle diese sog. Philosophen“[52] und Moses ist der älteste Schriftsteller überhaupt. Wahr ist ihre Lehre nicht deshalb, weil sie mit der philosophischen Wahrheit übereinstimmt, sondern weil sie unmittelbar aus Gott stammt. Dieser Bezug auf die eine, zu Gott führende Wahrheit sei bei den Philosophen verlorengegangen, die nicht mehr fragten, was wahr ist, sondern sich nur noch mit den Meinungen ihrer Lehrer, menschlichen Meinungen, beschäftigten und diese tradierten. Die Propheten dagegen verkündeten eine Wahrheit, die sie unmittelbar von Gott hörten, und sie bezeugten diese durch etwas, was stärker ist als Gründe, nämlich durch eine Praxis, die mit der Theorie übereinstimmt.

Mit Justins Gedanken von der „Urphilosophie“ ist so das Argument der Inversion verbunden: Die Wahrheit der christlichen Lehre wird nicht durch ihre Übereinstimmung mit den Lehren der Philosophen begründet, sondern damit, dass sie „die volle Gestalt derjenigen Wahrheit ist, deren Splitter in den Philosophien bewahrt geblieben sind“. Ihr vernünftiger Kern wird nicht „philosophisch“, sondern umgekehrt: der vernünftige Kern der paganen Philosophie wird „theologisch“ hergeleitet.[53] Christliche Theologie ist daher, nach Justin, die erste, ursprüngliche und vollendete Philosophie. Als solche ist sie die Wissenschaft, die aufgrund ihrer Selbstdefinition alle philosophischen Fragen mit dem Anspruch auf Letztbegründung beantworten kann. Sie gliedert sich die Philosophie als ihr Organon ein und hebt ihre Selbständigkeit auf.

4.2 Anerkennung und Überbietung – Klemens von Alexandrien, Origenes

Die Auseinandersetzung mit der antiken Kultur tritt bei den philosophisch gebildeten Theologen Alexandriens, einem Zentrum der Wissenschaft und Gelehrsamkeit, in dem sich bereits in urchristlicher Zeit griechische Philosophie und hebräische Religion begegnet waren, in ein neues Stadium. Sie deute-

50 Iustini Martyris ‚*Apologiae pro Christianis*‘, hg. v. Miroslav Marcovich, Berlin u. a. 1994, 1. Apol. 44.

51 2. Apol. 15,3.

52 Zitiert nach dem bei Hyldahl, 1966, S. 227 abgedruckten Text.

53 Honnefelder, 1992, S. 63, betont allerdings auch, dass das, „was in der christlichen Lehre wiedergefunden und in der Theologie wiederhergestellt wird“, ausdrücklich als „Philosophie“ verstanden wird, als Streben des Menschen nach Erkenntnis Gottes.

ten die christliche Botschaft zur ‚wahren Lehre‘ und Christus zum philosophischen Lehrer um. „Sie öffneten die Tür, durch die griechische Kultur und Tradition in die Kirche strömten und sich mit ihrem Leben und mit ihrer Lehre verbanden.“[54]

Klemens von Alexandrien begründet mit seiner Theorie von der Schöpfung und vom göttlichen Logos, derzufolge „lebendige Samenkörner der Wahrheit“ in jedem Menschen angelegt sind, die heilsgeschichtliche Bedeutung der griechischen Philosophie.[55] Sie ist ein „göttliches Geschenk an die Griechen“ (I, 20,2; VI, 42,1), wenngleich diese die Wahrheit nur wie durch einen Schleier und wie im Traum (vgl. V, 64,1) erkannten. Der christliche Glaube dagegen sei der Anfang wirklicher Erkenntnis, die γνῶσις ihre Vollendung, ein Gedanke, den Eckhart im ‚*Johanneskommentar*‘ aufnimmt, wenn er vom Glauben als Anfang des Gottes-Sohn-Werdens spricht. Die Philosophie der Griechen ist, nach Klemens, die Propädeutik für den christlichen Glauben (ebd. I, 28,1–4); die im Glauben als dem Fundament der Wahrheit gründende γνῶσις ist die „wahre Philosophie“ (vgl. VI, 149).

Origenes[56], der, nach Markschies, in Alexandria einer Schule vorstand, in der hellenistische Bildung „von den Dozenten rezipiert, in einen christlichen Unterrichtskontext transformiert und den Studierenden so neu konstruiert weitergegeben“[57] wurde, war in den Augen seiner heidnischen Gegner ein „Hellene“, der als Christ die platonischen Lehren den barbarischen Mythen des Christentums unterschob. Er wählt für den Nachweis, dass die christliche γνῶσις die „wahre Philosophie“ sei, zwei Strategien: Anerkennung und Überbietung. Er setzt einerseits die griechischen Theoreme nicht so weit ins Unrecht, dass sie nicht mehr in Dienst genommen werden konnten und belässt ihnen einen wohldosierten Grad an Legitimität und Wahrheit auch innerhalb der christlichen Lehre. Andererseits überbietet er mit einem Argument der Inversion[58] ihren Wahrheitsanspruch: Als entschiedener „Biblizist“ sieht er alle Wahrheit in der Schrift begründet. Was an Platons Philosophie wahr ist, hat dieser, nach Origenes, den Büchern der Propheten und Moses’ entnommen. Die

---

54 Jaeger, 1963, S. 26.

55 Clemens Alexandrinus, ‚*Stromata*‘ I–VI, hg. v. Otto Stählin und Ludwig Früchtel, Berlin ⁴1985, VI, 59,2.

56 Vgl. die wichtigen Arbeiten von Theo Kobusch, insbesondere: Die Grenzen der theoretischen Vernunft, in: Grenzen und Grenzüberschreitungen, XIX. Deutscher Kongress für Philosophie, Vorträge und Kolloquien, hg. v. Wolfram Hogrebe in Verbindung mit Joachim Bromand, Berlin 2004, S. 237–256; ders., Metaphysik als Lebensform. Zur Idee einer praktischen Metaphysik, in: Die Metaphysik und das Gute. Aufsätze zu ihrem Verhältnis in Antike und Mittelalter. Jan A. Aertsen zu Ehren, hg. v. Wouter Goris, Leuven 1999, S. 27–56; und: Die Begründung eines neuen Metaphysiktyps durch Origenes, in: Origeniana Septima. Origenes in den Auseinandersetzungen des 4. Jahrhunderts, hg. v. Wolfgang A. Bienert und Uwe Kühneweg, Leuven 1999, S. 63–68.

57 Markschies, 2006, S. 119.

58 Vgl. Blumenberg, 1959, S. 487.

scheinbar fremde philosophische Wahrheit wird als eigene wiedererkannt. Der Wahrheitsanspruch der Philosophie ist nur christlich einlösbar.

Das zeigt sich exemplarisch am platonischen Konzept der θεωρία. Origenes, nach Werner Jaeger ein später Erbe des Geistes griechischer Wissenschaft, „des Geistes gründlicher Forschung und der Hingabe an ein Leben der θεωρία"[59] hält an diesem Ideal fest, ebenso an dem darin enthaltenen Bedingungsverhältnis von θεωρία und Glück, εὐδαιμονία. Seine Integrierung und christliche Neubewertung der θεωρία wird besonders deutlich in seiner Auslegung der Perikope über Maria und Martha (Lk 10,38), die er als Sinnbilder der beiden Lebensformen *actio* und *contemplatio* versteht und als Entwicklungsstufen des Christen von den irdischen Tätigkeiten bis zur Gottesschau interpretiert. Am Anfang des Weges steht der βίος πρακτικός, am Ende der βίος θεωρητικός, die Gotteserkenntnis.[60] Das griechische Ideal ist nach Origenes biblisch und bildet geradezu ein Kernstück der christlichen Doktrin. Dies legitimiert zugleich das Christentum gegenüber der heidnischen Philosophie, insofern als es zeigt, dass die christliche Lehre keine primitive Mythologie ist, sondern die höchsten Werte der griechischen Weisheit enthält. Da die Schrift, nach Origenes, voller Mysterien und Inbegriff des Wahren ist, hängt alle Wahrheit ursprünglich mit ihr zusammen. Das griechische Ideal des theoretischen Lebens stammt aus der Bibel und wurde von dort der griechischen Kultur einverleibt. Seine Deutung der Perikope als Allegorie stellt diesen Zusammenhang wieder her und legitimiert eine scheinbar fremde Wahrheit als eigene. Dieses Verfahren, „durch den ein christlich akzeptabler Gehalt der antiken Philosophie einem biblischen Einfluss auf seinen Urheber zugeschrieben"[61] wurde, war Teil der Selbstrealisation und Selbstbehauptung des Christentums. Dazu gehörte aber auch die umdeutende Verchristlichung der θεωρία als Lebensideal. Denn anders als sein Zeitgenosse, der Neuplatoniker Plotin, verbindet Origenes wiederum die θεωρία mit der πρᾶξις. Dieser hatte die θεωρία zur universalen Bestimmung des Kosmos erhoben und die πρᾶξις zu einem Durchgangsstadium erklärt, in dem die für die θεωρία notwendige Reinheit und Freiheit von der Sinnlichkeit erworben wird (vgl. Plotin, Enneade III,8). Origenes scheint in einigen Passagen seines Werkes dieses hierarchische Modell zu favorisieren, in anderen dagegen wertet er die πρᾶξις auf und verbindet sie als unentbehrliches Element mit der θεωρία. Entschieden hält er fest, dass sich die Seele, zur γνῶσις aufsteigend, nicht vom praktischen Leben entfernt, im Gegenteil: Je höher sie den Berg der Weisheit hinaufsteigt, desto höher steigen auch die Werke mit; sie sind ein integrales Element der θεωρία.

---

59 Jaeger, 1963, S. 43.

60 Auch Eckhart wird diese Perikope unter dem Gesichtspunkt des Verhältnisses von vita activa und vita contemplativa mit einer noch radikaleren Umwertung interpretieren, nämlich im Sinne des Vorrangs der vita activa.

61 Blumenberg, 1959, S. 487.

Wie Origenes θεωρία und πρᾶξις verbindet und damit den qualitativen Vorrang der θεωρία, der ihr im Neuplatonismus zukam, partiell aufhebt, so temperiert er den Individualismus des griechischen Ideals des theoretischen Lebens auf ein christliches Maß, indem er das Vollkommenheitsstreben des Einzelnen mit dem *commune exercitium* der christlichen Lebensweise verknüpft.[62] Der Einzelne, der sich selbst perfektioniert, arbeitet am Gemeinwohl der Kirche, und diese „*Dei agricultura*" (1Kor 3,9) ist die Bedingung für das individuelle Gelingen. Durch Allegorisieren sowie inhaltliche und strukturelle Umwertungen gliedert Origenes also das platonische Ideal der christlichen Welt ein. Substratwirkungen der eingemeindeten θεωρία bleiben bei diesem Vorgang wechselseitiger Transformation nicht aus. Sie zeigen sich u. a. in dem intellektualistischen Zug des Modells, in dem Gott ein „Gott der Geister"[63], ein Gott der Intellektuellen und nicht der fleischgewordene Gott ist.[64]

Im Sinne eines Stufenwegs der Seele, eines epistemischen Heilswegs zur *perfectio* in der γνῶσις, deutet Origenes nicht nur Perikopen des Neuen Testaments, sondern sieht diesen Stufenweg auch in Büchern des Alten Testaments präfiguriert: Das innere Leben verläuft als Weg zur Vollkommenheit der γνῶσις in drei Stufen: die πρακτική, die φυσική θεωρία und die θεολογία.[65] Im Hoheliedkommentar nennt Origenes sie ethica, physica und enoptica (GCS VIII, 75,8f.) Diese Dreiteilung, die auf die griechische Philosophie zurückgeht, bezeichnet Origenes als genuin biblisch. So enthalte das ‚*Buch der Sprüche*' die ἔθικα oder *moralis*; das Buch ‚*Ecclesiastes*' die φύσικα oder *naturalis*; das ‚*Hohelied*' schließlich die ἐνόπτικα oder *inspectiva*, d. h. jene Erkenntnis, in der wir das Sichtbare überschreiten und etwas vom Göttlichen und Himmlischen betrachten" (ebd., 75,21f.). Beispiel ist Jakob „wegen der Schau der göttlichen Dinge" (ebd., 78, 31ff.). Die erste Stufe, die πρακτική, reinigt den Menschen von den Leidenschaften und Lastern. An ihrem Anfang steht die Selbsterkenntnis. Sie verschafft der Seele die doppelte Einsicht in ihr eigenes, von Sünde und Affekten bestimmtes Wesen, aber auch in ihre Gottebenbildlichkeit (ebd., 143,2ff.).

---

62 Vgl. Hermann Josef Vogt, Das Kirchenverständnis des Origenes, Köln u. a. 1974, S. 103.

63 Vladimir Lossky, Schau Gottes, Zürich 1964, S. 51.

64 In Bezug auf die γνῶσις manifestiert sich diese Problematik in deren miteinander unvereinbaren Bestimmungen. Neben dem an die griechische Philosophie angelehnten Begriff von γνῶσις entwickelt Origenes nämlich einen zweiten, ausgehend vom christlichen Mysterium der hypostatischen Union. Da der Logos nach Origenes' Meinung auch im Leib weiterhin Gott schaut, wird durch diese Schau auch der menschliche Leib vergeistigt und vergöttlicht. Im menschgewordenen Gott durchdringen sich körperliche und geistige Eigenschaften. Die Schau Gottes vergöttlicht die Menschheit Christi und dadurch die Menschheit aller Menschen. In der Verbindung der Menschen mit Gott durch die Menschheit des Logos erhält der Mensch neue, gnadenhaft verwandelte Sinne, so dass er Gott mit allen Sinnen wahrnehmen kann (vgl. PG 11,749). Gegenüber einer solchen, auf der Inkarnation aufruhenden Konzeption der Erfahrung Gottes wird das aus der griechischen Philosophie rezipierte θεωρία-Modell fragwürdig.

65 Vgl. Karl Rahner, Schriften zur Theologie XII, Zürich u. a. 1975, S. 121ff.

Sie erkennt ihre Fesselung durch das Sinnliche, weiß aber zugleich um ihre Heimat. Wenn der Mensch schließlich in der Liebe, der höchsten aller Tugenden, lebt, erreicht er die zweite Stufe, die φυσική θεωρία. Hier erkennt er die Hinfälligkeit und Vergänglichkeit der Welt und wendet sich von ihr ab. Auf der dritten Stufe schließlich gelangt er zur höchsten Form der Erkenntnis, der γνῶσις. Sie umfasst das Wissen um die göttlichen und menschlichen Dinge,[66] also ein Wissen vom Wesen des Menschen, vom Verhältnis von Leib und Seele und Kenntnis praktischer Zusammenhänge (De princ. II, 11,5ff.), insgesamt also ein Wissen um das gesamte Geschehen auf der Erde und seine Gründe. Sie erkennt aber auch die *Mysterien*, die himmlische Hierarchie, den Lauf der Sterne und die Werke Gottes. Im Göttlichen schließlich steigt die γνῶσις von der Erkenntnis der verschiedenen Vollkommenheitsstufen des Logos zur Erkenntnis des trinitarischen Sohnes bis zur Erkenntnis des Vaters empor. „Erkenntnis der heiligsten Dreifaltigkeit" (GCS VIII, 146,12f.) ist Höhepunkt der Gnosis. Diese θεωρία Gottes ist Vereinigung mit ihm (ἕνοσις) und sie bewirkt die Vergöttlichung des Menschen.

Als Allegorie der Stufen des Weges der einzelnen Seele zur Vollkommenheit interpretiert Origenes die im Buch ‚*Numeri*' genannten Stationen des Wüstenzugs des Volkes Israel: Der Exodus der Israeliten aus Ägypten bedeutet den Exodus der Seele aus der Leiblichkeit zur Seligkeit der γνῶσις. „Also beginnt der Aufstieg der seligen Seele, nachdem alle Ägypter ertränkt sind [...], um so durch die verschiedenen Wohnungen wallend, [...] immer mehr erleuchtet zu werden [...], bis sie sich daran gewöhne, den Glanz der wahren Majestät zu ertragen."[67]

Als Quintessenz dieser adaptierenden Aneignung der philosophischen Tradition durch Origenes bleibt festzuhalten: Die Bibel ist Inbegriff aller Wahrheit; die philosophischen Theoreme sind nur insofern wahr, als sie mit der Schrift übereinstimmen. Aus dieser Konstellation ergab sich in der Folge das Programm, das christliche Kerygma mit den begrifflichen Mitteln der Philosophie auszulegen, nicht um die (von den zeitgenössischen Gelehrten als primitive Mythologie abqualifizierte) christliche Lehre wissenschaftlich zu rehabilitieren und ihre Diskutabilität zu sichern, sondern um ihren Anspruch einzulösen,

---

66 Walther Völker, Das Vollkommenheitsideal des Origenes. Eine Untersuchung zur Geschichte der Frömmigkeit und zu den Anfängen christlicher Mystik, Tübingen 1930, S. 82.

67 Übersetzung (nach von Balthasar, 1938, S. 100): „Die erste Station, Sochoth, heißt ‚Zelte', und dies bedeutet, dass der erste Fortschritt der Seele in der Einsicht besteht, unterwegs zu sein, jederzeit bereit, gegen Angreifer zu ziehen. Buthan als nächste Station bezeichnet die Erlangung der Tugenden, in Halus wiederum hat die Seele Mühen zu tragen, in Ressa stehen ihr Versuchungen bevor, bis sie über weitere Stationen nach Thara gelangt, und das bedeutet Entrückung. Die letzte Lagerstätte liegt im Westen von Moab in der Nähe des Jordan, das heißt: sie gelangt zum Flusse Gottes, zur fließenden Weisheit und badet in den Wellen der Einsicht, damit sie, in allem gereinigt, in das Land der Verheißung eingehe."

die „wahre Philosophie" zu sein. Nicht zuletzt unter dem Druck dieses Selbstverständnisses entwickelt sich die christliche Botschaft zur Theologie, die philosophisch argumentiert. Als zugleich „wahre Philosophie" und „Theologie" wird sie zur universalen Wissenschaft mit absolutem Wahrheitsanspruch. Dieses Einheitskonzept bleibt bis in das Frühmittelalter in Geltung. Erst im Zuge der Aristotelesrezeption im 12. und 13. Jahrhundert gerät es in die Krise.

4.3 Christliche Überlegenheit – Gregor von Nazianz, Hieronymus

Das Bewusstsein der Überlegenheit der christlichen Lehre gegenüber der paganen Philosophie, das sich schon in Justins Schriften meldet, verstärkt sich, je mehr das Christentum sich in den folgenden Jahrhunderten durch kaiserliche Maßnahmen und Erlasse Schritt um Schritt rechtlich und institutionell konsolidiert. In der ‚Mailänder Vereinbarung' vom Jahre 313 gewährten Kaiser Konstantin und Kaiser Licinius Freiheit der Glaubensentscheidung für alle Religionen; mit dem Erlass von Kaiser Theodosius I. vom Jahre 380 war das Christentum bereits auf dem Weg zur Reichskirche. Der mit dieser Entwicklung einhergehende Wandel des Selbstbewusstseins christlicher Theologen gegenüber der paganen Kultur manifestiert sich um diese Zeit paradigmatisch in der Stellungnahme zweier prominenter Theologen. Gregor von Nazianz, geweihter Bischof von Sasima – ein Amt, das er in dem „verwunschenen und elenden Flecken" nie antrat[68] – und nur für wenige Tage Metropolit von Konstantinopel, verteidigte sich gegen Anwürfe wegen seiner rhetorischen und philosophischen Ausbildung (man nannte ihn den christlichen Demosthenes) mit einer selbstbewussten Deutung des Verses ‚*Exodus*' 15,25, in dem berichtet wird, wie Moses in der Wüste Schur das bittere Wasser von Mara trinkbar machte. Er warf auf Geheiß Jahwes ein Stück Holz in das Bitterwasser, das sogleich verwandelt wurde. Diesen Vorgang deutet Gregor figural: Er habe sich in den heidnischen Schriften gebildet und durch die göttlichen Schriften vervollkommnet. „Ich habe das bittere und ungenießbare Wasser von Mara durch das Holz des Lebens süß gemacht." (or. 36,4). Er verwandelte also aus seiner Sicht die griechische παίδευσις (Bildung) in ein auch für Christen fruchtbares Gut. Das ist für ihn die χρῆσις ὀρθή, der rechte Gebrauch der griechischen Kultur.[69]

68 Berthold Altaner, Patrologie, Freiburg/Br. ^{5}1958, S. 267.

69 Die Bedeutung von χρῆσις reicht von Ablehnung bis zu weitgehender Affirmation und Transformation des Fremden ins Eigene. Vom rechten Gebrauch ist in allen Bereichen des täglichen Lebens die Rede. In der Medizin ist, nach Galen, die rechte Anwendung das Merkmal ärztlicher Kunst. Die χρῆσις ὀρθή sieht Platon durch Wissen gesichert; und auch bei Aristoteles entscheidet das Wissen, das sich zur Weisheit entwickelt hat, über den rechten Gebrauch. Philosophie ist der rechte Gebrauch der Weisheit; vgl. Christian Gnil-

In diesem Ausdruck manifestiert sich das veränderte Kräfteverhältnis zwischen griechischer Bildung und Christentum.

Noch radikaler formuliert der gelehrte Hieronymus[70], seinem Selbstverständnis nach ein Biblizist, dem gleichwohl vorgeworfen wurde, ein Bewunderer Ciceros zu sein, das christliche Überlegenheitsgefühl in seiner Auslegung der Perikope ‚*Exodus*‘ 7,8–13. Dort wird berichtet, wie Aarons Stab vor den Augen des Pharao die Stäbe der Weisen und Zauberkünstler verschlang (PL 23,326B). In diesem Vorgang drücke sich die Überlegenheit der christlichen Lehre aus, die in ihrer *simplicitas* von den an Platon und Aristoteles geschulten Häretikern verachtet werde. Sobald sich aber die Heiden der Hl. Schrift nähern, „werden sie von dem Felsen, das heißt von Christus, absorbiert“ (CCL 78,306).

5. Das Verhältnis von christlicher Glaubenslehre und philosophischem Wissen im Mittelalter

5.1 Translatio studii *und* translatio imperii. *Das Integrationskonzept Alkuins – Aporien und Zweifel*

Gegenüber der antiken Wissenschaft und Kultur befindet sich das Christentum im Mittelalter in einer ähnlichen Situation wie in den ersten Jahrhunderten. Das abendländische Mönchtum verhielt sich zunächst zwiespältig. Die Einstellungen reichten wie im Urchristentum und bei den Vätern von strikter Ablehnung bis zu entschiedener Verteidigung. Neue Aspekte ergaben sich aus der Benedikt-Regel und ihrer Funktionalisierung des Wissens. Man unterschied *scientiae spirituales*, die dem obersten Ziel des klösterlichen Lebens, „quaerere Deum“, dienten, und *scientiae saeculares*, aus denen man die *artes liberales* auswählte und sie nur insoweit betrieb, als sie zur Erfüllung administrativer und religiöser Pflichten, z. B. der Lektüre der Bibel, dem Studium der Kirchenväter und der Liturgie beitrugen. Das profane Wissen war kein Selbstzweck.[71]

Im 8. und 9. Jahrhundert verschoben sich die Gewichte. Karl d. Große belebte mit seiner Reformpolitik das gesamte Programm der sieben freien Künste

ka, ΧΡΗΣΙΣ. Die Methode der Kirchenväter im Umgang mit der antiken Kultur, Basel u. a. 1984, S. 29–43.

[70] Hieronymus hatte in Konstantinopel auch Lehrvorträge Gregors von Nazianz gehört.

[71] Vgl. Ralf Köhn, Monastisches Bildungsideal und weltgeistliches Wissenschaftsdenken. Zur Vorgeschichte des Mendikantenstreites an der Universität Paris, in: Die Auseinandersetzungen an der Pariser Universität im XIII. Jahrhundert, hg. v. Albert Zimmermann, Berlin, New York 1976, S. 10.

wieder. Theologische Studien und Studien der *artes* bildeten in diesem Konzept keinen Gegensatz. Die *scientiae saeculares* und die *sacre litere* wurden zusammen rezipiert, ein Widerspruch zwischen antiken Wissenschaften und christlicher Überlieferung bestand innerhalb des Reformprojekts nicht. Die karlischen Bildungsreformen vollzogen sich, wie schon Zeitgenossen feststellten, in planvoller Synchronie mit dem politischen Aufstieg des Reiches. „Die *translatio studii* (Übertragung der Bildung), die Erneuerung antiker Bildungsinhalte, tritt an die Seite der *translatio imperii* (Übertragung des Reiches).“[72]

In seiner programmatischen Schrift ‚*Disputatio de vera philosophia*‘ entwickelt Alkuin unter einer reichstheologischen Perspektive ein Integrationskonzept von weltlichen Wissenschaften und christlicher Theologie. Durch die Wissenschaften (*artes*), welche die sieben Stufen der *philosophia* bilden, gelange der Mensch zur *sapientia*, in der sich theoretische Kenntnisse und praktische Klugheit verbinden. Diese „weltliche Weisheit“ (*saecularis sapientia*, PL 101,852 D), die Platon in exemplarischer Form verwirklicht habe, sei aber keine autonome Größe, sondern stehe in untergründiger Abhängigkeit von der göttlichen Weisheit der Schrift, dem Inbegriff der Wahrheit. Alles, was wahr ist, hängt daher, nach Alkuin, mit der biblischen Wahrheit zusammen. Was an Platons Philosophie wahr ist, hat er auf eine ihm selbst verborgene Weise mittelbar der Bibel entnommen. Damit ist ein grundsätzlicher Gegensatz zwischen griechischer Wissenschaft und Weisheit und christlichem Glauben ausgeschlossen, und die *sapientia saecularis* für die christliche Welt gerettet. „Die Weisheit hat sich ein Haus gebaut, das auf sieben Säulen ruht“ (PL 101,853B). Einerseits bedarf also die in der Schrift geoffenbarte Wahrheit der wissenschaftlichen Erschließung durch die *artes*, andrerseits muss die in den Wissenschaften erreichbare weltliche Weisheit auf die göttliche Weisheit als letztbegründende Instanz hin überschritten werden. Dieser Weg führt zur christlichen Weisheit. Alkuin rechnet mit einer spannungslosen Kongruenz von Wissenschaften (Philosophie) und christlichem Glauben.

Die neue Einstellung gegenüber den weltlichen Wissenschaften, die in der Karolingerzeit einsetzte, die „Heiligung“ der *artes*[73], wurde nicht überall mit Beifall aufgenommen. Allenthalben meldeten sich Zweifel und Ablehnung. Mit zunehmender Verwendung der antiken Mustertexte und der Verbesserung der Kommentierungstechniken wurden die antiken Texte auch inhaltlich immer wichtiger, sie dienten nicht mehr bloß als stilistische Vorbilder, sondern interessierten wegen ihrer Aussagen zu Ethik, Geschichte, Kosmologie. Dabei entdeckte man im Lichte von Logik und Dialektik, dass die antiken Lehren über Gott, Welt und Seele vielfach nicht mit den christlichen übereinstimmten. So

72 Wolfgang Haubrichs, Die Anfänge: Versuche volkssprachiger Schriftlichkeit im frühen Mittelalter (ca. 700–1050/60), Frankfurt/M. 1988, S. 76.

73 Vgl. Ernst Robert Curtius, Europäische Literatur und lateinisches Mittelalter, Bern u. a. 1965, S. 445.

bedurfte es diffiziler Distinktionen, um die Anfangs- und Endlosigkeit des Kosmos mit der göttlichen Schöpfertätigkeit zu vereinbaren. Dass Boethius wie Platon im ‚*Timaios*‘ einen Demiurgen annahm, der eine immer schon vorhandene Materie gestaltet, war kaum mit der christlichen *creatio ex nihilo* kompatibel. Es sind synkretistische Gewaltstreiche notwendig, um den Platonismus des Boethius zu taufen.[74]

Die zunehmende Verwissenschaftlichung bedeutete einen Rationalisierungsschub und dieser setzte Diskurse in Gang über das Verhältnis von Glaube und Vernunft, über die Rolle von Tradition und Autorität.[75] Alte und neue Paradigmen kollidierten, wie etwa im Abendmahlsstreit, der den „philosophischen Umbruch im Wirklichkeitsverständnis“[76] signalisierte, als man von einem neuplatonischen Bildbegriff ausgehend, zwischen Urbild und Bild keine bloße Verweisrelation annahm, sondern das Urbild im Bild zur Erscheinung kommen sah. So konnte der Mönch Ratramnus das sakramentale vom historischen *corpus Christi* unterscheiden, ohne die Realpräsenz zu leugnen.

5.2 Die Überbrückung des Gegensatzes von Glauben und Wissen mit neuplatonisch-dionysischen Theoremen durch Johannes Scottus Eriugena

Eine anderer Konfliktpunkt war der Streit um die Prädestination, den der Mönch Gottschalk (etwa 806–866/70) mit seiner Lehre von der doppelten Vorherbestimmung (*gemina praedestinatio*) ausgelöst hatte. In seinem Gutachten ‚*De divina praedestinatione*‘[77], angefertigt im Auftrag des Reimser Metropoliten, ging Johannes Scottus Eriugena von einer Einheit von Wissen und Glauben aus. „Was ist Philosophie betreiben anderes als die Regeln der wahren Religion [...] zu erklären.“ Es gilt also, dass „wahre Philosophie wahre Religion und umgekehrt wahre Religion wahre Philosophie ist“ (De praed. I, 1). Das bedeutet eine Aufwertung der Philosophie, die aber inhaltlich von der Religion abhängig bleibt. Ihre Aufgabe besteht in der konsistenten Auslegung der Schrift nach

---

74 Vgl. Eckhart Mühlenberg, Dogma und Lehre im Abendland, in: Handbuch der Dogmen- und Theologiegeschichte, Bd. 1: Die Lehrentwicklung im Rahmen der Katholizität, hg. v. Carl Andresen, Göttingen 1982, S. 547.

75 Vgl. Brian Stock, Schriftgebrauch und Rationalität im Mittelalter, in: Max Webers Sicht des okzidentalen Christentums. Interpretation und Kritik, hg. v. Wolfgang Schluchter, Frankfurt/M. 1988, S. 165–183.

76 Hans Jorissen, Zum Verhältnis von Bild und Sakrament, in: Streit um das Bild. Das Zweite Konzil von Nizäa (787) in ökumenischer Perspektive, hg. v. Josef Wohlgemuth, Bonn 1989, S. 100.

77 Wir zitieren nach der Ausgabe von Goulven Madec: Iohannis Scotti *De divina praedestinatione liber*, Turnhout 1978.

den Regeln der Vernunft mit logisch-dialektischen Verfahren in Propositionen, die widerspruchsfrei sind und Allgemeingültigkeit beanspruchen.[78] Die christliche Wahrheit ist die oberste Richtschnur für die *ratio.*

Johannes Scottus intendiert also nicht, die Religion in der rationalen Reflexion aufzuheben; denn die Schrift ist, wie er meint, in ihrer Tiefe für die Vernunft unergründbar. Außerdem stellt er neben die *ratio* immer die *auctoritas* der Väter. Die Schrift muss auf beide Weisen ausgelegt, rational erklärt und autoritativ gesichert werden. Er reduziert zwar den Stellenwert der Autorität und setzt sie ins zweite Glied: Nicht die Autorität der Väter schafft die Wahrheit, sondern die Wahrheit die Autorität; ohne Rekurs auf die *ratio* gibt es keine *auctoritas.* Er stellt aber trotz dieser eindeutigen Hierarchisierung den Autoritätsbeweis regelmäßig neben die rationale Argumentation. Damit ergibt sich für alle Untersuchungen die methodische Schrittfolge: *scriptura, dialectica, patres.*

Im Prädestinationsstreit sammelten sich die Auswirkungen des Rationalisierungsschubes der Karolingerzeit wie in einem Brennpunkt. Die unterschiedlichen Wertungen von Wissenschaft und *ratio* zogen scharfe Grenzen und formierten sich in klar profilierten Positionen. Eriugena auf der einen Seite hebt sich deutlich von den Positionen der Theologen und kirchlichen Würdenträger ab, die nach wie vor traditionalistisch verfuhren und an Katenentechnik und Autoritätsbeweis als den maßgebenden theologischen Methoden festhielten. Die Schrift und die Väter sind für Eriugena zwar Instanzen der Wahrheitsfindung und -sicherung, er verwendet aber in neuartiger Weise logisch-dialektische Mittel für die theologische Arbeit. Er ordnet wie Alkuin das Weltwissen nach dem Kanon der *artes*, geht aber über diesen hinaus, indem er die *artes* auf die Logik als „Mutter der freien Künste" zurückführt: Die Propositionen der einzelnen Fächer folgen den Prinzipien logischen Denkens, der Satz vom Widerspruch ist das oberste Wahrheitskriterium.

Traditionalistische Positionen betonten dagegen die Einfachheit, Verständlichkeit und Evidenz der Schrift, die, nach Prudentius von Troyes, der Philosophie, der Rhetorik und Dialektik nicht bedürfe (PL 115,1015A) Die christlichen Mysterien blieben der menschlichen Weisheit unerreichbar. Nicht die *scientia humana*, sondern nur die *potentia* des Hl. Geistes könne sie erschließen (ebd., 1016BC). Die oberste Instanz für alles Wissen sei die Schrift. Wer dies nicht anerkenne, werde, wie Florus von Lyon warnt, leicht vom *inventor veritatis* zum *magister erroris* (PL 119,231A).

Die Kontroverse um die Prädestination endete für Eriugena mit der kirchlichen Verurteilung durch die Synoden von Valence (855) und Langres (859).[79]

---

[78] Vgl. Schrimpf, TRE, 17,158.

[79] Die Synodalen stützten sich bei ihrer Stellungnahme wahrscheinlich nur auf die Gegengutachten von Prudentius und Florus, deren Basis wiederum nur die 19 Kapitel waren, die Wenilo aus der Schrift Eriugenas hatte zusammenstellen lassen und die er an Pruden-

Damit war sein Versuch, *ratio* und Glauben zu integrieren, Philosophie und Theologie als eine Einheit zu verstehen, als Irrweg abqualifiziert. Es bleibt aber unübersehbar, dass sich in der Karolingerzeit, insbesondere in der Spätzeit mit der von Eriugena im Zuge der Rezeption der antiken Wissenschaften vorangetriebenen Verwissenschaftlichung der Schulen und der Theologie, das Verhältnis von Religion und *ratio* veränderte. Der Einbau der antiken Wissenschaften in das karolingische Bildungssystem war ein weit in die Zukunft reichender Vorgang. Logik und Dialektik, Rationalität, blieben dadurch mit der Theologie in enger Verbindung, anders als in der arabischen Welt, in der diese Künste streng von der Theologie ferngehalten wurden. Im lateinischen Westen jedenfalls eröffnete in der Folge die enge Verbindung von Logik und Dialektik mit der Theologie Möglichkeiten, die Welt der Religion in Rationalisierungen einzubeziehen und die religiösen Autoritäten auf rationale Normen zu verpflichten.[80] Dass Eriugena sein Projekt einer Integration von Rationalität und Religion nach den Anfeindungen und Verurteilungen nicht aufgab, sondern auf neuem Wege zu verwirklichen suchte, dafür steht sein Monumentalwerk ‚*Periphyseon*' ein. Er unternimmt darin den Versuch, auf der Basis der Transformation neuplatonisch-dionysischer Theoreme das gesamte Schöpfungsgeschehen als Prozess zu deuten, der von der unvordenklichen göttlichen Einheit in die Vielheit der Geschöpfe verläuft, sich zum *reditus* wendet und in der Einheit aller Geschöpfe in Gott kulminiert. An der Spitze des Ganzen steht kein höchstes Seiendes, sondern ein Nicht-Sein; und dieses Nicht-Sein ist auch keine unendliche Substanz neben endlichen Substanzen. Zwischen Gott und seinen Geschöpfen gibt es keine gemeinsame Ebene, *nulla proportio*. Gott ist selbst kein Seiendes mehr.[81] Mit dieser These einer vom Sein unterschiedenen höchsten Realität reiht sich Eriugena in die neuplatonisch-dionysische Tradition ein und unterscheidet sich von einer christlichen Ontotheologie, die – maßgeblich bei Augustinus – den biblischen Gottesnamen „Ich bin, der ich bin" im Sinne einer Identität von Gott und Sein interpretiert.

---

tius geschickt hatte. Der canon 4 der Synode von Valence will die 19 Kapitel „gänzlich vom frommen Gehör der Gläubigen" entfernt wissen und verbietet sie „mit der Autorität des Hl. Geistes". Denn sie seien durch „völlig unangemessene Syllogismen" – durch logisch-dialektische Verfahren – zustandegekommen und, wie die Synode von Langres, die den Beschlüssen von Valence beitritt, hinzufügt: mendacissime a quodam Scoto conclusa (Mansi, XV, col. 538). Sie seien eher eine „Erdichtung des Teufels", commentum diaboli, als ein Argument des Glaubens, argumentum fidei (Denzinger, n. 323). Und der canon 6 derselben Synode, der von Gnade und Freiheit des Willens handelt, verwirft die „albernen Spitzfindigkeiten [...] und Altweibergeschichten, sowie den Brei der Anhänger des Scotus, der der Reinheit des Glaubens Übelkeit bereitet" (Denzinger, n. 325).

80 Vgl. Johannes Fried, Karl d. Gr., Die Artes liberales und die karolingische Renaissance, in: Karl der Große und sein Nachwirken. 1200 Jahre Kultur und Wissenschaft in Europa, hg. v. Paul L. Butzer u. a., Turnhout 1997, S. 40f.

81 Vgl. Klaus Kremer, Die neuplatonische Seinsphilosophie und ihre Wirkung auf Thomas von Aquin, Leiden 1966.

Trotz seiner absoluten Unterschiedenheit von allen Seienden ist Gott aber zugleich die ursachelose Ursache der Schöpfung, deren schöpferischer Grund, der die Geschöpfe nicht in einem einmaligen, punktuellen Akt hervorbringt, sondern ihnen kontinuierlich Sein zukommen lässt. Gott wird in der Schöpfung beständig Gott, sie ist seine Realisation. Die *creatio* ist *creatio continua*, das Sein der Geschöpfe beständiges Werden. Gott ist *natura naturans*; er bringt in seiner Selbstmanifestation die Schöpfung hervor und hebt sie wiederum in sich auf. In diesem Prozess, in dem Gott in sich und in den Dingen, als relationslose Relation alles in allem ist, entstehen alle Unterschiede und lösen sich alle Unterschiede in Einheit auf, auch der Gegensatz von Glauben und Wissen. Einheit ist der Anfang und das Ziel des Ganzen. ‚*Periphyseon*' bildet den Schlussstein in den Auseinandersetzungen der Karolingerzeit um *fides* und *ratio*.

Im Frühen Mittelalter begegnen also zwei große Beispiele der Auseinandersetzung mit der griechischen Philosophie: Alkuins Integrationskonzept von weltlichen Wissenschaften und christlicher Theologie, das im Wesentlichen patristischen Vorbildern folgt, und Eriugenas groß angelegter Versuch, den Gegensatz von Wissenschaft und Glauben mit neuplatonisch-dionysischen Theoremen zu überwinden. Die aristotelische Philosophie spielt im Vergleich mit der Präsenz neuplatonischer Denkstrukturen noch kaum eine Rolle.

5.3 *Die Aristoteles-Rezeption und die neuen Herausforderungen*

Im 11. und 12. Jahrhundert verändert sich die Lage. Die nun verstärkt einsetzende Rationalisierung führt zu Ausdifferenzierung und Verselbständigung gesellschaftlicher Bereiche. Gesellschaftliche Dynamik und ein „rationaler Trend"[82] charakterisieren die neue Zeit. Um die Wende vom 11. zum 12. Jahrhundert lenkt nicht nur die wissenschaftliche und künstlerische Entwicklung, für die zuerst der Ausdruck ‚Renaissance des 12. Jahrhunderts' geprägt wurde, sondern auch die wirtschaftliche, politische, gesellschaftlich-soziale und religiöse Entwicklung in Bahnen einer neuen Rationalität ein.

Um diese Zeit begann die Rezeption der Schriften des Aristoteles. Zunächst wurden, beginnend im 11. Jahrhundert, die logischen Schriften, ‚*Peri hermeneias*' und die ‚*Kategorien*' zusammen mit den Kommentaren des Boethius und der ‚*Isagoge*' des Porphyrius rezipiert.[83] Im 13. Jahrhundert erfolgte ein

[82] Karl Bosl, Die Grundlagen der modernen Gesellschaft im Mittelalter. Eine deutsche Gesellschaftsgeschichte des Mittelalters, Stuttgart 1972, S. 162.

[83] Anders lagen die Verhältnisse im arabischen Raum. Eine breite und intensive Übersetzungstätigkeit setzte dort schon gegen Ende des 8. Jahrhunderts ein, gefördert durch das Herrscherhaus der Umajjaden; im 10. Jahrhundert war das gesamte *Corpus aristotelicum* verfügbar.

zweiter Schub, als die aristotelischen Hauptschriften, teilweise durch Übersetzungen aus dem Arabischen, bekannt wurden[84] und begeistert aufgenommen, aber auch entschieden abgelehnt wurden.

5.3.1 Zur Rezeption der aristotelischen Logik und Wissenschaftstheorie im 11. und 12. Jahrhundert – erste Auswirkungen des ‚*Organon*‘

Dass zunächst nur die logischen Schriften des Aristoteles rezipiert wurden, hängt eng mit dem Schicksal des Boethius zusammen, der alle Schriften des Aristoteles übersetzen und kommentieren wollte. Dieses Vorhaben konnte er nur für die logischen Schriften durchführen, mit Ausnahme der ‚*Analytica Posteriora*‘. Überliefert sind zwei Kommentare zur ‚*Isagoge*‘ des Porphyrios, eine Übersetzung und ein Kommentar zu den ‚*Kategorien*‘ und zwei Kommentare zu ‚*Peri hermeneias*‘. ‚*Isagoge*‘, ‚*Kategorien*‘ und ‚*Peri hermeneias*‘ fasste man als ‚*Logica vetus*‘ zusammen. Nach der Mitte des 12. Jahrhunderts wurden die ‚*Analytiken*‘, die ‚*Topik*‘ und die ‚*Sophistischen Widerlegungen*‘ übertragen. Dem frühen Mittelalter fehlten also die „aristotelischen Realwissenschaften, die Seelenlehre, Biologie, Physik, Poetik, aber auch die Metaphysik, die Ethik und die Politik. Aristoteles galt daher für sechs Jahrhunderte primär als Logiker.“[85]

5.3.1.1 Die Auseinandersetzungen zwischen Logikern und Grammatikern: logisch-dialektische Analyse versus grammatische Beschreibung

1. Erste Auswirkungen des aristotelischen ‚*Organon*‘, zu dem man die Schriften ‚*Kategorien*‘, ‚*Peri hermeneias*‘, ‚*Analytica priora*‘, ‚*Analytica posteriora*‘, ‚*Topik*‘ und ‚*Sophistische Widerlegungen*‘ rechnete, wurden gegen Ende des 11. Jahrhunderts sichtbar. Um diese Zeit begannen die Auseinandersetzungen zwischen „Dialektikern“ und „Antidialektikern“, Logikern und Grammatikern. Bis dahin galt die

[84] Vgl. Fernand van Steenberghen, Die Philosophie im 13. Jahrhundert, München u. a. 1977; Richard Heinzmann, Philosophie des Mittelalters, Stuttgart u. a. 1992; Georg Wieland, Ethica – Scientia Practica. Die Anfänge der philosophischen Ethik im 13. Jahrhundert, Münster 1981; Albertus Magnus und die Anfänge der Aristoteles-Rezeption im lateinischen Mittelalter. Von Richardus Rufus bis zu Franciscus de Mayronis, hg. v. Ludger Honnefelder, Rega Wood, Mechthild Dreyer, Marc-Aeilko Aris, Münster 2005.

[85] Kurt Flasch, Das philosophische Denken im Mittelalter. Von Augustin zu Machiavelli, Stuttgart 1986, S. 48; vgl. Thomas de Aquino: Prologe zu den Aristoteleskommentaren, hg. übers. und eingeleitet von Francis Cheneval und Ruedi Imbach, Frankfurt/M. 1993, S. XXVIII–XLI.

Grammatik als *origo* des Wissens und Grundlage jedes weiteren Studiums.[86] Um 1050 setzte eine Trennung von *artes* und *auctores* ein, besonders nachhaltig vorangetrieben von den Schulen in Paris. In Chartres und Orléans dagegen hielt man an den Autoren fest.[87] Den *amatores litterarum* standen die aristotelisierenden Logiker und Dialektiker gegenüber, sie stellten die logisch-dialektische Analyse der Sprache über ihre grammatische Beschreibung. Bei der neuen wissenschaftlichen Methode der Dialektiker ging es nicht um die Akkumulation literarischer Muster, um die Schulung des sprachlichen Ausdrucks, sondern um Analyse und schlussfolgerndes Denken, um Begründung, um formale und begriffliche Präzision.

Der Gegensatz der Schulen von Orleans und Chartres auf der einen Seite und Paris auf der anderen setzte sich bis ins 13. Jahrhundert fort. Matthäus von Vendôme (gest. 1286) hielt den Gegensatz in den Versen fest: *Parisius logicam sibi iactitet, Aurelianis auctores,*[88] und Henri d'Andeli handelte in seinem Poem ‚*Bataille des set ars*'[89] von der Niederlage der Grammatik gegen die Logik. Seit dieser Zeit wage es die höfische Poesie nicht mehr, im Gebiet der Logik aufzutauchen.[90]

---

86 Vgl. Josef Koch, Von der Bildung der Antike zur Wissenschaft des Mittelalters, in: HSch 15 (1962), S. 95.

87 Vgl. Eduard Norden, Die antike Kunstprosa: vom VI. Jahrhundert v. Chr. bis in die Zeit der Renaissance, Bd. 1, Darmstadt ^{5}1958, S. 725.

88 Zitiert nach Norden, 1958, S. 727.

89 Vgl. die Ausgabe: The Battle of the Seven Arts: A French Poem, hg. v. Louis J. Paetow, University of California Press 1914.

90 Anlass der Auseinandersetzung ist eine Verbalinjurie. Die streitsüchtige Logik hatte die Gelehrten von Orleans „Glomeriaux", das bedeutet wohl „Grammatikaster", und ihre Autoren „Auctoriaux" genannt. Die Grammatik will sich wegen dieser Beleidigung rächen und sammelt außerhalb Orleans' ihre Truppen: die Ritter von Orleans, dazu Homer, Claudian, Priscian, Persius, Donatus. Auch die Logik zieht Truppen zusammen: Physik, Chirurgie, Musik, Nekromantie, Astronomie, Arithmetik, Geometrie eilen der Logik zu Hilfe. Die Protagonisten eröffnen den Kampf: Donat greift Platon an, Aristoteles dagegen wirft mit einem Lanzenstoß Priscian aus dem Sattel, der nur durch seine Neffen Doctrinale und Graecismus gerettet wird. Auch die Grammatik wird von Aristoteles umgerannt, doch dann stellen sich ihm Persius, Virgilius, Horatius, Iuvenalis, Statius, Lucanus, Sedulius, Propertius, Prudentius, Arator, Terentius, Homerus und Priscian mit seinen Neffen in den Weg und er wäre verloren gewesen, wenn ihm nicht Elenchus, Logik, Peri Hermeneias, Topik, die Bücher der Natur und Ethik zugleich mit Nekromantie, Physik, Porphyrius, Boethius und Makrobius zu Hilfe geeilt wären. Die Schlacht wogt hin und her, da muss sich die Logik mit ihrem Heer in die Festung Mont-l'Héri zurückziehen. Sie schickt einen Friedensunterhändler in das gegnerische Lager, der jedoch so schlecht die Sprache beherrscht, dass man ihn unverrichteter Dinge ins Lager der Logik zurückschickt. Als dann die Astronomie ihre Blitze ins Lager der Grammatik schleudert und die Zelte verbrennt, wendet sich die Schlacht zugunsten der Logik. Das Heer der Grammatik zerstreut sich.
Vgl. auch Ineke Sluiter, Rita Copeland, Medieval grammar and rhetoric: language arts and literary theory, AD 300–1475, Oxford 2009.

2. Mit der Rezeption der ‚*Logica vetus*‘ vollzog sich ein Wandel von der grammatischen Beschreibung sprachlicher Erscheinungen zu ihrer logischen Analyse nach aristotelischem Vorbild. Exemplarisch ist Anselms von Canterbury Traktat ‚*De grammatico*‘[91], in dem er die Frage diskutiert, ob ‚*grammaticus*‘ die Substanz oder ein Akzidens, die Qualität, bezeichne (S. 145,4f.). Die Grammatiker behaupteten im Anschluß an Priszian, daß alle Nomina die Substanz zusammen mit der Qualität, *substantia cum qualitate*, bezeichneten. Aristoteles dagegen hatte in der ‚*Kategorienschrift*‘ gelehrt, dass Paronyma, Ableitungen aus abstrakten Nomina, ausschließlich Qualität meinten; ‚*grammaticus*‘ steht demnach nur für die Qualität. Und Aristoteles habe Recht. Denn die eigentliche Bedeutung eines denominativen Nomens, z. B. ‚weiß‘, sei ‚die Qualität weiß an einer Entität‘: *per album non significatur aliquid habens albedinem nec qui albedinem habet, sed tantum albedinem habens* (S. 168,1f.). Andernfalls ergäbe sich eine absurde Folgerung. Denn wenn man *album* als *aliquid album* verstünde, hieße das: *recte quoque dicitur bis. Aliquid aliquid album; et ubi bis, ibi ter, et hoc infinite* (S. 167,9). Der hier sichtbar werdende Gegensatz von grammatischer und logisch-semantischer Struktur ist für Anselm der Ausdruck der Differenz zwischen der ungenauen Umgangssprache und einer präzisen logischen Sprache.[92] In dem Satz *nihil me docuit volare*, den er als Beleg anführt, fungiert *nihil*, grammatisch betrachtet, als Subjekt; *secundum modum loquendi* genommen, ergibt die Aussage Unsinn; *secundum rem* bezeichnet *nihil* keine Entität. Das semantische Subjekt ist nicht das grammatische. Die logisch-dialektische Analyse der Sprache deckt also den Unterschied der richtigen Form einer Aussage und der vielfach unkorrekten, logisch fehlerhaften Grammatik der Alltagssprache auf.

3. Auch Petrus Abaelardus geht in seinen Kommentaren zu den logischen Schriften des Aristoteles in die Richtung einer kritischen Semantik, wie seine Analyse der Bedeutungen des ‚est‘ zeigt.

In ‚*Peri hermeneias*‘ hatte Aristoteles das ‚ist‘ im Zusammenhang seiner Untersuchung von Nomen und Verbum analysiert. Für sich genommen, sagt das ὄνομα nicht aus, ob etwas der Fall ist oder nicht; es behauptet nichts und ist ohne Wahrheitswert. Das Verbum, ῥῆμα, zeigt an, dass etwas von etwas ausgesagt wird. Auch es hat, wie das Nomen, isoliert betrachtet, Bedeutung (16b19–22), und ist, wie dieses, wahrheitsindifferent. Dies gilt sogar von den Verben ‚ist‘ und ‚ist nicht‘, die *per se* schon anzuzeigen scheinen, dass etwas der Fall ist oder nicht der Fall ist. In der Passage 16b22–25 hatte Aristoteles aber argumentiert: *‚sein‘ oder ‚nicht sein‘ hat überhaupt keine Bedeutung, auch nicht, wenn man bloß ‚seiend‘ sagt. Denn es ist selbst nichts, es zeigt nur eine Verbindung an,*

---

91 Anselm von Canterbury, ‚*De grammatico*‘, Opera omnia, 2 Bd., hg. v. Franciscus Salesius Schmitt, Stuttgart-Bad Cannstatt 1968, I, S. 145–168.

92 Vgl. Wolfgang L. Gombocz, Sprachphilosophie in der Scholastik, in: Sprachphilosophie, hg. v. Marcelo Dascal, Dietfried Gerhardus, Kuno Lorenz, Georg Meggle, Berlin 1992, S. 64.

die ohne die verbundenen Teile nicht zu denken ist.[93] Wie ist dann aber die Feststellung, dass Verben, losgelöst vom Kontext, sich wie Nomina verhalten, mit der Behauptung vereinbar, dass das Wort ‚sein' ohne Bedeutung ist und lediglich eine Synthesis anzeigt? Zwei Lösungsmöglichkeiten bieten sich an. Erstens: Aristoteles handelt an der fraglichen Stelle von der Kopula, wie schon Pacius in seinem ‚*Commentarius Analyticus*' (1597) meinte. Sie bezeichnet lediglich die Verknüpfung von Subjekt und Prädikat und ist bedeutungsleer. Zweitens: Aristoteles spricht – wenn man die Lesart οὐδὲ γὰρ (16b22) zugrundelegt – zunächst vom existentialen ‚ist', dem Bedeutung, aber kein Wahrheitswert zukommt, dann (b23–25) von der Kopula, die ohne Bedeutung ist und nur die Urteilssynthese anzeigt.[94] Für beide Deutungsmöglichkeiten gibt es Gründe.

Die Mehrdeutigkeit des *est* bereitet Abaelard Schwierigkeiten. Das Verbum hat, wie er feststellt, entweder existentiale Bedeutung oder es fungiert als Kopula. Es verbindet entweder in Existenzsätzen sich selbst, seinen Bedeutungsgehalt ‚Existenz', mit dem Subjekt, oder als Kopula jedes beliebige Prädikatsnomen mit dem Subjekt.[95] Wie aber ist es denkbar, dass ein und dasselbe Wort ‚*est*' ganz verschiedene Funktionen erfüllt – als *secundum adiacens* wird es signifikativ und kopulativ, als *tertium adiacens* nur kopulativ verwendet? Abaelard versucht die Frage mit einer Quasi-Univozitätsthese zu lösen. Um eine einheitliche Bedeutung von ‚*esse*' sicherzustellen, gleicht Abaelard einerseits den Existenzsatz an prädikative Sätze an.[96] Semantisch behandelt er den Satz ‚*Socrates est*' wie den Satz ‚*Socrates currit*'. Er versteht also das existenziale ‚*est*' als reales Prädikat. Von der grammatischen Analogie der beiden Sätze schließt er auf deren semantische Analogie. Dem ‚*est*' entspricht wie dem ‚*currit*' eine Entität (S. 347,23–37; S. 360,13–18). Andererseits behauptet er, dass der Kopula eine

---

93 οὐδὲ γὰρ τὸ εἶναι ἢ μὴ εἶναι σημεῖόν ἐστι τοῦ πράγματος, οὐδ' ἐὰν τὸ ὂν εἴπῃς αὐτὸ καθ' ἑαυτὸ ψιλόν. αὐτὸ μὲν γὰρ οὐδέν ἐστι, προσσημαίνει δὲ σύνθεσίν τινα, ἣν ἄνευ τῶν συγκειμένων οὐκ ἔστι νοῆσαι (16b22–25).

94 Vgl. Aristotle's Categories and De Interpretatione, translated with notes by John L. Ackrill, Oxford ²1979, S. 121–124; andere Lösungsvorschläge: Hans Wagner, Aristoteles, De Interpretatione 3, 16b19–25, in: Philomathes. Studies and Essays in the Humanities in Memory of Philip Merlan, hg. v. Robert B. Palmer, Robert Hamerton-Kelly, The Hague 1971, S. 95–115; Wolfram Ax, Zum isolierten ῥῆμα in Aristoteles' de interpretatione 16b19–25, in: AGPh 61 (1979), S. 271–279; Hermann Weidemann, Aristoteles über das isolierte Aussagewort: De int. 3, 16b19–25, in: AGPh 64 (1982), S. 239–256; Erwin Sonderegger, „... Denn das Sein oder Nichtsein ist kein Merkmal der Sache ..." Bemerkungen zu Aristoteles, De interpretatione 3, 16b22f., in: ZphF 43 (1989), S. 489–508.

95 ‚*Super Peri ermenias*', in: Peter Abaelards Philosophische Schriften, I. Die Logica ‚*Ingredientibus*', 3. Die Glossen zu ΠΕΡΙ ΕΡΜΗΝΕΙΑΣ, Münster/W. 1927, S. 357,36–358,10; S. 362,28–36.

96 Vgl. Klaus Jacobi, Diskussionen über Prädikationstheorie in den logischen Schriften des Petrus Abailardus, in: Petrus Abaelardus (1079–1142); Person, Werk und Wirkung, hg. v. Rudolf Thomas, Trier 1980, S. 165–179.

Existenzbedeutung zukomme. Das existenziale ‚*est*' hat demnach auch kopulative, das kopulative ‚*est*' auch existenziale Bedeutung.

Daß diese Quasi-Univozitätsthese in Schwierigkeiten führt, zeigt Abaelard selbst, ausgehend von dem Beispielsatz ‚*animal rationale est animal irrationale*' (S. 339,11–340,6)[97]. Den Termini des Satzes kommt jeweils ein *intellectus sanus* zu, sie sind in ihrem Sinngehalt nicht leer. Die Verbindung der beiden Sinngehalte durch das ‚*est*' macht aber die Proposition falsch, die Trennung der Termini durch das ‚*non est*' dagegen wahr. Daraus scheint sich der Schluss zu ergeben, dass das ‚*est*' etwas bezeichne und dadurch die beiden *intellectus* der Termini zu einem falschen Satz verknüpfe. Entsprechend gilt dann für die Negation, dass das ‚*non est*', dem wiederum eine selbständige Bedeutung zugrundeliegen muss, die selbständigen Sinngehalte der Termini zu einem wahren Satz verbindet. Also scheint das ‚*est*' bzw. die Verneinungspartikel eine Bezeichnungskraft (*vis significationis*) zu haben. Denn wenn die Negation keinen Sinngehalt hätte, unterschiede sie sich nicht von der Bejahung, die *intellectus* wären folglich nicht verschieden. Dagegen stellt Abaelard seine These: ‚*Est*' *vel* ‚*non est*' *coniunctiva vel disiunctiva sunt, non significativa* (S. 340,2f.). Die Kopula, die die Termini verbindet, hat also keinen eigenen Sinngehalt, ermöglicht aber die Verknüpfung bzw. Trennung der Termini zu denken. ‚*Est*' und ‚*non est*' sind lediglich *consignificativa* wie Präpositionen und Konjunktionen (S. 336,27–34). Diese bezeichnen nur, wenn sie in einem Satz, *in contextu orationis* (S. 338,20), auftreten. Damit ist Abaelard wieder bei Aristoteles' These von der Bedeutungsleere und Wahrheitsindifferenz des kopulativen ‚*est*' angekommen. Die Kopula kann ihre Funktion nur erfüllen, weil sie selbst nichts bezeichnet; denn – so argumentiert er in der ‚*Dialectica*' (162,6–21) – wenn die Kopula wirklich eine Existenzbehauptung implizierte, enthielte der Satz ‚*Socrates est ens*' eine absurde Verdoppelung: ‚*Socrates est ens ens*'. Und im Falle einer Aussage über Nichtexistierendes – ‚*chimaera est non-existens*' – würde wegen der angenommenen Existenzbedeutung der Kopula zugleich die Existenz behauptet und wegen des Prädikatsnomens verneint. Das ‚*est*' der Existenzaussage und das ‚*est*' der Kopula sind also ganz verschieden, äquivok.[98] Abaelard bezeichnet das existentiale ‚*est*' als eine „Eigenschaft", die den Dingen, von denen sie ausgesagt werden, nichts hinzufügt. ‚*Est*' ist also kein reales Prädikat.[99] Abaelard geht mit

---

97 Vgl. Klaus Jacobi, Die Semantik sprachlicher Ausdrücke, Ausdrucksfolgen und Aussagen in Abailards Kommentar zu Peri Hermeneias, in: Med 7 (1981), S. 41–89, bes. S. 73–77; Martin M. Tweedale, Abailard on universals, Amsterdam u. a. 1976, S. 231–234.

98 Vgl. Jacobi, 1980, S. 168.

99 Die verschiedenen Verwendungen von ‚ist' machen das Wort zu einem, nach Russell, „philosophisch gefährlichsten". Sie sind ein „Unglück für die Menschheit" und kein glücklicher Zufall für die Philosophie; denn so hat, nach Tugendhat, das verkehrte Verständnis des ‚ist' zu einer verkehrten Gliederung des prädikativen Satzes in Subjekt – Kopula – Prädikat und in der Folge zu einer verkehrten Semantik der prädikativen Struktur geführt. Wenn man z. B. in Existenzaussagen das Sein als Eigenschaft versteht und damit

seiner logisch-dialektischen Analyse der Sprache neue Wege und deckt damit, ähnlich wie Anselm, aristotelischen Ansätzen folgend, den Unterschied von semantischer und grammatischer Form einer sprachlichen Aussage auf. Seine semantischen Analysen bleiben im philosophischen Bereich und tangieren dogmatische Fragen nicht.[100]

5.3.1.2 Neues Wissenschaftsdenken versus Monastische Theologie

Explosiv konnten die aristotelische Logik und Kategorienlehre wirken, wenn sie in der Theologie zur Anwendung kamen. Den ersten heftigen Streit entfachte Berengar von Tours, als er mit Hilfe aristotelischer Theoreme das Mysterium der Eucharistie zu explizieren unternahm. Er verabsolutierte dabei die aristotelische Kategorienlehre, was den Gegnern einer rigorosen Anwendung der dialektischen Mittel auf theologische Probleme eine breite Angriffsfläche bot. Die monastische Gegenposition zu Berengar formulierte der radikale Mönch und Reformer Petrus Damiani, der sich vehement gegen den Gebrauch von Grammatik, Rheotrik und Dialektik in der Theologie wandte. Die *artes* verstellen die göttliche Wirklichkeit, Wissenwollen ist bloße Begierlichkeit, *cupiditas* (vgl. PL 145,695). Der Wille, die Welt rational zu erfassen, wird als Irrweg eingestuft und der heiligen Einfalt, die auf theoretische Durchdringung der Welt verzichtet, gegenübergestellt. Monastische Spiritualität, die die religiöse Unterwerfung fordert, kollidiert mit dem Selbstbehauptungsanspruch des Menschen durch Wissenschaft.

---

die grammatische Analogie zwischen Existenzaussagen und Aussagesätzen, die ein reales Prädikat vom Subjekt aussagen, auch als semantische Analogie wertet, ist jede positive Existenzbehauptung tautologisch und jede negative ein Selbstwiderspruch.

100 Eckhart knüpft in deutschen und lateinischen Werken einerseits an sprachphilosophische Thesen von ‚*Peri hermeneias*' an, wenn er im ‚*Johanneskommentar*' davon spricht, dass das Wort nur den Zweck hat, den Gedanken des Sprechenden kundzugeben (LW III, n. 132), und auch sonst mit Aristoteles voraussetzt, dass die Struktur der Sprache mit der Struktur der Wirklichkeit korrespondiert, andererseits bezieht er sich auf Priszians, ‚*Institutio grammaticae*'. Diese hatte Eckhart wie jeder Magister zu kommentieren. Bei der Erläuterung der Bedeutung des Wortes ‚ich' in der Predigt 77 übernimmt er die grammatische Definition Priszians. In den Kommentaren zur ‚*Institutio grammaticae*' liegen die ersten Anfänge der neuen Modi significandi vor, die im Zuge der Rezeption der logischen Schriften des Aristoteles über eine bloß grammatische Kommentierung hinausgingen, indem sie der Erörterung der *partes orationis* Untersuchungen über das Verhältnis von Sprache und Wirklichkeit oder das Verhältnis der modi significandi, intelligendi und essendi anschlossen (vgl. Heinrich Roos, Die Stellung der Grammatik im Lehrbetrieb des 13. Jahrhunderts, in: Artes liberales. Von der antiken Bildung zur Wissenschaft des Mittelalters, hg. v. Josef Koch, Leiden, Köln 1976, S. 94–106 und ebd. Sophronius Clasen, Der Studiengang an der Kölner Artistenfakultät, S. 124–136).

Die Stellungnahme des Petrus Damiani gegen die Wissenschaften und generell gegen die *cupiditas scientiae* liegt in ihrer Radikalität auf der Linie einer Entwicklung, die mit der Gregorianischen Reform in Gang kam. Im religiösen Bereich differenzieren sich das monastische Verständnis von Bildung und Wissen und das Wissenschaftsverständnis der saeculares aus.[101]

Die Rezeption der aristotelischen Logik und Wissenschaftstheorie beschleunigte im Reformmönchtum eine antidialektische Einstellung. Der scholastischen Wissenschaft als *vanitas* und schädliche Neugier setzten sie eine kontemplative Geistigkeit entgegen: *lectio, meditatio, oratio* sollten den Tagesablauf im Kloster bestimmen und eine Spiritualität herausbilden, die sich scharf abhob von einem diskursiv-analytischen, an *quaestio* und *disputatio* orientierten Wissenschaftsideal. Den Mönchen ging es um Weisheit, die man aus dem meditativen Umgang mit der Schrift gewinnen wollte, und nicht um das mit rationalen Methoden erworbene Wissen der weltlichen Wissenschaften.

Gegen die dialektische Theologie, die mit einem Instrumentarium, das in der Hauptsache der Philosophie des Aristoteles entstammt, den *intellectus fidei*[102] erarbeitet, wenden sich monastische Kreise, die die Verwissenschaftlichung der Theologie ablehnen. *Non regnat spiritus Christi, ubi dominatur spiritus Aristotelis* (PL 211,37), wie Absalon von St. Viktor behauptete. Den neuen Schulen mit ihrem Programm *per omnia ratione agere* stellt Peter von Celle die *scola Christi* entgegen: *O beata scola, ubi Christus docet corda nostra verbo virtutis sue, ubi sine studio et lectione apprehendimus quomodo debeamus eternaliter beate vivere.*[103] Für Rupert von Deutz ist die Schrift der Inbegriff allen Wissens. So fänden sich die Prädikabilien der Dialektik in der Schrift besser als bei Porphyrios, und die biblischen Syllogismen überträfen die der Rhetoren (PL 170,477A). Gegen das *novum docendi genus* entwickeln die Mönche, paradigmatisch Bernhard von Clairvaux, als Gegenkonzept eine kontemplativ-affektive Christus-Mystik. Sie ist die religiöse Antithesis zur dialektischen Theologie. Besonders skandalös waren für die Mönche die neuen, aus der Philosophie des Aristoteles eingeführten dialektischen Methoden. In der Theologie nahmen dadurch die formale und begriffliche Präzision zu, die traditionalen Verfahren der *lectio* und *meditatio* wurden durch *quaestio* und *disputatio* verdrängt. Aus der Verwissenschaft-

101 Vgl. Georg Wieland, Rationalisierung und Verinnerlichung. Aspekte der geistigen Physiognomie des 12. Jahrhunderts, in: Philosophie im Mittelalter. Entwicklungslinien und Paradigmen, hg. v. Jan P. Beckmann u. a. Hamburg 1987, S. 61–79. Zur ‚scientia naturalis' grundlegend Andreas Speer, Die entdeckte Natur. Untersuchungen zu Begründungsversuchen einer ‚scientia naturalis' im 12. Jahrhundert, Leiden 1995.

102 Vgl. Albert Lang, Die Entfaltung des apologetischen Problems in der Scholastik des Mittelalters, Freiburg/Br. 1962, S. 38ff.

103 Zitiert nach Chartularium universitatis Parisiensis 1, hg. v. Heinrich S. Denifle und Emile Chatelain, Paris 1899, n. 24.

lichung der Theologie ergaben sich Divergenzen zwischen dem Glauben und einer *ratio*, die immer mehr ihrer Eigenlogik folgte.

Protagonisten in dieser sich verschärfenden Auseinandersetzung sind auf Seiten der neuen Schulen Petrus Abaelardus und Wilhelm von Conches, auf Seiten der Mönche Bernhard von Clairvaux und Wilhelm von St.-Thierry, die als Antwort auf die wissenschaftlichen Neuerungen der Schulen ein genuin monastisches Erkenntnisprinzip entwickeln: *amor ut intellectus.*

Abaelard bejaht nachdrücklich die Verwendung der Dialektik in der *sacra doctrina* und rechtfertigt sie explizit. Die *ratio* ist das höchste Vermögen des Menschen, das ihn zum Ebenbild Gottes macht und ihn etwas von Gott erkennen läßt (vgl. CCCM12,347, 25ff.). Der letzte Grund indes für die positive Bewertung von *ratio* und Dialektik liegt für Abaelard in der Rationalität des christlichen Gottes, der reiner Geist ist und im Logos, der personalen ungeschaffenen Weisheit, das Universum *rationabiliter* geschaffen und geordnet hat.

Die dialektische Theologie markiert einen für die Mönchstheologie schockierenden Einbruch der *ratio* in den Bereich der *sacra doctrina.* Abaelard sucht den *intellectus fidei* nicht mehr wie die monastischen Antidialektiker durch *lectio divina* und *meditatio contemplativa* oder durch gnadenhafte Illumination, sondern strebt ein rationales Verständnis der Mysterien auf dem Wege der Dialektik an. Präzise Begrifflichkeit, definitive Aussagen und schlußfolgerndes Denken, *quaestiones* und *disputationes,* prägen im Unterschied zur traditionalistisch und synthetisch verfahrenden *sacra doctrina* der Klöster seine neue dialektische Theologie.

Auf der Gegenseite verschärft Bernhard von Clairvaux[104] die Kritik der Antidialektiker. Grammatik und Dialektik sind ungeeignete Werkzeuge bei der theologischen Arbeit und deshalb ganz überflüssig. Die Frage nach Gründen und Begründenwollen in der Theologie qualifiziert er als Frevel an den göttlichen Mysterien ab, denen gegenüber es zwar erlaubt sei zu wissen, daß es so ist, nicht aber, weshalb es so ist (PL 182,1069). *Fides piorum credit, non discutit* (PL 182,543B).

In seinen Predigten über das Hohelied (Serm. 35–38) entwickelt Bernhard ein eigenes Konzept von Wissen und Wissenschaft und entdeckt im Gegenzug gegen den „Rationalismus“ der neuen Schulen den kognitiven Gehalt der Affekte. Gotteserkenntnis ist kein bloß rationaler, theoretischer Vorgang, sondern eine Erfahrung, die auf Konnaturalität, der Gleichgerichtetheit des Willens Gottes und des Menschen beruht. Die letzte Bedingung dieser Erfahrung ist für Bernhard – wie für die Mönchstheologie insgesamt – der Glaube. Ohne Glaube keine Erfahrung und ohne Erfahrung kein Wissen: *credo, ut experiar.* Die Affekte sind für ihn die höchste Möglichkeit der Erkenntnis Gottes. Der affektiv erfahrene Gott ist demnach mehr als der bloß gedachte Gott. Furcht Gottes und

[104] Wir zitieren nach der Ausgabe: Bernhard von Clairvaux, Sämtliche Werke, hg. v. Gerhard B. Winkler, Innsbruck 1990–1999 und nach der Patrologia Latina (PL).

Erkenntnis Gottes sind zweierlei: „Nicht die Erkenntnis macht weise, sondern die Furcht, die uns erfaßt [...]. Die Seele fängt erst dann an, Gott zu kosten, wenn Gott sie ergreift, um ihr die Furcht einzuflößen, und nicht, wenn er sie belehrt, damit sie ihn erkennt“ (SW 5,343f. Übers. verändert). Nicht theoretisches Wissen macht weise, sondern der Affekt, die Furcht, die das Herz ergreift.[105]

Die Mönche versuchen also eine Alternative zu den neuen Schulen zu entwickeln und das einsetzende Wissenschaftsdenken auf zwei Wegen zu bewältigen. Der erste Weg, der in der Argumentation des Petrus Damiani exemplarisch sichtbar wurde, läuft auf eine Brechung des Selbstbehauptungsanspruchs der *ratio* und auf religiöse Unterwerfung hinaus. Der zweite Weg intendiert eine Systematisierung der monastischen Prinzipien bis zu einer mystischen Theologie. Der Konfliktschwerpunkt liegt im Konfinium von Wissenschaft und Religion.

Eckhart wird in dieser Frage eine ambivalente Position beziehen und Vernunftkritik und Vernunftbejahung verbinden. Er hält einerseits die Spiritualität hoch, verachtet aber die Vernunft nicht; er versucht das griechische Vernunftprojekt mit dem christlichen Glauben zu vereinbaren, entfernt jedoch den philosophischen *nucleus* – die Selbstbehauptung des Menschen durch Vernunft – und erklärt in der Augustinus-Festpredigt (LW 5, S. 89–99) als höchstes Werk der Vernunft ihre Selbstaufhebung in der Gottesliebe.

5.3.1.3 *Aristotelische Wissenschaftslehre und Axiomatisierung der Theologie*

Die Rezeption des ‚*Organon*‘ führte auch in der Theologie zu einem Rationalisierungsschub. Aristoteles hatte in den ‚*Analytica Posteriora*‘[106] Wissenschaft als eine Folge von Sätzen über einen abgegrenzten Bereich von Dingen definiert.[107] Zu den wissenschaftlichen Sätzen gehören sowohl beweisbare Sätze, für die Begründungen gegeben werden – *wir meinen zu wissen, dass p wahr ist, wenn wir beweisen können, dass p wahr ist* (71b9-11)[108] –, aber auch Grundsätze, Prinzipien (ἀξιώματα, ἀρχαί), d.h. „Grundwahrheiten“ (Scholz), die ihre Evidenz sich selbst verdanken und keiner Begründung mehr bedürfen (100a30-b21). Sie sind

[105] Vgl. Ulrich Köpf, Religiöse Erfahrung in der Theologie Bernhards von Clairvaux, Tübingen 1980, S. 136ff.; Klaus Ridder, Emotion und Reflexion in erzählender Literatur des Mittelalters, in: Codierungen von Emotionen im Mittelalter, hg. v. C. Stephen Jaeger und Ingrid Kasten, Berlin u. a. 2003, S. 203–221.

[106] Wir zitieren nach folgender Ausgabe: Aristotelis *Analytica Priora et Posteriora*, hg. von William D. Ross und Lorenzo Minio-Paluello, Oxford 1964.

[107] Vgl. Heinrich Scholz, Die Axiomatik der Alten, in: BDPh 4 (1930/31), S. 261.

[108] Ἐπίστασθαι δὲ οἰόμεθ᾽ ἕκαστον ἁπλῶς, [...] ὅταν τήν τ᾽ αἰτίαν οἰώμεθα γινώσκειν δι᾽ ἣν τὸ πρᾶγμά ἐστιν (71b9-11).

unbeweisbar, weil sich sonst ein *regressus in infinitum* ergäbe (72b18ff.), und der Natur der Sache nach „früher" und besser bekannt, daher evidenter als alle beweisbaren Sätze eines Systems (72a30-37), allerdings nicht früher und besser bekannt für uns (71b33–72a5).

Was diese Grundsätze (Prinzipien, Axiome) anbetrifft, unterscheidet Aristoteles gemeinsame, κοινά, κοιναὶ ἀρχαί, die für alle Bereiche gelten, wie z.B. der Satz vom Widerspruch, von bereichsspezifischen, ἴδια, ἀρχαὶ οἰκείαι, θέσεις, die nur für ein spezifisches Genos von Wissenschaften gelten (76a37f.). Beide bilden den Ausgangspunkt der Beweise. Ohne sie wären Schlussfolgerungen entweder unendlich, weil ohne Erstes, oder zirkulär (72b5-73a20). Jeder wissenschaftliche Beweis eines Satzes muss durch endlich viele Schritte erfolgen – das ist die „unerschütterliche Finitheit jeder wissenschaftlichen Erkenntnisgewinnung"[109] bei Aristoteles. Wissen heißt, aufgrund eines Beweises, δι' ἀποδείξεως, wissen (71b17). In diesem Ansatz sind zwei wirkungsgeschichtlich bedeutsame wissenschaftliche Verfahrensweisen impliziert: einerseits das nicht mehr auf Beweise gestützte Erfassen der evidenten, unbeweisbaren Prinzipien im νοῦς, in der intuitiven Vernunft; andererseits das beweisende Verfahren, die logisch stringente Durchführung des Beweises selbst, ἐπιστήμη (72b18-20). Wissenschaften können also keinen absoluten Anfang nehmen. Der Satz vom Widerspruch z. B., der in allen Wissensbereichen gilt, ist nicht beweisbar, aber ohne ihn ist kein Beweis stringent zu führen.

Von den apodeiktischen Wissenschaften, wie z. B. Mathematik, die von in sich evidenten fachspezifischen Prinzipien (*per se nota*) ausgehen, unterscheidet Aristoteles einen anderen Typus von Wissenschaft, deren fachspezifische Prinzipien, ἀρχαί, auf Übereinstimmung, einleuchtenden Annahmen, allgemein anerkannten Meinungen beruhen: auf Grundsätzen, *die entweder von allen oder den meisten oder den Fachleuten und von diesen entweder von allen oder den meisten oder den bekanntesten und anerkanntesten für richtig gehalten werden.*[110] Zu diesen Wissenschaften gehören z. B. die Politik, Ethik und Rhetorik, für die Aristoteles besondere Arten der Beweisführung erörtert – so weist er etwa darauf hin, dass der rhetorische Beweis Sätze enthält, die nur wahrscheinlich sind oder nur in der Regel gelten (1357a32f., 1359a7-10). Der Unterschied zwischen den beiden Typen von Wissenschaften mit jeweils spezifischen Grundsätzen und Formen der Beweisführung ist in ihren unterschiedlichen Gegenständen und Wissensinhalten begründet, wie Aristoteles in der ‚*Nikomachischen Ethik*' erklärt. Während der Gegenstand der ἐπιστήμη das ist, *was die Möglichkeit eines Andersseins ausschließt* (μηδ' ἐνδέχεσθαι ἄλλως ἔχειν, 1139b20f.), also *etwas Notwendiges und*

---

[109] Scholz, 1930/31, S. 265; vgl. auch Herbert Stachowiak, Rationalismus im Ursprung. Die Genesis axiomatischen Denkens, Wien u. a. 1971.

[110] ἔνδοξα δὲ τὰ δοκοῦντα πᾶσιν ἢ τοῖς πλείστοις ἢ τοῖς σοφοῖς, καὶ τούτοις ἢ πᾶσι ἢ τοῖς πλείστοις ἢ τοῖς μάλιστα γνωρίμοις καὶ ἐνδόξοις (100b21-23), Übers. nach Fischer in: Höffe (Hg.), 2005, endoxon, S. 177.

mithin auch etwas Ewiges (ἐξ ἀνάγκης ἄρα ἐστὶ τὸ ἐπιστητόν. ἀίδιον ἄρα, 1139b22f.) ist, befasst sich der zweite Typus von Wissenschaften, die er in technische und praktische unterteilt, *mit dem, was möglicherweise auch anders sein kann*" (τὰ δ' ἐνδεχόμενα ἄλλως, 1039b21) und Veränderung zulässt (vgl. 1140a1f.).

In Aristoteles' Unterscheidung von gemeinsamen und bereichsspezifischen ἀρχαί manifestiert sich ein Konzept der Vernunft als einer Familie von Vermögen: Es gibt eine Vielheit von Wissensbereichen mit den entsprechenden Wissenschaften und ihren Prinzipien. Rationalität ist ein Pluraletantum. Die bereichsspezifischen Prinzipien der einen Wissenschaft dürfen trotz ihrer Familienähnlichkeit nicht die Grundlage für Beweise einer anderen Wissenschaft bilden (75a38f.), es sei denn, die beiden Wissenschaften stehen zueinander im Verhältnis von Gattung und Art oder, dass die eine Wissenschaft ‚früher' ist als die andere, wie z. B. die Arithmetik gegenüber der Geometrie, Astonomie und Optik. Die Prinzipien der früheren Wissenschaft, deren Gegenstand logisch einfacher ist, gelten auch in den späteren Wissenschaften. Es gibt also, nach Aristoteles, keine Einheitswissenschaft und keine Einheitsvernunft, sondern nur eine Vielheit von Wissenschaften mit einer jeweils spezifischen Rationalität.

Auswirkungen der aristotelischen Wissenschaftslehre wurden schon in Boethius' Schrift ‚*De hebdomadibus*' sichtbar, in der er theologische Probleme *ut in mathematica* lösen wollte. Er stellte oberste *termini, regulae* oder *communes animi conceptiones* auf und versuchte, theologische Einzelfragen so zu lösen, dass er die Antworten durch Ableitung aus diesen obersten Sätzen gewann – evidenten Sätzen, die, nach Boethius, jeder Mensch ohne jeden weiteren Beweisgrund versteht und die der topischen Grundregel folgen, dass ihnen jeder zustimmen kann, wenn er sie hört: *communis animi conceptio est enuntiatio, quam quisque probat auditam.*[111] Hier bahnt sich, im Zuge der christlichen Rezeption der aristotelischen Wissenschaftslehre, eine Nivellierung der Unterscheidung der Wissenschaften an – paradoxerweise mit Theoremen und Begriffen von Aristoteles –, die sich in der Folgezeit fortsetzt und zu neuen Schwierigkeiten und Lösungsansätzen führt.

Im 12. Jh. rückt die Frage eines wissenschaftlichen Aufbaus der Theologie – parallele Versuche laufen in der Kanonistik – immer mehr ins Zentrum. Erste Umrisse einer theologischen Prinzipienlehre entwirft Gilbert von Poitiers in seinen Boethius-Kommentaren.[112] Er will nach dessen wissenschaftstheoreti-

---

[111] Boethius, Quomodo substantiae, 18, in: The Theological Tractates, with an English Translation by Hugh F. Stewart u. a., London u. a. 1973; vgl. Mechthild Dreyer, Die literarische Gattung der Theoremata als Residuum einer Wissenschaft more geometrico, in: Philosophy and Learning. Universities in the Middle Ages, hg. von Maarten J. F. Hoenen u. a., Leiden 1995, S. 123-135.

[112] Vgl. Albert Lang, Die theologische Prinzipienlehre der mittelalterlichen Scholastik, Freiburg/Br. u. a. 1964, S. 52 und ders. 1962, S. 41-57.

schen Leitlinien die Theologie als Wissenschaft begründen und Probleme, wie etwa Boethius im Fall einer ethischen Frage, von einigen Basissätzen ausgehend (auch er nennt sie *termini regulaeque*) lösen; dabei zählt er eine Vielzahl weiterer Wissenschaften auf, die sich dieser deduktiven Methode bedienen: *Feci sic ut fieri solet in mathematica maxime disciplina, id est arithmetica, geometrica, musica, astronomica* [...] *et in caeteris etiam pluribus disciplinis* [...] *videlicet praeposui terminos regulasque* [...], *quibus efficiam cuncta, quae sequuntur.*[113] *Termini* sind einerseits die Endpunkte des induktiven Verfahrens *a particularibus ad universalia*, andererseits die Anfangspunkte der Deduktion. Als *regulae* bezeichnet er sie, weil man aus ihnen *locali similitudine* (ebd., S. 189,58), Sätze ableitet.

An Aristoteles' Postulat der Bereichsbezogenheit anknüpfend, betont er, dass die *rationes propriae* nur in dem ihnen zugehörigen Bereich angewendet werden dürfen, sonst drohen Irrtum und Häresie wie im Falle der Arianer und Sabellianer, die übernatürliche und natürliche Grundsätze durcheinanderwarfen: *naturalium proprias rationes theologicis communicaverunt* (ebd., S. 58,40-42). Daneben nimmt er ähnlich wie Aristoteles *rationes communes* an, die für mehrere Disziplinen gelten. Über den *rationes propriae* und *communes* steht für ihn eine oberste Regel, in der die *communes loci* der Rhetoren ebenso begründet sind wie die *maxime propositiones* der Dialektiker, die *theoremata* der Geometer, die *axiomata* der Musiker und die *generales sententie* der Ethiker (ebd., S. 190,71-74). Gilbert definiert diese *regula omnium* mit Boethius: *Communis animi conceptio est enuntiatio, quam quisque probat auditam* (ebd., S. 190,75f.). Er setzt also, wie Boethius, eine „topische Beweismethode“ (Lang) an, d. h. die *regulae* als oberste Leitsätze beruhen auf Übereinstimmung. Sie sind, wie auch Clarenbaldus in seinem Boethius-Kommentar formuliert, *communis animi conceptiones, quoniam omnium animi paratissimi sunt earum assentire veritati* (zit. nach Lang, 1964, S. 57). Die Evidenz der Leitsätze beruht damit nicht darauf, dass sie sachlich notwendig, sondern dass sie allgemein anerkannt sind.

Mit der Subsumierung aller Wissenschaften unter eine erste topische Grundregel wird einerseits die aristotelische Unterscheidung zwischen apodeiktischen Wissenschaften, deren Sätze „Notwendigkeitsbehauptungen“ (Scholz) sind, und nicht-apodeiktischen eingeebnet; andererseits führt Gilbert von einem ontotheologischen Standpunkt aus eine Hierarchie der Wissenschaften mit einem absoluten Primat der Theologie ein. Im eigentlichen Sinne notwendige Grundsätze sind, ihm zufolge, nur die theologischen, da sie sich auf den göttlichen Bereich beziehen, der allein im wahrsten Sinne ewig und unveränderlich ist (ebd., S. 164,42f.). Die naturwissenschaftlichen Prinzipien, deren Gegenstandsbereich die veränderlichen Dinge sind, stehen deshalb den theologischen nach.

---

113 The Commentaries on Boethius by Gilbert of Poitiers, hg. v. Nikolaus M. Häring, Toronto 1966, S. 189,52-62.

Ähnlich wie Gilbert bestimmt Alanus von Lille in seinen ‚*Regulae caelestis iuris*‘ die Prinzipien aller Wissenschaften, ausgenommen die der Theologie, als nicht notwendig, weil sie entweder nur auf Konvention beruhen (Grammatik) oder sich auf einen veränderlichen Gegenstandsbereich beziehen wie im Falle der Naturwissenschaften. Nicht einmal die Geometrie ist eine apodeiktische Wissenschaft. Nur den Prinzipien der *theologia supracaelestis*, den *maximae*, kommt wegen der absoluten Unveränderlichkeit des Göttlichen als des Gegenstandes der *sacra doctrina*, also seines ontologischen Status, absolute Notwendigkeit zu: *necessitas theologicarum maximarum absoluta est et irrefragibilis, quia de his fidem faciunt, que actu vel natura mutari non possunt.*[114]

Über den Prinzipien der verschiedenen Wissenschaften steht die *generalissima maxima*, die alle umfasst. *Hec omnes maximas, cuiuscumque sint facultatis, sua generalitate conplectitur* (ebd., S. 123,10). Alanus definiert sie mit Boethius und Gilbert als communis animi conceptio, der jeder zustimmt, wenn er sie hört. Alanus hält also an der topischen Grundlegung aller Wissenschaften fest, wenn auch, wie er bemerkt, die Prinzipien der Theologie hohe Anforderungen an die Intelligenz der Hörer stellen und vor allem von philosophisch Geschulten – *solis sapientibus* – eingesehen werden. Seine 134 Maximen sind eine Mischung aus metaphysischen, ethischen, offenbarungstheologischen Sätzen, Definitionen, Sinnsprüchen mit nachfolgenden Erklärungen und Sentenzen aus Schriften von Augustinus, Ps.-Dionysios, Boethius und anderen Autoren.

Anders als Alanus verfährt Nikolaus von Amiens in seiner ‚*Ars fidei catholicae*‘[115]. Er will die Theologie *more geometrico* aufbauen und so als Wissenschaft darstellen. Sein Ausgangspunkt ist allerdings, dass die obersten Offenbarungswahrheiten sich nur im Glauben erschließen, wie er dort ausdrücklich festhält: *Deum nulla scientia, sed sola deprehendimus fide* (ebd., S. 83,19).[116] Der nicht Glaubende werde daher auch nicht von Annahmen und Argumenten überzeugt werden können, die der Offenbarung entnommen sind und den Glauben voraussetzen. Bei den obersten Prinzipien des Glaubens handelt es sich also nicht um Sätze, denen jeder, schon wenn er sie hört, zustimmt. Mit Vernunftgründen, *rationes*, mit Beweisen, *probationes*, kann man zum Fürwahrhalten der Glaubenssätze hinführen, aber nicht dazu, den Glauben vollkommen zu ergreifen: *Hae vero probationes etsi hominem ad credendum inducant, non tamen ad fidem plene capessendam sufficiunt* (ebd., S. 77,3-5). So wird ein scharfsinniger Geist (*perspicax ingenium*), wie er im Prolog argumentiert, die *probabiles* [...] *nostrae fidei rationes* (ebd., S.77,1), die er im Folgenden anführt, kaum ablehnen können, er habe sie daher besonders sorgfältig geordnet (ebd., S. 77).

---

[114] Magistri Alani *Regulae caelestis iuris*, hg. v. Nikolaus M. Häring, in: AHDLMA 56 (1989), S. 122,5.

[115] Vgl. Mechthild Dreyer, Nikolaus von Amiens: *Ars fidei catholicae* – Ein Beispielwerk axiomatischer Methode, Münster/W. 1993. Text der ‚*Ars*‘ S. 76–106.

[116] Fides itaque est supra opinionem et infra scientiam (S. 83,24f.).

In deutlicher Analogie zu Euklid legt er seiner Argumentation ein Instrumentarium von drei Prinzipien, drei Typen von Sätzen, zugrunde, um durch sie die übernatürlichen Glaubenswahrheiten zu erhellen: Erstens *descriptiones bzw. definitiones*, d. h. Bestimmungen von Grundbegriffen, mit denen die Theologie zu arbeiten hat; dazu gehören die Begriffe *causa, substantia, materia, forma, accidens* (ebd., S. 78), damit man, wie er sagt, weiß, in welchem Sinn die *vocabula* verwendet werden (ebd., S. 77), z. B.: *causa est, per quam aliquid habet esse, quod dicitur causatum* (ebd., S. 78,2). Zweitens *petitiones*; damit sind Sätze gemeint, die nicht durch andere Sätze bewiesen werden können. Sie gleichen Maximen, wenn sie auch nicht so evident sind, sollten aber als Beweismittel zugelassen werden (ebd., S. 77), z. B.: *cuiuslibet compositionis causam componentem esse* (ebd., S. 78,28) oder *nullius rei causas in infinitum ascendere.* Drittens, *communes animi conceptiones*, d. h. Sätze, die so evident sind, dass sie allgemeine Billigung erfahren. Es handelt sich um *regulae, axiomata*, von denen er seinem 1. Buch sieben voranstellt, z. B.: *omnis res habet esse per illud, quod causam illius ad esse perducit* oder *omnis causa prior et dignior est quam suum causatum* (ebd., S. 79,7f.). Sie sind evident, soweit sie sich auf natürliche Sachverhalte beziehen. Aus den drei Typen von Sätzen leitet Nikolaus jeweils *propositiones* oder *theoremata* ab, „metaphysische Leitsätze und Glaubenswahrheiten, die den Hauptinhalt des Glaubens darbieten“ (Lang, 1964, S. 90) und sich auf verschiedene Teilgebiete der Theologie beziehen. So handelt z. B. das erste seiner in fünf Bücher gegliederten Schrift *de una omnium causa, id est uno deo eodemque trino (S. 77)*, d. h., er versucht das Mysterium der Trinität mit verschiedenen Aspekten der Kausalitätslehre zu erhellen, die er in den drei Typen von vorangehenden Sätzen aufführt.

Dass sich die Theologie zunehmend des übernatürlichen Charakters ihrer Glaubenswahrheiten bewusst wird, was bei Nikolaus von Amiens anklingt, verstärkt sich seit Beginn des 13. Jahrhunderts und führt zu Konsequenzen für die theologische Prinzipienlehre, die nicht mehr einem topischen Denken folgt. Außerdem gewinnt im Zuge der Rezeption des „ganzen Aristoteles“ der streng aristotelische Wissenschaftsbegriff immer mehr an Einfluss. Paradigmatisch zeigt sich diese Entwicklung am Werk des Thomas von Aquin.

Thomas geht vom aristotelischen Wissenschaftsbegriff aus – *Scientia* [...] *habitus est conclusionum, quae cognoscuntur propter principia*[117] – und übernimmt die Lehre von der axiomatischen Struktur der Wissenschaft. Die Wissenschaftlichkeit der Theologie wird dabei aber zum Problem. Denn die Prinzipien, von denen sie ausgeht, sind für die natürliche Vernunft nicht evident. Thomas sucht daher diese Aporie im Anschluss an den Aristoteles entlehnten Satz von der Subalternation der Wissenschaften zu lösen. Wie z. B. die Optik ihre obersten Grundsätze nicht aus eigener Einsicht besitzt, sondern sie von einer höhe-

117 S. Thomae Aquinatis *In decem libros Ethicorum Aristotelis ad Nicomachum expositio*, cura et studio Raymundi M. Spiazzi, Taurini ³1964, I, lect. 18,219.

ren Wissenschaft, der Geometrie, empfängt, so übernimmt in analoger Weise die Offenbarungstheologie ihre Prinzipien aus einer anderen *scientia*, aus dem Wissen Gottes. *Et hoc modo sacra doctrina est scientia: quia procedit ex principiis notis lumine superioris scientiae, quae scilicet est scientia Dei et beatorum.*[118] Sie ist eine *scientia subalternata.* Die geoffenbarten Glaubensartikel sind ihre Prinzipien, *principia propria*[119], aus denen sie Folgerungen zieht; *Et sic fidelis potest dici habere scientiam de his, quae concluduntur ex articulis fidei.*[120] Die Glaubensartikel sind für die Vernunft zwar nicht unmittelbar evident, wie sie das nach der von Thomas zugrunde gelegten aristotelischen Wissenschaftslehre sein müssten, aber sie werden dem Glaubenden durch das Licht des Glaubens evident, wie die natürlichen Prinzipien durch das Licht der tätigen Vernunft evident sind. Durch das Licht des Glaubens partizipiert der Glaubende am Wissen Gottes, dem Nichtglaubenden bleibt es verschlossen. Während also, was die noetische Ebene betrifft, die Prinzipien der Theologie als Wissenschaft im übervernünftigen Bereich begründet sind, folgen ihre Verfahrensweisen auf der epistemischen Ebene der natürlichen Vernunft; denn der Glaube gibt dem Menschen kein neues Denkvermögen, sondern nur neue Prinzipien.[121]

5.3.2 Der Rezeptionsschub im 13. Jahrhundert: „Der ganze Aristoteles“

„Das geistige Leben des 13. Jahrhunderts wird durch ein einschneidendes historisches Ereignis beherrscht: das in verschiedenen aufeinanderfolgenden Wellen in der Zeit von der Mitte des 12. Jahrhunderts bis zum Ende des 13. Jahrhunderts sich vollziehende Eindringen einer Flut wissenschaftlicher und philosophischer Literatur griechischen, arabischen und jüdischen Ursprungs ins Abendland.“[122] Eine besondere Rolle spielen dabei die Schriften des Aristoteles, die im 13. Jahrhundert zum ersten Mal in ihrer Gesamtheit in lateinischen Übersetzungen vorlagen, und die arabischen Kommentare, insbesondere des Averroes, sowie eine Vielzahl von Abhandlungen zur aristotelischen Philosophie.

---

118 S. Thomae Aquinatis ‚*Summa theologiae*‘, cura et studio Petri Caramello, Taurini 1963, I qu1a2c.

119 Vgl. Albert Lang, Die theologische Prinzipienlehre der mittelalterlichen Scholastik, Freiburg/Br. u. a. 1964, S. 150f.

120 S. Thomae Aquinatis ‚*Quaestiones disputatae de veritate*‘, cura et studio Raymundi M. Spiazzi, Taurini 1964, qu14a9 ad 3.

121 Vgl. Matthias J. Scheeben, Die Mysterien des Christentums, Freiburg/Br. 1941, S. 630.

122 Steenberghen, 1977, S. 83f.

5.3.2.1 *Zur Vorgeschichte: Aristoteles Arabus – Aristoteles-Rezeption im Ostkalifat und in al-Andalus*

1. Während man im Bereich des Imperium Romanum und im Frühmittelalter antiken griechischen Texten nur geringes Interesse entgegenbrachte und nur wenige Übersetzungen vorlagen, setzte im muslimischen Herrschaftsbereich die Rezeption der aristotelischen Schriften um Jahrhunderte früher ein. Nach den beiden großen Expansionswellen (632–641 und 661–711) war ein riesiges muslimisches Reich entstanden. Es erstreckte sich von der arabischen Halbinsel über Syrien, Persien bis nach Samarkand im Norden und bis an den Indus im Osten. In westlicher Richtung dehnte es sich von Ägypten über den Maghreb bis nach Südspanien aus, zeitweise reichte es bis zu den Pyrenäen. Damit war, nach muslimischer Ansicht, die gottgewollte Ordnung nicht nur in der Heimat des Propheten verwirklicht, sondern auch der Welt der Glaube an den einen Gott vermittelt und die eigene Erwählung bestätigt.[123]

Schon die erste Welle ihrer Expansion im 7. Jh. brachte die Muslime in engen Kontakt mit griechischer Wissenschaft und Kultur und mit anderen Religionen, mit Christentum, Judentum und Religionen des Sassanidenreiches. In den alten Kulturzentren Alexandreia in Ägypten, Edessa und Damaskus in Syrien, und in Westmesopotamien waren griechische Wissenschaften und griechische Philosophie weiterhin gepflegt und tradiert worden. Im Perserreich hatte die Kulturpolitik des sassanidischen Herrscherhauses bereits im 6. Jh. günstige Bedingungen für die Rezeption der griechischen Kultur geschaffen. Nach der Schließung der Akademie in Athen (529) waren Wissenschaftler an den persischen Hof gezogen.

Bei der Begegnung mit der überlegenen Kultur der Griechen agierten die Umajjadenherrscher zurückhaltend. „Man war der Hochkultur zugeneigt und machte Gebrauch von dem, was sie zu bieten hatte,“[124] ohne offen deren Über-

[123] Der Kalif Abu Bakr eroberte 632–634 Palästina und die westlichen Teile des Sassanidenreiches. Die Eroberungszüge setzten sich unter dem Kalifen Umar fort, der 635 Damaskus einnahm, 636 am Jarmuk die Byzantiner und 637 bei Quadisijja den persischen Sassanidenherrscher besiegte. 637 fiel Jerusalem, 639 begann die Eroberung Ägyptens – die Byzantiner räumten 642 Alexandreia. Unter dem Kalifen Uthman kam 649 Zypern in die Hände der Muslime. Nach der Ermordung Alis, des letzten der vier „rechtgeleiteten“ Kalifen (661), begann die Herrschaft der arabischen Umajjaden-Dynastie (661–750), sie wurde 750 durch die Abbasiden (750–1258) abgelöst. 705–715 ging die Expansion in Samarkand weiter, das Kulturzentrum Buchara wurde erobert und islamisiert. Die zweite große Expansionswelle setzte mit Muawijja I. etwa 661 ein und dauerte bis 711. Die Muslime nahmen 667 Chalkedon ein, rückten auf Byzanz vor, landeten auf Sizilien und eroberten von Ägypten her Nordafrika, sie vertrieben 698 die Byzantiner aus Karthago und begannen 711 mit der Eroberung des südlichen Spaniens; vgl. Gustav Edmund von Grunebaum, Islam. Die Entstehung Europas, in: Propyläen Weltgeschichte Bd. 5, Frankfurt/M. 1986, S. 35–179.

[124] Franz Rosenthal, Das Fortleben der Antike im Islam, Zürich u. a. 1965, S. 15.

legenheit anzuerkennen. Vornehmlich wurden Wissenschaften rezipiert, die von unmittelbarem Nutzen waren – Astronomie, Astrologie, Medizin, Mathematik, Zeitrechnung, Geographie, Mechanik. Eine offizielle Übersetzungstätigkeit gab es zu dieser Zeit nicht, obwohl der Chronist Ibn al-Nadim Ende des 10. Jh. bereits von Übersetzungen in der Umajjadenzeit berichtet.[125] Erst als die Abbasiden 750 an die Herrschaft kamen und das Zentrum des Reiches, dessen Hauptstadt bereits die Umajjaden von Medina nach Damaskus verlegt hatten, sich in den Irak verschob, setzte gegen Ende des 8. Jahrhunderts, gefördert durch das Herrscherhaus, eine breite und intensive Übersetzungstätigkeit ein.[126] So ließ der Kalif al-Mansur (gest. 775) Werke der Astronomie und Astrologie übersetzen. Als bedeutendster Förderer der Übersetzungen gilt aber der Kalif al-Mamun (gest. 833).[127] Nach Bagdad, das al-Mansur zur Kalifenresidenz gemacht hatte, übersiedelte auch die berühmte medizinische und philosophische Schule von Alexandreia. Unter den zahlreichen Übersetzern ragen der Nestorianer Hunain Ibn Ishaq (gest. 873) und Ishaq Ibn Hunain (gest. 910) hervor,[128] die aus dem Griechischen und nicht aus dem Syrischen ins Arabische übersetzten.

Neben Texten der technisch-praktischen Wissenschaften wurden Texte der griechischen Philosophen übertragen. Dafür gab es zunächst einen pragmatischen Grund. Die Muslime waren mit einer in Begrifflichkeit und Systematik weit entwickelten christlichen und jüdischen Theologie konfrontiert und sahen in dem wissenschaftlichen Instrumentarium, in Logik, Beweis- und Schlussverfahren eine Möglichkeit, um die eigenen Glaubenswahrheiten rational darzustellen, zu begründen und zu verteidigen. Die christliche Religion hatte sich in der Väterzeit in einer vergleichbaren Situation der Selbstbehauptung inmitten einer kulturell überlegenen paganen Kultur das begriffliche Instrumentarium und Inhalte der griechischen Philosophie angeeignet und mit „Inversionsargumenten“ (Blumenberg) als genuin christlich legitimiert. Ähnlich argumentieren nun muslimische Rechtsgelehrte und Theologen mit Bezug auf das Verhältnis von Koran und griechischer Wissenschaft. Hinzukommt, dass die immer stärker werdenden theologischen Sezessionsbewegungen aufgehalten und die sich verschärfenden dogmatischen Kontroversen innerhalb

---

125 Vgl. Rosenthal, 1965, S. 149.

126 Vgl. De Lacy O'Leary, How Greek Science Passed to the Arabs, London 1964; Francis E. Peters, Aristotle and the Arabs: The Aristotelian Tradition in Islam, New York 1968; Dimitri Gutas, Greek Thought, Arabic Culture. The Graeco-Arabic Translation Movement in Baghdad and Early Abbasid Society, London u. a. 1998.

127 Vgl. Matthias Vollmer, in: Philosophie und Theologie von Averroes, übers. von Marcus J. Müller. Mit einem Nachwort von Matthias Vollmer, Weinheim 1991, S. 150.

128 Vgl. Gerhard Endress, Der arabische Aristoteles und die Einheit der Wissenschaften im Islam, in: Die Blütezeit der arabischen Wissenschaft, hg. v. Heinz Balmer und Beat Glaus, Zürich 1990, S. 3–8.

des Islam auf dem Wege einer theologischen Rationalisierung in die Schranken gewiesen werden sollten.

Die abbasidischen Höfe waren bis ins 11. Jahrhundert für die Philosophie offen. Hier lebten die bedeutendsten muslimischen Philosophen: im 9. Jahrhundert al-Kindi (gest. 866), der „Philosoph der Araber", im 9. und 10. Jahrhundert al-Farabi in Bagdad (gest. 910), in verschiedenen Residenzen des Reiches lehrte Ibn Sina (Avicenna, gest. 1037). Die für den „Reiz des Rationalismus" (Watt) aufgeschlossene Liberalität der abbasidischen Höfe manifestierte sich geradezu sinnbildlich in dem vom Kalifen al-Mamun in Bagdad errichteten „Haus der Weisheit", in dem Wissenschaftler verschiedenster ethnischer Herkunft und religiöser Konfession miteinander diskutierten und Übersetzerteams arbeiteten. In den Debatten sollten nur rationale Argumente gelten, ein Rekurs auf Koran oder Bibel oder andere heilige Bücher als Wahrheit verbürgende Instanzen wurde ausgeschlossen.

2. In al-Andalus, im Westen, herrschten zunächst andere Verhältnisse. Als nach der Schlacht am Großen Zab (750) die siegreichen Abbasiden daran gingen, das Geschlecht der Umajjaden auszurotten, gelang nur einem Prinzen, Abd ar-Rahman, die Flucht nach Spanien. Er begründete dort 755 die spanische Umajjaden-Dynastie; 756 errichtete er das gegenüber dem abbasidischen Kalifat autonome, aber dessen Oberhoheit formell anerkennende umajjadische Emirat von Cordoba (756–929). In den Anfangsdezennien war die Politik des neuen Herrscherhauses durch die Erbfeindschaft zum abbasidischen Kalifat bestimmt. Insbesondere verweigerte es sich den „häretischen", dem Geist des Islam vermeintlich widersprechenden Übersetzungen, die „unzulässige Neuerungen", griechische Philosophie und weltliche Wissenschaften ins Land brachten. Sich philosophisch zu betätigen, war geradezu verboten. Die ersten Umajjaden setzten auf die arabischen Wissenschaften: Grammatik, Poetik und Recht. Seit dem 8. Jahrhundert gaben die Juristen der malikitischen Rechtsschule, die in Medina entstanden war, den Ton an. Sie verlangte eine strenge Einhaltung des islamischen Gesetzes. Der Koran war die oberste, nicht hinterfragbare Instanz. Ihre Juristen schlossen Häretiker aus der Gemeinschaft aus,[129] die Berufung auf Rationalität verwarfen sie. Vernunftargumente galten als gefährlich. Maßgeblich waren für sie allein ihre kasuistischen Kompendien, die ihrer Meinung nach für alle Fragen Lösungen bereithielten. An Grundsatzfragen des Rechts waren sie nicht interessiert. Die in allen Bereichen dominierenden Malikiten machten die andalusische Gesellschaft im Vergleich mit dem religiösen und

[129] Vgl. Franz Schupp, in: Averroes, Die entscheidende Abhandlung und die Urteilsfällung über das Verhältnis von Gesetz und Philosophie, arab.-dt., mit einer Einleitung und kommentierenden Anmerkungen übers. von Franz Schupp, Hamburg 2009, Anhang 1, S. 207.

intellektuellen Pluralismus des abbasidischen Kalifats zu einem weithin einheitlichen Block.

Die kulturelle Abschottung von al-Andalus gegenüber dem abbasidischen Einfluss wurde aber schon unter Abd ar-Rahman II. (822–852) weitgehend aufgehoben. Ende des 9. Jahrhunderts lehrte der erste Philosoph, Ibn Masarra al-Gabali (gest. 931) in al-Andalus. Im 10. Jahrhundert erstarkte die Macht der Umajjadenherrscher weiter, sie förderten die Wissenschaften, das Land erlebte einen kulturellen Aufschwung. 929 nahm der Emir Abd al-Rahman III. (912–961) den Titel eines Kalifen und „Beherrschers der Gläubigen" an. Er residierte in Cordoba, das von seinem Sohn und Nachfolger im Amt, al-Hakam II. (961–976) zum vielbewunderten Kulturzentrum mit einer großen Bibliothek, die eine Million Bände – literarische, philosophische, wissenschaftliche Manuskripte – umfasst haben soll. Das Kalifat hatte sich aber des zunehmenden Drucks der christlichen Reconquista zu erwehren. Im 10. Jahrhundert gelang es dem Wezir al-Mansur (978–1002) noch, die Angriffe der Christenheere abzuwehren, im Inneren aber nahmen die gesellschaftlichen Spannungen zu, gegen Ende des Jahrhunderts stagnierte die kulturelle Entwicklung. Als gesetzestreuer Muslim begegnete der Kalif den Wissenschaften und besonders der Philosophie mit Skepsis. Er ließ einen Teil der Bibliothek al-Hakams zerstören. Die Auseinandersetzungen zwischen dem Herrscherhaus und dem Adel verschärften sich. Es begann die „Zeit der Verwirrung", das Kalifat zerfiel in der Folgezeit in zahlreiche kleine Taifa-Königreiche (1009–1095), die heftig miteinander rivalisierten. An ihren Höfen blühten Dichtung, Wissenschaften und Philosophie: Hier wurden die Schriften des Aristoteles, Avicennas und al-Farabis rezipiert; in Zaragossa lebten Ibn Gabirol und Ibn Bagga, in Cordoba Ibn Zaydun, Ibn Hazm und ha-Nagid, in Granada Ibn Ezra und ha-Lewi. Die Epoche der „Kleinen Könige" war ein Höhepunkt der kulturellen Entwicklung. In allen Bereichen schien sich die Anweisung des Propheten auszuwirken: „Suchet das Wissen". Das umajjadische Kalifat endete 1031 in den Wirren der Taifa-Reiche mit dem Tod Hischams III.

Als die Christen 1085 unter Alphons VI. von Kastilien Toledo eroberten, riefen die Kleinkönige die Almoraviden, nordafrikanische Berber, ins Land, die von etwa 1090 bis 1147 in al-Andalus herrschten. Sie eroberten Teile Spaniens zurück, wandten sich dann aber gegen die Taifa-Reiche und zerschlugen sie. Unter den Almoraviden dominierten die malikitischen Juristen mit ihrem Rigorismus die Gesellschaft. Philosophen liefen immer Gefahr, als Häretiker verdächtigt und verfolgt zu werden. So wurde Ibn Bagga wegen Häresie ins Gefängnis geworfen. Er kam auf Fürsprache des Großvaters von Averroes wieder frei. Mit der malikitischen Rechtsschule war die Familie des Averroes seit zwei Generationen verbunden. Sein Großvater und sein Vater waren bedeutende Rechtsgelehrte.

Im 12. Jahrhundert griffen die Almohaden (1147–1248) unter Abd al-Mumin von Maroko aus auf Spanien über und besetzten almoravidische Gebiete. Der

Almohadenkalif al-Mansur besiegte die Christen unter Alphons VIII. bei Alarcos. In die Herrschaftszeit von Abd al Mumin (bis 1163), Abu Yaqub Yusuf (1163–1184) und Abu Ysuf Yaqub al-Mansur (1184–1199) fällt Leben und Wirken des Averroes.[130] Unter Abu Yaqub Yusuf war Averroes 1169–1171 Qadi in Sevilla, 1180 erster Qadi in Cordoba und schließlich 1182 Leibarzt von Abu Yaqub Yusuf. Dass Averroes in gutem Einvernehmen mit dem Almohadenherrscher stand und dessen Herrschaft geradezu idealisierte, zeigt eine Bemerkung in seinem Kommentar zu Platons ‚*Politeia*', dass der ideale Staat, wenn überhaupt irgendwo, dann in al-Andalus unter dem islamischen Gesetz verwirklicht werden könne. Dass trotzdem auch in der Zeit der Almohadenherrscher, die der Philosophie aufgeschlossen und interessiert gegenüberstanden, für die malikitischen Traditionalisten der Häresieverdacht gegenüber Philosophen weiterbestand, zeigt das Schicksal des Averroes, der kurz vor seinem Tod (1198), wohl auf Betreiben dieser Kreise, verbannt wurde. In die Regierungszeit von Abu Yaqub Yusuf und dessen Sohn Abu Yusuf Yaqub al-Mansur fallen fast alle Aristoteles-Kommentare. Über die Vorgeschichte berichtet Ibn Tufail: der Kalif habe sich wegen der Schwierigkeit der aristotelischen Texte Erläuterungen und Kommentare gewünscht. Er selbst sei zu alt gewesen und habe vorgeschlagen, dass Averroes diese Aufgabe übernehme. „Das war es", sagt Averroes, „was mich dazu bewegt hat, die Bücher des Weisen Aristoteles zu erläutern."[131]

Was das Verhältnis von al-Andalus zum lateinischen Westen betraf, intensivierten sich nach den christlichen Eroberungen in Spanien (Toledo 1085), und Sizilien (1091), die Kontakte der Lateiner mit der arabischen Kultur und Wissenschaft. Gerade an den Schnittpunkten der Kulturen, in al-Andalus und in Sizilien, entstanden Zentren für die Übersetzung aus dem Arabischen. Nach der Eroberung durch die Christen wurde Toledo zu einem Mittelpunkt der Übersetzung arabischer Texte ins Lateinische und Kastilische. Raimund von Toledo soll eine Übersetzergruppe eingerichtet haben, zu der arabisch sprechende Christen (Mozaraber), Juden, Muslime und christliche Mönche gehört haben sollen.[132] Man übersetzte zunächst den arabischen Text ins Kastilische und dann vom Kastilischen ins Lateinische. Die beiden bedeutendsten Übersetzer waren Dominicus Gundissalinus (um 1110–1181), der Aristoteles-Texte übersetzte und mit eigenen Überlegungen erweiterte und Gerhard von Cremona (um 1114–1187); er übersetzte medizinische Schriften (z. B. Galens; Avicennas ‚*Kanon der Medizin*'), mathematische und naturwissenschaftliche Schriften (z. B. Euklids ‚*Elemente*') und astronomische Schriften (z. B. Ptolemäus' ‚*Almagest*'), aber auch philosophische Abhandlungen des Aristoteles, darunter die ‚*Physik*'

---

130 Vgl. Marc Geoffroy, L'Almohadisme Théologique d'Averroès (Ibn Rusd), in: AHDLMA 66 (1999), S. 9–47.

131 Zitiert nach: Averroes, ‚*Über den Intellekt*', hg., übers., eingel., und mit Anm. vers. von David Wirmer, Freiburg/Br. u. a. 2008, S. 299.

132 Vgl. Charles Burnett, The Coherence of the Arabic-Latin Translation Program in Toledo in the Twelfth Century, in: SiC, Bd. 14 (2001), 1/2, S. 249–288.

und die *‚Meteorologie‘*, ferner Abhandlungen Alexanders von Aphrodisias und arabischer Philosophen. Schon in den 20er Jahren des 13. Jh. hatte Michael Scotus *‚De caelo‘* und den Kommentar des Averroes übersetzt (anders Steenberghen), weitere Übersetzungen von Kommentaren des Averroes zu aristotelischen Schriften folgten, von denen einige wahrscheinlich am Hof Friedrichs II. entstanden sind. In die Zeit um 1220 fallen auch die Übersetzungen der auf Arabisch vorliegenden Bücher *‚Historia animalium‘*, *‚De partibus animalium‘* und *‚De generatione animalium‘* des Aristoteles, die Scotus wahrscheinlich in Toledo abschloss.

5.3.2.2 Aristoteles Latinus – Übersetzungswellen und erste Auseinandersetzungen

1. Im lateinischen Okzident lagen bis um die Mitte des 12. Jahrhunderts lediglich die Boethius-Übersetzungen der logischen Schriften des Aristoteles, *‚Kategorien‘*, *‚Peri hermeneias‘* und die *‚Isagoge‘* des Porphyrios vor, die man als *‚Logica vetus‘* zusammenfasste. In der zweiten Hälfte des Jahrhunderts wurden die schon genannten Übersetzungen aus dem Arabischen und Heinrich Aristipps Übersetzung der *‚Meteorologica‘* aus dem Griechischen bekannt; ferner lagen griechisch-lateinische Übersetzungen der *‚Physik‘*, von *‚De anima‘* und der *‚Parva naturalia‘* durch namentlich nicht bekannte Übersetzer vor, außerdem ein *‚Metaphysik‘*-Fragment, die sogenannte *‚Metaphysica vetustissima‘*, und ein Fragment der *‚Nikomachischen Ethik‘*, die *‚Ethica vetus‘*.[133]

Im Laufe des 13. Jahrhundert kamen anonyme Übersetzungen der *‚Metaphysik‘*, die *‚translatio media‘*, der *‚Physik‘* und der *‚Rhetorik‘* und zahlreiche *revisiones* älterer Übersetzungen hinzu. Um 1240 fertigte Robert Grosseteste die erste vollständige Übersetzung der *‚Nikomachischen Ethik‘* an. Dabei legte er auch eine Teilübersetzung des Burgundius von Pisa zugrunde. Die *revisiones* Wilhelms von Moerbeke bezogen sich vielfach auf Übersetzungen Jakobs von Venedig, der vielleicht in Byzanz schon im 12. Jh. aristotelische Texte aus dem Griechischen übersetzt hatte. So erschienen revidierte Übersetzungen vieler aristotelischer Schriften – *‚Analytica Posteriora‘*, *‚De anima‘*, *‚Metaphysica‘*, *I-IV*, *‚Physica‘*, *‚Parva naturalia‘*, *‚De caelo et mundo‘*, *‚De generatione et corruptione‘*, *‚Meteorologica‘*, *‚De sophisticis elenchis‘*. Die Übersetzungen Wilhelms, der aus dem Griechischen übersetzte, bedeuteten einen großen Fortschritt. Er unterzog auch Robert Grossetestes Übersetzung der *‚Nikomachischen Ethik‘* einer *revisio*. Ferner über-

133 Vgl. Steenberghen, 1977, S. 85f.; B.G. Dod, Aristoteles latinus, in: The Cambridge History of Later Medieval Philosophy, hg. v. Norman Kretzmann u. a., Cambridge 1982, S. 45–79; Thomas <de Aquino>: Prologe zu den Aristoteleskommentaren, hg., übers. und eingeleitet von Francis Cheneval und Ruedi Imbach, Frankfurt/M. 1993, S. XIII–XLI.

setzte er die *'Politik'*, die *'Rhetorik'*, die *'Poetik'*, die logischen, kosmologischen und biologischen Schriften.

Zu diesen Übersetzungen kamen eine Reihe von Übersetzungen griechischer und arabischer Aristoteles-Kommentare und eine Vielzahl von Abhandlungen zur aristotelischen Philosophie und pseudoepigraphische Schriften des Aristoteles hinzu, z. B. der *'Liber de causis'* und die *'Theologia Aristotelis'*. Zu den Autoren gehörten Alexander von Aphrodisias, al-Kindi, al-Farabi, Avicenna und Averroes, dessen Aristoteleskommentare – sie trugen ihm den Ehrentitel „der Kommentator" ein – wohl um 1230 in Paris bekannt wurden, dann aber „das entscheidende Ereignis in der Geschichte der Übersetzungen in der ersten Hälfte des 13. Jahrhunderts"[134], waren – und jüdische Autoren wie z. B. Avicebron. Aristoteles kam also gewissermaßen nicht allein. Die Kommentare, Übersetzungen und Abhandlungen wiesen mannigfache neuplatonische, arabische, jüdische Beimischungen auf und waren flankiert von pseudoaristotelischen Schriften. Der Katalog der Autoren und Schriften lässt schon erkennen, dass Aristoteles sowohl auf dem direkten Weg durch Übersetzungen aus dem Griechischen, z. B. über Byzanz, als auch über die syrisch-arabische Tradition in den lateinischen Westen kam. Im 13. Jahrhundert ist so die Philosophie des Aristoteles zum ersten Mal in ihrer Gesamtheit im lateinischen Westen bekannt.

Die Aristoteles-Rezeption Meister Eckharts Ende des 13. Jahrhunderts und Anfang des 14. Jahrhunderts fällt in eine Phase, in der Anthropologie, Intellekttheorie und Ethik zu den wichtigsten Bereichen der doktrinalen Auseinandersetzungen wurden, und es kam wie schon im 11. und 12. Jahrhundert zu einer ambivalenten Wechselwirkung: „Die antiken Autoren werden zuerst instrumental in Dienst genommen [...], aber sofort beginnt das heterogene Medium seinerseits normierend auf den theoretischen Anspruch einzuwirken, der seine immanente Rationalität entfaltet."[135]

2. Mit dem ständig steigenden Einfluß des Aristoteles wuchsen die Konflikte. Ein Hauptangriffspunkt waren die naturwissenschaftlichen Schriften – der aristotelische Naturalismus wurde früh als Gefahr erkannt. Schon 1210 untersagte der Erzbischof von Sens, die *'Libri Aristotelis de naturali philosophia'*, die Gerhard von Cremona aus dem Arabischen übersetzt hatte, und die Kommentare dazu *publice vel secreto* zu behandeln, *et hoc sub pena excommunicationis inhibemus.*[136] Nach den Statuten der Pariser Universität, die 1215 bestätigt wurden, war das Studium der *'Metaphysik'* und der Bücher der *'Physik'* und Naturwissenschaften untersagt. Am 13. April 1231 verbot Gregor IX. abermals die Lehre des Aristoteles, setzte aber gleichzeitig eine Kommission ein, die die

---

134 van Steenberghen, 1977, S. 115.

135 Blumenberg, Hans, Der Prozess der theoretischen Neugierde, Frankfurt/M. ^{3}1984, S. 123.

136 Chartularium 1, 1899, S. 70, n. 11.

‚*Physik*' auf Irrtümer überprüfen sollte.[137] Die Verbote erwiesen sich jedoch als wirkungslos.

Als 1252 die Nation der Engländer neue Statuten für die Zulassung zum Magisterium erließ und darin festlegte, dass die Bakkalaren zur Erlangung der *licentia docendi* nicht nur die ‚*Logica vetus*' und ‚*Logica nova*', den ‚*Priscianus Minor*', den ‚*Priscianus Magnus*', den ‚*Barbarismus*' und den ‚*Liber sex principiorum*', sondern auch den ‚*Liber de anima*' des Aristoteles gehört haben mussten, war dies ein „Markstein in der Geschichte des Aristotelismus an der Universität von Paris".[138] 1255 werden dann alle bekannten Werke des Aristoteles auf das Unterrichtsprogramm der Artistenfakultät gesetzt.[139]

Im Laufe dieser Entwicklungen verschoben sich an der Pariser Universität die Gewichte innerhalb der Fächer. Denn während die Studierenden bis dahin vor allem propädeutische Studien, Logik und Grammatik, betrieben, trat mit den Statuten von 1252 und 1255 die Philosophie immer mehr in den Vordergrund. Sie ist nicht nur Unterrichtsgegenstand, sondern beginnt, sich zu verselbständigen und als eigene Disziplin neben der Theologie zu etablieren.[140]

Paradigmatisch sichtbar wird diese Gewichtsverlagerung an der Schrift ‚*De summo bono*' des Boethius Dacus[141]. Darin stellt die Philosophie einen Autonomieanspruch, der sich für die Artisten auch aus der aristotelischen Wissenschaftstheorie ergab; *nullus artifex*, argumentiert Boethius, *potest aliquid causare, concedere vel negare nisi ex principiis suae scientiae*.[142] Was mit dem Prinzip der Vernunft erkannt und bewiesen werden kann, und nur dies, fällt in den Aufgabenbereich der Philosophie. *Nulla quaestio potest esse, quae disputabilis est per rationes, quam philosophus non debet disputare et determinare* (ebd., S. 347,314–316).[143] Die Philosophie hat einen von der Vernunft fest umrissenen Gegenstandsbereich, in dem sie autonom handelt und in dem die Theologie nichts zu sagen hat, wie umgekehrt die Philosophie nicht gegen Offenbarungswahrheiten argumentieren kann, weil Wissen und Glauben ganz verschiedenen Dimen-

---

137 Chartularium 1, 1899, S. 136–139, n. 79.

138 Van Steenberghen, 1977, S. 335.

139 Chartularium 1, 1899, S. 277–279, n. 246.

140 Vgl. Matthias Perkams, Einleitung, in: Siger von Brabant, Quaestiones in tertium De anima, hg., übers., eingel. und mit Anm. vers., Freiburg/Br. 2007, S. 24; ferner Claude Lafleur, Quatre introductions à la philosophie aux XIIIe siècle, Montréal 1988; ders., Le ‚guide de l'etudiant' d'un maître anonyme de la faculté des arts de Paris au XIIIe siècle, Québec 1999; ders., L'enseignement de la philosophie au XIIIe siècle, Turnhout 1997; ferner Charles H. Lohr, The new Aristotle and ‚science' in the Paris arts faculty (1255), in: L' enseignement des disciplines à la Faculté des arts (Paris et Oxford, XIIIe–XVe siècles, hg. v. Olga Weijers und Louis Holtz, Turnhout 1997, S. 251–266.

141 Boethius Dacus, Opera VI, 2, hg. v. Nicolaus Gregorius Green-Pedersen, Hauniae 1976, S. 369–377.

142 Boethius Dacus, 1976, S. 347,335–348.

143 In seinem Dekret hat der Bischof diesen Satz verurteilt; vgl. Art. 145: *Quod nulla questio disputabilis est per rationem quam philosophus non debet disputare et determinare.*

sionen angehören und nicht vergleichbare Erkenntnisprinzipien zugrundelegen. Der Philosoph bestimmt, was wissbar, der Theologe, was zu glauben ist.[144]

Symtomatisch für die neue Situation ist auch der Kurswechsel des Albertus Magnus. Er entscheidet sich in seinem Kommentar zu ‚*De anima*' für die *naturalia* der aristotelischen und arabischen Philosophen gegen die naturkundlichen Schriften der Lateiner.[145] In diesem Kontext rückte die aristotelische νοῦς-Lehre ins Zentrum des Interesses. In ihrer naturalistischen Ausprägung stand sie in starkem Gegensatz zur augustinischen Illuminationslehre. Traditionalistische Theologen lehnten sie ab; denn menschliches Erkennen erfolgte in dem heidnischen Ansatz nicht mehr, wie bei Augustinus, im Licht des göttlichen Geistes, sondern im Licht des *intellectus agens* des Menschen. Diese beiden Konzepte waren kaum in einem einzigen unterzubringen.

Der Gegensatz wurde durch den ‚*Großen Kommentar*' des Averroes zu ‚*De anima*' noch verschärft. Im Mittelpunkt der durch diese Schrift ausgelösten Diskussionen stand die averroistische These von der numerischen Einheit des transzendenten Intellekts, die die christliche Lehre von der Unsterblichkeit der individuellen Seele in Frage stellte, und die These von der Konjunktion des transzendenten Intellekts mit dem menschlichen Intellekt.

In den zeitgenössischen Debatten trat damit ein doppelter Gegensatz zutage, erstens der Gegensatz zwischen der aristotelischen und der lateinischen Lehre vom menschlichen Erkennen, zweitens der Gegensatz innerhalb der aristotelischen Tradition zwischen der averroistischen Auslegung von ‚*De anima*' und der christlichen. So wird die aristotelische νοῦς-Lehre und ihre Auslegung durch die Kommentatoren zu einem zentralen Punkt der Kontroversen.

Die Risiken der Rezeption wurden wieder wie schon in der ersten Phase der Aristoteles-Rezeption schnell deutlich, die Debatten verschärften sich. In der älteren Forschung wurde die Konfliktlage als Auseinandersetzung zwischen einem erstarkenden Aristotelismus und einem etablierten Augustinismus beschrieben, der, nach Ehrle, in der Theologie über die ‚*Sentenzen*' des Petrus Lombardus und über eine philosophische Lehrrichtung wirkte, die zwar einzelne aristotelische Elemente aufnahm, aber auch nachdrücklich gegen Aristoteles an genuin augustinischen Lehren festhielt. Es gab, aus dieser Perspektive gesehen, einen auch an der Pariser Universität von Anfang an dominierenden Augustinismus. Als Alexander von Hales in den Franziskanerorden eintrat, habe er dem Augustinismus einen „ausgezeichneten Vertreter" geschaffen.[146]

---

[144] Vgl. Paul Wilpert, Boethius von Dacien. Die Autonomie des Philosophen, in: Beiträge zum Berufsbewußtsein des mittelalterlichen Menschen, hg. v. Paul Wilpert, Berlin 1964, S. 135–152.

[145] Vgl. Ludwig Hödl, Über die averroistische Wende der lateinischen Philosophie des Mittelalters im 13. Jahrhundert, in: RThAM 39 (1972), S. 171–193.

[146] Franz Ehrle, Beiträge zur Geschichte der mittelalterlichen Scholastik II: Der Augustinismus und der Aristotelismus in der Scholastik gegen Ende des 13. Jahrhunderts, in: ALKGMA 5 (1889), S. 605.

Diese traditionelle augustinische Lehrrichtung habe Bonaventura energisch weiterentwickelt, er sei reiner Augustinist, aristotelische Elemente fielen kaum ins Gewicht.

Auch nach Gilson gibt es um die Mitte des 13. Jh. in Paris einen klar umrissenen Augustinismus, den Bonaventura aber nicht nur in traditioneller Weise weiterführte, wie Ehrle meinte, sondern zu einem starken Antiaristotelismus ausbaute.[147] Sein Augustinismus sei der Grund seines Antiaristotelismus. In der „friedlichen Zeit“ des *‚Sentenzenkommentars‘* habe Bonaventura Aristoteles mit auffallender Nachsicht behandelt. In den *‚Collationes in Hexaemeron‘* distanziere er sich von ihm. Das sei kein Wandel der Einstellung, vielmehr bringe das *‚Hexaemeron‘* „nur ein Urteil zur Anwendung, das der ‚Sentenzenkommentar‘ längst gefällt hatte“[148]. Bonaventura vertrete einen Augustinismus, der klar antiaristotelisch gerichtet sei und die eigentliche Gegenposition zum thomasischen Aristotelismus darstelle.[149]

Gegen diese seinerzeit fast einhellig angenommene These bezog van Steenberghen Stellung. In der ersten Hälfte des 13. Jh. habe es auf der Ebene der christlichen „sagesse“ weder ein System des Aristotelismus noch des Augustinismus gegeben, allerdings seien bereits im 12. Jh. Einflüsse der aristotelischen Logik und die Verwendung metaphysischer Begriffe, die sich auf Augustinus, Aristoteles und Ps.-Dionysios bezogen, in der theologischen Literatur festzustellen.[150] Und auch Bonaventura, der vermeintlich „antiaristotelische Augustinist“, sei in seiner ersten bis 1257 reichenden Phase wissenschaftlicher Tätigkeit kein ausgesprochener Kritiker des „Philosophen“ gewesen, sondern sei ihm mit hohem Respekt begegnet. Erst mit den drei Reihen der *Collationes* habe sich die Tonlage geändert und selbst in dieser Zeit „richtet sich die Feindseligkeit Bonaventuras mehr gegen die christlichen Jünger des Aristoteles als gegen Aristoteles selbst“ (Steenbergen 1977, S. 227). Ein Augustinismus tritt, nach van Steenberghen, erst seit etwa 1270 auf. Um die Mitte des Jahrhunderts habe es an der Fakultät der Artisten einen „eklektischen Aristotelismus“ mit einem „Grundbestand aristotelischer Lehren, sodann einiges augustinische Gedankengut“, aber auch Vorstellungen von der Einzigkeit des Intellekts gegeben (ebd., S. 176). Die Philosophie Bonaventuras und die des Thomas von Aquin standen sich also nicht wie ein augustinisches System und ein aristotelisches System gegenüber, sondern wie zwei ungleichmäßig entwickelte Formen eines „neuplatonisierenden Aristotelismus“ (S. 177). Gegen diese These ist von Gilson mit Recht eingewandt worden, dass der Antiaristotelismus Bonaventuras gerade darin bestehe, dass er, anders als Thomas, die

147 Etienne Gilson, Die Philosophie des Heiligen Bonaventura, Hellerau 1929, S. 20.

148 Gilson, 1929, S. 276.

149 Vgl. Gilson, 1960, S. 503–526.

150 Vgl. Fernand van Steenberghen, Le movement doctrinal du XIe au XIVe siècle, Paris 1956, S. 203f.

Verselbständigung der Philosophie, die sich aus der aristotelischen Wissenschaftslehre ergab, ablehnte.[151] Unabhängig von dieser Diskussion ist festzuhalten, dass in der Aristoteles-Rezeption des lateinischen Mittelalters dem Neuplatonismus – insbesondere dem ‚*Liber de Causis*', der lange dem *Corpus aristotelicum* zugerechnet wurde – eine Brückenfunktion zukam. Das zeigt sich auch im ‚*Johanneskommentar*' Meister Eckharts, der, anders als der eher konfrontativ-abgrenzend verfahrende Predigtzyklus 101–104, auf eine Konkordanz von christlicher Offenbarungslehre und griechischer Philosophie hin angelegt ist.

5.3.2.3 *Aristoteles-Rezeption und neue Konfliktlinien*

Die aristotelische Philosophie war mit ihrer nüchternen wissenschaftlichen Temperierung auf die empirische Erforschung der Lebenswelt ausgerichtet und verlagerte den doktrinalen Schwerpunkt auf die Welterklärung. Sie verband nicht mehr – wie Platonismus und Neuplatonismus – Weltwissen und Heilswissen, sondern entwickelte ein anderes Konzept von θεωρία. Im Unterschied zu Platon ist die διάνοια, das diskursive Denken, kein Durchgangsstadium mehr auf dem Weg zur νόησις, dem eigentlichen Erkennen in der Schau der Ideen, sondern bleibt Selbstzweck wissenschaftlicher Erkenntnis.[152] Eine fundierte Kenntnis einer Sache hat man nur, wenn man ihre spezifischen Gründe und Ursachen kennt (1025b7). Das Bedingungsverhältnis von θεωρία und Glück blieb erhalten, aber der Mensch erlangt die εὐδαιμονία nicht im Aufstieg in die Welt der Ideen, sondern in einem der theoretischen Forschung gewidmeten Leben, einem βίος θεωρητικός, der, nach Aristoteles, Glücks-Augenblicke kennt, in denen unser eigentliches Selbst, „das Göttliche in uns" aktuiert wird. Das ist kein Wechsel in eine Sphäre der Transzendenz, sondern die Verwirklichung der höchsten Möglichkeiten des Menschen, der mit dem Göttlichen nicht eins, sondern ihm in einer beglückenden Denk-Erfahrung ähnlich wird.

Das aristotelische Konzept der theoretischen Wissenschaften war aufgrund seiner Diesseitigkeit und Profanität wesentlich schwieriger christlich zu adaptieren als das platonische. Zu den φιλοσοφίαι θεωρητικαί zählten neben der ‚*Metaphysik*' die ‚*Physik*', in der Aristoteles Fundamentalkategorien und -strukturen der natürlichen Welt entwickelte, Grundbegriffe der Bewegungslehre, Vier-Ursachenlehre, Teleologie, die hohe Hürden für eine christliche Umpolung darstellten. Insbesondere der anfangs- und endlose, ewige Kosmos, den kein Schöpfergott geschaffen hat, war eine Vorstellung, die bei den Theologen auf erheblichen Widerstand stieß. Die ‚Metaphysik' wiederum als Wissenschaft von den letzten Gründen und Ursachen und Wissenschaft vom Göttlichen er-

---

151 Vgl. Joseph Ratzinger, Die Geschichtstheologie des heiligen Bonaventura, München 1959, S. 134.

152 Vgl. Habermas, 2019, I, S. 680–693.

hob den Anspruch auf Letztbegründung. Die christliche Offenbarungsreligion, die die ganze Wahrheit zu besitzen behauptet, sah sich durch eine Philosophie in Frage gestellt, die in allen Bereichen die Vernunft als höchstes Prinzip der Wahrheitsfindung ansetzte.

Die aristotelische Philosophie konfrontierte die Theologen mit einer Konzeption der Vernunft als eines rationalen Vermögens, das Selbstständigkeit, innerweltliche Autonomie und Selbstbehauptung durch Wissenschaft beinhaltete und einen Begründungsanspruch stellte, der die traditionellen Formen der Wahrheitsfindung, z. B. den Autoritätsbeweis, obsolet erscheinen ließ.

Die aristotelische ψυχή- und νοῦς-Theorie, wie sie in *‚De anima‘* vorlag, bereitete den Theologen wegen der autopoietischen Struktur der menschlichen Seele und ihres prekären Status – sie stirbt mit dem Körper – erhebliche Probleme. Das galt auch vom νοῦς; er war, nach Aristoteles, der Seele zugleich immanent und transzendent.

Die *‚Nikomachische Ethik‘* schließlich stellte für die christliche Weltsicht eine besondere Probe dar. Sie war nicht ontotheologisch begründet, sondern eine „Ethik autonomer Selbstbestimmung und sozialer Verantwortung“[153], die keiner Offenbarung bedarf. Das, wonach der Mensch letztlich strebt, ist kein transzendentes, sondern ein innerweltliches Glück, das sich nicht der göttlichen Gnade verdankt, sondern durch Eigentätigkeit erworben wird. Der welttranszendierenden christlichen Sicht steht nun ein paganer „Naturalismus“ gegenüber. Die These vom innerweltlichen Glück konnte man durchaus in dem vom Pariser Bischof Tempier verurteilten Satz wiederfinden, dass Glückseligkeit in diesem Leben, nicht in einem anderen besessen werde. Verglichen mit dem kontemplativen Heilsweg der θεωρία, wie ihn Platon entworfen hatte, war Aristoteles' Konzept der θεωρία, verstanden als ἐπιστήμη θεωρητική, eine hohe Hürde für die christliche Rezeption. Die aristotelische Philosophie enthielt eine soteriologische Lücke.

Schließlich stellten die *‚Analytica Posteriora‘* mit ihrem Konzept pluraler Rationalität die seit der Väterzeit tradierte Einheitswissenschaft, die Theologie, in Frage. Es gibt, nach Aristoteles, nur eine Vielheit von Wissenschaften mit einer jeweils spezifischen Rationalität.

Das aristotelische Werk enthielt also beträchtliches Konfliktpotential, das sich in heftigen Auseinandersetzungen entlud. Die Vielzahl kirchlicher Verurteilungen spiegelt deren Härte wider. Aristoteles spaltete die wissenschaftliche Welt. Für die einen war er der pagane Philosoph, der die „Hure Vernunft“ (Bonaventura) vergötterte. Auf der Gegenseite galt er als der „Herr und Meister derer, die wissen“, *maestro de color, che sanno* (4. Gesang, 131), wie ihn noch Dante in der *‚Göttlichen Komödie‘* feierte. Mit dieser Charakterisierung trifft er das Selbstverständnis des Aristoteles als Philosophen und benennt den Grund der Faszination der mittelalterlichen Theologen: das neue Wissensideal. Aristo-

[153] Honnefelder, 2001, S. XVIII.

teles ist als Propagator von Wissen und Wissenschaft in Orient und Okzident, von Heiden und Christen als „Meister“ gefeiert worden. Und er hat als „der Philosoph“, der die Vernunft als vielgestaltiges höchstes Vermögen rationaler Tätigkeit versteht, höchste Anerkennung gefunden. Der νοῦς, die Vernunft, ist das eigentliche Selbst, etwas Göttliches im Menschen, übermenschlich und menschlich zugleich (1178a2f.).

Auf der anderen Seite bot der Vernunftuniversalismus der aristotelischen Philosophie, die ein Thesaurus umfassenden Wissens und eines elaborierten methodischen und begrifflichen Instrumentariums war, die Chance, den absoluten Wahrheitsanspruch der christlichen Offenbarungsreligion mit Mitteln der philosophischen Vernunft in einer neuen Weise zu begründen und ihre Dogmen begrifflich präziser und systematischer zu fassen. Zugleich ergab sich für die Christen die Möglichkeit, die Überlegenheit ihrer von Gott geoffenbarten Wahrheit gegenüber der Weisheit der Welt darzulegen und ihre Theologie als wahre Philosophie auszuweisen.

Die christliche Offenbarungsreligion war also noch einmal, ähnlich wie in der Väterzeit, mit einer Philosophie konfrontiert, die eine Weltdeutung anbot und sich dabei nicht auf göttliche Offenbarung, sondern allein auf die menschliche Vernunft berief.

6. Gegenstand, Fragestellung, Verfahren und Aufbau der Untersuchung

Gegenstand der folgenden Untersuchung ist Meister Eckharts Aristoteles-Rezeption in deutschen Predigten, insbesondere im Zyklus ‚*Von der êwigen geburt*‘ und in seinem Kommentar zum Prolog des Johannesevangeliums. Seine Positionierung gegenüber der aristotelischen Philosophie weist in den beiden Textcorpora neben Gemeinsamkeiten auch Unterschiede auf: ein eher konfrontativ-abgrenzender Duktus im Predigtzyklus steht einem eher adaptiv-integrierenden Umgang mit den paganen Schriften im ‚*Johanneskommentar*‘ gegenüber. Dieser ambivalente Gebrauch, χρῆσις, soll im Folgenden beschrieben und dabei untersucht werden, inwiefern und in welcher Weise Eckharts wirkungsgeschichtlich bedeutende Auseinandersetzung mit dem „Philosophen“, dessen pagane Fremdheit er nicht verkannte, dazu beitrug, durch Abgrenzung und Umpolung das Profil eines christlichen Selbst- und Weltverständnisses zu schärfen und ihm neue Konturen zu verleihen; inwiefern Eckhart in der aristotelischen Philosophie und ihren peripatetischen und neuplatonischen Transformationen zugleich inspirierende Konzepte und Modelle für die philosophische Formulierung einer christlichen Mystik von hoher Originalität fand; schließlich, inwiefern er Grundkategorien insbesondere der aristotelischen Naturphilosophie – in recht eigenwilliger Weise – für die Plausibilisierung einer Konkordanz von biblischer und philosophischer Wahrheit in Anspruch nahm.

Methodisch verfährt die Untersuchung in der Weise, dass sie größere Texteinheiten aus deutschen und lateinischen Werken analysiert, wie z. B. den Predigtzyklus ‚*Von der êwigen geburt*‘ und die ‚*Recollectio*‘ im ‚*Johanneskommentar*‘. Dabei wird die Logik der produktiven Auseinandersetzung Eckharts mit dem „heidnischen Meister“ aus dem argumentativen Zusammenhang der Texteinheiten jeweils auf doppelte Weise rekonstruiert: erstens, indem z. B. durch detaillierte Analysen der einzelnen Predigten die Kernpunkte von Eckharts Umbesetzung aristotelischer Philosopheme herausgearbeitet werden, und zweitens deren Stellenwert im gedanklichen Gesamtzusammenhang des Predigtzyklus – einem Gegenentwurf zum aristotelischen Ideal des vollkommenen Lebens – bestimmt wird. Es geht darum, Eckharts Anschauungen nicht aus der Kombination einzelner Zitate, sondern aus zusammenhängenden Texten heraus zu entwickeln. Analog verfährt die Untersuchung bei der Analyse der ‚*Recollectio*‘.

Eckharts Auseinandersetzung mit aristotelischen Auffassungen von Seele, Vernunft und gutem Leben ist nicht nur von historischem Interesse. Trotz des hohen Zeitenabstandes und ihrer „Alterität“ lassen sich sowohl in den klassischen Texten des Aristoteles als auch in den Predigten Meister Eckharts Aussagen finden, die auch in der Gegenwart für das Bild, das wir vom Menschen haben, von Interesse sind. Beide Autoren sind Exponenten fortwirkender und prägender okzidentaler Traditionen, und ihre Schriften gehören zu jener Kategorie von Texten, die ein überschießendes Bedeutungspotential enthalten, durch das sie immer wieder inspirieren, Aktualität gewinnen und durch produktive Rezeption das Denken weiterbringen. Sie können so immer wieder zu einer Reflexion unseres Selbst- und Weltverständnisses beitragen – und nicht nur das; denn unser Bild vom Menschen entscheidet „letztlich über unseren Umgang mit uns selbst und mit anderen – heute wäre zu ergänzen: und mit der Natur“.[154]

Eckharts vielschichtige Rezeption der aristotelischen Philosophie steht in der einleitend skizzierten Linie der in der Spätantike einsetzenden und im 13. Jahrhundert kulminierenden Versuche, christliche Glaubenslehre und philosophisches Wissen zu verbinden, eine Tradition, auf die er sich immer wieder inhaltlich bezieht und deren Argumentationsmuster er auch aufnimmt. Seine Rezeption ist von einem spirituellen Interesse geleitet und von daher thematisch fokussiert. Die Bibel als Inbegriff der Wahrheit in ihrer ganzen Tiefe zu erfassen und ihre Auslegung für die Seelsorge nutzbar zu machen, ist maßgeblich für seinen „Gebrauch“ der Philosophie. Mit dieser Relationierung von

[154] Thomas Fuchs, Verteidigung des Menschen. Grundfragen einer verkörperten Anthropologie. Berlin 2020, S. 16. Fuchs bezieht sich auf einen Satz von Karls Jaspers, aus: ‚Der philosophische Glaube‘, Zürich 1948.

Wissenschaft und *cura animarum* steht er in der *Linie* seines Ordens: *studium enim est ordinatum ad praedicationem; praedicatio ad animarum salutem, quae est ultimus finis*[155]. Sein zentrales Thema ist das Verhältnis der menschlichen Seele zu Gott; wie die Seele mit Gott eins werden könne und wie ein im spirituellen Sinn vollkommenes Leben möglich sei.

Daraus ergeben sich die thematischen Schwerpunkte seiner Rezeption: Aristoteles' Lehre von der Seele, vom Intellekt und vom guten Leben. Sie sind im Predigtzyklus ‚*Von der êwigen geburt*' als Bezugspunkte stets präsent: dort dekonstruiert er zentrale Theoreme der aristotelischen Seelenlehre und seiner Auffassung von der Eudaimonie, er kehrt ihre Hierarchien um. Im ‚*Johanneskommentar*' versteht er die menschliche Seele und deren soteriologische Möglichkeiten in einem umfassenden Schöpfungs- und Erlösungszusammenhang, für dessen philosophische Deutung – im Sinne einer wechselseitigen Erhellung und Konkordanz von Glaubenslehre und Philosophie – er affirmativ-transformierend Aspekte der aristotelischen Ursachenlehre und seiner teleologischen Natursicht heranzieht, die er christlich als universale Teleologie mit einem allmächtigen Schöpfer als Ursache und Ziel deutet.

In seiner Auseinandersetzung mit der aristotelischen Philosophie bezieht sich Eckhart nicht nur unmittelbar auf Schriften des Aristoteles', die er z. B. im ‚*Johanneskommentar*' häufig wörtlich zitiert, sondern auch auf neuplatonische und peripatetische Transformationen aristotelischer Theoreme. Das gilt auch für die Intellekttheorie, die durch arabische Autoren zwischen dem 9. und 12. Jahrhundert in verschiedenen Varianten weiterentwickelt wurde. Ein zentraler Bezugspunkt Eckharts sind außerdem die zeitgenössischen Debatten, die im 13. Jahrhundert mit der Entdeckung des „ganzen Aristoteles" einsetzten. Die Positionen von Albertus Magnus und Thomas von Aquin, die wichtige Weichenstellungen für die christliche Rezeption der aristotelischen Philosophie vornahmen, wurden für ihn von besonderer Bedeutung.

Die Untersuchung ist in vier Hauptteile gegliedert.

Der erste Hauptteil behandelt Aristoteles' Lehre von der Seele und vom Intellekt in ‚*De anima*' (II, 1–8 und III, 4–5) und Grundzüge seiner Auffassung vom guten Leben in der ‚*Nikomachischen Ethik*' (I, 1–6 und VIII, 1–9, IX, 4–9).

Die Detailinterpretation dieser Kapitel im Modus eines close reading[156] soll den Blick öffnen auf das breite Spektrum von Aspekten, an denen Eckharts produktive Auseinandersetzung mit der aristotelischen Philosophie anknüpfen konnte, aber auch die Schwierigkeiten markieren, die das Konzept einer tiefen, im wörtlichen Sinn prinzipiellen Zusammengehörigkeit von Seele und Welt,

155 Humbertus de Romanis, Opera de vita regulari, hg. v. J. J. Berthier, Bd. II, Rom 1889, S. 28; vgl. auch Bernard McGinn, Eckhart, Freedom, and the Bible, in: Meister Eckhart und die Freiheit, hg. v. Christine Büchner und Freimut Löser, Stuttgart 2018 (MEJb 12), S. 117.

156 Vgl. Cleanth Brooks, The well wrought urn: studies in the structure of poetry, New York 1947; Jonathan Culler, The Closeness of Close Reading, in: ADE, Bulletin (2010), S. 20–25.

das konstitutiv ist für das Selbst- und Weltverständnis des Menschen in ‚*De anima*‘ und in der ‚*Nikomachischen Ethik*‘, für eine christliche Interpretation bereithielt. In Scholien am Ende der Kapitel werden vorausblickend bereits Ansatzpunkte der Rezeption benannt, die darauf verweisen, wie Eckhart philosophische Grundmodelle (insbesondere das hylemorphistische Einheitsmodell der Seele) aufnahm, sie aber auch nutzte, um durch Umpolung und Überhöhung dem Ideal des „natürlichen“ Menschen sein Gegenkonzept eines „im spirituellen Sinn vollkommenen Menschen“ (vgl. Pr. 101) entgegenzusetzen; und wie er außerdem, exemplarisch im ‚*Johanneskommentar*‘, das Erklärungspotential von Lehrstücken der aristotelischen, aus einer Phänomenologie der Erfahrung gewonnenen Naturphilosophie – oft zusammen mit ihren neuplatonischen Transformationen – verwendete, um die Aussagen der Bibel über letzte Ursachen und Ziele der Welt, ihre Schöpfungs- und Erlösungslehre, philosophisch zu erhellen. Um die Verbindungen zu verdeutlichen, enthalten die Scholien auch schon Hinweise auf den Gebrauch, den Eckhart etwa vom aristotelischen Seelenmodell, dessen Lehre von der *scala naturae* und insbesondere den peripatetischen Transformationen der Intellekttheorie macht, um, z. B. im ‚*Johanneskommentar*‘, die Möglichkeit einer übernatürlichen *nativitas* in der Gottesgeburt, die er als Kern der Botschaft des Johannes versteht, als eine Überhöhung der natürlichen *nativitas* philosophisch darzustellen.

Im Einzelnen werden im Rekurs auf die ‚*Metaphysik*‘ und die ‚*Physik*‘ zunächst die grundlegenden substanzontologischen Bestimmungen von Aristoteles’ hylemorphististischem Modell der Seele als Wesen lebender Substanzen herausgearbeitet, die er im ersten Kapitel des zweiten Buches von ‚*De anima*‘ in mehreren Schritten entwickelt: sein Verständnis der Seele als „inseiende Form“, als ἐνέργεια bzw. ἐντελέχεια im Sinne eines einheitsstiftenden, schöpferischen Prinzips, einer mehr oder weniger komplexen funktionalen Struktur, die aus einem bestimmten Körper, als einem der Möglichkeit nach lebendigen Seienden, ein lebendiges Ganzes, ein bestimmtes Lebewesen macht, z. B. eine Pflanze, ein Tier oder einen Menschen. Da in Lebewesen nicht alle Lebensfunktionen ständig aktiv sind, präzisiert Aristoteles den ontologischen Status der Seele als πρώτη ἐντελέχεια, als erste Entelechie, d. h. als eine ἐνέργεια mit δύναμις-Charakter, als „Aktivzustand“ (Schark). Das Wesen lebender Substanzen besteht in ihrem formierten Vermögen, immer wieder aus sich selbst heraus tätig werden zu können, ἐνεργεῖν δι’ αὑτοῦ. Die verschiedenen Aspekte, unter denen die Seele Prinzip lebender Substanzen ist, präzisiert Aristoteles am Leitfaden der Ursachenlehre: Ihr substantielles Sein besteht im Vollzug des Lebens als einer Tätigkeit, die ihr Ziel in sich selbst, in der Verwirklichung ihrer Dispositionen hat. Die Seele ist damit Prinzip des Lebendigseins als eines autopoietischen Prozesses, in dem das einzelne Wesen, um zu sein, sich ständig selbst herstellt; eines Lebendigseins, das durch Selbstbezüglichkeit gekennzeichnet ist – sein Leben ist für das Lebewesen Zweck in einem doppelten Sinn, es hat als Naturwesen eine teleologische Struktur. Als begrenztes lebendiges

Seiendes ist es Teil der Kontinuität des Lebens genau in dem Sinn, dass seine ontologische Struktur äquivalent zur Struktur des Ganzen ist: sein Sein ist dauerndes Werden. Am Unendlichen hat es in seiner einfachsten Form dadurch teil, dass es ein anderes seiner Art zeugt. Auch mit diesem für das Lebewesen konstitutiven Merkmal ist es Teil der Natur.

An Aristoteles' Bestimmungen der Seele als Form-, Ziel- und Bewegungsursache lebender Substanzen lassen sich einerseits die gegensätzlichen Orientierungen des aristotelischen und des christlichen Selbst- und Weltverständnisses exemplarisch herausarbeiten, die nicht nur vehemente Abwehr hervorriefen, sondern auch Möglichkeiten boten, den eigenen Standpunkt gerade durch die Abgrenzung gegen das naturalistische weltimmanente Modell zu entwickeln. An der Verbindung von Seelen- und Ursachenlehre wird aber auch deutlich, inwiefern aristotelische Lehrstücke für das Christentum Ansatzpunkte boten, das eigene Selbst- und Weltverständnis im Rahmen einer universalen philosophischen Systematik zu formulieren. Ein Angelpunkt der christlichen Adaptionen war die an neuplatonische Transformationen anknüpfende Deutung der teleologischen Natursicht des Aristoteles als universale Teleologie, die ihre Ursache und ihr Ziel in einem allmächtigen Schöpfergott hat. In der christlichen ‚Synthese' werden konkurrierende Paradigmata des Selbst- und Weltverständnisses verbunden – Selbstbezüglichkeit des Lebendigen versus Bezogenheit auf ein transzendentes Telos, dem das einzelne „dient"; Anfangslosigkeit und Unendlichkeit des Kosmos versus lineare Teleologie der Schöpfung mit Anfang und Ende.

Gegenstand des zweiten Kapitels sind Seelenformen, die Aristoteles mit seiner methodischen Direktive – ‚von den Objekten über die Tätigkeiten zu den Vermögen' – erschließt: die vegetative, die sensitive und die noetische Seele. Sie gehören zum „Naturbereich" und sind wie alle Wesenheiten ἐν ἁπάσῃ τῇ φύσει (430a10) hylemorphistisch strukturiert. Nach der Definition in B 1, die für alle Seelenformen gilt, sind sie in analoger Weise πρώτη ἐντελέχεια, jeweils erste Entelechie. Auch der νοῦς weist als νοῦς ἐν τῇ ψυχῇ diese Struktur auf, wie sich aus den Kapiteln III, 4 und 5 ergibt, in denen Aristoteles die reine, bestimmungslose δύναμις des νοῦς παθητικός und zwei Modi des νοῦς ποιητικός – die formierte δύναμις des νοῦς δυνάμει, der sich bereits Wissen angeeignet hat und von sich aus in ἐνέργεια übergehen kann, und den νοῦς ἐνεργείᾳ – unterscheidet. Der noetischen Seele kommt also in analoger Weise eine πρώτη ἐντελέχεια-Struktur zu, die für Aristoteles ein Merkmal lebender, mit Materie verbundener Substanzen ist. Bei den unteren Seelenstufen entfällt allerdings der Modus der reinen δύναμις. Die menschliche Seele hat mit dem νοῦς aber auch ein Vermögen, das über die materielle Welt hinausreicht. Dieses Seelenvermögen ist insofern getrennt vom Körper, χωριστός, als ihm kein Körperorgan entspricht, ist aber für seine Aktivitäten auf Funktionen des Körpers angewiesen. Die Einheit und das Zusammenwirken von Körper, Seele und νοῦς und der Sonderstatus des νοῦς sind die ständigen Aporien in ‚*De anima*'.

Ein gemeinsames Merkmal der drei Seelenformen ist neben ihrer analogen Struktur als erster Entelechie ihr Objektbezug. Die vegetative Seele ist auf Nahrung angewiesen, die sensitive auf Wahrnehmungsgegenstände, die noetische auf Denkbares. In der Realisierung dieser Relationen finden sie ihren Zweck und ihre Erfüllung. Bei der wahrnehmenden und der noetischen Seele kulminiert die Interaktion mit ihren Gegenständen in einer ἐνέργεια-Identität, in der das Wahrnehmende und das Wahrgenommene bzw. das Denkende und das Gedachte im Akt eine Wirklichkeit werden und ihre Vollendung finden. Eckhart deutet diese ἐνέργεια-Identität in deutschen Predigten theozentrisch um. Insgesamt nutzt er das aristotelische Intellektmodell und seine peripatetischen Transformationen insbesondere für den übernatürlichen Bereich, indem er die in ihm wirksamen Aktiv-Passiv-Strukturen umkehrt.

Gegenstand des dritten Kapitels sind Aspekte von Aristoteles' Lehre vom guten Leben in der ‚*Nikomachischen Ethik*', dem „Gründungsdokument der abendländischen Ethik".[157] Der aristotelische Neuansatz hängt eng zusammen mit seiner Seelenlehre und seinem Verständnis des Menschen als Teils der natürlichen Welt. In der Definition der εὐδαιμονία, des menschlichen Glücks, als ἐνέργεια ψυχῆς κατ' ἀρετήν, als Tätigsein der Seele gemäß ihren höchsten Fähigkeiten, kommt diese Verbindung zum Ausdruck. Aristoteles' Frage nach dem höchsten Gut zielt von Anfang an auf ein ἀνθρώπινον ἀγαθόν im Sinne eines Ziels, das durch menschliches Handeln in der Welt erreicht werden kann. Dieses besteht nicht in öffentlicher Ehre oder äußeren Gütern, bei denen der Einzelne sein Glück von äußeren Faktoren abhängig macht, auch nicht in einem transzendenten ἀγαθόν, sondern im bestmöglichen Vollzug des Lebens selbst, das schon in sich für jeden Menschen ein Gut ist und in sich selbst seinen Sinn und seine Vollendung findet. Voraussetzung des εὖ ζῆν, der εὐδαιμονία, ist für den Menschen die Perfektionierung seiner Vernunftvermögen im praktischen und im theoretischen Bereich. Dass für Aristoteles der Mensch ein vernunftbegabtes soziales Wesen ist, geht auch in seine Auffassung von der εὐδαιμονία ein. Das zeigt sich insbesondere in seiner Auszeichnung der vollkommenen Freundschaft, der τελεία φιλία als gemeinsamen Tätigseins, συνεργεῖν, von Gleichen, einem συνπράττειν und συνφιλοσοφεῖν, das dem Denken und Handeln des Einzelnen Dynamik und Kontinuität verleiht, auch wenn er in der σοφία, der Weisheit, eine höchste Tätigkeit sieht, welche die ἀγαθοί zwar gemeinsam besser, aber auch jeder ἀγαθός allein mit einer gewissen Autarkie ausüben kann. Der pagane Charakter der aristotelischen Ethik, die auf Eigentätigkeit, auf vernünftiges Handeln und Denken in der Welt setzt, war für die

[157] Jörn Müller, Felicitas civilis und felicitas contemplativa: Zur Verhältnisbestimmung der beiden aristotelischen Glücksformen in den Ethikkommentaren des Albertus Magnus, in: Via Alberti. Texte – Quellen – Interpretationen, hg. v. Ludger Honnefelder u. a., Münster/W. 2009, S. 295.

christliche Rezeption eine große Herausforderung. Neuplatonische Transformationen haben sie, wie auch in anderen Bereichen, erleichtert.

Der zweite Hauptteil untersucht unter historisch-systematischen Gesichtspunkten die Auseinandersetzungen um die aristotelische Philosophie im Hohen Mittelalter, die auch den Kontext der Aristoteles-Rezeption Eckharts bilden. Im Mittelpunkt standen Probleme der Seelenlehre, der Intellekttheorie und der Ethik, die sich jeweils um zentrale aristotelische Thesen gruppierten.

Die Seelenlehre des Aristoteles stellte die christlichen Ausleger von ‚*De anima*' vor große Schwierigkeiten. Wie konnte man den aristotelischen Begriff der Seele als erster Entelechie eines Körpers, der der Möglichkeit nach Leben hat, so transformieren, dass er mit der christlichen Glaubenslehre harmonierte? Albertus Magnus und Thomas von Aquin hielten sich eng an das hylemorphistische Einheitsmodell des Aristoteles und verteidigten ihre „unica-forma-These" gegen „Augustinisten", die die menschliche Seele als eine Akkumulation verschiedener Seelenformen verstanden, aber auch gegen „Averroisten", die unter Berufung auf Aristoteles ebenfalls eine Kompositionstheorie vertraten, wie z. B. Siger von Brabant. Für Albertus Magnus und Thomas von Aquin war das aristotelische Verständnis der Form als *actus* Angelpunkt ihrer Argumentation – wenn auch mit unterschiedlichen Nuancen, die noch bei Eckhart nachklingen. Das zeigt sich bei Albertus Magnus im doppelten Status des Intellekts als *aliquid animae* und *aliquid in nobis*, der mit seiner Intention zusammenhängt, die aristotelisch gedachte Zugehörigkeit der menschlichen Seele zur natürlichen Welt mit dem christlichen Verständnis ihrer Jenseitigkeit kompatibel zu machen. Die Seele versteht er als *totum potestativum* aus vegetativem, sinnenhaftem und Vernunftvermögen, deren Einheit durch die „von außen" kommende Geistseele bewirkt wird (*uniri ut actus*). Bei Thomas ist es die im Körper „inseiende Form", die lebensschaffende *forma substantialis* in der *materia*, welche die Einheit von Körper und Geistseele bewirkt und aus dem Menschen eine körperlich-seelische Einheit macht. Allerdings bedurfte es auch bei ihm eines erweiterten Formbegriffs, um die von Aristoteles behauptete zeitlich limitierte Einheit von Körper und Seele im Sinne einer Ewigkeit der individuellen menschlichen Seele zu interpretieren. Bei seiner ausführlichen Interpretation von ‚*De anima*' B 1 nimmt Thomas von Aquin außerdem eine wirkungsgeschichtlich folgenreiche schöpfungstheologische Umdeutung des aristotelischen Verständnisses der Seele als erster Entelechie vor. Er deutet die πρώτη ἐντελέχεια als *actus primus* im Sinne einer *materiae informatio* durch den göttlichen *dator formarum*: als ein Lebendigmachen des Körpers (*vivificare corpus*) durch den Spender des Lebens. Von diesem Akt der Vermittlung substantiellen Seins unterscheidet er die ἐνέργεια des Lebewesens (bei Aristoteles den Vollzug seines substantiellen Seins) als actus secundus im Sinne von *operationes* im akzidentellen Bereich. Diese thomasische Deutung der πρώτη ἐντελέχεια als hervorgebracht durch den Schöpfer markiert die christliche Aufhebung des autopoietischen Wesens der menschlichen Seele. Sie ist die Grundlage für die

Unterscheidung von substantiellem Wirken, das allein Gott zukommt, und akzidentellem Wirken als Kennzeichen des Wirkens der Geschöpfe und für die Unterscheidung von Wesen und Kräften der Seele, Transformationen, die beide bei Eckhart sowohl in den deutschen Predigten als auch im ‚*Johanneskommentar*' eine wichtige Rolle spielen. Bei Thomas findet diese Deutung der aristotelischen Seelenlehre im Rahmen eines christlichen Selbst- und Weltverständnisses ihre systematische Abrundung im Rekurs auf den „Grenzbegriff" eines göttlichen Wesens als ἐνέργεια (Oehler, Wieland), den Aristoteles in der ‚*Metaphysik*' entwickelt. Dieses Göttliche ist als Form ohne Materie reine ἐνέργεια im Unterschied zur ἐνέργεια der Lebewesen, die als mit Materie verbundene Form immer Dynamis-Charakter hat. Thomas deutet die reine ἐνέργεια als *actus purus* eines Schöpfergottes, der die Welt erschafft und auf sie einwirkt. Mit diesen Adaptionen und Umpolungen wird die autopoietische Seele auf das christliche Maß eines endlichen Geschöpfes gebracht.

Ein zweiter Problembereich war die Intellekttheorie, um die sich seit der Mitte des 13. Jahrhunderts heftige Kontroversen entwickelten. Es scheint „kein Zufall, dass in der Wirkungsgeschichte der aristotelischen Philosophie eben jene Dinge, die bei Aristoteles noch nicht eindeutig festgelegt sind, von besonderer Bedeutung werden".[158] In ‚*De anima*' waren zentrale Fragen offen geblieben, die insbesondere mit dem νοῦς der Seele zusammenhängen, der zugleich getrennt, χωριστός, und der Seele immanent sein soll. Strittig waren auch seine Potentialitätsstufen und die Verbindung von menschlichem und göttlichem νοῦς. In den intensiven intellekttheoretischen Debatten spielten peripatetische und neuplatonische Transformationen der νοῦς-Theorie seit Alexander von Aphrodisias durch arabische und persische Philosophen eine bedeutende Rolle, insbesondere durch al-Kindi, al-Farabi, Avicenna und Averroes, der in seiner hylemorphistischen Intellekttheorie das Erkennen als Überformung des *intellectus materialis* durch den „von außen" in uns wirkenden *intellectus agens* beschreibt. Er werde im Zuge einer Perfektionierung unserer Denkakte schließlich in der *coniunctio* zur *forma in nobis*. Mit der averroistischen These von der Separatheit und Überinidividualität des Intellekts als Voraussetzung allgemeingültiger Erkenntnisse setzt sich Thomas von Aquin kritisch auseinander. In Alberts Intellekttheorie lassen sich verschiedene, fast gegenläufige Entwicklungen unterscheiden. Während er in seiner Auseinandersetzung mit der peripatetischen Lehre von den vier Intellekten die Ausdifferenzierung von Potentialitätsstufen zugunsten des aristotelischen Grundmodells (νοῦς παθητικός und νοῦς ποιητικός) reduziert, erweitert er in anderen Zusammenhängen, in denen dem Begriff des *intellectus adeptus* eine zentrale Bedeutung zukommt, das Modell über Aristoteles hinaus. Er beschreibt die Perfektionierung des menschlichen Intellekts zur Vollkommenheitsstufe des *intellectus adeptus* – im Anschluss an Averroes, ohne aber dessen Lehre von der Separatheit des Intellekts

---

[158] Wolfgang Wieland, Die aristotelische Physik, Göttingen ^{2}1970, S. 338.

zu übernehmen – als eine sukzessive Überformung des *intellectus possibilis* durch den *intellectus agens*. In Verbindung mit neuplatonischen und augustinischen Theoremen erweitert er dieses Modell noch einmal durch die Perspektive eines Aufstiegs des Menschen in einen höheren Erkenntnismodus, in dem der Mensch sich und die Welt in Gott als ihrer ersten Ursache erkennt: *per huiusmodi intellectum coniungitur Deo.*[159] Der hochdifferenzierte intellekttheoretische Diskurs bietet Eckhart ein philosophisches Instrumentarium für die Beschreibung der Gottesgeburt mit Mitteln der aristotelisch-peripatetischen Intellekttheorie.[160]

Ein dritter Problemkreis war die Ethik. Bei den Diskussionen um die ‚*Nikomachische Ethik*' und die Frage nach dem Glück zeichnete sich ein deutlicher Umschwung ab, als Mitte des 13. Jahrhunderts der ganze Text in lateinischer Übersetzung vorlag. Die Frage nach dem menschlichen Glück, nach seiner Diesseitigkeit oder Jenseitigkeit, ob erworben durch Eigentätigkeit oder durch göttliche Gnade geschenkt, wurde neu gestellt.

Der dritte Hauptteil behandelt Transformationen der aristotelischen Lehre von der Seele, von der Vernunft und vom vollkommenen Leben, wie sie Eckhart in deutschen Predigten, insbesondere im Zyklus ‚*Von der êwigen geburt*', vornimmt. Hohe Hürden für die christliche Umpolung des aristotelischen Ansatzes waren dabei die energetische Struktur der Seele als Prinzips eines substantiellen Hervorbringens und der für ihre Selbstoptimierung konstitutive Weltbezug.

Ein Grundmuster Eckharts – die Depotenzierung der autopoietischen Seele durch die Umbesetzung der in Aristoteles' hylemorphistischem Modell enthaltenen Aktiv-Passiv-Strukturen – wird im ersten Kapitel exemplarisch anhand von dualen Strukturen in seiner Auffassung von Seele und Vernunft herausgearbeitet. Dazu gehört die Verschärfung der thomasischen Realdistinktion von Wesen und Kräften der Seele, die Umakzentuierung des augustinischen Duals von *ratio inferior* und *ratio superior* und die Konturierung eines Doppelcharakters von *vernünfticheit* als Herr in ihrem Verhältnis zur sinnlichen Natur und als Knecht gegenüber Gott. Bei der theozentrischen Umdeutung der ἐνέργεια-Identität – eines zentralen Theorems der aristotelischen Wahrnehmungs- und νοῦς-Theorie und Ausdruck des Weltbezugs der Seele, die ihre Erfüllung im Verhältnis zu ihren Objekten findet – zeigt sich Eckharts dezidierte Umkehrung der aristotelischen Äußerlichkeit in eine christliche Innerlichkeit, die ihre Vollendung in der Einheit mit Gott findet.

---

159 Vgl. Müller, 2009, S. 305 spricht von einer „signifikante(n) Lehrentwicklung bei Albert": „Von einer rationalen Verstandesmetaphysik aristotelischen Zuschnitts (im ersten NE-Kommentar) zu einer unmittelbaren Wesensschau der Dinge (d. h. der *quidditas rerum*) und des Göttlichen in neuplatonischer Manier (im zweiten NE-Kommentar)."

160 Bei Eckhart finden sich z. T. wörtliche Übereinstimmungen mit Formulierungen Alberts.

Das zweite Kapitel untersucht die Predigten 101–104, die von der Gottesgeburt im Seelengrund handeln. In kritischer Auseinandersetzung mit wesentlichen Elementen von Aristoteles' Seelenlehre entwickelt er hier sein Ideal eines im geistlichen, nicht im natürlichen Sinn vollkommenen Menschen. Eckhart verfährt konfrontativ. Er dekonstruiert[161] Theoreme der aristotelischen Philosophie, indem er deren hierarchische Gegensätze unterminiert und gewissermaßen auf den Kopf stellt: *enpfenclicheit* steht nun über Aktivität, unbekantez bekantnisse über epistemischem Wissen, weltabgeschiedene Innerlichkeit über weltbezogener Äußerlichkeit und Intentionalität; das gute und vollkommene Leben besteht nicht in vernünftiger Tätigkeit, sondern im gotlîden im Innersten der Seele. Die christliche Botschaft grenzt Eckhart – mit aristotelischen Begriffen – scharf von der philosophischen Weisheit ab. So formuliert er, mit Aristoteles gegen Aristoteles argumentierend, die Zentralidee seiner Predigten, die Gottesgeburt, mit einem hylemorphistischen Begriffsinstrumentarium, versucht aber zugleich, den spirituellen christlichen Heilsweg gegenüber dem βίος θεωρητικός, einem epistemisch bestimmten Lebensideal, als letztlich höherwertig auszuweisen. Inmitten seines ausgedehnten und intensiven Gebrauchs aristotelischer, peripatetischer und neuplatonischer Lehrstücke agiert er mit dem paulinischen Gestus christlicher Überlegenheit über die pagane Weisheit und vertritt gegenüber der philosophischen Tradition selbstbewusst den aus seiner Sicht absoluten Mehrwert der christlichen Botschaft. Eckhart stellt also gegen den aristotelischen „Naturalismus“ mit seiner Objekt- und Wissensorientierung einen theozentrischen Spiritualismus mit seiner objektlosen Innerlichkeit und Passivität.

Der vierte Hauptteil analysiert Eckharts Auslegung des Prologs des Johannesevangeliums (V. 1–14). In seinem Kommentar macht Eckhart einen anders akzentuierten, integrativen „Gebrauch“ von der aristotelischen Philosophie, ihren peripatetischen Transformationen und von neuplatonischen Elementen. Er beabsichtigt, die Schrift durch natürliche Beweisgründe der Philosophen zu erhellen, aber auch Eigenheiten der *naturalia* aus der Schrift zu erklären. Die *rationes naturales philosophorum* entnimmt er aristotelischen und neuplatonischen Schriften, insbesondere dem ‚*Liber de causis*‘ und Dialogen Platons. Er nutzt die Philosophie, um die Konkordanz von christlicher Lehre und Philosophie aufzuweisen und christliche Mysterien, Trinität und Inkarnation, mit naturphilosophischen Kategorien verständlich zu machen. Die christliche Lehre, deren Grundlage die Bibel bildet, ist für ihn die wahre Philosophie.

161 ‚Dekonstruktion‘ gebrauchen wir im Sinne von Jacques Derrida, Positionen, Graz u. a. 1986, S. 88: „Bei einem klassischen philosophischen Gegensatz hat man es nicht mit der friedlichen Koexistenz eines Vis-à-Vis, sondern mit einer gewaltsamen Hierarchie zu tun (...). Einer der beiden Ausdrücke beherrscht (axiologisch, logisch usw.) den anderen, steht über ihm. Eine Dekonstruktion des Gegensatzes besteht zunächst darin, im gegebenen Augenblick die Hierarchie umzustürzen.“

Die ersten vierzehn Verse des Prologs gliedert Eckhart in zwei thematische Einheiten: (1) Die Verse 1–8 (neun Hauptsätze) behandeln das Sohn-Gottes-Sein Christi, die innertrinitarische *generatio* und die Schöpfung in Christus, die *ratio idealis* der Kreaturen, sowie die *conditio humana* vor der heilsgeschichtlichen Wende, die mit dem Auftreten des Johannes eingeleitet wird. Diese Hauptsätze legt Eckhart mit mehreren philosophischen Theoremen aus, insbesondere dem aristotelischen Prinzip der Synonymität, wonach jede Wesenheit aus einer wesensgleichen entsteht, das er mit der neuplatonischen *causa-prima*-Lehre aus dem ‚*Liber de Causis*' verbindet, dessen Schöpfungsbegriff mit der christlichen Lehre kompatibel war. Vom Neuplatonismus übernimmt er auch die Trias Sein-Leben-Denken und dessen Interpretation des aristotelischen Satzes aus B 4 (415b13): *vivere viventibus est esse.* Eckhart deutet ihn im Sinne einer gestuften Teilhabe der Geschöpfe am göttlichen Sein *secundum modum receptionis.*

(2) Das Thema der zweiten thematischen Einheit (V. 9–14) ist das Sohn-Gottes-Werden des Menschen, das durch die Inkarnation Gottes möglich wurde. Hier deutet er zunächst das Verhältnis von Johannes zu Christus mit Grundbegriffen der aristotelischen Naturphilosophie als Verhältnis von kinesis, alteratio, zu genesis, generatio – sie bezeichnet in seiner Interpretation die ontologische Differenz von Naturordnung und Heilsordnung, auf die jene teleologisch bezogen ist. Die Möglichkeit, Gottes Sohn zu werden – nach Eckhart die zentrale Botschaft des ‚*Johannesevangeliums*' – erklärt er in Abgrenzung gegen das aristotelische Modell der drei Seelenformen, die er als drei *natürliche nativitates* versteht, als deren Überhöhung durch eine *übernatürliche nativitas.* Dieses übernatürliche Geborenwerden beschreibt er peripatetisch als *coniunctio*, als Überformung des menschlichen Intellekts durch den göttlichen Intellekt, ähnlich wie in Predigt 104. Für die Erklärung der Wirkungen dieser Überformung auf den Menschen greift er wieder auf das aristotelische Verständnis der Seele als Form und Wirkprinzip in B 1 zurück.

(3) Seiner Auslegung der ersten 14 Verse des Prologs fügt Eckhart in der ‚*Recollectio*' noch die Auslegung einer Stelle aus dem ‚*1. Johannesbrief*' hinzu, die von der Trinität handelt: *Diese drei sind eins.* Sie ist für ihn der Ausgangspunkt, um neben dem Vater-Sohn-Verhältnis in der *generatio* noch die dritte Person, den Heiligen Geist, zum Thema zu machen, der als *nexus amoris*, als Band der Liebe zwischen Vater und Sohn *per spirationem* hervorgeht. Aus der göttlichen Einheit in der Trinität folgt, dass der Mensch auch in die göttliche Liebe einbezogen wird. Diesen *nexus amoris* erklärt Eckhart abschließend im Rekurs auf mehrere aristotelische Theoreme aus der Nikomachischen Ethik: mit der natürlichen Selbstliebe sowie dem *amor finis* und dem *amor concomitans*, die er unter dem Begriff des *duplex amor* zusammenfasst.

Die Schlussbemerkung umreißt den doppelten Aspekt der Mystik Eckharts, wie er sich in den analysierten Texten andeutet. Eckhart wendet sich einerseits zurück auf die Theologie der Väter, auf ihre Lehre von der Gottesgeburt und ihr Konzept einer Einheitswissenschaft, andererseits weist seine Entdeckung eines spirituellen Innenraums des Menschen voraus in die Neuzeit und ist eine erste Andeutung neuzeitlicher Subjektivität. Seine Mystik trägt ein Janusgesicht.

Erster Hauptteil: Aristoteles' Lehre von der Seele, ψυχή, von der Vernunft, νοῦς, und vom guten Leben

Die aristotelische Philosophie, die alle Wissensgebiete der Antike umfasste, ist ihrem Selbstverständnis nach ein Wissen von Gründen: Kenntnis einer Sache hat man nur dann, wenn man ihre Gründe und Ursachen, αἰτίας καὶ ἀρχάς, weiß, auch wenn die einzelnen Disziplinen, ihren unterschiedlichen Gegenständen entsprechend, *von Ursachen und Prinzipien in mehr oder weniger strengem Sinn des Wortes* handeln.[1] In seinem Konzept von Wissenschaft unterschied Aristoteles theoretische, praktische und technische Wissenschaften, die nicht nur durch spezifische Formen und Methoden des Wissens, sondern auch in ihren Zielen differieren. So ist es Ziel der theoretischen Wissenschaften, zu denen Physik, Mathematik und Metaphysik gehören, Einsicht in die Struktur des Kosmos zu gewinnen. Von ihnen trennt Aristoteles die praktischen Wissenschaften, die methodisch anders ausgerichtet sind und deren Ziel ein den weltlichen Handlungskontexten angemessenes menschliches Verhalten, eine vernunftgeleitete Praxis, ist. Sie umfasst u. a. die Disziplinen Politik, Ökonomie, Rhetorik und eine praktische Philosophie, die im Ansatz das Programm einer Trennung von Ethik und Metaphysik enthält.[2] Sie war für die ontotheologisch begründete christliche Ethik, die sich leichter mit der platonischen Idee des Guten vereinbaren ließ, ein Problem. Aristoteles widmete diesem Bereich umfangreiche, empirisch angelegte Untersuchungen. Schließlich unterschied er davon eine auf die „Produktion nützlicher und schöner Dinge" (Detel) zielende Wissenschaft des Herstellens, der ποίησις, die er allerdings nicht ausgearbeitet hat.[3] In diesem System der Wissenschaften gehört die Lehre von der Seele und vom νοῦς zu zwei der drei theoretischen Wissenschaften, zur Physik und zur

---

1 Vgl. πᾶσα ἐπιστήμη διανοητικὴ ἢ μετέχουσά τι διανοίας περὶ αἰτίας καὶ ἀρχάς ἐστιν ἢ ἀκριβεστέρας ἢ ἁπλουστέρας (1025b6f.).

2 Vgl. Otfried Höffe, Aristoteles, München [3]2006, S. 190, der den Ausdruck „Ethik ohne Metaphysik" von Günther Patzig übernimmt.

3 Vgl. Wolfgang Wieland, Poiesis. Das aristotelische Konzept einer Philosophie des Herstellens, in: Kann man heute noch etwas anfangen mit Aristoteles, hg. v. Thomas Buchheim u. a., Darmstadt 2003, S. 226.

Metaphysik, die anders als die praktischen und poietischen Wissenschaften das Wissen um seiner selbst willen suchen.[4] Aristoteles' Lehre vom guten Leben in der ‚*Nikomachischen Ethik*' wiederum hängt, wie sich zeigen soll, eng mit seiner Seelenlehre und seinem Verständnis des Menschen als Lebewesen zusammen, das als Teil der natürlichen Welt mit den Fähigkeiten seines Vernunftvermögens, des νοῦς ἐν τῇ ψυχῇ, über Steuerungs- und Gestaltungsmöglichkeiten verfügt, durch die es über sie hinausragt. Die aristotelische Lehre von der Seele, der Vernunft und vom guten Leben in der Welt, die im Folgenden in Grundzügen behandelt werden soll, wird sich zugleich als paganes Gegenmodell und als Bezugspunkt für Eckharts Konzept eines vollkommenen Lebens in Gott und dessen philosophische Erläuterung erweisen.

4 Die Poiesis enthält Elemente theoretischen wie praktischen Wissens. Vgl. Wieland, 2003, S. 231.

Erstes Kapitel: ‚*De anima*' als Grundlegungsschrift einer Wissenschaft vom Lebendigen

‚*De anima*'[1] ist wahrscheinlich während Aristoteles' zweitem Aufenthalt in Athen (334–322) entstanden. Dafür spricht, dass er Begriffe bzw. Begriffspaare voraussetzt, die er in anderen Schriften bereits eingeführt hatte: οὐσία (Wesenheit, Substanz); δύναμις (Vermögen, Möglichkeit) und ἐνέργεια (Tätigkeit, Wirklichkeit); ἐντελέχεια (Entelechie, vollendete Wirklichkeit, Erfüllung); ὕλη (Materie) und μορφή (Gestalt); εἶδος (Form, Art, Gestalt); τί ἦν εἶναι (Wesen); ὑποκείμενον (zugrundeliegend, Subjekt, Substrat) und συμβεβηκός (akzidentell).

Gegenstand von ‚*De anima*' ist die Seele als „Prinzip der Lebewesen" (402a6f.). Aristoteles untersucht Wesensmerkmale und Prinzipien der vielgestaltigen Welt des Lebendigen, d. h. an Materie gebundener lebender Substanzen und ihrer vegetativen, sensitiven und noetischen Fähigkeiten, die er grundsätzlich von nicht-lebenden Seienden unterscheidet. Mit ‚*De anima*' legt er den Grund für die biologischen Schriften.[2] Seine Untersuchung handelt von allen Lebewesen, nicht nur wie die moderne „Psychologie" von der menschlichen Psyche, ihrer Entwicklung und Pathologie.[3] Für Aristoteles ist die Seele Teil der natürlichen Welt, auch wenn sie nicht darin aufgeht. Sie gehört damit einerseits zum Forschungsgebiet der Physik (403a27f.), die er, wie Wolfgang Wieland betont, „von ihrem Ansatz her als allgemeine Prinzipienwissenschaft versteht, die sich keine Prämissen von einer übergeordneten Wissenschaft vorgeben zu lassen braucht",[4] andererseits zum Bereich der Metaphysik (1026a5–13), die nach den letzten Gründen des Seienden als Seienden fragt. Für

---

[1] ‚*De anima*' zitieren wir nach der Ausgabe von William D. Ross, Oxford 1963, die ‚*Metaphysik*' nach der Ausgabe von Werner Jaeger, Oxford 1963; als deutsche Übersetzungen legen wir für ‚*De anima*' – mit kleinen Änderungen – die von Willy Theiler, Darmstadt 1966 zugrunde, für die ‚*Metaphysik*' – mit kleinen Änderungen – die von Hermann Bonitz, Reinbek 1966.

[2] Vgl. Martin F. Meyer, Aristoteles und die Geburt der biologischen Wissenschaft, Wiesbaden 2015.

[3] Vgl. Dorothea Frede, Aristoteles über Leib und Seele, in: Buchheim, 2003, S. 89.

[4] Wieland, 1970, S. 14, Anm. 2. Nach Heidegger ist die ‚*Physik*' des Aristoteles „das verborgene und deshalb nie zureichend durchdachte Grundbuch der abendländischen Philosophie", in: Martin Heidegger, Vom Wesen und Begriff der φύσις. Aristoteles' Physik B 1, in: Wegmarken, Frankfurt/M. 1967, zitiert nach Welsch, 2012, S. 155.

beide Wissenschaften ist die Seele von Bedeutung: *auch zum Blick in das gesamte Sein scheint ihre Kenntnis Wichtiges beizutragen, am meisten zum Blick in die Natur. Denn die Seele ist gewissermaßen der Grund der Lebewesen.*[5] Die „Problematik der Physis", d. h. die in ‚*De anima*' behandelte Frage, was das substantielle Sein von Lebewesen ausmacht, ist „selbst schon eine Seinsproblematik [...] die φύσις ist οὐσία".[6] Und die Seele als das substantielle Sein der lebenden Substanzen gilt Aristoteles als μάλιστα οὐσία, als Wesenheit im eigentlichen Sinn.

Von grundlegender Bedeutung für die Ontologie des Aristoteles und für sein Verständnis der Seele als Wesen lebender Substanzen ist insbesondere die Bewegungslehre der ‚*Physik*': „Die aristotelische Philosophie ist in ihren Grundzügen als Frage nach der Bewegung auszulegen."[7] Dass es in der natürlichen Welt Bewegung und Veränderung gibt, ist für ihn eine Grundtatsache der Erfahrung, auf der er nicht nur seine Naturphilosophie aufbaut. Die in diesem Kontext erarbeiteten Begriffe und Erklärungsmodelle sind der „Leitfaden, an dem die Prinzipien von Dingen herausgearbeitet werden"[8] und die er in seiner Metaphysik und Seelenlehre einsetzt. Das lässt sich an vielen Stellen nachweisen: in der ‚*Metaphysik*' an der Übertragung der Begriffe δύναμις und ἐνέργεια aus dem kinetischen auf den ontologischen Bereich, in ‚*De anima*' in der Verwendung des Vier-Ursachen-Schemas aus der ‚*Physik*', um zu erklären, unter welchen Gesichtspunkten die Seele ἀρχή und αἰτία lebender Substanzen ist, und wiederum in der ‚*Metaphysik*' im Vergleich der ἐνέργεια-Struktur des Lebens mit der des ἄπειρον[9], eine Struktur, die er in ‚*De anima*' aufnimmt.[10] Diese Zusammenhänge werden im Folgenden untersucht. Dabei werden sich Bedeutung und Tragweite von Grundbegriffen und Erklärungsmodellen der Naturphilosophie nicht nur in den Kapiteln zeigen, in denen Aristoteles als physikos von einer phänomenologischen Betrachtung der vielfältigen Erscheinungsformen lebender Substanzen ausgeht, sondern bereits in ‚*De anima*' B 1 im kategorialen Rahmen seiner allgemeinsten Bestimmung der Seele mit Hilfe von substanzontologischen Begriffen der ‚*Metaphysik*'. „Der Verflechtung von Seele und Idee bei Platon entspricht bei Aristoteles die Verflechtung von Seele und den Fundamentalkategorien der natürlichen Welt."[11] Dieser Ansatz führt Aristote-

---

5 δοκεῖ δὲ καὶ πρὸς ἀλήθειαν ἅπασαν ἡ γνῶσις αὐτῆς μεγάλα συμβάλλεσθαι, μάλιστα δὲ πρὸς τὴν φύσιν· ἔστι γὰρ οἷον ἀρχὴ τῶν ζῴων (402a4–7).

6 Ernst Tugendhat, Rezension W. Wieland, Die aristotelische Physik, in: E. T., Philosophische Aufsätze, Frankfurt/M. 1992, S. 386.

7 Walter Bröcker, Aristoteles, Frankfurt/M. [2]1957, S. 5.

8 Wieland, 1970, S. 111.

9 Einige dieser Begriffe werden, da sie vom kinetischen auf den ontologischen Bereich übertragen werden, in mehrfacher Bedeutung gebraucht, sie werden jeweils in ihrer spezifischen Bedeutung erklärt; δύναμις: Vermögen, Möglichkeit; ἐνέργεια: Tätigkeit, Wirklichkeit; κίνησις: Bewegung; γένεσις: Entstehen; ἄπειρον: unendlich.

10 Und zwar mit seiner Definition der Seele als πρώτη ἐντελέχεια im Sinne einer ἐνέργεια mit δύναμις-Charakter (s. u.).

11 Wieland, 1970, S. 331.

les dazu, Begriffe der Vorgänger, z. B. den platonischen Begriff des εἶδος als Form, als Wesen des Seienden, neu zu denken: nicht als Idee, als ‚Paradigma', aber auch nicht als stoffliche Entität wie die physiologoi, sondern als innere, funktionale Struktur des Seienden. Die Seele als εἶδος, verstanden als ἐνέργεια und εἶδος ἐνόν, als „inseiende Form", wird zum einheitsstiftenden, schöpferischen Prinzip des Lebens in einem bestimmten Körper, das aus einem der Möglichkeit nach Seienden ein lebendiges Ganzes macht.

Aristoteles' hylemorphistisches Einheitsmodell und sein Verständnis der „inseienden Form" als ἐνέργεια, als Wirkkraft, ist für Eckharts zentralen spirituellen Gedanken der Einheit der Seele mit Gott in der Gottesgeburt von hohem Interesse und attraktiver als der dualistische Ansatz Platons. Er wird sich im ‚*Johanneskommentar*' direkt auf diesen Aspekt einer Wirkeinheit beziehen (s. Scholion 1).[12]

An dem aristotelischen Konzept wird Eckhart grundlegende Umbesetzungen vornehmen. Sie betreffen insbesondere die Aktiv-Passiv-Strukturen: während Aristoteles die Seele als eine ἐνέργεια mit δύναμις-Charakter versteht, als formiertes Vermögen, immer wieder aus sich selbst heraus tätig werden zu können, bestimmt sie Eckhart in ihrem Wesen als *mügelîche enpfenclicheit* für das Wirken Gottes, als Disposition zum *gotlîden* (Pr. 101–104; ‚*Johanneskommentar*'). Diese Umbesetzung hängt mit der Unterscheidung von Wesen und Kräften der Seele zusammen, die er von Thomas übernimmt und verschärft.[13] Sie ist für Eckhart ein Hebel, um die Grundbestimmungen des aristotelischen Seelenbegriffs, Potentialität, Aktivität und Weltbezug, umzukehren. Mit dem für das aristotelische Verständnis der Seele konstitutiven Weltbezug, ihrer „Äußerlichkeit" und „Weltlichkeit", ist für Eckhart ein weiterer kritischer Bezugspunkt gegeben, dem er im Predigtzyklus ‚*Von der êwigen geburt*' (Pr. 101–104) das Postulat einer Umkehr der natürlichen Antriebsrichtung entgegensetzt. In ‚*De anima*' kommt der Objektbezug als konstitutives Merkmal der die unterschiedlichen Seelenformen (die vegetative, sensitive und intellektive) definierenden Vermögen mehrfach zum Ausdruck: zunächst in der in B 3 und B 4 formulierten methodischen Maxime, dass sie in erster Linie durch ihre jeweiligen Objekte bestimmt werden, auf die sie für ihre Realisierung angewiesen sind, und schließlich darin, dass sie in der Interaktion mit ihren Objekten auch ihre Erfüllung erlangen – das ist der Sinn der ἐνέργεια-Identität bei Aristoteles. Sogar der Intellekt hat, trotz seines von Aristoteles betonten Sonderstatus, als νοῦς ἐν τῇ ψυχῇ, die gleiche Struktur wie alle Seelenformen: er ist eine erste Entelechie und er erkennt nur, wenn er sich auf Objekte, d. h. auf

---

12 In seinem ‚*Johanneskommentar*' nennt Eckhart die Einheit von Körper und Geist in der Seele als Muster und Beispiel dafür, wie die Einheit der Seele mit Gott zu denken sei.

13 Für Aristoteles wird das Wesen einer Sache durch ihre Funktion definiert. Da es für ihn nicht „die Seele" neben den unterschiedlichen Seelenformen von Lebewesen gibt, folgt daraus, dass diese jeweils durch ihre spezifischen Vermögen bzw. ihre komplexe Kombination von Vermögen bestimmt werden.

φαντάσματα, Vorstellungsbilder, bezieht. Was die Intellektheorie anbetrifft, wird sich Eckhart in den deutschen Predigten und im *‚Johanneskommentar'* sowohl direkt auf das aristotelische hylemorphistische Konzept in Gamma 4 und 5 und seine thomasische Interpretation beziehen als auch auf die peripatetische Rezeption und Transformation, insbesondere die *coniunctio*-Theorie und Lehre vom *intellectus adeptus*, die auch Albertus Magnus aufgenommen hat. Dabei unterscheidet Eckhart den Gebrauch der natürlichen Vernunft von einem Erkenntismodus, der eine Wirkung der Gottesgeburt in der Seele, der Überformung des menschlichen durch den göttlichen Intellekt, ist.

Auch in Aristoteles' Bestimmungen der Seele am Leitfaden der Ursachenlehre in *De anima* B 4 zeigt sich exemplarisch die Weltorientierung seiner Seelenlehre und seines Lebensbegriffs. Sie boten einerseits eine Möglichkeit, die christliche Position durch Abgrenzung zu profilieren. Das gilt erstens für das aristotelische Verständnis der Seele als Ursache und Prinzip eines autopoietischen Prozesses substantiellen Werdens; und zweitens für den Selbstbezug alles Lebendigen, für das das Leben letzter Zweck ist und dessen Signatur im dauernden Werden besteht. An der Verbindung von Seelen- und Ursachenlehre wird aber auch deutlich, inwiefern aristotelische Lehrstücke – und insbesondere ihre neuplatonischen Transformationen – für das Christentum auch Ansatzpunkte boten, das eigene Selbst- und Weltverständnis im Rahmen einer philosophischen Systematik und einer universalen Teleologie der Wesensformen zu formulieren, die ihren Grund in einem Schöpfergott hat, der Prinzipien des Herstellens und des Lebens in sich vereinigt. Beide Formen des Umgangs mit dem paganen Erbe – einerseits Entwicklung eines Gegenmodells in Form einer systematischen Dekonstruktion und andererseits adaptierende Aneignung und Überbietung finden sich bei Meister Eckhart. Erstere beispielhaft in den Predigten *Von der ewigen Geburt* in einem Modell vollkommenen spirituellen Lebens, das als Voraussetzung die Abkehr bzw. das Einklammern der mundanen Orientierungen der Seele – Selbstbezug und Weltbezug – verlangt, die Grundlage des aristotelischen Ideals vollkommenen Lebens sind; letztere im *‚Johanneskommentar'*, in dem Eckhart die Konkordanz zwischen den Lehren der Bibel und der Philosophie betont. Seine Kernaussage ist, dass die von den Philosophen, und insbesondere „dem" Philosophen, Aristoteles, entdeckten Prinzipien der natürlichen Welt mit ihren elementaren Vorgängen des Hervorgehens und Hervorbringens die innertrinitarischen Strukturen nicht nur abbilden, sondern sich aus dem Wirken eines Schöpfergotts erklären lassen.

1. Die substanzontologischen Bestimmungen der Seele als Wesen im Sinne der Form eines lebendigen Körpers in *‚De anima‘* B 1

Aristoteles entwickelt seine am Phänomen des Lebens orientierte, nichtdualistische Konzeption der Seele, mit der er Probleme der Vorgänger lösen will, indem er im zweiten Buch von *‚De anima‘* mit der Frage nach dem *allgemeinsten Begriff* der Seele beginnt.[14] Die sukzessiven Bestimmungen der Seele als eigentliches Sein (τί ἦν εἶναι), als Wesen lebender Substanzen, die er in B 1 in einem stark verdichteten Gedankengang vorträgt, werden im Folgenden mit Rekurs auf entsprechende Grundbegriffe der Metaphysik und deren Zusammenhang mit Prinzipien der aristotelischen Bewegungslehre herausgearbeitet. Die Erhellung ihres substanzontologischen Gehalts soll dazu beitragen, nicht nur jeweils das Spezifische – und auch in seiner Zeit Innovative – an Aristoteles' schrittweiser Bestimmung des Wesens des Lebendigen schärfer zu umreißen, sondern auch zu erklären, warum er wiederholt lebenden Substanzen einen Sonderstatus zuspricht. Darüber hinaus soll durch diese Konturierung deutlich werden, inwiefern die aristotelische Bestimmung der Seele für die christliche Rezeption eine Herausforderung war, die eine Abgrenzung erforderte, mit ihrem hylemorphistischen Einheitsmodell aber auch ein Faszinosum darstellte. Das gilt insbesondere für Meister Eckhart, der bei seinen verschiedenen Ansätzen, die Einheit mit Gott in der Gottesgeburt philosophisch zu denken, wiederholt auf den aristotelischen Hylemorphismus und seine peripatetischen Transformationen zurückgreift. So verweist er im *‚Johanneskommentar‘* ausdrücklich auf *‚De anima‘*, um die Einheit der Seele mit Gott als Wirkeinheit zu erklären.[15]

Am Beginn des zweiten Buches von *‚De anima‘* führt Aristoteles bei seiner Suche nach einer allgemeinsten Bestimmung der Seele zunächst Begriffe bzw. Begriffspaare ein, die eine allen Seienden zukommende Struktur bezeichnen, wie er sie in der *‚Metaphysik‘* entwickelt hat: Wenn wir von der Wesenheit, οὐσία, eines Seienden sprechen, so kann man sie erstens entweder als Materie, ὕλη, verstehen, d. h. als das, woraus etwas besteht, oder zweitens als Form, εἶδος, die das Seiende zu einem bestimmten Etwas, einem τόδε τι, macht, oder drittens als σύνολον, als das aus beiden Zusammengesetzte. Entscheidend ist die hier nicht weiter erklärte Übertragung des Begriffspaars δύναμις und ἐνέργεια zur Bestimmung des Verhältnisses von ὕλη und εἶδος: *Die Materie ist Mög-*

14 Der „allgemeinste Begriff“ ist hier nicht im Sinne eines Gattungsbegriffs zu verstehen, s. H 1, Kap. 1,1.6.

15 Vgl. *‚Johanneskommentar‘*, H 4, Kap. 2, 2.2.3 und Predigt 104.

lichkeit, die Form vollendete Wirklichkeit (412a9f.).[16] Die Wesenheit eines Seienden im Sinne des εἶδος, seiner Form, versteht Aristoteles also als ἐνέργεια, als Tätigkeit, Wirklichkeit bzw. ἐντελέχεια, vollendete Wirklichkeit – und zwar, wie er antizipierend einfügt, in einem doppelten Sinn: wie nämlich Wissen, ἐπιστήμη, als formierte Fähigkeit zum Denken und als wirkliche Tätigkeit des Denkens, θεωρεῖν, verstanden werden kann (412a10f.). Bereits hier ist klar, dass das εἶδος als substantielle Form eines Seienden nicht in seinen äußeren Umrissen, sondern in seiner inneren Struktur besteht. Diese ontologische Struktur haben grundsätzlich alle Körper, allerdings mit Unterschieden, unter ihnen sind die natürlichen „am meisten Wesenheiten" (412a11f.), insbesondere diejenigen, die Leben haben. Ihr unterscheidendes Merkmal ist, dass sie aus sich selbst heraus tätig werden können. *Leben heißen wir Ernährung (eines Körpers), Wachstum, Abnahme durch sich selbst.*[17] Aristoteles konstatiert hier bereits, wie in der ‚*Metaphysik*' (1032a19), eine Rangfolge unter den sublunaren Substanzen.

Anhand der substanzontologischen Bestimmungen seiner ‚*Metaphysik*' gelangt er zu einer ersten Bestimmung des Wesens der Seele: Jeder natürliche, lebende Körper ist Wesenheit im Sinne eines Zusammengesetzten (σύνολον). Innerhalb dieses Ganzen ist die Seele Wesenheit im Sinne der Form eines lebendigen Körpers, der der Möglichkeit nach Leben hat. Und diese Wesenheit, οὐσία, ist Entelechie, vollendete Wirklichkeit dieses Seienden: *Notwendig ist also die Seele Wesenheit im Sinne der Form eines natürlichen Körpers, der seiner Möglichkeit nach Leben hat. Die Wesenheit ist vollendete Wirklichkeit, Entelechie. Entelechie eines solchen Körpers.*[18]

Die dichte Argumentation am Beginn von B 1 fasst in nuce die Substanzontologie der ‚*Metaphysik*' in den Büchern Z bis Θ[19] zusammen, in denen Aristoteles die Frage, was das Seiende als Seiendes sei, auf die Frage zurückführt, was die Wesenheit, οὐσία, sei. Im letzten Kapitel von Zeta wird im Verlauf eines aporetischen Gedankengangs die Form, das εἶδος – und zwar nicht als „Urbild", Paradigma (1034a2), sondern als *inseiende Form* (εἶδος ἐνόν) als das eigentliche Wesen gegenüber der Materie und dem Zusammengesetzten (σύνολον) herausgestellt. Ihren Vorrang begründet Aristoteles damit, dass sie Prinzip des

16 ἔστι δ' ἡ μὲν ὕλη δύναμις, τὸ δ' εἶδος ἐντελέχεια; vgl. dazu auch Josef Stallmach, Dynamis und Energeia. Untersuchungen am Werk des Aristoteles zur Problemgeschichte von Möglichkeit und Wirklichkeit, Meisenheim am Glan 1959, S. 21ff.; Ralf Elm, Aristoteles: Dynamis und Energeia. Zum Problem des Vollzugs des Seienden, in: Grundprobleme der großen Philosophen. Philosophie des Altertums und des Mittelalters, hg. v. Josef Speck, Göttingen ^{5}2001, S. 78–122.

17 ζωὴν δὲ λέγομεν τὴν δι' αὑτοῦ τροφήν τε καὶ αὔξησιν καὶ φθίσιν (412a14f.).

18 ἀναγκαῖον ἄρα τὴν ψυχὴν οὐσίαν εἶναι ὡς εἶδος σώματος φυσικοῦ δυνάμει ζωὴν ἔχοντος. ἡ δ' οὐσία ἐντελέχεια. τοιούτου ἄρα σώματος ἐντελέχεια (412a19–22).

19 Vgl. Aristoteles' Metaphysik Z. Text, Übersetzung und Kommentar (2 Bde.), hg. v. Michael Frede, Günther Patzig, München 1988.

Einsseins des Zusammengesetzten sei: Sie ist Grund dafür, dass das Ganze eins ist, *nicht wie ein Haufen* (1041b12), z. B. dass das aus Blut und Knochen Zusammengesetzte ein Mensch ist. Diese einheitsstiftende Funktion der Form erscheint als das entscheidende Moment für die Konstituierung eines Seienden und insbesondere eines lebendigen Seienden.

Wie aber kann die *inseiende Form* als Prinzip des Einsseins von Mannigfaltigem gedacht werden? Der in Zeta betonte Charakter als unteilbar, unvergänglich und wissbar leistet das nicht. Im Buch H wird eine Antwort dadurch vorbereitet, dass Form, εἶδος, und Materie, ὕλη[20], als Korrelate eines Verhältnisses aufgefasst werden, und zwar die Form (εἶδος) als Entelechie der Materie als eines der Möglichkeit nach Seienden (δυνάμει ὄν). Aber erst in Buch Theta, insbesondere im sechsten Kapitel, wird klar, was es substanzontologisch – mit Blick auf die einheitsstiftende Funktion der Form – bedeutet, wenn Aristoteles das Verhältnis von Materie und Form aus dem Verhältnis von δύναμις und ἐνέργεια denkt. Es stellen sich also folgende Fragen: erstens, wie kommt Aristoteles zur Auslegung der Relation von Materie und Form in einem konkreten Seienden mit dem Begriffspaar δύναμις und ἐνέργεια (1.1); was bedeutet, zweitens, diese Übertragung für das Verständnis des Verhältnisses von Materie und Form insbesondere mit Bezug auf das Verhältnis von Körper und Seele im Lebewesen (1.2); drittens: was bedeutet es für Aristoteles' Auffassung von der Seele des Lebewesens, wenn er an dieser Stelle für die Seele als Form nicht den Ausdruck ἐνέργεια, Tätigkeit, Wirklichkeit, sondern ἐντελέχεια, Entelechie, vollendete Wirklichkeit, verwendet (1.3) ?

1.1 *Die Übertragung des Begriffspaares δύναμις und ἐνέργεια aus dem kinetischen auf den ontologischen Bereich*

Zu dem neuen Verständnis von Materie (ὕλη) und Form (εἶδος) als Korrelate des Verhältnisses von δύναμις und ἐνέργεια gelangt Aristoteles durch eine Bedeutungserweiterung und Übertragung des Begriffspaars, das ursprünglich aus dem kinetischen Bereich stammt, auf den ontologischen Bereich. Die beiden Begriffe gehören zu den Grundprinzipien der aristotelischen Bewegungslehre; δύναμις wird in diesem Kontext verstanden als Kraft, als Vermögen etwas zu bewegen und zu verändern. Es ist *ein Prinzip* [...] *der Veränderung in einem anderen oder insofern dies ein anderes ist*[21]; ἐνέργεια meint das tatsächliche Betätigen dieses Vermögens. Zwei Aspekte kennzeichnen diesen Dynamis-Begriff

---

[20] Vgl. Höffe (Hg.), 2005: ὕλη Materie (Hübner), S. 271–275; Heinz Happ, Hyle, Berlin 1971.

[21] ἀρχὴ μεταβολῆς ἐν ἄλλῳ ἢ ᾗ ἄλλο (1046a11).

(δύναμις κατὰ κίνησιν). δύναμις ist einerseits ein Vermögen, das jederzeit in die Tätigkeit übergehen kann, sobald alle Bedingungen dafür erfüllt sind, andererseits ist dieses Vermögen eben noch nicht aktualisiert, es kann tätig werden – oder auch nicht. Diesen Möglichkeitscharakter präzisiert Aristoteles in Theta 3 in seiner Auseinandersetzung mit den Megarikern dadurch, dass er δύναμις einerseits als noch nicht verwirklichtes Vermögen dem gänzlichen Unvermögen, andererseits der ἐνέργεια als der vollständigen Verwirklichung eines Vermögens gegenüberstellt. Und es ist dieser Möglichkeitscharakter der δύναμις, der bereits in Theta 3 zu einer Erweiterung des kinetischen zu einem ontologischen δύναμις-Begriff führt: Denn es ist denkbar, *dass etwas zwar vermögend sei zu sein und doch nicht sei, oder vermögend nicht zu sein und doch sei.*[22] Unter ‚vermögend zu' (δυνατόν) und ‚Vermögen' (δύναμις) ist damit nicht nur das zu verstehen, was etwas zu tun oder zu erleiden vermag oder nicht, sondern auch das, was in eine bestimmte Seinsweise zu kommen vermag oder nicht.

In Theta 6 macht Aristoteles diese Erweiterung zum Thema (1048a25–b9). Auf seine Ankündigung, es gelte nun zu bestimmen, was die ἐνέργεια sei, folgt allerdings keine Definition – was als Antwort auf eine τί ἐστι-Frage, eine was-etwas-ist-Frage, eigentlich erwartet werden könnte. Stattdessen führt er Beispiele an, weil *was wir meinen, beim Einzelnen durch Induktion deutlich werden (soll), und man nicht für alles eine Definition suchen, sondern auch das Analoge zusammensehen muss.*[23] Entscheidend an diesem Vorgehen ist, dass Aristoteles hier den ontologisch verstandenen Begriff der ἐνέργεια zusammen mit dem bereits erweiterten Begriff der δύναμις bestimmt, mit der Konsequenz, dass die Form, εἶδος, als ἐνέργεια und die Materie, ὕλη, als δύναμις aus ihrer Beziehung als Glieder eines Verhältnisses verstanden werden: *Unter Wirklichkeit* (ἐνέργεια) *versteht man, dass die Sache existiere, nicht in dem Sinne, wie man sagt, sie sei dem Vermögen nach* (δυνάμει) *(nämlich dem Vermögen nach sagen wir z. B., es sei im Holze ein Hermes und in der ganzen Linie ihre Hälfte, weil sie von ihr genommen werden könnte, und einen Denker dem Vermögen nach nennen wir auch den, der eben nicht in Betrachtung begriffen ist, sofern er nur fähig ist, dieselbe anzustellen), sondern der wirklichen Tätigkeit* (ἐνεργείᾳ) *nach.*[24]

Worauf es bei einer Erklärung von Sachverhalten durch Analogie ankomme, erklärt Aristoteles an anderer Stelle. Es handle sich um eine Gleichheit von Relationen, die Glieder selbst können ganz verschiedenen Bereichen angehö-

---

22 ὥστε ἐνδέχεται δυνατὸν μέν τι εἶναι μὴ εἶναι δέ, καὶ δυνατὸν μὴ εἶναι εἶναι δέ (1047a20–22).

23 δῆλον δ' ἐπὶ τῶν καθ' ἕκαστα τῇ ἐπαγωγῇ ὃ βουλόμεθα λέγειν, καὶ οὐ δεῖ παντὸς ὅρον ζητεῖν ἀλλὰ καὶ τῷ ἀνάλογον συνορᾶν (1048a35–37).

24 ἔστι δὴ ἐνέργεια τὸ ὑπάρχειν τὸ πρᾶγμα μὴ οὕτως ὥσπερ λέγομεν δυνάμει· λέγομεν δὲ δυνάμει οἷον ἐν τῷ ξύλῳ Ἑρμῆν καὶ ἐν τῇ ὅλῃ τὴν ἡμίσειαν, ὅτι ἀφαιρεθείη ἄν, καὶ ἐπιστήμονα καὶ τὸν μὴ θεωροῦντα, ἂν δυνατὸς ᾖ θεωρῆσαι· τὸ δὲ ἐνεργείᾳ (1048a30–35).

ren.[25] „Gleich" sind sie nur bezüglich ihrer Stellung innerhalb des jeweiligen Verhältnisses. Daher weist er bei seiner Beantwortung der Frage, was das Wesen eines Seienden als ἐνέργεια sei, mit Beispielen von analogen Relationen einschränkend darauf hin, dass man nicht von allem in gleichem Sinne sage, dass es *der wirklichen Tätigkeit nach* (ἐνεργείᾳ) sei, sondern eben nur der Analogie nach: *einiges nämlich verhält sich wie Bewegung zum Vermögen, anderes wie Wesenheit zu einem Stoff.*[26]

1.2 *Die Form als einheitsstiftendes Prinzip von Mannigfaltigem in einem Körper: als inseiende Form, als ἐνέργεια*

Aristoteles' Hinweis auf die Grenzen einer Erklärung durch Analogie ist in zweierlei Hinsicht wichtig: erstens wird klar, was die Übertragung des Begriffspaars δύναμις und ἐνέργεια aus dem kinetischen auf den ontologischen Bereich bedeutet. Es bezieht sich nicht mehr auf das Verhältnis von Vermögen und Wirksamkeit an einem Seienden, das in seinem Wesen bereits konstituiert ist, sondern auf das Verhältnis eines der Möglichkeit nach Seienden (eines δυνάμει ὄν) zu seiner Konstituierung als eines substantialen Seienden (ἐνεργείᾳ ὄν) durch die Form – und diese wird als Tätigkeit, Wirklichkeit (ἐνέργεια) verstanden.[27] Zweitens besagt der Hinweis aber auch, dass mit der Feststellung dieser Übertragung die spezifische Frage noch nicht beantwortet ist, wie die Form, εἶδος, als substantiales Sein neu gedacht wird, wenn sie als ἐνέργεια bzw. ἐντελέχεια eines der Möglichkeit nach (δυνάμει) Seienden verstanden wird. Es muss also noch weiter geklärt werden, worin der Zugewinn, das Innovative an dieser Neubestimmung substantialen Seins liegt. „Umgewandelt" wird hier insbesondere das Verständnis non Materie, ὕλη, und Form, εἶδος, indem sie von dem δύναμις – ἐνέργεια Verhältnis her neu gedacht werden. Dazu stimmt, dass Aristoteles bei der Übertragung des Begriffspaares auch nicht stehenbleibt, sondern anschließend seine Überlegungen, wie die Form als ἐνέργεια zu verstehen sei, in Theta 6 weiterführt. Indessen werden auch bereits an dieser Stelle, an der er dem Leser empfiehlt, in den Beispielen das Analoge zusammenzusehen, die Konturen des neuen Verständnisses von Form und Materie erkennbar. *Unter Wirklichkeit* (ἐνέργεια) *versteht man, dass die Sache existiere, nicht*

25 Eine Analogie erfordert zumindest vier Glieder, von denen das vierte zum dritten sich so verhält wie das zweite zum ersten.

26 τὰ μὲν γὰρ ὡς κίνησις πρὸς δύναμιν τὰ δ' ὡς οὐσία πρός τινα ὕλην (1048b8f.).

27 Vgl. Stallmach, 1959, S. 21ff., Bröcker, 1957, S. 66–81. Es handelt sich hier allerdings weniger um eine „Umwandlung" des δύναμις-Begriffs als um eine Übertragung, einen erweiterten Gebrauch.

dem Vermögen (δυνάμει) *nach,* [...] *sondern der Wirklichkeit* (ἐνεργείᾳ) *nach.* Die Form, εἶδος, als Tätigkeit, Wirklichkeit, versteht Aristoteles damit als eine bestimmte Seinsweise der Sache selbst, zu der sie schon unmittelbar imstande war. Diesen Charakter kann die Form aber nur als inseiende Form im einzelnen Körper, als εἶδος ἐνόν, erfüllen, nicht als allgemeines Paradigma, als Idee. Dieses εἶδος ἐνόν, gedacht als ἐνέργεια, macht aus einer bestimmten ὕλη, Materie, als δυνάμει ὄν, ein ἐνεργείᾳ ὄν, ein wirkliches substantielles Seiendes.[28] Erst wenn man die Form als inseiende Form in einem Körper und diese als ἐνέργεια versteht, wird die Form in ihrer einheitsstiftenden, „schöpferischen" Funktion erkennbar. Sie bewirkt, dass eine stoffliche Vielfalt als ein bestimmtes Seiendes existiert, dass der *Haufen aus Knochen und Fleisch* ein bestimmtes Lebewesen, z. B. ein Hund oder ein Mensch ist. Als εἶδος ἐνόν und als ἐνέργεια erfüllt die Form das entscheidende Kriterium, mit dem Aristoteles ihren Vorrang als eigentliches Wesen eines Seienden begründet hat, nämlich das einheitsstiftende Prinzip von Mannigfaltigem zu sein. Als ἐνέργεια eines konkreten Seienden – des ἐνεργείᾳ ὄν – ist es mit diesem zwar untrennbar verbunden, aber nicht identisch, wie Aristoteles in ‚*De anima*' mit Bezug auf die Seele als Form eines lebendigen Körpers betont (414a19–22). Für diesen Status der Form spricht auch, wenn er in 1048b9 sagt, die neuverstandene ἐνέργεια verhalte sich zur δύναμις wie die Wesenheit *zu einer bestimmten Materie,* πρός τινα ὕλην, und nicht: wie *das* εἶδος *zur* ὕλη, *die Form zur Materie.* Damit vermeidet er, dass man die Form als allgemeine Bestimmung, als Paradigma, auffassen kann.[29] Sie wäre nicht Korrelat einer bestimmten Materie.[30]

Daraus ergibt sich also ein Verständnis der Form als einheitsstiftenden Prinzips in einem bestimmten Körper, das diesen, solange er als ein so und so bestimmter existiert, in seiner besonderen Struktur zusammenhält und erhält. Und der Vorrang der Form als εἶδος ἐνόν besteht gerade darin, dass es ohne sie das konkrete Seiende nicht gibt. Allgemeine Ideen leisten das, nach Aristoteles, nicht. Für ihn „repräsentiert die Idee kein Sein höherer Art mehr".[31] Auch der Begriff der Materie, ὕλη, erfährt eine Veränderung – und der Körper per consequens, im Vergleich zu Platon, eine Aufwertung. Während Aristoteles noch in Z 7 die Materie als *Möglichkeit zu sein oder nicht zu sein* charakterisiert hatte, versteht er sie nun als Möglichkeit, eine bestimmte Form anzunehmen und d. h., ein substantielles Seiendes zu sein (als δυνάμει τόδε τι). Die Materie

---

28 Das δυνάμει Vorliegende ist vermögend zu einer ἐνέργεια als bestimmter Verfassung seiner selbst, die gerade Ziel einer ἐνέργεια qua Bewegung ist.

29 Diesen Aspekt übersieht Stallmach.

30 Entsprechend versteht er auch die Materie (als ὄν) neu, wenn er sie aus der Relation zur Form als Wirklichkeit (ἐνέργεια) eines der Möglichkeit nach substantiellen Seienden denkt. Hatte Aristoteles in Z 7 die Materie noch als δυντὸν εἶναι καὶ μὴ εἶναι bestimmt, versteht er sie nun als δυνάμει τόδε τι (s. u.). Als Möglichkeit, eine bestimmte Gestalt anzunehmen.

31 W. Wieland, 1970, S. 213.

wird damit positiv verstanden als das, was schon eine bestimmte Disposition zu der Form hat, in die sie kommt, sie ist immer schon formierte Möglichkeit. Diesen Aspekt entwickelt vor allem Theta 7. Dazu stimmt auch, wenn Aristoteles in seiner ersten Definition in *‚De anima'* (412a19–21) die Seele als Entelechie *eines so beschaffenen Körpers*[32] definiert.[33] Nicht jede Materie kann Möglichkeit für Beliebiges sein (1069b28f.). Eine multiple Realisierbarkeit der Form in beliebigen Körpern, wie sie der Funktionalismus annimmt, ist bei diesem Konzept und der engen Verbindung von Seele und Körper im Lebewesen ausgeschlossen.[34] Der Materie kommt damit sogar ein mitbestimmender Einfluss auf die besondere Gestalt des Lebewesens zu – und das gilt umso mehr, je höher die Stufe des Lebens ist, der es angehört.[35]

1.3 Die besondere Struktur der Seele als ἐντελέχεια, Entelechie eines Körpers, der der Möglichkeit nach Leben hat

In *‚Metaphysik'* Theta 6 setzt Aristoteles in einem weiteren Argumentationsschritt (1048b18ff.) seine Explikation des ontologischen ἐνέργεια-Begriffs fort. Er macht deutlich, dass die Form die ἐνέργεια einer Materie erst dann ist, wenn es sich um eine Tätigkeit handelt, die eine bestimmte Struktur hat. Diese Struktur kommt auch in dem Begriff ἐντελέχεια, vollendete Tätigkeit, Wirklichkeit, zum Ausdruck, den er in der *‚Metaphysik'* häufig bedeutungsgleich mit ἐνέργεια verwendet, der aber auch eine besondere Bedeutungsnuance enthält, die erklärt, warum er in *‚De anima'* diesen Begriff zur Bezeichnung des Wesens der Seele dem Begriff ἐνέργεια vorzieht. Der Begriff ἐντελέχεια, Entelechie, kennzeichnet in seiner speziellen Bedeutung die innere Struktur des Wesens leben-

---

32 τοιούτου ἄρα σώματος ἐντελέχεια (412a21f.).

33 Vgl. auch 414a20–28, insbesondere 414a25–27: ἡ ἐντελέχεια ἐν τῷ δυνάμει ὑπάρχοντι καὶ τῇ οἰκείᾳ ὕλῃ πέφυκεν ἐγγίνεσθαι.

34 Den Gedanken der multiplen Realisierbarkeit hat im Funktionalismus Hilary Putnam ins Extrem gesteigert: Unser Körper könnte aus Schweizer Käse sein, meint er.

35 Das geht auch aus Aristoteles' Beschreibung der Fortpflanzung höherer Lebewesen in *‚De generatione animalium'* (730b8–32) hervor. Das εἶδος (die Form, Gestalt) wird demnach durch den männlichen Samen auf das Menstruationsblut übertragen, das als ὕλη zur Zeugung eines neuen Lebewesens beiträgt. Dabei entsteht allerdings eine Art „Machtkampf" zwischen dem männlichen und weiblichen Anteil, von dessen Ergebnis Geschlecht und individuelle Merkmale des Gezeugten abhängig sind. „Es hängt von der Intensität der Bewegung ab, ob und in welchem Maß sich die dem männlichen Zeugungspartner ‚eigentümliche Form' (idion eidos) gegen die latenten Bewegungsimpulse der weiblichen Materie durchsetzen kann (766a18–21)", Rapp, Wagner, eidos, Gestalt, Art, Form, in: Höffe (Hg.), 2005, S. 156.

der Substanzen. Aristoteles arbeitet ihren besonderen Charakter heraus, indem er zwischen verschiedenen Handlungen (πρᾶξεις) unterscheidet:[36] An erster Stelle nennt er Bewegungen, die eine „Grenze“ haben und mit dem Erreichen ihres Ziels beendet sind. Sie haben ihr Ziel nicht in sich, sondern nur *das zum Ziel Führende* (περὶ τὸ τέλος). Als Beispiele nennt er das Abmagern, das Lernen, Bauen und Gehen. Von diesen Bewegungen unterscheidet er Handlungen (πρᾶξεις) im eigentlichen Sinn, bei denen das Ziel der Tätigkeit die Tätigkeit selbst ist (1048b22f.), wie z. B. das Denken, das Sehen und das gute Leben; sie sind zu keinem Ziel außerhalb unterwegs, sondern enthalten es in sich. Präsens und Perfekt fallen bei diesen Tätigkeiten zusammen; sie weisen eine bestimmte Kontinuitätsstruktur auf: *So kann man wohl sagen: er sieht und hat zugleich gesehen, er überlegt und hat zugleich überlegt, er denkt und hat zugleich gedacht* [...] *er lebt gut und hat zugleich gut gelebt* [...]. *Wo nicht, so hätte er einmal damit aufhören müssen, wie wenn einer sich abmagert.*[37] Abschließend bezeichnet er den Typus von Handlungen, die ihr Ziel nicht in sich haben, als Bewegung (κίνησις) und zwar als „unvollendete Bewegungen“, κινήσεις ἀτελεῖς (vgl. 1048b29), und den Typus einer echten Handlung (πρᾶξις), die ihr Ziel in sich hat, als ἐνέργεια (Tätigkeit, Wirklichkeit).[38] Aus diesen Überlegungen gehe deutlich hervor, was es heißt, wenn man von einem Seienden sagt, es sei *das der wirklichen Tätigkeit* nach Seiende, ein ἐνεργείᾳ ὄν (1048b35f.).

Aristoteles' Differenzierung von Handlungen und die Auszeichnung derjenigen, die ihr Ziel in sich selbst haben, als eigentliche πρᾶξις und ἐνέργεια, ist von grundsätzlicher Bedeutung für seine Unterscheidung des substantiellen Seins lebender gegenüber dem nicht lebender Substanzen, wie z. B. von Artefakten. Ein der wirklichen Tätigkeit nach Seiendes, ein ἐνεργείᾳ ὄν, ist ein Lebewesen in anderer Weise als ein Haus oder eine Statue. In ihnen ist die Form in jeweils unterschiedlicher Weise präsent. Bei den Artefakten ist das wirklich Seiende, das ἐνεργείᾳ ὄν, ein von der Tätigkeit, die zu seiner Realisierung führt, verschiedenes, ihr äußerliches Ziel. Es ist das Werk, das ἔργον, das ein Künstler oder Baumeister herstellt, und in dem die Möglichkeiten der Materie in einer bestimmten Form verwirklicht sind. So ist z. B. das konkrete Haus das Ergebnis

---

36 Kritisch gegenüber dem Versuch, „unterschiedliche Klassen von Tätigkeiten dort aufzufinden, wo nur unterschiedliche Aspekte an Tätigkeiten vorliegen“, vgl. Theodor Ebert, Praxis und Poiesis. Zu einer handlungstheoretischen Unterscheidung des Aristoteles, in: ZphF 30 (1976), S. 29.

37 οἷον ὁρᾷ ἅμα (καὶ ἑώρακε,) καὶ φρονεῖ (καὶ πεφρόνεκε,) καὶ νοεῖ καὶ νενόηκεν, [...] εὖ ζῇν καὶ εὖ ἔζηκεν ἅμα [...]. εἰ δὲ μή, ἔδει ἄν ποτε παύεσθαι ὥσπερ ὅταν ἰσχαίνῃ (1048b23–27).

38 Nach Wieland, 1970, S. 332, der sich auf Ross bezieht, handelt es sich hier um eine Unterscheidung zwischen Bewegung (κίνησις) und Tätigkeit (ἐνέργεια), die Aristoteles nur an dieser Stelle so vornimmt, da es ihm darum gehe, zu zeigen, dass es „eine Tätigkeit, die als solche immer ein Tätiggewesensein impliziert, überhaupt gibt“. Ross weist in seinem Kommentar (II, S. 251) darauf hin, dass Aristoteles das Verhältnis von κίνησις und ἐνέργεια je nach Argumentationszusammenhang und Fragestellung verschieden bestimmt.

der Tätigkeit des Bauens als *unvollendeter Bewegung*, das gleiche gilt für die Skulptur des Hermes, die der Bildhauer aus einem bestimmten Material angefertigt hat. In beiden Fällen liegt das Ziel der Tätigkeit nicht in der Tätigkeit selbst, sondern das ἐνεργείᾳ ὄν, das wirklich Seiende, das aus bestimmten Materialien gestaltete Haus oder die Skulptur, ist ein dem Tätigsein selbst äußerliches Werk.[39] Anders verhält es sich bei den lebenden Substanzen. Das, was die Seele als schöpferisches Prinzip, als Form in einem Körper bewirkt, ist nicht ein der Tätigkeit äußeres Ziel, sondern das Lebendigsein dieses Körpers in seiner besonderen Gestalt: Das Werk der Seele ist Leben herzustellen, ζῆν ποιεῖν. Dieses liegt nicht als einmaliges fertig vor, sondern das Lebewesen wird, solange es lebt, durch die Form in einem kontinuierlichen Prozess des Lebendigseins gehalten. Im konkreten lebendigen Seienden, dem ἐνεργείᾳ ὄν, ist nach Aristoteles die inseiende Form Wirklichkeit (ἐνέργεια) des Körpers als eines der Möglichkeit nach Seienden in dem ausgezeichneten Sinn, dass sie die Mannigfaltigkeit der Materie kontinuierlich in einer Tätigkeit zusammenhält, der Tätigkeit des Lebens, deren Ziel die Erhaltung dieser Tätigkeit selbst ist. In dem Begriff der ἐντελέχεια als vollendeter Wirklichkeit kommt diese ontologische Struktur zum Ausdruck: Die Seele als inseiende Form, als Entelechie *eines so beschaffenen Körpers*, d. h. eines Körpers, der der Möglichkeit nach Leben hat, ist dann zu verstehen als Vollendungszustand dieses Körpers – und dieser Vollendungszustand besteht in den vielfältigen Aktivitäten, durch die ein solcher Körper sein Leben erhält: „dass ein Körper eine inseiende Form besitzt, ist dahingehend auszubuchstabieren, dass er in Lebensaktivitäten begriffen ist – vom Stoffwechsel über das Beute- und Balzverhalten bis hin zu den höheren Tätigkeiten des Menschen".[40]

Die Seele als Form lebendiger Körper versteht Aristoteles damit nicht verdinglichend, sondern eher im Sinn einer „funktionalen Struktur". Sie ist, wie er in B 2 hervorhebt, vom Körper nicht abtrennbar, ohne doch mit ihm identisch zu sein (414a19–22), und im lebendigen Körper dasjenige Prinzip, das Ernährung, Wachstum, Abnahme durch sich selbst – Merkmale lebender Wesen im Unterschied zu den nicht belebten – steuert (412a13). Sie reguliert die zweckmäßige Ausbildung der einzelnen Teile, der Organe und deren Bewegungsvermögen im Laufe des Entstehungsprozesses und lässt sie, wenn sie ausgebildet sind, zweckmäßig funktionieren. Sie hält sie als inseiende Form, als Entelechie, durch Tätigkeiten zusammen, deren Ziel letztlich die Erhaltung des Funktions-

39 Zum Verhältnis von ἔργον, ἐνέργεια und τέλος vgl. Höffe (Hg.), 2005, entelecheia (Elm), S. 191.

40 Thomas Buchheim, Was heißt „Immanenz der Formen" bei Aristoteles?, in: AGPh 84 (2002), S. 231. Er kommt zu diesem Verständnis der ‚inseienden Form' als Entelechie auf dem Weg über ein Abgrenzungsverfahren gegenüber vier anderen „Verständnisarten" (ebd., S. 224–230).

ganzen selbst ist (412b4ff.).[41] Angesichts dieser Funktionseinheit dürfe man, wie Aristoteles in einem Zwischenfazit nach den ersten beiden Bestimmungen der Seele sagt, nicht fragen, *ob Seele und Körper eins sind* [...], *denn wenn das Eine und das Sein (auch) in vielfachem Sinn vorkommt, in der Hauptsache bedeutet es Entelechie.*[42]

Damit wird auch erklärlich, warum Aristoteles in ‚*Metaphysik*' Z 7, übereinstimmend mit ‚*De anima*' B 1, natürlichen lebenden Substanzen aufgrund ihrer inneren Struktur den Vorrang vor anderen zuspricht – sie sind μάλιστα οὐσία, am meisten Wesenheit (vgl. 1032a19) – und als Beispiel für das εἶδος ἐνόν als πρώτη οὐσία die Seele nennt. Kriterium für die Rangfolge der Wesenheiten ist, inwiefern sie Einheit von Mannigfaltigem sind. Die aristotelische Substanzontologie mit ihrer Bestimmung des εἶδος als Wirklichkeit (ἐνέργεια) findet in ‚*De anima*' B 1 mit der Bestimmung der Seele als vollendeter Wirklichkeit (ἐντελέχεια) eines Körpers, der der Möglichkeit nach Leben hat, ihre eigentliche Anwendung und Plausibilität.[43]

Aristoteles denkt also mit Bezug auf die Form (εἶδος) als das eigentliche Sein des Lebewesens das Verhältnis von Allgemeinheit und Einzelnem nicht als Teilhabe an einem Transzendenten. Lebewesen, sagt er, sind dem Begriff nach ein und dasselbe, aber der Zahl nach verschieden (1033b29–32). Das heißt: Die Allgemeinheit der Form ist vor allem als noetische Allgemeinheit zu verstehen, als Allgemeinheit im Denken. Es gibt dieses εἶδος aber nicht, quasi verdinglicht, als transzendente Idee, als ein Etwas und ein Bestimmtes (1033b22), wie er kritisch gegen Platon anmerkt, sondern es hat seinen Ort im einzelnen Lebewesen, wo es als organisierendes Prinzip wirkt, das aus Teilen eine Einheit schafft. Dieser Doppelcharakter von Aristoteles' Wesensbegriff, der einerseits noetisch ist und „im Denken seinen Ort" hat und andererseits „zugleich in den Dingen

---

41 Buchheim, 2002, S. 231 drückt diesen Sachverhalt zusammenfassend so aus: „Das zunächst obskur erscheinende „Insein" einer Form in Materie kann erklärt werden als die sich selbst erhaltende Lebensaktivität eines sie durchführenden Körpers."

42 εἰ ἓν ἡ ψυχὴ καὶ τὸ σῶμα [...] τὸ γὰρ ἓν καὶ τὸ εἶναι ἐπεὶ πλεοναχῶς λέγεται, τὸ κυρίως ἡ ἐντελέχειά ἐστιν (412b6–9); vgl. auch 411b6–10.
Das Verhältnis von Seele und Körper gehört, nach Nagel, Geist und Kosmos, S. 11, zu den ältesten und rätselhaftesten Problemen der Philosophie und durchdringt „unser Verständnis des gesamten Kosmos und dessen Geschichte vollkommen". Wie sich Körper, Seele und Geist oder in analoger Formulierung Materie und Geist oder Lebendes und lebloser Stoff zueinander verhalten, scheint ein unentwirrbarer „Weltknoten", ein „ewiges Problem" zu sein; ewig freilich nicht in dem Sinne, dass es sich zu allen Zeiten gleich stellt. Die Identität eines durch alle Zeiten hindurch gleichbleibenden Problems ist, nach Hans-Georg Gadamer, Wahrheit und Methode, 1960, S. 357f., eine leere Abstraktion. Nur von einen Standpunkt außerhalb der Geschichte ließe sich das Gleichbleiben eines Problems im Wandel seiner Lösungsversuche erkennen.

43 Buchheim hält darüber hinaus fest, „dass nur Seelen inseiende Formen sind" (ebd., S. 230). „Lebendige Formen existieren in concreto als reine [...]. Nur sie sind primäre Substanzen nach Aristoteles (ebd., S. 229).

selbst existent" ist, trifft „in vollem Umfang auf den Bereich der Lebewesen"[44] zu. Buchheim fasst die philosophische Bedeutung des aristotelischen Ansatzes von der Immanenz der Form pointiert zusammen: „Für Aristoteles ist dies das eigentliche Trauerspiel des Platonismus gewesen, dass er die erscheinende Welt aller Wahrheit und aller eigenständigen Dignität letztlich berauben muss. Dem setzt er sein Konzept der ‚inseienden Form' entgegen als Triumph, dass die wahre Substanz der Dinge auch im Erscheinenden angetroffen werden kann".[45]

Scholion 1

Aristoteles' erste Seelendefinition: das hylemorphistische Einheitsmodell

- Die Seele als einheitsstiftende, „inseiende Form" (εἶδος ἐνόν) in einem bestimmten Körper
- Die „inseiende Form" als ἐνέργεια bzw. ἐντελέχεια, als wirkliche bzw. vollendete Tätigkeit eines Körpers, der der Möglichkeit nach Leben hat

Eckharts Rezeption des hylemorphistischen Einheitsmodells

- Die Übernahme des aristotelischen Gedankens der in der Materie „inseienden", ihr „innewohnenden Form" und seiner Anwendung auf das Verhältnis von menschlicher Seele und Körper sowie des Verständnisses der Form als ἐνέργεια, als Wirkprinzip im Körper (Joh.Komm. n. 156: *forma materiam inhabitat et inhabitando opera sua illi communicat* vgl. ebd., n. 126)
- Die Übertragung des Verhältnisses von inseiender Form und Materie auf das Verhältnis von Gott und menschlicher Seele in der Gottesgeburt (Pr. 103; 104; Joh.Komm. n. 155, Gott als *forma in nobis*)
- Die Form als ἐνέργεια: Gott als wirkendes Prinzip, als *werkmeister* in der Seele: Gott wirkt unsere Werke (Pr. 104; Joh.Komm. n. 156–157; 124–128)

44 Klaus Oehler, Das aristotelische Argument: Ein Mensch zeugt einen Menschen. Zum Problem der Prinzipienfindung des Aristoteles, in: Einsichten. Gerhard Krüger zum 60. Geburtstag, Frankfurt/M. 1962, S. 261.

45 Buchheim, 2002, S. 229.

1.4 *Die Seele als erste Entelechie, πρώτη ἐντελέχεια – eine ἐνέργεια mit δύναμις-Charakter*

Mit ihrer Bestimmung als Entelechie ist die Frage, was die Seele des lebendigen Körpers sei, in B 1 noch nicht abgeschlossen. Aristoteles nimmt im Folgenden, an eine bereits (412a10f.) eingeführte Unterscheidung anschließend, eine weitere Präzisierung vor: *Es gibt zweierlei Arten von vollendeter Wirklichkeit* (ἐντελέχεια), *die eine wie das Wissen, die andere wie das Betrachten. Offenbar ist die Seele vollendete Wirklichkeit wie das Wissen. Mit dem Dasein der Seele ist auch Schlafen und Wachen gegeben. Das Wachen entspricht dem Betrachten, der Schlaf dem Besitzen und Nicht-Betätigen. Früher nach der Entstehung ist beim selben Wesen das Wissen. Deshalb ist die Seele die erste vollendete Wirklichkeit* (πρώτη ἐντελέχεια) *eines natürlichen Körpers, welcher der Möglichkeit nach Leben besitzt.*[46]

Diese zweite Definition der Seele als erste Entelechie hat seit der Antike bis in die Gegenwart kontroverse Diskussionen ausgelöst. Das gemeinsame Merkmal der von Johannes Hübner als „traditionell" apostrophierten Interpretationen ganz unterschiedlicher Provenienz besteht darin, dass sie die Seele qua πρώτη ἐντελέχεια als Disposition, nicht als Aktivität verstehen.[47] Ein prominentes frühes Beispiel sind die Aristoteles-Kommentare des Alexander von Aphrodisias (um 200). Er versteht die „zweifache Entelechie der Seele"[48] im Sinne der aristotelischen Unterscheidung von ἕξις und ἐνέργεια, d. h. einer Disposition, die zu einer bestimmten Leistung befähigt, und ihrer Ausübung. Dementsprechend sei die Seele als erste Entelechie auf der gleichen Stufe wie der Untätige, der Schlafende. Die weiteren Beispiele aus Wissenschaft und Technik zeigen, dass er die erste Entelechie als Vermögen zweiter Stufe, als formiertes Vermögen, versteht – das entspricht ihrer Charakterisierung als Disposition (ἕξις). Der Musiker etwa, der gerade nicht musiziert oder der schlafende Geometer seien bereits in der ersten Entelechie, weil sie über das entsprechende Können

[46] αὕτη [ἐντελέχεια] δὲ λέγεται διχῶς, ἡ μὲν ὡς ἐπιστήμη, ἡ δ' ὡς τὸ θεωρεῖν. φανερὸν οὖν ὅτι ὡς ἐπιστήμη; ἐν γὰρ τῷ ὑπάρχειν τὴν ψυχὴν καὶ ὕπνος καὶ ἐγρήγορσίς ἐστιν, ἀνάλογον δ' ἡ μὲν ἐγρήγορσις τῷ θεωρεῖν, ὁ δ' ὕπνος τῷ ἔχειν καὶ μὴ ἐνεργεῖν; προτέρα δὲ τῇ γενέσει ἐπὶ τοῦ αὐτοῦ ἡ ἐπιστήμη. διὸ ἡ ψυχή ἐστιν ἐντελέχεια ἡ πρώτη σώματος φυσικοῦ δυνάμει ζωὴν ἔχοντος (412a22–28).

[47] Vgl. Johannes Hübner, Die Aristotelische Konzeption der Seele als Aktivität in de Anima II 1, in: AGPh 81 (1999), S. 1. Das hängt, nach Hübner, insbesondere damit zusammen, dass diese Deutungen sich am o. a. aristotelischen Vergleich der πρώτη ἐντελέχεια mit „Wissen" im Unterschied zum „Betrachten" als dessen aktualer Ausübung orientieren. Im Anschluss an dieses Beispiel werde die Frage, „in welchem Sinn die Seele Wirklichkeit sei, [...] nach der traditionellen Deutung von Aristoteles so beantwortet, dass sie es als Disposition sei, nämlich als Disposition zu den verschiedenen, hier noch nicht näher bestimmten lebendigen Aktivitäten" (ebd., S. 3). Hübners Feststellung trifft weitgehend zu.

[48] Alexander von Aphrodisias, De anima cum mantissa, hg. v. Ivo Bruns Berlin 1887, S. 103,11f.: ἔστι δὲ ἐντελέχεια ἡ μέν τις πρώτη, ἡ δὲ δευτέρα.

verfügen. Sie treten auf eine neue Stufe, wenn sie ihr Können ausüben. Themistios (317–385) übernimmt diesen Deutungsansatz, wie später auch Philoponos.[49] Bereits Alexander notiert allerdings auch die Schwierigkeiten und Widersprüche, die sich aus diesem Verständnis der Definition ergeben: Nach Aristoteles betreibt jedes Lebewesen in jedem Augenblick seines Daseins Stoffwechsel; die nährende Seele ist in einem lebenden Körper jederzeit, auch im Schlaf, aktiv,[50] also ist die Seele nie nur im Zustand der Disposition, sondern ständig in Aktivität. Und wenn sie immer aktiv ist, heißt das, so schließt Alexander, dass sie sich immer in der zweiten ἐνέργεια befindet: ἀεὶ γὰρ ἐνεργεῖ κατὰ τὴν δευτέραν ἐνέργειαν (ebd., 7r, Z. 19ff.), das Lebendige sei nicht weniger lebendig, wenn es nicht tätig ist.

Die Aporie der traditionellen Deutung ist unübersehbar: Entweder wird die schlichte Gegenüberstellung von formiertem Vermögen (δύναμις) und Tätigkeit, Wirklichkeit (ἐνέργεια) dem aristotelischen Ansatz nicht gerecht, oder Aristoteles' grundlegende metaphysische Bestimmung der Seele trifft – trotz seiner gegenteiligen Behauptung (412a5f. und 412b4–6) – nicht auf alle Formen der Seele zu, wie dies bereits Themistios und, die traditionelle Deutung auf die Spitze treibend, neuerdings van den Bergh, behaupten: die allgemeine Bestimmung der Seele könne gar nicht auf die nährende Seele angewendet werden.[51] Themistios' Begründung dieser These enthält allerdings im Unterschied zu Alexander einen neuen, differenzierenden Aspekt, indem er den strikten Gegensatz zwischen formiertem Vermögen und Tätigkeit an einer Stelle zumindest aufweicht. Die Definition der Seele als erste Entelechie treffe nicht auf die Nährseele zu, argumentiert er, „weil bei ihr ἐνέργεια und ἕξις nicht deutlich abgrenzbar sind",[52] während bei den anderen Seelenformen eine klare Unterscheidung zwischen ἕξις und ἐνέργεια, zwischen erster und zweiter ἐντελέχεια, zu machen sei.[53] *Wenn die Seele da ist, dann ist zugleich Wachen und Schlafen gegeben*, zitiert Themistios zunächst Aristoteles;[54] denn „der Schlaf ist wie eine ἕξις der Seele, das Wachsein wie eine ἐνέργεια".[55] Aber im Schlaf höre nicht jede Tätigkeit der Seele auf. Das liege an der Nährseele, die sich auch im Schlaf in einer Art Aktivzustand befinde.[56] Der über Alexander hinausführende Aspekt

49 *Ioannis Philoponi in Aristotelis de Anima libros commentaria*, hg. v. Michael Hayduck, Berlin 1897.

50 Vgl. Hübner, 1999, S. 5.

51 Simon van den Bergh, Perception and Knowledge according to Aristotle, in: Islamic Philosophy and the Classical Tradition, hg. v. Samuel M. Stern u. a., Oxford 1972, S. 28.

52 οὐ χωρίζεται ἡ ἕξις τῆς ἐνεργείας, *Themistii in libros Aristotelis De anima paraphrasis*, hg. v. Richard Heinze, Berlin 1890, S. 41,17.

53 Ebd., S. 41,1–14.

54 Vgl. ἐν γὰρ τῷ ὑπάρχειν τὴν ψυχὴν καὶ ὕπνος καὶ ἐγρήγορσίς ἐστιν (412a23f.).

55 S. 41,13f.

56 „Die Nährseele und ihre δύναμις ist auch in Schlafzuständen der Seele ohne Schlaf, auch wenn viele andere Vermögen der Lebewesen nicht aktiv sind, wie z. B. Wahrnehmung und Ortsbewegung" (S. 41). Aus diesem Befund schließt er, dass die Definition der Seele

besteht bei Themistios darin, dass es für ihn ein Merkmal der Seele und damit des Lebens ist, dass es, wenn *die Seele da ist,* keinen absoluten Ruhezustand im Sinne eines Zustands ohne Elemente von Aktivität gibt. Das folgt allerdings nicht allein daraus, dass jede Seele mindestens eine Nährseele hat und diese immer mit einigen Funktionen aktiv ist. Der Grund ist vielmehr, dass Aristoteles das Verhältnis von δύναμις und ἐνέργεια mit Bezug auf die Seele insgesamt und ihre unterschiedlichen Lebensfunktionen – auch mit Bezug auf das Denken und das Wahrnehmen – nicht im Sinne eines schlichten Gegensatzes denkt,[57] d. h. nicht einfach im Sinne von δύναμις als keine Aktivität implizierender Disposition und ἐνέργεια als deren vollständiger Umsetzung; dass vielmehr die πρώτη ἐντελέχεια-Struktur der Seele zugleich im Sinne einer Aktivität, aber eben als erste Aktivität, die immer noch Potentialität enthält, als eine Aktivität mit δύναμις-Charakter, zu verstehen ist.[58]

Das wird im Folgenden zunächst auf der Grundlage von Aristoteles' Differenzierung des Verhältnisses von δύναμις und ἐνέργεια in ‚*De anima*' B 5 (1) und danach im Rekurs auf seine substanzontologischen Überlegungen in ‚*Metaphysik*' Theta 6 zu zeigen sein (2). Zuletzt soll auf einige neuere Deutungen der aristotelischen πρώτη ἐντελέχεια hingewiesen werden, die in eine ähnliche Richtung gehen wie die vorliegende Untersuchung, allerdings ohne sich auf die substanzontologischen Zusammenhänge der ‚*Metaphysik*' und der Bewegungslehre der ‚*Physik*' zu beziehen (3).

(1) Im fünften Kapitel des zweiten Buchs von ‚*De anima*' erklärt Aristoteles zu Beginn seiner Untersuchung der Sinneswahrnehmungen, er müsse, nachdem er bisher nur allgemein über das Verhältnis von δύναμις und ἐντελέχεια gesprochen habe, eine Differenzierung vornehmen (417a21–30).[59] Sie soll nun diese Relation in der Seele präziser fassen. Er nimmt dabei die Unterscheidung von ἐπιστήμη und θεωρεῖν in B 1 zur Erklärung einer zweifachen Bedeutung von Entelechie auf (412a22f.). Aus der Differenzierung ergibt sich eine erweiterte dreistufige Struktur, die im Prinzip für alle seelischen Phänomene gilt: erstens, δύναμις (Vermögen) als reine Potentialität; zweitens, πρώτη ἐντελέχεια, erste Entelechie, erste vollendete Wirklichkeit, als formierte Potentialität, ἕξις (Disposition); und drittens, zweite Entelechie, als zweite vollendete Wirklichkeit, als Vollzug. Aristoteles erläutert diese Abstufung am Beispiel der Ent-

als πρώτη ἐντελέχεια im Sinne einer einfachen Disposition, ἕξις, nicht auf die Nährseele zutrifft (S. 21): „Wenn wir hinzusetzen, die erste (πρώτη ἐντελέχεια), dann umfasst die Definition nicht die Nährseele."

57 Das heißt, gerade mit Bezug auf den ἕξις-Begriff, dass eine schlichte Gegenüberstellung von δύναμις und ἐνέργεια hier zu kurz greift.

58 Das ist das Wesen, die Wirklichkeit einer natürlichen Substanz, die mit einer Materie verbunden ist. Sie ist nicht reine ἐνέργεια. Die Seele erweist sich mit dieser eigentümlichen Bewegungsstruktur als Teil der Natur.

59 Es ist diese Differenzierung, auf die sich auch Alexander von Aphrodisias in seinem Kommentar bezieht; s. auch Albertus' Magnus' Auseinandersetzung mit dieser Stelle.

wicklung des menschlichen Denkvermögens: Die erste δύναμις, die reine Potentialität, ist die des Kindes, das noch nichts gelernt hat, dem wir aber aufgrund seiner Zugehörigkeit zur Spezies Mensch als einem Wesen, das Wissen haben kann, diese Fähigkeit zusprechen (417a23f.); die zweite δύναμις ist die formierte δύναμις, ἕξις, Disposition, d. h. die Potentialität des Menschen, der schon etwas gelernt hat und der jederzeit, *wenn er will und wenn kein äußerer Umstand ihn hindert, sein Wissen ausüben kann.*[60] Diese zweite δύναμις bzw. ἕξις, die Potentialität des im Denken ausgebildeten Menschen, jederzeit in eine entsprechende Aktivität überzugehen, nennt Aristoteles die erste vollendete Wirklichkeit, πρώτη ἐντελέχεια. Das Denken-Können des Erwachsenen setzt schon Denkakte des Heranwachsenden voraus, wie das Beispiel des Kindes zeigt, das erst lernen muss, um ein Wissender mit dem Potential zu entsprechenden Aktivitäten zu werden. Das Verhältnis zwischen δύναμις und ἐνέργεια ist hier also nicht das eines einfachen Gegensatzes. Das gilt nicht nur für den kognitiven Bereich, das Denken, das θεωρεῖν, sondern für alle Leistungen des Menschen, die mit seinem Vernunftvermögen zusammenhängen. Von einer formierten δύναμις, ἕξις, spricht Aristoteles daher auch in Bezug auf andere Fähigkeiten des Menschen, wie z. B. technisches Können, Herstellen (τέχνη), praktische Klugheit (φρόνησις). Die Möglichkeiten, die der Mensch aufgrund seiner Vernunftnatur im kognitiven, wie im technischen und politisch-praktischen Bereich hat, kann er nicht von Geburt an unmittelbar umsetzen. Es sind Anlagen, die er erst entwickeln muss, damit sie wirklich zu Habitus werden, Aristoteles nennt sie ἀρεταί, Tüchtigkeiten der menschlichen Seele. Eine technische Fertigkeit, eine moralische Haltung, Wissen entstehen aus der Wiederholung von Tätigkeiten, durch Übung (vgl. 1103b21f.). In der Disposition steckt also vorhergehende Tätigkeit. Sie ist damit nicht mehr reine δύναμις, sondern eine durch Handlungen gewissermaßen hervorgebrachte zweite δύναμις oder erste Entelechie.[61] Sie ist erst dann da, wenn ein vernünftiges Lebewesen immer wieder von sich aus gut handeln, etwas gut herstellen oder gut denken kann. Und genau das trifft auf die Seele insgesamt und eben auch auf die Denkseele zu; „wenn die Seele da ist", kann das Lebewesen immer wieder aus sich heraus tätig werden. In der zweiten ἐνέργεια, der Aktualisierung des Vermögens in konkreten Handlungen, dem Ausüben des Wissens, steckt die Vollendung der ersten, die kontinuierlich präsent ist. Busche spricht mit Bezug auf die πρώτη ἐντελέχεια von einem „‚Innehaben' abrufbarer Vollkommenheiten, ‚ohne' dass diese stets in ‚Betätigung' sein müssten", aber jederzeit in ihre spezifischen Tätigkeiten übergehen können.[62] Bei dem Übergang vom Können

60 ὁ δ' ὅτι βουληθεὶς δυνατὸς θεωρεῖν, ἂν μή τι κωλύσῃ τῶν ἔξωθεν (417a27f.).

61 Und die Fixierung auf den Schlaf-Vergleich, den Aristoteles in B 1 selbst einführt, aber in B 5 nicht aufnimmt, verdeckt diesen ἐνέργεια-Charakter der ersten ἐνέργεια. Vielleicht wollte Aristoteles damit zum Ausdruck bringen, dass ein unmittelbarer Wechsel vom Schlafen zum Handeln möglich ist.

62 Höffe (Hg.), 2005, psyche/Seele (Busche), S. 511.

zum Handeln geht es damit gewissermaßen um den Wechsel von einer Art Aktivzustand in einen anderen Aktionsmodus: *Das Ziel jeder Tätigkeit ist die Tätigkeit gemäß der Disposition.*[63]

Den Unterschied zwischen dem Vernunftvermögen und dem Wahrnehmungsvermögen hinsichtlich des Verhältnisses von δύναμις und ἐνέργεια thematisiert Aristoteles auch an der entsprechenden Stelle in ‚*De anima*' B 5. Er bestehe darin, dass beim Wahrnehmen der „Umschlag" von der ersten Stufe zur zweiten vom Erzeuger bewirkt werde: *Wenn es erzeugt ist, hat es (das Lebewesen) auch schon, analog dem Wissen, das Wahrnehmen.*[64] Lebensfunktionen wie das Wahrnehmen haben von Beginn des Lebens an den Status formierter Vermögen, πρώτη ἐντελέχεια-Charakter, sie können also jederzeit ausgeübt werden, einige Grundfunktionen, wie der Stoffwechsel, sind sogar dauerhaft aktiv; aber es gibt auch bei ihnen, solange das Lebewesen lebt, immer noch einen Überschuss an δύναμις. Auch wenn mit Bezug auf das Wahrnehmen und das Denken das Verhältnis von δύναμις und ἐνέργεια differenziert werden muss, kommt also doch beiden das allen Lebewesen gemeinsame Merkmal zu, aus sich heraus tätig werden zu können. Und die Ursache und Grund dafür ist die Seele – als Entelechie (vgl. 415b13–15). Wenn Aristoteles in B 1, um diese ontologische Struktur zu erklären, das Beispiel vom Wissen anführt, das gerade nicht betätigt wird, beschreibt er damit also nicht einen absoluten Ruhezustand, sondern eine Grundstruktur, die für das Wesen aller lebenden Substanzen, trotz aller im Einzelnen zu treffenden Differenzierungen gilt, nämlich ihre Fähigkeit, ἐνεργεῖν δι' αὑτοῦ.

(2) Zu diesem Verständnis der Seele führt auch die bereits für die Erhellung der ersten Definition herangezogene Textstelle in ‚*Metaphysik*' Theta 6 (1048b9–12). Dort beginnt Aristoteles bei der Klärung der ontologischen Bedeutung von δύναμις und ἐνέργεια zunächst, wie so oft,[65] mit einer Abgrenzung: *In einem anderen Sinne sagt man vom Unendlichen [...] es sei der Möglichkeit bzw. der Wirklichkeit nach [...] als vom Sehenden, Gehenden und vom Sichtbaren.*[66] Er weist zunächst auf einen grundsätzlichen Unterschied hin: Das der Möglichkeit nach, δυνάμει, Unendliche kann nicht irgendeinmal ein selbstständiges wirkliches Seiendes (als ἐνεργείᾳ ὄν) werden, wie Aristoteles in der ‚*Physik*' am Beispiel der unendlich fortführbaren Zahlenreihe oder des unendlich teilbaren Kontinuums ausführt. Die Möglichkeit, ein selbstständiges, bestimmtes Seiendes zu werden,

---

63 τέλος δὲ πάσης ἐνεγείας ἐστὶ τὸ κατὰ τὴν ἕξιν (1115b20f.).

64 ὅταν δὲ γεννηθῇ, ἔχει ἤδη, ὥσπερ ἐπιστήμην, καὶ τὸ αἰσθάνεσθαι (417b17f.).

65 Paradigmatisch für dieses Verfahren ist auch die sukzessive Bestimmung der εὐδαιμονία in Abgrenzung gegen herkömmliche Auffassungen in der ‚*Nikomachischen Ethik*'. Der Gewinn dieses Verfahrens liegt darin, dass Unterschiede gegenüber dem, wovon etwas abgegrenzt wird, deutlich werden, aber ebenso Aspekte, die in dem zu Bestimmenden enthalten sind.

66 ἄλλως δὲ καὶ τὸ ἄπειρον [...], λέγεται δυνάμει καὶ ἐνεργείᾳ [...] οἷον τῷ ὁρῶντι καὶ βαδίζοντι καὶ ὁρωμένῳ (1048b9–12).

hebt damit ein wesentliches Merkmal des δύναμις-Charakters der Materie hervor: sie ist der Möglichkeit nach ein bestimmtes abgegrenztes Seiendes (δυνάμει [...] τόδε τι und χωριστόν). Das wird insbesondere am Verhältnis von Stoff und Form, bei Artefakten deutlich. Aus einem Material, das der Möglichkeit nach etwas Bestimmtes ist, z. B. ein so und so beschaffenes Stück Holz oder Stein, kann ein der Wirklichkeit nach Seiendes, ein ἐνεργείᾳ ὄν, z. B. eine Hermes-Statue, werden. Allerdings führt Aristoteles bereits in seinem Nachsatz und im folgenden Abschnitt explizit eine Differenzierung ein, die eine besondere Verbindung zu den lebenden Substanzen herstellt. Sie ist in dem Hinweis enthalten, wie das Unendliche positiv als δυνάμει und ἐνεργείᾳ Seiendes zu verstehen sei, der auf die Abgrenzung folgt: Wirklich unendlich ist das der Möglichkeit nach Unendliche im Denken, d. h. in der Tätigkeit des Teilens des Kontinuums wie des Zählens, die über jeden beliebigen Endpunkt noch hinausgehen kann. *Das Unendliche ist aber nicht in der Weise dem Vermögen nach, dass es einmal der Wirklichkeit nach selbstständig abgetrennt existieren werde, sondern nur für das Erkennen.*[67] Charakteristisch für diese Tätigkeit des Denkens ist eine bestimmte Struktur: Sie ist eine Tätigkeit, eine ἐνέργεια, die, insofern sie nie abgeschlossen ist, sondern ins Unendliche weitergeführt werden kann, selbst ständig auch δυνάμει ist: *denn dass die Teilung nie aufhört, das ergibt die Bestimmung, dass diese Tätigkeit nur dem Vermögen nach ist, aber nicht in selbstständiger Abgrenzung.*[68] Es handelt sich also um eine ἐνέργεια, die selbst „in der Weise der δύναμις besteht" (Wieland): eine ἐνέργεια mit δύναμις-Charakter.

Das ist nun genau die Struktur derjenigen ἐνέργεια, die Aristoteles in dem folgenden, bereits interpretierten Abschnitt von Theta 6 als eigentliche Tätigkeit von unvollendeten Bewegungen unterscheidet und für die er als Beispiele Tätigkeiten anführt – sehen, denken, gut leben, glücklich sein (vgl. 1048b23–26) – die ihr Ziel in sich selbst haben. Und es ist genau diese Prozess- und Kontinuitätsstruktur, welche das Wesen der Seele als Prinzips lebender Substanzen auszeichnet. Es ist nicht reine ἐνέργεια, sondern hat, aufgrund der Materie, immer noch Möglichkeitscharakter. Als erste Entelechie unterscheidet sie sich von der reinen ἐνέργεια eines höheren Wesens ohne Materie (vgl. 1071b19f.). Die Seele erweist sich mit ihrer eigentümlichen Bewegungsstruktur als Teil der Natur.

Für die Seele als erste Entelechie bedeutet dies, dass nicht alle Lebensfunktionen ständig in Aktion sind. Eine Seele haben heißt im Wesentlichen „am Leben sein" (Schark). Es ist ein Merkmal lebender Wesen, dass sie, solange sie leben, in keinem Zustand sind, der nicht auch eine Aktivität enthält, und dass bei jeder Aktivität auch noch immer ein Moment von Potentialität gegeben ist.

---

[67] τὸ δ' ἄπειρον οὐχ οὕτω δυνάμει ἔστιν ὡς ἐνεργείᾳ ἐσόμενον χωριστόν, ἀλλὰ γνώσει (1048b14f.) Die Interpretation folgt hier Wieland 1970, S. 298f. und 332f.

[68] τὸ γὰρ μὴ ὑπολείπειν τὴν διαίρεσιν ἀποδίδωσι τὸ εἶναι δυνάμει ταύτην τὴν ἐνέργειαν, τὸ δὲ χωρίζεσθαι οὔ (1048b15–17).

Es handelt sich um eine Struktur lebender Substanzen, die von den einfachsten bis zu höheren, komplexeren Formen reicht.

(3) Eine besondere Variante der neueren Interpretationen der πρώτη ἐντελέχεια findet sich bei Vertretern des Funktionalismus, die Aristoteles für den ersten Funktionalisten halten. Hilary Putnam löste in den 60er Jahren mit seiner Aktualitätserklärung der aristotelischen Seelenlehre (und der Bedeutung der Form) einen Boom von Untersuchungen aus. Nach der funktionalistischen Interpretation ist die Seele als Disposition gleichzusetzen mit der „funktionalen Struktur der materiellen Konstituenten eines Lebewesens“[69]. Als Disposition ist sie „Organisation von Materie“, eine „ruhende funktionale Struktur“, die in Aktivität übergehen kann. Nach Martha Nussbaum ist die Form eines Lebewesens – das aristotelische εἶδος im Sinne von πρώτη ἐντελέχεια – nicht vom Stoff zu trennen, sie ist ein funktionaler Zustand der Materie: „a first entelechy (the organization-to-function [...]) of some matter“.[70]

Dass die Seele als erste Entelechie nicht einfach ein ruhendes System, sondern in gewisser Weise immer auch aktiv ist, betont Hubertus Busche;[71] er setzt sich damit von der traditionellen und von der funktionalistischen Position ab. Die Seele sei ein „zweckmäßig arbeitendes System innerhalb des Leibes“ (ebd., S. 5), eine „funktionale Struktur“ (S. 7), die jedoch eine „tätige, arbeitende Form“ sei, also einen Aspekt der Aktivität einschließe, sie ist die „funktionale Struktur in actu“ (ebd., S. 39), nicht κίνησις, verstanden als Prozessphase, sondern ἐνέργεια im Sinne eines in seinem Verlauf abgeschlossenen Prozesses, der aber „gleichsam eine Arbeitszeit beansprucht“ (ebd., S. 106).[72]

Die „traditionelle Deutung“ stellt Johannes Hübner grundsätzlich in Frage. Aristoteles definiere die Seele nicht als Disposition, sondern als permanente Aktivität, als das, wodurch wir leben, als Ursache und ἐνέργεια. Wir leben, „weil der Stoffwechsel in unseren Körpern beständig so verläuft, dass unsere organischen Konstitutionsverhältnisse gewahrt werden. Das Leben verursacht sich selbst“.[73] Und da Aristoteles die Ausdrücke ‚belebt‘ und ‚beseelt‘ als äquivalent behandle, stelle sich in dieser Sicht die Seele selbst her, sie ist als Ursache mit ihrer Wirkung identisch; dann ist sie aber als Disposition zugleich ἐνέργεια, Aktivität. Wenn nämlich „Ernährung, Wachsen und Schwinden durch sich

---

69 Hübner, 1999, S. 6.

70 Martha C. Nussbaum, Aristotle's De motu animalium, Princeton 1978, S. 72.

71 Hubertus Busche, Die Seele als System. Aristoteles' Wissenschaft von der Psyche, Hamburg 2001.

72 Gegen Busche hat Johannes Hübner mit Bezug auf die ‚*Nikomachische Ethik*‘ (1174a14–16) eingewandt, dass eine ἐνέργεια wie z. B. das Sehen in jedem Zeitpunkt vollendet sei und keine „Arbeitszeit“ benötige. Der Ausdruck „arbeitendes System“ impliziere die Vorstellung von der Aktivität der Seele nicht im Sinne von ἐνέργεια, sondern von κίνησις und er treffe auf das bewegte Lebewesen, nicht aber auf die nach Aristoteles unbewegte Seele zu.

73 Hübner, 2004, S. 81.

selbst" die basale organische Aktivität sind, die Seele also als organische Selbsterhaltung Aktivität ist, dann sind, nach Hübner, alle Formen der Seele als Aktivität zu charakterisieren. Da der Besitz von Wissen immer ein Teilaspekt der organischen Selbsterhaltung sei – beim Wahrnehmungswissen z. B. involvieren Erwerb und Aktivierung von Wissen organische Prozesse im Gedächtnis – so sei das Wissen stets organisch realisiert und damit in die organische Selbsterhaltung des Lebewesens einbezogen. Daraus zieht Hübner den Schluss, dass der Besitz von Wissen als Aktivität einzustufen ist, die im Unterschied zur zweiten Aktivität eine kontinuierliche Präsenz aufweist.[74]

Marianne Schark geht in eine ähnliche Richtung wie Hübner, wenn sie den metaphysischen Begriff des Lebens als „Am Leben sein", als „Aktivzustand" bezeichnet und vom biologischen Begriff des Lebens als „Ausübung von Lebensfunktionen", als „Aktiv-sein", unterscheidet.[75] Den substanzontologischen Hintergrund des aristotelischen Konzepts bezieht sie nur am Rande in ihre Argumentation ein. Schark geht es eher um einen modernen Begriff vom Lebendigen, der an Aristoteles anschließt.

1.5 *Die Seele als Leistungsvermögen eines Organismus, aus sich heraus tätig zu werden*

Was aus den bisherigen Bestimmungen des Wesens lebender Substanzen als leib-seelischer Einheiten folgt, bringt Aristoteles in seiner dritten Definition der Seele auf den Punkt: *Wenn man also eine allgemeine Bestimmung für jede Art der Seele geben soll, ist sie die erste Entelechie des natürlichen mit Organen ausgestatteten Körpers.*[76] Seine „Teile" sind Werkzeuge für bestimmte Zwecke – das Auge, um zu sehen, das Ohr, um zu hören. Die Einheit von Körper und Seele ist eine Funktionseinheit, in der das εἶδος (die Form) das aktive, einheitsstiftende Element darstellt – als Leistungsvermögen, das aus dem Material und den Teilen ein funktionierendes Ganzes macht.[77] Das ist die zentrale Aussage der sukzessiven

[74] Die erste Aktivität ist dann die Disposition für die zweite. Aristoteles beschreibe die Fähigkeit der Lebewesen, sich zu ernähren, Stoffwechsel zu betreiben, als Dauertätigkeiten, die selbst im Schlaf weitergehen. Die Pflanzen kennen den Unterschied zwischen Wachen und Schlafen überhaupt nicht, und die nährende Seele der höheren Lebewesen ist, wie Aristoteles betont, im Schlaf besonders aktiv. Die Seele der Lebewesen ist folglich Entelechie im oben dargestellten Sinne; der Stoffwechsel, durch den das Lebewesen sich selbst erhält, ist eine Tätigkeit, die nie abgeschlossen ist. Vgl. Hübner, 1999, S. 14.

[75] Marianne Schark, Lebewesen versus Dinge. Eine metaphysische Studie, Berlin u. a. 2005.

[76] εἰ δή τι κοινὸν ἐπὶ πάσης ψυχῆς δεῖ λέγειν, εἴη ἂν ἐντελέχεια ἡ πρώτη σώματος φυσικοῦ ὀργανικοῦ (412b4–6).

[77] Diese enge Verbindung von Materie und Form gilt für alle Stufen des vegetativen, sensitiven und bedingt auch des noetischen Lebens. So wie es sinnlos ist, Wachs und die Form des darin eingedrückten Siegelrings zu unterscheiden oder sie trennen zu wollen, so we-

Präzisierungen, mit denen Aristoteles, wie er zusammenfassend betont, ganz allgemein formuliert hat, was die Seele ist, τί ἐστι (412a5). Sie ist das „eigentliche Sein", τὸ τί ἦν εἶναι (412b11), das Wesen eines bestimmten Körpers, d. h. eines Körpers, der schon eine entsprechende Disposition hat. Und dieses eigentliche Sein besteht in einem bestimmten Leistungsvermögen, das den Gesamtorganismus in der Zieltätigkeit des Lebens hält, ist erste Entelechie.

Dieses Ergebnis versucht Aristoteles abschließend mit Analogien aus dem Bereich von Poiesis (Herstellen) und Praxis (Handeln) plausibel zu machen. Auch hier verwendet er dieses Verfahren, um einerseits gemeinsame Strukturen, andererseits Unterschiede – in diesem Fall mit Bezug auf das „Wesen" nicht belebter und lebender Substanzen – herauszuarbeiten. Was er vergleicht, sind die Funktionsfähigkeit eines Werkzeugs und die Sehfähigkeit des Auges mit der Lebensfähigkeit eines gesamten Organismus.[78] Aristoteles beginnt paradoxerweise mit einem Artefakt, einem Beil: das eigentliche Sein dieses Werkzeugs besteht in seiner Funktionsfähigkeit. Ein stumpfes Beil oder ein Beil aus Glas oder Papier wären nicht funktionsfähig und nur in homonymem Sinn ein Beil. Wäre das Beil ein natürlicher lebender Körper, wäre seine Funktionsfähigkeit seine Seele. Aristoteles nutzt dieses Beispiel aber auch, um das Spezifische eines lebendigen Organismus und die Bedeutung der Seele für diesen Organismus herauszuarbeiten. *Nun aber ist das Beil eben (nur) ein Beil* (412b15). Die Seele aber ist das eigentliche Sein eines natürlichen, lebenden Körpers, der *das Prinzip der Bewegung und des Stillstandes in sich hat.*[79] Die Fähigkeit zur Selbstbewegung, d. h. aus sich selbst heraus tätig werden zu können, ist der entscheidende Unterschied. Die Seele stellt die Einheit von Materie und Form aus sich selbst, „autopoietisch", her. Damit ist sowohl grundsätzlich der Charakter des εἶδος, der Form eines Seienden, als auch der Unterschied zwischen der Form eines nicht lebendigen Seienden, wie z. B. eines Artefakts, gegenüber der eines lebendigen Seienden bestimmt: Die Form ist kein allgemeines Paradigma, sondern die innere Struktur eines Körpers: bei Artefakten besteht sie in ihrer Funktion, bei Lebewesen in den ihnen eigenen Fähigkeiten, die sie immer wieder aus sich heraus aktivieren können.

Die zweite Analogie bezieht sich auf ein einzelnes Organ des Körpers, das Auge: *Wäre das Auge ein Lebewesen, so wäre die Sehkraft seine Seele.*[80] Das Gemeinsame dieser Beispiele ist, dass das Wesen eines Körpers, sei es ein Artefakt wie das Beil oder ein natürlicher Körper wie das Auge, jeweils in seinem Vermögen zu einer bestimmten Leistung liegt: Wie das Spalten-Können das Wesen des Beils, so ist das Sehen-Können das Wesen des Auges, und so ist das Leben-

nig können Körper und Seele getrennt werden; denn die Seele ist nur als Form des Körpers und der Körper nur als Stoff der Seele (412b6–9).

78 Vgl. Höffe (Hg.), 2005, entelecheia/Entelechie, vollendete Wirklichkeit (Elm), S. 192 und eidos/Gestalt, Art, Form (Rapp, Wagner), S. 151.

79 ἀρχὴν κινήσεως καὶ στάσεως ἐν ἑαυτῷ (412b17).

80 εἰ γὰρ ἦν ὁ ὀφθαλμὸς ζῷον, ψυχὴ ἂν ἦν αὐτοῦ ἡ ὄψις (412b18f.).

können, die Seele, das Wesen lebender Substanzen. *Denn wie sich Teil (die Sehkraft) zum Teil (Auge) verhält, so entsprechend das gesamte Wahrnehmungsvermögen zum ganzen wahrnehmungsfähigen Körper, insofern er ein solcher ist.*[81] Die Organe erbringen Leistungen, die im Gesamtorganismus nicht unverbunden neben einander stehen, sondern zusammenwirken, um die Lebensvollzüge des Lebewesens, seine Selbsterhaltung, zu sichern. Auf der Basis dieser Analogie erläutert Aristoteles anschließend das Verhältnis von erster Entelechie und Entelechie, wobei er mit Bezug auf die Seele wieder vom Unterschied von Schlaf- und Wachmodus spricht: *Wie nun das Spalten und das Sehen, so ist auch das Wachen Entelechie. Wie das Sehvermögen und die Funktionsfähigkeit des Werkzeugs, so die Seele.*[82]

Dass es Aristoteles mit diesem Begriff der Seele insbesondere darum geht, den Dualismus von Körper und Seele, aber auch materialistische Positionen seiner Vorgänger zu überwinden, betont er bereits in einer Zwischenbemerkung und noch einmal abschließend, auch wenn, wie er notiert, noch Fragen offen bleiben.[83] Die Funktionseinheit von Körper und Seele lässt die Frage, ob sie eins sind, obsolet erscheinen (vgl. 412b6). Der Körper ist nur durch die Seele und die Seele nur im Körper aktiv. Beide existieren nicht je für sich, sondern bilden im Kompositum Lebewesen eine lebendige Einheit: *Wie die Pupille und die Sehkraft zusammen das Auge sind, so sind die Seele und der Körper zusammen das Lebewesen.*[84]

1.6 *Der allgemeinste Begriff (κοινότατος λόγος) der Seele: ihre funktionale Struktur*

Aristoteles weist ausdrücklich darauf hin, dass seine ‚allgemeinste Bestimmung‘ der Seele in B 1 für alle Seelenformen gilt. Die Gemeinsamkeit besteht in einer ontologischen Grundstruktur, der πρώτη ἐντελέχεια, als auszeichnendem Merkmal der Form aller lebenden Substanzen. Daraus ergibt sich aber auch, dass er die Seele nicht verdinglichend als allgemeines „Wesen“ versteht. Sie ist

[81] ἀνάλογον γὰρ ἔχει ὡς τὸ μέρος πρὸς τὸ μέρος, οὕτως ἡ ὅλη αἴσθησις πρὸς τὸ ὅλον σῶμα τὸ αἰσθητικόν, ᾗ τοιοῦτον (412b23–25); vgl. auch 645b14ff.: Was für das einzelne Organ gilt, gilt auch für den Gesamtorganismus.

[82] ὡς μὲν οὖν ἡ τμῆσις καὶ ἡ ὅρασις, οὕτω καὶ ἡ ἐγρήγορσις ἐντελέχεια, ὡς δ’ ἡ ὄψις καὶ ἡ δύναμις τοῦ ὀργάνου, ἡ ψυχή (412b27–413a1).

[83] 413a8–10: so die Frage der Abtrennbarkeit eines Seelenteils (mit Blick auf den νοῦς) und die Frage, ob die Seele Entelechie für den Körper sei wie der Matrose für das Schiff – eine Anspielung auf Platon. Albertus Magnus und Thomas von Aquin werden diese Frage, die man in diesem Kontext auch als eine eher rhetorische verstehen kann, sehr unterschiedlich deuten.

[84] ὥσπερ ὀφθαλμὸς ἡ κόρη καὶ ἡ ὄψις, κἀκεῖ ἡ ψυχὴ καὶ τὸ σῶμα ζῷον (413a2f.).

als Form „Ursache und Prinzip eines lebendigen Körpers" (415b8) in dem Sinne, dass sie jeweils aus verschiedenen Teilen mit unterschiedlichen Vermögen eine lebendige Einheit hervorbringt, organisiert und erhält. Prinzip ist sie als eine „funktionale Struktur", die Aristoteles durch Formalisierung gewinnt und „die für die Einsetzung konkreter Fälle eine bestimmte Erklärung ergibt".[85] Es existiert also nicht die eine allgemeine Form der Seele neben den unterschiedlichen, einfacheren und komplexeren Seelenformen, wie er in B 3 betonen wird. Jede Seelenform hat ihr οἰκεῖον εἶδος, für die es jeweils eine besondere Definition gibt und die daher auch eine besondere Untersuchung verlangt. In allen diesen unterschiedlichen Formen ist sie in analoger Weise als πρώτη ἐντελέχεια Ursache und Prinzip des lebendigen Körpers und explanans für deren Funktionieren.

Der so verstandene „allgemeinste Begriff" der Seele hat damit auch nicht den Allgemeinheitscharakter eines Gattungsbegriffs, was Aristoteles als gemeinsamen Oberbegriff für die verschiedenen Seelenformen explizit ablehnt. In diesem Zusammenhang weist Friedo Ricken darauf hin, dass die verschiedenen Arten sich nicht durch Hinzufügen von Differenzen ergeben, wie beim Gattungsbegriff, sondern dass der allgemeinste Begriff der Seele von B 1 ein anderes Procedere verlangt: „Die Definition enthält ein Wort, das in vielfacher Bedeutung gebraucht wird: ‚Leben'; wir kommen zu den verschiedenen Bedeutungen der Seele, indem wir eine dieser Bedeutungen in die Definition einsetzen."[86] Von diesen unterschiedlichen Bedeutungen von „Leben" handelt Aristoteles vom zweiten Kapitel an. Es ist also kein Widerspruch, wenn er sagt, dass es zwar für alle Seelenformen einen κοινότατος λόγος, einen allgemeinsten Begriff der Seele gebe, aber keinen ἴδιος λόγος, d. h. eine Definition für alle unterschiedlichen Formen.[87]

In der Scholastik, insbesondere bei Thomas von Aquin, wird Aristoteles' Begriff der Seele als eines einheitsstiftenden, aber vergänglichen Prinzips eines Körpers aufgenommen, allerdings mit entscheidenden Modifikationen. Zwar gelte für alle Lebewesen, dass die Seele *principium quo* ist, d. h. das Prinzip, durch das ihrem Körper Leben zukommt. Die menschliche Seele sei allerdings – das ist ihr Sonderstatus – nicht nur *principium quo*, sondern auch *principium quod*, d. h. eine selbstständige Entität, eine vom Kompositum abtrennbare, unvergängliche Substanz. Diese Transformation der aristotelischen Lehre ist bedingt durch den christlichen Glauben an die Unsterblichkeit der individuellen, von Gott geschaffenen, und nicht einfach, wie Aristoteles annimmt, durch Zeugung weitergegebenen menschlichen Seele. Die Seelen aller Lebewesen, auch die des Menschen, sind, nach Aristoteles, sterblich. Nach christlicher

85 Höffe (Hg.), 2005, arche/Anfang, Ursprung, Prinzip (Herzberg), S. 70.

86 Friedo Ricken, Zur Methodologie von Aristoteles DE ANIMA B1–3, in: Btfth 59 (1998), S. 404.

87 s. u. 2.2 zum ἴδιος λόγος.

Lehre dagegen hat die menschliche Seele eine vom Körper unabhängige, ewige Subsistenz. Thomas sprengt an dieser Stelle den aristotelischen Hylemorphismus durch ein platonisierendes Verständnis der Form.[88]

Eine weitere Transformation des aristotelischen Seelenbegriffs durch Thomas von Aquin, die für Eckart von Bedeutung sein wird, ist dessen Unterscheidung von Wesen und Kräften der Seele. Eine menschliche Seele als aus sich selbst heraus schaffende Ursache, wie Aristoteles sie konzipiert, kann Thomas nicht annehmen, weil nur Gottes Wirken ein substantielles Hervorbringen ist, alles menschliche Wirken dagegen akzidentell bleibt. Dieser Position wird sich Eckhart anschließen. Den Begriff der ersten Entelechie deutet Thomas um zum actus primus, verstanden als materiae informatio, als Vermittlung substantiellen Seins durch Gott (*‚De veritate'*, 27,3 ad 25).

Scholion 2

Der aristotelische Begriff der Seele – die zweite und dritte Definition

- Die Seele als *erste Entelechie*: das substantielle Sein des Lebewesens als Können, als Disposition zum Wirken
- Die Bestimmung des Wesens der Seele durch ihre Funktion

Eckharts Transformation des aristotelischen Seelenmodells:

- Umbesetzung der Aktiv-Passiv-Strukturen: der Adel der Seele als *enpfenclicheit*: ihr Wesen als Disposition zum Erleiden (*gotlîden*) (Pr. 102, 103,104)
- Die duale Struktur der Seele – die Verschärfung der thomasischen Unterscheidung von Wesen und Kräften: *in ihrem Grunde wirkt die Seele nicht* (Pr. 37; Pr. 101–104)

2. Der Weg über das „uns Bekanntere" in B 2–4 und die Frage nach den Gründen: Warum sind lebende Substanzen lebendig?

In B 2 wählt Aristoteles einen anderen methodischen Zugang als in B 1. Die Untersuchung der Seele soll nun von dem „uns Bekannteren" ausgehen, d. h. von einem noch unklaren Vorwissen, das, wenn man ihm auf den Grund geht, schließlich zu einer Begriffsbestimmung führt, in der auch die Ursachen zum Ausdruck kommen. *Da aus dem Undeutlichen, aber Anschaulichen das Deutliche und*

[88] s. u. H 2, Kap. 1.

dem Begriffe nach Kenntlichere hervorgeht, so wollen wir wiederum auf diese Weise die Untersuchung der Seele durchzuführen versuchen: Nicht bloß den Tatbestand soll die Begriffsbestimmung darlegen, wie es die meisten Definitionen tun, sondern auch die Ursache soll eingeschlossen sein und zum Ausdruck kommen.[89] Aristoteles greift hier auf die Unterscheidung γνωριμώτερον ἡμῖν und γνωριμώτερον φύσει zurück, die er auch in der ‚*Nikomachischen Ethik*' (1095b2f.) und in der ‚Physik' (184a16–18) verwendet. Er stellt einen zu den Prinzipien hinführenden und einen von den Prinzipien absteigenden Weg (vgl. An.Post. 71b19–23) nebeneinander. Bei letzterem ist der Ausgangspunkt der Untersuchung das *an sich* Bekanntere, das Allgemeine oder die Gründe, sie sind in höherem Maße wissbar als das Einzelne und Besondere. Beim hinführenden Weg gelangt man vom Augenfälligen, das *für uns* bekannter ist, zum Allgemeinen oder den Gründen.[90] Beide Kenntnisse sind Formen unseres Wissens von Gegenständen. Das von Natur aus Bekanntere ist der Sache nach nichts anderes als das uns Bekanntere, „nur dass man es nun in anderer Weise weiß".[91]

Der neue methodische Zugang kann also mit guten Gründen als eine Ergänzung des Ansatzes von B 1 verstanden werden, in dem Aristoteles seine Untersuchung mit einer Bestimmung der inneren Struktur der Seele begonnen hat.[92] Zu erwarten ist nun, dass der vom Vorverständnis ausgehende Weg letztlich zu der ontologischen Bestimmung der Seele von B 1 führt, was am Ende von B 2 auch der Fall ist, indem diese Bestimmung bestätigt und mit ihren Implikationen für das Verständnis der Seele in Abgrenzung zu der Auffassung von Vorgängern erläutert wird. Dass sich auf diesem Weg nicht eine „erweiterte" Definition ergibt, in der die Ursachen enthalten sind, d. h. eine Definition, die – um bei dem in B 1 angeführten Beispiel aus der Geometrie (413a17f.) zu bleiben – *auch den mittleren Term enthält*, ist darin begründet, dass die Seele ein Sonderfall ist. Sie gehört zu den Gegenständen unseres Erkennens, die nichts Verursachtes, sondern selbst Ursache sind und bei denen nur „unvermittelte" Definitionen möglich sind (vgl. Ricken ebd.). Ursache ist sie aber nur als Ursache „von etwas" (185a4f.). „Relationalität" ist ein Merkmal von Aristoteles' Begriff eines Prinzips, das „sich immer nur im Zusammenhang mit dem jeweils Begründeten rechtfertigt".[93] Es ist daher nur konsequent, wenn sich B 2 bei der Frage nach den Gründen nun den lebenden Substanzen als „zusammengesetzten" Wesen zuwendet und von den Erscheinungsformen des Lebendigen und

89 Ἐπεὶ δ' ἐκ τῶν ἀσαφῶν μὲν φανερωτέρων δὲ γίνεται τὸ σαφὲς καὶ κατὰ τὸν λόγον γνωριμώτερον, πειρατέον πάλιν οὕτω γ' ἐπελθεῖν περὶ αὐτῆς; οὐ γὰρ μόνον τὸ ὅτι δεῖ τὸν ὁριστικὸν λόγον δηλοῦν, ὥσπερ οἱ πλεῖστοι τῶν ὅρων λέγουσιν, ἀλλὰ καὶ τὴν αἰτίαν ἐνυπάρχειν καὶ ἐμφαίνεσθαι (413a11–16).

90 Vgl. Höffe, 2006, S. 46.

91 Wolfgang Wieland, 1970, S. 74.

92 Vgl. Ricken, 1998, S. 392–94. Ricken setzt sich dort ausführlich mit anderen Positionen zum argumentativen Zusammenhang von B 1 und B 2–3 auseinander.

93 Höffe (Hg.), 2005, arche (Herzberg), S. 69.

unserem Vorverständnis vom Leben und seinen Ursachen ausgeht. Ein wesentliches Argumentationsziel des Gedankengangs von B 2–4 ist, verständlich zu machen, aufgrund welcher inneren Struktur und unter welchen verschiedenen Gesichtspunkten die Seele als εἶδος ἐνόν jeweils Ursache des Lebendigseins der vielgestaltigen lebenden Substanzen ist. Die Eckpunkte der Argumentation von B 2–4 werden im Folgenden in ihren Grundzügen zusammengefasst.

2.1 *Die Seele als das,* wodurch wir leben, wahrnehmen, denken *(B 2)*

Wir sagen nun, [...] das Beseelte sei vom Unbeseelten durch das Leben geschieden (413a20–22).[94] Aristoteles' Verfahren, von der Vieldeutigkeit des Wortes ‚Leben' auszugehen, ist ein gutes Beispiel dafür, dass er das sprachlich Gemeinte nicht durch bloße Wortanalyse, sondern durch ein phänomenologisches Vorgehen zu „erkenntnistheoretischer Klarheit" bringt und dabei das Verhältnis der verschiedenen Bedeutungen zueinander klärt.[95] Aus den vielen Bedeutungen von ‚Leben', die dessen mannigfaltigen Erscheinungsformen entsprechen, gewinnt er die Kriterien, um von einem Seienden als lebender Substanz zu sprechen, nämlich *wenn ihm auch nur eines der folgenden Dinge zukommt: Vernunft, Wahrnehmung, Bewegung und Stillstand am Ort, ferner Bewegung in der Ernährung, weiter Hinschwinden und Wachstum,*[96] und er folgert, dass auch die Pflanzen alle zu leben scheinen, d. h. auch Pflanzen haben eine Seele (413a25f.).[97] Mit der Begründung dieses Satzes – *denn auch sie haben ein derartiges Vermögen und eine derartige Grundkraft, durch die sie Wachstum und Schwinden nach verschiedener Richtung besitzen*[98] – unterstreicht er nicht nur den Status der Seele als Leistungsvermögen und Ursache lebender Substanzen, sondern weist anschließend auch das für Pflanzen spezifische Vermögen, Nahrung aufzunehmen und zu verarbeiten, als eine Grundfunktion des Lebens in allen Lebewesen aus: *Das*

---

94 λέγομεν οὖν [...], διωρίσθαι τὸ ἔμψυχον τοῦ ἀψύχου τῷ ζῆν (413a20–22).

95 Vgl. Tugendhat, 1992, S. 390, Anm. 3 zum Zusammenhang zwischen sprachanalytischer und phänomenologischer Methode bei Aristoteles.

96 κἂν ἕν τι τούτων ἐνυπάρχῃ μόνον, ζῆν αὐτό φαμεν, οἷον νοῦς, αἴσθησις, κίνησις καὶ στάσις ἡ κατὰ τόπον, ἔτι κίνησις ἡ κατὰ τροφὴν καὶ φθίσις τε καὶ αὔξησις (413a22–25).

97 Nach Meyer, 2015, S. 12 gehört es zu den „Gründungsakten der Biologie, dass Aristoteles ‚Leben' nicht länger in bloßer Opposition zum ‚Tod', sondern in Abhebung zu den unbelebten natürlichen Dingen versteht und eine Liste von Kriterien vorschlägt, mit denen sich testen lässt, ob etwas lebt oder nicht". Vgl. die ausführlichen Kommentare der phänomenologischen Beschreibungen und die Verweise auf andere Schriften zur Biologie bei Meyer.

98 ἐν αὐτοῖς ἔχοντα δύναμιν καὶ ἀρχὴν τοιαύτην, δι' ἧς αὔξησίν τε καὶ φθίσιν λαμβάνουσι κατὰ τοὺς ἐναντίους τόπους (413a26–28).

Leben kommt den lebenden Wesen durch diese Grundkraft zu.[99] Ohne Stoffwechsel gibt es keine höheren Lebensfunktionen. Dass es sich hier um ein Vermögen des Lebendigen handelt, ohne das es kein Leben gibt und das als einziges nicht von den anderen Vermögen abgetrennt werden kann, ist bereits ein Hinweis auf B 3.

Es ist ein Grundzug von Aristoteles' Argumentation in den Kapiteln B 2–4, dass er immer wieder im Detail auf die Diversität und Komplexität der Erscheinungsformen lebender Substanzen eingeht, um daraus sowohl Unterschiede und Eigenheiten als auch gemeinsame Merkmale in ihren Lebensvollzügen abzuleiten, aber auch offene Fragen zu notieren, die noch weiterer Klärung bedürfen. So kommt er in B 2 über eine kurze Charakterisierung des für Tiere spezifischen Wahrnehmungsvermögens – sie sind durchgängig mit einem Tastsinn ausgestattet und können Lust und Schmerz empfinden – zu einem Zwischenfazit, das auch den Menschen als Lebewesen mit seinem spezifischen Leistungsvermögen einbezieht: In allen Lebewesen ist die Seele als Leistungsvermögen Ursache, ἀρχή, der Lebensvollzüge – das ist das Gemeinsame – und sie wird jeweils unterschiedlich bestimmt durch die Vermögen des Nährens, Wahrnehmens, Überlegens und der Bewegung (413b11–13). Die kurze Diskussion von Fragen, die sich anschließen, insbesondere wie das Verhältnis der verschiedenen Leistungsvermögen in der einzelnen Seele zu verstehen sei, z. B. ob als Verhältnis von selbständigen Seelenteilen (413b13f.), enthält einen wichtigen Hinweis. Es geht um das Phänomen, dass einige Pflanzen auch weiterleben, wenn sie geteilt werden. Die Erklärung dieses Phänomens damit, dass die *„innewohnende Seele der Entelechie nach eine Einheit in jeder Pflanze"* (413b18f.) ist, unterstreicht die einheitsstiftende Präsenz der Seele als „inseiende Form" in allen Teilen. Von ihr hängt es ab, ob es sich um eine lebende Substanz oder um tote Teile handelt. Das εἶδος ἐνόν bildet das Ensemble der Leistungsvermögen, das in lebenden Substanzen, in Pflanzen, Tieren und Menschen die Funktionsweise ihrer unterschiedlichen Vermögen prägt und alle Teile in einem lebendigen Funktionszusammenhang erhält.[100] Aristoteles notiert aber auch schon, dass die Frage der Einheit der Seele bei Lebewesen mit einem Denkvermögen schwieriger ist, und stellt eine spätere Bearbeitung in Aussicht.

Der letzte Abschnitt von B 2 (414a4–28) formuliert die Frage, inwiefern die Seele in allen Lebewesen Ursache sei, nun als Frage nach dem, *wodurch wir leben*, ᾧ ζῶμεν (414a12). Die Beantwortung erfolgt in einer gedanklich und syntaktisch stark komprimierten Argumentation, die mit Beispielen analoger Strukturen beginnt. *Da, wodurch wir leben und wahrnehmen zweierlei bedeutet, wie wodurch wir wissen – wir denken dabei einerseits an das Wissen, andererseits an die*

---

[99] τὸ μὲν οὖν ζῆν διὰ τὴν ἀρχὴν ταύτην ὑπάρχει τοῖς ζῶσι (413b1f.).

[100] Albertus Magnus Charakterisierung der Seele als *totum potestativum* in seinen Kommentaren bringt dieses aristotelische Grundverständnis der Seele zum Ausdruck

Seele; denn, sagen wir, durch diese beiden wissen wir - wie wir auch gesund sind einerseits durch die Gesundheit andererseits durch einen Körperteil oder auch den ganzen Körper".[101] Aristoteles' Gedankengang lässt sich in folgenden Punkten zusammenfassen:

(1) Selbstverständlicher Ausgangspunkt ist, dass es bei der Frage wodurch wir leben, wahrnehmen, wissen, um die gleiche Frage und um eine gleiche Grundstruktur geht, nämlich die: Ist die Materie oder die Form Ursache der lebenden Substanz, und wenn es die Form ist, wie ist diese dann zu verstehen? Die Antworten gelten für alle Lebewesen. Dabei erklärt Aristoteles sowohl ex negativo als auch positiv, wie die Frage „wodurch leben wir" beantwortet werden könne und gelangt schließlich zu einer Bestätigung und Explikation seiner ontologischen Bestimmung der Seele aus B 1.

(2) Die Struktur des „wodurch wir wissen" erarbeitet er mit einem Vergleich von Wissen und Gesundheit. Dabei setzt er voraus, dass die Gesundheit eine Hexis, ein Zustand, und eine bestimmte Verfassung eines Körpers ist wie das Wissen, das er in B 1 als Beispiel für den Status der Seele als erster Entelechie eines Körpers eingeführt hatte. Man könne nun die Frage: wodurch sind wir gesund? sowohl mit Bezug auf die Gesundheit als Disposition als auch auf den gesunden Körper oder auf einzelne Körperteile beantworten. Wie nun im erkenntnisfähigen Körper das Wissen als *eine Art Form, Begriff und gleichsam Wirksamkeit des Aufnahmefähigen*, d. h. als erste Wirklichkeit, als πρώτη ἐνέργεια, des Wissensfähigen zu denken sei und damit als das, wodurch das Wissensfähige zu einem Wissenden wird, so sei die Gesundheit das, wodurch ein zur Gesundheit fähiger Körper zu einem gesunden Körper werde. *Denn in dem, was die Einwirkung erleidet und was in eine Verfassung versetzt wird, scheint die Wirklichkeit der wirkungsfähigen Kräfte gegenwärtig zu sein.*[102] Also gelte mit Bezug auf das Kompositum Lebewesen, dass die Seele das ist, wodurch wir zuerst leben, wahrnehmen und überlegen, aber eben nicht als Materie, sondern als εἶδος (414a12–14). Und zwar als εἶδος in einem bestimmten Sinn, nämlich als Entelechie. Der Körper ist nur Materialursache, das, was in eine bestimmte Verfassung gebracht wird.

(3) Damit kommt Aristoteles abschließend (414a14–28) zur Bestätigung seiner sukzessiven Bestimmung der Seele, die er in B 1 mit substanzontologischen Begriffen einführte. Zugleich nutzt er den Weg über das „uns Bekanntere", um das in ihr enthaltene Verständnis der Seele nach zwei Richtungen hin zu profilieren, sowohl gegen Materialisten als auch gegen Platon: Nicht der Körper ist die Erfüllung der Seele, sondern die Seele die Entelechie eines be-

---

101 ἐπεὶ δὲ ᾧ ζῶμεν καὶ αἰσθανόμεθα διχῶς λέγεται, καθάπερ ᾧ ἐπιστάμεθα (λέγομεν δὲ τὸ μὲν ἐπιστήμην τὸ δὲ ψυχήν, ἑκατέρῳ γὰρ τούτων φαμὲν ἐπίστασθαι), ὁμοίως δὲ καὶ [ᾧ] ὑγιαίνομεν τὸ μὲν ὑγιείᾳ τὸ δὲ μορίῳ τινὶ τοῦ σώματος ἢ καὶ ὅλῳ (414a4–8).

102 δοκεῖ γὰρ ἐν τῷ πάσχοντι καὶ διατιθεμένῳ ἡ τῶν ποιητικῶν ὑπάρχειν ἐνέργεια (414a11f.). Aristoteles geht davon aus, dass der „Einwirkende" der Arzt ist, der in dem zur Gesundheit disponierten Körper bewirkt, dass er wirklich gesund wird.

stimmten Körpers. Als εἶδος eines Körpers ist sie aber nicht als allgemeine Form zu verstehen, sondern als inseiende Form, als εἶδος ἐνόν. Diesen Status der Seele fasst Aristoteles in dem Satz zusammen: *Körper nämlich ist sie nicht, aber etwas am Körper, und deswegen ist sie in einem Körper und zwar in einem so und so beschaffenen Körper.*[103] Die Seele ist also als inseiende Form im einzelnen Körper das Leistungsvermögen, wodurch wir leben, wahrnehmen und denken. Im Gesamtorganismus ist sie als erste Entelechie Ursache dafür, dass die Vielfalt einzelner Funktionen zielführend auf die Erhaltung und Entwicklung der jeweiligen Möglichkeiten des Lebewesens ausgerichtet werden und zusammenwirken.

2.2 Die scala naturae: *eine „geordnete Reihe“ von Seelenformen als Ausgangspunkt einer phänomenologischen Untersuchung und die Einbindung des Menschen in die Natur (B 3)*

Auf Aristoteles' Explikation der ontologischen Struktur der Seele in B 2 folgt in B 3 zunächst ein Rekurs auf die Erfahrungswelt (414a29–b19). Auf dieser Basis gelangt er zu dem Ergebnis, dass es zwar keine gemeinsame Definition, κοινὸς λόγος, für alle Formen der Seele gibt, aber doch ein allen Seelenformen gemeinsames Grundvermögen, κοινοτάτη δύναμις, um daraus die Notwendigkeit von Einzeluntersuchungen über verschiedene Seelenformen und die für sie konstitutiven Vermögen abzuleiten. Die Entwicklung einer *scala naturae* im Anschluss an den phänomenologisch argumentierenden ersten Abschnitt steht im Kontext methodischer Überlegungen, die darauf abzielen, angesichts der vielfältigen Variationen und Kombinationen von Leistungsvermögen der Seele,[104] die in lebenden Substanzen vorkommen – *das Ernährungs-, Wahrnehmungs-, Strebe-, Ortsbewegungs- und Denkvermögen*[105] – eine systematische Ordnung einzuführen (414b20–415a13).

(1) *Die genannten Seelenvermögen sind, wie wir bemerkten, bei einigen Lebewesen alle vorhanden, bei anderen nur eine Anzahl von ihnen, bei wieder anderen nur eine einzige* (414a29–31). In den Beispielen, die Aristoteles für die Komplexität der Kombination von Vermögen, ihre Gemeinsamkeiten und Unterschiede in den Lebewesen anführt,[106] werden auch wichtige Aspekte seines Verständnisses des

---

103 σῶμα μὲν γὰρ οὐκ ἔστι, σώματος δέ τι, καὶ διὰ τοῦτο ἐν σώματι ὑπάρχει, καὶ ἐν σώματι τοιούτῳ (414 a20–22).

104 Meyer, 2015, schlägt vor, die δυνάμεις τῆς ψυχῆς mit ‚Lebensfunktionen‘ zu übersetzen.

105 Aristoteles nimmt hier Bezug auf seine Unterscheidung von 413b12f.

106 Diese hängen, nach Aristoteles, mit ihrer jeweiligen Funktion im Gesamtorganismus zusammen. So hätten z. B. die Pflanzen im Wesentlichen nur das Ernährungsvermögen, aber auch bei ihnen sei es mit mindestens einem Wahrnehmungsvermögen, dem Tast-

Menschen als Teils der Natur sichtbar. Das geht insbesondere aus seinen Überlegungen über die enge Verbindung von Wahrnehmungs- und Strebevermögen hervor, die für alle Lebewesen, wenn auch in unterschiedlicher Ausprägung, gilt (414b15f.). Ausgangspunkt seiner Argumentation bilden zwei Sätze. Erstens, alle Lebewesen haben wenigstens ein Wahrnehmungsvermögen, den Tastsinn (415b3). Zweitens, bei lebenden Wesen, die den Tastsinn haben, ist auch Streben vorhanden (415b15 und 414b1f.).[107] Dabei differenziert er das Strebevermögen, ὄρεξις – *zum Streben gehört nämlich Begehren, Mut und Wollen*[108] – und begründet den Zusammenhang von Wahrnehmungs- und Strebevermögen: Mit der Wahrnehmung ist auch Lust und Schmerz verbunden, und wo es Lust und Schmerz gibt, da gibt es auch ein Strebevermögen, denn dieses (das ὀρεκτικόν) sei ein Streben nach dem Lustvollen.[109] Diese Argumentation gründet in Aristoteles' Verständnis alles Lebendigen, wie er es in B 4 zum Ausdruck bringt, und in seiner Auffassung von Lust und Schmerz. Jedes Lebendige strebt danach, sich in seinem Sein zu erhalten und zu beständigen (vgl. 415a29–415b1). Lust und Unlust begleiten Tätigkeiten oder Einwirkungen von außen, die das Lebewesen in seinem Lebendigsein fördern oder beeinträchtigen, sie sind Indikatoren einer Steigerung oder Minderung seines Lebendigseins. Und so kann Aristoteles hier sagen: *Für das wahrnehmende Wesen gibt es auch Lust und Schmerz, Lust- und Schmerzvolles.*[110] Da der Tastsinn bei allen Lebewesen vorhanden ist, auch bei den Pflanzen, wo er der Nahrungsaufnahme dient, gilt der Satz für alle Lebewesen.

Auf phänomenologischem Weg gelangt Aristoteles also zu Erfahrungsdispositionen, die allen Lebewesen gemeinsam sind und damit den Menschen in die natürliche Welt einbinden, aber ihm auch einen Sonderstatus zusprechen. Denn er gehört zu den Lebewesen, die mehrere Seelenvermögen in sich vereinen: *einige haben dazu auch das Vermögen der Ortsveränderung, andere auch das Vermögen der Überlegung und den Geist, wie die Menschen.*[111] Damit ist angedeutet, was den Menschen mit anderen Lebewesen verbindet – unter anderem das Strebevermögen – aber auch, was ihn in seinem Verhältnis zur ὄρεξις von anderen Lebewesen unterscheidet. Mit seinem Vernunftvermögen ist er nicht nur zu theoretischer Erkenntnis befähigt, sondern auch zu einer vernünftigen

---

sinn verbunden, er diene bei ihnen nämlich der Nahrungsaufnahme. Bei anderen Lebewesen, insbesondere bei Tieren, sei das Wahrnehmungsvermögen dominant ausgebildet und in seinen einzelnen Leistungen breit aufgefächert, bei ihnen ist die *Wahrnehmung der übrigen Sinnesdinge nur nebenbei Wahrnehmung der Nahrung* (414b9f.).

107 Sie haben zusammen mit dem Wahrnehmungs- auch das Strebevermögen

108 ἐπιθυμία, θυμός, βούλησις.

109 Der Begriff ὀρεκτικόν ist mit dem deutschen Wort ‚Begierde' an dieser Stelle nicht richtig übersetzt.

110 ᾧ δ' αἴσθησις ὑπάρχει, τούτῳ ἡδονή τε καὶ λύπη καὶ τὸ ἡδύ τε καὶ λυπηρόν (414b4f.).

111 ἐνίοις δὲ πρὸς τούτοις ὑπάρχει καὶ τὸ κατὰ τόπον κινητικόν, ἑτέροις δὲ καὶ τὸ διανοητικόν τε καὶ νοῦς, οἷον ἀνθρώποις (414b16–18).

Praxis, indem er ein reflektiertes Verhältnis zu seinem Strebevermögen entwickeln kann. Die Passage enthält damit auch ein Verständnis des Lebendigen, das weit entfernt ist von der cartesischen und mechanistischen Auffassung der Lebewesen als Automaten.[112] Aristoteles gelangt nicht aufgrund eines Anthropomorphismus zu seiner Vorstellung von den anderen Lebewesen als leidensfähige Wesen, sondern sie ergibt sich umgekehrt aus seinem Verständnis des Menschen als Teils der Natur.

(2) Der zweite Teil von B 3 (414b20–415a13) beginnt mit einer ersten Schlussfolgerung. Angesichts der Vielfalt und Komplexität, in denen in Lebewesen unterschiedliche Vermögen durch die Form zu einem Funktionsganzen verbunden werden, kann es nicht einen Begriff für alle Seelenformen geben.[113] Es wäre, wie Aristoteles bemerkt, „lächerlich", danach zu suchen, weil man damit das Spezifische der jeweiligen Seelenform, das οἰκεῖον εἶδος (414b27), verfehlen würde. Diese spezifische Form wird durch die für Pflanzen, Tiere und Menschen charakteristischen Vermögen definiert. Als unterschiedlich prägendes εἶδος ἐνόν ist die Seele in einem Lebewesen Ursache und Prinzip des lebendigen Körpers in dem Sinne, dass sie das jeweilige Mischungsverhältnis hervorbringt und das Zusammenwirken der Vermögen in einem Funktionsganzen steuert, sichert und erhält.

Wenn es für die unterschiedlichen Seelenformen keine gemeinsame Definition, κοινὸς λόγος, gibt, sondern jede ein οἰκεῖον εἶδος hat, so gibt es doch unter ihnen etwas, das sie verbindet: eine κοινοτάτη δύναμις, eine – wenn auch in verschiedenen Ausprägungen – in allen beseelten Wesen vorhandene πρώτη ψυχή, die die Grundfunktionen des Lebens enthält und auf der weitere Formen des Lebens aufbauen. Das ist eine der zentralen Aussagen von B 3. Um den Status dieses *am meisten gemeinsamen* Vermögens als Grundlage der anderen Vermögen deutlich zu machen, vergleicht Aristoteles (414b21) die Seele mit einer geometrischen Figur. *Denn weder gibt es hier eine Figur neben dem Dreieck und den anschließenden Figuren, noch dort eine Seele neben den genannten.*[114] Was ist hier der Vergleichspunkt? In beiden Fällen bestehen „geordnete Reihen"[115], sowohl

[112] V. a. im Anschluss an Descartes' Unterscheidung von *res extensa* und *res cogitans*, die einen scharfen Trennstrich zwischen Menschen und allen anderen belebten und unbelebten Wesen zieht, s. u. H 1, Kap. 1, Exkurs 1.

[113] Aristoteles selbst erwähnt an dieser Stelle seine Formulierung von B 1 und ihr Verhältnis zu der von B 3 nicht. Das Verhältnis der beiden Formulierungen wirft aber Fragen auf, die in den Kommentaren von Anfang an kontrovers diskutiert werden, vgl. dazu auch Ricken, 1998, S. 404.

[114] οὔτε γὰρ ἐκεῖ σχῆμα παρὰ τὸ τρίγωνον ἔστι καὶ τὰ ἐφεξῆς, οὔτ' ἐνταῦθα ψυχὴ παρὰ τὰς εἰρημένας (414b21f.).

[115] Heinz Happ, Die Scala naturae und die Schichtung des Seelischen bei Aristoteles, in: Beiträge zur alten Geschichte und deren Nachleben. Festschrift für Franz Altheim, hg. v. Ruth Stiehl und Hans E. Stier, Bd. 1, Berlin 1969, S. 220–244; ders., Hyle, Berlin u. a. 1971, S. 337–373; Wolfgang Bernard, Rezeptivität und Spontaneität der Wahrnehmung bei Aristoteles: Versuch einer Bestimmung der spontanen Erkenntnisleistung der Wahrneh-

konkreter geometrischer Figuren, bei denen das Dreieck die Grundform darstellt, die in allen Polygonen enthalten ist, als auch „geordnete Reihen" von Formen beseelter Wesen. *Immer ist in dem in der Reihe Folgenden der Möglichkeit nach das Frühere enthalten sowohl bei den Figuren als auch bei den beseelten Wesen, wie z. B. im Viereck das Dreieck, im Wahrnehmungs- das Ernährungsvermögen.*[116] Der Vergleich ist aufschlussreich, was den Unterschied der Positionen in der Reihe anbetrifft; er ist für Aristoteles aber auch ein Ansatzpunkt, um einerseits distinkte Organisationsformen von Leistungsvermögen zu unterscheiden – verschiedene εἴδη, die den spezifischen Unterschied zwischen Pflanzen, Tier und Mensch, ausmachen – und um andererseits ihren Zusammenhang nicht als den einer Gattung mit Unterarten, sondern den einer geordneten Reihe zu denken;[117] d. h. als einer Reihe, die von einfachen zu immer komplexeren, auf einander aufbauenden Formen des Lebendigseins aufsteigt, in denen die jeweils unteren Leistungsvermögen in dem sie prägenden Verbund der höheren Stufe enthalten und integriert sind.[118] Denn die Seele, das gilt für alle Formen, ist jeweils in jedem der entsprechenden Körper dasjenige Prinzip, das aus einer Vielzahl von Vermögen eine Einheit, ein Funktionsganzes, schafft. Und da das εἶδος jeweils durch sein besonderes Leistungsvermögen definiert wird, muss dort, wo eine spezifische Leistung, wenn auch in Kombination mit anderen gebündelt, vorliegt, auch ein spezifisches εἶδος, eine spezifische Form, ange-

mung bei Aristoteles in Abgrenzung gegen die rezeptive Auslegung der Sinnlichkeit bei Descartes und Kant, Baden-Baden 1988, S. 37–42, s. u. Anm. 117.

116 ἀεὶ γὰρ ἐν τῷ ἐφεξῆς ὑπάρχει δυνάμει τὸ πρότερον ἐπί τε τῶν σχημάτων καὶ ἐπὶ τῶν ἐμψύχων, οἷον ἐν τετραγώνῳ μὲν τρίγωνον, ἐν αἰσθητικῷ δὲ τὸ θρεπτικόν (414b29–32).

117 Nach Aristoteles kann der allgemeine Begriff kein erstes Allgemeines im Sinne einer Gattung sein, die früher als ihre εἴδη ist und sie umgreift. Nun stimmen Genus und geordnete Reihe zwar darin überein, dass im Falle der Aufhebung des Ersten alle folgenden Formen aufgehoben werden. Sie unterscheiden sich aber dadurch, dass beim Genus einzelne εἴδη aufgehoben werden können, ohne das ganze Genus aufzuheben, während bei der geordneten Reihe zwar die beiden oberen Seelenformen aufgehoben werden können, ohne das Weiterbestehen der untersten zu beenden. Wird aber die unterste aufgehoben, sind alle aufgehoben. Die geordnete Reihe ist also kein Genus im strikten Sinn, da die nachfolgenden Glieder nicht aus dem ersten ausgegliedert werden können, wie die εἴδη aus dem Genus. Vielmehr ist die πρώτη ψυχή, die vegetative Seele, in den nachfolgenden Gliedern enthalten. Sie ist das erste Glied in einer Reihe, dem ein gattungshafter Charakter nur insofern zukommt, als es in allen höheren Formen enthalten ist.

118 Der Vergleich der geometrischen Figuren mit den Seelenformen könnte die Vorstellung nahelegen, als halte sich das erste Glied der Reihe in allen Seelenformen unverändert durch, denn ein Dreieck ist potentiell in einem Viereck enthalten, durch Teilung des Vierecks erhält man realiter zwei Dreiecke (vgl. Voigt 2008, S. 195f.). Aus Aristoteles' substanzontologischem Ansatz vom εἶδος als εἶδος ἐνόν in Verbindung mit seinen phänomenologischen Beschreibungen der Komplexität der Verbindungen ergibt sich, dass er ein schlichtes ‚Schichtenmodell' ausschließt. Die verschiedenen Seelenformen mit ihren typischen Vermögen sind nicht in der Weise potentiell ineinander enthalten, dass sich die unterste aus den höheren als immer dieselbe realiter herauslösen ließe.

nommen werden.[119] So kommt Aristoteles zu folgender Reihenfolge: die unterste Stufe bildet das θρεπτικόν, die „Nährseele", die mit ihren elementaren Lebensfunktionen, Ernährung und Zeugung, die Grundlage aller anderen enthält, ohne die es die nächste Stufe, die Wahrnehmungsseele, nicht gibt. Sie ist als πρώτη ψυχή, als κοινοτάτη δύναμις, die „natürlichste" Lebensfunktion (415a24–26), zwar in allen Seelenformen vorhanden, aber in den höheren Formen in jeweils verschiedener Weise in den Funktionszusammenhang des Gesamtorganismus integriert.[120] Dass sie zwar einen rudimentären Tastsinn, aber kein ausgebildetes Wahrnehmungsvermögen hat, unterscheidet sie von der wahrnehmenden Seele, zu der ein differenziert ausgebildeter Tastsinn zusammen mit einer Vielzahl weiterer Vermögen, z. B. dem Seh-, Hör- und Geruchsvermögen, gehört, ohne dass diese bei allen Spezies der Tiere vorkommen müssen. Einige haben z. B. auch das Vermögen der Ortsveränderung, andere nicht. Als oberste Stufe (415a7f.) nennt Aristoteles die Vermögen der Überlegung und der Vernunft (λογισμός, διάνοια); sie kommen nur bei wenigen beseelten Wesen vor, bei ihnen finden sich aber auch alle in der Reihe vorangehenden Vermögen (415a8f.). Zusammen bilden die drei Seelenformen „eine Bedingungshierarchie, in der die höhere Stufe die unteren ‚dem Vermögen nach' (414b29) als notwendige Bedingungen enthält".[121] Im Kontext der aristotelischen Argumentation hat die Reihung der Seelenformen in *‚De anima'* eine klare Funktion. Sie ist Grundlage einer Systematik der Lebewesen, die Aristoteles zum Ausgangspunkt seiner phänomenologischen Untersuchung macht: *So ist also einzeln zu untersuchen, welcher Art die Seele eines jeden Wesens sei, etwa die der Pflanze oder des Menschen oder des Tieres.*[122]

Die aristotelische Unterscheidung von drei Stufen des Lebens in *De anima*, die in der Folgezeit unterschiedlich rezipiert und transformiert wurde – z. B. im Rahmen der neuplatonischen Emanationslehre – nimmt Eckhart im zweiten Teil der *‚Recollectio'* des *‚Johanneskommentars'* auf und verbindet sie mit dem Modell der menschlichen Seele in der *‚Nikomachischen Ethik'* (LW III, n. 154).[123] Er greift diese Lehrstücke auf, um einerseits die Übereinstimmung von Sätzen der Bibel mit Sätzen der Philosophie darzulegen, was die *naturalia* anbetrifft, andererseits aber um den Bereich der *nativitates* der Natur durch eine übernatürliche *nativitas*, die Gottesgeburt, zu überbieten. Er bezieht sich direkt auf die aristotelische Stufenlehre, demonstriert die Konkordanz von Schrift und Philosophie, zugleich aber auch die Überlegenheit der christlichen Lehre.

---

119 Vgl. Ricken, 1998, S. 402.

120 Damit ist aber kein κοινὸς λόγος für alle Seelenformen gegeben, weil er die einzelnen Glieder der Reihe eben nicht distinkt bezeichnen würde. Das leistet nur der jeweilige ἴδιος λόγος (414b26).

121 Vgl. Höffe (Hg.), 2005, psyche/Seele (Busche), S. 507.

122 ὥστε καθ' ἕκαστον ζητητέον, τίς ἑκάστου ψυχή, οἷον τίς φυτοῦ καὶ τίς ἀνθρώπου ἢ θηρίου (414b32f.).

123 Anders Koch, 1964, der die Stelle nur auf *‚De anima'* bezieht.

2.3 *Die Seele als Ursache „in einem dreifachen Sinn" (B 4)*

Das „Ursachenkapitel" B 4 bildet eine Gelenkstelle zwischen den einleitenden begrifflichen und methodischen Überlegungen und den noch in diesem Kapitel einsetzenden Einzeluntersuchungen. Nach der Benennung des Forschungsgegenstandes am Ende von B 3 beginnt B 4 mit einer kurzen Erklärung des systematischen Vorgehens, einer „methodischen Präambel" (415a14–22).[124] *Wer über diese Vermögen eine Betrachtung anstellen will, muss erfassen, was jedes von ihnen ist, und dann dem Anschließenden und allem Weiteren nachgehen.*[125] Die Anforderungen, die Aristoteles in anderen Bereichen an eine Definition stellt,[126] gelten auch hier. Werden die Seelenvermögen über ihre spezifische Leistung, ihr jeweiliges ἔργον, und d. h. die für sie charakteristischen Tätigkeiten definiert, dann müssen vor der Behandlung des Denk-, Wahrnehmungs- oder Ernährungsvermögens die Tätigkeiten des Denkens, Wahrnehmens und Ernährens und davor ihre jeweiligen Objekte – Nahrung, Wahrnehmbares und Denkbares – behandelt werden. Dieser methodische Grundsatz impliziert eine grundsätzliche Weltbezogenheit der Leistungsvermögen lebender Substanzen – auch des Denkvermögens, des νοῦς ἐν τῇ ψυχῇ.

Aus den Überlegungen von B 3 zum Verhältnis der Seelenformen ergibt sich außerdem, dass *als erstes* über Nahrung und Zeugung *gesprochen werden muss.* Der zweite Abschnitt (415a22–b7) mit seiner ausführlichen Erklärung des Status der Nährseele, des ersten und *gemeinsamsten* Vermögens der Seele, und ihrer exemplarischen Bedeutung für die eigentlichen Ziele alles Lebendigen, behandelt bereits Aspekte der Seele als Zweckursache, die Aristoteles im folgenden Abschnitt noch einmal aufnimmt. Der dritte Abschnitt (415b8–416a18) enthält schließlich die zusammenfassende Bestimmung der Seele als Ursache lebender Substanzen am Leitfaden der Ursachenlehre und die Einlösung des in B 2 formulierten Anspruchs an eine wissenschaftliche Untersuchung, auch die Ursachen anzugeben.[127]

Grundsätzlich ist die Frage, warum lebende Substanzen lebendig sind, beantwortet. Das stellt Aristoteles zu Beginn des Abschnitts fest: *Die Seele ist des lebenden Körpers Ursache und Grund.*[128] Für eine differenzierte und die Ergebnisse pointiert zusammenfassende Antwort auf die Frage, inwiefern die Seele in den

---

[124] Vgl. Meyer, 2015, S. 408.

[125] ἀναγκαῖον δὲ τὸν μέλλοντα περὶ τούτων σκέψιν ποιεῖσθαι λαβεῖν ἕκαστον αὐτῶν τί ἐστιν, εἶθ' οὕτως περὶ τῶν ἐχομένων καὶ περὶ τῶν ἄλλων ἐπιζητεῖν (415a14–16).

[126] Met. Z 10, 1035b16–18; Pol. A 2, 1253a23.

[127] Auf Spezifika des aristotelischen Ursachenbegriffs hat Wieland, 1970, u. a. S. 266 hingewiesen. Im letzten Abschnitt von B 4 (416a19–416b31) beginnt bereits die detaillierte Untersuchung eines Grundvermögens der vegetativen Seele, der Ernährung.

[128] ἔστι δὲ ἡ ψυχὴ τοῦ ζῶντος σώματος αἰτία καὶ ἀρχή (415b8).

Lebewesen das Prinzip ist, wodurch sie leben, wahrnehmen und denken, rekurriert Aristoteles nun auf die Lehre von den vier Ursachen. Entsprechend seinem methodischen Grundsatz, bei Fragen nach einem Warum verschiedene Bedeutungen, in denen etwas Ursache sein kann, zu berücksichtigen, nennt er folgende Gesichtspunkte. Die Seele ist Ursache in einem dreifachen Sinn: als οὐσία, als Wesen im Sinne der Form eines lebendigen Körpers; als οὗ ἕνεκα, als Zweck, und als ὅθεν ἡ κίνησις, als Bewegungsanstoß (415b10–12).[129] Die drei Bedeutungen sind auch hier nicht nur „Einteilungsgesichtspunkte", mit denen sich die Tatsachen der Erfahrung in eine Ordnung fügen lassen,[130] sondern ein „Hilfsmittel", um mit ihnen „allgemeinste logisch-ontologische Strukturen" auf den Begriff zu bringen.[131] Dabei wird sich zeigen, dass es bei Aristoteles' Verständnis der Seele als Ursache des lebendigen Körpers in einem mehrfachen Sinn jeweils um einen Ursachenbegriff geht, der dem Organismus selbst zugeschrieben wird,[132] für den keine äußere Form-, Zweck- und Bewegungsursache, auch keine dem Lebewesen transzendente Ursache anzunehmen ist. Mit dem Begriff der Seele als Ursache lebendiger Körper in diesem dreifachen Sinn sucht Aristoteles ihre Merkmale als autopoietischer Einheiten zu fassen, die sich durch Selbsterzeugung, Selbstorganisation und Selbstregulierung von nicht lebendigen unterscheiden.[133] Dieses Verständnis der Seele als organisierendes Ganzes steht einer empirischen Erforschung physiologischer Prozesse in den natürlichen Körpern nicht entgegen – wie in der Neuzeit vielfach gegen Aristoteles eingewandt wurde – sie zu untersuchen ist Aufgabe des Naturforschers. Davon zeugen nicht nur seine empirischen Untersuchungen; fast die Hälfte der im *Corpus Aristotelicum* überlieferten Schriften behandelt naturwissenschaftliche Themen. Es ist heute „Standardauffassung, dass Aristoteles die biologische Wissenschaft begründet hat".[134] Bereits in den siebziger Jahren hat Wolfgang Wieland in seinem bedeutenden Buch über die aristotelische Physik das „phänomenologische Niveau" von Aristoteles' Naturphilosophie herausge-

---

129 Dabei setzt Aristoteles das Ergebnis von B 2 voraus, dass die Seele nicht Ursache als Stoff- bzw. Materialursache ist.

130 Vgl. Wieland, 1970, S. 206 u. 262.

131 Vgl. Tugendhat, 1992, S. 393f. Er wendet kritisch gegen Wieland ein, dass, auch wenn die formalen Sprachstrukturen, von denen Aristoteles ausgeht, „weder verdinglichend-gegenständlich, noch in einem transzendental-subjektiven Sinn zu verstehen sind", das doch nicht heiße, dass sie nicht zugleich als Seinsstrukturen aufgefasst und reflektiert werden. Das sei das Vorgehen der Metaphysik als theoretischer Wissenschaft – und darin liege der methodische Unterschied zwischen ‚*Topik*' und ‚*Metaphysik*'.

132 Zu diesem Ursachenbegriff neuerdings Fuchs 2020, S. 213.

133 Zum Begriff der Selbstorganisation und seinen Aspekten vgl. Hans R. Fischer, Selbstorganisation. Kritische Bemerkungen zur Begriffslogik eines neuen Paradigmas, in: Grundprinzipien der Selbstorganisation, hg. v. Karl W. Kratky und Friedrich Wallner, Darmstadt 1990, S. 156–181.

134 Meyer, 2015, S. 11.

arbeitet.[135] In seiner ausführlichen Analyse des aristotelischen Begriffs der Zweckursache und ihrer Bedeutung für dessen teleologische Natursicht weist er darauf hin, dass sie „bei Aristoteles jedenfalls eine empirische Erforschung des Details nicht nur nicht verhindert, sondern im Gegenteil sogar fordert".[136] Aristoteles selbst versteht seinen Ansatz, der ein steuerndes Prinzip in der Entwicklung der Lebewesen annimmt, als einen Erkenntnisfortschritt gegenüber früheren Naturphilosophen wie Demokrit und Empedokles, die mit ihren Lehren die Vielfalt und Ordnung der natürlichen Welt nicht erklären können (vgl. ebd.).

2.3.1 Die Seele als Ursache substantiellen Seins: Lebendigsein als Autopoiesis

Dass die Seele Ursache und Grund des lebendigen Körpers ist, ist für Aristoteles nicht weiter erklärungsbedürftig; *dass sie es als Wesen ist, leuchtet ein*, bemerkt er und begründet diesen Punkt knapp in drei Sätzen: (1) *Das Wesen ist für alles die Ursache seines Seins*, αἰτία τοῦ εἶναι; (2) *Leben ist für die Lebewesen Sein*, τὸ δὲ ζῆν τοῖς ζῶσι τὸ εἶναί ἐστιν (415b13); (3) *Ursache und Grund dafür ist die Seele.*[137] Und er fügt hinzu: *Ferner ist sie Begriff oder vollendete Wirklichkeit des der Möglichkeit nach Seienden.*[138]

(1) Der erste Satz nimmt die Bestimmung der Seele von B 1 als *Wesenheit im Sinne der Form* auf. Als Form ist die Seele Ursache des substantiellen Seins des Lebewesens; sie bewirkt, dass das Kompositum nicht einfach ein „Haufen" Materie, sondern ein bestimmtes Etwas ist, z. B. ein Mensch oder ein Hund, sie ist Ursache seines τί ἦν εἶναι. Dass das εἶδος als einheitsstiftende Form Ursache ihres substantiellen Seins ist, gilt für alle aus Materie und Form zusammengesetzten Substanzen. (2) Das substantielle Sein – die einheitsstiftende Form – unterscheidet sich aber bei Lebewesen in seiner inneren Struktur von der nicht lebender Substanzen. Ihr Sein besteht im „Leben" und ist durch eine bestimmte Prozess- und Kontinuitätsstruktur gekennzeichnet, in der Tätigkeit und Ziel der Tätigkeit zusammenfallen. Das heißt, Leben als Sein der Lebewesen ist ein Tätigsein, das seine Vollendung in sich selbst hat, das von ihnen aber auch, um sich in diesem Tätigsein, d. h. am Leben, zu halten, immer wieder neu vollzogen werden muss. Das besagt der zweite Satz: Leben ist für die Lebewesen Sein.

---

[135] Wieland, 1970, S. 8.

[136] Ebd., S. 268. Wieland führt u. a. eine Bemerkung in ‚*De gen.anim.*' an. Dort sagt Aristoteles über die notwendigen Voraussetzungen für die Entstehung der Bienen, man habe hierüber noch nicht genügend Tatsachen gesammelt – wenn diese erst einmal vorlägen, sei der Beobachtung mehr zu vertrauen als der Theorie (vgl. 760b30ff.).

[137] αἰτία δὲ καὶ ἀρχὴ τούτου ἡ ψυχή (415b13f.).

[138] ἔτι τοῦ δυνάμει ὄντος λόγος ἡ ἐντελέχεια (415b14f.).

Und der Grund für diese Differenz im Seinsmodus von lebendigen und nicht-lebendigen Substanzen ist die Seele (3). Aristoteles erläutert den Unterschied zwischen dem substantiellen Sein lebender und nicht lebender Substanzen und des Grundes dafür häufig durch die Gegenüberstellung zu Artefakten. Deren Form ist als Ziel eines Herstellungsprozesses zunächst im Geist des Künstlers oder Handwerkers, der, indem er das Material, das Holz oder den Stein, bearbeitet, daraus eine Statue oder ein Haus herstellt. Die Form als besondere Struktur des Materials kommt „von außen" und ist am Ende des Herstellungsprozesses fertig realisiert im Werk da, als abgeschlossenes wirkliches Seiendes.[139] Im Unterschied zu den Artefakten liegt die Form in den lebenden Substanzen in ihnen selbst – *die Kunst hat den Ursprung in einem anderen, die Natur aber in sich selbst* (1070a7f.) – und sie liegt auch nicht vor als fertiges Werk. Ihr substantielles Sein, ihr Lebendig-sein, ist nicht als abgeschlossenes Ganzes vorhanden; für das einzelne Lebewesen ist sein Sein nicht einfach da,[140] sondern es muss es ständig vollziehen. Das „Werk" des Lebewesens besteht in der lebenslangen Umsetzung der Möglichkeiten, die in seiner Form enthalten sind. Es muss sich also in verschiedenen Aktivitätsmodi ständig selbst „herstellen", um zu sein. *Das Werk der Seele ist, Leben herzustellen.*[141] Die im Material inseiende Form ist die Ursache dafür, dass aus einer entsprechenden Materie ein bestimmtes Lebewesen wird, dass es lebt und sich erhält. Das besagt der dritte Satz: Ursache seines Lebendig-Seins ist die Seele (415b13f.). Zusammenfassend bezieht sich Aristoteles noch einmal auf die allgemeine Bestimmung der Seele aus B 1: Die Seele ist also Ursache des substantiellen Seins der Lebewesen – und zwar als *Entelechie eines der Möglichkeit nach Bestehenden* (415b14f.). Diese Formulierung bringt noch einmal auf den Punkt, wie die Rede von der Seele als ἀρχή und αἰτία, als Prinzip und Ursache des substantiellen Seins des der Möglichkeit nach lebenden Körpers zu verstehen ist: nicht verdinglichend im Sinne einer bestimmten „stofflichen Entität" im Körper, sondern als eine allgemeine innere Struktur von Lebewesen.[142]

Aus der Bestimmung der Seele als Ursache des substantiellen Seins eines Lebewesens ergibt sich seine autopoietische Grundstruktur: Sie ist Ursache eines substantiellen Hervorbringungsprozesses, in dem sich das Lebewesen durch die Seele selbst im Leben hält und entwickelt. Das bringt Aristoteles in

---

139 Bei den natürlichen – nicht lebenden – Substanzen ist die Form auch eine gewissermaßen ‚fertige' Struktur aus einzelnen materiellen Bestandteilen.

140 Man könnte es mit Heidegger formulieren: nicht als „Vorhandensein". Das Lebewesen hat ein Verhältnis zu seinem Sein, das Wesen des lebendigen Seienden besteht gewissermaßen darin, dass es ein Verhältnis zu sich hat.

141 Und *Ziel der Tätigkeit ist die Verwirklichung der Hexis.* Bezogen auf die Seelenlehre heißt das: Ziel der Tätigkeit des Lebens in seinen verschiedenen Formen ist die Verwirklichung der in der jeweiligen Seelenform als erste Entelechie, als Hexis, angelegten Möglichkeiten.

142 Sie leitet zugleich zum zweiten Gesichtspunkt über, unter dem die Seele Ursache der lebenden Substanzen ist.

B 4 formelhaft in dem Satz zum Ausdruck: *Leben ist für die Lebewesen Sein.* Das bedeutet: ihr substantielles Sein besteht im Vollzug des Lebens als einer Tätigkeit, die ihr Ziel in sich selbst, in der Verwirklichung ihrer Dispositionen hat.

Die Bedeutung dieses Satzes wird bis in die Gegenwart immer wieder diskutiert. Meister Eckhart bezieht sich in seinem Johanneskommentar explizit auf das aristotelische *vivere viventibus est esse,* allerdings in einer neuplatonischen Umdeutung. In seiner Argumentation ist der Satz ein autoritativer Bezugspunkt der christlichen Vorstellung einer gestuften Partizipation alles Seienden am göttlichen Leben als erster Ursache allen Lebens und ein Beleg für die Konkordanz von Bibel und Philosophie.

Scholion 3

Aristoteles: Die Seele als Ursache substantiellen Seins: Lebendigsein als Autopoiesis

- Die autopoietische Grundstruktur der Seele: das Werk der Seele als Leben schaffen, ζῆν ποιεῖν
- Lebendigsein als aus sich selbst tätig werden können, als Vollzug und Verwirklichung von Dispositionen: τὸ δὲ ζῆν τοῖς ζῶσι τὸ εἶναί ἐστιν: *Leben ist für die Lebewesen Sein* (*vivere viventibus est esse*)

Abgrenzung und Adaption: Eckharts Aufhebung der autopoietischen Grundstruktur der menschlichen Seele

- Gott als alleinige Ursache substantiellen Hervorbringens (Joh.komm. n. 134–140); das Wirken der Geschöpfe als nur akzidentelles Wirken
- Gott als Inbegriff und Schöpfer allen Lebens; das Leben der Geschöpfe als gestufte Teilhabe am göttlichen Leben: die Uminterpretation des aristotelischen *vivere viventibus est esse* in der Tradition des Neuplatonismus (Joh.komm. n. 136,139,141)
- Die soteriologische Applikation der aristotelischen Unterscheidung von substantiellem (γένεσις, *generatio*) und akzidentellem (κίνησις, *alteratio*) Werden: Die Funktion des Johannes als Wegbereiters der Vollendung durch Christus (Joh. Komm. n. 141–150)

2.3.2 Die Seele als Zielursache des Lebewesens, das „wirkt wie alles in der Natur"

Die teleologische Natursicht des Aristoteles gehört zu den „wirkungsmächtigsten Lehrstücken der aristotelischen Philosophie überhaupt".[143] Auf sie griff die

[143] Wieland, 1970, S. 255.

christliche Philosophie zurück und deutete sie zu einer universalen kosmischen Teleologie um, die ihren Ursprung und ihr Ziel letztlich außerhalb der Natur, in einem Schöpfergott hat. Diese christliche Deutung, die, wie auch bei Eckhart, über neuplatonische Transformationen vermittelt wurde, ist selbst so wirkungsmächtig geworden, dass Aussagen des Aristoteles über die Seele als Zielursache des Lebewesens mit großer Selbstverständlichkeit im Sinne einer Transzendierung seines natürlichen, immanenten Zwecks und der Ausrichtung des einzelnen Lebewesens wie der Natur insgesamt auf ein transzendentes Telos verstanden werden. Allerdings ist diese Deutung in der Forschung nicht unumstritten. So betont Tugendhat, dass bei Aristoteles das Telos, Ziel und Zweck des Lebendigen, nicht „theologisch" zu verstehen sei, weil er sich an das „phänomenal Gegebene" hielt und er nur einzelne Wesen, nicht den Weltzusammenhang teleologisch verstehe. Er stimmt Wolfgang Wieland darin zu, dass es bei Aristoteles keine „teleologisch durchgeordnete Welt" gibt.[144] In seinen Untersuchungen zur aristotelischen Physik unterscheidet Wieland zwischen Teleologie als einem Prinzip in der Natur und einem universalen kosmischen Prinzip, „das in der Geschichte aus ihr gemacht worden ist".[145]

Mit den beiden gegensätzlichen Positionen sind Fragestellungen angesprochen, die im Folgenden, ausgehend von der aristotelischen Bestimmung der Seele als Zweckursache in *‚De Anima' B 4,* beantwortet werden sollen: Erstens, ist die doppelte Zweckhaftigkeit der Seele, von der Aristoteles an dieser Stelle spricht, so zu verstehen, dass damit über den Bezug des Lebewesens zu sich selbst hinaus – mit seinem Streben, „immer zu sein" – noch ein Bezug auf ein transzendentes Telos anzunehmen ist, „für das es da ist", oder ist damit ein doppelter immanenter Bezug des Lebewesens zu seinem eigenen Leben gemeint? Zweitens, wie ist in diesem Zusammenhang der Satz von Aristoteles zu verstehen, dass das Lebewesen „wirkt, wie alles in der Natur"? Bedeutet das, dass die Natur insgesamt teleologisch auf ein ihr transzendentes Ziel ausgerichtet ist oder, dass die Seele als Prinzip des Lebens lebender Substanzen Strukturmerkmale der natürlichen Welt abbildet und sich gerade dadurch als Teil der natürlichen Welt erweist. Die Beantwortung dieser Fragen erfolgt in zwei Schritten:

In einem ersten Schritt (2.3.2.1) soll gezeigt werden, dass die Textstelle in B 4 nicht im Sinne einer Ausrichtung des Lebewesens auf ein transzendentes Telos aufgefasst werden kann; in einem zweiten Schritt (2.3.2.2), wie das „immer sein wollen" des Lebewesens in einem immanenten Sinn zu verstehen ist und wie es sich gerade damit als Teil der Natur verhält und wirkt „wie alles in der Natur". Das geschieht im Rekurs auf eine strukturelle Analogie zwischen dem „Leben" als ἐνέργεια mit δύναμις-Charakter und dem ἄπειρον, dem Un-

---

[144] Vgl. Tugendhat, 1992, S. 397, dort auch der Hinweis auf Helene Weiss, Aristotle's teleology and Uexkülls theory of living nature, Classical Quarterly 42 (1948), S. 44ff.

[145] Wieland, 1970, S. 256.

endlichen, von der Aristoteles in der *‚Metaphysik'* Theta 6 spricht, und die bereits im Zusammenhang mit der Erläuterung der πρώτη ἐντελέχεια-Struktur der Seele thematisiert wurde. In diesem Zusammenhang werden Grundzüge von Aristoteles' Lehre vom Unendlichen und der Kontinuität, die für ihn zu den Grundstrukturen der natürlichen Welt gehören, etwas ausführlicher behandelt. Dabei wird sich das Leben des einzelnen Lebewesens insofern als Teil der Natur erweisen, als es – als endlicher Teil der Kontinuität des Lebens – alle Merkmale einer kontinuierlichen Bewegung enthält: Es hat, solange es lebt, Potentialitätscharakter, ist dauerndes Werden.

2.3.2.1 Lebendigsein als Selbstbezüglichkeit

Die Seele als Zweckursache thematisiert Aristoteles bereits im zweiten Abschnitt von B 4 (415a22–b7) im Kontext seiner Charakterisierung der Nährseele als *das erste und das am meisten gemeinsame Vermögen der Seele, aufgrund dessen allen (beseelten Wesen) das Leben zukommt.*[146] Ihren besonderen Status begründet er in einer ausführlichen, mehrstufigen Erklärung. Die Nährseele ist demnach πρώτη ψυχή und Grundlage allen Lebens, *erste in der Reihe* nicht nur physiologisch, weil sie die einfachste, noch wenig komplexe Form ist, sondern weil ihr in ihrer inneren Struktur eine Exemplarizität für alle Seelenformen zukommt. Die Begründung setzt zunächst bei den Leistungen dieser elementaren Form der Seele an: Zeugung und Verdauung der Nahrung. *Ein anderes hervorzubringen, das der gleichen Art ist wie es selbst: das Tier ein Tier, die Pflanze eine Pflanze,*[147] ist die *natürlichste Leistung, φυσικώτατον,* lebender Substanzen. Entscheidend ist die Erklärung dieser bei allen Lebewesen zu beobachtenden Grundfunktion: Sie haben das gleiche Ziel, ein Telos, das für alle Formen des Lebendigen gilt und das sie je nach ihren Vermögen zu verwirklichen suchen, nämlich, *soweit sie können am Immer-sein und Göttlichen teilzuhaben.*[148] Aus der Formulierung: *danach strebt alles* und *deswegen wirkt in der Natur alles, was wirkt,*[149] geht hervor, dass das Ziel, sich in seinem Sein zu beständigen, in zweifacher Weise Telos des Lebewesens ist: als *Worumwillen*, als das, was es erstrebt, und als *Wozu* seines Wirkens, als Werk.[150] Dieses Ziel ist aber nichts seinem Wirken Äußeres, sondern besteht für jedes Lebewesen im möglichst dauerhaften und perfekten Vollzug der Tätigkeiten, zu denen es befähigt ist. Die Tätigkeiten, durch die Lebewesen jeweils

---

146 πρώτη καὶ κοινοτάτη δύναμις ἐστι ψυχῆς, καθ' ἣν ὑπάρχει τὸ ζῆν ἅπασιν (415a24f.).

147 τὸ ποιῆσαι ἕτερον οἷον αὐτό, ζῷον μὲν ζῷον, φυτὸν δὲ φυτόν (415a28f.).

148 ἵνα τοῦ ἀεὶ καὶ τοῦ θείου μετέχωσιν ᾗ δύνανται (415a29f.).

149 πάντα γὰρ ἐκείνου ὀρέγεται, καὶ ἐκείνου ἕνεκα πράττει ὅσα πράττει κατὰ φύσιν (415b1f.).

150 Vgl. die Bestimmung des guten Lebens – wie grundsätzlich des Lebens – in der *‚Nikomachischen Ethik'* und in der *‚Eudemischen Ethik'* als πρακτὸν ἀγαθόν im „zweifachen Sinn", als „Wozu" und als „Worumwillen": ἐπειδὴ δὲ διχῶς λέγεται τὸ πρακτόν (καὶ γὰρ ὧν ἕνεκα πράττομεν καὶ ἃ τούτων ἕνεκα μετέχει πράξεως [...]) (1217a35–37), s. u. H 1, Kap. 3.

dem Ziel, immer zu sein, näherzukommen suchen, unterscheiden sich allerdings entsprechend ihren Seelenvermögen. Eine elementare Form ist die Zeugung. Sie ermöglicht dem Lebendigen, das nicht ewig leben kann, auf diese Weise am Immer-sein teilzuhaben: *es dauert nicht als es selbst, sondern wie es selbst, der Zahl nach nicht eines, aber der Art nach eines.*[151] Andere Möglichkeiten, dem Ziel, immer zu sein, nahezukommen, hängen von den unterschiedlichen Formen der Seele ab. Denn dass das Ziel einer Tätigkeit die Verwirklichung einer entsprechenden Disposition ist, bedeutet mit Bezug auf die unterschiedlichen Seelenformen als unterschiedlicher Dispositionen, dass das Ziel des Wirkens der Lebewesen in nichts anderem als in der Verwirklichung und Optimierung ihrer Leistungsfunktionen selbst liegt.[152] Je komplexer und höher sie sind, desto näher kommt das Lebewesen dem Ziel dauerhaften Seins. Eine herausragende Möglichkeit steht dem Menschen im vernunftgemäßen Handeln und im Denken offen.[153]

Eine andere Interpretation dieser Passage vertritt – im Rekurs auf ‚*Metaphysik*‘ XII, 7 – Horst Seidl in seinem Kommentar zu ‚*De anima*‘.[154] Er bezieht sich zunächst darauf, dass Aristoteles an dieser Stelle einen platonischen Gedanken aus dem ‚*Symposion*‘ aufnimmt, und deutet das Streben der Lebewesen, am Immer-sein und am Göttlichen teilzuhaben, im Sinne einer Überschreitung ihres immanenten Zwecks, der Realisierung der Form, in Richtung auf einen ihnen transzendenten Zweck. In Verbindung mit dem Satz: *es wirkt, wie alles in der Natur,* versteht er diese Ausrichtung sodann im Rahmen einer universalen kosmischen Teleologie, die ihre Ursache und ihr Ziel in einem transzendenten Wesen, in Gott, findet. Er überträgt Aristoteles’ Unterscheidung der zwei Bedeutungen von Telos in der ‚*Metaphysik*‘ 1072b1ff. ohne weitere Berücksichtigung ihres argumentativen Kontexts auf die Stelle in ‚*De anima*‘ B 4, obwohl Aristoteles dort unmittelbar im folgenden Abschnitt die zweifache Bedeutung von ‚Zweckursache‘ mit Bezug auf die Seele noch einmal kurz erklärt. So schließt Seidl, dass Aristoteles’ Unterscheidung zwischen „zwei Formen von Zweck: dem Worumwillen und dem Wofür“ als Unterscheidung zwischen einem „immanenten“ und einem „transzendenten“ Zweck zu interpretieren

---

151 διαμένει οὐκ αὐτὸ ἀλλ’ οἷον αὐτό, ἀριθμῷ μὲν οὐχ ἕν, εἴδει δ’ ἕν (415b6f.).

152 In diesem Sinne versteht auch Gareth B. Matthews diese Passage von ‚*De anima*‘ II 4: „And for a given individual living thing to be actually living – that is, alive – is just for it to be able to perform one of the psychic, or living, functions appropriate to its species“, in: Essays on Aristotle’s *De Anima*, hg. v. Martha C. Nussbaum, A. Oksenberg Rorty, Oxford 1992, S. 193; vgl. auch: Was ist Leben? Aristoteles’ Anschauungen zur Entstehung und Funktionsweise von Leben, hg. v. Sabine Föllinger, Stuttgart 2010, S. 228.

153 Damit enthält diese Stelle auch eine Verbindung von aristotelischer Seelenlehre und Ethik. Sie zeigt sich z. B. in der ‚*Nikomachischen Ethik*‘ u. a. in Aristoteles’ doppelten Ansatz der Frage nach dem Glück als höchstem Gut des Menschen als Telos im Sinne von Worumwillen und Wozu.

154 Aristoteles, ‚*Über die Seele*‘, mit Einl., Übers. und Kommentar hg. v. Horst Seidl, Hamburg 1995, S. 239f.

sei. „Der Zweck, um dessentwillen jedes Lebewesen sich zu seiner aktuellen Form entwickelt, ist ihm immanent und mit seiner spezifischen Formursache verbunden. Der Zweck, wofür das aktuelle Lebewesen dienlich ist, worauf es als Seiendes hingeordnet ist, ist ihm transzendent."[155] Mit dieser Ausrichtung auf ein transzendentes Ziel, ja sogar seiner Instrumentalisierung „für" dieses Ziel, wird jedes Lebewesen – und damit auch der Mensch – als Teil einer universalen teleologischen Ordnung verstanden, von der es abhängig ist und zu der es selbst, substantiell zumindest, wenig beiträgt: „Es liegt in der ganzen Naturordnung und letztlich im ewigen göttlichen Sein selbst, an dem alles Seiende, soweit möglich, „teilzuhaben" strebt. Der platonische Ausdruck der Teilhabe bedeutet die Abhängigkeit von einer ersten Ursache" (ebd., S. 239).[156]

Dass diese Deutung vor dem Hintergrund einer systematisierenden Einbindung der aristotelischen Naturlehre in die christliche Schöpfungstheologie erfolgt, wie sie in der Scholastik, an neuplatonische Transformationen anschließend, entwickelt und gewissermaßen ‚kanonisch' wurde, ist unverkennbar. Im vorliegenden Zusammenhang ist zunächst zu zeigen, dass Seidls Deutung nicht mit Aristoteles' Auffassung eines doppelten Zwecks in ‚*De anima*' B 4 übereinstimmt. Damit stellt sich auch die Frage, ob seine Anspielung auf Platon so verstanden werden muss, dass er sich dessen Erklärung des natürlichen Reproduktionsverhaltens anschließt, derzufolge jedes Lebewesen danach strebt, durch eine Transzendierung seiner sinnlichen Existenz am ewigen Sein teilzuhaben; oder ob diese Referenz nicht vielmehr einen Hinweis enthält auf Aristoteles' eigene – aus der immanenten Struktur der Seele als Teils der Natur abgeleitete – Erklärung für das Streben der Lebewesen, immer zu sein.

Für die zweite Möglichkeit spricht der folgende Abschnitt (415b15–21), der sich speziell mit der Seele als Zweckursache befasst und unmittelbar an den letzten Satz über die Seele als Formursache anschließt, in dem noch einmal ihre Bestimmung als *Entelechie des der Möglichkeit nach Seienden* in Erinnerung gerufen wird. Aristoteles fährt fort: *Klar ist aber auch, dass die Seele Ursache ist als Ziel.*[157] Das ist schon ein Hinweis darauf, dass die zweckmäßige Ausrichtung der einzelnen Lebensfunktionen und das Streben alles Lebendigen, sich im Leben zu beständigen, aus der ontologischen Struktur der Seele als Entelechie des lebenden Körpers selbst erklärt werden kann, ohne dass dafür ein transzendentes Telos in Anspruch genommen werden muss. Die Seele ist Zweckursache als Entelechie. Das bedeutet: das Leben, das sie schafft, findet sein Ziel, seine Vollendung, in der Tätigkeit des Lebens selbst.

---

155 Seidl, 1995, S. 239.

156 Er fährt fort: „Sofern die Zeugung ein neues Individuum hervorbringt, folgt sie dem immanenten Zweck des Erzeugers. Sofern sie aber der Erhaltung der Art dient, folgt sie einem transzendenten Zweck" (ebd., 239f.).

157 φανερὸν δ' ὡς καὶ οὗ ἕνεκεν ἡ ψυχὴ αἰτία (415b15).

Dass die Seele als Wesen des Lebendigen mit dieser inneren Struktur – als Zweckursache – Teil der Natur ist, betont Aristoteles im folgenden Satz mit der Bemerkung, dass es teleologische Strukturen im vernünftigen Handeln wie auch in der Natur gebe und dass für die Natur gelte: *das, worauf sie hinarbeitet, ist ihr Zweck: und ein solcher Zweck ist in den Naturwesen die Seele.*[158] Es geht hier also nicht um einen transzendenten Zweck „der Natur" als Ganzes[159] und auch nicht um eine Unterscheidung zwischen einem dem Lebewesen immanenten und einem ihm transzendenten Zweck. Die Frage ist vielmehr, inwiefern die Seele als Zweckursache in einem Naturwesen ein Beispiel ist für teleologische Strukturen in der Natur und inwiefern sie dies – als ein dem Naturwesen immanenter Zweck – in einem doppelten Sinn ist. Das zeigt die folgende Begründung: *Denn alle natürlichen Körper sind Werkzeuge (Mittel) für die Seele, und wie für die der Tiere gilt dies auch für die der Pflanzen; denn sie sind für die Seele da. In zweifacher Bedeutung kommt Zweck vor: Zweck von und Zweck für.*[160] Aristoteles bezieht also seine Unterscheidung von zwei Bedeutungen, in denen etwas Zweck sein kann, hier auf die doppelte Weise, in der die Seele Zweckursache des lebenden Organismus ist, und nimmt dabei – wie bereits in B 1 – Bezug auf den mit Organen ausgestatteten Körper. Dort erläutert er im Anschluss an die Definition der Seele als *erste vollendete Wirklichkeit eines natürlichen Körpers, der seiner Möglichkeit nach Leben hat*, wie ein solcher Körper beschaffen sein muss: *Ein solcher ist der mit Organen (passenden Werkzeugen) ausgestattete. Organe sind auch die Teile der Pflanzen – aber ganz einfache.*[161] Die einzelnen Organe haben jeweils einen besonderen Zweck (z. B. schützt das Blatt die Fruchtschale und die Fruchtschale die Frucht, ebd.) und darüber hinaus einen Zweck für das Lebewesen insgesamt. Worin der Zweck besteht, den sie über ihren besonderen Zweck hinaus für das Ganze haben, formuliert Aristoteles auch in B 4 in aller Klarheit: *denn sie sind für die Seele da.* Das heißt, der Zweck „wofür" sie da sind, ist kein transzendenter, ihrem Sein äußerlicher. Das Ganze, um dessentwillen und „wofür" sie da sind, ist, soweit sie können, den lebenden Organismus im Leben zu halten.

Was Aristoteles hier anspricht, ist also nicht die Unterscheidung eines dem Lebewesen immanenten von einem ihm transzendenten Zweck, sondern die für lebende Systeme als sich selbst organisierende Einheiten charakteristische

---

158 καὶ τοῦτ᾽ ἔστιν αὐτῆς τέλος. τοιοῦτον δ᾽ ἐν τοῖς ζῴοις ἡ ψυχὴ κατὰ φύσιν (415b17f.).

159 Wieland, 1970, S. 245, weist darauf hin, dass die Bedeutung der aristotelischen Naturphilosophie darin bestehe, dass „hier zum ersten Mal konsequent versucht wird, nicht eine Theorie der Natur im ganzen (φύσις), sondern eine Theorie des natürlichen Dings (φύσει ὄν) zu liefern".

160 πάντα γὰρ τὰ φυσικὰ σώματα τῆς ψυχῆς ὄργανα, καὶ καθάπερ τὰ τῶν ζῴων, οὕτω καὶ τὰ τῶν φυτῶν, ὡς ἕνεκα τῆς ψυχῆς ὄντα. διττῶς δὲ τὸ οὗ ἕνεκα, τό τε οὗ καὶ τὸ ᾧ (415b18–21).

161 διὸ ἡ ψυχή ἐστιν ἐντελέχεια ἡ πρώτη σώματος φυσικοῦ δυνάμει ζωὴν ἔχοντος. τοιοῦτον δὲ ὃ ἂν ᾖ ὀργανκόν. ὄργανα δὲ καὶ τὰ τῶν φυτῶν μέρη, ἀλλὰ παντελῶς ἁπλᾶ, οἷον τὸ φύλλον περικαρπίου σκέπασμα, τὸ δὲ περικάρπιον καρποῦ (412a27–b3).

Beziehung zwischen dem Ganzen und seinen Teilen. In der neueren Literatur wird dieser Zusammenhang unter dem Begriff der „zirkulären Kausalität des Lebendigen" thematisiert. „Ein Lebewesen lässt sich als ein sich selbst organisierendes (autopoietisches) System betrachten, das fortwährend die Komponenten reproduziert, aus denen es selbst besteht (Organe, Zellen, Makromoleküle), während umgekehrt diese Komponenten das System als Ganzes ausmachen und erhalten. Das Ganze ist also die Bedingung seiner Teile, aber es wird umgekehrt auch von ihnen realisiert."[162]

Die einzelnen Bestandteile dienen mit ihren Funktionen, die jeweils einen besonderen Zweck haben, zugleich dazu, das Ganze zu erhalten; das ist das Ziel, der Zweck, „wofür" sie – wie Aristoteles es formuliert – da sind. Und dieses Ganze ist der Gesamtorganismus selbst. Ein Merkmal der Lebewesen als Naturwesen, d. h. als aus Materie und Form zusammengesetzter Wesen, ist, nach Aristoteles, dass sie sich durch die Seele als Zweck- und Formursache in einer Art innerer Selbstinstrumentalität selbst herstellen. Alle Lebensaktivitäten – unter ihnen zuerst und in fundamentaler Weise Ernährung (Stoffwechsel) und Zeugung – stehen im Dienste der Selbsterhaltung und Selbstherstellung des Lebewesens, das durch sein Immer-wieder-Tätigsein-Können am Immer-sein teilhat. Das Werk der Seele ist: Leben herzustellen, ζῆν ποιεῖν (1219a24).

Bei seiner Beschreibung der zirkulären Kausalität des Lebendigen bezieht sich Thomas Fuchs explizit auch auf die aristotelische Ursachenlehre in *‚De anima'*: Auf der einen Seite prägt die „Makro-Struktur", die höhere Organisationsstruktur des Gesamtorganismus, bestimmte Eigenschaften der einzelnen Komponenten. Es ist, nach Fuchs, eine „‚top down'- oder ‚abwärts-Kausalität', die ihre eigenen Aufbauelemente in bestimmte Verhaltensmuster einbindet; und man könne sie „auch in Entsprechung zur aristotelischen *causa formalis* sehen" (ebd., S. 214). Auf der anderen Seite wirken die einzelnen Komponenten so zusammen, dass der Gesamtorganismus mit seinen übergreifenden Prozessen funktioniert. Fuchs spricht hier von einer „*causa efficiens*" (ebd., S. 215). Das heißt, das Formprinzip wirkt in den einzelnen Prozessen und durch sie.

Auch Kant sieht bei Lebewesen eine funktionale Interdependenz von Teilen und Ganzem. Er spricht mit Bezug auf Organismen, die „von sich selbst (obgleich in zweifachem Sinne) Ursache und Wirkung" sind, von einer „inneren Zweckmäßigkeit".[163] Das bedeutet, wie aus seinen Beispielen hervorgeht, dass damit zwei Arten von Verursachung verbunden sind: causa efficiens im Sinne der Selbsterzeugung und causa finalis im Sinne der Selbstorganisation,

---

162 Fuchs, 2020, S. 213f.

163 § 62 der Kritik der Urteilskraft, A 283. Dieses Verständnis des Lebewesens, das nach Kant als „Zweck in sich" betrachtet werden kann, ist aber zu unterscheiden von seiner Auffassung des Menschen als „Zweck an sich". Nur ein vernünftiges Wesen ist „Zweck an sich" – weil es selbstursächlich ist in dem Sinn, dass es autonom ist, d. h. sich selbst zum Handeln bestimmen kann. Alle nicht vernünftigen Wesen sind, auch wenn sie Zweck in sich sind, nur Mittel.

Selbstregulation. Dabei unterscheidet Kant drei Arten der Selbsterzeugung von Organismen: erstens die Selbsterzeugung als Individuum und zweitens als Gattung. So erzeuge der Organismus, ein Baum etwa, „sich selbst der Gattung nach, in der er, einerseits als Wirkung, andrerseits als Ursache, von sich selbst unaufhörlich hervorgebracht, und eben so, sich selbst oft hervorbringend, sich, als Gattung beständig erhält" (ebd.). Die dritte Art der Selbsterzeugung, die Kant anführt, ist die Selbsterzeugung der Teile als wechselseitige funktionale Abhängigkeit der Teile voneinander und vom Ganzen.[164] Auch wenn diese Betrachtung von Organismen unter den Vorzeichen der kritischen Philosophie in einer „als-ob-Perspektive" erfolgt, so kommt sie doch der aristotelischen Beschreibung der inneren Struktur lebender Substanzen in ‚*De anima*' nahe, in der die Rede von einem doppelten Zweck, τό τε οὗ καὶ τὸ ᾧ (415b21) im Sinne verschiedener Aspekte des Selbstbezugs des Lebewesens – und d. h. auch seiner Teile zum Ganzen – zu verstehen ist, das mit allen seinen Lebensaktivitäten nicht auf ein transzendentes Telos ausgerichtet ist, sondern darauf, sich in seinem Sein zu beständigen.[165] In beiden Betrachtungsweisen, in §62 der ‚*Kritik der Urteilskraft*' wie in ‚*De anima*', geht es um das einzelne Naturwesen, das in sich teleologisch strukturiert ist, und nicht um seine Einbindung in eine universale teleologische Ordnung, die ihren Ursprung in einem Schöpfergott als *causa prima* hat.[166] Dieses Parallelen sieht auch Fischer, wenn er anmerkt: „Im übrigen ist natürlich Kants Bestimmung von Selbsterzeugung und Selbstorganisation mit der aristotelischen Entelechie eng verwandt".[167]

Einen die immanente Zweckhaftigkeit des Lebewesens transzendierenden Zweck, für den das Lebewesen da sei, nimmt auch Martin F. Meyer in seiner Interpretation von ‚*De anima*' B 4 an. Das „wofür" ist demnach „in De anima im Kontext der autopoietischen Funktion des individuell ausgereiften Individuums (der Entelechie) zu begreifen".[168] Damit liege der „biologische Sinn" des

---

164 Vgl. Fischer, 1990, S. 162.

165 In diesem Zusammenhang ist es durchaus von Bedeutung, dass Aristoteles an dieser Stelle von der ψυχή als τέλος spricht (415b15–17). Mit dem Begriff τέλος bringt er (in Abgrenzung von anderen Begriffen, die den Endpunkt bzw. das Ziel einer Bewegung bedeuten, vgl. Wieland 1970, S. 263f.) zum Ausdruck, dass es sich um ein Gut und zwar um ein im Vergleich zu allen anderen höheres Gut, eine „Vollendung" handelt. Das Lebewesen, findet seine Vollendung im Vollzug seiner Möglichkeiten. Vgl. dazu auch die aristotelische Verwendung des Begriffes τέλος in der ‚*Nikomachischen Ethik*'.

166 Im zwölften Buch der ‚*Metaphysik*' scheint Aristoteles einen anderen Ton anzuschlagen, indem er mit Gott als oberstem Seienden und unbewegtem Beweger die natürliche Welt in eine einheitliche Ordnung zu bringen sucht und so Ansätze einer „natürlichen Theologie" entwickelt. „Dennoch handelt es sich deswegen bei dem Gott der aristotelischen Philosophie nicht um ein Überprinzip, aus dem die Existenz aller Dinge abgeleitet werden könnte" (Wieland 1970, S. 335; dort finden sich [S. 335–340] auch Überlegungen zu den Schwierigkeiten dieses Ansatzes).

167 Fischer, 1990, S. 161, Anm. 6.

168 Meyer, 2015, S. 409.

„individuellen Lebens (das οὗ ἕνεκα) [...] in der aktiven Teilhabe am Ewigen, da die Individuen qua Teilhabe dieses ewige Kontinuum des artspezifischen Lebens garantieren" (ebd., S. 409). Zweck des Lebewesens, das „wofür" es da ist, sei das ewige Kontinuum des Lebens in seinen verschiedenen Formen, in das es eingebunden ist. Das einzelne Lebewesen wird damit selbst zu einem Mittel. „Es ist ein ‚Werkzeug' für das ewige Kontinuum des artspezifischen Lebens" (ebd., S. 411).

Die Rede vom Lebewesen als „Werkzeug für" etwas, wie auch die bereits zitierte Formulierung Seidls, dass es „für etwas dienlich" sei, verkennt allerdings den Selbstzweckcharakter des Lebendigen, das gerade nicht Mittel zum Zweck von etwas anderem ist. Die „Selbstbezüglichkeit aller Lebewesen", so Klaus Oehler, ist für Aristoteles „sogar das Wesen des Lebendigen selbst".[169] Das gilt auch für den Menschen. Es ist ein spezifisches Merkmal seines Lebens als πρᾶξις im umfassenden Sinn, dass es Ziel und Sinn in sich selbst hat, dass es seine Vollendung in sich selbst findet.[170] In diesem Zusammenhang ist von Interesse, dass auch in der Textstelle ‚*Metaphysik*' Lambda 7, 1072b2f., auf die sich Seidl in seinem Kommentar bezieht, die Formulierung „Zweck für" nicht in dem Sinn zu verstehen ist, dass die Seele „für" ein göttliches Wesen da sei, dass sie „für etwas dienlich" sei. Das Göttliche ist vielmehr als dauernde ἐνέργεια „für" die Seele des Lebendigen etwas, das es erstrebt: Es will so sein, wie das höchste vollkommene Wesen, es will *immer sein*, d. h. es will – soweit ihm das möglich ist –Kontinuität. Daraus folgt aber nicht, dass es aus seiner physischen Existenz heraus zu einer Vollendung in einem Jenseits strebt und schon gar nicht, dass es im Sinne einer Mittel-Zweck-Relation auf das Göttliche als einen ihm transzendenten Zweck ausgerichtet ist. Ein göttliches Wesen ist für Aristoteles Inbegriff dauerhaften Seins, als Denken des Denkens, νόησις νοήσεως, „totale Reflexivität" (Oehler). Und die Antwort auf die Frage, „warum Aristoteles die logische Figur der Selbstbeziehung verwendet, um die Natur des höchsten und vollkommensten Wesens zu beschreiben", kann man, nach Oehler „aus seiner Lehre von der Selbstbezüglichkeit aller Lebewesen beziehen." Dieser „selbstreferentielle Charakter" des Lebendigen ist in verschiedener Weise in allen Formen des Lebens verwirklicht, paradigmatisch im sublunaren Bereich. Für lebendige Naturwesen, die aus Form und Materie bestehen, gibt es durch die Materie einschränkende Bedingungen: ihr Wesen besteht nicht, wie das eines – als „Grenzbegriff" (Oehler) gedachten – göttlichen Wesens, das ohne Materie und ohne äußeren Objektbezug ist, in dauernder, reiner ἐνέργεια, sondern es ist eine ἐνέργεια mit δύναμις-Charakter, die immer wieder aus sich heraus in die Tätigkeit übergehen kann und sich selbst in einem kontinuierli-

169 Klaus Oehler, Der Unbewegte Beweger, Frankfurt/M. 1984, S. 91.

170 Zum Verhältnis von ποίησις und πρᾶξις vgl. Wolfgang Wieland, Poiesis. Das aristotelische Konzept einer Philosophie des Herstellens, in: Buchheim, 2003, S. 229.

chen Prozess dauernd hervorbringt und dabei auf äußere Objekte angewiesen ist.[171]

Meister Eckhart erkennt sehr genau den paganen, dem christlichen Selbst- und Weltverständnis in seinen Grundorientierungen widersprechenden Charakter der aristotelischen Auffassung von der Selbstzweckhaftigkeit und Selbstbezüglichkeit der Seele und des Lebens als letztem Worumwillen. Er nutzt das aristotelische Modell zur Profilierung seines christlichen Gegenentwurfs. Von einem christlichen Verständnis des Lebens ausgehend, für das Gott der Inbegriff allen Lebens und das Geschöpf ein *quasi nihilum* ist, ist für Eckhart allein der göttliche Selbstbezug real; der natürliche Selbstbezug wird im Selbstbezug Gottes aufgehoben, der sich in der Schöpfung – und schließlich in der Erlösung – dem Menschen öffnet. Der christliche Gott ist nicht nur der sich selbst denkende, sondern auch der liebende Gott (Pr. 102, 103). Indem Eckhart den Selbstbezug des Menschen auf das göttliche Leben als eigentliches Telos hin transzendiert, ergibt sich für ihn aber auch die Möglichkeit, die teleologische Natursicht des Aristoteles im Sinne einer universalen Schöpfungsteleologie auszuweiten.

Scholion 4

Aristoteles: Die Seele als Ziel- und Zweckursache (οὗ ἕνεκα): Lebendigsein als Selbstbezüglichkeit

- Das einzelne Lebewesen als ‚Zweck in sich' in einem zweifachen Sinn (τὸ οὗ und τὸ ᾧ); die innere Teleologie eines Naturwesens als phänomenale Gegebenheit
- Teleologie als Prinzip in der Natur; keine universale, kosmische Teleologie
- Reine Selbstbezüglichkeit des göttlichen Wesens (νόησις νοήσεως)

Eckharts christlicher Gegenentwurf zwischen Ablehnung, Transformation und Überbietung

- *Der Seele ihren natürlichen Lauf nehmen* als Voraussetzung eines im spirituellen Sinn vollkommenen Lebens (Pr. 101)
- Die Aufhebung des menschlichen Selbstbezugs im Gottesbezug (Pr. 6, Pr. 101; Joh.Komm. n. 62 *Solus Deus vivit et vita* est)
- Gott als Ursache und Ziel eines gestuften, teleologisch geordneten Universums; teleologische Strukturen der natürlichen Welt als Abbildung innertrinitarischer Strukturen (Joh.Komm. n. 134–140)
- Die Öffnung der reinen Selbstbezüglichkeit des aristotelischen Gottes durch die Liebe – die Einung der Seele mit Gott als Ziel Gottes und des Menschen (Pr. 102)

[171] Vgl. den Brief von Hans-Georg Gadamer an Oehler, in: Oehler, 1984, S. 119f.

2.3.2.2 *Unendlichkeit als Charakteristikum der natürlichen Welt – Lebendigsein als dauerndes Werden*

Wie ist nun Aristoteles' Auffassung von der Seele des Lebewesens als Teils der Natur und seines Strebens, immer zu sein, zu verstehen? Einen Ansatzpunkt bietet der Begriff der Kontinuität, allerdings nicht in dem Sinne, dass das einzelne Lebewesen und seine Seele als „Instrument für das Kontinuum des Lebens" (Meyer) fungieren, sondern, dass es selbst in einem wörtlichen Sinn als „Teil" der Kontinuität, für Aristoteles eine Grundstruktur der natürlichen Welt, aufzufassen ist. Dieses Verständnis stimmt auch zur bisherigen Auslegung der Kapitel B 1–3 mit ihren substanzontologischen Bestimmungen. Als ein Strukturmerkmal der Seele als Wesens lebender Substanzen hatte sich ihr Kontinuitäts- und Prozesscharakter ergeben. Diese Struktur des Lebens vergleicht Aristoteles in ‚*Metaphysik*' Theta 6 (1048b33; vgl. b23f.) explizit mit der des ἄπειρον, des Unendlichen – einem Begriff, den er äquivalent mit dem Begriff der Kontinuität, dem ἀεὶ ὄν, verwendet. Wolfgang Wieland weist in seiner Untersuchung der aristotelischen Kontinuitätslehre mit Nachdruck auf diese Strukturanalogie hin: „Dem [Kontinuum] entspricht aber nun genau eine Struktur der Seele, die im übrigen dem Denken und Wahrnehmen gemeinsam ist."[172] Diesen Hinweisen gehen wir im Folgenden noch einmal genauer nach. Im Rekurs auf ein wichtiges, aber wenig beachtetes Lehrstück der ‚*Physik*' des Aristoteles, seine Kontinuitätslehre,[173] sollen nun Aspekte seiner Bestimmung der Seele in ‚*De anima*' B 4 herausgearbeitet werden, die nicht nur generell für sein Verständnis von Naturwesen, sondern auch für das Selbst- und Weltverständnis des Menschen von Bedeutung sind – und auch mit seiner Konzeption des guten Lebens als Ziels des Menschen in einem doppelten Sinn zusammenhängen. Damit folgt die Rekonstruktion der Argumentation des Aristoteles seinem Hinweis, dass seine Untersuchungen über die Seele sich im Gegenstandsbereich von Physik und Metaphysik bewegen. Leitende Fragestellung ist, inwiefern aus den aristotelischen Bestimmungen über Kontinuität und Unendlichkeit als Grundstruktur der natürlichen Welt die innere Struktur der Seele als Teils der natürlichen Welt zu verstehen ist, ohne die aristotelische Naturlehre im Rahmen einer linearen kosmischen Teleologie zu deuten. Es geht also um eine Interpretation der Seelenlehre des Aristoteles im Kontext seiner Naturlehre – gewissermaßen vor der Synthese mit der christlichen Schöpfungslehre.

---

172 Wieland 1970, S. 332, bezieht sich auf die ‚Physik' H 5: ἀεὶ γὰρ ἅμα κινεῖ καὶ κεκίνηκεν (249b29). Die ‚Physik' zitieren wir nach der zweisprachigen Ausgabe von Hans G. Zekl, Hamburg 1988.

173 Die Kontinuitätslehre wurde in der Aristoteles-Forschung wenig beachtet. Sie gehört, wie Wieland betont, zu den am schwersten zugänglichen der von Aristoteles überlieferten Texte (vgl. 281), aber auch zu den am wenigsten veralteten Lehrstücken seiner Naturlehre: „Was Aristoteles über das Kontinuum aussagt, gehört zu den Grundlagen auch noch der neuzeitlichen Physik" (S. 278).

Aristoteles entwickelt seine Kontinuitätslehre als eine „Theorie der Erfahrung". Kontinuum und Unendlichkeit gehören ihm zufolge zu den Erfahrungsstrukturen des Menschen, der sich zählend, messend und teilend auf die wahrnehmbare Welt richtet und Größe, Bewegung und Zeit zu denken versucht.[174] Die folgende Darstellung von Eckpunkten der aristotelischen Kontinuitätslehre folgt zunächst in Grundzügen der detaillierten und perspektivenreichen Interpretation von Wolfgang Wieland.[175] Von hier aus lässt sich zeigen, inwiefern die Ausrichtung der Lebewesen auf das „immer sein" als Beispiel für immanente Strukturen in der Natur zu verstehen ist und dafür keine Transzendierung ihrer sinnlichen Existenz angenommen werden muss.

Die Kontinuitätslehre gehört für Aristoteles in die Physik, nicht in die Mathematik. Für die Physik ist sie von besonderer Bedeutung, weil sie vom Faktum der Bewegung ausgeht, die sich nur als kontinuierliche denken lasse. Das Kontinuum versteht er als eine allgemeine Grundstruktur der anschaulich vorgegebenen Welt, eine Eigenschaft der drei Dimensionen der Erfahrung – Größe, Zeit und Bewegung – die zum Vorschein kommt, wenn man sie aufeinander bezieht: „Der Teil einer Größe ist selbst immer wieder eine Größe, der Teil einer Bewegung wieder eine Bewegung, der Teil einer Zeit wiederum Zeit."[176] Es sind die „gemeinsamen" und „allgemeinsten" Bestimmungen, in denen uns die Dinge in der Anschauung begegnen (vgl. 200b22f.).[177] Für den Kontinuitätsbegriff ist zweierlei charakteristisch: erstens, Kontinuität wird als Zusammenhang von Elementen gedacht, die in sich begrenzt, aber äquivalent sind; zweitens, diese Äquivalenz besteht darin, dass jeder Abschnitt, jedes einzelne Element, analog ist zur Struktur des Ganzen.[178] Aufgrund dieser Überlegungen kommt Aristoteles zu seiner Definition des Kontinuums: διαιρετὸν εἰς ἀεὶ διαιρετά (231b16). Es ist teilbar in immer wieder Teilbares.
Ein zweiter Zugang zum Verständnis der Kontinuität erfolgt in Physik Gamma 4–8 über den Begriff des Unendlichen, ἄπειρον. Den Ausdruck „immer teilbar" verwendet Aristoteles äquivalent mit „unendlich teilbar", außerdem weist er explizit darauf hin, dass man sich bei einer Definition des Kontinuums auf den Begriff des Unendlichen beziehen müsse (200b16–20). Das wesentliche Ergebnis

---

174 Wieland, 1970, S. 280, vgl. S. 331.

175 Wieland, 1970, § 17, S. 278–316: „Das Kontinuum". Das Kapitel gehört, nach Tugendhat, 1992, S. 398, zu den „glänzendsten Abschnitten" des Buches.

176 Wieland, 1970, S. 291.

177 Nach Wieland gelingt es Aristoteles, durch „seine strenge Beschränkung auf die phänomenologisch aufweisbaren Tatsachen der Anschauung [...], eine Theorie von einer inneren Vollendung und Geschlossenheit zu begründen, wie sie von keiner der begrifflich-diskursiven, mathematisch orientierten Theorien des Kontinuums noch erreicht worden ist" (S. 282).

178 Wieland 1970, S. 291, Anm. 13 weist auf die „gleichsam qualitative Entsprechung" dieses Kontinuitätsbegriffs zum modernen Begriff der unendlichen Menge hin: „jeder Abschnitt eines Kontinuums ist ja dem, dessen Abschnitt er ist, im Hinblick auf alle Eigenschaften, die die Kontinuität betreffen, äquivalent."

dieses Schrittes betrifft die Struktur der einzelnen Elemente, der sog. „Teile“ des Kontinuums, und ihres Verhältnisses zum Ganzen. Weder die Teile noch das Ganze dürfen verdinglichend verstanden werden: „Es charakterisiert gerade das Unbegrenzte, dass ein solcher Schluss aus der Teilbarkeit auf das Bestehen *aus* Teilen nur beim Begrenzten möglich ist“ (ebd., S. 293). Wenn wir vom Kontinuum sagen, es sei ins Unbegrenzte teilbar, so heißt das weder, dass dem Gegenstand der Teilung, noch einem Resultat der Teilung das quantitative Prädikat der Unbegrenztheit zukommt, sondern „dass die Tätigkeit des Teilens unendlich oft wiederholt werden kann“ (ebd., S. 293).[179] Unbegrenzte Teilbarkeit heißt: die Tätigkeit kommt an kein natürliches Ende (vgl. ebd., S. 297). Wieland nennt das den „operativen Charakter“ des Unendlichkeitsbegriffs. Wie lässt sich diese Struktur, die für das Kontinuum bzw. die Unendlichkeit der Zeit, der Größe, der Bewegung wie für deren einzelne Elemente charakteristisch ist, verstehen?

Aristoteles beschreibt diese Struktur in ‚Physik‘ Gamma 6 mit Hilfe des Begriffspaares δύναμις und ἐνέργεια, wobei er in seiner Argumentation den ontologischen δύναμις-Begriff von Metaphysik Theta 6 zugrundelegt.[180] Dabei handelt es sich um die bereits zitierte Textstelle, in der Aristoteles ausdrücklich darauf hinweist, dass das ἄπειρον nicht in der Weise eines der Möglichkeit nach Seienden (δυνάμει ὄν) sei, dass aus ihm einmal ein klar begrenztes, der Wirklichkeit nach Seiendes Unendliches würde, ein ἄπειρον ἐνεργείᾳ, ein ἐνεργείᾳ ἐσόμενον χωριστόν (vgl. Met. 1048b14f.); vielmehr sei es ἐνεργείᾳ nur „im Denken“, γνώσει; und zur Erklärung dieser ἐνέργεια-Struktur verweist er an dieser Stelle auf die strukturelle Analogie des ἄπειρον mit der Tätigkeit des Lebens. Es handelt sich hier also nicht um eine ἐνέργεια einfach als Gegensatz zur δύναμις - *wie wenn etwas gesehen werden kann und dann tatsächlich gesehen wird* - sondern um eine ἐνέργεια, die immer selbst noch δύναμις-Charakter hat. Die Teilung des Kontinuums ist insofern ständig δυνάμει, als sie eine Tätigkeit des Denkens ist, die nie an ihr Ende kommt und die über jeden erreichten Punkt noch hinausgehen kann.[181] Wieland nennt dies den „Potentialitätscharakter des Unendlichen“ (ebd., S. 294).

Den ontologischen δύναμις-Begriff überträgt Aristoteles in ‚*Physik*‘ Gamma 6 auch auf die Zeit. Wenn wir z. B. von etwas, das sich über eine Zeit hin erstreckt, z. B. einem Tag oder Wettkampf, sagten, dass „es ist“, so bestehe deren „Sein *im* Werden“, indem ständig ein anderes wird, nicht aber in einem von diesem getrennten Ziel: *Wie der Tag „ist“, und der Wettkampf, (nämlich) dadurch,*

---

179 Vgl. ebd., S. 293: „Der Weg zum Unendlichen besteht nur in der Unendlichkeit des Weges. Das Unbegrenzte kann also niemals ein von dem Weg, der zu ihm führt, unterschiedenes Ziel sein.“

180 Siehe oben die Erklärung der πρώτη ἐντελέχεια-Struktur der Seele, die eine analoge Struktur hat wie das ἄπειρον, das Denken, das gute Leben.

181 Vgl. ebd., S. 298: „Unbegrenzt ist die Tätigkeit der Teilung nur, solange sie von ihrer Möglichkeit Gebrauch macht, über jeden erreichten Punkt noch hinauszugehen.“

dass immer wieder etwas Neues entsteht, genauso auch das Unbegrenzte.[182] Das Sein von Zeit und Bewegung besteht für Aristoteles wesentlich darin, dass es ständig wieder anders, ständig wieder neu ist. Und das Unendliche „gibt es" also nur auf die Weise, *dass immer wieder ein Anderes hinzugenommen wird, und das Hinzugenommene ist zwar jeweils begrenzt, aber es ist immer und immer wieder ein anderes.*[183] Die Unendlichkeit darf also nicht verdinglichend verstanden werden, ihr Sein ist dauerndes Werden: *Die Unendlichkeit liegt niemals vor, sondern wird immer nur, so wie die Zeit und ihre Zählung auch.*[184]

Aus dem δύναμις-Charakter der unendlichen Teilbarkeit ergeben sich somit zwei für Aristoteles' Naturphilosophie insgesamt markante Merkmale: der „operative Sinn der Kontinuität" und der „zeitliche Sinn" der Unendlichkeit.[185] Denn es geht, nach Wieland, hier nicht bloß um eine „Analogie" zur Zeit, vielmehr um eine genuin zeitliche Struktur der Unendlichkeit, die sich sowohl im „Werden" als auch im „immer" manifestiert. Hinter jedem Kontinuum wird „die Unendlichkeit der Zeit" sichtbar. „Die Tatsache, dass man gleichzeitig immer nur ein Glied herausgreifen kann, beweist, dass hier eine *reale* Zeitstruktur vorliegt" (ebd., S. 300). Damit erkläre sich auch das „Immer", ἀεί, in jeder „einschlägigen Definition" des Unendlichen: *immer entsteht wieder ein anderes, immer kommt wieder ein anderes hinzu* (206a22;27). Die Unendlichkeit versteht Aristoteles also gerade nicht aus dem Gegensatz zur Bewegung als ewige Ruhe, als etwas Beharrendes, als ein „zeitloses Gebilde", sondern als etwas „immer Werdendes" (207b14).[186]

Was folgt nun aus Aristoteles' Parallelisierung der operativen Struktur des ἄπειρον, d. h. aus seinem „Potentialitätscharakter", mit dem des Lebens in Theta 6 und aus dem zeitlichen Sinn der Unendlichkeit für das aristotelische Verständnis des Lebendigen und seiner Ausrichtung darauf, „*immer zu sein*"?

- Kontinuität versteht Aristoteles als eine Grundstruktur der natürlichen Welt, die sich in allen Dimensionen der Erfahrung (Zeit, Bewegung, Größe) zeigt. Auch das Leben bzw. die Seele als Prinzip des Lebens natürlicher lebender Substanzen hat diesen Kontinuitätscharakter im operativen und im zeitlichen Sinn von Unendlichkeit: es ist dauerndes Werden. Das bedeutet:
- Ebenso wenig wie „das Unendliche" gibt es „das Leben" als etwas dinglich Vorliegendes. Es ist vielmehr nur auf die Weise, dass immer und immer wieder ein neues individuelles Lebewesen entsteht.

[182] ὥσπερ ἡ ἡμέρα ἔστι καὶ ὁ ἀγὼν τῷ ἀεὶ ἄλλο καὶ ἄλλο γίγνεσθαι, οὕτω καὶ τὸ ἄπειρον (206a21–23), vgl. Wieland, ebd., S. 299.

[183] ὅλως μὲν γὰρ οὕτως ἔστιν τὸ ἄπειρον, τῷ ἀεὶ ἄλλο καὶ ἄλλο λαμβάνεσθαι, καὶ τὸ λαμβανόμενον μὲν ἀεὶ εἶναι πεπερασμένον, ἀλλ' ἀεί γε ἕτερον καὶ ἕτερον (206a27–29).

[184] οὐδὲ μένει ἡ ἀπειρία ἀλλὰ γίγνεται, ὥσπερ καὶ ὁ χρόνος καὶ ὁ ἀριθμὸς τοῦ χρόνου (207b14f.).

[185] Wieland, ebd., S. 300 u. 334; vgl. auch Tugendhat, 1992, S. 398.

[186] Dieser zeitliche Charakter macht das Kontinuum, nach Wieland, zu einem nicht gelösten Problem der Physik.

- Dieses einzelne Lebewesen ist als begrenztes, endliches Seiendes[187] jeweils „Teil" der Kontinuität des Lebens genau in dem Sinn, dass seine ontologische Struktur äquivalent ist zum Ganzen. In der operativen Struktur der Seele als erster Entelechie eines Körpers, der der Möglichkeit nach Leben hat, wird die Kontinuität des Lebens als dauerndes Werden greifbar.
- Denn die Seele, als inseiende Form, εἶδος ἐνόν, und Prinzip, ἀρχή, des Lebens jedes einzelnen Lebewesens ist als erste Entelechie eine ἐνέργεια mit δύναμις-Charakter, sie hält den Gesamtorganismus am Leben, sie „schafft Leben", indem sie ihn in einem Prozess ständigen Werdens hält, in welchem das Lebewesen, solange es lebt, sich immer und immer wieder selbst herstellen muss. Das Lebendigsein ist dauerndes Werden. Es ist Teil der Kontinuität, nicht Instrument „für" die Kontinuität des Lebens.
- Das Wesen des lebendigen Seienden als eines natürlichen, aus Materie und Form zusammengesetzten, Wesens ist also nicht reine ἐνέργεια wie das eines Seienden ohne Materie, eines göttlichen Wesens. Aber es hat mit der πρώτη ἐντελέχεια-Struktur der Seele auf seine Weise am Unendlichen in der Natur Teil. Sein Lebendigsein ist ein Aktivzustand, aus dem heraus es immer wieder durch sich selbst in Tätigkeit übergehen kann. Ein Merkmal des Lebendigen ist sein Potentialitätscharakter: Solange das Lebewesen lebt, hat es im Rahmen seiner Lebensfunktionen – je höher sie sind, desto mehr – die Möglichkeit, über jeden erreichten Punkt noch hinauszugehen.[188]
- Am „Immer sein" hat das Lebewesen also Anteil, „indem es wirkt, wie alles in der Natur wirkt" – d. h. durch den Vollzug seiner ihm jeweils zur Verfügung stehenden Lebensfunktionen. Sein „Zweck" ist kein transzendentes Telos, sondern die Erhaltung und Entwicklung seines eigenen Lebens. Zwischen Seele und natürlicher Welt besteht eine Strukturanalogie, sie beruht darauf, „dass die Seele mitsamt den ihr eigenen Bewegungen selbst mit zu dieser Welt gehört".[189]

Dass das Lebewesen mit seiner Ausrichtung darauf, immer zu sein, wirkt, wie alles in der Natur, ist bei Aristoteles also nicht im Sinne einer teleologischen Beziehung auf ein transzendentes Telos zu verstehen, sondern aus einer immenenten Struktur der Seele und des Lebens als Teils der natürlichen Welt zu erklären. Es hat hier im Zuge der christlichen Rezeption offensichtlich eine „Synthese" stattgefunden, in der Elemente einer phänomenologisch angelegten Naturphilosophie christlich systematisiert wurden. Sie neutralisierte, wie das bei Eckhart mit eigenen Akzenten im Einzelnen zu zeigen sein wird, das für

187 In der neueren Literatur zum Lebensbegriff (Schark, Rapp) wird der Terminus ‚Kontinuant' zur Bezeichnung eines begrenzten lebendigen Seienden gebraucht.

188 Aristoteles bringt mit diesem Begriff des Lebens das „Könnens-Bewusstsein", das nach Christian Meier ein Merkmal des antiken griechischen Selbstverständnisses ist, philosophisch auf den Punkt.

189 Wieland, 1970, S. 333.

die christliche Philosophie Anstößige der aristotelischen Auffassung – die Annahme eines natürlichen Bereichs mit einer rein immanenten Zweckhaftigkeit – paradoxerweise mit Mitteln der aristotelischen Philosophie. Der natürlichen Ordnung, verstanden als Ausrichtung aller Geschöpfe auf ein ihrer Natur entsprechendes Telos, wird eine übernatürliche Ordnung vorangestellt, die weder ein Teil der Natur ist, noch aus der Natur als Wirkung hervorgeht, auf den der natürliche Bereich aber als sein übernatürliches höchstes Ziel teleologisch bezogen ist. Das ist eine Transformation, durch die das aristotelische Selbst- und Weltverständnis in seinen Grundorientierungen umgedeutet und verändert wurde, auch wenn sich in einigen Texten durchaus Anknüpfungsmöglichkeiten für diese Uminterpretation ergaben.[190]

Scholion 5

Aristoteles:

- Grundstrukturen der natürlichen Welt: Kontinuität und Unendlichkeit
  - operativer Sinn der Kontinuität
  - zeitlicher Sinn der Unendlichkeit: nicht Ruhe, sondern immerwährendes Werden
- **Beseelte Wesen, lebende Substanzen, als „Teile" der Natur**
  - Lebendigsein als Aktivzustand, als ἐνέργεια mit δύναμις-Charakter
  - Lebendigsein als dauerndes Werden
- **Das Sein des göttlichen Wesens als zeitloses in sich Ruhen**

Eckhart: Rezeption und Transformation – die ontologische Differenz von Naturordnung und Heilsordnung; die Seele zwischen Zeit und Ewigkeit

- **Der Bereich der natürlichen Welt als Bereich dauernden Werdens (fieri)**
  - Unterscheidung der zeitlichen Prozesse des Werdens als akzidenteller Prozesse (κίνησις, *alteratio*) vom substantiellen Entstehen als zeitloser Seinsmitteilung Gottes (γένεσις, *generatio*).
  - Teleologische Ausrichtung der natürlichen Prozesse, der *alteratio*, auf die Mitteilung substantiellen Seins und dessen Vollendung (Joh. Komm. n. 141–150: Johannes als *figura* der *alteratio*, Christus als *figura* der *generatio*)
  - Die Abhängigkeit des zeitlichen Seins der Geschöpfe (ihres *esse formale*) von der ständigen Seinsmitteilung Gottes (Joh.Komm. n. 66: *creatio coninua*)

[190] Insbesondere Passagen aus ‚*Metaphysik*' XII und Ansätze einer „natürlichen Theologie" in der ‚*Physik*' (vgl. Wieland, 1970, S. 335f.).

- **Das Wesen Gottes als zeitloses, substantielles Sein und Wirken – als ewiges Leben**
  - Selbstmitteilung dieses Lebens in Schöpfung und Inkarnation
  - Teleologische Beziehung des menschlichen Seins, des *fieri*, auf die Rückkehr und Vollendung in Gott
- **Das Durchbrechen der Zeit in der Gottesgeburt**
  - Die Überwindung der Naturordnung, der natürlichen *nativitas*, durch eine *übernatürliche nativitas* in der Gottesgeburt und deren Erhellung *per rationes philosophorum* – die *medulla* des Johannesevangeliums (Joh.Komm. n. 153–157)
  - Umkehr der Antriebsrichtung und Gottesgeburt im Seelengrund – das Überschreiten der zeitlichen Verfasstheit der menschlichen Seele

2.3.4 Die Seele als Ursache der Bewegung: „Der Mensch zeugt einen Menschen" und die Kontinuität der Weitergabe des Lebens

Auf die Seele als Ursache der Bewegung, ἀρχὴ κινήσεως (*causa efficiens*), kommt Aristoteles zuletzt zu sprechen. Die Frage nach der bewegenden Ursache kann sich sowohl auf substantielles Werden, das Entstehen von etwas, γένεσις, als auch auf akzidentelle, z. B. quantitative und qualitative Veränderungen an etwas, αὔξησις, ἀλλοίωσις, beziehen.

Im ersten Fall (1) geht es darum, was den Anstoß gibt, dass aus einem Material ein bestimmtes Etwas, z. B. ein Haus, wird; als Bewegungsursache dafür gilt der Baumeister. Was das Entstehen natürlicher lebender Substanzen anbetrifft, ist, nach Aristoteles, die im männlichen Samen enthaltene Form bewegende Ursache dafür, dass ein anderes entsteht. Die Weitergabe der Form erfolgt bei den Lebewesen also durch Zeugung: Das Erzeugende ist *Ursache der Form in der Materie.*"[191] Ein anderes der gleichen Art zu erzeugen, ist eine allen Erscheinungsformen des Lebendigen gemeinsame Grundfunktion der Seele, darauf hatte Aristoteles zu Beginn von B 4 bereits hingewiesen. Das Individuum ist jeweils Bewegungsursache dafür, dass immer wieder ein anderes entsteht. Das geht auch aus der Zeugungslehre hervor, wie sie Aristoteles in ‚*De generatione animalium*' darstellt, und aus mehreren Stellen in der ‚*Metaphysik*', in denen er seine Erklärungen des Hervorgehens eines Lebewesens aus einem anderen wiederholt formelhaft in dem Satz zusammenfasst *Ein Mensch zeugt einen*

[191] τοῦ εἴδους αἴτιον εἶναι ἐν τῇ ὕλῃ (1034a5).

Menschen. Diese Überlegungen werden in ‚*De anima*' B 4 vorausgesetzt. Sie enthalten die aristotelische Antwort auf eine Frage, die, wie Eckhart im ‚*Johanneskommentar*' betont, zu den wichtigsten, bisher aber kontrovers diskutierten Fragen der Philosophie gehört: Wie kommt die Form in die Materie? Eckhart beantwortet sie – wie er versichert, definitiv – gestützt auf philosophische Lehren und mit der letzten Autorität der Bibel: durch Gott als den *dator formarum.*[192] Eine ausführliche Erklärung, wie die menschliche Seele als Träger der Form in die Materie kommt, enthält außerdem Predigt 103.[193] Eckhart hat „den Philosophen" gut genug gekannt, um sich im ‚*Johanneskommentar*' bei seiner Antwort nicht auf Aristoteles, sondern auf andere Autoren zu berufen.

In Met. Z 7, das von drei Arten des Werdens – natürliches Werden, Werden von Artefakten, spontanes Werden – handelt, analysiert Aristoteles zunächst das substantielle Werden im natürlichen Bereich (1032a15–27): *Natürlich ist dasjenige Werden, das aus der Natur wird.*[194] Dieses Werden erläutert er anschließend nach verschiedenen Gesichtspunkten seiner Ursachenlehre: das, woraus es wird (die Materie als Materialursache), das wodurch es wird (ein von Natur Seiendes), das, was es wird: ein Mensch, eine Pflanze oder sonst etwas Derartiges. Und er schließt: *Allgemein aber ist sowohl das, woraus etwas wird, als auch das, wonach etwas wird, Natur. Denn das Werdende hat Natur, wie Pflanze oder Tier. Und das, wodurch etwas wird, ist die artmäßig bestimmte, gleichartige Natur, die in einem anderen ist. Ein Mensch nämlich zeugt einen Menschen.*[195] Mit der „gleichartigen Natur" ist die „Form", gemeint, die in einem anderen ist; aber die Frage ist noch offen, auf welche Weise in der Natur die Form „in einem anderen" ist.

Einen Hinweis darauf, dass die Präsenz, das „Vorliegen" der Form nicht verdinglichend – und nicht platonisch im Sinne einer allgemeinen Wesenheit – verstanden werden darf, gibt eine Stelle im achten Kapitel des siebten Buchs der ‚*Metaphysik*' (Z 8 1033b19–1034a8). Sie ist insofern von Bedeutung, als Aristoteles den formelhaften Satz „*ein Mensch zeugt einen Menschen*" nun im argumentativen Kontext einer Auseinandersetzung mit Platon verwendet und als entscheidendes Argument gegen dessen Ideenlehre einsetzt. Er bezieht sich zunächst (1033b19ff.) generell auf Entstehungsprozesse in der Natur wie im Bereich des Herstellens und stellt die Frage, wie man diese mit Platons Vorstellung von Ideen als subsistierender Wesenheiten erklären könne: *Gibt es nun eine Kugel außer den einzelnen Kugeln oder ein Haus außer den Steinen? Wenn es sich so verhielte, so würde nicht einmal ein einzelnes Etwas entstehen, vielmehr bezeichnet die*

---

[192] Vgl. LW III, n. 142 und 150, und unten H 4, Kap. 2,1, vgl. Pr. 103.1.

[193] DW IV, 1, S. 485,97–99. Diese Erklärung ist zugleich ein Modell für die Überformung der menschlichen Seele durch den göttlichen *intellectus agens* in der Gottesgeburt als einer übernatürlichen *nativitas;* ebd., S. 485,99f.

[194] αἱ δὲ γενέσεις αἱ μὲν φυσικαὶ αὗταί εἰσιν ὧν ἡ γένεσις ἐκ φύσεώς ἐστιν (1032a15–17).

[195] καθόλου δὲ καὶ ἐξ οὗ φύσις καὶ καθ' ὃ φύσις (τὸ γὰρ γιγνόμενον ἔχει φύσιν, οἷον φυτὸν ἢ ζῷον) καὶ ὑφ' οὗ ἡ κατὰ τὸ εἶδος λεγομένη φύσις ἡ ὁμοειδής (αὕτη δὲ ἐν ἄλλῳ; ἄνθρωπος γὰρ ἄνθρωπον γεννᾷ (1032a22–25).

Form eine Qualität, aber ist nicht ein Etwas und ein Bestimmtes, sondern man macht und erzeugt aus diesem Etwas [sc. der Materie, den Steinen] ein so Beschaffenes, und wenn es erzeugt ist, so ist es ein so beschaffenes Etwas. Dieses ganze konkrete Etwas, Kallias oder Sokrates, ist nun wie diese einzelne bestimmte eherne Kugel, der Mensch aber und das Tier ist wie eherne Kugel im allgemeinen.[196] Daraus folgert er, dass es der Ideen – *wenn es überhaupt Ideen an sich außer den Einzeldingen gibt* (1033b27f.) – im Sinne selbstständiger Wesenheiten als Ursache für die Erklärung des Entstehens einzelner Dinge nicht bedarf. Anschließend geht Aristoteles speziell auf natürliche Entstehungsprozesse ein: *bei manchen nun ist es sogar einleuchtend, dass das Erzeugende zwar von derselben Qualität ist wie das Erzeugte, aber doch nicht dasselbe, und nicht eins mit ihm der Zahl, sondern nur der Form nach, z. B. bei den natürlichen Dingen.*[197] Das heißt, bei den natürlichen Substanzen, bei denen die Ursache des Entstehens in einem anderen gleicher Form liegt, sind Erzeugtes und Erzeugendes gleichartig. Als Begründung folgt der Satz: *denn der Mensch zeugt einen Menschen, wofern nicht etwas gegen die Natur geschieht, wie wenn ein Pferd einen Maulesel erzeugt.* Mit diesem Hinweis auf Vorgänge in der Natur schließt er seine Kritik am platonischen Verständnis der Form als selbstständiger Wesenheit ab. Sie muss nicht vorausgesetzt werden, um die Kontinuität der Form im Wechsel individueller Exemplare einer Art von Lebewesen zu erklären: *Daher ist es denn offenbar, dass es nicht nötig ist, eine Form als Urbild aufzustellen (denn am meisten würde man ja in diesen Fällen es bedürfen, denn diese sind vorzugsweise Wesenheiten), sondern es genügt, dass das Erzeugende hervorbringe und Ursache der Form an der Materie sei.*[198]

Wie Aristoteles sich diese Übertragung der Form bei höheren Lebewesen denkt und wie sein – nicht verdinglichendes – Verständnis der Form als Bewegungsursache aufgefasst werden kann, geht aus seiner Zeugungslehre in *‚De generatione animalium'* (vgl. 730b8ff.) hervor. Das εἶδος wird demnach im Zeugungsvorgang durch den Samen des männlichen Parts auf die Materie, das weibliche Menstruationsblut, übertragen. Die Form fungiert dabei im Samen als codierter Bewegungsimpuls, der die stufenweise Ausbildung des Embryos in seiner jeweils artspezifischen Form und die weitere Entwicklung des Lebe-

[196] πότερον οὖν ἔστι τις σφαῖρα παρὰ τάσδε ἢ οἰκία παρὰ τὰς πλίνθους; ἢ οὐδ' ἄν ποτε ἐγίγνετο, εἰ οὕτως ἦν, τόδε τι, ἀλλὰ τὸ τοιόνδε σημαίνει, τόδε δὲ καὶ ὡρισμένον οὐκ ἔστιν, ἀλλὰ ποιεῖ καὶ γεννᾷ ἐκ τοῦδε τοιόνδε, καὶ ὅταν γεννηθῇ, ἔστι τόδε τοιόνδε; τὸ δὲ ἅπαν τόδε, Καλλίας ἢ Σωκράτης, ἐστὶν ὥσπερ ἡ σφαῖρα ἡ χαλκῆ ἡδί, ὁ δ' ἄνθρωπος καὶ τὸ ζῷον ὥσπερ σφαῖρα χαλκῆ ὅλως (1033b19–26).

[197] ἐπὶ μὲν δή τινων καὶ φανερὸν ὅτι τὸ γεννῶν τοιοῦτον μὲν οἷον τὸ γεννώμενον, οὐ μέντοι τὸ αὐτό γε, οὐδὲ ἓν τῷ ἀριθμῷ ἀλλὰ τῷ εἴδει, οἷον ἐν τοῖς φυσικοῖς (1033b29–32).

[198] ὥστε φανερὸν ὅτι οὐθὲν δεῖ ὡς παράδειγμα εἶδος κατασκευάζειν (μάλιστα γὰρ ἂν ἐν τούτοις ἐπεζητοῦντο· οὐσίαι γὰρ αἱ μάλιστα αὗται) ἀλλὰ ἱκανὸν τὸ γεννῶν ποιῆσαι καὶ τοῦ εἴδους αἴτιον εἶναι ἐν τῇ ὕλῃ (1034a2–5).

wesens verursacht.[199] Der weibliche Zeugungsbeitrag, die Materie, hat Anteil an der Ausbildung der individuellen Züge der Nachkommen (767b24–29).

Voraussetzung dafür, dass ein neues Lebewesen, ein substantielles Sein entsteht, ist also keine transzendente Idee, auch kein göttlicher *dator formarum* als Schöpfer, sondern ein anderes Individuum derselben Art, in dem die Form schon da ist: *Dasjenige nun, was bewegende Ursachen sind, besteht schon vorneweg* (1070a21).

Aber auf welche Weise ist die Form im Lebewesen da? Diese Frage behandelt Aristoteles in ‚*Metaphysik*' Theta 8 mit Hilfe der ontologischen Begriffe δύναμις und ἐνέργεια: So entsteht zwar ein Lebewesen, ein ἐνεργείᾳ Seiendes, aus etwas, das zunächst nur „der Möglichkeit nach", δυνάμει, Lebewesen ist: *Denn was in Wirklichkeit* (ἐνεργείᾳ) *ist, wird jedesmal aus dem dem Vermögen nach Seienden durch etwas, das in Wirklichkeit* (ἐνεργείᾳ) *ist, z. B. der Mensch durch einen Menschen* (1049b24–26). Auf diese Weise sichern Lebewesen, die „zufolge der inneren Zweckmäßigkeit der Natur werden und als Glieder der Natur selbst wieder Prinzip der Bewegung sind [...] im Kreislauf der Natur den Bestand ihrer Arten, das heißt aber Aristotelisch ihrer Formen".[200] Und nach Erich Frank wird für Aristoteles der Satz „*Ein Mensch zeugt einen Menschen*" zum „formelhaften Ausdruck für das wahre Wesen des Begriffs und des Seins überhaupt, für die Kreisform der physis".[201] Oehler stimmt dieser Interpretation des aristotelischen Satzes zu, macht sie zum Ausgangspunkt seiner eigenen Untersuchung und verbindet sie mit einer Kritik an dem „nur noetischen" Verständnis des Wesens- oder Artbegriffs durch sprachanalytische Deutungen. Als „Ausdruck für das wahre Wesen des Begriffs und des Seins überhaupt" hat die Formel für ihn paradigmatischen Charakter. „Denn in der Fortpflanzung der Lebewesen einer bestimmten Art spaltet sich der allgemeine Artbegriff in immer neue Individuen dieser Art auf und verwirklicht so immer mehr sein wahres Wesen, nämlich seine zeitlose Allgemeinheit, und zwar mit einer Konstanz, wie sie nur in der Natur Wirklichkeit wird" (ebd., S. 267). Für Oehler hat die aristotelische Auffassung von der „Ungewordenheit und Unvergänglichkeit der Form [...] ihren unverkennbaren Ursprung und ihren erfahrungsmäßigen Rückhalt in der Anschauung der organischen Natur" (ebd., S. 266).

(2) Bewegende Ursache ist die Seele im Lebewesen, nach Aristoteles, außerdem auch für quantitative und qualitative Veränderungen, die mit Wachstum und Entwicklung einhergehen (αὔξησις und ἀλλοίωσις). Diesen Aspekt behandelt er in Kap. 4 in Auseinandersetzung mit Vorgängern. Durch seine Abgrenzung arbeitet er an dieser Stelle einen Punkt heraus, der für sein Verständnis der Seele als eines die Entwicklung des Lebewesens steuernden Prinzips, das den Gesamtorganismus in einer Art „Fließgleichgewicht" hält,

---

199 Vgl. Höffe (Hg.), 2005, eidos (Rapp, Wagner), S. 156; Oehler, 1962, S. 271.
200 Oehler, 1962, S. 266.
201 Erich Frank, zitiert nach Oehler, 1962, S. 262.

charakteristisch und darin erstaunlich modern ist: Um die spezifische Leistung der Seele als Wirkursache zu bestimmen, grenzt Aristoteles sich von der Meinung ab, dass das Feuer die Ursache von Wachsen und Nähren sei. Das Feuer sei zwar Mitursache, συναίτιον – Verbrennungsvorgänge tragen ihren Teil zum Wachsen bei – aber es ist nicht wie die Seele Ursache; denn das Feuer wächst ins Unbegrenzte, solange es etwas Brennbares in seiner Nähe gibt.[202] Die Seele aber ist in der Lage, die Balance zu halten, indem sie Maß und Grenze – πέρας und λόγος – setzt.[203] Sie ist die steuernde Kraft, die den Organismus in einer „dynamischen Stabilität"[204] erhält.

Scholion 6

Aristoteles: Die Seele als Bewegungsursache

- Die Seele qua Form als Ursache substantiellen Entstehens und akzidentellen Werdens lebender Substanzen
- Die Weitergabe der Form als ‚codierter Bewegungsimpuls' im Zeugungsprozess: *der Mensch zeugt einen Menschen*
- Voraussetzung der Weitergabe der Form: die Existenz eines Individuums der gleichen Art (als ἐνεργείᾳ ὄν)

Eckhart: Die Depotenzierung der Seele als Ursache des Lebens und ihre Erhöhung als ‚Ort' der Gottesgeburt

- Gott als alleinige Ursache substantiellen Hervorbringens
- Die Weitergabe der Form: Eingießen *der Seele als Form des Leibes* im Zeugungsakt durch den *dator formarum* (Predigt 103; Joh.Komm. n. 150); Voraussetzung der Weitergabe: *Bereitsein der Materie* (Predigt 103)
- Übertragung des Modells von der natürlichen *nativitas* auf die übernatürliche *nativitas* in der Gottesgeburt: Überformung der Seele durch Gott (Pr. 103,104; Joh.Komm. n. 155); ihre Voraussetzung: die *(mügelîche) enpfenclicheit* der Seele (Pr. 103); *dispositio quae est necessitas ad formam* (Joh.Komm. n. 149)

202 Vgl. Uwe Voigt, Aristoteles und die Informationsbegriffe. Eine antike Lösung für ein aktuelles Problem?, Würzburg 2008, S. 183f.

203 Der Aspekt des Gleichgewicht-Haltens, des Maß-und-Grenze-Setzens ist auch eine wichtige Leistung speziell der menschlichen Seele in ihrem Verhältnis zum Strebevermögen und ein Eckpunkt des Konzepts der μεσότης in der aristotelischen Ethik.

204 Ausdruck nach Regine Kather, Was ist Leben. Philosophische Positionen und Perspektiven, Darmstadt 2003, S. 109.

Exkurs 1: Die Synonymität von ‚Seele' und ‚Leben' bei Aristoteles und ihre neuzeitliche Transformation

Platon und Aristoteles stimmen bei aller Verschiedenheit ihrer Seelentheorie darin überein, dass sie, anders als die Vorsokratiker, eine scharfe Trennungslinie zwischen belebten und unbelebten Dingen ziehen. Platon geht ausdrücklich von einer Synonymität von ‚Seele' und ‚Leben' aus. Körper, die eine Seele haben, haben Leben; was beseelt ist, lebt, und was lebt, ist beseelt. Den Lebewesen – Pflanzen, Tieren, Menschen – stehen die leblosen Dinge und Artefakte gegenüber, Steine, Häuser, Säulen. Im ‚Phaidon' antwortet Kebes auf die Frage des Sokrates, was in einem Körper sein müsse, damit er Leben habe: „die Seele", sagte er. Und er stimmt auch den weiteren Ausführungen des Sokrates zu: *Die Seele nimmt ein Wesen in Besitz heißt demnach stets: sie kommt an es heran und bringt das Leben mit.*[205]

Eine grundlegende Philosophie des Lebendigen hat aber erst Aristoteles ausgearbeitet – ‚*De anima*' lässt sich als „eine Art Fundamentalphilosophie oder Metaphysik des Lebendigen"[206] verstehen. In dieser Schrift entwickelt Aristoteles sein Programm in Auseinandersetzung mit den Ansätzen von Vorsokratikern und mit Platon, die das Lebendigsein beseelter Körper nicht erklären könnten. Gegen den Physikalismus der Vorsokratiker wendet er ein, dass sie durch ihren Leitsatz „Gleiches durch Gleiches" die Seele materialisierten, indem sie körperliche und seelische Bewegungen aneinander anglichen; gegen den Dualismus Platons, dass er über ein bloßes Nebeneinander von Körper und Seele nicht hinauskomme.

Das konstitutive Merkmal lebendiger Substanzen im Unterschied zu nicht lebendigen sieht Aristoteles in einer bestimmten funktionalen Struktur, d. h. darin, dass sie, solange sie leben, immer wieder aus sich heraus tätig werden können und in einem mehrfachen Sinn – der Selbsterzeugung und der Selbstregulierung – autopoietisch organisiert sind. Diese in allen Lebewesen wirkende Ordnungsstruktur, die bedingt, dass aus einzelnen Komponenten ein funktionierendes Ganzes wird, das seinerseits von ihnen und ihren Funktionen erhalten wird, bezeichnet Aristoteles mit dem Begriff der Seele. Er steht bei ihm für die Selbstursächlichkeit des Organismus, der von Anfang an ein Ganzes ist. Einen wichtigen Aspekt lebender Wesen (und damit auch der Spezies Mensch), dass sie ein Verhältnis zu sich selbst haben, nimmt Aristoteles in seiner Ethik auf. Das Leben ist für sie nicht nur „Wozu", das, was sie ständig hervorbringen müssen, um zu sein, sondern auch ihr „Worumwillen", d. h. das, was sie wollen, wonach sie streben. In dem affirmativen Verhältnis zu sich selbst ist der Mensch ein Teil der Natur. Von den anderen Lebewesen zeichnet

205 Ψυχὴ ἄρα ὅτι ἂν αὐτὴ κατάσχῃ, ἀεὶ ἥκει ἐπ' ἐκεῖνο φέρουσα ζωήν (105d3–5).

206 Höffe, 2006, S. 138.

er sich dadurch aus, dass er mit dem νοῦς über besondere Möglichkeiten verfügt, sein Leben zu gestalten und zu regulieren und mit seiner Umwelt und mit Lebewesen seiner Art zu interagieren.

Ein wesentliches Merkmal von Aristoteles' Konzept des Lebendigen, mit dem er einen Mittelweg zwischen dualistischen und physikalistischen Positionen sucht, ist also, dass Körper und Seele im Lebewesen eine Einheit bilden, ist, wie Thomas Fuchs formuliert, die „Koextensivität von ‚Seele' und ‚Körper'",[207] und dass der Begriff des Lebens sich auf dieses Ganze bezieht. Damit hängt ein weiteres Merkmal von Aristoteles' Verständnis des Lebewesens – und damit auch des Menschen – zusammen: seine Zugehörigkeit zur Welt. Der lebendige Organismus befindet sich von Anfang an in einem Austausch mit seiner Umwelt. Aristoteles beschreibt dieses Verhältnis in ‚*De anima*' eindrücklich – wenn auch mit Mitteln seiner Zeit – nicht einfach als einseitiges Einwirken, sondern als das eines Stoffaustauschs, eines Umwandlungsprozesses, etwa am Beispiel elementarer Lebensfunktionen des Stoffwechsels oder, auf höheren Stufen, der Wahrnehmung und des Erkennens, die er jeweils auch als unterschiedliche Formen der Interaktion des Lebewesens mit seiner Umwelt zu erklären sucht. Darin liegt auch die Bedeutung der vorrangigen Untersuchung ihrer Objekte für seine phänomenologische Beschreibung der Vermögen von Lebewesen.

In der Neuzeit negiert Descartes den Zusammenhang von Seele und Leben. Er geht nicht mehr von der traditionellen Dichotomie der Seienden in leblose Dinge und Lebewesen aus, die wiederum in geistlose und geistbegabte eingeteilt werden, sondern nimmt eine andere Kategorisierung vor. Dabei ist die Frage nach dem Verhältnis von Körper und Seele und ihrer Verschiedenheit zentral, in ihrer Wichtigkeit vergleichbar, wie er in den ‚*Meditationes*' sagt, der Frage nach der Existenz Gottes. In seiner neuen Segmentierung der Wirklichkeit unterscheidet er streng dualistisch *res extensae*, die er wiederum in lebende und leblose Wesen gliedert, und denkende Wesen, *res cogitantes*, zu denen rein geistige Wesen und geistige Wesen mit einem Körper gehören. Die lebenden, nicht-menschlichen Wesen – Tiere, Pflanzen – zählen zu den *res extensae*, während die menschliche Seele auf die Seite der *res cogitans* wandert. Alle Vorgänge in der *res extensa* sind, nach Descartes, seelenlos – Tiere und Pflanzen leben zwar, haben aber keine Seele – und können daher mechanisch erklärt werden wie die Ereignisse in der unbelebten Natur. Tiere und Pflanzen sind Automaten. Descartes lässt es nicht gelten, wenn man zwischen lebenden und leblosen Dingen einen größeren Unterschied feststellt als zwischen einer Uhr oder einem anderen Automaten und einem Schlüssel oder einem Instrument, das sich nicht von selbst bewegt.[208] Lebewesen seien zwar komplizierter aufgebaut als leblose Körper, die ohne jede Empfindung sind; aber Lebewesen bleiben

207 Fuchs, 2020, S. 246.
208 Vgl. den Brief an Regius, zitiert nach Schark, 2005, S. 303f.

trotzdem Maschinen, nur eben „empfindungsfähige Maschinen“. Damit fällt die Grenze zwischen belebter und unbelebter Natur.

Diese mechanistische Interpretation des Lebens nach einem Maschinenmodell zwingt Descartes dazu, den Begriff der Seele neu zu definieren, wenn er nicht die Existenz der menschlichen Seele gänzlich leugnen will. Schließlich gehört das Thema ‚menschliche Seele‘ für ihn zu den wichtigsten Themen überhaupt. Tierseelen haben dagegen weder etwas zu fürchten noch zu hoffen. Wenn aber die Seele nicht mehr zur belebten Natur gehört, wie ist dann ihr Wesen zu definieren? Die Seele ist, nach Descartes, Geist, Denken, Bewusstsein, ihre wesentliche Eigenschaft *cogitatio;* und diese funktioniert nicht nach mechanischen Gesetzen, weil Denken kein körperlicher Vorgang ist. Als *res cogitans* ist die Seele eine immaterielle Substanz und agiert nach eigenen Gesetzen. Insgesamt betrachtet, „bin ich also genau nur ein denkendes Wesen, d. h. Geist“.[209] Nur als Geist gibt es noch die Seele; der Geist ist nicht ein Teil der Seele neben dem Vegetativen und Sensitiven, sondern „die ganze Seele“ als denkende Substanz. Descartes nimmt mit diesem Übergang von der Seele zur *res cogitans* der Seele das Leben und macht sie zum „entleiblichten“ Geist. Er begründet seine These mit einem metaphysischen und einem naturphilosophischen Argument. Denn – so das metaphysische Argument – denkende Wesen könnte es auch geben, wenn es keine Körper gäbe. Das naturphilosophische Argument rekurriert auf die These, dass keine Maschine sprechen und denken kann.

Mit seinem dualistischen Ansatz und seiner radikalen mechanistischen Erklärung der Lebensvorgänge wendet Descartes sich gegen die „aristotelische Seelenlehre“ und grenzt sich scharf von der zeitgenössischen Psychologie und Physiologie ab. Diese basierte auf der durch den Neuplatonismus vorbereiteten, ihre christliche Rezeption erleichternde Einbindung der aristotelischen Ursachenlehre in ein „System von Ursachen“ (Beierwaltes), in dem alles lebende Seiende als Ursache und Verursachtes letztlich aus dem Sein einer *causa prima* hervorgeht, und auf der entsprechenden schöpfungstheologisch begründeten Trennung von Wesen und Vermögen der Seele. Mit dieser scholastischen Unterscheidung hing zusammen, dass alle natürlichen Vorgänge im Lebewesen auf die Seele zurückgeführt und dadurch Erklärungen auf materieller Grundlage ersetzt wurden, was ihrer empirischen Erforschung im Wege stand.[210] Die Unterscheidung war Grundlage einer „Vermögenspsychologie“, die Descartes als nicht notwendig, unsinnig und unplausibel ablehnte. Die Annahme einer Vielzahl von Vermögen der Seele wies er zurück; denn sie könne die Vorgänge,

---

[209] René Descartes, Meditationes de prima philosophia, zitiert nach Helmut Holzhey, Die Austreibung der Seele aus den metaphysischen Diskursen in der Philosophie der Neuzeit, in: Abschied vom Seelischen. Erkundungen zum menschlichen Selbstverständnis, hg. v. Hans-Ulrich Rüegger u. a., Zürich 2013, S. 147.

[210] Vgl. Schark, 2005, S. 252.

die sich nicht wesentlich von Vorgängen in der unbelebten Natur unterschieden, nicht erklären. Was den Menschen betrifft, versuchte er nicht direkt zu zeigen, „dass der menschliche Körper eine Maschine ist. Seine Methode ist vielmehr, eine Maschine zu beschreiben, die bestimmte Eigenschaften aufweist, um dann weiter zu argumentieren, dass sich diese Maschine von einem menschlichen Körper in keinem wesentlichen Punkt unterscheidet“[211].

Mit der Aufhebung der Synonymität von Seele und Leben werden in der Folgezeit Lebewesen immer mehr nach einem Maschinenmodell erklärt. Lebende und leblose Körper sind beide ohne Seele und unterscheiden sich nur wie funktionierende und defekte Maschinen. Während aber Descartes Lebewesen noch als analog zu Maschinen verstand, setzen Lamettrie und d'Holbach Lebewesen und Maschinen gleich. Lebendes wird auf Anorganisches zurückgeführt und mechanistisch erklärt. Sie gleichen nicht nur Automaten, sondern sind Automaten.[212]

Eine schöpfungstheologisch begründete Unterscheidung zwischen Wesen und Vermögen der Seele gibt es bei Aristoteles nicht. Es ist für ihn vielmehr ein bestimmendes Merkmal des Lebendigen, dass „das Sein und das Tun in einer autopoietischen Einheit [...] untrennbar“[213] verbunden sind. Das Werk der Seele als „Wesen“ lebender Substanzen besteht darin, das Ganze als operative Einheit zu erhalten. Sie ist für Aristoteles eher „Inbegriff der Vermögen“ (Schark, ebd., S. 252) eines Lebewesens.[214] Sein Verständnis der Einheit von Wesen und Vermögen erläutert er in *De anima* B 1 am Beispiel von Auge und Sehkraft: *Wäre das Auge ein Lebewesen, so wäre die Sehkraft seine Seele.*[215] Einer empirischen Untersuchung der physiologischen Vorgänge in den verschiedenen Organismen, ihrer einzelnen Komponenten und deren Zusammenwirken, steht dies nicht im Wege. Mentale Zustände und Aktivitäten, können, wie Aristoteles insbesondere am Beispiel des Zornes zeigt, nicht ohne Bezug auf bestimmte körperliche Ver-

---

211 Ansgar Beckermann, Descartes' metaphysischer Beweis für den Dualismus – Analyse und Kritik, Freiburg/Br. 1986, S. 22.

212 Im 19. Jahrhundert erhielt dieser mechanistische Lebensbegriff durch neue Entwicklungen in Chemie und Molekularbiologie erheblichen Aufschwung. Schließlich verbanden sich zu Beginn des 20. Jh. Maschinentheorie und Chemie. Das Leben ist ein Mechanismus, das mit einer Maschinentheorie erklärt oder als Molekularmechanismus verstanden werden kann. Seit der Mitte des 19. Jh.s setzte sich eine mechanistische Biologie auf breiter Front durch, vgl. Wolfgang F. Gutmann, Klaus Bonik, Kritische Evolutionstheorie: ein Beitrag zur Überwindung altdarwinistischer Dogmen, Hildesheim 1981.

213 Vgl. Humberto Maturana, Francisco Varela, Der Baum der Erkenntnis, Bern u. a. ^{2}1987, S. 56.

214 So versteht auch Schark, S. 252, Anm. 24, das Verhältnis von Seele und Fähigkeiten bei Aristoteles; nach Beckermann, Das Leib-Seele-Problem, Paderborn, ^{2}2011, S. 15, bleibt die Frage, ob die Seele „Inbegriff dieser Fähigkeiten oder ihr Grund“ ist, offen.

215 εἰ γὰρ ἦν ὁ ὀφθαλμὸς ζῷον, ψυχὴ ἂν ἦν αὐτοῦ ἡ ὄψις (412b18f.).

änderungen definiert werden.[216] Der Konflikt zwischen der cartesianischen und der aristotelischen Konzeption von Lebewesen scheint eher in der unterschiedlichen Antwort auf die Frage zu liegen, „ob die jeweilige Struktur des Körpers eines Lebewesens dessen Verhalten unter je bestimmten Umweltbedingungen *determiniert* oder bloß *ermöglicht*“,[217] d. h. ob die Erklärung der physiologischen Vorgänge im Organismus – die objektivierende Perspektive der 3. Person – die einzige ist, die wir auf Lebewesen haben bzw. haben sollten, wenn wir sie verstehen wollen.

Die cartesianische Trennung der Seele vom lebendigen Körper und ihre Verbindung mit der *res cogitans*, dem Geist, waren nicht nur für das Verständnis von Lebewesen, sondern auch das Selbstverständnis des Menschen, der zunehmend zum Objekt naturwissenschaftlicher Erkenntnis wurde,[218] folgen-

216 Vgl. Stephan Herzberg, Was ist Aristotelischer Hylemorphismus?, in: Verkörpert existieren. Ein Beitrag zur Metaphysik menschlicher Personen aus dualistischer Perspektive, hg. v. Patricia Wallusch und Heinrich Watzka, Münster/W. 2015, S. 106.

217 Marianne Schark, Der aristotelische Begriff des Lebewesens, in: Die menschliche Seele: Brauchen wir den Dualismus?, hg. v. Bruno Niederbacher und Edmund Runggaldier, Heusenstamm 2006, S. 191; dort heißt es weiter: „Der Mechanist Descartes scheint das erstere anzunehmen, wenn er Lebewesen als Automaten gleiche Wesen bezeichnet.“

218 Ein wesentlicher Anstoß für die Begründung der Psychologie als empirischer Wissenschaft im 19. Jahrhundert war Kants Kritik an der „Rationalen Psychologie“ als einer metaphysischen Disziplin. Die transzendentale Apperzeption als Bedingung aller Erfahrung (vgl. ‚*Kritik der reinen Vernunft*‘ B 132f.) rechtfertigt, nach Kant, nicht die Annahme einer immateriellen, unsterblichen Substanz, der Seele. Das hieße das logische Subjekt mit dem realen verwechseln. Das transzendentale Subjekt der Gedanken sei kein Objekt, von dem wir einen Begriff haben können. Wir wissen von ihm nur als stets vorauszusetzendem Akt, als begleitendem Prinzip. Das „Ich denke“ ist etwas Bleibendes nur in seinen wechselnden Gedanken, es gibt von ihm keine Anschauung als Substanz.
Einer der „Gründerväter der modernen Psychologie“ war, neben Gustav Th. Fechner, der Nachfolger Kants auf dem Lehrstuhl in Königsberg, Johann F. Herbart. Er setzte sich in seiner ‚Psychologie als Wissenschaft‘ zum Ziel, „eine Seelenforschung herbeyzuführen, welche der Naturforschung gleiche“ (Königsberg 1824, S. 1). Er analogisiert Psychologie und Physik. Wie der Gegenstand der Physik, die Natur, sich aus Elementen aufbaut, so lässt sich auch in der Psychologie das psychische Geschehen auf kleine Einheiten, Elemente, zurückführen, zwischen denen, analog wie in der Natur, Ursache-Wirkungs-Relationen bestehen, die mathematisch dargestellt werden können. Diese Elemente sind für Herbart die Vorstellungen, die in uns in unermesslich vielen Verbindungen vorliegen. Psychologie ist die Physik der inneren Erfahrung, „Mechanik des Geistes“ (ebd., S. 373), der eine „Maschine“ ist, die ganz aus Vorstellungen erbaut ist.
In seinen ‚Elementen der Psychophysik‘ (1860) definiert Fechner Psychophysik als die „exacte Lehre“ von den funktionellen Beziehungen zwischen Leib und Seele (S. 8–12) und von der mathematischen Berechnung der Relation von Reiz und Empfindung. Die Psychologie muss sich wie die Physik auf Erfahrung und mathematische Verknüpfung von Erfahrungsdaten gründen, um so eine Formel zu finden, mit der psychische Größen physikalisch gemessen werden können. Nur das Physische kann aber unmittelbar gemessen werden, das „Mass des Psychischen erst in Abhängigkeit davon“. Diese Abhängigkeit beschreibt das Weber-Fechnersche-Gesetz mit seiner „Massformel“ (vgl. S. 130–136). Es bil-

reich und für alle nicht nur eine Befreiung. Denn die konsequente Anwendung eines „mechanistischen Forschungsprogramms" (Schark) auf den Menschen selbst führte à la longue über dualistische hinaus zu reduktionistischen Positionen. Diese Weiterentwicklung thematisiert Thomas Fuchs in der Einleitung zu seinem Band „Die Verteidigung des Menschen". Sie manifestiere sich gegenwärtig im „computermorphen Verständnis" der menschlichen Intelligenz und des Menschen insgesamt als Maschine sowie, im Zusammenhang mit den Fortschritten der Neurowissenschaften, in der Auffassung der menschlichen Subjektivität als „Epiphänomen von Hirnprozessen". Damit werde auch die ursprüngliche „Idee personaler Freiheit" eliminiert[219] - eine Variante des Phänomens: die „Revolution frisst ihre Kinder".

Der oben genannte Konflikt liegt damit aktuell in unterschiedlichen Antworten auf die Frage: Sind neuronale Teilsysteme und -prozesse hinreichende oder sind sie nur notwendige Bedingungen für die Realisierung menschlicher Handlungen? Fuchs beantwortet sie, bewusst an den aristotelischen Grundgedanken anknüpfend, dass der Mensch „kein dualistisch zweigeteiltes Wesen aus Geist und Körper ist, sondern v. a. ein Lebewesen aus Fleisch und Blut, als solches aber zugleich erlebend und seiner selbst bewusst" (ebd., S. 14), stark akzentuierend, so: „die hinreichende Bedingung ist nichts anderes als der lebendige Organismus mit seinen Muskeln, Sehnen, Nerven und Neuronenverbänden, *der ich bin* [...]. In jeder bewussten Tätigkeit [...] wirkt die lebendige Person selbst als integrale Ursache dieser Tätigkeit" (ebd., S. 215). Mentales wirkt dabei nicht als „externe Kraft auf Hirn- oder Körperprozesse ein, sondern es wirkt als Formprinzip in ihnen und durch sie" (ebd.).

Seinen Ansatz, zu dem auch das Konzept einer „handlungsbezogenen Kognition" gehört,[220] bezeichnet er selbst als „Humanismus des lebendigen, verkörperten Geistes" (ebd., S. 14). Mit ihm verbunden ist eine „Neubegründung des Lebensbegriffs auf der Basis der leiblichen Selbsterfahrung ebenso wie einer systemischen Biologie". Dies ist für Fuchs die „zentrale Voraussetzung dafür, die naturalistische Aufspaltung der Person in Physisches und Mentales zu überwinden" (ebd., S. 248). Damit wendet er sich sowohl gegen den cartesianischen Dualismus als auch gegen den eines neurobiologischen Konstruktivismus.

Beide beruhen, nach Fuchs, auf einer „doppelten ‚Entleiblichung'" (ebd., S. 247). Diese besteht erstens in der Objektivierung des lebendigen Körpers zu einem - aus der Perspektive der 3. Person zu erforschenden - „bloßen Körperding"; zweitens in der Hypostasierung des leiblichen Subjekts zu einem „Bewusstseins-Ich", das in eine mentale Innenwelt eingeschlossen ist und dem nur

det in der Folgezeit eine Grundlage der experimentellen Psychologie (vgl. Sachs-Hombach, 1993, S. 260–268).

219 Fuchs, 2020, S. 14f.

220 Nach Fuchs auch eine bereits „aristotelische Einsicht".

die Perspektive der 1. Person bleibt. Damit gehen zwei Aspekte verloren: „die Perspektive der 2. Person, die lebensweltliche oder die Teilnehmer-Perspektive, und das Prinzip des Lebens, das dem Organismus als ganzem zukommt". In der Folge ergibt sich dann, so Fuchs, der neurobiologische Reduktionismus „aus einem Kurzschluss zwischen 1. und 3. Person-Perspektive, nämlich zwischen dem abstrahierten Bewusstsein und dem objektivierten Körper bzw. dem Gehirn als seinem *pars pro toto*". Dagegen wendet er sich mit einem Satz, der wie das Argument des Thomas von Aquin gegen Averroes klingt: nicht der Intellekt, sondern der Mensch denkt.[221] „Doch es ist nicht das Gehirn, das fühlt, denkt, wahrnimmt oder sich bewegt, sondern nur das Lebewesen, der lebendige Organismus als ganzer" (ebd., S. 248).

Der nicht dualistische Ansatz von Fuchs bedingt eine andere Sicht sowohl auf das Verhältnis des Menschen zu sich selbst als auch auf sein Verhältnis zur Welt. Dabei greift er wiederholt auf aristotelische Überlegungen und Modelle zurück: In seiner Abgrenzung gegenüber dualistischen Positionen benutzt er z. B. einen Vergleich aus ‚*De anima*' B 1: „Es ist der eigene Leib, den wir bewohnen, jedoch nicht wie der Kapitän sein Schiff [...], sondern in der Weise, dass wir selbst dieser Leib sind – in der räumlichen Ausdehnung und Meinhaftigkeit der leiblichen Empfindungen, in der gespürten Beweglichkeit der Glieder und in allen leiblichen Fähigkeiten, durch die wir mit den Dingen der Welt umgehen" (ebd., S. 235). Der Leib ist nicht das Objekt, das der Geist von außen steuert. Auch in seiner positiven Bestimmung dieses Selbstverständnisses knüpft Fuchs an das aristotelische Modell einer Einheit von Seele und Körper an, von der Aristoteles in B1 sagt, dass sie im Lebewesen derart sei, dass es keinen Sinn mehr mache, zu fragen, ob Seele und Körper, ob Materie und der aus Materie gebildete Gegenstand eins seien (vgl. 412b6). Diese aristotelische Auffassung einer „Koextensivität von ‚Seele' und ‚Körper'" sieht Fuchs auch bei Meister Eckhart und Thomas von Aquin fortwirken (ebd., S. 245, Anm. 8). Er betont, dass es bei seinem neuen Ansatz gerade nicht um eine Revitalisierung des „Gespensts in der Maschine" (ebd., S. 245), gehe – dieser Begriff ist Ausdruck dualistischen Denkens – und verweist darauf, dass die Formulierung seines Konzepts gerade mit einer „nicht dualistischen Begrifflichkeit" erfolge: „An die Stelle der außerweltlichen cartesischen Seele oder *res cogitans* tritt der subjektive, räumlich ausgedehnte Leib. Und an die Stelle des physikalistisch als bloße *res extensa* verstandenen Körpers tritt der lebendige Organismus: Er stellt ein einheitliches Funktionsganzes dar, das unteilbar und gleichwohl im physikalischen Raum ausgedehnt ist – in Parallele zum subjektiven Leib und dessen unteilbarer Ausdehnung". Nach Fuchs muss ein adäquater Begriff des Lebendigen beide Aspekte umfassen – die Perspektive der 1. und der 3. Person – beide hängen nicht nur äußerlich zusammen. Das „Lebewesen als Ganzes erscheint

[221] Thomas (H 2, Kap. 2.5) scheint sich damit auf einen Satz von Aristoteles zu berufen: „nicht die Seele zürnt, sondern der Mensch".

einmal als lebendiger, empfindender und zugleich expressiver Leib, das andere Mal als lebendiger Organismus". Der physikalisch zu beschreibenden Welt muss demnach „keine Seelensubstanz" hinzugefügt werden. Für das Bild des Menschen von sich selbst aber ergibt sich gegenüber dualistischen oder reduktionistischen Positionen eine „fundamentale Veränderung": „Wir sind keine im Gehirn eingeschlossenen Monaden mehr, denen ein Bild der Welt vorgespiegelt wird, sondern *wir bewohnen unseren Leib und durch ihn die Welt*" (ebd., S. 246f.).

Was das Verhältnis des Menschen zur Welt anbetrifft, so ist sie für die neurokonstruktivistische Erkenntnistheorie nur ein „internes Konstrukt des Wahrnehmungssystems oder des Gehirns" (ebd., S. 158), und unsere Wahrnehmung nur eine „illusionäre und täuschungsanfällige Konstruktion subjektiver Wirklichkeiten" (ebd., S. 15). Mit dem Hinweis auf eine Vielzahl von physiologischen Mechanismen begründet Fuchs seine Gegenposition. „Das Lebewesen bildet in der Wahrnehmung mit seiner Umwelt ein übergreifendes System" (ebd., S. 154). Es handelt sich nicht um eine einseitige Beziehung, in der das Subjekt sich die Wahrnehmungsgegenstände der Welt schafft; vielmehr findet in der Wahrnehmung eine „sensomotorische Interaktion mit der Umwelt" statt (ebd).[222] Diese wird, so Fuchs, gesichert, „objektiviert" durch eine in der menschlichen Wahrnehmung implizite Intersubjektivität (ebd., S. 159). Menschen haben, wie er mit Verweis auf George H. Mead hervorhebt, im Unterschied zu anderen Lebewesen die Fähigkeit zur Reflexion und damit die Möglichkeit, auch die Perspektiven anderer zu berücksichtigen. Die von einem einzelnen wahrgenommenen Dinge können immer zugleich auch von anderen wahrgenommen werden, so erhält die subjektive Wahrnehmung durch die Teilnehmerperspektive „ihre prinzipielle (wenn auch im Einzelfall zu korrigierende) Objektivität". Im Anschluss an die phänomenologischen Untersuchungen Husserls weist Fuchs darauf hin, dass in jeder individuellen Wahrnehmung, die aus einer besonderen Perspektive gemacht wird – z. B. die Vorderseite eines Tisches – bereits andere Perspektiven – etwa dessen Rückseite – ergänzt und in den Wahrnehmungsakt integriert werden. Diese „mitgesehenen Ansichten" enthalten schon selbst eine „latente Intersubjektivität". Der Gegenstand, der gleichzeitig von anderen aus anderen Perspektiven betrachtet werden kann, erhält seine Objektivität gerade durch die „Vielfalt anderer Perspektiven" (ebd., S. 159).

Mit seinem Ansatz einer „verkörperten Anthropologie" vermittelt Fuchs eine phänomenologisch und naturwissenschaftlich gestützte Sicht auf den Menschen, sein Verhältnis zu sich selbst, seine Mitmenschen und zur Welt, die Aristoteles durchaus verwandt ist. Sie ist eine ebenso dezidierte wie ambitionierte Position gegen dualistische und reduktionistische Positionen und sie ist auch der Versuch, „Vertrauen in die gemeinsame Lebenswelt" wieder zu ge-

222 Eine „Interaktion" zwischen Wahrnehmung und Wahrgenommenem nimmt auch Aristoteles an (s. u. Wahrnehmungsakt als „Vollendung" und ἐνέργεια-Identität).

winnen (ebd., S. 15), in der nicht einfach jeder seine eigenen Wahrheiten konstruiert.

Exkurs 2: Funktionalistische Aspekte der aristotelischen Seelenlehre und moderne Umdeutungen

Der Funktionalismus versucht einen Weg zwischen Monismus und Dualismus zu gehen. Die Gleichsetzung von mentalen und neuronalen Zuständen in der Identitätstheorie weist er zurück und behauptet im Gegenzug, dass mentale Zustände funktionale Zustände in einem System und als solche durch ihre kausale Rolle bestimmt sind. Er reduziert einerseits Aussagen über Psychisches nicht auf Aussagen über Physisches, vermeidet aber andererseits den Dualismus dadurch, dass er psychische Zustände stets in physischen realisiert sieht, sie aber als funktionale Organisationsweisen nicht mit physischen Zuständen identifiziert.

Die Unterscheidung von funktionaler und physikalischer Ebene bildete für Hilary Putnam in den 60er Jahren die Brücke zur aristotelischen Seelenlehre. Sie ist für ihn das erste Beispiel einer funktionalistischen Interpretation des Verhältnisses von Körper und Geist. „My view was substantially the same as Aristotle's."[223] Dieser verfahre nicht reduktionistisch, verfalle aber auch nicht in einen Dualismus. Wie der Funktionalismus zwischen physischer und funktionaler Ebene unterscheide, unterscheide Aristoteles zwischen Stoff als dem, woraus etwas besteht, und der Form, die als „funktionale Organisationsstruktur" verstanden werden kann. Diese sei nicht auf physische Zustände zurückführbar und in kontingenter Weise mit dem Stoff verbunden, sie habe aber eine bestimmte Breite ihrer möglichen materiellen Realisierungen.

In der Folgezeit wurde Aristoteles in der Philosophy of mind als erster Funktionalist gefeiert, und das auf den ersten Blick nicht ohne Grund. So erklärt Aristoteles in ‚*De anima*' sein Verständnis der Form als erster Wirklichkeit eines natürlichen organischen Körpers am Beispiel eines Beils, d. h. an dessen Vermögen, Holz zu spalten, und am Beispiel des Auges, d. h. an dessen Sehfähigkeit. In einer Passage der ‚*Meteorologie*' geht Aristoteles noch weiter: *Alle Dinge sind bestimmt durch ihre Funktion; denn nur, was seine Funktion erfüllen kann, hat in Wahrheit eigenes Sein, z. B. ein Auge nur, wenn es sieht* (390a10–13).[224]

---

[223] Hilary Putnam, Philosophy and our mental life, in: ders., Mind, Language and Reality. Philosophical Papers 2, Cambridge 1975, Introduction, S. XIV.

[224] Übers. nach Theodor Leiber, Funktionalismus und Emergenz in Aristoteles' naturphilosophischer Psychologie, in: PhJb 102 (1995), S. 386.

Aristoteles verstärkt diese Aspekte noch durch ein Lehrstück, das die funktionalistische Interpretation seiner Seelenlehre zu bestätigen scheint: das Homonymieprinzip[225]. Würden das Beil seine Schneidefähigkeit und das Auge seine Sehfähigkeit verlieren, wären beide funktionsuntüchtig und nur noch in homonymer Weise Beil bzw. Auge, d. h. wir würden ‚Beil' zur Bezeichnung zweier Dinge verwenden, die ganz verschiedene Definitionen haben. Dieses Homonymieprinzip gilt nicht nur für Artefakte und einzelne Organe, sondern für den ganzen Menschen. Auch der Tote hat immer noch die gleiche äußere Gestalt, und doch ist er nicht mehr Mensch (vgl. *Part. an.* 640b33–35).

Putnam erkannte schon in den 60er Jahren die fundamentale Bedeutung der Form und den Stellenwert des Hylemorphismus in der aristotelischen Philosophie. Seine Aktualitätserklärung dieser Lehrstücke, die auch heute noch diskutable Positionen seien, lösten in der angelsächsischen und deutschen Philosophie einen Boom von Untersuchungen aus. Seit Ende der 60er Jahre ist die Klärung des Verhältnisses der aristotelischen Seelenlehre zum Funktionalismus „nahezu in den Rang einer Kardinalfrage aufgerückt"[226]. Eine Reihe von Forschern versucht in diesem Zusammenhang Wesenseigenschaften des Hylemorphismus herauszuarbeiten und dessen duale Elemente gegen den cartesischen Dualismus abzugrenzen (Kahn, Liske, Shields, Voigt).

Trotz der Affinitäten zwischen Funktionalismus und der aristotelischen Seelenlehre gibt es kritische Punkte, die eine Interpretation von *‚De anima'* im Sinne des Funktionalismus fraglich erscheinen lassen. So ist der Begriff der funktionalen Organisationsstruktur, wie ihn Putnam entwickelt, mit dem aristotelischen Begriff der Form als Entelechie eines lebendigen Körpers schwerlich vergleichbar, v. a. wenn man ihn mit der Annahme der multiplen Realisierbarkeit der Form verbindet.[227] Aristoteles betont nachdrücklich die Sonderstellung der Form von Lebewesen. Sie ergibt sich bereits aus einer strikten Anwendung des Homonymieprinzips. Ein stumpfes Beil kann neu geschliffen oder auch zu einem anderen Gerät mit anderer Funktion umgearbeitet werden.[228] Ein funktionsunfähiger, toter Organismus, ein Körper ohne Seele, kann nicht wiederbelebt oder zu einem anderen Organismus umgestaltet werden. „Die Beziehung zwischen Materie und Form ist hier gerade nicht, wie bei Arte-

---

225 Vgl. Höffe (Hg.), 2005, homonymos/homonym (Horn), S. 259f.

226 Roman Dilcher, Lockungen des Aristotelismus. Zum Streit um die Aktualität der aristotelischen Seelenlehre, in: PhR 47 (2000), S. 21.

227 Vgl. Dominik Perler, War Aristoteles ein Funktionalist? Überlegungen zum Leib-Seele-Problem, in: ZphF 50 (1996), S. 349–352.

228 Aristoteles weist darauf hin, dass ein Beil aus verschiedenen Materialien gefertigt sein kann, sofern nur seine Funktion gewährleistet ist, was nur der Fall ist, wenn es aus harten Metallen besteht. Allerdings sei es unmöglich, „dass es eine Hand gebe, die eine beliebige Beschaffenheit habe, z. B. aus Erz oder Holz, oder sie ist es nur dem Namen nach, wie der gemalte Arzt. Denn sie wird ihre spezifische Funktion eben so wenig mehr leisten, wie steinerne Flöten oder der gemalte Arzt" (640b35–641a3). Zur Frage der multiplen Realisierbarkeit der Form vgl. dagegen Leiber, 1995, S. 385–397.

fakten, kontingent, d. h. der organische Körper eines Lebewesens ist notwendig beseelt und außerhalb der aktualen Formung nicht als solcher individuierbar.[229] Der entscheidende Punkt ist also Aristoteles' Verständnis von lebenden im Unterschied zu nichtlebenden Substanzen als sich selbst organisierender, mit ihrer Umwelt interagierender Einheiten aus Form und Materie, in denen die Form in unterschiedlichen Komplexitätsstufen jeweils das Prinzip dieser Selbstorganisation ist. Das ist der Kern seiner Auffassung der Form lebender Wesen als inseiende Form, verstanden als Entelechie, als vollendete Wirklichkeit eines Körpers, der eine Disposition zu bestimmten Lebensaktivitäten hat.[230]

Diesen emphatischen Begriff der Form des Lebendigen[231] kennt der Funktionalismus nicht. Für ihn ist die Seele nicht mehr als eine Menge mentaler Zustände, die funktional erklärbar sind. Und da diese in multipler Weise realisierbar sind, spielt die Frage, wie die materielle Grundlage organisiert ist, eine untergeordnete Rolle. „We could be made of Swiss cheese and it wouldn't matter."[232] Ob sich damit die funktionale Organisation über den verschiedenen Realisierungen als identisch durchhält, ist zweifelhaft. Der Funktionalist untersucht nicht das Lebensprinzip eines Organismus, sondern mentale Zustände. Die distinkte Bestimmung des Verhältnisses von Form und Stoff und der hohe Stellenwert der Form in der aristotelischen Philosophie machen den Unterschied zur funktionalistischen Position aus.

---

229 Herzberg, 2015, S. 100.

230 Vgl. auch Buchheim, 2002, S. 230f.

231 Eng an die aristotelische Position, die vom Lebendigen her denkt, werden sich Albertus Magnus, Thomas von Aquin und Meister Eckhart anschließen; für sie ist die Seele das belebende, einheitsstiftende Prinzip, das vom Geist als höchster Form des Lebens durchwirkt ist.

232 Putnam, 1975, S. 291.

Zweites Kapitel: Die vegetative, sensitive und noetische Seele als Paradigmen der Strukturformel von ‚*De anima*' B 1 – ihre Weltbezogenheit

Im Übergang von B 3 zu B 4 formuliert Aristoteles programmatisch seine Überlegungen zu Gegenstand und Methode seiner phänomenologisch angelegten Untersuchung der Seele. Da es nicht eine Form von Seele für alle Lebewesen gibt, *ist also einzeln zu untersuchen, welche Art die Seele eines jeden Wesens sei, etwa die der Pflanze oder des Menschen oder des Tieres.*[1] An diesem Leitfaden untersucht er im Folgenden die für die jeweiligen Seelenformen konstitutiven Vermögen – das Nährvermögen, θρεπτικόν, das Wahrnehmungsvermögen, αἰσθητικόν, das Denkvermögen, διανοητικόν, die z. T. mit weiteren Vermögen (wie z. B. dem Strebevermögen, ὀρεκτικόν, und dem Bewegungsvermögen, κινητικόν) in den Seelenformen verbunden sind. Da es offensichtlich mehr Seelenvermögen als Seelenformen gibt (414a29–b1), ist das Verhältnis der Seelenformen zu den unterschiedlichen Seelenvermögen eine Frage, die er in B 3 und an anderen Stellen immer wieder thematisiert. Die Seelenformen versteht Aristoteles als jeweils spezifische Funktionssysteme im Körper, die verschiedene Vermögen mit ihren Organen in unterschiedlichen Varianten und Kombinationen zu einem lebendigen Funktionsganzen integrieren – das ist die Definition des „Wesens" der Seele in B 1 (412b5). Auf diese Weise ist die Form jeweils die Ursache dafür, dass „wir leben, wahrnehmen und denken" (414a4f. und 414a12f.).[2] Hier zeigt sich noch einmal die Bedeutung von Aristoteles' Konzept des εἶδος ἐνόν, der inseienden Form, als einheitsstiftende, schöpferische Kraft, als steuerndes Organisationszentrum im Körper.[3] Thomas von Aquin hat im Rahmen seiner christlichen Deutung der Seelenlehre das Verhältnis von Form und

---

[1] ὥστε καθ' ἕκαστον ζητητέον, τίς ἑκάστου ψυχή, οἷον τίς φυτοῦ καὶ τίς ἀνθρώπου ἢ θηρίου (414b32f.).

[2] Vgl. Höffe (Hg.), 2005, psyche (Busche), S. 506. Die Seele ist Prinzip für unterschiedliche Grundvermögen, die zugleich Seelenteile sind.

[3] Für dessen „Sitz" im Körper gibt er unterschiedliche Antworten (vgl. z. B. ‚*De gen. an.*' 740b20ff.). Dort vergleicht er die Funktion der Seele als Form, die die Teile der Materie zu einer Einheit verbindet, mit der Funktion der Form im Prozess des Herstellens eines Gegenstands durch einen Baumeister – mit dem Unterschied, dass die Form in der Materie selbst ist.

Vermögen der Seele als Verhältnis von Substanz und Akzidenz gedeutet. Das Wesen, das substantielle Sein der Seele, wird durch Gott vermittelt; alles Wirken der Vermögen der Seele ist nur akzidentelles Wirken. Eckhart wird diese Unterscheidung als Differenz von Seelengrund und Kräften der Seele übernehmen und verschärfen.

Eine weitere Frage ist das Verhältnis der drei Seelenformen zueinander, das Aristoteles in B 3 mit der geordneten Reihe geometrischer Figuren vergleicht: Die vegetative Seele ist in der sensitiven, die sensitive in der noetischen Seele der Möglichkeit nach enthalten. Die höhere Seelenform gründet in der niedrigeren und ist von dieser nicht abtrennbar, wenn man vom νοῦς absieht. Die höhere kann ohne die niedrigere nicht sein, wohl aber umgekehrt. und ist doch „inhaltlich selbständig [...] gegen die niedere Schicht, und zwar stets durch das Auftreten eines eigenen, höheren Prinzips in ihr“[4]. In diesen Fundierungsverhältnissen manifestiert sich ein fließender Übergang von einer Stufe zur anderen. Die Natur ist ein Kontinuum der Wesen (vgl. 681a12). Trotz dieser Kontinuität bleiben bei den drei Seelenformen substantielle Differenzen und eine „Wertpriorität“ der höheren Stufe gegenüber der niedrigeren. Das jeweils höhere Lebewesen hat allerdings nicht mehrere Seelen, sondern eine einzige, in die unterschiedliche Funktionen integriert sind.

Für die Untersuchung der Grundvermögen der Seelenformen gibt Aristoteles zu Beginn von B 4 eine methodische Direktive vor: man muss zuerst prüfen, auf welche Gegenstände sich ihre Tätigkeiten richten, dann von den Gegenständen zurück auf die Tätigkeiten und von diesen auf die Vermögen schließen. *Denn früher als die Vermögen sind dem Begriffe nach die Tätigkeiten und Handlungen. Steht es so, und muss man noch früher als sie die Objekte betrachten, dann muss man aus demselben Grunde zuerst über diese handeln.*[5]

Mit dieser Vorgehensweise[6] ergeben sich für die Untersuchung drei Objektbereiche, auf die sich die Aktivitäten von Lebewesen richten – auf die Nahrung, das Wahrnehmbare und das Denkbare – und drei entsprechende Tätigkeiten, das Ernähren, das Wahrnehmen und das Denken. Auf die Nahrung richten sich die Tätigkeiten der vegetativen Seele, auf das Wahrnehmbare die der sensitiven Seele und auf das Denkbare die der noetischen Seele. Bei allen Unterschieden gibt es in den drei Grundvermögen gemeinsame Strukturen: Erstens, bei allen Vermögen besteht eine analoge Objektabhängigkeit und Bewegtheit durch ihre Objekte. Alle Vermögen sind für ihre Realisierung auf die Beziehung zu Objekten angewiesen und finden darin sogar ihre Vollendung:

---

4 Nicolai Hartmann, Die Anfänge des Schichtengedankens in der alten Philosophie, in: Kleinere Schriften Bd. 2, Berlin 1957, S. 181.

5 πρότεραι γὰρ εἰσι τῶν δυνάμεων αἱ ἐνέργειαι καὶ αἱ πράξεις κατὰ τὸν λόγον. εἰ δ’ οὕτως, τούτων δ’ ἔτι πρότερα τὰ ἀντικείμενα δεῖ τεθεωρηκέναι, περὶ ἐκείνων πρῶτον ἂν δέοι διορίσαι διὰ τὴν αὐτὴν αἰτίαν (415a18–22).

6 Vgl. Franz Brentano, Die Psychologie des Aristoteles, insbesondere seine Lehre vom νοῦς ποιητικός, Darmstadt 1967, S. 113.

z. B. in der ἐνέργεια-Identität, der Identität von Erkennendem und Erkanntem im Akt des Erkennens. Genau diese Abhängigkeit natürlichen Erkennens von seinen Objekten, die intentionale Bezogenheit auf die Welt, die Eckhart in der aristotelischen Lehre vom Wahrnehmen und Erkennen sehr genau sieht, ist für ihn, von einem soteriologischen Standpunkt aus betrachtet, das Problem – nirgends dringt die Welt so tief in den Menschen ein wie im Erkennen. Das ist sein Ansatzpunkt strikter Abgrenzung und Umkehrung: das im spirituellen Sinn vollkommene Leben verlangt eine Epoché des Weltbezugs, d. h. eine Deaktivierung der Kräfte der Seele. Das Paradigma des vollkommenen Weltbezugs, das aristotelische Theorem der ἐνέργεια-Identität, wird Eckhart auf das Verhältnis der Seele zu Gott beziehen; es wird bei ihm zum Paradigma der Einheit der Seele mit Gott. Zweitens, alle Vermögen haben die Struktur von Dispositionen, sei es als angeborene oder als erworbene; sie sind jeweils πρώτη ἐντελέχεια, ein Aktivzustand.

1. Die vegetative und die sensitive Seele – ihre Abhängigkeit von ihrem περιέχον, ihrer Umwelt

(1) Die erste Seelenstufe, die vegetative Seele,[7] ist allen Lebewesen gemeinsam und kann getrennt von den anderen Seelenformen in den Pflanzen existieren (413a31f.), sie ist durch die Tätigkeiten des Ernährens, Wachsens, Abnehmens und Fortpflanzens bestimmt.[8] Objekt der vegetativen Tätigkeiten ist die Nahrung, ohne sie kann kein Lebewesen bestehen (416b19f.), von ihr ist daher zuerst zu handeln. Sie wird durch das Ernährte – es ist das Aktive – verändert, und zwar so, dass sie durch die vegetative Tätigkeit aus einem Zustand der Unähnlichkeit in einen Zustand der Ähnlichkeit versetzt und damit zur Nahrung im Sinne des Nahrhaften wird. Alle Lebewesen außer den Pflanzen, bei denen die Nährstoffe bereits außerhalb der Pflanze umgewandelt vorliegen, erreichen diese Umwandlung der Stoffe zur Nahrung durch Wärme. Die Pflanze ist auf das Nahrungsangebot ihrer Umwelt, περιέχον, angewiesen. Sie ist nicht autark und auch nicht in der Lage, zeitlich unbegrenzt ihren Stoffwechsel

---

[7] Vgl. Brentano, 1967, S. 74–78; Voigt, 2008, S. 200–217; Heinrich Cassirer, Aristoteles' Schrift ‚Von der Seele' und ihre Stellung innerhalb der aristotelischen Philosophie, Darmstadt 1968, S. 59–68; Jochen Althoff, Aristoteles' Vorstellung von der Ernährung der Lebewesen, in: Aristotelische Biologie. Intentionen, Methoden, Ergebnisse, hg. v. Wolfgang Kullmann und Sabine Föllinger, Stuttgart 1997, S. 351–364

[8] Zur Bedeutung der vegetativen Seele als πρώτη ψυχή vgl. die Kapitel zur Seele als Zweckursache und als Bewegungsursache (B 4).

fortzuführen, was sie eigentlich erstrebt.[9] Die Pflanze, kann sich aber nur dadurch in ihrem Sein beständigen, dass sie die Nahrung nicht nur für ihr Wachstum einsetzt, sondern auch in Samen umwandelt, aus dem ein artgleiches Lebewesen hervorgeht. Dieses Vermögen, ein anderes Lebewesen zu erzeugen – die Pflanze eine Pflanze, das Tier ein Tier – nennt Aristoteles das natürlichste, φυσικώτατον (415a26).

Mit der Ernährung hängen Wachsen und Abnehmen zusammen. Auch diese Vorgänge steuert die vegetative Seele. In Aristoteles' Auseinandersetzung mit der Meinung von Vorgängern, dass das Feuer die Ursache der Ernährung und des Wachstums sei (416 a9f.), wird noch einmal deutlich, inwiefern die vegetative Seele das Grundprinzip des lebendigen Körpers ist: sie ist keine sich selbst verzehrende Kraft wie das Feuer, sondern die den Gesamtorganismus zeitlebens in einem Gleichgewicht haltende Lebensenergie. Das Werk, ἔργον, der vegetativen Seele besteht darin, durch kontinuierlichen Transport von Stoffen über Grenzen ihres Körpers hinweg sich selbst zu erhalten.[10] Der beständige Austausch mit ihrer Umwelt, der Stoffwechsel, den sie in Gang hält, ist die Bedingung des Lebendigseins des Organismus. Sie baut dadurch eine dynamische Stabilität auf, durch die sich der lebende Körper vom unbelebten unterscheidet.

(2) Im Unterschied zur Pflanze tauscht das Tier nicht nur Energie mit seiner Umwelt aus, sondern gewinnt aus ihr durch Wahrnehmung Informationen, die es benötigt, um zu überleben. Diese Fähigkeit führt Aristoteles darauf zurück, dass Tiere ein Prinzip haben, das die Formen der Dinge, εἴδη, von der Materie löst und so aufnimmt. Die Pflanzen erleiden zwar Einwirkungen von den Gegenständen ihrer Umwelt, haben aber keine Wahrnehmungen, weil sie die „Wirkung nur vom Gegenstand im Ganzen"[11] erleiden. Die Tiere dagegen sind vorgängig innerhalb eines bestimmten Bereichs z. B. für Farben und Töne offen, sie haben eine Mitte, μεσότης, das bedeutet, dass sie die eidetischen Einwirkungen messen und dadurch erfahren können. Analog wie die Pflanzen sind aber auch sie in ihrer Lebendigkeit auf Objekte ihrer Umwelt angewiesen, nicht autark. Ihr Wahrnehmen ist ein bedingtes Können und als Tätigkeit zugleich Leiden. Denn Wahrnehmen als Wahrnehmenkönnen ist, nach Aristoteles, eine durch das Wahrgenommene als Wirklichkeit, ἐνέργεια, ausgelöste Tätigkeit, es ist ein Bewegtwerden durch das Wahrgenommene.

Seiner methodischen Richtlinie folgend, untersucht Aristoteles zunächst das Objekt der Wahrnehmung, das αἰσθητόν. Er unterscheidet drei Arten des Wahrnehmbaren: Erstens, das ἴδιον, das eigentümliche Objekt einer Wahrnehmung, z. B. des Sehvermögens oder des Gehörs. Es ist etwas, worüber man

9 Vgl. 415b1f.: πάντα γὰρ ἐκείνου ὀρέγεται, καὶ ἐκείνου ἕνεκα πράττει κατὰ φύσιν.

10 Vgl. Schark, 2006, S. 184.

11 Theiler, 1966, S. 129; Voigt, 2008, S. 217–264; Wolfgang Welsch, Aisthesis. Grundzüge und Perspektiven der Aristotelischen Sinneslehre, Stuttgart 1987.

sich nicht täuschen kann (418a12). Der Sehsinn täuscht sich nicht darin, ὅτι χρῶμα, dass es Farbe ist. Wenn man weiß wahrnimmt, ist es ausgeschlossen, dass es nicht weiß ist. Ob aber das Weiße dieses oder jenes ist, darin kann man sich täuschen (428b21f.). Zweitens, das κοινόν, das allen Sinnen gemeinsame Objekt, die Wahrnehmung von Bewegung, Stillstand, Zahl, Gestalt, Größe. Für die κοινά gibt es kein eigenes Wahrnehmungsorgan, sondern wir nehmen sie durch Bewegung, κινήσει, wahr und zwar im Sinne von Veränderung, πάθος, ἀλλοίωσις, durch Affektion der Sinnesorgane. *Denn eine Bewegung ist durch den Tastsinn wahrnehmbar und durch das Gesicht.*[12] Drittens das akzidentell Wahrnehmbare, z. B., *wenn das Weiße der Sohn des Diares ist* (418a20f.). Im Unterschied zum ἴδιον bewirkt das akzidentell Wahrnehmbare keine Affektion der Sinnesorgane. Es ist nicht selbst wahrnehmbar, sondern nur insofern ihm wahrnehmbare Qualitäten zukommen. ἴδια und κοινά sind also im Unterschied zum akzidentell Wahrnehmbaren an sich wahrnehmbar; bei den κοινά und beim akzidentell Wahrnehmbaren ist, anders als bei den ἴδια, Täuschung möglich.

1.1 *Wahrnehmung und Wahrnehmbares als* δυνάμει ὄν *und* ἐνέργεια

Die Beziehung zwischen Wahrnehmendem und Wahrgenommenem beschreibt Aristoteles mit Begriffen des Bewegens und des Bewegtwerdens: *Die Sinneswahrnehmung beruht auf einem Bewegtwerden und Erleiden.*[13] Das Wahrnehmbare ist das Bewegende, die Wirklichkeit, ἐνέργεια, das Wahrnehmende das Bewegte, das δυνάμει ὄν, das durch das Wahrnehmbare aktuiert wird. *Das Wahrnehmungsvermögen ist der Möglichkeit nach so beschaffen, wie das Wahrnehmbare schon der vollendeten Wirkllichkeit nach ist.*[14] Es erleidet etwas durch die ἐνέργεια des Wahrnehmbaren, allerdings nicht im Sinne von *Vernichtung durch das Entgegengesetzte,* φθορά τις ὑπὸ τοῦ ἐναντίου, sondern von Potentialität, d. h. der *Erweckung des der Möglichkeit nach Bestehenden durch das, was der vollendeten Wirklichkeit nach da ist.*[15] Der Übergang vom Zustand der Potentialität in den der Aktualität ist eine *Steigerung durch sich selbst und zur Entelechie,* εἰς αὑτὸ γὰρ ἡ ἐπίδοσις καὶ εἰς ἐντελέχειαν (417b6f.), also kein Erleiden im eigentlichen Sinn.

Die δύναμις des Wahrnehmens ist jedoch keine ganz unbestimmte, reine, sondern schon eine formierte Disposition. Denn Aristoteles nimmt an, dass beim Wahrnehmen schon mit dem Entstehen des Lebewesens eine ἕξις, eine Disposition zum Tätigwerden, vorliegt – im Unterschied zum Wissen als Dispo-

---

12 καὶ γὰρ ἁφῇ κίνησίς τίς ἐστιν αἰσθητὴ καὶ ὄψει (418a19f.).
13 ἡ δ' αἴσθησις ἐν τῷ κινεῖσθαί τε καὶ πάσχειν συμβαίνει (416b33f.).
14 τὸ δ' αἰσθητικὸν δυνάμει ἐστὶν οἷον τὸ αἰσθητὸν ἤδη ἐντελεχείᾳ (418a3f.).
15 τὸ δὲ σωτερία μᾶλλον τοῦ δυνάμει ὄντος ὑπὸ τοῦ ἐντελεχείᾳ ὄντος (417b3f.).

sition, die der Mensch erst durch Lernen erwerben muss. Das Lebewesen kann von seinem schon durch die Natur formierten Vermögen zum tatsächlichen Wahrnehmen übergehen, vorausgesetzt, es liegt außerhalb des Wahrnehmenden etwas vor, das den Akt der Wahrnehmung hervorruft, z. B. das Sichtbare oder das Hörbare (417b20f.).

Wie ist, nach Aristoteles, der Wahrnehmungsvorgang zu denken? *Man muss im Allgemeinen über alle Wahrnehmung die folgende Auffassung haben. Einerseits ist sie das, was fähig ist, die wahrnehmbaren Formen ohne Materie aufzunehmen, wie das Wachs das Zeichen des Ringes ohne das Eisen und das Gold aufnimmt, [...] andererseits ist das eigentliche Wahrnehmungsorgan das, in dem sich dieses Vermögen (die Wahrnehmung) findet.*[16] Aristoteles formuliert in dieser Passage zwei Thesen. Erstens: Das Wahrnehmungsvermögen nimmt das Wahrnehmbare ohne Materie auf. Zweitens: Der Wahrnehmungsvorgang ist mit dem Abdruck eines Siegels im Wachs vergleichbar. Den Wahrnehmungsvorgang, die Rezeption des εἶδος ohne Materie, verdeutlicht Aristoteles, indem er ihn von der bloß physikalischen Einwirkung des Wahrnehmbaren auf einen Körper ohne Wahrnehmungsvermögen unterscheidet. Dass etwas, was nicht zu riechen fähig ist, vom Geruch, oder etwas, was nicht zu sehen vermag, von Farbe eine Einwirkung erleidet (424b3–5), schließt er aus. Nur das Wahrnehmungsfähige kann durch das Wahrnehmbare zur Tätigkeit des Wahrnehmens stimuliert werden und vom Wahrnehmbaren etwas erleiden. Das Tastbare und das Riechbare kann jedoch physisch auf nicht wahrnehmungsfähige Körper einwirken. Immer aber wird das Wahrnehmungsvermögen durch das Wahrnehmbare physiologisch verändert und kann sogar durch extreme Reize alteriert und in seiner Funktion beeinträchtigt werden. Diese Form des physischen Erleidens darf nicht mit dem Erleiden im Wahrnehmungsakt, der physiologische Vorgang der Einwirkung des Wahrnehmbaren auf das Wahrnehmende nicht mit dem nicht-materiellen Wahrnehmungsvorgang verwechselt werden. Das Wahrnehmungsorgan, insofern es als Teil des Körpers physiologisch etwas erleidet, ist vom Wahrnehmungsorgan als Organ des Wahrnehmungsvermögens zu unterscheiden.[17] Wahrnehmung ist zwar ohne die physiologischen Vorgänge nicht möglich, diese sind aber noch keine Wahrnehmung.[18]

Anders interpretiert Myles Burnyeat diesen Zusammenhang. Aristoteles habe die Wahrnehmung nicht als physiologischen, sondern als unstofflichen Vorgang verstanden, bei dem nicht Körper auf Körper wirkt. Wenn das Auge

---

16 Καθόλου δὲ περὶ πάσης αἰσθήσεως δεῖ λαβεῖν ὅτι ἡ μὲν αἴσθησίς ἐστι τὸ δεκτικόν τῶν αἰσθητῶν εἰδῶν ἄνευ τῆς ὕλης, οἷον ὁ κηρὸς τοῦ δακτυλίου ἄνευ τοῦ σιδήρου καὶ τοῦ χρυσοῦ δέχεται τὸ σημεῖον [...] αἰσθητήριον δὲ πρῶτον ἐν ᾧ ἡ τοιαύτη δύναμις (424a17–25).

17 Vgl. Bernard, 1988, S. 66.

18 Vgl. Myles F. Burnyeat, Is an Aristotelian Philosophy of Mind Still Credible? A Draft, in: Essays on Aristotle's De anima, hg. v. Martha C. Nussbaum und Amélie Oksenberg Rorty, Oxford 1992, S. 15–26.

eine bestimmte Farbe sehe, oder das Ohr einen bestimmten Ton höre, dann sei das „the awarness, no more and no less". In der Sinneswahrnehmung werde das Organ nicht stofflich affiziert, es sei kein physiologischer, sondern ein immaterieller Vorgang, bei dem nur die stofflose Form rezipiert wird. Die aristotelische Wahrnehmungslehre entspreche nicht mehr dem wissenschaftlichen Stand unserer Zeit und sei ganz und gar obsolet.

Gegen Burnyeat hat Dominik Perler mit Recht eingewandt,[19] dass Aristoteles die Wahrnehmung als eine „gewisse Veränderung", ἀλλοίωσις τίς, bezeichnet, sie mit den physiologischen Vorgängen des Wachsens und Abnehmens vergleicht (415b24–26) und als Bewegtwerden und Leiden beschreibt. Das Wahrnehmungsvermögen nimmt das Wahrnehmbare, die Form ohne Stoff (424a18f.), auf. Das Auge rezipiert über das Medium nicht den roten Gegenstand, sondern die Röte. Welche Einwirkung erleidet also das Auge? Aristoteles hatte zur Verdeutlichung seiner These den Vergleich von Siegelring und Wachs eingeführt. Darin entspricht das Siegel dem wahrnehmbaren ἴδιον, dem εἶδος, z. B. ‚rot'; das Metall, das die Form des Siegels angenommen hat, entspricht der Materie, in dem das εἶδος ist, und das Wachs dem Wahrnehmungsvermögen. Wenn man den Siegelring in das Wachs eindrückt, nimmt dieses das Zeichen des Rings ohne das Eisen und das Gold auf, also nur die äußere Form des Ringes, nicht das Metall. Was den Eindruck hervorruft – und es ist eine reale Einwirkung – ist zwar das goldene oder eherne Zeichen, aber nicht, insofern es Gold oder Erz ist. Auf die Wahrnehmung übertragen, bedeutet dies, dass z. B. das Auge nicht nur das stofflose εἶδος ‚rot' aufnimmt – der Träger der Farbe wird nicht aufgenommen –, sondern durch die Farbe eine reale Einwirkung erfährt. Dass dies der Fall ist und die Sinne jeweils spezifische physische Einwirkungen erleiden, zeigt sich daran, dass die Organe durch überstarke Reize geschädigt werden können, z. B. das Auge durch zu grelle Farben oder zu intensives Licht oder das Ohr durch überlaute Töne. Die möglichen Schädigungen erklärt Aristoteles damit, dass einerseits jeder Sinn auf ein Mittleres hin ausgelegt ist, das durch den übermäßigen Reiz überschritten wird, und eine Verfassung, λόγος, aufweist, die seinen Funktionskreis absteckt, andererseits aber auch die Gegenstände so strukturiert sind, dass ihr λόγος der Verfasstheit der Sinne entspricht. Zwischen Gegenstand und Wahrnehmungssinn besteht eine wechselseitige Zuordnung, die sich in einer Identität im Akt vollendet. Im Vorgang der Wahrnehmung findet, so Aristoteles, eine reale Affektion des Wahrnehmenden durch das Wahrgenommene statt.

Der Vergleich mit dem Siegelring legt allerdings die Vorstellung nahe, die Wahrnehmung sei ein rein passiver Rezeptionsvorgang. Dies trifft nicht zu. Denn anders als beim Siegelungsakt, bei dem das Wachs, das den Ring aufnimmt, selbst wieder zur Materie wird und die Form nur äußerlich aufnimmt,

---

19 Vgl. Dominik Perler, Theorien der Intentionalität im Mittelalter, Frankfurt/M. ²2004, S. 45–48; Frede, 2003, S. 92–100.

werden im Wahrnehmungsakt das Wahrnehmende und das Wahrgenommene identisch. Außerdem sagt Aristoteles explizit, dass die Wahrnehmung beim Erleiden des Wahrnehmbaren selbst schon tätig ist, indem sie Qualitäten und Maßverhältnisse des Wahrgenommenen unterscheidet (424a1ff.; 426b8ff.).[20]

1.2 Energeia-Identität

Ein Eckstein der aristotelischen Wahrnehmungslehre ist die sog. ἐνέργεια-Identität. *Die ἐνέργεια des Wahrnehmbaren und die ἐνέργεια der Wahrnehmung sind ein und dieselbe, ihr Sein ist aber nicht dasselbe, z. B. der wirkliche Klang und das wirkliche Hören.*[21] Die angesprochene Identität meint, vom Wahrgenommenen her betrachtet, nicht die Identität des Wahrnehmenden mit einem konkreten Syntheton; denn dessen Wirklichkeit könnte nicht mit der Wirklichkeit des Wahrnehmens identisch sein: *Nicht der Stein ist in der Seele, sondern sein εἶδος.*[22] Vielmehr sind die Wirklichkeit, ἐνέργεια, des Wahrnehmungsvermögens und die Wirklichkeit, ἐνέργεια, des Wahrgenommenen ein und dieselbe ἐνέργεια. Das Wirken des Wahrnehmbaren, das das Wahrnehmungsvermögen bewegt, und das Wirken des Wahrnehmungsvermögens, das durch das Wahrnehmbare bewegt wird, sind ein Wirken, eine Wirklichkeit.[23] Eine ἐνέργεια-Identität liegt z. B. vor, wenn etwas, das zu hören vermag, wirklich hört und etwas, das klingen kann, wirklich klingt, *dann ist zugleich das wirkliche Hören und der wirkliche Klang da.*[24] Das wirkliche Klingen und das wirkliche Hören sind im aktualen Wahrnehmungsvorgang identisch.[25] *Da aber die Wirksamkeit des Wahrgenommenen und des Wahrnehmungsfähigen zusammenfällt, das Sein aber verschieden ist, müssen Gehör und Schall [...] in diesem Sinn der Wirklichkeit verstanden, zusammen untergehen und sich erhalten; aber im Sinn der Möglichkeit verstanden, müssen sie es nicht.*[26] Denn es ist möglich, dass etwas hören kann und doch nicht hört, obwohl

---

[20] Vgl. Seidl, 1971, S. 98.

[21] ἡ δὲ τοῦ αἰσθητοῦ ἐνέργεια καὶ τῆς αἰσθήσεως ἡ αὐτὴ μέν ἐστι καὶ μία, τὸ δ' εἶναι οὐ τὸ αὐτὸ αὐταῖς· λέγω δ'οἷον ὁ ψόφος ὁ κατ' ἐνέργειαν καὶ ἡ ἀκοὴ ἡ κατ' ἐνέργειαν (425b26–28).

[22] οὐ γὰρ ὁ λίθος ἐν τῇ ψυχῇ, ἀλλὰ τὸ εἶδος (431b29f.).

[23] Wolfgang Welsch, Der Philosoph. Die Gedankenwelt des Aristoteles, München 2012, S. 197–199.

[24] τότε ἡ κατ' ἐνέργειαν ἀκοὴ ἅμα γίνεται καὶ ὁ κατ' ἐνέργειαν ψόφος (425b30–32).

[25] Vgl. Bernard, 1988, S. 141.

[26] ἐπεὶ δὲ μία μέν ἐστιν ἐνέργεια ἡ τοῦ αἰσθητοῦ καὶ τοῦ αἰσθητικοῦ, τὸ δ' εἶναι ἕτερον, ἀνάγκη ἅμα φθείρεσθαι καὶ σώζεσθαι τὴν οὕτω λεγομένην ἀκοὴν καὶ ψόφον, [...] τὰ δὲ κατὰ δύναμιν λεγόμενα οὐκ ἀνάγκη (426a15–19). Von diesen Unterscheidungen ausgehend, weist Aristoteles die These der „alten Physiker" zurück, die behauptet hatten, es gäbe (426a21) Farben nur, wenn sie gesehen werden, Wahrnehmbares nur, wenn es Wahrnehmung gibt. Dem hält Aristoteles entgegen: Wenn die Farbe ‚weiß' nicht aktual wahrgenommen wird, bleibt sie potentiell wahrnehmbar.

etwas zu hören ist, weil es nicht auf das Hörbare hört, sondern seine Aufmerksamkeit auf einen anderen Gegenstand gerichtet hat, also zwar physiologisch eine Einwirkung der Schallwellen, in denen das εἶδος potentiell enthalten ist, empfängt, aber trotzdem nichts hört. Das Wahrnehmen ist so kein einfacher wirkursächlicher Vorgang, kein bloß physikalisches „Widerfahren", sondern „zugleich ein Erfahren"[27], es setzt die Aktivität des Wahrnehmenden voraus, der das εἶδος dem συνθετόν entnimmt.

Die ἐνέργεια-Identität ist eine formale Identität, die durch die Wirkung der wahrnehmbaren Form auf das Wahrnehmungsvermögen zustande kommt. Diese Zentralstellung der Form kennzeichnet die aristotelische Position und sie sollte, nach Putnam, auch heute nicht vergessen werden, wenn es um die Erklärung der Intentionalität geht. Die Pointe der ἐνέργεια-Identität besteht darin, dass zwischen der Form im Gegenstand und der Form im Wahrnehmungsvermögen Identität besteht und damit ein direkter Bezug zum Gegenstand möglich ist. Ausgeschlossen ist damit eine repräsentationalistische Interpretation der Form als Entität, auf die sich das Wahrnehmungsvermögen bezieht. Wir erkennen nicht die Form eines Gegenstandes, sondern sind direkt über die Form mit ihm verbunden[28] – das nimmt auch Eckhart in der Predigt 101 an. Die Vorstellung einer Qualität ‚rot' bezieht sich nicht auf ein vorgestelltes ‚rot', sondern direkt auf das wirkliche Rot. Das Wahrgenommene ist im Wahrnehmenden seiner Form nach, ohne Stoff. Die Wahrnehmungsrelation kommt also dadurch zustande, dass das Wahrnehmende das Wahrgenommene seiner Form nach in erkennender Weise aufnimmt und so mit ihm identisch wird. Das macht den Unterschied gegenüber den Pflanzen aus, die kein organisierendes Prinzip, ἀρχή, haben, um die Formen des Wahrnehmbaren aufzunehmen, sondern sie erleiden zusammen mit der Materie eine Einwirkung (424a32–b3).

Die aristotelische These von der Präsenz des Gegenstands im Erkennenden durch die Form wird Eckhart für natürliche Erkenntnisvorgänge übernehmen, für den übernatürlichen Bereich aber uminterpretieren: Die Gegenwart der Bilder in der Seele muss aufgehoben werden, wenn Gott im Seelengrund präsent werden soll.

Das Theorem von der ἐνέργεια-Identität ist ein weiterer Index der Kongruenz von Seele und Welt und zwar in dem Sinne, dass die seelischen Vermögen für ihre Realisierung nicht nur auf Objekte der Welt angewiesen sind, sondern dass sie in der Interaktion mit ihnen in ihr Ziel gelangen. Der sinnliche Gegenstand vollendet sich in der sinnlichen Erkenntnis und die sinnliche Erkenntnis im Erkennen des sinnlichen Gegenstandes. Beide, Wahrnehmen und Wahrnehmbares, finden in der Wirklichkeit der Wahrnehmung ihre Erfül-

---

27 Bröcker, 1957, S. 132f.

28 Vgl. Predigt 101, Theorie der Intentionalität.

lung.[29] Es ist die Vollendung Zweier, die in ihrem Sein verschieden sind. Wahrnehmen und Wahrnehmbares gelangen in eine Balance und symmetrische Beziehung, auch wenn die Identität im Wahrnehmungsvermögen liegt (426a10f.).[30] Sie übersteigt den „Standpunkt von Subjekt und Objekt"[31]. Im Predigtzyklus ‚Von der êwigen geburt' wird Eckhart mehrfach auf das Theorem der ἐνέργεια-Identität zurückkommen und es in einem christlichen Sinn transformieren.

2. Die noetische Seele als höchste Form des Lebendigseins

Im dritten Buch von *‚De anima'* handelt Aristoteles in den Kapiteln 4–8 vom νοῦς, von dem Teil der Seele, mit dem sie „erkennt und richtig urteilt": vom theoretischen und praktischen νοῦς, die beide auf ein Letztes zielen, jener auf die Wesenheiten der Dinge, dieser auf das, was in einer Handlungssituation zu tun ist. Im weiteren Verlauf untersucht er aber nur den theoretischen νοῦς, in III, 4 unter dem Gesichtspunkt von ἐνέργεια und δύναμις, in III, 5 als tätigen und leidenden νοῦς: νοῦς ποιητικός und νοῦς παθητικός. In den übrigen Kapiteln geht es um Einzelfragen.

2.1 Die beiden Modi des νοῦς als δύναμις in ‚De anima' Gamma 4 und Beta 5

In *‚De anima'* III, 4 führt Aristoteles das νοητικόν als Seelenvermögen ein. Das Kapitel ist in drei Abschnitte gegliedert. Im ersten behandelt er den νοῦς als Vermögen der Seele,[32] im zweiten untersucht er dessen Objekte, im dritten löst er Aporien auf. Am Anfang steht eine Doppelfrage: Es müsse nun hinsichtlich des Seelenteils, mit dem die Seele erkennt und denkt – *mag er abtrennbar sein oder auch räumlich nicht abtrennbar, sondern nur gedanklich*[33] – geprüft werden, was das unterscheidende Merkmal dieses Seelenteils sei und wie das Denken zustande kommt.

---

29 Vgl. Welsch, 2012, S. 197.

30 Vgl. Welsch, 1987, S. 76.

31 Friedo Ricken, Probleme der Aristotelischen Wahrnehmungslehre, in: PhR 38 (1991), S. 213.

32 Nach Christian Jung, Die doppelte Natur des menschlichen Intellekts bei Aristoteles, Würzburg 2011, S. 38–66, handelt Aristoteles in Gamma 4 vom νοῦς nur als reiner Potentialität.

33 εἴτε χωριστοῦ ὄντος εἴτε καὶ μὴ χωριστοῦ κατὰ μέγεθος ἀλλὰ κατὰ λόγον (429a11f.).

(1) Die Beantwortung der Doppelfrage beginnt Aristoteles mit einem Vergleich von Denken und Wahrnehmen. Mit diesem Verfahren reiht er sich in eine Tradition ein, die Wahrnehmen und Denken eng zusammenrückt. Anders als die Vorgänger fixiert er die Unterschiede der beiden Erkenntnisvermögen schärfer.[34] Zunächst arbeitet er mit einer Analogisierung von Wahrnehmen und Denken, die zu weiteren Differenzierungen und Abgrenzungen führt, und greift dabei auf Grundbegriffe seiner Metaphysik zurück.[35] Im Zentrum steht der Begriff des Erleidens, πάσχειν, und der damit verbundene δύναμις-Charakter von Wahrnehmen und Denken. Die Analogie betrifft das Verhältnis des Wahrnehmungs- und des Denkvermögens zu ihren Objekten. Das Wahrnehmungsvermögen ist ein Vermögen zum Erleiden, δύναμις τοῦ παθεῖν, das erst durch das Wahrnehmbare in seine Wirklichkeit gelangt. Das wahrnehmbare Objekt ist auf Grund seines Wirklichkeitscharakters das Aktivierende, ποιητικόν, das die Tätigkeit des Sinnesorgans stimuliert[36] und in ihm seine sinnliche Form hervorbringt. In analoger Weise ist das Denken eine Art Leiden: *Wenn sich denn das Denken mit dem Wahrnehmen vergleicht, ist es ein Erleiden seitens des gedachten Gegenstandes oder etwas anderes derartiges.*[37] Mit dem Nachsatz spielt Aristoteles auf die Mehrdeutigkeit des Begriffs ‚Leiden' an, die er in B 5 im Zusammenhang mit der Differenzierung des Verhältnisses von δύναμις und ἐνέργεια mit Bezug auf das Wahrnehmen und Denken bereits thematisiert hatte. In Übereinstimmung mit Beta 5 formuliert er in Gamma 4 zunächst, dass es sich in beiden Fällen um ein leidensloses Leiden handelt: So muss der Seelenteil leidensunfähig, ἀπαθής, sein, aber fähig, die Form aufzunehmen, und der Möglichkeit nach so sein wie die Form, aber nicht diese, *und es muss sich, wie das Vermögen der Wahrnehmung zu den Wahrnehmungsgegenständen, so der denken-*

---

34 νόος und νοεῖν stehen schon bei Homer in nahem Bezug zur Wahrnehmung, bezeichnen aber auch ein „tiefer dringendes Erkennen", z. B. das Gewahrwerden einer gefahrvollen Situation, wenn etwa Paris den Menelaos in der Schlachtreihe der Griechen entdeckt und die ihm drohende tödliche Gefahr erkennt (vgl. Friedo Ricken, Philosophie der Antike, Stuttgart u. a. ³2000, S. 49, der auf Kurt von Fritz verweist). Im Unterschied zum θυμός, der Emotionen verursacht, bringt der νόος Vorstellungen, aber auch Einsicht und Verständigkeit hervor. Parmenides charakterisiert das νοεῖν als eine höhere Form des Wahrnehmens. Wie das Sehen nur etwas sieht, wenn etwas vor Augen steht, so kann das Denken nur denken, wenn es etwas denkt. Wenn es kein Seiendes denkt, denkt es nichts, denkt also überhaupt nicht. Denken ist analog wie das Sehen ein unmittelbares Vorsichhaben von etwas, ein übersinnliches Sehen (vgl. Tugendhat, 1992, S. 44 und Ricken, 2000, S. 50).

35 Die Begriffspaare πάσχειν – ποιεῖν und δύναμις – ἐνέργεια ; er unterscheidet dabei zwei Stufen der Aktualität – ἕξις oder erste ἐνέργεια und zweite ἐνέργεια; außerdem zwei Stufen der Potentialität: reine δύναμις und formierte δύναμις, ἕξις, und zwei Arten der Veränderung: φθορά und σωτερία πρὸς ἐντελέχειαν, τελείωσις, und schließlich zwei Arten des πάσχειν: Leiden und leidensloses Leiden.

36 Vgl. Oehler, 1985, S. 190f.

37 εἰ δὴ ἐστι τὸ νοεῖν ὥσπερ τὸ αἰσθάνεσθαι, ἢ πάσχειν τι ἂν εἴη ὑπὸ τοῦ νοητοῦ ἤ τι τοιοῦτον ἕτερον (429a13–15).

de Geist zu den Denkgegenständen verhalten.[38] Den Charakter dieses ‚leidenslosen Leidens“ erklärt er in Beta 5: ‚Leiden‘, πάσχειν, meint einerseits φθορά, *Vernichtung durch das Entgegengesetzte*, d. h. Umschlag in einen anderen Zustand, so wenn an einem Seienden eine Qualität, z. B. eine Farbe durch eine andere übermalt wird, andererseits *eher Erweckung des der Möglichkeit nach Bestehenden durch das, was der vollendeten Wirklichkeit nach da ist.*[39] Beim Übergang von der formierten δύναμις zur ἐνέργεια erleidet das Erkenntnisvermögen keine Veränderung, sondern erfährt eine *Steigerung in sich selbst und zur Entelechie.*[40] Deshalb solle man vom Denkenden nicht sagen, er ändere sich, wenn er denkt, wie auch nicht vom Baumeister, wenn er baut.[41] In analoger Weise ist das Wahrnehmen Leiden im Sinne einer Vollendung.

Allerdings unterscheiden sich bei dieser τελείωσις (246a10) Denken und Wahrnehmen deutlich, wie Aristoteles an anderer Stelle hervorhebt – in Beta 5 geht er nur knapp darauf ein. Ein Unterschied besteht darin, dass sich bei der Wahrnehmung das, was die Verwirklichung hervorruft, das Sichtbare und das Hörbare, „draußen“ befindet, beim Denken aber in gewisser Weise in der Seele selbst (417b20–24). Während also das Wahrnehmungsvermögen immer auf die Anwesenheit eines Objektes angewiesen ist,[42] durch dessen Wirklichkeit es aktuiert wird, kann das Denken, sofern es bereits durch Lernen und Belehrung zu Begriffen gelangt ist, von sich aus, ohne Einwirkung eines von ihm unabhängigen Objekts, aus der Möglichkeit, verstanden als erste Stufe der ἐνέργεια, in die Wirklichkeit, verstanden als zweite Stufe der ἐνέργεια, übergehen.

(2) In Gamma 4 setzt Aristoteles zunächst das Wahrnehmungsvermögen als habitualisierte δύναμις oder ἕξις mit dem νοῦς als formiertem Denkvermögen oder erster ἐνέργεια analog.[43] Folglich handelt es sich bei der Aktuierung der beiden Vermögen jedesmal um die Veränderung von der ἕξις zur ἐνέργεια (vgl.

---

[38] καὶ ὁμοίως ἔχειν, ὥσπερ τὸ αἰσθητικὸν πρὸς τὰ αἰσθητά, οὕτω τὸν νοῦν πρὸς τὰ νοητά (429a16–18).

[39] σωτηρία μᾶλλον τοῦ δυνάμει ὄντος ὑπὸ τοῦ ἐντελεχείᾳ ὄντος (417b3f.).

[40] εἰς αὐτὸ [...] ἐπίδοσις καὶ εἰς ἐντελέχειαν (417b6f.).

[41] τὸ μὲν οὖν εἰς ἐντελέχειαν ἄγειν ἐκ δυνάμει ὄντος [κατὰ] τὸ νοοῦν καὶ φρονοῦν οὐ διδασκαλίαν ἀλλ' ἑτέραν ἐπωνυμίαν ἔχειν δίκαιον (417b9–12).

[42] Das Wahrnehmungsvermögen nimmt nicht wahr, wenn nicht das Wahrnehmbare präsent ist, wie das Brennbare nicht ohne den Zündstoff brennt; denn sonst würde es sich selbst verbrennen und brauchte nicht das Feuer (417a7–9).

[43] Anders Jung, 2011, in seiner Dissertation, S. 43–50. Er interpretiert den νοῦς in III, 4 als νοῦς παθητικός. Dadurch gerät aber die von Aristoteles aufgestellte Analogie aus dem Lot, weil man dann eine Analogie zwischen der reinen Potentialität des νοῦς παθητικός und der bereits formierten Potentialität der Wahrnehmung annehmen müsste. Verstünde man, wie Jung, den νοῦς in III,4 durchgängig als νοῦς παθητικός, müssten zwei ganz verschiedene Modi analog sein und der νοῦς παθητικός leidenslos bleiben, d. h. der Lernvorgang, in dem der νοῦς die Formen erwirbt, dürfte entgegen der ausdrücklichen Feststellung des Aristoteles keine tatsächliche Veränderung bewirken; denn der νοῦς, der hier gemeint ist, soll ja ἀπαθής sein, er kann also nicht der νοῦς παθητικός sein.

429a13–16), und damit um ein „leidensloses Leiden“. Die Analogie bezieht sich auf den Übergang von der ersten zur zweiten ἐνέργεια. Die Potentialität des Denkvermögens unterscheidet sich aber in ihrer Zweistufigkeit wesentlich von der Potentialität des Wahrnehmungsvermögens.[44] Derjenige, der sich Wissen aneignen kann und derjenige, der sich bereits Wissen angeeignet hat, sind nicht in der gleichen Weise „vermögend“, δυνατός (417a26). Das Denkvermögen hat beim Menschen zunächst den Status einer reinen δύναμις. „Daher ist die Vernunft so zu definieren, dass sie keine andere Natur hat als die, ‚vermögend zu sein‘, d. h. fähig, von allem die (intelligibelen) Formen aufzunehmen, potentiell alles Seiende zu erkennen.“[45] *Der sogenannte Geist der Seele - ich nenne Geist das, womit die Seele nachdenkt und vermutet - ist der Wirklichkeit nach, bevor er denkt, nichts von den Dingen.*[46]

Dieser Satz bezieht sich allerdings nicht auf einen bestimmten Modus des Denkvermögens, sondern den νοῦς insgesamt, τῆς ψυχῆς νοῦς. In der nun folgenden Argumentation lassen sich zwei Perspektiven auf den νοῦς unterscheiden: um den νοῦς vom Wahrnehmungsvermögen abzugrenzen, betont Aristoteles einerseits die Hauptmerkmale seiner Unabhängigkeit vom Körper (ἀμιγής (429a18), und seine Leidensunfähigkeit (ἀπαθής), die sich von der des Wahrnehmungsvermögens unterscheidet,[47] andererseits unterstreicht er – wie

44 An dieser zweifachen Potentialität des Denkvermögens setzen die Peripatetiker ein und fügen noch weitere Potentialitätsstufen hinzu. Diese Potentialitätsstufen spielen in den Auseinandersetzungen um die Vier-Intellekte-Lehre, in der auch Albertus Magnus in unterschiedlicher Weise Stellung bezieht, eine Rolle.

45 Seidl, 1995, S. 262.

46 ὁ ἄρα καλούμενος τῆς ψυχῆς νοῦς (λέγω δὲ νοῦν ᾧ διανοεῖται καὶ ὑπολαμβάνει ἡ ψυχή) οὐθέν ἐστιν ἐνεργείᾳ τῶν ὄντων πρὶν νοεῖν (429a22–24).

47 Die „Leidenslosigkeit des Wahrnehmenden und des Denkenden“ sind aber trotz dieser Analogien klar unterschieden; denn die Wahrnehmung ist, wie Aristoteles an anderer Stelle sagt, nicht ganz und gar ohne Leiden, da sie an körperliche Organe gebunden ist. Werden diese durch überstarke Reize überanstrengt, versagen sie. Es gibt in ihr also durchaus physiologische Veränderungen[47]. Das Denken dagegen wird durch besonders intelligible Gegenstände in seinem Denken nicht beeinträchtigt, sondern sogar gestärkt. Wenn der νοῦς einen in hohem Maße intelligiblen Gegenstand erkannt hat, erkennt er das weniger Intelligible leichter und besser. Aristoteles begründet diesen Unterschied damit, dass das sinnliche Erkenntnisvermögen mit dem Leibe verbunden, der νοῦς aber ohne Organ und unvermischt mit dem Körper ist. Wäre er mit dem Körper vermischt, hätte er Organe wie das Wahrnehmen und würde kalt oder warm (429a25f.). Er erlitte physiologische Veränderungen.
Der νοῦς ist ferner von den anderen Seelenvermögen abtrennbar, χωριστός, und zwar nicht nur begrifflich, sondern real. Da er an kein körperliches Organ gebunden und auch nicht mehr Entelechie irgendeines Teils des Körpers ist, bleibt er vom Körper getrennt (429b5). Diese Behauptung schränkt Aristoteles allerdings an anderen Stellen teilweise wieder ein, indem er feststellt, dass der νοῦς ἐν τῇ ψυχῇ ohne φαντάσματα, die er über die Wahrnehmung und Einbildungskraft erhält, nicht erkennt. Er ist also vom Körper einerseits nicht nur begrifflich, sondern auch real unterschieden, andererseits aber auf ihn angewiesen.

aus dem Schlusssatz des Abschnitts hervorgeht (429b5–9) – den Gesichtspunkt der Entwicklung des Denkvermögens von einer reinen δύναμις zu einem formierten Vermögen. Die genannten Attribute werden im Zusammenhang von Gamma 5 noch einmal thematisiert.

Diese unvermischte Potentialität des νοῦς ist die Bedingung, dass er sich auf alles richten und die intelligiblen Formen ohne Stoff aufnehmen kann – πάντα νοεῖ. Die Frage ist allerdings, wie das Denken in der Seele in Gang gesetzt wird – es ist der zweite Teil der Doppelfrage, *wie das Denken zustandekommt,* und es geht damit um einen wesentlichen Unterschied zwischen Wahrnehmen und Denken, den Aristoteles bereits in Beta 5 etwas ausführlicher behandelt hat: Das Denkvermögen muss erst in einem Lernprozess entwickelt werden, bei dem andere Menschen eine Rolle spielen, die bereits *der Entelechie nach* Wissende und damit *in höchstem Maße lehrfähig* sind. Dieser Vorgang des Belehrtwerdens und Lernens darf aber, wie Aristoteles betont, nicht einfach im Sinne eines rein passiven Erleidens einer äußeren Einwirkung verstanden werden: *Was aber aus dem Zustand der Möglichkeit heraus lernt und das Wissen aufnimmt durch die Einwirkung des in der Erfüllung Stehenden und Lehrfähigen, von dem soll man entweder nicht sagen, es erleide eine Einwirkung, oder man soll, wie bemerkt, zwei Arten von Umwandlung anerkennen, die eine als Wechsel zu (entgegengesetzten) privativen Verfassungen und die andere zu den Dispositionen, Habitus, und zur eigentlichen Natur.*[48] Das Denkendwerden der Vernunft geschieht in einem Lernprozess, der eine reale Veränderung oftmals aus entgegengesetzten Habitus bewirkt (417a31f.).[49] Zur Charakterisierung des νοῦς als reine, bestimmungslose δύναμις gebraucht Aristoteles im zweiten Abschnitt von B 4 das Bild von der Schreibtafel, auf der noch nichts geschrieben ist.[50] Er nimmt auch, analog wie im sinnlichen Bereich, im Geistigen eine Rezeptivität, ein initiales Bestimmtwerden durch die Objekte an.[51] Der zunächst rein potentielle νοῦς nimmt das potentiell Intelligible auf. Der νοῦς wechselt dadurch in den neuen Modus des νοῦς δυνάμει, den Modus der ersten ἐνέργεια. Diese erste Stufe der Entwicklung wird beim Wahrnehmungsvermögen durch den Erzeuger mitgegeben, beim Denken durch Lehren gefördert. Das Lehren aber ist, wie Wieland mit Bezug auf eine Parallelstelle in der ‚*Physik*' (202a31–b22) bemerkt: „kein bloßes

48 τὸ δ' ἐκ δυνάμει ὄντος μανθάνον καὶ λαμβάνον ἐπιστήμην ὑπὸ τοῦ ἐντελεχείᾳ ὄντος καὶ διδασκαλικοῦ ἤτοι οὐδὲ πάσχειν φατέον, ὥσπερ εἴρηται, ἢ δύο τρόπους εἶναι ἀλλοιώσεως, τήν τε ἐπὶ τὰς στερητικὰς διαθέσεις μεταβολὴν καὶ τὴν ἐπὶ τὰς ἕξεις καὶ τὴν φύσιν (417b12–16).

49 Vgl. Seidl, 1971, S. 103.

50 429b29–430a2: „Aber was das Erleiden aufgrund eines Gemeinsamen anbetrifft, ist früher auseinandergesetzt worden, dass irgendwie der Möglichkeit nach der Geist die denkbaren Dinge sei, aber in der vollendeten Wirklichkeit keines, bevor er denkt, der Möglichkeit nach in dem Sinne wie bei einer Schreibtafel, auf der nichts in Wirklichkeit geschrieben ist."

51 Vgl. Oehler, 1985, S. 191f. und Gamma 5 zum Zusammenwirken von νοῦς ποιητικός und νοῦς παθητικός im Vorgang des Erkennens.

Übermitteln von Kenntnissen [...], sondern eine Tätigkeit, die darauf zielt, den Lernenden die Einsicht von sich selbst her finden zu lassen."[52] Dieses Verständnis des Lehrens und Lernens stimmt mit der Textstelle in Beta 5 überein. Dort begründet Aristoteles den Unterschied zur Wahrnehmung damit, dass, was die Verwirklichung hervorruft, nicht draußen, ἔξωθεν, steht. Und das komme daher, dass sich die Wahrnehmung in ihrer Betätigung auf das Einzelne, das Wissen aber auf das Allgemeine richtet. Dieses aber befindet sich in gewisser Weise in der Seele selbst.[53] Und deshalb, fährt Aristoteles fort, *liegt das Denken in der Gewalt des Wollens, nicht aber das Wahrnehmen.*[54] Die Funktion des Lehrers besteht demnach vor allem darin, die Eigenaktivität des Lernenden zu stimulieren. „Das recht verstandene Lernen ist mithin eine Selbsttätigkeit, die nur der Anleitung bedarf."[55] Am Ende des Lernprozesses wechselt der Lernende aus dem Zustand der reinen Potentialität seines Denkens in den Zustand des Wissenden, der über eine Disposition zum Denken verfügt, die er jederzeit aktuieren kann: *Wenn er aber so zu jedem wird, wie man es vom Wissenden sagt, der sein Wissen nicht betätigt - das ist der Fall, wenn er aus sich selbst heraus zu wirken fähig ist -, so ist er auch dann irgendwie der Möglichkeit nach da, aber nicht gleich wie vor dem Lernen oder Finden, und dann vermag er aus sich heraus zu denken.*[56]

Den reinen, lernfähigen νοῦς nennt Aristoteles in Gamma 5 νοῦς παθητικός. Mit seiner reinen Unbestimmtheit erklärt er dessen unbegrenzte Offenheit und Aufnahmefähigkeit. Über diesem noch bestimmungslosen νοῦς steht das Denkvermögen, wenn es sich bereits Wissen angeeignet hat, es aber gerade nicht betätigt, der νοῦς δυνάμει,. Die Parallele in der Formulierung zur allgemeinen Bestimmung der Seele in B 1 ist unübersehbar (412a10f. und 412a22f.). Die noetische Seele hat also bei allen Unterschieden gegenüber der vegetativen und der sensitiven Seele wie diese die Struktur einer ersten Entelechie, πρώτη ἐντελέχεια. Dieser Aktivzustand ist eine ἐνέργεια mit δύναμις-Charakter. Damit ist die Behauptung von B 1, dass die Definition der Seele als erste Entelechie für alle Seelenvermögen gelte, bestätigt, auch wenn das noetische Vermögen keine Erfüllung eines Körpers ist; es bleibt aber auf den Körper angewiesen und ist nicht in der Lage, ohne Beziehung zum Körper zu denken.

---

52 Wieland, 1970, S. 248.

53 αἴτιον δ' ὅτι τῶν καθ' ἕκαστον ἡ κατ' ἐνέργειαν αἴσθησις, ἡ δ' ἐπιστήμη τῶν καθόλου (417b24f.).

54 Den Zusammenhang von Wollen und dem Gebrauch der Vernunft betont auch Kant. „Faulheit und Feigheit" sind nach Kant, die Ursachen dafür, dass Menschen sich nicht ihres Verstandes bedienen (Immanuel Kant, *Beantwortung der Frage: Was ist Aufklärung?*, in: Immanuel Kant, Werke in sechs Bänden, hg. v. Wilhelm Weischedel, Frankfurt 1964, Bd. VI, S. 53).

55 Wieland, 1970, S. 248. Lernen ist kein Auffüllen mit Kenntnissen bzw. Bildern.

56 ὅταν δ' οὕτως ἕκαστα γένηται ὡς ὁ ἐπιστήμων λέγεται ὁ κατ' ἐνέργειαν (τοῦτο δὲ συμβαίνει ὅταν δύνηται ἐνεργεῖν δι' αὐτοῦ), ἔστι μὲν καὶ τότε δυνάμει πως, οὐ μὴν ὁμοίως καὶ πρὶν μαθεῖν ἢ εὑρεῖν· καὶ αὐτὸς δι' αὐτοῦ τότε δύναται νοεῖν (429b5–9).

Die ψυχή διανοητική erweist sich damit als die höchste Form des Lebendigen im Sinne des Tätigwerdenkönnens aus sich selbst heraus.

Das Entscheidende an dieser Stelle ist, dass damit die Strukturanalogie aller Formen des Lebendigen hervorgehoben wird: auch die noetische Seele folgt in ihrer funktionalen Struktur den gleichen Prinzipien wie alles Lebendige und sie gehört zur Welt. Auch wenn das Denken über sie hinausgeht, ist der νοῦς als νοῦς ἐν τῇ ψυχῇ Teil dieser Welt und auf die Welt angewiesen. Bezeichnend für diesen Sachverhalt ist, dass Aristoteles in Beta 1 bei der Erklärung der ontologischen Struktur der Seele das Beispiel vom habituellen, gespeicherten Wissen anführt, im Unterschied zum aktuierten Wissen, dem θεωρεῖν. Es ist ein Exempel, das den Aktivzustand der denkenden Seele, aber auch den der sensitiven und der vegetativen Seele beschreibt. Die drei Seelenformen haben trotz spezifischer Differenzen eine analoge Grundstruktur.

In ‚*De anima*' III, 4 ist also zunächst von verschiedenen Modi des νοῦς als δύναμις die Rede: vom rein potentiellen νοῦς und von dem durch Lernen bereits formierten νοῦς, der sich durch sich selbst aktuieren kann, und schließlich von einem aktuierten νοῦς. William D. Ross spricht in seinem Kommentar zur Stelle von „two stages in the advance from ignorance to knowledge, (1) the advance from ignorance to the stage in which we can know if we want to (l.7), and (2) the advance from this state to that of actually knowing – an advance, which depends only on ourselves. Bywater's emendation [...] is clearly right".[57]

2.2 Die noetische Seele und ihr Weltbezug: Die Objekte des νοῦς und die Integration des Wahrnehmungsvermögens in das Funktionsganze der ψυχὴ διανοητική

Seiner methodischen Direktive gemäß, die Vermögen und die entsprechenden Tätigkeiten von ihren Objekten her zu bestimmen, wendet Aristoteles sich im zweiten Abschnitt von Gamma 4 nun den Objekten zu. Er unterscheidet zwei Arten von Gegenständen des νοῦς: konkrete Gegenstände der erfahrbaren Welt, die ein Kompositum aus Form und sinnlicher Materie bilden, und mathematische und geometrische Gegenstände als nicht-physische Entitäten, die ein Ganzes aus Form und noetischer Materie darstellen.

Er wendet sich zunächst den in der Erfahrung gegebenen Objekten zu und fasst beide Seiten, die Objekte des νοῦς und das noetische Vermögen, in den Blick: *Da die Größe etwas anderes ist als der Begriff der Größe und Wasser als der*

[57] ‚De anima', ed. with introduction and commentary by William D. Ross, Oxford 1961, S. 292.

Begriff des Wassers [...], so beurteilt der Geist den Begriff des Fleisches mit einem andern oder anders eingestellten Vermögen als das Fleisch. Denn das Fleisch ist nicht ohne Materie, sondern wie das Stumpfnasige ein Bestimmtes in einem Bestimmten.[58] Die auf den ersten Blick platonisch anmutende Passage gründet in einem Grundgedanken der aristotelischen Metaphysik, nämlich dem Doppelcharakter des Wesensbegriffs, der einerseits – als noetische Allgemeinheit – im Denken seinen Ort hat (der Begriff des Wassers) und andererseits, als *Bestimmtes in einem Bestimmten,* als organisierendes Prinzip in den konkreten einzelnen aus Materie und Form zusammengesetzten Dingen selbst existent ist.[59] Dieser Doppelcharakter auf der Objektseite findet seine Entsprechung auf der Seite des erkennenden Vermögens; das kommt zunächst andeutungsweise in der Formulierung zum Ausdruck, dass *der Geist den Begriff des Fleisches mit einem andern oder anders eingestellten Vermögen als das Fleisch* beurteilt. Aristoteles stellt das Wahrnehmungsvermögen, das nur auf sinnlich wahrnehmbare Qualitäten gerichtet ist, dem Denkvermögen gegenüber, das eine zweifache Einstellung zu den Objekten aufweist. Diese doppelte Relation des νοῦς versucht er mit einem Linienvergleich, in dem zwei Zustände der Linie unterschieden werden, zu verdeutlichen: Den Begriff ‚Fleisch' erfasst der Mensch mit einem Vermögen, *das entweder abgetrennt ist oder sich zum ersten so verhält wie die geknickte Linie zu sich als gestreckter* (429b16f.). Das Bild besagt: Wie die Linie geknickt oder gestreckt vorliegen kann, so kann der νοῦς mit der Wahrnehmung verbunden oder von ihr abgetrennt erkennen. Er erkennt das Wesen im konkreten Gegenstand in Verbindung mit der Wahrnehmung „in geknickter Form", und als allgemeines Wesen „abgetrennt" in gestreckter Form. Wahrnehmung und νοῦς wirken im ersten Fall in einer funktional differenzierten Weise zusammen. Es ist nur ein Erkenntnisvermögen am Werk, aber in jeweils anderer Weise: als mit der Wahrnehmung verbundenes oder als davon begrifflich abgetrenntes Vermögen. Dabei ist der νοῦς „von Anfang an [...] das Erkenntnis-Subjekt [...]; denn nicht die Sinne nehmen wahr, sondern die Vernunft durch die Sinne".[60] Was der νοῦς über die Sinne erkennt, ist nicht ein allgemeines Wesen im Sinne einer Idee (1033b29), sondern das Wesen eines Gegenstandes als dessen regulierende Ursache. Der νοῦς kann sich aber auch unabhängig von der physischen Präsenz des Gegenstands auf dessen Begriff, auf seine noetische Allgemeinheit, beziehen. Wenn er also den Begriff ‚Fleisch' denkt, nimmt er zwar etwas Getrenntes, Ideelles auf, es ist aber dasselbe Objekt, das im Denken und in der Wahrnehmung ist, nur in jeweils anderer Weise.

---

58 ἐπεὶ δ' ἄλλο ἐστὶ τὸ μέγεθος καὶ τὸ μεγέθει εἶναι, καὶ ὕδωρ καὶ ὕδατι εἶναι [...], τὸ σαρκὶ εἶναι καὶ σάρκα ἢ ἄλλῳ ἢ ἄλλως ἔχοντι κρίνει· ἡ γὰρ σὰρξ οὐκ ἄνευ τῆς ὕλης, ἀλλ' ὥσπερ τὸ σιμόν, τόδε ἐν τῷδε (429b10–14).

59 Zum Doppelcharakter des Wesensbegriffs bei Aristoteles vgl. Oehler, 1962, S. 261f.

60 Seidl in seiner ‚De anima'-Ausgabe, Hamburg 1995, S. 263f.

Auf beiden Ebenen vermeidet also Aristoteles einen platonischen χωρισμός zwischen sinnlichen und nicht-sinnlichen Dingen und zwischen Sinnenerkenntnis und Denken. Dass die Dinge ein eidetisches Prinzip enthalten, das die Ursache ihres Seins und Werdens ist (Met. Z), entspricht ein menschliches Erkenntnisvermögen, das im Wahrgenommenen dessen Wesenheit erkennen kann. Dieses Erkennen ist allgemeiner als die Wahrnehmung und, indem es sich auf das εἶδος eines Seienden als Ursache von dessen Sein bezieht, „gründlicher" und eher herrschend als dienend (Met. A, 982a16f.).[61]

Eine ähnliche Interpretation dieser Passage und des Verhältnisses von Wahrnehmen und Denken im menschlichen Erkennen findet sich schon bei Themistios;[62] dass der νοῦς sich bei der Wesenserkenntnis anders verhalte, bedeute, dass er schon im Wahrnehmen mitwirke. Die mit Materie verbundenen Dinge, z. B. Fleisch, Wasser, erkennen wir mit den vom νοῦς durchwirkten Sinnen; die begrifflich abtrennbaren Wesenheiten, Fleisch-sein, Wasser-sein, mit dem begrifflich abtrennbaren νοῦς.

Die aristotelische Auffassung vom Zusammenwirken von Denk- und Wahrnehmungsvermögen gründet in zwei Grundgedanken seines Konzepts von der Seele: erstens im Verständnis der Seele als einheitsstiftenden, organisierenden Prinzips in einem Lebewesen in den drei verschiedenen, auf einander aufbauenden Formen in Pflanzen, Tieren und Menschen; zweitens im Gedanken der Integrationsleistung der jeweils höheren Seelenform: die Vermögen der unteren Formen werden jeweils in den Funktionszusammenhang der höheren komplexeren Formen integriert und funktional auf deren spezifische Leistungen ausgerichtet. Die Schriften des Aristoteles enthalten dafür eine Vielzahl von Beispielen und Belegen.

In seiner Beschreibung des voraussetzungsreichen Weges zum Wissen im ersten Buch der ‚*Metaphysik*' zeigt sich beispielhaft, dass die höchste Stufe unseres menschlichen Erkennens, das Wissen, auf dem Zusammenwirken von Vermögen beruht, die sich bereits in den unteren Seelenformen finden. Wissen ist durch zwei Merkmale gekennzeichnet: es ist allgemein und beruht auf Gründen. Wie kommt es zustande? Aristoteles unterscheidet drei Stufen kognitiven Verhaltens: Die erste Stufe ist die Wahrnehmung, die der Mensch mit dem Tier teilt. Sie nimmt einzelne Reize aus der Umwelt auf. Die zweite kognitive Stufe ist die Fähigkeit, Erfahrungen zu machen, sie ist Voraussetzung für das Lernen und beruht auf dem Gedächtnis, μνήμη, als einer Leistung der Vorstellungskraft, in dem Wahrnehmungen bewahrt und miteinander assoziiert werden.[63] Die wiederholt auftretende Wahrnehmung eines Phänomens A zu-

---

[61] Etwas anders liegt der Fall bei den mathematischen und geometrischen Gegenständen. Am Erfassen der abstrakten Gegenstände ist nur ein Vermögen, der νοῦς, beteiligt.

[62] Vgl. Wallies, 1900, S. 96,18f.: καὶ ἄλλως ὅταν τε τὴν ὕλην σὺν τῷ εἴδει παρασκοπῇ καὶ ὅταν τὸ εἶδος ἐκλαμβάνῃ χωρίς.

[63] Auch Tiere haben die Fähigkeit, durch Sammeln und Vergleichen von Wahrnehmungen zu lernen (980b21f.).

sammen mit einem Phänomen B führt dazu, dass wir, wenn A auftritt, es mit dem Phänomen B verbinden. Wenn z. B. die Erfahrung den Erfahrenen lehrt, dass dem Kallias, der eine Krankheit x hatte, und dem Sokrates und überhaupt allen, die an dieser Krankheit x litten, ein Mittel y zur Heilung verhalf, dann kennt der Erfahrene das „Dass", τὸ ὅτι. Diese Allgemeinheit der Erfahrung ist aber noch nicht die Allgemeinheit des Wissens.[64] Der Wissende unterscheidet sich von dem Erfahrenen darin, dass er aus vielen Einsichten der Erfahrung, ἐκ πολλῶν τῆς ἐμπειρίας ἐννοημάτων, ein allgemeines Urteil, μία καθόλου ὑπόληψις, über gleichartige Fälle trifft (981a5–7), in dem seine Beobachtung gesichert wird, und dass er nicht nur das „Dass", sondern auch das „Warum", das διότι kennt, d. h. dass er den Grund für den Heilungserfolg angeben kann (981a28f.). Die Allgemeinheit der Erfahrung, die darauf beruht, dass aus vielen Einzelwahrnehmungen durch Sammeln und Vergleichen eine Einheit gebildet wird, steht für Aristoteles in der Mitte zwischen Wahrnehmen und Wissen.[65]

Wie der νοῦς in den unteren Vermögen wirkt, zeigt sich, nach Aristoteles, am Beispiel des Vorstellungsvermögens, φαντασία. Sie ist etwas anderes als Wahrnehmung, αἴσθησις, und Nachdenken, διάνοια (427b14f.). Sie steht nahe bei der Wahrnehmung und unterscheidet sich von dieser nur dadurch, dass sie nicht wie die Wahrnehmung durch äußere Objekte, sondern durch innere, von der Wahrnehmung empfangene Bilder aktuiert wird. So ist die φαντασία *die Bewegung, die von der verwirklichten Wahrnehmung ausgeht,*[66] und gleichzeitig – wenn wir wollen – ein Sich-vor-Augen-Stellen, bei dem wir darin frei sind, uns etwas anders vorzustellen, als es ist, und in produktiver Weise Vorstellungen umzubilden und neue Gestalten aus Elementen der Wahrnehmung zusammenzusetzen.[67] Die φαντασία bleibt dabei aber immer an die Wahrnehmungs-

---

64 Vgl. Hans-Georg Gadamer, Wahrheit und Methode. Grundzüge einer philosophischen Hermeneutik, Tübingen ²1965, S. 333; vgl. Ernst Tugendhat, Vorlesungen zur Einführung in die sprachanalytische Philosophie, Frankfurt/M. 1976, S. 27f.

65 Beobachtung und Erfahrung zeigen, nach Aristoteles, das Zusammenwirken von Denken und Sinnlichkeit. Denn wenn Körper und Sinne nicht funktionsfähig sind oder wenn Übermüdung oder Krankheit die Sinne schwächt, ist das Denken nicht möglich oder beeinträchtigt. Einem Blinden fehlt, nach Aristoteles, der Begriff der Farbe. Das Denken ist also stets auf die Vorstellung angewiesen wie die Wahrnehmung auf das sinnliche Objekt. Ohne die unteren Seelenvermögen kann der νοῦς nicht tätig werden. Er bildet mit ihnen eine Funktionseinheit. Vgl. Annette Hilt, Ousia – Psyche – Nous. Aristoteles' Philosophie der Lebendigkeit, Freiburg/Br. u. a. 2005, S. 315f.

66 κίνησις ὑπὸ τῆς αἰσθήσεως τῆς κατ' ἐνέργειαν γιγνομένη (429a1f.).

67 In ähnlicher Weise charakterisiert Kant die Einbildungskraft. Sie ist „das Vermögen, einen Gegenstand auch ohne dessen Gegenwart in der Anschauung vorzustellen", also anzuschauen und sich selbst ein Bild zu machen. Als zugleich produktiv und rezeptiv steht sie wie bei Aristoteles zwischen Sinnlichkeit und Verstand. In seinem Kantbuch hat Heidegger die transzendentale Einbildungskraft Kants als Wurzel von Anschauen und Denken interpretiert. Für Freud ist die Phantasie ein Naturschutzgebiet, das bleiben und von den Veränderungen der Kultur verschont werden soll. Tagträume, Erzeugnisse der Phantasie, bilden das „Rohmaterial der poetischen Produktion [...]. Der Held der Tagträu-

elemente gebunden, sie ist nirgends eine völlig freie schöpferische Macht. Die Fähigkeit der φαντασία, Vorstellungsbilder so zu verändern, dass diese Veränderungen wahr oder falsch sein können, zeigt das Wirken des νοῦς in diesem Vermögen. Ein noch deutlicheres Beispiel dafür ist die φαντασία βουλευτική, mit der der Mensch überlegen kann, was am besten zu tun sei (434a7). Aus mehreren Vorstellungen bildet die φαντασία ein Eines, es ist ein ἕν ἐκ πλειόνων φαντασμάτων ποιεῖν (434a9f.), eine synthetisierende Tätigkeit, die gerade den νοῦς auszeichnet und sein Wirken in der φαντασία anzeigt. Das Vorstellungsbild kann sich so der Allgemeinheit eines Begriffs annähern. Die φαντασία βουλευτική enthält noetische Elemente und kommt der begrifflichen Ebene nahe. Aristoteles nennt sie manchmal eine Art des Denkens (433a10).

Das Wirken des νοῦς zeigt sich auch am κοινόν, dem gemeinsam, d. h. von allen Sinnen Wahrgenommenen: Bewegung, Ruhe, Zahl, Gestalt, Ausdehnung. Im Unterschied zum ἴδιον, bei dem jede Täuschung ausgeschlossen ist, ist beim κοινόν Täuschung möglich, da das Wahrgenommene in einer Vielfalt von Aspekten erkannt wird. Wahr und falsch setzen aber, nach Aristoteles, eine Synthesis, ein Verbinden und Trennen voraus, das die spezifische Tätigkeit des νοῦς ist. In der αἴσθησις κοινή ist bereits der νοῦς am Werk.

2.3 νοῦς ποιητικός *und* νοῦς παθητικός *in* ‚De anima' *Gamma 5*

In dem elliptisch formulierten Kapitel unternimmt es Aristoteles, die Ergebnisse seiner Untersuchung des Denkvermögens in Gamma 4 mit den Begriffen Materie und Form und πάσχειν und ποιεῖν – und damit im Rahmen seines „im ganzen Naturbereich“ (430a10) geltenden hylemorphistischen Modells – weiterzubestimmen und begrifflich zu differenzieren. In diesem Ansatz verhält sich die Form als Ursächliches und Wirkendes zur Materie, die jede Veränderung aufnehmen kann, wie das Herstellen zu seinem Material. Auf dieser Grundlage führt Aristoteles in Gamma 5 die Begriffe νοῦς παθητικός und νοῦς ποιητικός ein. Begründet ist diese Dichotomie in seiner Annahme, dass es überall dort, wo es Veränderung gibt, ein aufnehmendes und ein wirkendes Prinzip geben muss.

Die neu eingeführten Unterscheidungen und Bestimmungen haben eine lange, bereits in der Antike einsetzende Auslegungsgeschichte, die Fragen der

me ist aber immer die eigene Person“ (I, S. 115). Das Phantasieren ist nicht an das Realitätsprinzip gebunden und „allein dem Lustprinzip unterworfen“ (ebd.).

Kosmologie, Theologie und Physiologie berühren.[68] Im Kontext der Seelenlehre von ‚*De anima*' geht es um die bereits in B 1 und B 2 immer wieder angesprochene und in Gamma 4 in einem ersten Schritt thematisierten besonderen Merkmale der noetischen Seele und Fragen des psychischen Erkenntnisprozesses, die mit dem Sonderstatus des νοῦς zusammenhängen. Unter dieser Perspektive lässt sich das Kapitel in zwei Teile mit jeweils drei Argumentationsschritten gliedern. Der erste (430a10–430a17) handelt von der Unterscheidung des νοῦς in νοῦς ποιητικός und νοῦς παθητικός und von Aspekten ihres Zusammenwirkens im Erkenntnisprozess (1); der zweite (430a17–430a25) von Eigenschaften des νοῦς ποιητικός (2).

(1) Alle natürlichen Körper – Lebewesen, anorganische Körper, unbelebte Elemente, Mischungen – und alle Artefakte bilden ein aus Materie und Form zusammengesetztes Ganzes. Die Materie ist das Zugrundliegende, die jede Art von Veränderung aufnehmen kann, die Form ist bei den belebten natürlichen Körpern Ursache und Ziel des Werdens; bei den Artefakten prägt der Herstellende die Form, die er bereits in seinem Geiste hat, dem Stoff auf.

Auch in der zur φύσις gehörenden noetischen Seele sind ein stoffliches und ein wirkendes Prinzip zu unterscheiden: ein νοῦς τῷ πάντα γίνεσθαι (430a14f.), der zu allem wird, und ein νοῦς τῷ πάντα ποιεῖν (430a15), der alles wirkt. Ersterer ist reine Möglichkeit, vergleichbar dem Intellekt eines Kindes, das seine intellektiven Anlagen erst ausbilden muss. Der νοῦς παθητικός ist das noch nicht formierte noetische Vermögen, reine δύναμις, das zu allem wird. Er entspricht damit dem νοῦς als reine δύναμις in Gamma 4, 429a24 und 429b30f., ist aber nicht mit dem νοῦς in Gamma 4, 429b5–9 gleichzusetzen, von dem gesagt wird, *dass er zu jedem wird,* ἕκαστα γένηται, *wie man es vom Wissenden sagt, der sein Wissen nicht betätigt, wenn er aus sich heraus selbst zu wirken fähig ist.* Dieser Nachsatz ist entscheidend.[69] Aristoteles spricht also in Gamma 4 bereits von einem νοῦς im Modus einer formierten δύναμις, einer ersten ἐνέργεια, der in der Lage ist, aus sich heraus in Akte des Denkens, die zweite ἐνέργεια, überzugehen. Das ist der doppelte Modus des νοῦς ποιητικός im Sinne einer ersten und zweiten Entelechie. Er bringt das Denken hervor, ποιεῖ νοεῖν, in analoger Weise wie die vegetative Seele das Leben hervorbringt, ζῆν ποιεῖ. Diese Interpretation des aristotelischen νοῦς findet sich im Ansatz bereits bei Theophrast. In seinen bei Themistios erhaltenen Fragmenten stellt er neben einen νοῦς παθητικός, der vergänglich und nicht abtrennbar sei, einen tätigen, abtrennbaren, ewigen Intellekt, der wiederum aus einem νοῦς δυνάμει und νοῦς ἐνερ-

68 Vgl. Oehler, 1985, S. 207. Nach Theiler, 1966, S. 142 gibt es „kein Stück der antiken Philosophie, das wie die halbe Seite dieses Kapitels eine solche Masse der Erklärungen hervorgerufen hat. Seine Dunkelheit und übermäßige Kürze sind berüchtigt."

69 ὅταν δύνηται ἐνεργεῖν δι' αὑτοῦ. Die Bedeutung dieses Nachsatzes übersieht Jung mit seiner These, dass in Gamma 4 nur von dem νοῦς παθητικός die Rede sei.

γείᾳ bestehe.[70] Diese Unterscheidung Theophrasts nimmt Seidl mit guten Argumenten auf.[71] Allerdings trennt Theophrast zwar scharf zwischen dem νοῦς δυνάμει und dem νοῦς παθητικός, interpretiert aber diesen als Vorstellungskraft,[72] d. h. als sinnliches Erkenntnisvermögen und übergeht mit dieser Interpretation die aristotelischen Feststellungen zur intellektiven Natur des νοῦς παθητικός.[73]

Mit seiner Unterscheidung eines νοῦς παθητικός, eines νοῦς, der alles werden kann, und eines νοῦς ποιητικός, der alles wirkt, in Gamma 5 (430a15) versteht Aristoteles das intellektive Vermögen als Verbindung eines rezeptiven mit einem aktiven Prinzip, als eine Art „rezeptiver Spontaneität".[74] Seine Auf-

70 Themistii *in libros Aristotelis De anima paraphrasis*, hg. v. Richard Heinze, Berlin 1899, S. 200,10f.

71 Dazu und zu den Schwierigkeiten, die sich insbesondere aus der durchgängigen Gleichsetzung des νοῦς in Gamma 4 und des νοῦς παθητικός in Gamma 5 ergeben, vgl. Seidl, 1971, S. 134f.

72 Gegen die Interpretationen des νοῦς παθητικός als φαντασία spricht Aristoteles' Untersuchung in Gamma 3; φαντασία ist das Vermögen, durch das wir in uns Vorstellungen entwickeln können, auch wenn gleichzeitig keine äußeren Gegenstände wahrgenommen werden. Es können Reproduktionen von Wahrnehmungen sein oder deren Kombination zu neuen Gebilden. Der φαντασία kommt eine Zwischenstellung zwischen Wahrnehmen und Denken zu. Wenn aber Wahrnehmen und Denken voneinander verschieden sind, dann ist die φαντασία mit keinem der beiden identifizierbar, sie zählt nicht zum noetischen Bereich, bildet aber den Übergang vom Sinnlichen zum Noetischen. Ohne Vorstellungen ist das Denken nicht möglich.

73 Nach Themistios ist der Mensch nicht von Geburt an in der Lage zu denken, wohl aber zum Denken veranlagt, er muss das Denken mit Hilfe des νοῦς ποιητικός lernen, der die reine δύναμις des νοῦς παθητικός in die ἕξις des νοῦς δυνάμει überführt; νοῦς παθητικός und νοῦς δυνάμει sind also klar unterschieden. Jener ist vergänglich, an den Körper gebunden und gehört zu den niederen Seelenteilen, dieser aber gehört auf die Seite des νοῦς ποιητικός, kann also nicht mit dem νοῦς παθητικός identisch sein. Nach Philoponos sind wirkender und empfangender Intellekt ein Intellekt in verschiedenen Zuständen. Daneben steht der alogische νοῦς παθητικός, den er als φαντασία interpretiert. In neuerer Zeit haben Franz Brentano und Walter Bröcker diese Auslegung erneuert. Eduard Zeller nennt nur die tätige und die leidende Vernunft. Jene sei vom Leibe getrennt, einfach, unveränderlich, leidenslos, ohne körperliches Organ. Die leidende Vernunft dagegen, die er mit der potentiellen gleichsetzt, entsteht und vergeht mit dem Körper, ist in körperliche Zustände involviert und stellt das Ganze der Vorstellungskräfte dar. Er rechnet sie also einerseits zum νοῦς, andererseits soll sie die Vorstellungskraft, die φαντασία, sein. Ihr Verhältnis zur tätigen Vernunft bleibt ungeklärt. Trendelenburg bezeichnet den Begriff des νοῦς παθητικός als kumulativen Begriff, der Sinnliches und Imaginatives mitumfasst. Strittig waren also in der Forschung von Anfang an zwei Fragen; erstens: wie verhalten sich νοῦς παθητικός und νοῦς δυνάμει zueinander; zweitens: wie ist die Relation von νοῦς παθητικός und φαντασία zu bestimmen. Vgl. Hans Kurfess, Zur Geschichte der Erklärung der aristotelischen Lehre vom sog. νοῦς ποιητικός und νοῦς παθητικός, Tübingen 1911, S. 21–24; Michael Schramm, Göttliches und menschliches Denken bei Themistios, in: RMPh 150 (2008), S. 192–194.

74 In ganz anderem Sinn sind bei Kant im menschlichen Erkennen Spontaneität und Rezeptivität verbunden. Alle menschliche Erkenntnis ist ein Synthetisieren von Vorstellungen

fassung vom Zusammenwirken der beiden Prinzipien im Vorgang des Erkennens geht dabei von bestimmten Grundannahmen aus.[75] Das Seiende wirkt auf beiden Stufen des Erkennens, des Wahrnehmens wie des Denkens, als das Bewegende auf das menschliche Erkenntnisvermögen ein. Wie das Wahrnehmbare ist auch das Denkbare das ποιητικόν, das Stimulierende, nur mit dem Unterschied, dass bei der Wahrnehmung das, was die wirkliche Tätigkeit bewirkt, draußen liegt, beim Denken aber, das auf das Allgemeine geht, in der Seele (vgl. 417b19–24). Denn in den Phantasmen, den Vorstellungsbildern, die aus den Sinnen stammen, sind auch die noetischen Formen enthalten – ἐν τοῖς εἴδεσι τοῖς αἰσθητοῖς τὰ νοητά ἐστι; diese potentiell intelligiblen Formen wirken auf den νοῦς παθητικός – in diesem Sinne ist das Denken wie das Wahrnehmen „ein Erleiden seitens des gedachten Gegenstands" (429a14), wie Aristoteles zu Beginn von Gamma 4 sagt. Der νοῦς als νοῦς παθητικός wird vom νοητόν als etwas der Möglichkeit nach Denkbarem – etwas potentiell Intelligiblem – bewegt (1072a30). Er hat in sich die potentiell intelligiblen Formen, sie sind als denkbare in einer ersten Aktualität.

Die Umwandlung des potentiell Erkennbaren in ein aktuell Erkanntes ist die Leistung des νοῦς ποιητικός mit seinen zwei Aktionsmodi. Er ist einerseits als νοῦς δυνάμει erste Entelechie, eine formierte Disposition, die nicht dauernd in Aktion ist, aber jederzeit in konkrete Denkakte übergehen kann, in denen er „bewirkt", dass aus dem potentiell Erkennbaren aktuell Erkanntes wird; er arbeitet das Allgemeine in ihnen heraus.

In Gamma 5 beschreibt Aristoteles diesen Vorgang als eine Art „Beleuchten", indem er das Wirken des νοῦς ποιητικός mit dem des Lichts vergleicht und strukturelle Analogien zwischen dem Wirken des Lichts und dem des νοῦς ποιητικός herstellt: *Und es gibt einen solchen nous [...], der alles macht, wie eine Art Habitus, wie das Licht.*[76] Ansatzpunkt seines Lichtvergleichs[77] ist, dass er beide als

einer gegebenen Vielfalt zur Einheit eines Objekts. Dieses Verbinden zur Einheit ist „ein Aktus der Spontaneität der Vorstellungskraft [...], eine Verstandeshandlung, die wir mit der allgemeinen Benennung Synthesis belegen würden" (B 130). Die letzte einigende Einheit ist die synthetische Einheit der Apperzeption, in der Aktivität und Rezeptivität verbunden sind.

75 Vgl. dazu Oehler, 1985, S. 188; 191f.

76 καὶ ἔστιν ὁ [...] τοιοῦτος νοῦς [...] τῷ πάντα ποιεῖν, ὡς ἕξις τις, οἷον τὸ φῶς (430a14f.).

77 In ‚De anima' B 7 untersucht Aristoteles den Sehvorgang. Das Einwirken des Wahrnehmbaren auf das Wahrnehmende erfolgt nicht unmittelbar, sondern über ein Medium. Wenn man das Farbige direkt auf das Auge legte, sähe man es nicht (419a12f.). Zwischen dem Sinnesorgan und seinem Gegenstand muss es immer ein μεταξύ, ein Medium, geben, z. B. Luft oder Wasser für den Gesichtssinn. Das Durchsichtige ist farblos, aber fähig, Farbe anzunehmen, die Farbe wiederum ist fähig, das durch das Licht aktuierte Durchsichtige zu bewegen. Der Wahrnehmungsgegenstand, die Farbe, setzt das zwischen Sinnesorgan und Gegenstand liegende, vom Licht aktuierte Medium in Bewegung. Dieses transportiert die sensible Form vom äußeren Gegenstand zum Wahrnehmungsorgan (vgl. Aristoteles-Handbuch. Leben-Werk-Wirkung, hg. v. Christof Rapp und Klaus Corcilius,

ἕξεις, als erste Entelechien, versteht. Das Licht als erste Wirklichkeit des Diaphanen, d. h. durchsichtiger Medien wie der Luft oder des Wassers, ermöglicht es, dass in dem Medium potentiell sichtbare zu wirklich sichtbaren Farben werden.[78] In analoger Weise ist der νοῦς ποιητικός eine erste ἐνέργεια der noetischen Seele, ein Aktivzustand, in dem sie sich nicht passiv verhält, sondern in der Lage ist, aus potentiell intelligiblen Erkenntnisgegenständen aktuell intelligible zu machen. Und analog wie einzelne Farben, die sich in einer ersten Aktualität befinden, durch das Licht in die zweite Aktualität gelangen, d. h. wirklich sichtbar werden, so wird durch die aktive Tätigkeit, d. h. den Übergang des νοῦς ποιητικός von der ersten in die zweite Aktualitätsstufe als ἐνεργείᾳ νοῦς das potentiell Denkbare zu einem ἐνεργείᾳ Gedachten. In diesem Akt finden beide, das Denken wie der gedachte Gegenstand, ihre Vollendung (τελείωσις). Der νοῦς παθητικός ist dann in dem Sinne derjenige, *der alles wird*, dass er der Ort der potentiell intelligiblen Formen ist – und der νοῦς ποιητικός in dem Sinne derjenige νοῦς, *der alles macht*, dass er aus den potentiell intelligiblen Formen wirklich erkannte macht. An dieser Auffassung vom Erkennen sind insbesondere zwei Aspekte von Bedeutung, die in der Folgezeit unter verschiedenen Gesichtspunkten kontrovers diskutiert wurden: erstens, das Eigengewicht der Gegenstände, Oehler nennt es das „gebieterische Eigenwesen der Dinge" bei Aristoteles, ihren „Zwingcharakter".[79] Zweitens, die „Kongruenz von Mensch und Welt", Welsch spricht in diesem Zusammenhang auch von „Weltadäquanz."[80]

In der mittelalterlichen Rezeption der aristotelischen Lehre vom Erkennen erfuhr vor allem der erste Aspekt eine deutliche Veränderung. Die Scholastik hat die Wirkkraft der Dinge, wie Aristoteles sie annimmt, reduziert und die Intellekttheorie in diesem Punkt, angeregt durch die Schriften von Avicenna und Averroes, durch eine Abstraktionslehre ergänzt. Dabei ging es um die Frage, wie der Intellekt das Allgemeine erkennen könne. Die scholastische Lehre nahm nicht, wie Aristoteles, an, dass die intelligiblen Formen in den Vorstellungsbildern auf den νοῦς παθητικός, den *intellectus possibilis*, wirken und dort als potentiell intelligible aufgenommen werden – *forma quae invenitur in phantasmate [...] non potest actuare facultatem spiritualem, qualis est intellectus*[81] –, sondern dass sie durch den *intellectus agens* erst aus den Phantasmen herausgelöst

Stuttgart u. a. 2011, S. 93). Vgl. dazu auch Jung, 2011, S. 100f. Er kritisiert die von Aristoteles in B 7 entwickelte Folge: „die Farbe bewegt das durch das Licht aktuierte Medium", und stellt ihr eine andere Reihe entgegen: „das Licht macht das farbige Medium wirklich sichtbar".

78 Die Farbe wird im Medium aber erst sichtbar, wenn es durch das Licht erleuchtet wird. Ohne Licht ist nichts zu sehen. Die Dunkelheit ist die Privation des Lichts.

79 Oehler, 1985, S. 188.

80 Wolfgang Welsch, Mensch und Welt. Eine evolutionäre Perspektive der Philosophie, München 2012, S. 33f.

81 Vgl. Paul Siwek, Psychologia metaphysica, Rom ^{5}1956, S. 335.

werden müssen. Nach Albertus Magnus und Thomas von Aquin geschieht dies durch Abstraktion.[82] Thomas unterscheidet in diesem Vorgang, in dem der *intellectus agens* vom Phantasma eine kognitive Entität, die *species intelligibilis*, „abstrahiert", zunächst zwei Schritte: *illuminatio* und *abstractio* im engeren Sinne. Der *intellectus agens* „illuminiert" zunächst die Phantasmen – phantasmata [...] *illuminantur ab intellectu agente (S. th. I, qu85 ar1 ra4)*, so dass in ihnen die *species intelligibiles* erscheinen: *Connaturale est homini, ut species intelligibiles in phantasmatibus videat* (S. th. III, qu180 ar5 ra2);[83] dann löst er diese *species intelligibiles* aus den Phantasmen ab und setzt sie als *species impressa* in den *intellectus possibilis (passibilis)*. Bei einigen Scholastikern (und bei Eckhart in Predigt 104) wird dieser Vorgang als *fecundatio* verstanden.[84] Der passive Intellekt bringt in einem weiteren Schritt *die species expressa*, das *verbum mentis*, d. h. den Begriff, *conceptus*, hervor.[85] Auf dieser Grundlage kann der Intellekt dann weitere Aktivitäten vollziehen: Urteile und Argumentationszusammenhänge bilden. In dieser Abstraktion, mit der Thomas das „Problem des Ursprungs unserer Begriffe" zu erklären versucht, werden zwei Funktionen des Intellekts unterschieden: Erstens, das „Durchleuchten" des Vorstellungbildes durch den *intellectus agens*, der im Sinnlichen das Allgemeine – *intelligibile in sensibili* – sichtbar macht; zweitens das „Erfassen" des Wesens selbst, die Begriffsbildung, durch den *intellectus passivus.*

Eine Interpretation des Lichtvergleichs, in der das Denken als Vollendung des νοῦς παθητικός durch den νοῦς ποιητικός verstanden wird, findet sich im ‚Großen Kommentar' des Averroes zu *‚De anima'* (2008, S. 224). Er extrapoliert die aristotelische Analogie zwischen dem Verhältnis des Lichts zum Medium, in dem Farben potentiell sichtbar sind, und dem Verhältnis des *intellectus agens* zum *intellectus materialis*, in dem die *species* potentiell intelligibel sind. Und er fährt fort: und wie das Medium *„von den Farben nicht bewegt wird und sie nicht aufnimmt, es sei denn es wird erleuchtet, so nimmt dieser Intellekt nicht die Intelligibilia auf, die hier sind, es sein denn, insofern er durch jenen Intellekt [sc. den intellectus agens] vollendet und erleuchtet wird.* Wie das Licht die Vollendung des Mediums ist, so ist der *intellectus agens* die Vollendung des *intellectus materialis.*

Eckhart bezieht sich in seinen deutschen und lateinischen Schriften mehrfach auf die aristotelische Intellekttheorie und nimmt insbesondere in Pr. 37 und Pr. 104 die aristotelische Dichotomie von νοῦς ποιητικός und νοῦς παθητικός auf, die er in Pr. 104 zu einer Trichotomie erweitert: würkende vernunft,

---

82 Die „komplizierte und schwierige Abstraktionslehre" (Oeing Hanhoff) des Thomas von Aquin wird hier in wenigen Punkten zusammengefasst, die für Eckharts Bezugnahme in Predigt 104 von Bedeutung sind.

83 Vgl. auch S. th. I, qu86 ar1: *convertendo se ad phantasmata in quibus species intelligibiles intelligit.*

84 Vgl. Siwek, 1956, S. 348f.

85 Ludger Oeing Hanhoff, Wesen und Formen der Abstraktion nach Thomas von Aquin, in: PhJb 82 (1975), S. 15.

lîdende vernunft, mügelîche vernunft. In seiner Beschreibung des natürlichen Erkenntnisvorgangs in Pr. 104, den er dort auf das übernatürliche Geschehen in der Gottesgeburt überträgt, kombiniert er die thomasische und die averroistische Deutung des Zusammenwirkens von *intellectus agens* und *intellectus possibilis* unter dem leitenden Gesichtspunkt der Wirkkraft des *intellectus agens.*

(2) Im zweiten Teil von Gamma 5 (430a17–25) geht es um die weitere Bestimmung des νοῦς τῆς ψυχῆς, d. h. des ἀνθρώπινος νοῦς (1075a7), des menschlichen Geistes, der durch seine Verbindung mit Materie an dauerndem, ununterbrochenem Denken, an beständiger ἐνέργεια, gehindert ist. Er hat allerdings – mit dem νοῦς ποιητικός – ein Element, das dem νοῦς als ständige ἐνέργεια nahekommt, und ist damit annäherungsweise zu einem solchen Denken fähig.[86] In seiner Begründung der θεωρία als höchster Form der εὐδαιμονία im 7.Kapitel des X. Buches der ‚*Nikomachischen Ethik*' (1177b19–1178a8) ist ein entscheidendes Argument des Aristoteles, dass die ἐνέργεια des νοῦς diejenige sei, die von allen Tätigkeiten des Menschen – innerhalb der Grenzen der menschlichen Möglichkeiten – die *autarkste, ruhevollste* und zugleich die *unermüdlichste*, beständigste, sei.[87] Zwar ist ein Leben als ununterbrochene Denktätigkeit für den Menschen als zusammengesetzes Wesen, nicht möglich – ein solches Leben wäre *übermenschlich* (1177b26f.) – aber der νοῦς als *etwas Göttliches*, θεῖόν τι (ebd., b28) im Menschen ist seine höchste Möglichkeit, nach der er sein Leben einrichten und sich *zur Unsterblichkeit erheben* könne. Auch wenn dieses Höchste, verglichen mit dem göttlichen, *von bescheidenem Ausmaß* ist, wie Aristoteles realistisch bemerkt, so ragt es doch an Wirkungsmacht, Wert und Würde, über alles hinaus; und man könne geradezu sagen, *dass dieses Höchste unser wahres Selbst ist, nachdem es den entscheidenden und besseren Teil unseres Wesens*, τὸ κύριον καὶ ἄμεινον (1178a2f.), darstellt. Ein κατὰ τὸν νοῦν βίος ist daher, folgert Aristoteles, das beste und glücklichste Leben für den Menschen.

Aristoteles hält also beides fest: Der menschliche νοῦς ist einerseits tief mit dem Körperlichen und der Welt verbunden und auf das Zusammenwirken mit Lebensfunktionen des menschlichen Körpers angewiesen; andererseits ist der νοῦς etwas Göttliches im Menschen, wodurch er über seine conditio als Naturwesen hinausragt und in Momenten höchster θεωρία sogar den Zustand des Immerseins tangieren kann.

Vor diesem Hintergrund betrachtet, kann der zweite, besonders dunkle und schwierige Teil von Gamma 5 als mehrfacher, nicht weiter explizierter Wechsel der Perspektiven einerseits auf den νοῦς als ständige ἐνέργεια und andererseits auf den νοῦς ἐν τῇ ψυχῇ, den ἀνθρώπινος νοῦς, mit seinem νοῦς

---

86 Vgl. Hans-Georg Gadamer, Brief an Oehler, in: Oehler 1984, S. 119. Entsprechend interpretiert Gadamer dort die Stelle 1075a7–11 im XII.Buch der ‚*Metaphysik*': „So wie der menschliche Geist und was am Zusammengesetzten teilhat, sich in einer begrenzten Zeit befindet [...], so verhält sich das Denken, das ganz nur sich selber denkt, die ganze Zeit." Übersetzung nach der Ausgabe von Gadamer, 1948, S. 39.

87 τὸ αὔταρκες δὴ καὶ σχολαστικὸν καὶ ἄτρυτον (1177b21f.).

ποιητικός, verstanden werden – auch in Gamma 5 wird der νοῦς θεῖόν τι, etwas Göttliches, genannt. Und es wird damit außerdem auch erklärlich, dass Merkmale, die dem reinen Denken uneingeschränkt und in vollkommener Weise zukommen, in gewissem Sinn auch vom νοῦς ἐν τῇ ψυχῇ, und insbesondere dem νοῦς ποιητικός ausgesagt werden können: χωριστός, ἀπαθής, ἀμιγής, ὢν ἐνεργείᾳ (430a17f.). Dazu stimmt, dass Aristoteles einige dieser Merkmale bereits in Gamma 4 dem νοῦς ἐν τῇ ψυχῇ zuschreibt.

Über die Unvermischtheit des νοῦς der Seele (429a18) spricht Aristoteles in Gamma 4 in Zusammenhang mit seinem Satz, dass der νοῦς, *bevor er denkt, nichts von den Dingen sei. Deshalb nimmt man mit Grund auch nicht an, dass er mit dem Körper vermischt sei.*[88] Das heißt, wie er weiter erläutert, dass der νοῦς, der im Unterschied zur Wahrnehmung über keine spezifischen Organe verfügt und von den Dingen nicht physiologisch verändert wird, im einzelnen Menschen zunächst nur als Vermögen da ist, als reine δύναμις, und dass er, bevor er die Dinge zu denken gelernt hat, ihre intelligiblen Formen, εἴδη, *nur der Möglichkeit, nicht der Wirklichkeit nach ist.*[89] Gerade diese Unvermischtheit bedingt aber auch die Weite seiner Erkenntnismöglichkeiten: *dass er alles werden kann*, d. h. alles in sich aufnehmen und erkennen kann, wenn er lernt. Auch in den Akten des Erkennens, als ἐνεργείᾳ νοῦς, ist er nicht mit den Dingen identisch, sondern es besteht eine Akt-Identität mit den Formen der Dinge.

Das Merkmal, dass der νοῦς seinem Wesen nach ἐνέργεια ist[90] – *nicht denkt er bald, bald nicht*[91] – trifft zwar im eigentlichen Sinn auf jenes zeitlose, ewige νοεῖν zu, das nach ‚*De anima*' 407a32 eher einem gewissen Ruhen und Verweilen gleicht und sich unterscheidet von dem πρώτη ἐντελέχεια-Charakter des mit dem Körper verbundenen Denkens, das durch den Wechsel von Aktivzustand und Aktivität gekennzeichnet ist. Allerdings ist der νοῦς als inseiende Form in einem Menschen als Disposition, ἕξις, ständig in einer ersten ἐνέργεια, von der aus er in die zweite Phase der ἐνέργεια übergehen kann. Dass die Vernunft nicht bald denkt und bald nicht denkt, sondern ständig denkt, kann damit analog wie das Lebendigsein des Lebewesens verstanden werden, das, solange es lebt, in einer ersten Entelechie ist.[92]

---

88 Ebd., οὐθέν ἐστιν ἐνεργείᾳ τῶν ὄντων πρὶν νοεῖν. διὸ οὐδὲ μεμῖχθαι εὔλογον αὐτὸν τῷ σώματι (429a24f.).

89 οὔτε ἐντελεχείᾳ ἀλλὰ δυνάμει τὰ εἴδη (429a28f.).

90 τῇ οὐσίᾳ ὢν ἐνέργεια. (430a18).

91 ἀλλ' οὐχ ὁτὲ μὲν νοεῖ ὁτὲ δ' οὐ νοεῖ (430a22).

92 Das Immerdenken des νοῦς ist seit der Antike kontrovers diskutiert worden. Alexander von Aphrodisias verstand den immerdenkenden νοῦς als den göttlichen νοῦς. Themistios und Philoponos dagegen beziehen das Immerdenken auf das ununterbrochene Denken der gesamten Menschheit. In der neueren Forschung hat Seidl im Rekurs auf die beiden Stufen der Wirklichkeit, ἕξις als erste habituelle Form von Aktualität, als habituelles Denken, und ἐνέργεια als zweite und höchste Aktualität die Schwierigkeit zu lösen versucht, was der aristotelischen Argumentation und dem Sinn der πρώτη ἐντελέχεια am besten zu entsprechen scheint. Vgl. Seidl, 1971, S. 131; 133f.

Die Doppelperspektive gilt auch für die beiden Attribute der Leidenslosigkeit und Abtrennbarkeit. Leidensunfähig, ἀπαθής, ist auch der menschliche νοῦς und zwar als erste Entelechie, die als formierte δύναμις leidenslos in die Aktivität des Denkens übergeht, wie Aristoteles in II,5 und III,4 hervorhebt. Dass der νοῦς als Prinzip im Körper abgetrennt vom Körper sei (χωριστός), zeige sich daran, argumentiert Aristoteles bereits in Gamma 4, dass er im Unterschied zum Wahrnehmungsvermögen an kein körperliches Organ gebunden ist. Er ist darüberhinaus, wie Aristoteles abschließend bemerkt, nicht nur vom Körper abtrennbar, sondern nach dem Tod auch wirklich getrennt. *Getrennt nur ist er das, was er ist und dies allein ist unsterblich und ewig;*[93]

Die Frage nach dem Verhältnis von göttlichem νοῦς als reiner ἐνέργεια und dem menschlichen νοῦς, insbesondere dem νοῦς ποιητικός, lässt Aristoteles in ‚*De anima*' Gamma 5 offen. Bereits Alexander von Aphrodisias und, ihm folgend, weitere Peripatetiker, werden von einem Einwirken der göttlichen *intelligencia* auf den menschlichen Intellekt sprechen. Aristoteles nimmt ein solches Einwirken als *causa efficiens* jedenfalls nicht an.

2.4 Der νοῦς θύραθεν: der νοῦς, der von außen kommt – thematische Schwerpunkte der Rezeption

Es bleibt aber übrig, dass allein der νοῦς von außen hineinkommt und allein göttlich ist, da sein Tätigsein nichts mit einer körperlichen Tätigkeit gemeinsam hat.[94] Der Satz aus ‚*De generatione animalium*' ist seit der Spätantike kontrovers diskutiert worden.[95] In diesen Auseinandersetzungen bildeten sich thematische Schwerpunkte, die zum Kontext der Aristoteles-Rezeption Meister Eckharts gehören.[96] Aus der

93 χωρισθεὶς δ' ἐστὶ μόνον τοῦθ' ὅπερ ἐστί, καὶ τοῦτο μόνον ἀθάνατον καὶ ἀΐδιον (430a22f.). Als wirkendes Prinzip in der menschlichen Seele ist der leidensunfähige νοῦς ποιητικός auf den vergänglichen νοῦς παθητικός angewiesen und kann ohne ihn nichts denken. Nach der Trennung im Tod bleibt der νοῦς ποιητικός ohne Erinnerungen und andere an den Körper und den νοῦς παθητικός gebundene kognitive und emotionale Bewegungen.

94 λείπεται δὲ τὸν νοῦν μόνον θύραθεν ἐπεισιέναι καὶ θεῖον εἶναι μόνον· οὐθὲν γὰρ αὐτοῦ ἡ ἐνέργεια κοινωνεῖ σωματικῇ ἐνεργείᾳ (736b27–29).

95 In der neueren Forschung hat der νοῦς θύραθεν, sofern man ihn überhaupt der Erwähnung für wert befindet, wenig Gnade gefunden. Paul Moraux, A propos du νοῦς θύραθεν chez Aristote, in: Autour d'Aristote. Offerts à Mons. A. Mansion, Louvain 1955, S. 255–295, hält den νοῦς für einen platonischen Restbestand, der die These impliziere, dass der νοῦς in seiner γένεσις ganz unabhängig vom Körper sei und sich dadurch von den anderen Seelenteilen unterscheide, die an die körperliche Entwicklung gebunden sind. Die Passage in ‚*De generatione animalium*' (736b25ff.) sei ein Relikt, das Aristoteles später aufgegeben habe. Auch für Kathleen V. Wilkes sind die Passagen über den νοῦς ein Fremdkörper im aristotelischen Werk. Vgl. neuerdings Jung, 2011, S. 169–173.

96 Sie werden unten im historisch-systematischen Teil genauer untersucht.

zitierten Passage ergaben sich mehrere Fragen. Erstens, die Frage nach der Einheit der menschlichen Seele. Wie soll bei einem unkörperlichen und unvergänglichen νοῦς, der im Unterschied zur vegetativen und sensitiven Seele keine ἐνέργεια σωματική ist und „von außen“ in die Seele kommt, sich die Einheit des menschlichen Wesens konstituieren? Ist eine solche noetische Entität in die hylemorphistische Einheit des Menschen integrierbar oder existiert sie außerhalb als selbständiges Element, wie Averroes mit seiner Annahme eines überindividuellen, ewigen Intellekts als Bedingung der Allgemeingültigkeit des Erkennens annahm? Besteht ein χωρισμός zwischen dem beseelten Körper und dem unkörperlichen, ewigen Intellekt? Die averroistische Position unterzog Thomas von Aquin einer scharfen Kritik: Wenn der Mensch wirklich ein vernunftbegabtes Wesen sein soll, dann muss der Intellekt zu seinem Wesen gehören und seine Einheit begründen, er muss also individuell sein: der einzelne Mensch denkt, nicht der überindividuelle Intellekt. In der großen mittelalterlichen Kontroverse um die Einheit der Seele wird Eckhart der thomasischen Position folgen, die in der Formel zum Ausdruck kommt, dass die Geistseele die *unica forma corporis* ist.

Eine zweite Frage, die seit der Spätantike zum Ausgangspunkt umfangreicher und intensiver Diskussionen wurde, war insbesondere, wie die aristotelische Formulierung, dass der νοῦς *von außen hineinkommt* und allein *etwas Göttliches* ist, zu verstehen sei. Sie wurde unter zwei Gesichtspunkten diskutiert: als Frage des Einwirkens eines göttlichen νοῦς auf den Erkenntnisakt (1). Dieses Problem hat die intellekttheoretische Diskussion seit der Spätantike und über die arabische Rezeption bis ins Mittelalter angetrieben. Historisch erstmals greifbar wird es bei Alexander von Aphrodisias, der von einem θύραθεν ἐν ἡμῖν νοῦς καὶ ἄφθαρτος spricht: der göttliche νοῦς ist beim Denkakt im Menschen; es ist der νοῦς ποιητικός, von dem Aristoteles sage, dass er πάντα ποιεῖ und ständige ἐνέργεια sei. Der νοῦς θύραθεν ist also der göttliche νοῦς, der zeitweise im Menschen wirkt (vgl. Bruns, 1887, S. 90,13–91,6). Der entscheidende Punkt dieser Interpretation ist, dass Alexander die aristotelische Aussage, dass der νοῦς etwas Göttliches sei, auch auf den νοῦς ποιητικός von Gamma 5 bezieht, den er nicht als einen besonderen Status des menschlichen νοῦς, sondern als göttlichen νοῦς interpretiert. Das „von außen Kommen“ des νοῦς bezeichnet dann das Einwirken des göttlichen νοῦς, der den menschlichen Erkenntnisakt vollendet. Damit hat er ein Grundmodell geschaffen, das in der arabischen Intellekttheorie, insbesondere bei Averroes und in der Lehre von den vier Intellekten und entsprechenden Theoremen der *coniunctio* und des *intellectus adeptus*, aufgenommen und unter verschiedenen Aspekten entfaltet wurde. Auch Albertus Magnus knüpfte mit seiner Unterscheidung verschiedener Stufen der Vervollkommnung des Intellekts an Elemente dieser Intellekttheorie an. Meister Eckhart bezieht sich mit dem Verweis auf *aliqui philosophi* im ‚*Johanneskommentar*‘ insbesondere auf die *coniunctio*-Theorie der peripatetischen Tradition.

Ein weiterer Gesichtspunkt (2), unter dem das „von außen Hineinkommen" des νοῦς interpretiert wurde, ist der seiner Genese.[97] Aristoteles spricht an mehreren Stellen darüber. In einer von Theiler als „Zusatz" bezeichneten Passage im ersten Buch von ‚*De anima*' heißt es: Der νοῦς scheint als eine Wesenheit, οὐσία, hineinzugelangen und nicht der Zerstörung zu verfallen, οὐ φθείρεσθαι (408b19). *Der νοῦς ist wohl etwas Göttlicheres und etwas Leidensunfähiges.*[98] In ‚*De generatione animalium*' ist vom „Hineingelangen" des νοῦς im Zusammenhang der Entstehung der verschiedenen Seelen die Rede. Ausgangspunkt ist in B 3 dieser Schrift zunächst die Frage, ob die sensitive Seele der Tiere in Samen und Keim vorhanden ist oder nicht und woher sie kommt (736a31f.). Offenbar haben diese bereits Leben, eine vegetative Seele, das ursprünglichste Vermögen der Seele, durch das einem Wesen Leben zukommt. Im Laufe der Entwicklung wachsen dann den Tieren über der vegetativen Seele die sensitive und bei einigen Lebewesen die noetische Seele zu. Es ist eine Epigenesis, ein Entwicklungsprozess von der Pflanzen- über die Tierseele bis zur Denkseele. Immer sind die Seelenvermögen zunächst der Möglichkeit, dann der Wirklichkeit nach da. *Alles entsteht anscheinend aus Samen, und der Same kommt von den Erzeugern.*[99] Die vegetative Seele ist der Wirklichkeit nach erst, wenn sie Nahrung aufnimmt. Die Tierfoeten wiederum leben zunächst ein Pflanzenleben und erlangen erst in der Folge die sensitive und im Menschen die noetische Seele. Die Seelen entfalten sich also stufenweise nacheinander. Da der νοῦς aber an kein Organ gebunden ist, scheint er nicht auf die körperliche Entwicklung angewiesen zu sein. Er entsteht nicht aus der Materie wie die unteren Seelenvermögen. Es ist daher die „größte Aporie", „wann, wie und woher", πότε καὶ πῶς [...] καὶ πόθεν (736b5) der νοῦς in die Lebewesen kommt, die an ihm teilhaben.

Aristoteles listet in ‚*De generatione animalium*' zunächst verschiedene Möglichkeiten des Entstehens der Seelen auf: Erstens, *dass diese Seelen entweder vor-*

---

97 Die Schwierigkeiten, die das Lehrstück bereitet, zeigen sich schon bei den frühen Kommentatoren. Bereits Theophrast hatte die Frage nach der Existenzweise des νοῦς gestellt, der nicht aus der Materie stamme, sondern von außen, ἔξωθεν, komme, aber nicht „wie hinzugesetzt", ὡς ἐπίθητον, sondern „wie in der ersten Entstehung, ὡς ἐν τῇ πρώτῃ γενέσει, mit einbezogen" (198,22f.). Wenn der νοῦς aber vom Anfang an im entstehenden Menschen präsent ist, dann muss er schon existiert haben, wenn er in den entstehenden Menschen eintritt. Dass er aber zu einem späteren Zeitpunkt der Entwicklung im Menschen auftritt, ist nicht möglich, da er ungeworden und ewig ist. Er kann also nicht zu einem bestimmten Zeitpunkt entstehen. Diese Aporien versucht Theophrast mit der aristotelischen Dichotomie zu lösen: Der tätige νοῦς bleibt gänzlich ohne Veränderung. Entstehung und Entwicklung vollziehen sich nur im passiven νοῦς.

98 ὁ δὲ νοῦς ἴσως θειότερόν τι καὶ ἀπαθές ἐστιν (408b29). Den Sonderstatus des νοῦς betont Aristoteles auch in ‚*De anima*' B 2 (413b24–27). νοῦς und θεωρητικὴ δύναμις scheinen ein anderes Genus der ψυχή zu sein als die übrigen Seelenvermögen, und nur für sie gilt, dass sie „abgetrennt werden können wie das Ewige vom Vergänglichen".

99 δοκεῖ δὲ πάντα γίνεσθαι ἐκ σπέρματος, τὰ δὲ σπέρματα ἐκ τῶν γεννώντων (721b6f.).

her nicht da waren und alle erst hineinkamen,[100] oder zweitens, *dass sie alle vorher schon vorhanden waren,*[101] oder drittens, dass *die einen vorhanden waren, die anderen aber nicht.*[102] Bei der Frage nach dem Weg des „Hineinkommens" ergeben sich wiederum mehrere Möglichkeiten: Erstens, *dass sie in den Stoff des Keimes kamen, ohne mit dem männlichen Samen hineingekommen zu sein* oder zweitens, *dass sie aus letzterem in jenen gelangten, und schließlich, dass sie in das Männliche entweder sämtlich von außen hineingekommen sind, oder keine derselben, oder nur die einen, die anderen aber nicht.*[103]

Bei der Beantwortung dieser Fragen rekurriert Aristoteles auf seinen Grundsatz, dass Prinzip und Prinzipiiertes zusammenstimmen müssen. Das bedeutet, dass Seelen, die Prinzipien körperlicher Aktuierungen, erste Entelechien organischer Körper sind, nicht ohne Körper existieren und auch nicht von ihnen abgetrennt werden können. Vegetative und sensitive Seelen präexistieren nicht und kommen daher nicht von außen. Ein Sonderfall ist dagegen der νοῦς, er ist keine Entelechie eines organischen Körpers und an kein Organ gebunden. Er wird im Zeugungsprozess durch den männlichen Samen weitergegeben, der sowohl die nicht-abtrennbaren Vermögen als auch das abtrennbare intellektive Vermögen, χωριστά und ἀχώριστα, enthält (737a7–10).[104] Nach Föllinger ist in der Aristoteles-Forschung inzwischen opinio communis, „dass der Nous via Samen in den Keim gelangt, dass er also von Anbeginn an im Embryo vorhanden ist, auch wenn er zu voller Aktualität erst viel später, noch nicht im Kindesalter, kommt."[105] Die Frage, „woher" dieses abtrennbare Vermögen kommt, lässt Aristoteles offen. Die christliche Scholastik hat darauf eine andere, eindeutige Antwort gegeben: „dass Gott zu jedem menschlichen Embryo individuell den Intellekt hinzu erschafft".[106] Gegen die Auffassung, dass die menschliche Seele von den Eltern weitergegeben werde, führt Thomas von Aquin den aristotelischen Gedanken vom νοῦς θύραθεν an, der mit dem Text der ‚*Genesis*' übereinstimme.[107] Eckhart notiert im ‚*Johannes-*

---

100 μὴ οὔσας πρότερον ἐγγίνεσθαι πάσας (736b15f.).

101 πάσας προυπαρχούσας (ebd., b16).

102 τὰς μὲν τὰς δὲ μή (ebd., b17).

103 ἐν τῇ ὕλῃ μὴ εἰσελθούσας ἐν τῷ τοῦ ἄρρενος σπέρματι oder ἐνταῦθα μὲν ἐκεῖθεν ἐλθούσας, ἐν δὲ τῷ ἄρρενι ἢ θύραθεν ἐγγινομένας πάσας ἢ μηδεμίαν ἢ τὰς μὲν τὰς δὲ μή (736b17–20).

104 Vgl. Seidl, 1971, S. 126–128; Jung, 2011, S. 171f.

105 Vgl. Sabine Föllinger, Das Problem des Lebens in Aristoteles' Embryologie, in: Aristotelische Biologie. Intentionen, Methoden, Ergebnisse, Stuttgart 1997, S. 229.

106 Horst Seidl, Einführung in die antike Philosophie. Hauptprobleme und Lösungen, dargelegt anhand der Quellentexte, Freiburg/Br. u. a. [2]2013, S. 235.

107 „Videtur quod anima humana etiam a parentibus traducatur [...]. Sed contra est, quod dicit philosophus in 16 de animalibus, quod intellectus ab extrinseco est: et in libro de proprietatibus elementorum dicit, quod in nato fit spiritus vitae iussu dei: et ita videtur quod non traducatur a patre. Hoc etiam auctoritate sacrae scripurae ostenditur" (II sent. ds18 qu2 ar1 sc1).

kommentar', dass die Philosophen zu diesen Fragen, die zu den umstrittensten der Philosophie gehören, keine Antwort hätten, die Bibel aber sie klar beantworte: Gott ist der *dator formarum.*

Scholion 7

Aristoteles: Objektgebundenheit von Wahrnehmen und Denken

- Intentionale Ausrichtung von Wahrnehmen und Denken auf die Welt der Objekte
- „Zwingcharakter" der Objekte
- Akte der Wahrnehmung und des Denkens als Vollendung (τελείωσις) der Vermögen und ihrer Objekte in der ἐνέργεια-Identität

Meister Eckhart: Epoché der Weltorientierung

- Intentionale Ausrichtung auf die Welt als Merkmal des „natürlichen Menschen" und zugleich Hindernis für den *im spirituellen Sinn vollkommenen Menschen* (Pr. 101)
- Übertragung und Transformation des aristotelischen Modells der ἐνέργεια-Identität auf das Verhältnis der abgeschiedenen Seele zu Gott in der Gottesgeburt (Pr. 10 und 12)

Die aristotelische νοῦς-Lehre in *‚De anima'* Gamma 4 und 5

- Entwicklungsstufen des νοῦς: reine δύναμις und formierte δύναμις
- Das hylemorphistische Modell des νοῦς – νοῦς παθητικός als νοῦς, *der alles wird,* und νοῦς ποιητικός als νοῦς, *der alles macht*
- Die Unterscheidung innerhalb des νοῦς ποιητικός: νοῦς δυνάμει und νοῦς ἐνεργείᾳ

Meister Eckhart: Rezeption und Transformation der aristotelischen νοῦς – Lehre

- Der doppelte „Gebrauch" der aristotelischen Unterscheidung eines rezeptiven und eines aktiven Elements der *vernunft*
    - Übernahme für den natürlichen Bereich – die *vernunft* als *Herr,* als steuernde Kraft in der Seele (Pr. 37)
    - Dekonstruktion des Modells (Umkehrung der „Hierarchie") bei der Übertragung auf den übernatürlichen Bereich: die *lidende vernunft* als „Ort" der Gottesgeburt (Pr. 37, Pr. 104)
    - Uminterpretation des aristotelischen Begriffs der formierten δύναμις (ἕξις): die *mügelîche vernunft* nicht als Disposition zum Handeln, sondern als Disposition zum Erleiden (Pr. 102,103,104, Joh.Komm. n. 149)
- Die Aufnahme von peripatetischen Deutungen der Intellekttheorie
    - Die Deutung der Funktion des *intellectus agens* im natürlichen Erkennen im Anschluss an die thomasische Abstraktionslehre (Pr. 104)

- Die Deutung der Gottesgeburt als Überformung der *lîdenden vernunft* durch den göttlichen *intellectus agens* unter Verwendung des peripatetischen *coniunctio*-Modells (Joh.Komm. n. 155; Pr. 104)
- Die Erklärung der übermächtigen Wirkkraft des göttlichen *intellectus agens* als *forma in nobis* unter Bezug auf das aristotelische Verständnis der Form als Wirkprinzip in der leib-seelischen Einheit (Joh.Komm. n. 156–157; 124–128; Pr. 104)

Drittes Kapitel: Aristoteles' Lehre vom guten Leben – eine Ethik ohne Metaphysik?

Dass Vollzug und Erhaltung seines Seins und nicht ein transzendentes Telos Ziel des Menschen sei, gilt Robert Spaemann als ein Satz, der den Beginn der Neuzeit markiert und der „traditionellen aristotelischen Auffassung“ widerspreche, derzufolge Ziel des Menschen eine Tätigkeit sei, die zwar durch die Stufe seines Seins vorgezeichnet ist, jedoch dem bloßen Vorhandensein gegenüber eine „zweite potenzierte Wirklichkeit“ darstellt (so das εὖ ζῆν gegenüber dem ζῆν). Diese weise selbst wiederum eine teleologische Struktur auf, indem sie auf ein ihr äußeres Telos, die *contemplatio Dei* als höchster Form des Tätigseins gerichtet sei.[1] Was hier als aristotelische Auffassung und Gegeninstanz neuzeitlichen Denkens zitiert wird, basiert v. a. auf deren thomistischer Deutung in der mittelalterlichen Scholastik, die über das Mittelalter hinaus eine eigene Wirkungsmacht entfaltet und das Aristotelesbild stark geprägt hat. Dass es starke Differenzen gibt zwischen der aristotelischen Ethik und deren Auslegung durch Thomas von Aquin, haben die Theologen Gauthier und Jolif in ihrem Kommentar zur Nikomachischen Ethik in einer kritischen Bemerkung festgehalten: der Kommentar des Heiligen Thomas zur aristotelischen Ethik sei unter dem Gesichtspunkt der Aristoteles-Exegese ein verfehltes Werk, „une oeuvre manquée et de nul secours; il n'est utile que pour comprendre la pensée même de Saint Thomas“[2]. Otfried Höffe kritisiert an der Aristoteles-Deutung des Thomas von Aquin – wesentlich milder – die zu rigide Systematisierung einzelner Aussagen, wenn dieser die aristotelische „Strebenstheorie mit der Teleologie der Physik und der Lehre vom Göttlichen Beweger der Metaphysik (XII, 7 und 9) zur Konzeption eines natürlichen Strebens verbindet [...] und dessen vollkommenes Glück [...] erst vom Jenseits erwartet“[3]. Von Aristoteles werde aber bereits das „Programm einer ‚Ethik ohne Metaphysik‘ praktiziert“, jedenfalls wenn man „unter ‚Metaphysik‘ die Theorie eines höchsten Seienden versteht oder die einer jenseitigen Welt“ (ebd., S. 190). Er verorte den Men-

---

1 Robert Spaemann, Reflexion und Spontaneität. Studien über Fénelon, Stuttgart 1963, S. 53. Er zitiert dort Thomas von Aquin, S. th. qu65 art2: „Totus homo est propter aliquem finem extrinsecum.“

2 René A. Gauthier, Jean Y. Jolif, Aristote. L' Ethique à Nicomaque. Introduction, traduction et commentaire. Tome I, Introduction et Traduction, Louvain/Paris 1958, S. 84*.

3 Höffe, 2006, S. 190.

schen über das Streben im „Kontinuum der Natur", und räume ihm dann über den Logos, die Vernunft, einen Sonderstatus ein (ebd., S. 197).

Mit den Grundannahmen dieser Interpretation der Ethik des Aristoteles stimmt die folgende Untersuchung im Wesentlichen überein. Um den spezifischen Ansatz seiner Frage nach dem guten Leben und seiner Antwort darauf herauszuarbeiten, werden im Folgenden die ersten sechs Kapitel der ‚*Nikomachischen Ethik*' und Aspekte der Freundschaftslehre in den Büchern VIII und IX interpretiert. Dadurch sollen die Herausforderungen, vor denen die christliche Rezeption stand, und die essentiellen Transformationen, die die aristotelische Ethik durch sie erfuhr, deutlicher konturiert werden. Mit Blick auf Eckhart ist die Freundschaftsabhandlung von besonderem Interesse, da er an verschiedenen Stellen[4] – explizit im Johanneskommentar (n. 643, 644) – das Verhältnis der gerechten, abgeschiedenen Seele zu Gott mit dem Verhältnis der ἀγαθοί in der vollkommenen Freundschaft, τελεία φιλία, d. h. einer symmetrischen Beziehung, einer Freundschaft der Gleichen κατ' ἀρετήν, vergleicht. Das „Sohn Gottes sein" wird hier gleichgesetzt mit dem „Freund sein".

1. Das Gute für den Menschen, das ἀνθρώπινον ἀγαθόν, als „Worumwillen" und „Wozu" und die Bestimmung der εὐδαιμονία als Tätigkeit κατ' ἀρετήν in der ‚*Nikomachischen Ethik*' (A 1–6)

Von den drei Abhandlungen, in denen die aristotelische Ethik überliefert wurde, ist die ‚*Nikomachische Ethik*' die ausführlichste und wirkungsmächtigste. Ausgangspunkt der ethischen Frage ist im ersten Buch die Analyse verschiedener Bedeutungen von ἀγαθόν (gut). Dabei sind in A 1–5 und in A 6 zwei verschiedene Ansätze zu unterscheiden, deren Zusammenhang in der Forschung kontrovers diskutiert wird.

Die erste formale Bestimmung von ἀγαθόν als „das Erstrebte", führt Aristoteles im Zusammenhang einer summarischen Aussage, einer Art Eingangstopos, ein, wie er sich z. B. auch in der Metaphysik findet: *Jedes handwerkliche (technische) Können und jede wissenschaftliche Untersuchung, ebenso alles Handeln und Wählen strebt nach einem Gut, wie allgemein angenommen wird. Daher die richtige Bestimmung von „gut" als das Ziel, zu dem alles strebt.*[5] Aus diesem Einleitungssatz

[4] Vgl. Largier I, S. 861f.

[5] πᾶσα τέχνη καὶ πᾶσα μέθοδος, ὁμοίως δὲ πρᾶξίς τε καὶ προαίρεσις, ἀγαθοῦ τινὸς ἐφίεσθαι δοκεῖ (1094a1f.).

geht hervor, dass „gut" als „das Erstrebte" von vornherein aus seiner Zuordnung zu verschiedenen Weisen menschlichen Tätigseins verstanden wird, und zwar als das in der jeweiligen Tätigkeit erstrebte Ziel des Tätigseins. Grundsätzlich muss nicht jedes Gut, das man erstrebt, Ziel des eigenen Handelns und durch Handeln zu verwirklichen sein. Dass es in der Ethik um Ziele geht, die durch menschliches Handeln zu verwirklichen sind (1094b7), wird zu Beginn von A 2 durch die den Eingangssatz aufnehmende Formulierung der Ausgangsfrage nach dem πρακτὸν ἀγαθόν (1095a16f.) hervorgehoben. Dabei wird das Handlungsziel, das τέλος, von Anfang an nicht einfach als Endpunkt einer Handlung verstanden, sondern als deren Gelingen, deren Vollendung. Das geht auch aus der Differenzierung von Zielen hervor, die eine Prolepsis im Blick auf A 2 ist und Unterscheidungen aus der ‚*Metaphysik*' über vollkommene und unvollkommene Tätigkeiten wieder aufnimmt: das τέλος kann entweder ein außerhalb der Tätigkeit liegendes Ergebnis der Tätigkeit (ἔργον) sein, wie z. B. beim Herstellen, oder der Vollzug der Tätigkeit selbst (ἐνέργεια), wie z. B. beim Sehen, Denken, gut Leben. Es geht hier also schon um die Frage nach dem Verhältnis einer Tätigkeit zu ihrem Ziel, ihrer Vollendung – es kann in einem äußeren Werk oder in ihr selbst liegen. Bei einer weiteren Differenzierung von Zielen, die Aristoteles, ausgehend von Beispielen aus der Welt der Artefakte, vornimmt, weist er darauf hin, dass es sowohl bei den Zielen, die außerhalb unserer Tätigkeit liegen als auch bei denen, die ihr Ziel in sich haben, einige gibt, die umfassender (1094a14f.) sind und daher von uns mehr erstrebt werden als andere, die wir nur als Mittel für weitere Ziele wählen. Mit dieser Differenzierung der τέλη, die aus ihrer Vielzahl diejenigen herausgreift, die wir nicht als Mittel, sondern um ihrer selbst willen erstreben (1094a20), bereitet Aristoteles die Präzisierung seiner ethischen Fragestellung vor: Er fragt nach einem Ziel unseres Handelns, das wir um seiner selbst willen erstreben. *Wenn es nun wirklich ein durch Handeln zu erreichendes Ziel gibt, das wir um seiner selbst willen erstreben, während das übrige nur in Richtung auf dieses Ziel gewollt wird, [...] dann ist offenbar dieses Ziel das Gut und zwar das oberste Gut.*[6] Die aristotelische Ethik fragt also nach einem höchsten Ziel, das durch menschliches Handeln erreicht werden kann, einem πρακτὸν ἀγαθόν. Damit ist eine klare Limitierung der Fragerichtung vorgegeben: Ausgeklammert sind jene ἀγαθά, die durch menschliche Tätigkeit nicht zu erreichen sind. Die ‚*Eudemische Ethik*' nennt sie die οὐ πρακτά (1217a32). Zu diesen für den Menschen οὐ πρακτὰ ἀγαθά gehören erstens die höchsten Wesenheiten und zweitens das, was zwar durch Tätigkeit zu verwirklichen ist, aber nicht durch menschliche, sondern durch die Tätigkeit von Wesen, die über uns stehen (vgl. 1217a32–35). In der ‚*Eudemischen Ethik*' erläutert Aristoteles auch den Begriff πρακτὸν ἀγαθόν, den er in der ‚*Nikomachischen Ethik*' ohne weitere Erklärungen verwendet. Er bedeutet sowohl das, worumwil-

6 Εἰ δή τι τέλος ἐστὶ τῶν πρακτῶν ὃ δι' αὑτὸ βουλόμεθα, τἆλλα δὲ διὰ τοῦτο, καὶ μὴ πάντα δι' ἕτερον αἱρούμεθα [...], δῆλον ὡς τοῦτ' ἂν εἴη τἀγαθὸν καὶ τὸ ἄριστον (1094a18–22).

len wir handeln, als auch das, was wir zur Erlangung des Ziels tun (vgl. 1217a36f.). Die Frage nach einem höchsten durch Handeln zu erreichenden obersten Gut (die Eingangsfrage von A 2) ist also zugleich als Frage nach dem Worumwillen und nach der Tätigkeit zu verstehen, die zur Verwirklichung dieses Zieles zu leisten ist. Das Ziel, um das es dem Menschen letztlich und im Ganzen geht, kann damit kein τέλος, kein ἔργον, kein Werk außerhalb sein, mit dem die Tätigkeit aufhört, aber auch kein transzendentes Objekt des Strebens. Das kommt in der folgenden Nominaldefinition des gesuchten Worumwillens als εὐδαιμονία und zwar im Sinne von εὐ ζῆν und εὐ πράττειν zum Ausdruck, in der, wie Aristoteles betont, fast alle übereinstimmen: die εὐδαιμονία – *so sagen die Leute und so sagen die feineren Geister, wobei gut leben und gut handeln gleich gesetzt werden mit glücklich sein.*[7] Das, was wir letztlich erstreben, ist also nichts Dingliches – *das Glücklichsein liegt nicht vor wie ein Gegenstand*[8] – sondern eine Verfassung unseres Seins selbst, d. h. eine vorzügliche Weise des menschlichen Lebendigseins; εὐδαιμονεῖν, εὐ ζῆν und εὐ πράττειν, dessen Bedeutung zwischen ‚gut handeln' und ‚sich wohlbefinden' schwingt, werden dabei als ineinandergreifende Aspekte einer guten Verfassung des menschlichen Seins zusammengesehen (vgl. Platon, Rep. 353e10–354a3).[9]

Mit der Nominaldefinition dessen, worum es dem Menschen letztlich geht, als εὐδαιμονία ist die ethische Fragestellung nach dem obersten Gut zwar präzisiert, aber inhaltlich noch nicht beantwortet. Entsprechend seinem methodischen Grundsatz, die Untersuchung nicht nur vom Formalen, sondern auch von traditionellen Meinungen her zu führen, hält Aristoteles seine eigene Antwort zunächst zurück, um sie in den Kapiteln A 3–4 in einer Folge von Abgrenzungen vorzubereiten und zu entwickeln. Dies geschieht, indem er einerseits die geläufigsten Meinungen, was Menschen unter einem glücklichen Leben, unter εὐδαιμονία, verstehen, an drei typischen Lebensformen prüft und andererseits Platons Lehre vom ἀγαθὸν αὐτό diskutiert. Sein Haupteinwand gegen Platon ist: das, was hier gesucht wird, das höchste Ziel, das durch Handeln zu erreichen ist (ἀκρότατον τῶν πρακτῶν ἀγαθῶν), kann keine Idee sein. Am βίος ἀπολαυστικός kritisiert er, dass ein Leben, das auf Genuss zielt, keine spezifisch menschliche Lebensform, sondern eher ein βοσκημάτων βίος sei. Wer in seinem Leben vor allem auf Reichtum setzt, begibt sich in Abhängigkeit von materiellen Gütern. Auch der βίος πολιτικός, das Leben des Politikers, der nach

7 καὶ οἱ πολλοὶ καὶ οἱ χαρίεντες λέγουσιν, τὸ δ' εὖ ζῆν καὶ τὸ εὖ πράττειν ταὐτὸν ὑπολαμβάνουσι τῷ εὐδαιμονεῖν (1095a18–20).

8 οὐχ ὑπάρχει ὥσπερ κτῆμά τι (1169b30).

9 Die im Vergleich zu A 1 restringierte Blickweise äußert sich auch in der Verwendung der adverbiellen Form von ἀγαθόν, nämlich εὐ, die den Aspekt der Tätigkeit (des Zustandes) enthält, und unterstreicht, dass das gesuchte τέλος eine Weise von Tätigsein (ἐνέργεια) und nicht ein ἔργον außerhalb sein soll. Von hier aus lässt sich die gleich zu Beginn von A 1 (1094a3–5) eingeführte Unterscheidung der τέλη als eine vorbereitende Prolepsis verstehen.

Ehre, τιμή, strebt, macht sich zu sehr von äußeren Bedingungen abhängig: ob wir Ehre erlangen, hängt nämlich nicht so sehr von uns, unserer Tätigkeit, als vielmehr von anderen, die sie uns spenden, ab. Außerdem genügt die Ehre nicht dem formalen Kriterium, um ihrer selbst willen erstrebt zu werden; nach Ehre strebt man, um sich bei anderen zu vergewissern, dass man ἀγαθός, tüchtig, gut, ist und ἀρετή, Tüchtigkeit, hat. So scheint also eher Tüchtigkeit als Ehre letztes Ziel dieser Lebensform zu sein. Mit Blick auf die Präzisierung des letzten Worumwillens ist Aristoteles' Argument, warum es nicht in der ἀρετή bestehen kann, weiterführend: ἀρετή erweist sich, gemessen an dem gesuchten Worumwillen, deshalb nicht als Ziel im vollen Sinn, weil wir ἀρετή als eine Disposition auch haben können, ohne sie zu aktuieren: *Denn man kann sich die Möglichkeit vorstellen, dass jemand die Tüchtigkeit zwar hat, aber dabei schläft oder ein Leben lang untätig, ja darüber hinaus mit größtem Leid und Unglück beladen ist.*[10] Diese Argumentation arbeitet zwei weitere Momente des gesuchten höchsten, durch Handeln zu verwirklichenden Guten heraus: erstens, das, was wir letztlich und im Ganzen wollen, εὐδαιμονία, εὐ ζῆν und εὐ πράττειν, ist nicht nur ein Aktivzustand, ein Tätigseinkönnen, sondern ein Tätigsein. Diesen Charakter der εὐδαιμονία hebt Aristoteles an späterer Stelle hervor: *Der Unterschied ist gewiss nicht klein: ob man das oberste Gut als Besitzen oder Benützen, als Disposition, Zustand oder als Tätigsein versteht. Denn eine Disposition, ein Zustand kann vorhanden sein, ohne dass etwas Gutes dabei herauskommt, z. B. bei einem Menschen, der schläft oder sonstwie in völliger Dumpfheit vegetiert.*[11] Zweitens spielt diese Argumentation auf ein Element des εὐ ζῆν an, das Aristoteles als „freundliche Umstände" (1099b7f.) umschreibt. Was man gemeinhin unter εὐδαιμονία versteht, erweist sich somit unter verschiedenen Gesichtspunkten als defizient, auch wenn es – das ist der Sinn der Abgrenzung – Elemente eines guten Lebens enthält. Aristoteles ist durchaus der Auffassung, dass zu einem glücklichen Leben Wohlbefinden, Anerkennung und eine gewisse Ausstattung mit äußeren Gütern gehören, aber das Gelingen des Lebens allein auf solche äußeren Güter zu setzen, hieße sich im Kernbereich zu abhängig zu machen von den Wechselfällen des Lebens. Damit hat er auf zwei weitere Bestimmungen des glücklichen Lebens vorbereitet, die dessen Charakter in Kapitel A 5 formal weiter präzisieren: das gesuchte ἀκρότατον τῶν πρακτῶν ἀγαθῶν ist erstens schlechthin vollkommen, τελειότατον, und zweitens autark, für sich allein genügend, αὔταρκες. Zu diesen Bestimmungen gelangt er, indem er, seine Limitation der Fragerichtung von A 1 fortsetzend, von den Zielen, die wir um ihrer selbst willen erstreben wie etwa Ehre, Lust, Vernunft und Tüchtigkeit – sie sind im Vergleich zu Zielen, die nur

---

10 δοκεῖ γὰρ ἐνδέχεσθαι καὶ καθεύδειν ἔχοντα τὴν ἀρετὴν ἢ ἀπρακτεῖν διὰ βίου, καὶ πρὸς τούτοις κακοπαθεῖν καὶ ἀτυχεῖν τὰ μέγιστα (1095b32–1096a1).

11 διαφέρει δὲ ἴσως οὐ μικρὸν ἐν κτήσει ἢ χρήσει τὸ ἄριστον ὑπολαβάνειν, καὶ ἐν ἕξει ἢ ἐνεργείᾳ. τὴν μὲν γὰρ ἕξιν ἐνδέχεται μηδὲν ἀγαθὸν ἀποτελεῖν ὑπάρχουσαν, οἷον τῷ καθεύδοντι ἢ καὶ ἄλλως πως ἐξηργηκότι (1098b31–1099a2).

als Mittel erstrebt werden, vollkommener – als vollkommenstes von allen, als letztes Worumwillen, ein Ziel unterscheidet, das immer nur um seiner selbst und nie um eines anderen Zieles willen erstrebt wird (1097a33f.). Ein solches Ziel scheint in vorzüglicher Weise die εὐδαιμονία zu sein (1097a34). In dieser Bestimmung sind zwei Aspekte des glücklichen Lebens enthalten; zum einen, dass sie das letzte, nicht mehr auf weitere Ziele hin übersteigbare Worumwillen menschlichen Handelns ist; als Ziel des menschlichen Strebens ist sie das am meisten Erstrebte. Zum anderen besagt – von der inneren Struktur dieses Ziels aus betrachtet – die Charakterisierung der εὐδαιμονία als schlechthin vollkommen, dass sie im Guten keinen Mangel hat und nicht übertroffen werden kann und nichts außerhalb ihrer zu finden ist (1021b30–1022a1). Dieser Sinn von τελειότατον bleibt an dieser Stelle zunächst im Hintergrund, wird aber im nächsten Abschnitt, in dem der Begriff der Autarkie leitend ist, aufgenommen. Mit ihrer Bestimmung als „sich allein genügend" behauptet Aristoteles, dass sie auch hinsichtlich ihrer inneren Struktur ein Bestes sei, und begründet damit auch, warum sie schlechthin vollkommen, τελειότατον, im Sinne von ‚um ihrer selbst willen gewählt', καθ' ἁυτὸ αἱρετόν, sei; denn nur was in sich vollendet und ohne Mangel ist, werde um seiner selbst willen geliebt. Aristoteles' Definition von „für sich allein genügend" enthält darüber hinaus noch eine aktivische Nuance: *Unter dem Begriff für sich allein genügend verstehen wir also das, was rein für sich genommen das Leben begehrenswert macht und nirgends einen Mangel offen lässt. Wir glauben, dass das Glück dieser Begriffsbestimmung entspricht.*[12] Mit ihrer Qualifizierung als autark wird die εὐδαιμονία also als eine Verfassung unseres Seins bestimmt, die als solche bewirkt, dass wir nichts weiter mehr wollen, als diese Weise zu leben, und die das Leben in jeder Hinsicht vollendet.

Das bedeutet nicht, wie Aristoteles ausdrücklich betont, dass das εὐ ζῆν als ein allein auf sich selbst bezogenes und fern der Gemeinschaft sich vollziehendes Leben des Einzelnen zu verstehen ist, als βίος μονώτης, sondern als ein Leben, das alles, was das Leben vorzüglich macht, in sich enthält; das aber ist erst ein Leben in Gemeinschaft: *als Leben mit Eltern, Kindern, der Frau, überhaupt den Freunden und Mitbürgern – denn der Mensch ist von Natur bestimmt für die Gemeinschaft.*[13]

In A 6 beginnt Aristoteles mit einem Neuansatz: Die Gleichsetzung von εὐδαιμονία und höchstem Gut ist möglicherweise nur ein Gemeinplatz, und eine deutlichere Antwort darauf, was ihr Wesen sei, erforderlich (1097b22–24). Mit der τί ἐστι-Frage geht es nun um die Definition der εὐδαιμονία. Wenn man aber etwas definieren will, kann man es, wie Aristoteles in der *‚Metaphysik'*

---

[12] τὸ δ' αὔταρκες τίθεμεν ὃ μονούμενον αἱρετὸν ποιεῖ τὸν βίον καὶ μηδενὸς ἐνδεᾶ; τοιοῦτον δὲ τὴν εὐδαιμονίαν οἰόμεθα εἶναι (1097b14–16).

[13] τὸ δ' αὔταρκες λέγομεν οὐκ αὐτῷ μόνῳ, τῷ ζῶντι βίον μονώτην, ἀλλὰ καὶ γονεῦσι καὶ τέκνοις καὶ γυναικὶ καὶ ὅλως τοῖς φίλοις καὶ πολίταις, ἐπειδὴ φύσει πολιτικὸν ὁ ἄνθρωπος (1097b8–11).

(1035b16–18) und in ‚*De anima*' B 1 feststellt, nicht ohne Bezeichnung seines ἔργον, seines Werks, seiner Leistung, definieren.[14] Die Frage nach dem ἀγαθόν im Sinne des „Erstrebten", d. h. dessen, was der Mensch letztlich will und was er – als einem πρακτὸν ἀγαθόν – durch sein Handeln erreichen kann, wird damit zur Frage nach der Leistung, d. h. dem „Wozu" des Menschen. Das ist ein Merkmal des aristotelischen Ansatzes, der mit seinem Begriff des Lebens zusammenhängt. Denn das Leben ist für jedes Lebewesen τέλος, Ziel in einem doppelten Sinn. Es ist das αἱρετόν, das Erstrebte: das, was es letzlich will, ist, sich in seinem Sein, seinem Leben, zu beständigen, es will möglichst immer sein (B 4). Dieser voluntative Bezug auf das eigene Leben gilt auch für den Menschen (vgl. 1166a10, 1168a5f.; 1170a19–22). Das Leben ist aber für die Lebewesen zugleich auch ihr ἔργον, nicht als äußeres Produkt, sondern als Vollzug ihrer spezifischen Lebensfunktionen. Ihr Leben ist das, was sie leisten, ständig „herstellen" müssen, um zu sein, sich im Leben zu halten und zu entwickeln. Das folgt in ‚*De anima*' aus der doppelten Bestimmung der Seele als Form- und Zweckursache lebender Substanzen (vgl. B 4).

Nun geht es in der Ethik aber nicht nur um das Leben, das ζῆν, sondern um die εὐδαιμονία im Sinne von εὐ ζῆν, um das gute Leben. Zu Beginn von A 6 geht Aristoteles von der empirischen Beobachtung aus, dass es bei den Leistungsfunktionen durchaus Abstufungen gibt und dass überall dort, wo es ἔργον und πρᾶξις gibt – mit dieser Formulierung zeigt er schon an, dass das ἔργον ein äußeres Produkt oder der Vollzug einer Handlung sein kann – das „Gute und das Wohlgelingen" (τὸ ἀγαθόν und τὸ εὐ 1097b27) in der *Qualität der* Leistung liegt. Als Beispiel nennt er den Flötenspieler – hier ist das ἔργον das Spiel selbst; und den Handwerker – hier ist das ἔργον ein äußeres Produkt. Die Frage ist nun, ob es neben den unterschiedlichen Leistungen des Menschen eine spezifische Leistung des Menschen als Menschen gibt und welche das sein könnte (1097b28–34). Das Leben allein, wie es auch andere Lebewesen führen, kann nicht die spezifische Leistung, das ἴδιον ἔργον (1097b34) des Menschen, sein. Gesucht wird vielmehr nach Leistungen, die das menschliche Leben als menschliches auszeichnen. In einem Eliminationsverfahren, in dem er Formen des Lebens und entsprechende Leistungen, wie z. B. das Ernähren und Wahrnehmen ausgrenzt, die der Mensch mit anderen Lebewesen gemeinsam hat, gewinnt Aristoteles das vorläufige Ergebnis, dass das ἴδιον ἔργον des Menschen das *Wirken des rationalen Seelenteils,* πρακτική τις τοῦ λόγον ἔχοντος (1098a3f.), sei.[15] Mit diesem Ausdruck ist ganz allgemein und noch unspezifiziert ein Wirken des rationalen Seelenteils gemeint.

[14] Vgl. auch Pol. 1253a23.

[15] Der nächste Satz (1098a4f.), dessen Authentizität nicht unumstritten ist, differenziert das λόγον ἔχον weiter in einen auf das Strebevermögen bezogenen und einen rein theoretischen Teil.

Die Formaldefinition dient als Ausgangspunkt für die folgende Präzisierung des ἴδιον ἔργον des Menschen, die er über eine an dieser Stelle nicht weiter explizierte Unterscheidung vornimmt. Das Lebendigsein, die ζωὴ πρακτική, ist demnach im zweifachen Sinn zu verstehen; erstens als ἕξις, als Vermögen des Lebewesens, aus sich selbst heraus in bestimmter Weise tätig zu werden, und zweitens als ἐνέργεια, als wirkliche Ausübung der Tätigkeit. Als Beispiel nennt Aristoteles in B 1 das Wissen, das der Wissende haben kann, ohne es gerade auszuüben, im Unterschied zum Vollzug des Wissens im θεωρεῖν. Ausgehend von dieser Unterscheidung stellt er fest, dass die ζωὴ πρακτική als ἐνέργεια, d. h. als tatsächliche Ausübung bestimmter Lebensfunktionen, zu verstehen sei, *denn dies trifft offenbar den Sinn des Begriffes Leben schärfer.*[16]

Aus dieser Festlegung ergibt sich in einem nächsten Schritt die Definition der spezifischen Leistung des Menschen: *wir nehmen nun an, dass die dem Menschen eigentümliche Leistung ist: ein Tätigsein der Seele gemäß dem λόγος oder jedenfalls nicht ohne diesen.*[17] Diese Bestimmung des ἴδιον ἔργον des Menschen als einer Tätigkeit der Seele, bei der er von seinem rationalen Leistungsvermögen Gebrauch macht, ist nun die Basis für die Bestimmung des ἔργον des guten Lebens, der εὐδαιμονία. Dieses besteht nämlich in nichts anderem als im hervorragenden Modus seines Vollzugs, für den Aristoteles den Begriff der ἀρετή wählt, der Tüchtigkeit im allgemeinen Sinn von Perfektion in der Ausübung einer Tätigkeit. Dadurch unterscheide sich der Gute, Tüchtige, der ἀγαθός, von anderen, weniger Guten. Wenn einer sein ἔργον gut vollbringt, so sagt man von ihm, dass er ἀρετή habe und nennt ihn gut und hervorragend in seinem Fach: *und [wir] nehmen ferner an, dass die Leistung eines bestimmten Wesens und die eines bestimmten hervorragenden Wesens der Gattung nach dieselbe ist, z. B. die eines Kitharaspielers und die eines hervorragenden und so schlechthin in allen Fällen – es wird hier einfach das Plus, das in der Vorzüglichkeit der Leistung liegt, zu der Leistung hinzugefügt: Leistung des Kitharaspielers ist das Spielen des Instrumentes, Leistung des hervorragenden Künstlers das vortreffliche Spielen.*[18] Diesen Gedanken überträgt Aristoteles auf das ἔργον des Menschen, das er gerade als eine bestimmte Weise des Lebens charakterisiert hat: das εὖ ζῆν des guten Menschen besteht darin, dass er sein Leben gemäß der seiner spezifischen Lebensweise eigenen Tüchtigkeit, κατὰ τὴν οἰκείαν ἀρετήν, vollzieht und perfektioniert. So kommt er zu der in 1098a16–18 formulierten Definition der εὐδαιμονία als *Tätigsein der Seele gemäß der ihr wesenhaften Tüchtigkeit. Gibt es aber mehrere Formen wesenhafter Tüchtigkeit, dann gemäß der vorzüglichsten und vollendetsten. Beizufügen ist noch: in einem vollen*

[16] κυριώτερον γὰρ αὕτη δοκεῖ λέγεσθαι (1098a6).

[17] εἰ δ' ἐστὶν ἔργον ἀνθρώπου ψυχῆς ἐνέργεια κατὰ λόγον ἢ μὴ ἄνευ λόγου (1098a7f.).

[18] τὸ δ' αὐτό φαμεν ἔργον εἶναι τῷ γένει τοῦδε καὶ τοῦδε σπουδαίου, ὥσπερ κιθαριστοῦ καὶ σπουδαίου κιθαριστοῦ, καὶ ἁπλῶς δὴ τοῦτ' ἐπὶ πάντων, προστιθεμένης τῆς κατὰ τὴν ἀρετὴν ὑπεροχῆς πρὸς τὸ ἔργον; κιθαριστοῦ μὲν γὰρ κιθαρίζειν, σπουδαίου δὲ τὸ εὖ (1098a8–12).

Menschenleben.[19] Diese Formulierung enthält das Programm für die folgenden Bücher und ist so weit gefasst, dass sie jede Art von Tüchtigkeit im theoretischen wie im praktischen Bereich einschließt und gleichzeitig den Blick auf eine höchste Vollendungsform richtet.

Diese spezifischen ἀρεταί gewinnt Aristoteles auf der Grundlage eines im letzten Kapitel des ersten Buchs der ‚*Nikomachischen Ethik*' skizzierten Seelenmodells, das sich auf die unterschiedlichen Vermögen bezieht, die in der menschlichen Seele verbunden sind. Darin zeigt sich, inwiefern der Mensch Teil der Natur ist und zugleich über sie hinausragt. Zwei Bereiche sind zu unterscheiden: ein Bereich, der ohne Vernunft ist, ἄλογον, und ein Bereich, der Vernunft hat, λόγον ἔχον (1102a28). Beide haben wie die ganze Seele einen „*Doppelcharakter*" (1102b29;1103a2). Es ergibt sich also folgende Struktur:

I. Vernunftloser Teil der Seele:
   1. Das Ernährungs- und Reproduktionsvermögen. Dieser „vegetative" Teil ist kein Spezifikum des Menschen, es ist allen Lebewesen gemeinsam.
   2. Das Strebevermögen, ὄρεξις. Auch dieses Vermögen verbindet den Menschen mit anderen Lebewesen. Es ist selbst ohne Vernunft, kann aber auf die Vernunft hören, durch praktische Vernunft gesteuert werden, und hat so in bestimmter Weise Anteil am rationalen Element der Seele (1102b13f.).

II. Vernunfthafter Teil der Seele
   1. Das praktische Vernunftvermögen, das auf das Strebevermögen steuernd bezogen ist.
   2. Das theoretische Vernunftvermögen (1103a2)

In der ‚*Nikomachischen Ethik*' ist dieses Seelenmodell Grundlage für die Einteilung der Tugenden in ethische und dianoetische Tugenden (1103a3f.), in deren Vollzug die εὐδαιμονία besteht.

[19] τὸ ἀνθρώπινον ἀγαθὸν ψυχῆς ἐνέργεια [...] κατ' ἀρετήν, εἰ δὲ πλείους αἱ ἀρεταί, κατὰ τὴν ἀρίστην καὶ τελειοτάτην. ἔτι δ' ἐν βίῳ τελείῳ (1098a16–18).

2. Das Glück des In-der-Welt-Seins: Perfektionierung der Vernunftvermögen und vollkommene Freundschaft als gemeinsames Tätigsein, συνεργεῖν, der κατ' ἀρετήν Gleichen

Bereits die ersten Kapitel der ‚*Nikomachischen Ethik*‘ (A 1–6), die in eine erste formale Definition der εὐδαιμονία als ἐνέργεια ψυχῆς κατ' ἀρετήν münden, die in den nachfolgenden Kapiteln differenziert und inhaltlich gefüllt wird, machen die mundanen Orientierungen und Konturen der aristotelischen Ethik und ihres Begriffs des guten Lebens sichtbar. Weischedels Charakterisierung des Aristoteles als „Mann von Welt“ enthält, wenn man sie extrapoliert, nicht nur den materiellen Aspekt seines Konzepts, dass äußere Güter und Annehmlichkeiten zu einem guten Leben gehören, sondern trifft den Kern seines Verständnisses vom Glück, das weder in einem transzendenten Gut, noch in der Einsamkeit des βίος μονώτης des von der Welt zurückgezogenen Weisen besteht. Die Diesseitigkeit und Weltbezogenheit der aristotelischen Auffassung von einem guten Leben zeigte sich bereits in der Definition der εὐδαιμονία, die unter verschiedenen Gesichtspunkten auf Grundannahmen der Seelenlehre aufbaut: Glück ist eine Tätigkeit der menschlichen Seele, die mit einem natürlichen Körper verbunden ist, aber mit ihrem Vernunftvermögen über die Natur hinausragt. Das menschliche Wesen als ein Kompositum aus Materie und Form wie andere Naturwesen unterscheidet sich, was seine εὐδαιμονία betrifft, von der höherer Wesen ohne Materie: die menschliche εὐδαιμονία ist keine reine, ununterbrochene ἐνέργεια und immer auf anderes bezogen, καθ' ἕτερον. Die Realisierung der Vernunftvermögen der menschlichen Seele ist also im praktischen wie im theoretischen Bereich auf die äußere Welt und auf Interaktion mit anderen Menschen angewiesen. Das verdeutlicht Aristoteles in der ‚*Eudemischen Ethik*‘ durch die Abgrenzung der εὐδαιμονία des Menschen von der des unbewegten Bewegers. Dessen εὐδαιμονία ist reine ἐνέργεια; als nicht zusammengesetztes Wesen ist er sich selbst stets vollkommen erkennbar und erkennt sich immer in ununterbrochener lustvoller Tätigkeit. Seine εὐδαιμονία liegt nur in ihm, im Denken seiner selbst. Würde man aber vom Menschen sagen, er brauche nichts außer sich selbst, so gäbe es nichts, was er denken könnte.[20] Aristoteles' Auffassung von der εὐδαιμονία hängt also eng mit seiner Seelenlehre und seinem Verständnis des Menschen als Teils der natürlichen Welt zusammen. Die Grundstruktur eines sowohl affirmativ-voluntativen als auch instrumentellen Bezugs zum eigenen Dasein verbindet den Menschen mit an-

[20] Vgl. Ursula Wolf, Aristoteles' ‚Nikomachische Ethik‘, Darmstadt [3]2013, S. 235; vgl. ‚*Eudemische Ethik*‘, 1245b14ff.

deren Lebewesen.[21] Leben, die ζωὴ πρακτική, ist etwas, was seinen Sinn und Zweck in sich selbst hat. Die Unterschiede von Mensch und anderen Lebewesen ergeben sich aus den unterschiedlichen Leistungsvermögen, physischen und psychischen Lebensfunktionen und ihrer Komplexität: für alle besteht Leben im Vollzug ihrer spezifischen Lebensfunktionen. Das ist der Lebensbegriff, von dem Aristoteles in der ‚*Nikomachischen Ethik*' ausgeht: Leben ist ἐνέργεια, Aktivität; es ist für die unterschiedlichen Lebewesen die Realisierung der in ihrer Seele als Form enthaltenen Möglichkeiten und Vermögen.

In der ‚*Nikomachischen Ethik*' zeigt sich die Verbindung zur Seelenlehre im argumentativen Aufbau des ersten Buchs: im doppelten Ansatz der Frage nach dem Glück, erstens als Frage nach dem Worumwillen des Menschen, *nach dem, wonach er letztlich strebt,* und zweitens als Frage nach seinem ἔργον, seiner spezifischen Leistung. Aristoteles fragt also zunächst, was der Mensch letztlich will und anschließend, was er als Lebewesen im Unterschied zu anderen kann. Er versteht das gute Leben des Menschen nicht als eine zweite „potenzierte Wirklichkeit" und auch nicht als Transzendierung des diesseitigen Lebens, sondern als perfekten Modus seines Vollzugs, als ἐνέργεια κατ' ἀρετήν. Aristoteles kommt also zu dem Ergebnis: Glück, d. h. gut zu leben und zwar dauerhaft gut zu leben, ist das letzte Worumwillen des Menschen; es ist aber auch sein ἔργον, sein eigenes Werk, es ist etwas, was er selbst leisten muss und kann, es ist eine Tätigkeit, die nicht nur ihr Ziel, sondern auch ihre Erfüllung und Vollendung in sich selbst hat. Die Pointe des aristotelischen Ansatzes ist also: Das menschliche Glück besteht darin, Wollen und Können zu verbinden. Gut zu leben gelingt dann am dauerhaftesten, wenn man es nicht primär in äußeren Gütern sucht, wie z. B. in Reichtum oder Ehre oder Lust – einem Epiphänomen gelingender Tätigkeit –, auch wenn diese durchaus zum guten Leben gehören, sondern in der Optimierung der Möglichkeiten, die man als Mensch aufgrund seines Vernunftvermögens hat.[22]

---

21 In De anima B 4 findet diese Struktur ihren Ausdruck in der Bestimmung der Seele als Zweckursache lebender Substanzen in einem doppelten Sinn. Ihr Leben ist für alle Lebewesen einerseits das Erstrebte, ihr Worumwillen – jedes Lebewesen strebt, so Aristoteles danach, immer zu sein, sich – im Rahmen seiner Möglichkeiten – im Leben zu beständigen. Ihr Leben ist aber auch ihr ἔργον, ihr Werk (d. h. ihr Wozu), d. h. das, was sie selbst immer wieder herstellen müssen, solange sie am Leben sind, vgl. H 1, Kap. 1, 2.3.2.1.

22 Ein im Grundsatz ähnliches Verständnis eines glücklichen Lebens zeigt sich in dem Diktum des amerikanischen Philosophen John Dewey, Demokratie und Erziehung. Eine Einleitung in die philosophische Pädagogik, Weinheim u. a. [5]2011, S. 399: „Herauszufinden, wozu einer geeignet ist, und ihm die Möglichkeit geben, dies zu tun, ist der Schlüssel zum Glück".

2.1 *Grundzüge der aristotelischen Freundschaftslehre*

Durch die Vermögen seiner ψυχὴ διανοητική kann der Mensch auf mehrfache Weise über die Natur hinauswachsen. In der ‚*Nikomachischen Ethik*' nennt Aristoteles fünf dianoetische Tugenden, die die Kultivierung und Perfektionierung seiner theoretischen, praktischen und poietischen Rationalität kennzeichnen: τέχνη (Herstellen im weitesten Sinn), φρόνησις (praktische Klugheit), ἐπιστήμη (wissenschaftliches Beweisen), σοφία (Weisheit), νοῦς (intuitive Vernunft). Durch die Entwicklung und Kultivierung seiner praktischen Klugheit hat er ein Steuerungsinstrument, um das Verhältnis zu sich selbst und zu anderen Menschen zu ordnen und zu regeln: Er kann sein Strebevermögen regulieren, nicht indem er seine Affekte unterdrückt, sondern sie in eine vernünftige Balance bringt; und er kann das Zusammenleben mit anderen durch einen umsichtigen Ausgleich von Interessen regeln, was wesentlich zur Stabilität und Kontinuität seines Lebensvollzugs beiträgt. Außerdem hat er durch die Entwicklung und Perfektionierung seiner diskursiven und intuitiven Erkenntnisvermögen die Möglichkeit sich dem Seinsmodus einer dauerhaften ἐνέργεια, wie Aristoteles sie einem göttlichen Wesen ohne Materie zuschreibt, anzunähern. Allerdings konzipiert er den βίος θεωρητικός nicht als Aufstieg zu einem transzendenten Ziel, nicht als Heilsweg. Das Tätigsein des σοφός ähnelt zwar – augenblickshaft – der göttlichen ἐνέργεια als dauerndem Vollzug des Denkens, hat aber seine Erfüllung und Befriedigung in sich. Der βίος θεωρητικός ist eine vollendete Lebensform als Verwirklichung der τελειοτάτη ἀρετή, weil er alle wesentlichen Merkmale des ἀνθρώπινον ἀγαθόν, als eines von äußeren Faktoren und Störungsanfälligkeiten unabhängigen, autarken, in sich vollendeten Lebensvollzugs in besonderer Weise erfüllt; als eine Weise der Beständigung im Leben und Realisierung des Strebens nach dem „Immer-sein", die die bloße Reproduktion als Elementarform der Realisierung dieses Strebens nach Ewigkeit, das nach ‚*De anima*' B 4 allen Lebewesen gemeinsam ist, weit überragt. Damit ist aber nicht gesagt, dass das Glück in einem βίος μονώτης liege, eine Annahme, die Aristoteles bereits im fünften Kapitel der ‚*Nikomachischen Ethik*' (A 5) mit seiner Abgrenzung gegen ein Missverständnis des Begriffs Autarkie zurückweist: *Den Begriff ‚für sich allein genügend' wenden wir aber nicht an auf den von allen Bindungen gelösten Einzelnen, auf den, der ein einsames Leben führt.*[23] Und dass er den Men-

[23] τὸ δ' αὔταρκες λέγομεν οὐκ αὐτῷ μόνῳ, τῷ ζῶντι βίον μονώτην (1097b8f.).
Wolf, 2013, S. 35–37, führt aus den Ethiken eine Vielzahl von Argumenten an, mit denen Aristoteles unter verschiedenen Gesichtspunkten die Notwendigkeit der Freundschaft für die εὐδαιμονία des Menschen begründet, führt dagegen aber immer wieder das aristotelische Autarkie-Argument ins Feld, das in Widerspruch dazu stehe. Das trifft nicht zu, wie aus der Klärung des Autarkiebegriffs durch Aristoteles hervorgeht. Die hier zitierte Stelle, ein eindeutiger Beleg für die Charakterisierung der εὐδαιμονία als autark, findet in ihrer Erläuterung des Autarkiebegriffs keine Berücksichtigung.

schen als ein φύσει ζῷον πολιτικόν definiert, heißt auch, dass er ihn als ein Lebewesen versteht, das erst in der Gemeinschaft mit anderen das ἔργον ἀνθρώπου, ein vernünftiges Leben, voll verwirklichen kann[24] und das Zusammenleben mit anderen braucht, um sein Potential an Entwicklungsmöglichkeiten zur Entfaltung zu bringen und ein erfülltes Leben zu führen: *wer andere zu seinem Glück nicht braucht, ist entweder Tier oder Gott.* Das Zusammenleben muss dabei mehr sein als ein Nebeneinander, mehr als ein *Grasen auf derselben Weide* (1170b12). Zwar gibt es, wie Aristoteles in seiner ‚*Historia animalium*' bemerkt, Gemeinschaft und Formen der Kooperation auch bei Tieren,[25] aber keine *Gemeinschaft in Wort und Gedanke*, κοινωνεῖν λόγων καὶ διανοίας (1170b11f.). Was aus der dichten Interaktion von Menschen an kulturellen, politischen, technischen Leistungen hervorgehen kann, das hatte Aristoteles in der Polis, auch noch in deren Spätzeit, vor Augen, die um des guten Lebens willen – nicht um des bloßen Überlebens willen – gegründet worden sei. Dass Personenbeziehungen, Formen der Interaktion mit anderen Menschen – v. a. in ihrer besonderen Form der Freundschaft – zum Themenbereich der Ethik als Frage nach dem ‚guten Leben' gehören, ist also naheliegend. Zumal Freundschaft zu den sozialen Erfindungen gehört, die in den Umbruchszeiten der Gesellschaft der griechischen Stadtstaaten von hoher Aktualität war, was auch die Vielzahl der Referenzen auf Meinungen, akademische Lehren und Diskussionen über das Thema in den Ethiken zeigt. Die Frage ist nun, welche Bedeutung ihr in Aristoteles' Konzept des guten Lebens zukommt: ob und inwiefern sie sich auf alle Dimensionen des guten Lebens, auf die Entfaltung und Optimierung der praktischen wie der theoretischen Leistungsfunktionen der Vernunft bezieht, wie tiefgreifend sie das aristotelische Konzept eines glücklichen Lebens prägt.[26]

Dem Thema der Freundschaft hat Aristoteles in allen drei Ethiken ausführliche Untersuchungen gewidmet. In der ‚*Nikomachischen Ethik*' umfasst die Freundschaftsabhandlung die Bücher VIII und IX (Theta und Jota), über die Alfred E. Taylor sagte: „those who condemn the tone of Greek ethics as ‚self-centred' have usually ‚skipped' these books in their reading of the Ethics."[27]

Zu Beginn des achten Buches begründet Aristoteles seine Behandlung der Freundschaft im Rahmen der Ethik: sie sei *in gewissem Sinne eine Trefflichkeit,*

---

24 Vgl. Höffe, 2006, S. 242.

25 Z. B. bei Wespen und Ameisen, vgl. 487b33–488a10.

26 Von Interesse ist in diesem Zusammenhang, dass Aristoteles bereits zwischen Bürgerfreundschaft als einer Art freundschaftlichen Verhaltens zwischen ferner Stehenden und Freundschaft als höchstpersönlicher Beziehung unterscheidet. Das stellt die immer wieder geäußerte Behauptung in Frage, dass Aristoteles die Freundschaft nur zum Bereich des politisch-praktischen Lebensvollzugs und seiner Tugenden rechne, gewissermaßen zum Vorhof, nicht zum Kernbereich des vollendeten Lebens des einsamen Weisen und dass sie die eigentlichen Vollendungsmöglichkeiten des βίος θεωρητικός nicht betreffe.

27 Alfred E. Taylor, Plato. The man and his work, London 1926, S. 65.

ἀρετή, *oder jedenfalls eng mit ihr verbunden*[28] *und das Notwendigste für das Leben.*[29] Das erläutert er im Folgenden (bis 1155a28) skizzenhaft unter mehreren Hinsichten anhand von Beispielen. Aus diesen geht auch hervor, in welchem Sinn er den Begriff ‚notwendig', ἀναγκαῖον, hier verwendet und dass er nicht im Gegensatz zu ἀρετή und καλόν zu verstehen ist.[30] Es geht hier um zwei Bedeutungen von ἀναγκαῖον, wie er sie in der ‚*Metaphysik*' einführt: *Notwendig nennt man dasjenige, ohne welches als Mitursache es nicht möglich ist zu leben; so sind zum Beispiel das Atmen und die Nahrung dem lebenden Wesen notwendig, denn es ist unmöglich, ohne diese zu sein. Ferner heißt notwendig dasjenige, ohne welches das Gute nicht sein oder werden kann.*[31] Freundschaftliche Beziehungen in einem sehr weiten Sinn sind sowohl für das Leben (und Überleben) als auch für das gute Leben notwendig, wie die Beispiele aus verschiedenen Lebensbereichen zeigen: In einer eher asymmetrischen Konstellation bietet sie dem Wohlhabenden Gelegenheit, dem anderen Gutes zu tun und dem Unglücklichen Hilfe in einer Notsituation zu leisten; als konstitutives Element erweist sie sich im Vollzug des guten Lebens in symmetrischen Beziehungen: Sowohl das Handeln als auch das Denken gewinnen durch das gemeinsame Tätigsein an Dynamik und Stärke. Mit einem Zitat aus der Ilias, das wie ein Motto am Beginn der Freundschaftsabhandlung steht, unterstreicht Aristoteles die Allgemeingültigkeit des Satzes, dass Freundschaft die „Guten", „Tüchtigen" stärker macht,: ‚*Wenn zwei miteinander vorangehen', dann gewinnt das Erkennen wie das Handeln an Kraft.*[32] In einer elementaren Form findet sie sich als natürliche Affinität zwischen Erzeuger und Erzeugtem und von Artgenossen füreinander, die der Erhaltung des Lebens dient, und als allgemeine Menschenliebe auch zwischen Fremden, *was wir lobend anerkennen* (1155a20f.).

Im Zusammenhang dieses Notwendigkeitsarguments kommt Aristoteles auch auf die Bürgerfreundschaft zu sprechen. Im 5./4. Jahrhundert wird in den griechischen Stadtstaaten der Freundschaftsbegriff, der vorher für Beziehungen der Adelsgeschlechter untereinander zentral war, auf das Verhältnis der Bürger untereinander übertragen. Das „Postulat der Bürgerfreundschaft", das zum ersten Mal in den ‚*Eumeniden*' des Aischylos ausgesprochen wird, ist ein „Zeugnis frühen politischen Denkens" und der „kühnen Neuordnung" der Verhältnisse, in der eine „relativ breite, über hunderte von selbstständigen Gemeinden sich verteilende Schicht von Freien, von ‚Bürgern' [...] sich ihre

---

28 Dieser Aspekt der ἀρετή wird in 1155a29 mit dem Begriff des καλόν aufgenommen.

29 ἀρετή τις ἢ μετ' ἀρετῆς, ἔτι δ' ἀναγκαιότατον εἰς τὸν βίον (1155a4).

30 Dass hier nicht der Gegensatz zwischen ἀρετή und Notwendigkeit Thema ist, geht aus dem Folgenden hervor.

31 ἀναγκαῖον λέγεται οὗ ἄνευ οὐκ ἐνδέχεται ζῆν ὡς συναιτίου οἷον τὸ ἀναπνεῖν καὶ ἡ τροφὴ τῷ ζῴῳ ἀναγκαῖον, ἀδύνατον γὰρ ἄνευ τούτων εἶναι, καὶ ὧν ἄνευ τὸ ἀγαθόν μὴ ἐνδέχεται ἢ εἶναι ἢ γενέσθαι (1015a20–23).

32 ‚σύν τε δὺ ἐρχομένω'; καὶ γὰρ νοῆσαι καὶ πρᾶξει δυνατώτεροι (1155a15f.).

Welt formte".[33] Es war dies der epochale Neuansatz der frühen Demokratie, wie sie sich in der attischen Polis Athen seit Ende des 6. Jahrhunderts entwickelte. Als scharfsichtiger Beobachter politischer Verhältnisse bringt Aristoteles ein Jahrhundert später die leitenden Parameter dieser Ordnung und deren Zusammenhang mit dem Gedanken der Bürgerfreundschaft auf den Punkt. *Die Erfahrung lehrt auch, dass Freundschaft die Polisgemeinden zusammenhält und die Gesetzgeber sich mehr um sie als um Gerechtigkeit bemühen, denn die Eintracht,* ὁμόνοια, *hat offenbar eine gewisse Ähnlichkeit mit der Freundschaft. Nach ihr aber trachten sie vor allem, während sie die Zwietracht, als das feindliche Element, vor allem auszutreiben suchen.*[34] Warum Freundschaft der Bürger für die Polisgemeinden notwendig sei, erläutert Aristoteles ausführlicher an anderer Stelle. Die Polis ist eine Ordnung, die ihrem Selbstverständnis nach,[35] auf zwei Freiheitsrechten der Bürger gegründet ist: erstens, auf „persönlicher Freiheit"; Aristoteles nennt sie das Recht, *zu leben, wie man will* (1317b11f.);[36] zweitens, auf gleichen politischen Freiheitsrechten, dem Recht auf Mitwirkung und politische Initiative jedes Einzelnen in den Angelegenheiten der Polis.[37] Sie stehen jedem Mitglied der Bürgerschaft zu, unabhängig von seinem gesellschaftlichen Status; in öffentlichen Angelegenheiten entscheide allein die persönliche Tüchtigkeit des Bürgers. Aristoteles nennt dieses politische Mitwirkungsrecht das Recht, „abwechselnd zu regieren und regiert zu werden". Die Athener machten, wie andere Polisgemeinden, allerdings die Erfahrung, dass gleiche Rechte (Isonomie), Institutionen und Verfahrensformen zur Limitierung des Missbrauchs von Macht, nicht ausreichten, um die Stabilität ihrer politischen Ordnung zu sichern. Daran knüpft Aristoteles an. Zur Erhaltung der Polisordnung ist außer

---

33 Christian Meier, Die Entstehung des Politischen bei den Griechen, Frankfurt/M. 1983, S. 177 und ders., Kultur um der Freiheit willen. Griechische Anfänge – Anfang Europas? München 2009, S. 18.

34 ἔοικε δὲ καὶ τὰς πόλεις συνέχειν ἡ φιλία, καὶ οἱ νομοθέται μᾶλλον περὶ αὐτὴν σπουδάζειν ἢ τὴν δικαιοσύνην· ἡ γὰρ ὁμόνοια ὅμοιόν τι τῇ φιλίᾳ ἔοικεν εἶναι, ταύτης δὲ μάλιστ' ἐφίενται καὶ τὴν στάσιν ἔχθραν οὖσαν μάλιστα ἐξελαύνουσιν (1155a22–26).

35 Dieses Selbstverständnis des attischen Bürgerstaats kommt bei Thukydides in der Gefallenenrede des Perikles programmatisch zum Ausdruck. Aristoteles nimmt in seinem Konzept der Politie, das, nach Dolf Sternberger, den für den modernen Verfassungsstaat konstitutiven Gegensatz von Herrschaft und Verfassung vorbereitet, diese beiden Freiheitsrechte der Bürger als grundlegend für eine gute Verfassung auf. In deren herrschaftslimitierenden Elementen kann man, so Höffe, Ansätze einer liberalen Demokratie sehen. Aristoteles kritisiert an der demokratischen Herrschaft das Prinzip, den Volkswillen über das Gesetz zu stellen.

36 Bei Perikles heißt es „frei leben wir miteinander im Staat"; diese Freiheit ist geschützt durch die Gleichheit vor dem Gesetz.

37 In der Polis regiert der Politikos über gleich Freie und freie Gleiche. Gleich frei sind sie in dem bekannt doppelten Sinn, dass sie leben dürfen wie sie wollen (1317b11f.), und dass sie im Wechsel regieren und regiert werden (1317b2f. vgl. 1277b13–16; 1283b42–1284a1); vgl. die Gefallenenrede des Perikles bei Thukydides, der auch diese beiden Aspekte der Freiheit betont.

wechselseitiger Anerkennung gleicher Rechte und Kooperation noch mehr notwendig: ὁμόνοια, Eintracht, zu der auch ein affektives Element, wechselseitiges Wohlwollen, εὔνοια, bei aller Verschiedenheit der Interessen gehört. Diese ὁμόνοια als freundschaftliches Verhältnis der Bürger untereinander stärkt den Zusammenhalt in der Polis und schafft Integration; sie ist die praktische Übereinstimmung der Bürger einer Polis hinsichtlich dessen, was zu tun ist (1167a26–30), und mit wechselseitigem Wohlwollen, εὔνοια, verbunden, aber nicht mit φίλησις, Zuneigung, diese gehört zur Freundschaft im eigentlichen Sinn. Aristoteles rechnet die Bürgerfreundschaft im IX. Buch zu den φιλικά, den Formen freundschaftlichen Verhaltens zu ferner Stehenden. Wo das Wohlwollen unter den Bürgern fehlt, haben Tyrannen leichtes Spiel. Die Bürger lassen sich beherrschen, weil es zu wenig Zusammenhalt untereinander gibt. Mehrfach weist Aristoteles auf den Zusammenhang von Bürgerfreundschaft und demokratischer Ordnung hin: In einer Tyrannis gibt es kaum Freundschaft, dagegen in einer Demokratie in weitem Ausmaß, denn wo die Bürger einander gleichgestellt sind, gibt es viele Gemeinsamkeiten (vgl. 1161a6–9); ὁμοιότης, insbesondere als rechtliche Gleichheit, ist eine wichtige Grundlage für die Bürgerfreundschaft, ὁμόνοια.

2.2 *Die vollkommene Freundschaft,* τελεία φιλία, *als symmetrische Beziehung der* ἀγαθοί

Im zweiten Kapitel setzt Aristoteles noch einmal neu an. Er will nun genauer fassen, was die φιλία sei. Ausgangspunkt sind wieder Vormeinungen, Aporien und naturphilosophische und andere Theorien, wie sie wohl in der platonischen Akademie diskutiert wurden (vgl. den Dialog ‚*Lysis*'). Im Vordergrund sollen ἀνθρωπικά (1155b9) stehen, z. B. *ob Freundschaft bei allen entsteht oder ob sie zwischen Minderwertigen unmöglich ist, und ob es nur eine Art der Freundschaft gibt oder mehrere.*[38] Die Frage ist erstens, unter welchen Hinsichten man überhaupt etwas lieben kann; was ist für uns φιλητόν, liebenswert? Zweitens, was wir unter φιλία, Freundschaft, verstehen. In seiner Antwort auf die erste Frage – was für uns liebenswert ist, richtet sich danach, was unsere letzten Lebensziele sind – stellt er von vornherein eine Verbindung seines Ansatzes im ersten Buch der ‚*Nikomachischen Ethik*' – der Frage nach unserem letzten Worumwillen und Wozu – mit dem Thema der Freundschaft her. Je nachdem, ob es uns um das Gute oder um Lust oder Nutzen geht, lieben wir das, was gut, lustvoll oder nützlich zu sein verspricht. *Drei Gründe also gibt es, weshalb die Menschen lieben*

[38] οἷον πότερον ἐν πᾶσι γίνεται φιλία ἢ οὐχ οἷόν τε μοχθηροὺς ὄντας φίλους εἶναι, καὶ πότερον ἓν εἶδος τῆς φιλίας ἐστὶν ἢ πλείω (1155b10–13).

und sich befreunden.[39] Bei der Beantwortung der zweiten Frage geht Aristoteles zunächst davon aus, wie man über φιλία spricht (1155b28ff.), um durch sukzessive Präzisierung des darin implizierten Vorverständnisses einige formale Kriterien herauszuarbeiten, denen ein Verhältnis genügen muss, damit man es sinnvoll φιλία nennen kann. Ein wesentliches Kennzeichen ist, dass der Freund dem Freund um seiner selbst willen das Gute wünscht (1155b31), ein Verhalten, das als εὔνοια, Wohlwollen bezeichnet wird, und dass dieses Verhalten gegenseitig ist. Dementsprechend gilt φιλία gemeinhin als gegenseitiges Wohlgesinntsein (1155b32–34), in der Formulierung der ‚*Eudemischen Ethik*': *lieb ist das Geliebte dem Liebenden, freund aber das Geliebte und Wiederliebende* (1236b3f.). Damit ist auch gesagt, dass dieses Verhältnis mit einer gewissen Exklusivität verbunden ist.[40] Die Definition der Freundschaft als wechselseitiges Wohlwollen und als Zuneigung ist für Aristoteles aber noch nicht ausreichend. Zur Freundschaft gehört mehr als wechselseitige Zuneigung, sie muss sich auch in entsprechenden Handlungen äußern (1155b34).

In VIII, 3 fasst Aristoteles zunächst das Ergebnis seiner Überlegungen zusammen: den drei Hinsichten, unter denen wir eine Freundschaft eingehen können und die der Art nach differieren, entsprechen drei Arten von φιλία (1156a6f.): erstens, Freundschaft um des Nutzens willen, die vor allem diejenigen wählen, denen es um Reichtum oder um öffentliche Anerkennung, Ehre, geht; zweitens, Freundschaft um des Vergnügens willen; zu diesem Typus zählen Freundschaften, in denen das gemeinsame Ziel ein möglichst genussvolles Leben ist; drittens, eine Freundschaftsform, die er die „vollkommene Freundschaft", τελεία φιλία, nennt. Deren Konturen arbeitet er zunächst in einem Abgrenzungsverfahren gegenüber den ersten beiden Freundschaftsformen heraus. Alle drei erfüllen die formalen Kriterien freundschaftlichen Verhaltens (1156a8–10), die beiden ersten aber nur mit Einschränkungen. In den Freundschaften, in denen man Nutzen oder Vergnügen sucht, wird der Freund nicht um seiner selbst willen, sondern vor allem als Mittel zum Zweck gesucht. Aristoteles nennt sie Freundschaften im akzidentellen Sinn (1156a16f.). Ex negativo wird damit ein wichtiges Merkmal der τελεία φιλία formuliert: der andere soll nicht um einer akzidentellen Eigenschaft willen geliebt werden, sondern weil er der ist, der er ist (1156a17f.); gegen die Freundschaft um des Nutzens willen spricht außerdem das geringe Interesse der Freunde am Zusammenleben

---

39 τριῶν δ' ὄντων δί ἃ φιλοῦσιν (1155b27).

40 Freundschaft in diesem spezifischen Sinn ist nur mit wenigen möglich. Sie sei darin der Liebe ähnlich, bemerkt Aristoteles, die man „nur einem einzigen entgegenbringen kann" (und die er in diesem Zusammenhang eine „Übersteigerung der Freundschaft" nennt). Freundschaft beruht auf einer Auswahl, bedeutet Bevorzugung. Aristoteles grenzt noch unter weiteren Gesichtspunkten die Freundschaft als Nahbeziehung (höchstpersönliche Beziehung) explizit von der allgemeinen Bürgerfreundschaft ab: Dem anderen mit Wohlwollen (εὔνοια) zu begegnen, ist für die Polisgemeinschaft wichtig, aber als emotionale Basis einer persönlichen Beziehung, die man Freundschaft nennt, zu wenig.

(1156b3f.). Gering ist in beiden Freundschaftsformen ihre Konstanz; wenn der andere nicht mehr nützlich oder angenehm ist und sich ein größerer Vorteil oder ein stärkeres Vergnügen bietet, lösen sie sich schnell auf.

Mit diesen Freundschaftsformen kontrastiert Aristoteles in VIII, 4 die τελεία φιλία, die vollkommene Freundschaft, die zwar Elemente der anderen Freundschaftsformen enthält, aber auf andere Weise, *wie sich später zeigen wird.* Aristoteles nennt sie die Freundschaft der Guten und an ἀρετή (Tüchtigkeit) Gleichen (1156b7f.). Und er erklärt, warum bei ihnen das Kriterium, dass Freunde sich um ihrer selbst willen lieben, in vollem Umfang zutrifft: sie lieben sich wechselseitig nicht wegen einer besonderen akzidentellen Eigenschaft des anderen oder um äußerer Güter willen, die der andere zu bieten hat, sondern weil sie durch und durch gut sind – dieser Aspekt wird für Eckharts Rezeption von Aristoteles' Begriff der vollkommenen Freundschaft von Bedeutung sein: *Die Guten aber sind Freunde um ihres eigenen Wesens willen, eben weil sie gut sind.*[41] Ihre Gleichheit, ὁμοιότης, versteht er als Übereinstimmung in ihrer charakterlichen und intellektuellen Verfassung, eine Gleichheit, aufgrund deren der andere das „andere Selbst", ἄλλος αὐτός, genannt werden kann. Auf diesen Aspekt kommt er im neunten Buch noch einmal zurück. Als Gleiche suchen die Freunde die Gemeinschaft miteinander und wollen miteinander zusammenleben, *denn nichts kennzeichnet die Freundschaft stärker als das Zusammenleben: nach Nutzen verlangt der Hilfsbedürftige, nach Gemeinschaft aber gerade auch der Mann auf der höchsten Stufe des Glücks, denn er darf am wenigsten auf sein Ich beschränkt sein.*[42] Auch wenn sie die Freundschaft nicht immer im Zusammenleben praktizieren, wenn sie z. B. räumlich getrennt sind, so sind sie wegen ihrer Disposition dazu jederzeit in der Lage, als Freunde aktiv zu werden. Hier manifestiert sich der Charakter der φιλία als Tüchtigkeit, von der in VIII, 1 die Rede war: *Wie man im Bereich der Tüchtigkeit mit Bezug auf die Guten teils im Hinblick auf ihre Disposition (Habitus), teils im Hinblick auf ihr Tätigsein spricht, so auch im Bereich der Freundschaft.*[43] Freundschaft ist also eine Disposition, ein Vermögen (ἕξις), die jederzeit von sich aus in Tätigkeit übergehen kann. In den *‚Magna Moralia'* charakterisiert er diese Tätigkeit als eine Tätigkeit, die (wie das Leben und das gute Leben) ihr Ziel in sich selbst hat: *Nun ist aber Freundschaft ein Tätigsein, und es gibt kein anderes Ziel neben der Betätigung des Freundseins, sondern eben dies (ist das Ziel).*[44] Die Tätigkeit des Freundseins besteht in einem συνεργεῖν κατὰ λόγον –

---

[41] οἱ δ' ἀγαθοὶ δί αὑτοὺς φίλοι· ᾗ γὰρ ἀγαθοί (1157b3).

[42] οὐδὲν γὰρ οὕτως ἐστὶ φίλων ὡς τὸ συζῆν (ὠφελείας μὲν γὰρ οἱ ἐνδεεῖς ὀρέγονται, συνημερεύειν δὲ καὶ οἱ μακάριοι· μονώταις γὰρ εἶναι τούτοις ἥκιστα προσήκει (1157b19–22).

[43] ὥσπερ δ' ἐπὶ τῶν ἀρετῶν οἳ μὲν καθ' ἕξιν οἳ δὲ κατ' ἐνέργειαν ἀγαθοὶ λέγονται, οὕτω καὶ ἐπὶ τῆς φιλίας (1157b5–7).

[44] ἔστιν οὖν ἡ φιλία ἐνέργειά τις, οὐδὲν δέ ἐστιν ἄλλο τέλος παρὰ τὴν ἐνέργειαν τοῦ φιλεῖν, ἀλλὰ τοῦτο αὐτό (1211b31–33).

gemäß ihren besten Vernunftmöglichkeiten.[45] Sowohl der Wunsch nach dem Dasein, als auch nach dem glücklichen Dasein ist in dieser Freundschaft enthalten (vgl. 1211 a 4). Das συνεργεῖν wirkt wie ein Katalysator für das Handeln und Denken, die an Kraft gewinnen. Damit löst Aristoteles den proleptischen Satz von VIII, 1 ein – Denken und Handeln werden δυνατότεροι. Gemeinsames Wirken, das als gelingende Tätigkeit auch lustvoll ist, macht das gute Leben in jeder Hinsicht stärker.[46] Diese symmetrische Beziehung ist allerdings nur mit sehr wenigen, den Besten, möglich. Sie ist exklusiv – vom christlichen Standpunkt aus betrachtet, Vorzugsliebe. Wenn keine τελεία φιλία möglich ist, weil keine Gleichheit der Vorzüge und Interessen besteht, *ziehen es die Menschen vor, gerade im Wohltun und Wohltatenempfangen den Sinn der Freundschaft zu erfüllen.*[47] Asymmetrische Beziehungen sind gewissermaßen zweite Wahl.

Wird in der von Aristoteles als τελεία φιλία ausgezeichneten Freundschaft der andere um seiner selbst willen geliebt, so ist damit nicht nur ausgeschlossen, dass die Freunde sich um äußerer Güter oder um des Vergnügens willen zugetan sind, sondern auch, dass sie sich um eines ihr Sein transzendierenden Zieles willen lieben, wie dies in Platons Konzeption von φιλία der Fall ist, in der die Freunde einander um eines πρῶτον φίλον willen, das ihr Sein überschreitet, zu lieben scheinen. „Philia ist (sc. für Platon) ein gemeinschaftlicher Weg zum Guten, also fortgesetzt zu Gott. Für Aristoteles aber ist Philia ein Weg zum Menschen."[48] Was in dieser Freundschaft geliebt und worumwillen sie geschlossen wird, ist also nicht „das Gute", sondern der andere als ἄλλος αὐτός, mit dem der Mensch in einer τελεία φιλία Erfüllung in der Welt finden kann.

2.3 Die Notwendigkeit der vollkommenen Freundschaft, τελεία φιλία, für das gute Leben

Der Gedanke der Diesseitigkeit des menschlichen Glücks und der Stellenwert der τελεία φιλία innerhalb dieses Konzepts sind ein zentrales Thema des neunten Buches, in dem Aristoteles sich mit Einzelfragen, Aporien, Meinungen und Auffassungen zum Thema Freundschaft auseinandersetzt, die in der platoni-

---

45 εἰ δ' αὑτὸν εὖ ζῆν, καὶ οὕτω καὶ τὸν φίλον, ἐν δὲ τῷ συζῆν συνεργεῖν, ἡ κοινωνία τῶν ἐν τέλει μάλιστά γε (1245b2–4).

46 So ist auch Spinozas Satz in ‚*Ethica*' *IV,18* zu verstehen, wonach dem Menschen nichts nützlicher sein kann, als der Mensch, der von der Vernunft geleitet wird: „Si enim duo e.g. eiusdem prorsus naturae individua invicem iunguntur, individuum componunt singulo duplo potentius. Homini igitur nihil homine utilius", in: Baruch de Spinoza, Opera, hg. von Konrad Blumenstock, 2. Bd., Darmstadt 1967, S. 412.

47 καὶ ποιεῖν εὖ καὶ πάσχειν ὑπὸ τῶν φίλων αἱροῦνται μάλιστα (1245b8f.).

48 Ernst Hoffmann, Aristoteles' Philosophie der Freundschaft, in: Ethik und Politik des Aristoteles, hg. v. Fritz-Peter Hager, Darmstadt 1972, S. 157.

schen Akademie diskutiert wurden. Dass er hier eine Vielzahl von „quaestiones disputatae" (R. Ritter) behandelt und dabei zugleich einige der „tiefsten Gedanken des Aristoteles über die Natur der Freundschaft"[49] zutage treten – gewissermaßen die Quintessenz seiner Freundschaftslehre –, ist kein Widerspruch, sondern erklärt sich aus Aristoteles' methodischem Prinzip, eigene Positionen durch die Auseinandersetzung mit anderen weiter zu klären und zu profilieren.

Ein Eckpunkt seiner Argumentation ist die Gleichsetzung von ἀγαθός und φίλος, die er bereits im Einleitungskapitel VIII, 1 eingeführt hatte: derjenige, der in seinem Verhalten und Denken einen hohen Grad an Vollkommenheit erreicht hat, verfügt damit offensichtlich über alle Merkmale, die einen Freund kennzeichnen. Eine Begründung für diese Gleichsetzung enthalten die Kapitel IX, 4–8. Aristoteles behandelt dort verschiedene Aporien, in denen es um die Frage nach der Interdependenz des Verhältnisses des Menschen zu sich selbst und zu anderen geht.[50] Das Ergebnis ist, dass der ἀγαθός aufgrund seines richtigen Selbstverhältnisses die Disposition zu einem idealen Freund hat (1). Damit ist aber noch nicht die Frage beantwortet, ob der ἀγαθός für ein glückliches Leben – die εὐδαιμονία als ἐνέργεια κατ' ἀρετήν – auch Freunde braucht. Diese Frage – eine zentrale Aporie des Kapitels – beantwortet er in IX, 9 positiv: der ihm an ἀρετή gleiche Freund ist für den ἀγαθός ein φύσει αἱρετόν, etwas, wonach er von Natur aus strebt (2).

(1) In IX, 4 thematisiert Aristoteles den Zusammenhang der φιλία als freundschaftliches Verhalten zu Nahestehenden mit dem Verhältnis des Menschen zu sich selbst (1166a1f.). Auffallend ist dabei, dass Aristoteles das richtige Selbstverhältnis des Menschen von den Merkmalen freundschaftlichen Verhaltens zum anderen ableitet: Freunde wünschen einander das Gute um ihrer selbst willen und wünschen es auch zu tun; sie wünschen einander Leben und Sein um ihrer selbst willen; sie wünschen zusammenzuleben; sie entscheiden sich für dasselbe; sie freuen sich und leiden miteinander (1166a2–8). Am freundschaftlichen Verhältnis zum anderen lässt sich also ablesen, worin das optimale Selbstverhältnis besteht (1166a10f.). Es ist – in der platonischen Formulierung – die „größere Schrift" für die schwerer zu entziffernden Aspekte des Selbstverhältnisses.

Zentral ist für Aristoteles das Merkmal, mit dem er beginnt: Der ἀγαθός ist in sich eins: In seiner Seele gibt es keinen Widerspruch zwischen dem Strebevermögen und seiner Vernunft: *Der Treffliche ist mit sich selbst einig und strebt mit seiner gesamten Seele nach Zielen, die nicht auseinanderfallen.*[51] Unter dem Ge-

49 Gauthier-Jolif, 1959, S. 725.

50 Z. B. die Frage, ob man sich selbst oder andere mehr lieben solle (1168a28f.).

51 οὗτος γὰρ ὁμογνωμονεῖ ἑαυτῷ, καὶ τῶν αὐτῶν ὀρέγεται κατὰ πᾶσαν τὴν ψυχήν (1166a13f.). Aristoteles greift hier bei der abschließenden Frage, ob es Freundschaft mit sich selbst gebe, auf seine Unterscheidung „zweier oder mehrerer Seelenteile" (1166a35)

sichtspunkt des Einsseins ist auch ein weiteres Merkmal des Verhaltens des ἀγαθός zu sich selbst zu verstehen: er wünscht sich und tut das Gute um seiner selbst willen, er wünscht für sich Leben und Erhaltung seines Lebens – *das Sein ist für den Tüchtigen das Gute*[52] – und er wünscht sich das auch nicht um eines transzendenten Zieles willen. Das trifft grundsätzlich für alle Menschen zu. Jeder Mensch ist nämlich in gewissem Sinne mit sich eins, insofern er sich in seinem Seinsvollzug selbst letztes Worumwillen ist: *Jeder Mensch wünscht für sich das Gute und kein Mensch entscheidet sich dafür, erst ein anderes Wesen (nämlich Gott) zu werden, und dass dann dieses (neu) entstandene Wesen alles (Gute) habe - denn Gott hat schon jetzt das Gute - sondern (jeder Mensch wünscht sich das Gute) als der, der er (gegenwärtig) ist, mag er sein, was er will (ethisch hochstehend oder nur angenehm oder nützlich).*[53] Der Unterschied des ἀγαθός, des Guten, von anderen ergibt sich aus seinem Selbstverständnis: er versteht sich auf die Vernunft in seiner Seele und wünscht sich das Gute, Leben und Erhaltung des Lebens am meisten für seine geistigen Tätigkeiten (1166a13–19). Und indem er sich als ἀγαθός auf das διανοητικόν, sein Vernunftvermögen, hin versteht, versteht er sich auf eine Weise zu sein, in der jeder eigentlich ist (1166a22f.) und die ihn mit anderen verbindet. Damit eröffnet sich ein Raum, in dem vorzügliche menschliche Gemeinschaft möglich ist, als *Gemeinschaft von Wort und Gedanke* (1170b11f.). Wenn ein solches Leben von allen gewählt und gemeinsam verwirklicht würde, das ist die Leitidee, würde das den besten Zustand aller bewirken, wie er im neunten Kapitel sagen wird (1169a8–11), ein Gedanke, den er auch bereits im ersten Buch der ‚*Nikomachischen Ethik*' anspricht.[54]

---

zurück. Die Vielheit von ‚Teilen' in der menschlichen Seele spreche dafür, dass es Möglichkeiten des Konflikts gebe, wo es Teile gibt.

52 ἀγαθὸν γὰρ τῷ σπουδαίῳ τὸ εἶναι (1166a19).

53 ἕκαστος δ' ἑαυτῷ βούλεται τἀγαθά, γενόμενος δ' ἄλλος αἱρεῖται οὐδεὶς πάντ' ἔχειν [ἐκεῖνο τὸ γενόμενον] (ἔχει γὰρ καὶ νῦν ὁ θεὸς τἀγαθόν) ἀλλ' ὢν ὅ τι ποτ' ἐστίν (1166a19–22).

54 Die Aporie, ob man in erster Linie sich selbst oder einen anderen lieben soll (1168a 28f.; vgl. Dirlmeier, 1967, S. 542), löst Aristoteles, indem er sich noch einmal auf VIII, 4 bezieht: Man kann und darf sich durchaus selbst lieben, wenn man sich an der Vernunft orientiert, nicht aber, wenn man dem irrationalen Teil, dem ἄλογον in der Seele (1168b20f.), folgt, wenn Geld, Ehre und sinnliche Lust die letzten Lebensziele sind und Freunde nach dem Gesichtspunkt ihres Nutzens für diese Ziele ausgewählt werden. Wer sich so orientiert, wird mit Recht als egoistisch bezeichnet. Der ἀγαθός hingegen, der zu verwirklichen sucht, „was recht oder besonnen oder sonst mit sittlichem Wesen in Einklang ist, kurz, wenn er stets das Schöne und Edle für sich zu haben wünscht, so wird ihn deshalb kein Mensch als egoistisch bezeichnen", τὰ δίκαια πράττειν αὐτὸς μάλιστα πάντων ἢ τὰ σώφρονα ἢ ὁποιαοῦν ἄλλα τῶν κατὰ τὰς ἀρετάς, καὶ ὅλως ἀεὶ τὸ καλὸν ἑαυτῷ περιποιοῖτο, οὐδεὶς ἐρεῖ τοῦτον φίλαυτον οὐδὲ ψέξει (1168b25–28). Er wird sich durch den anderen nicht Vorteile zu verschaffen suchen. „In dieser Weise also, wie wir sie eben dargestellt haben, soll man Selbstliebe haben, nicht aber in dem Sinn, wie es die vielen tun", οὕτω μὲν οὖν φίλαυτον εἶναι δεῖ, καθάπερ εἴρηται· ὡς δ' οἱ πολλοί, οὐ χρή (1169b1f.).

(2) Der ἀγαθός hat also, das ist das Ergebnis von VIII, 4 und VIII, 8, die Disposition, ein wahrer Freund zu sein. Die Frage ist nur, ob für seine Eudaimonie die Verwirklichung dieser Disposition in der τελεία φιλία nötig ist. Damit wendet Aristoteles sich in IX, 9 nun der Streitfrage zu: *Braucht der εὐδαίμων Freunde oder nicht?* (1169b3f.)[55]

Diese Aporie behandelt Aristoteles auch in den ‚*Magna Moralia*' und in der ‚*Eudemischen Ethik*',[56] indem er zunächst das innerhalb der Akademie verbreitete Gottesargument zitiert: Die Vollkommenheit und Autarkie des εὐδαίμων sei der des Gottes vergleichbar, der, sich selbst genügend, in keinerlei Gemeinschaft lebt. Also bedürfe er nicht nur keiner Freunde, die ihm irgendwie nützlich und angenehm sein könnten, sondern auch keiner Freunde, mit denen das Zusammenleben für ihn wählenswert wäre. Je vollkommener sein Leben sei, desto weniger Freunde habe er und desto mehr rage er aus menschlicher Gemeinschaft heraus. Bemerkenswert ist, dass dieses Argument, das Aristoteles zurückweist, oft als genuin aristotelisch ausgegeben wird.[57] In den ‚*Magna Moralia*' und in der ‚*Eudemischen Ethik*' antwortet er mit dem Gegenargument, dass die Gleichsetzung zweier so verschiedener Wesenheiten wie Gott und Mensch nicht richtig sei: *denn wenn Gott sich selbst genügt und sonst niemand braucht, so folgt daraus nicht, dass auch wir niemanden brauchen.*[58] In der Ethik gehe es vielmehr um den besten Vollzug des menschlichen Daseins, d. h. um die Vollendung und Autarkie des menschlichen Lebens als menschlichen Lebens: *Worum sich unsere Untersuchung bewegt, das ist nicht die sich selbst genügende Unabhängigkeit (Autarkie) der Gottheit, sondern die des Menschen.*[59]

---

55 Die Beantwortung dieser Frage bereitet Aristoteles ab dem Kapitel IX, 7 mit der Bearbeitung verschiedener Aporien vor. Dazu gehört zunächst die, warum der Schenkende den Beschenkten mehr liebe als der Beschenkte den Schenkenden. Seine Antwort auf diese Aporie ist mit Blick auf seine Lösung der im 9. Kapitel diskutierten Streitfrage: ob der eudaimon Freunde brauche oder nicht, von Interesse, weil er sie letztlich hier wie dort von einem „höheren Standpunkt", dem des Lebens, zu lösen sucht (S. 50). Aristoteles geht davon aus, und kommt damit auf seine Ausgangsthese von I, 2 (A 2) zurück, dass das, worum es dem Menschen letztlich geht, das „Erstrebte", sein Sein ist, und dass der Mensch ist, indem er tätig ist, das heißt, sein Sein vollzieht (1168a5–7). In dieser Tätigkeit des Lebendigseins hält sich der Mensch, indem er in gewissem Sinne „außer sich" ist, d. h., einzelne Werke vollbringt. Nun ist, argumentiert er, das Werk, das ἔργον, in gewissem Sinne der Handelnde, insofern er tätig ist. Daher liebe er sein Werk, weil er an ihm sein Sein als gelingendes liebt. Denn an seinem Werk zeige sich in Wirklichkeit, was der Handelnde der Möglichkeit nach ist (1168a7–9).

56 1212b24ff. und 1244b1ff.

57 Vgl. z. B. Olof Gigon in der Einleitung zu seiner Übersetzung der ‚*Nikomachischen Ethik*', Zürich 1951, S. 42.

58 οὐ γὰρ εἰ ὁ θεός ἐστιν αὐτάρκης καὶ μηδενὸς δεῖται, διὰ τοῦτ' οὐδ' ἡμεῖς οὐδενὸς δεησόμεθα (1212b35f.).

59 ὑπὲρ δὲ τῆς αὐταρκείας οὐ τῆς τοῦ θεοῦ τὴν σκέψιν ποιούμεθα, αλλ' ἀνθρωπίνης (1213a7f.).

In der Zurückweisung dieser akademischen Position stimmen die *,Magna Moralia'* und die *,Eudemische Ethik'*, überein. Sie unterscheiden sich aber in den Aussagen über den Charakter der göttlichen εὐδαιμονία. Während die *,Eudemische Ethik'* den Gott insofern glücklich nennt, als sein Gegenstand kein anderer ist als er selbst, im Unterschied zur menschlichen εὐδαιμονία, die eine Bezogenheit auf den anderen, καθ' ἕτερον, habe, enthalten sich die *,Magna Moralia'* definitiver Aussagen über die Art des Glücks der Gottheit. Aristoteles zitiert lediglich eine Aporie. Demnach wäre es absurd, das göttliche Glück als ein Sich-selbst-Betrachten zu verstehen; *denn auch der Mensch, der eitel sich selbst beschaut - wir schelten ihn als stupide.*[60]

Die Auseinandersetzung mit dem Gottesargument fehlt in dem entsprechenden Kapitel der *,Nikomachischen Ethik'* (IX, 9). In den Vordergrund rückt hier ein φυσικώτερον-Argument, das genauer auf die natürlich-seelischen Gegebenheiten eingeht (1170a13), durch vorangehende Überlegungen aber schon vorbereitet ist. Es läuft darauf hinaus, dass für den ἀγαθός einen Freund zu haben, der ihm gleich ist, *von Natur* erstrebenswert ist: φύσει αἱρετός.

Aristoteles beginnt mit einer kurzen Exposition widersprüchlicher Meinungen zu der Streitfrage, ob der εὐδαίμων Freunde brauche oder nicht (1169b2–1169b28). Es sei nicht nachvollziehbar, dass das Leben des Glücklichen ein einsames Leben sein soll, da doch der Mensch von Natur für die Gemeinschaft der Polis und zum Zusammenleben bestimmt sei (1169b18f.). Der εὐδαίμων brauche zwar keine Freunde um des Nutzens und der Lust willen, dass er darum aber überhaupt keine Freunde braucht, *das ist sicherlich nicht wahr* (1169b28). Dieser Satz eröffnet seine folgende Argumentation, die in einem ersten Schritt nachzuweisen sucht, dass der Freund notwendig für den εὐδαίμων sei; diese Überlegungen überbietet er in einem zweiten Schritt mit einem φυσικώτερον Argument. Es handelt sich in beiden Fällen um formal parallel konstruierte, voraussetzungsreiche Argumentationsketten, mit denen er sein Ergebnis begründet.

Im ersten Schritt (1169b28–1170a13), der von der Struktur der εὐδαιμονία und einer gewissen Insuffizienz des individuellen Seinsvollzugs des εὐδαίμων ausgeht, knüpft Aristoteles zunächst an seine Bestimmung der εὐδαιμονία als ἐνέργεια in A 6 an: εὐδαιμονία, das gute Leben, ist nicht vorhanden wie ein Ding, sondern besteht im Vollzug des Lebendigseins, im Tätigsein, ζῆν καὶ ἐνεργεῖν (1169b31), das in sich gut und lustvoll ist. In seiner Argumentation folgt nun ein längeres Konditionalgefüge:

- wenn zum Leben des εὐδαίμων auch ein Moment der Reflexion gehört, d. h. das Bewusstwerden des gelingenden Handelns, und dieses θεωρεῖν auch in sich gut und lustvoll ist und

[60] αὐτὸς ἑαυτὸν ἄρα θεάσεται, ἀλλ' ἄτοπον; καὶ γὰρ ὁ ἄνθρωπος (ὃς) ἂν αὐτὸς ἑαυτὸν κατασκοπῆται ὡς ἀναισθήτῳ ἐπιτιμῶμεν. ἄτοπος οὖν, φησὶν, ὁ θεὸς ἔσται αὐτὸς ἑαυτὸν θεώμενος (1213a4–6).

- wenn wir aber leichter den anderen als uns selbst und leichter dessen Handlungen ins volle Bewusstsein heben können als die eigenen - Hintergrund dieses Arguments ist die aristotelische These von der Objektbezogenheit unseres Erkennens –, dann gilt auch für den Glücklichen, dass er sein Tätigsein κατ' ἀρετήν besser als an den eigenen Handlungen an den Handlungen von Seinesgleichen erkennt, die wie seine eigenen sind (1169b33–35).

Und er folgert:

- *so muss der vollendet Glückliche Freunde solcher Art haben, nachdem er ja gesonnen ist, gute und in seinem Wesen verankerte Handlungen ins volle Bewusstsein zu heben, und nachdem die Handlungen eines trefflichen Mannes, eben seines Freundes, diese beiden Momente aufweisen.*[61]

Aristoteles ergänzt diese Argumentation mit dem Hinweis auf zwei weitere Merkmale der εὐδαιμονία, Intensität und Kontinuität, von denen aus betrachtet der εὐδαίμων das Zusammenleben mit Seinesgleichen braucht (1170a4–13): *Es ist nicht leicht, allein auf sich gestellt, in dauerndem Wirken zu verbleiben, dagegen zusammen mit anderen und in der Ausdehnung auf andere ist es leichter.*[62] Das Miteinander-Handeln im συζῆν als συνεργεῖν ist lustvoll und angenehm, was die Tätigkeit wiederum intensiviert und kontinuierlicher macht: *So wird das Wirken, an sich schon lustvoll, stetiger, und so muss es für den sein, der vollendet glücklich ist.*[63]

Im nächsten Argumentationsschritt (1170a16–1170b19) löst Aristoteles die Aporie schließlich von einem „höheren Standpunkt" (φυσικώτερον) auf,[64] ausgehend vom Begriff des Lebens: *Die Sache wird aber klar, wenn wir begrifflich fassen, was Leben als Aktualität und Ziel ist.*[65] Dann werde man zu dem Schluss kommen, dass der σπουδαῖος für den anderen *von Natur erstrebenswert* ist. Was das bedeutet, erschließt sich in seiner vollen Bedeutung erst am Ende einer längeren, wieder in einer in der Form eines Konditionalgefüges aufgebauten Argumentationskette, die in der zentralen These kulminiert, dass in der vollkommenen Freundschaft der Mensch das affirmative Verhältnis, das er von Natur zu seinem eigenen Leben hat, auch zum Leben des Freundes als eines anderen Selbst, ἄλλος αὐτός, entwickelt: *wenn all dies zutrifft, so ist für jeden Menschen das Dasein des Freundes genau so sehr oder fast so sehr Gegenstand einer selbstverständlichen Wahl wie das eigene Dasein* – die Formulierung „fast so sehr" dämpft ein

---

61 ὁ μακάριος δὴ φίλων τοιούτων δεήσεται, εἴπερ θεωρεῖν προαιρεῖται πράξεις ἐπιεικεῖς καὶ οἰκείας, τοιαῦται δ' αἱ τοῦ ἀγαθοῦ φίλου ὄντος (1170a2–4).

62 οὐ γὰρ ῥᾴδιον καθ' αὑτὸν ἐνεργεῖν συνεχῶς, μεθ' ἑτέρων δὲ καὶ πρὸς ἄλλους ῥᾷον (1170a5f.).

63 ἔσται οὖν ἡ ἐνέργεια συνεχεστέρα, ἡδεῖα οὖσα καθ' αὑτήν, ὃ δεῖ περὶ τὸν μακάριον εἶναι (1170a6–8).

64 Vgl. die Parallele zu diesem φυσικώτερον-Argument (1147a24), wo auch die Ursache für menschliches Verhalten in einer bestimmten Struktur der menschlichen Seele gesucht wird.

65 δῆλον δὲ λαβοῦσι τί τὸ ζῆν τὸ κατ' ἐνέργειαν, καὶ ὡς τέλος (1244b23f.).

wenig die Emphase dieses Satzes. Seine Argumentation baut Aristoteles wieder in einem längeren Konditionalgefüge auf:

- Leben bedeutet für die Menschen Wahrnehmen und Denken, αἰσθάνεσθαι καὶ νοεῖν, und zwar nicht als Vermögen, sondern als Tätigsein, ἐνέργεια. Es gehört zu den Gütern, die *an sich wertvoll und lustvoll* sind, d. h. die ihren Wert und ihre Vollendung in sich selbst haben. Das einzelne konkrete Leben ist ein in sich begrenzter Teil der Unendlichkeit des Lebens. Und als etwas von Natur Wertvolles ist es gut für den Tüchtigen wie für alle Menschen. Das sehe man daran, dass alle Menschen und ganz besonders die Guten danach streben zu leben. Für sie ist das Leben das, was sie am meisten erstreben, ihr höchstes Ziel, und ihr Lebensvollzug der glücklichste (1170a28f.).
- Der zweite Schritt nimmt zunächst den Aspekt der Reflexivität des Lebens in seinen unterschiedlichen Funktionen auf: zum Sehen, Hören und Denken gehört, wie für alle Tätigkeiten, auch immer das Wahrnehmen, dass man sieht, hört und denkt, d. h. dass man lebt, was das Lebensgefühl steigert und die Tätigkeit intensiviert. Wenn der ἀγαθός nun auf einen in der gleichen Weise Tätigen trifft, das heißt auf einen, der für ihn – wegen der Gleichheit seines Lebensvollzugs ein ἄλλος αὐτός ist, ein „zweites Ich“,[66] dann ist das Dasein des Freundes für ihn in gleicher Weise – oder fast in gleicher Weise – Gegenstand einer natürlichen Wahl, φύσει αἱρετός, wie das eigene. In der ‚*Eudemischen Ethik*‘ erläutert Aristoteles den Ausdruck ἕτερος bzw. ἄλλος αὐτός mit dem Sprichwort: der andere ist für mich ein Herakles, *ἄλλος Ἡρακλῆς*, ἄλλος αὐτός (1245a30).[67] Dieser Gedanke entspricht dem aus dem einleitenden Kapitel der Freundschaftsabhandlung in der ‚*Nikomachischen Ethik*‘: Durch die Freundschaft gewinnen Handeln und Denken an Kraft und Dynamik.
- Das Plus an Energie entsteht auch durch das gemeinsame Wahrnehmen des gelingenden Tätigseins. *Man muss also zugleich auch ein gemeinsames Bewusstsein davon haben, dass der andere lebt* (1170b10f.).[68] Daher strebt der ἀγαθός danach, mit dem Freund zusammenzuleben. Denn das gemeinsame Gewahrwerden des eigenen Seins und des Seins des anderen geschieht im Zusammenleben als κοινωνεῖν λόγων καὶ διανοίας, im Miteinander-Sprechen und -Denken; denn dies, und nicht wie beim Vieh *das Grasen auf derselben Weide*, charakterisiert das menschliche Zusammenleben.

Auffallend ist in diesem Zusammenhang auch die Vielzahl von Verben mit dem Präfix συν-, die Aristoteles im Zusammenhang mit der Freundschaftsthematik verwendet: z. B. συνεργεῖν, συμπράττειν, συμφιλοσοφεῖν – ein Hinweis darauf, dass für Aristoteles die vollendete Freundschaft als Freundschaft der an ἀρετή

[66] Vgl. Dirlmeier: allos = alter, nicht alius.

[67] Vgl. 1213a11–13

[68] συναισθάνεσθαι ἄρα δεῖ καὶ τοῦ φίλου ὅτι ἔστιν (1070b10f.).

Gleichen sich nicht nur auf die politisch-praktischen Tugenden und deren Ausübung, sondern auch auf die dianoetischen bezieht. Das zeigt sich auch im siebten Kapitel des zehnten Buches, das von der σοφία als derjenigen ἀρετή handelt, deren Aktuierung die Kriterien der εὐδαιμονία am besten erfüllt, d. h. die Kriterien eines Lebensvollzugs, dessen Gelingen von äußeren Faktoren und Unwägbarkeiten weitgehend unabhängig ist und der auch von einem allein, je weiser er ist, desto besser ausgeübt werden kann. Aristoteles fügt allerdings hinzu: *Vielleicht gelingt es noch besser, wenn er Freunde hat, die mitwirken.*[69] Er betont also auch an dieser Stelle nachdrücklich, wenn auch mit einem gewissen Realismus, den Synergieeffekt menschlicher Gemeinschaft. Das erklärt sein Fazit am Ende des neunten Kapitels: *Der Mensch, der glücklich sein soll, braucht wertvolle Freunde.*[70] Darin erweist sich noch einmal die Diesseitigkeit von Aristoteles' Begriff der εὐδαιμονία. Es geht ihm nicht um ein transzendentes Ziel, nicht darum, Gott zu werden, sondern um ein im weltlichen Sinn gutes, vollkommenes Leben. Das gelingt am besten in der Gemeinschaft mit anderen Menschen. Das gute Leben in der Welt zusammen mit Freunden ist für Aristoteles das Telos des Menschen sowohl im Sinne des letztlich Erstrebten als auch seines Wozu.

Eckharts Rezeption der aristotelischen Ethik ist geprägt durch das spirituelle Eigengewicht seines christlichen Selbst- und Weltverständnisses. Die zentrale Frage ist für ihn nicht die nach einem im „*natürlichen Sinn*", sondern im „*spirituellen Sinn*" vollkommenen Leben (vgl. Pr. 101). Dabei hinterlässt die selektive Auseinandersetzung mit dem paganen Ideal tiefe Spuren in der Ausgestaltung seines Programms. Es gewinnt gerade dadurch an Originalität und Schärfe. Das Verhältnis zu Aristoteles ist ambivalent. Er erkennt zwar die Bedeutung einer auf die Vernunft gegründeten Ethik für die Gestaltung des natürlichen Lebens an: ohne Vernunft steht es schlecht um die Seele; im Verhältnis zu den Affekten soll die Vernunft „Herr" sein, jedoch „Knecht" im Verhältnis zu Gott (vgl. Pr. 37). Als nicht-hierarchisch versteht er das Verhältnis zu Gott allerdings in seiner Übertragung des ὁμοιότης-Arguments aus Aristoteles' Konzept der vollkommenen Freundschaft, als Freundschaft von Gleichen, auf die Beziehung des Menschen zu Gott. Der Gerechte ist Freund Gottes.

---

69 βέλτιον δ' ἴσως συνεργοὺς ἔχων, ἀλλ' ὅμως αὐταρκέστατος (1177a34f.).

70 δεήσει ἄρα τῷ εὐδαιμονήσοντι φίλων σπουδαίων (1170b18f.).

Scholion 8

Aristoteles: Eudaimonie, Glück, durch Selbstperfektionierung in der Welt

- Die Frage nach dem Guten als Frage nach einem durch menschliches Handeln zu verwirklichenden Ziel, ἀγαθὸν πρακτόν
- Die Formaldefinition des Guten – qua letztes Worumwillen und Wozu – als Eudaimonie, Glück im Sinne von εὖ ζῆν, „gut leben"
- Die Bestimmung der Eudaimonie als Aktivsein gemäß den höchsten Vernunftfähigkeiten des Menschen im praktischen wie im theoretischen Bereich, ἐνέργεια κατ' ἀρετήν, und die Auszeichnung der θεωρία als τελεία ἀρετή
- Die Steigerung von Kontinuität und Dynamik des guten Lebens in der vollkommenen Freundschaft, der symmetrischen Beziehung der an Tüchtigkeit Gleichen: der Freund als anderes Selbst, ἄλλος αὐτός

Meister Eckhart: Die Dekonstruktion des aristotelischen Konzepts von der εὐδαιμονία – die Seligkeit des im spirituellen Sinn vollkommenen Menschen im *gotlîden*

- Die Transformation der aristotelischen Lehre vom Leben als letztem Worumwillen des Menschen und dessen Aufhebung in Gott als einzigem Leben (Pr. 6) – das Geschöpf als *quasi nihilum*
- Die Deaktivierung der Seelenkräfte und ihrer mundanen Orientierungen als Voraussetzung für das vollkommene Leben (Pr. 101–104)
- Die Umkehrung des aristotelischen Begriffs vom vollkommenen Leben: nicht als Eigentätigkeit durch Selbstperfektionierung, sondern als *gotlîden* durch *vernihten sîn selbes* (Pr. 101–104)
- Die Seligkeit als Werk Gottes – kein πρακτὸν ἀγαθόν des Menschen (Pr. 104, Joh.Komm.) – die Erhöhung des Menschen und die Überbietung des heidnischen Meisters (Pr. 101, 104; Joh.Komm. n. 155)
- Der Gerechte, der ohne *amor sui* lebt, als Freund Gottes (Pr. 10; Joh.Komm. n. 643, 644); in der Einheit mit Gott im Gottes-Sohn-Sein ist der Mensch mit Gott gleich.

Zweiter Hauptteil: Zum historisch-systematischen Kontext der Aristoteles-Rezeption Meister Eckharts

Die Aristoteles-Rezeption im Okzident und die philosophisch-theologischen Debatten, die sich in diesem Zusammenhang entwickelten, haben eine lange arabische Vorgeschichte im Ostkalifat und in al-Andalus, von der bereits die Rede war. In dem vielschichtigen Prozess der Rezeption und Transformation der aristotelischen Philosophie bildeten sich bei den Lateinern thematische Schwerpunkte heraus, in denen es um grundsätzliche anthropologische Fragen: um die Einheit von Körper und Seele, um intellekttheoretische Probleme: Möglichkeiten und Grenzen menschlicher Erkenntnis (was kann ich wissen) und um Fragen nach den Bedingungen des guten Lebens (was soll ich tun) ging. Die Antworten schwankten zwischen vorsichtiger Annäherung an aristotelische Theoreme und deren Integration auf der einen und strikter Opposition und Ablehnung auf der anderen Seite.

Eckhart praktiziert, wie sich zeigen wird, einen eigenen „Gebrauch" der aristotelischen Philosophie, der einschließt, dass er bisweilen mit Aristoteles gegen Aristoteles denkt.

Dass er in die Diskussionen und Kontroversen schon von berufswegen involviert war, hängt mit seiner „steile(n) Gelehrten- und Ämterlaufbahn"[1] zusammen. Mehrmals hält er sich für längere Zeit in Paris auf, dem damaligen Zentrum von Wissenschaft, Philosophie und Theologie und dem Ort heftiger doktrinaler Auseinandersetzungen, die durch die Aristoteles-Rezeption ausgelöst wurden. 1294 begegnet er dort als *lector sententiarum.* Ob er bereits das Artes-Studium in Paris absolvierte, ist strittig. 1302 wird er vom Orden erneut nach Paris geschickt und übernimmt den für Nichtfranzosen reservierten Lehrstuhl der Dominikaner. Um 1298–1305 entsteht, nach der Datierung von Georg Steer, der Predigtzyklus ‚*Von der êwigen geburt*'. In den vier Predigten beweist Eckhart umfangreiche und genaue Kenntnisse der griechischen Philosophie und insbesondere der Schriften des Aristoteles. 1311–1313 lehrte er noch einmal an der Sorbonne, der damals berühmtesten Universität des Abendlandes. Dieses zwei-

---

1 Kurt Ruh, Meister Eckhart: Theologe, Prediger, Mystiker, München 1985, S. 18f.

te Magisterium war für Eckhart eine hohe Auszeichnung. Der Kommentar zum ‚*Johannesevangelium*', der wohl in der Zeit um 1315 in Straßburg entstanden ist, steckt voller aristotelischer und neuplatonischer Philosopheme. Sie liefern die Vernunftgründe, mit denen Eckhart den Text der Schrift verständlich machen will.

Erstes Kapitel: Die anthropologischen Debatten um die Einheit des Menschen in der Auseinandersetzung mit Aristoteles' Seelenlehre in *‚De anima'*

Der Begriff ‚Anthropologie' ist zwar dem Mittelalter ebensowenig wie der Antike bekannt, der damit bezeichnete Problembereich ist aber nicht nur implizit, sondern auch explizit präsent, seit es Philosophie gibt. Alle Philosophie seit Platon hatte „als Kern die Frage [...], wie wir uns selbst verstehen sollen, also die Frage ‚Was ist der Mensch'"[1]. Die Antworten, die die antiken Philosophen nicht in einer eigenen Disziplin, sondern in ihrer Metaphysik, Ethik und Seelenlehre gaben, wurden im Mittelalter aufgenommen und durch Schöpfungs- und Offenbarungstheologie substantiell verändert. Im 13. Jahrhundert wird dieser Diskurs durch die Rezeption des „ganzen Aristoteles", insbesondere der Schrift über die Seele – ein Gegenstandsbereich, in dem sich Physik und Metaphysik überschneiden – und der Kommentare des Averroes, verschärft. Im Vordergrund der Debatten stand die Frage nach der Einheit des Menschen,[2] d. h. nach dem Verhältnis von Körper und Geist bzw. Körper und Seele im Menschen, die Aristoteles in Abgrenzung von monistischen und dualistischen Positionen seiner Vorgänger und Platons mit dem Konzept der Seele als Entelechie eines natürlichen Körpers beantwortet hatte. Seine zu Beginn von *‚De anima'* B 1 sukzessiv entwickelten Definitionen der Seele bildeten im 13. Jahrhundert den Ausgangspunkt von Kontroversen um die Einheit des Menschen (1) und um die Unterscheidung von Wesen und Kräften der Seele (2).

Was die Frage der Einheit betrifft, übernahmen Albertus Magnus und Thomas von Aquin bei unterschiedlichen Akzentuierungen das aristotelische Konzept der substantiellen Einheit von rationaler Seele und Körper und adaptierten es christlich. Der Mensch ist keine *compositio* aus selbständigen Teilen, sondern eine enge Verbindung von Form und Materie zu einer leib-seelischen Einheit. Für Albert ist die Seele als substantiale Form eines Körpers das *totum potestativum*, das den Menschen als integrale Körper-Seele-Einheit konstituiert.

---

1 Ernst Tugendhat, Anthropologie statt Metaphysik, München 2007, S. 18.

2 Ludger Honnefelder, Vorwort, in: Die Einheit des Menschen: zur Grundfrage der philosophischen Anthropologie, hg. v. Ludger Honnefelder, Paderborn 1994.

Er entfaltet diese Position in der Auseinandersetzung mit Vertretern einer Kompositionstheorie und mit Averroes. Thomas von Aquin übernimmt wie Albert die aristotelische Definition und bestimmt die Seele als *unica forma substantialis corporis,* die die Einheit des menschlichen Kompositums organisiert. Eine an Averroes anschließende Position vertritt Siger von Brabant. Er entwickelt ein *compositio*-Modell, zu dem der Intellekt nicht gehört, der in seiner separaten Existenz nicht die substantielle Form des Körpers sein kann. Damit ist die Einheit des Menschen aufgehoben. Von einer augustinischen Position ausgehend, stellen auch Franziskanertheologen mit ihrer Annahme einer *pluralitas formarum* die Einheit des Menschen in Frage. Die Seele ist keine *unica forma substantialis,* sondern ein *compositum* heterogener Teile.

Ein Ausgangspunkt kontroverser Diskussionen war auch die aristotelische Bestimmung des Lebewesens als autopoietischer Einheit, in der Sein und Wirken nicht auseinanderfallen und die in einer Art Selbstinstrumentalität Ursache ihrer selbst ist. Diese Einheit lösen Albert und Thomas mit Bezug auf die Schöpfungstheologie auf und führen die auch für Eckhart zentrale und die aristotelische Seelenlehre tief transformierende Unterscheidung zwischen Wesen und Kräften der Seele ein. Substantielle Akte sind nach dieser Konzeption allein dem Schöpfergott vorbehalten, das menschliche Wirken ist auf den akzidentellen Bereich beschränkt.

1. Die Seele als *unica forma corporis* – die hylemorphistische Deutung der Einheit des Menschen bei Albertus Magnus und Thomas von Aquin

1.1 *Albertus Magnus: die Einheit als* uniri ut actus

Bereits um 1242 behandelte Albertus Magnus in ‚*De homine*' die Frage der Einheit der menschlichen Seele. Die Schrift, die eine ausführliche Interpretation der aristotelischen Definition der Seele – in Auseinandersetzung mit anderen Kommentatoren – enthält, gehört in eine Reihe von Untersuchungen Alberts zur Seelenlehre – z. B. ‚*De intellectu et intelligibili*'; ‚*De natura et origine animae*'; ‚*De unitate intellectus*'[3] – in denen sich, nach Ludwig Hödl, eine „bedeutsame geistesgeschichtliche Wende", die „averroistische Wende der lateinischen Philoso-

3 Die Werke des Albertus Magnus zitieren wir nach der Kölner und der Pariser Edition. ‚*De homine*' auch nach dem Auswahlband ‚Albertus Magnus, Über den Menschen' *(De homine),* übers. und hg. v. Henryk Anzulewicz und Joachim R. Söder, Hamburg 2004.

phie des Mittelalters im 13. Jahrhundert" manifestiert.[4] Sie vollziehe sich nur vordergründig in der Erkenntnistheorie, habe ihren Sitz aber in der Anthropologie, in der Frage nach dem naturalen Wesen des Menschen. Dieser These hat Ingrid Craemer-Ruegenberg grundsätzlich zugestimmt, aber mit Recht bezweifelt, „ob die Kennzeichnung dieser Wende als ‚averroistisch' sehr sinnvoll ist"[5], da Albert sich doch selbst als Peripatetiker bezeichne, der stets die Wahrheit der aristotelischen Philosophie zur Geltung bringen wolle und der, wie man hinzufügen könnte, sich auch ausdrücklich gegen die Seelen- und Intellektlehre des Averroes gewendet hat, der mit seiner Hypostasierung des *intellectus materialis* zu einem überindividuellen Prinzip die Einheit der menschlichen Seele aufgehoben habe.

In der Abhandlung ‚*De homine*', die zu einer zweiteiligen ‚*Summa de creaturis*' gehört – ihr erster Teil handelt von der *prima materia*, von Himmel, Zeit und Engeln; der zweite vom Menschen[6] –, wendet Albert sich zunächst gegen eine Position, die die menschliche Seele als eine Zusammensetzung aus vegetativer, sensitiver und intellektiver Seele versteht. Vertreter dieser Kompositionstheorie nehmen an, dass es im Menschen nicht eine Seele, sondern eine Akkumulation verschiedener Seelen gebe. Das zeige sich daran, dass pflanzliche Lebewesen existierten, die ohne wahrnehmende Seele seien. Die vegetative Seele ist, so folgern sie, selbständig und für sich und von anderen Seelenformen unterschieden. In analoger Weise hätten Tiere eine sensitive Seele, die wiederum selbstständig und für sich, aber ohne rationale Seele sei. Im Menschen seien die verschiedenen Seelen in lockerem Verbund vorhanden.[7] Es gibt also nach der Kompositionstheorie im Menschen drei unterschiedliche, für sich bestehende Seelen, die Stoffwechsel, Sinneswahrnehmung und Denken gewährleisten.

Dieser Position stellt Albertus Magnus seine Lehre von der Einheit, Substantialität und Singularität der menschlichen Seele entgegen, indem er die Form als einheitgebenden *actus* bestimmt (*uniri ut actus*). *Man muss gemäß der Auffassung aller Heiligen, Philosophen und Naturforscher sagen, dass Vegetatives, Sinnenhaftes und Vernunfthaftes im Menschen eine Substanz, eine Seele und ein Akt sind.*[8] Leitender Bezugspunkt seiner Argumentation ist Aristoteles' zweite Bestimmung der Seele in ‚*De anima*' B 1 als erste Entelechie eines natürlichen, mit Organen ausgestatteten Körpers, der der Möglichkeit nach Leben hat (412a27–28). Das Wesen der Seele besteht für Albertus Magnus darin, dass sie als Form

[4] Ludwig Hödl, Über die averroistische Wende der lateinischen Philosophie des Mittelalters im 13. Jahrhundert, in: RThAM XXXIX, 1972, S. 171.

[5] Ingrid Craemer-Ruegenberg, Alberts Seelen- und Intellektlehre, in: Albert der Große. Seine Zeit, sein Werk, seine Wirkung, hg. v. Albert Zimmermann, Berlin 1981, S. 105.

[6] Vgl. Henryk Anzulewicz, 2004, Einleitung S. XVI.

[7] Vgl. Avicenna, De anima seu Sextus de naturalibus, hg. v. Simone van Riet, Löwen u. a. 1968/1972, S. 156f.

[8] „Dicendum secundum omnes sanctos et philosophos et naturales quod vegetabile, sensibile et rationale sunt in homine substantia una et anima una et actus unus" (S. 104).

actus eines Körpers ist, der dem leib-seelischen Ganzen Einheit verleiht. Mit dieser Formel hat er „eine programmatische Wende in der hochscholastischen Anthropologie eingeläutet [...]. Nicht länger gilt die Seele als ‚innerer' und eigentlicher Mensch und der Leib als ihr Gefängnis oder Grab, aus dem sie befreit werden muss."[9] Auch in seiner Begründung dieser Einheit schließt Albert sich eng an Aristoteles an, der in ‚*De anima*' B 2 hervorhebt, dass seine Definition der Seele nicht im Sinne eines Gattungsbegriffs zu verstehen sei (414b20–22); folglich handle es sich bei den verschiedenen Formen der Seele auch nicht um selbstständige Arten, *species*, einer Gattung, wie die Vertreter der Kompositionstheorie behaupten; die Seele sei vielmehr ein *totum potestativum* (‚*De homine*', S. 114), ein „Kräfteganzes", und die *unio* der Teile durch die Geistseele eine Einheit der „Wirkkräfte in einem Wirkganzen": *est modus unionis [...] ut partium virtualium in toto* (ebd., S. 110). Auch in seiner Erläuterung der Art dieser Einheit und des Verhältnisses der Teile zum Ganzen nimmt Albert das aristotelische Beispiel aus ‚*De anima*' auf, demzufolge z. B. das Ernährungsvermögen im Wahrnehmungsvermögen enthalten sei wie das Dreieck im Viereck, nämlich „dem Vermögen, nicht seinem eigenen Sein" nach. So hat das Vegetative und das Sensitive in der menschlichen, noetischen Seele kein von dem Ganzen unabhängiges Sein, sondern Sein nur zusammen mit ihm, sie bilden mit der *virtus rationalis* eine Substanz. Das soll auch heißen: in der menschlichen Seele, die als *anima rationalis* die höchste Form der Seele ist, sind das Vegetative und das Sensitive in anderer Weise integriert als etwa in einem Tier mit einer vegetativ-sensitiven Seele. In allen Fällen besteht eine Einheit der Substanz. Auch bei der Frage der Ausdifferenzierung der Vermögen aus dem *totum potestativum* der Seele bezieht sich Albert auf Aristoteles.[10] Wenn man die einzelnen Seelenformen genauer untersuchen will, muss man die Objekte untersuchen, auf die sich ihre Tätigkeiten richten (vgl. 415a18–20).

Die Bestimmung der menschlichen Seele als Geistseele verlangt auch eine Klärung des Verhältnisses des Menschen einerseits zu anderen belebten Naturwesen, anderseits zu höheren Seienden, insbesondere den reinen Geistwesen, und schließlich zu einem höchsten Seienden. Christliche Autoren stehen insbesondere vor der Frage, wie innerhalb dieses Modells, das von einer leib-seelischen Einheit des Menschen ausgeht, die Unsterblichkeit der Seele erklärt werden kann. Albert rekurriert für ihre Beantwortung auf Boethius und dessen Differenzierung des Formbegriffs. Seine These, dass die individuelle Geistseele des Menschen unabhängig vom Körper eine eigenständige Subsistenz und Substantialität habe, aber zugleich auf den Körper bezogen sei, entwickelt

---

9 Joachim R. Söder in seiner analytisch präzisen Darstellung, Νοῦς θύραθεν. Über Natur und Vernunft im Ausgang von Aristoteles, in: Albertus Magnus und die Anfänge der Aristoteles-Rezeption im lateinischen Mittelalter, hg. v. Ludger Honnefelder u. a., Münster/W. 2005, S. 393.

10 Vgl. Söder, 2005, S. 390.

Albert in ‚*De homine*', ausgehend von einer Passage über *ousia* und *ousiosis,* im Kommentar zur Kategorienschrift des Boethius, der zwei Formen unterscheidet (‚*De homine*', S. 60). Die eine ist bloße Form, nicht aber für sich seiende Substanz, οὐσία. Hierher gehören die „Substanzialformen der Elemente" und „zusammengemischter Körper" wie z. B. die pflanzlichen und tierischen Formen, die zwar in unbelebten Körpern sowie in Pflanzen und Tieren subsistieren, aber keine eigentlichen Substanzen, οὐσιώσεις, sind, weil sie mit den Seienden vergehen. Die zweite Form ist auf zweifache Weise Substanz; sie ist die Wesenheit eines Seienden, aber nicht in ihm fundiert, und deshalb vergeht sie nicht mit dem Seienden. Diese zweifache Substantialität hat, nach Albertus Magnus, nur die menschliche Geistseele, und zwar nicht nur im Unterschied zu den Formen der anderen Naturdinge, sondern auch anderer Lebewesen, sie ist durch sich selbst und für sich selbst existierend (vgl. ebd., S. 26). Das unterscheidet die Form der Geistseele von den Seelenformen der Pflanzen und Tiere, die beide eine Seele haben, die keine *substantia per se existens* (ebd., S. 60) ist.[11]

Albert übernimmt mit Blick auf die Begründung der besonderen Substanzialität der Geistseele und deren Unsterblichkeit die Unterscheidung von Boethius. Und er findet für diese die Unvergänglichkeit der Geistseele begründende Unterscheidung sogar Belegstellen in der Metaphysik des Aristoteles (1070a24–27). Ihre Sonderstellung begründet er an anderer Stelle damit, dass die Geistseele im Unterschied zur Seele anderer Lebewesen in besonderer Weise der ersten Ursache nahekommt: *Die Geistseele gleicht dem Licht des tätigen Intellekts, die, über die Materie und ihre Möglichkeiten hinausgehend, zur Ähnlichkeit mit dem ersten Beweger in der Natur vordringt* (eig. Übers.).[12]

Was das Verhältnis zu höheren Seienden, den reinen Geistern, anbetrifft, unterscheidet sich, nach Albert, die Geistseele des Menschen durch ihre Hinneigung (*inclinatio*) zum Körper: *Der substanzielle Unterschied zwischen Seele und*

---

11 In seinem ‚*De anima-Kommentar*' nimmt Albertus Magnus im Anschluss an Aristoteles noch eine andere Einteilung vor, indem er zwei *formae naturales* unterscheidet: die Formen von leblosen Naturdingen auf der einen und die Formen von lebendigen Wesen auf der anderen Seite, deren Seelen alle unkörperlich und übermateriell sind: „Eine folgt mehr der Natur des Naturkörpers [...], in der die Form nicht über diesen und dessen Vermögen erhoben ist"; es sind die Naturformen im eigentlichen Sinn. Die zweite Form ist „der universal wirkenden ersten Ursache näher [...], die alle Formen wirkt". Sie ist eine „unkörperliche Wesenheit, die den Körper bewegt und vollendet und die gesamte Natur prägen kann, da sie in der Naturordnung oberhalb der Natur jeder körperlichen Form ist; und diese wird ‚Seele' genannt. Und weil sie ihre Wirkkraft nicht vom Körper bezieht, sondern aus der ersten Ursache, deren Natur sie folgt, wirkt sie nicht bloß eines, sondern vieles [...]. Ihre wesenhaften Tätigkeiten aber tätigt sie im Körper und am Körper" (ebd., S. 67,41–68,5). – Den Kommentar zitieren wir nach der Ausgabe von Clemens Stroick, Münster/W. 1968 (Ed. Colon. 7,1).

12 „anima rationalis est similitudo lucis intellectus agentis in generatione [...], quae transcendendo materiam et virtutes materiae in similitudinem proprumpit motoris primi in natura" (Ed.Colon. 12, S. 12,83–13,1), hg. v. Bernhard Geyer, Münster 1955.

Engel [...] besteht (darin), dass die Seele als Akt des Körpers eine Neigung zu diesem hin hat, der Engel aber nicht.[13] Der Ausdruck *inclinatur ad corpus ut actus* bezeichnet die spezielle Beziehung der Geistseele des Menschen zum menschlichen Körper und die Weise, wie die Einheit der Seele im Menschen zu denken sei. Mit der Formulierung *ut actus* bezieht sich Albert auf die lateinische Übersetzung der aristotelischen Definition der Seele in ‚*De anima*' B 1: *Anima est primus actus corporis physici potentia vitam habentis. Huiusmodi autem est quodcumque organicum* (412a27f.). Diese Definition gilt, so Albert, entgegen der Meinung Vieler, insbesondere Avicennas und Averroes', auch für die menschliche Geistseele. Sie ist Ausgangspunkt und Grundlage für seine Vorstellung von der Einheit des Menschen. Er hält gegen die Vertreter der Überinidividualität und Separatheit des Intellekts, die sich auf Aristoteles berufen, fest: *Die Seele eint, nach dem Philosophen, die verschiedenen Teile, sie ist nicht in verschiedenen Teilen verschieden.*[14]
Vor dem Hintergrund von Alberts Abgrenzung der Form der menschlichen Geistseele von der niederer Lebewesen und von den reinen Geistern, wird deutlich, warum er ἐντελέχεια, den zentralen Begriff in Aristoteles' Seelendefinition – die nach Alberts Auffassung nicht nur für die unteren Formen der Seele, sondern auch für die Geistseele des Menschen gilt – mit dem Begriff *actus* übersetzt. Seine Präferenz des Begriffes *actus* (Akt) als lateinische Übersetzung des griechischen ἐντελέχεια anstelle des Begriffes *perfectio* (Vollendung) – *videtur quod anima non sit perfectio* (S. 48), „es scheint aber, dass die Seele [sc. die Geistseele] nicht Vollendung ist" – begründet er im ersten Kapitel von ‚*De homine*' gegenüber anderen Kommentatoren, insbesondere Avicenna und Averroes. Aus seiner Argumentation geht hervor, dass er sowohl an der Immaterialität der Geistseele als auch an ihrer Verbindung mit dem Körper festhält, d. h. an der Einheit des Menschen als körperlich-geistige Einheit. Als etwas Immaterielles kann die Geistseele ihre Vollendung nicht in einem Körper haben. Wenn Aristoteles' Definition der Seele auch für die Geistseele gelten soll, darf der Begriff ἐντελέχεια nicht mit dem Begriff *perfectio*, sondern muss mit dem Begriff *actus* übersetzt werden. ‚*Actus*' ist gewissermaßen der gemeinsame Nenner für das Verständnis der Seele als Form im Sinne eines Prinzips, das einem Körper – sei es dem von einfachen Naturwesen oder dem aus Körper und Geist zu einer Einheit verbundenen menschlichen Wesen – jeweils sein spezifisches Leben verleiht.

Allerdings ist mit der Form der menschlichen Seele als Geistseele auch eine wichtige Differenz verbunden, die mit dem gewissermaßen doppelten Status des *intellectus* zusammenhängt. Einerseits bildet der *intellectus* in der leibseelischen Einheit des Menschen als eine *virtus animae* zusammen mit den an-

---

[13] „Substantialis differentia animae et angeli est in hoc quod anima inclinatur ad corpus ut actus, angelus autem non" (‚De homine', S. 56).

[14] „Anima enim secundum Philosophum est uniens partes diversas, non diversa in partibus pluribus" (S. 66).

deren Vermögen eine substantielle Einheit. Er gehört als ein Vermögen zur menschlichen Seele: *intellectus est aliquid animae ut potentia ipsius* (*„Super Ethica‘*, Ed.Colon. 14,2, S. 751,3f.), vergleichbar dem νοῦς ἐν τῇ ψυχῇ bei Aristoteles. Andererseits kommt der Intellekt als Wesen, als Form der menschlichen Geistseele, „von außen,“ von einem *dator extrinsecus ipsius animae*, vom göttlichen Schöpfer, in den Körper: *Beim Menschen aber braucht es wegen der göttlichen Wirkkraft des Intellekts einen Geber der Seele von außen* (eig. Übers.).[15] Albertus Magnus sucht damit den „unentwirrbaren Weltknoten“, das Problem der Verbindung von Materiellem und Immateriellem, von Körper und Geist, mit einem Einheitskonzept zu lösen, das sowohl mit dem Verständnis des Menschen als Naturwesen und zugleich mit dem christlichen Selbstverständnis kompatibel ist: Die Lösung besteht für ihn in der Unterscheidung von „zwei Arten von entelechialer Vollendung“,[16] einer „von außen“ und einer „von innen“, bei der aber nur die „von innen“ kommende eigentlich Entelechie genannt werden könne. So wirkt die Geistseele, nach Albert, in dem *totum potestativum* als *actus*, indem sie dem Lebewesen Mensch sein spezifisches Leben als leib-seelische Einheit gibt. Sie ist, von außen kommend, immateriell, selbstständig und wirkt nicht direkt auf den Körper. Es sind die unteren Seelenvermögen,[17] die als Entelechien des Körpers fungieren und zur Ausbildung entsprechender Organe führen. Die spezifizierende Geistseele[18] wirkt mit der ihr eigenen Form innerhalb der menschlichen Seele über diese Vermögen auf den Körper und ist in dem Sinne *actus*, dass sie auch die Tätigkeiten des Körpers prägt: *Die Substanz der Geistseele, die dem organischen Körper eingegossen wird, ist ganz durch göttliche Schöpfung, und in gewissen Teilen wirkt sie Werke der vegetativen und der sensitiven Seele.*[19] Das bedeutet: Durch das im Menschen formgebende Prinzip des *intellectus* sind die unteren Seelenformen im Menschen nicht artbildend, sondern Vermögen des vom Intellekt geformten Ganzen. *Vegetativum autem et sensitivum non sunt in rationali ut species sed ut potentiae* (*‚De homine‘*, S. 64). Bei Pflanzen und Tieren dagegen bilden das Sensitive und das Vegetative eine *species*. Die rationale Seele als *actus* versteht Albert also, sich auf Aristoteles beziehend, als ein spezifizierendes Prinzip in einem Wirkganzen, das in allen Kräften am Werk ist.

---

15 „in hominibus propter divinam virtutem ipsius intellectus exigitur dator extrinsecus ipsius animae.“ Die Stelle zitieren wir nach Söder, S. 395, Anm. 66.
Auch Eckhart spricht im *‚Johanneskommentar‘* vom göttlichen *dator formarum* und in Predigt 103 gibt er eine ähnliche Erklärung für die Vermittlung der Form der menschlichen Seele im Unterschied zu der der anderen Lebewesen.

16 Söder, 2005, S. 394.

17 Vgl. Craemer-Ruegenberg, 1981, S. 113f.

18 Zum actus als spezifizierendem Prinzip vgl. Paul Hellmeier, Anima et intellectus. Albertus Magnus und Thomas von Aquin über Seele und Intellekt des Menschen, Münster/W. 2011, S. 301.

19 „Substantia enim animae rationalis secundum se totam est per creationem, quae infunditur corpori organizato, et in quibusdam partibus eius operatur opera vegetativae et quibusdam sensitivae“ (Ed. Paris. 35, S. 95 a).

Mit dieser Auffassung kommt er der Auffassung des Aristoteles nahe, der immer wieder darauf hinweist, dass der νοῦς nicht ohne die unteren Seelenvermögen – z. B. nicht ohne Hinwendung zu den φαντάσματα des Vorstellungsvermögens tätig werden kann (431a16f.) – und er nennt Beispiele für das geordnete Zusammenwirken aller Seelenkräfte im theoretischen und im praktischen Bereich. Auch das zeitliche Nacheinander in der Entwicklung der einzelnen Seelenvermögen ist für Albert wie für Aristoteles kein Argument gegen die Einheit der Seele.

1.2 *Thomas von Aquin: die Seele als* unica forma substantialis corporis

Die Frage, wie die Verbindung von geistiger Substanz und Körper im Menschen zu verstehen sei, behandelt Thomas ausführlich in den anthropologischen Passagen im zweiten Buch der ‚*Summa contra gentiles*', im ersten Teil der ‚*Summa theologiae*' und in den ‚*Quaestiones disputatae de anima*'.

In der ‚*Summa contra gentiles*'[20] geht er *per modum exclusionis* vor, indem er zunächst verschiedene Modelle der Verbindung ausschließt und philosophische Positionen einer kritischen Überprüfung unterzieht. Danach entfaltet er seine eigene These im engen Anschluss an Aristoteles: *Bleibt noch darzulegen, dass man sagen muss, nach der Meinung des Aristoteles sei der Intellekt seiner Substanz nach mit einem Körper als Form vereinigt.*[21]

In Kapitel 56 beginnt Thomas mit der Frage, in welcher Weise eine geistige Substanz, *substantia intellectualis*, überhaupt mit einem Körper vereinigt werden kann, d. h., wie die Verbindung von rationaler Seele und Körper zu einer substantiellen Einheit zu denken sei. Nicht möglich sei der Modus einer Mischung, *mixtio*, da diese eine wechselseitige Veränderung der vermischten Bestandteile impliziert, was nur möglich ist, wenn beide dieselbe Materie haben und sich aktiv und passiv zueinander verhalten. Geistige Substanzen sind aber ohne Materie und daher mit Körpern nicht vermischbar. Die Verbindung von *corpus* und *substantia intellectualis* kann aber auch keine Vermengung, *confusio*, sein, bei der die Bestandteile unverändert bleiben. Auszuschließen sei ferner der *modus contactus proprie sumpti*, den es nur bei Körpern gibt, deren äußerste Grenzen zusammenfallen, wie Thomas mit Bezug auf die aristotelische ‚*Physik*' sagt. Möglich ist zwar der *contactus virtutis* einer geistigen Substanz mit einem Körper, so wenn wir sagen: *Etwas Betrübliches betrübt uns.* Was aber durch eine

[20] Wir zitieren nach folgender Ausgabe: Thomas von Aquin, Summa contra gentiles, hg. u. übers. von Karl Albert und Paulus Engelhardt, Darmstadt 1982 (Scg).

[21] „necesse est dicere, secundum opinionem Aristotelis, intellectum secundum suam substantiam alicui corpori uniri ut formam" (Scg II, S. 296).

solche Berührung vereinigt wird, ergibt nur *ein Eines im Wirken und Erleiden,* [...] *nicht schlechthin Eines* (S. 229), kein *unum simpliciter.*

In den Kapiteln 57–67 nähert sich Thomas seiner eigenen These durch Abgrenzungen von Platon, Averroes, Alexander von Aphrodisias, Galen, Empedokles und verschiedenen materialistischen Positionen. Von Bedeutung sind im vorliegenden Zusammenhang insbesondere die platonische und die averroistische.

Anders als Albertus Magnus setzt sich Thomas mit der These Platons, dass die geistige Seele mit dem Körper wie der Beweger mit dem Bewegten verbunden sei – „wie der Seemann mit dem Schiff" – kritisch auseinander. Auf diese Weise entstehe kein *ens simpliciter*, sondern nur ein *ens per accidens.* Denn wären Seele und Körper so verbunden, würde das Bewegbare vom Beweger nur die Bewegung, aber nicht das Sein, und das bedeutet: nicht das Leben empfangen. Thomas benutzt in seiner Argumentation, ohne Aristoteles explizit zu nennen, einen leicht abgewandelten Satz aus ‚*De anima*': *Leben ist aber ein Sein (quoddam esse) des Lebenden. Also würde der Körper nicht durch die Seele leben* (S. 235). Wäre die Seele nur die Bewegerin des Körpers, so folgte daraus außerdem, dass es bei der Vereinigung von Seele und Körper kein Entstehen und bei ihrer Trennung kein Vergehen gäbe. Der Tod wäre nicht das Ende des Lebewesens.

Die substantielle Einheit der menschlichen Seele wäre, nach Thomas, auch nicht möglich, wenn man, wie Platon, die menschliche Seele als *compositio* aus drei Seelen versteht, einer pflanzlichen, einer sensitiven und einer intellektiven. Dann könnte man nicht sagen, dass eine geistige Substanz Form des Körpers sei (S. 239). Aus der Annahme einer Pluralität von Formen der Seelen im Menschen folge vielmehr, dass *der Mensch nicht eines, sondern zwei oder drei ist: er ist dann nämlich drei Seelen* (S. 241).[22] Denn jedes Seiende erhält Sein und Einheit von der Form. Sie macht es zur Substanz. Die *anima nutritiva* würde ein selbständiges Seiendes im Menschen hervorbringen, ebenso die sensitive und die geistige. Die drei selbstständigen Seelenformen könnten auch nicht durch den Körper zu einem *unum simpliciter* verbunden werden. Denn der Körper löst sich auf, wenn die Seele ihn verlassen hat. *Es ergibt sich also, dass alle Tätigkeiten der Seele, die in uns sind, von einer einzigen Seele ausgehen* [...], und *dass ein und dieselbe Seele im Menschen ist, die den Körper durch ihre Verbindung mit ihm lebendig macht und sich selbst durch ihre Vernunft leitet* (S. 245).[23]

Mit der substantiellen Einheit der menschlichen Seele, wie sie Aristoteles versteht, ist, nach Thomas, auch die averroistische Annahme des *intellectus possibilis (materialis)* als separater, überindividueller Substanz nicht vereinbar; denn dann wäre die geistige Seele nicht die substantielle Form des Körpers im

---

22 „Sequitur quod homo non sit unum, sed sit duo vel tria" (S. 240).

23 „Relinquitur igitur quod omnes actiones animae quae sunt in nobis, ab anima una procedunt. [...] dicimus unam eandemque esse animam in homine quae et corpus sua societate vivificat, et semetipsam sua ratione disponat" (S. 244).

Menschen. Wäre der *intellectus possibilis* Form des Körpers, wäre er, so argumentiert Averroes unter Berufung auf Aristoteles, nicht „unvermischt“ und „unveränderlich“. Folglich sei es nicht möglich, dass der *intellectus possibilis* die substantielle Form des Körpers ist, möglich sei lediglich seine Verbindung durch das Vorstellungsbild als Träger der *species intellecta.*[24] In seiner Gegenargumentation macht Thomas geltend, dass die individuelle menschliche Vernunft auf der Grundlage von Bildern denkt, die ihr das Vorstellungsvermögen über die Sinne liefert. Die Vernunft gehört zur menschlichen Seele. Der einzelne Mensch denkt. Bei Averroes dagegen laufe es darauf hinaus, dass die überindividuelle Vernunft erkennt und wir von ihr erkannt werden, nicht, dass wir erkennen.

Wie die Verbindung von Geistseele und Körper im Menschen zu denken sei, entwickelt Thomas wieder in enger Anlehnung an die aristotelische Seelenlehre und Ontologie: *Wenn [...] die geistige Substanz nicht mit dem Körper nur als Beweger vereinigt wird, wie Platon behauptete, noch ihm nur durch Vorstellungsbilder unmittelbar verbunden wird, wie Averroes sagte, sondern als Form [...], dann ergibt sich, dass die menschliche Seele eine als Form mit dem Körper vereinigte geistige Substanz ist (S. 287).*[25]

Diese These entfaltet er auf der Grundlage der Bestimmungen, die Aristoteles zu Beginn von ‚*De anima*‘ B 1 in seiner sukzessiven Explikation der Seele vornimmt. Thomas vollzieht – mit schöpfungstheologisch begründeten Modifikationen – alle Schritte der aristotelischen Bestimmung der Seele in seinem Einheitsmodell nach: Erstens, das Wesen der Seele ist die *forma* im Unterschied zum Körper als *materia.* Zweitens, die *forma* ist *actus* der *materia* als *potentia*, ist Wirklichkeit eines der Möglichkeit nach Seienden. Drittens, das substantielle Sein der Seele ist *actus primus.* Anders als Aristoteles führt Thomas die *operatio* der Seele als *actus secundus* ein.

Die erste aristotelische Bestimmung der Seele als οὐσία ὡς εἶδος (412a19f.), die Thomas auf die Formel bringt: *anima est forma substantialis corporis* bildet die Grundlage seiner Einheitslehre. Diese Definition gilt für alle Lebewesen. Die Form als substantiale Form ist einerseits kein Akzidens, aber andererseits auch keine *substantia completa*; denn als Akzidens könnte sie dem Körper nicht die *perfectio specifica in essendo* mitteilen, als *substantia completa* wäre sie von der Materie unabhängig und würde als rein geistige Form subsistieren. Damit etwas die substantiale Form eines anderen sein kann, ist, nach Thomas, erforderlich, dass die Form das Prinzip des substantiellen Seins für das ist, dessen Form sie ist (Scg.S. 287). Nur dieses Verständnis sichert die Einheit von Körper und Seele im Kompositum Lebewesen, das nicht aus zufällig verbundenen Seienden

---

24 Ausführlich zu Averroes‘ Intellekttheorie s. u. H 2, Kap. 2, 4.

25 „relinquitur quod anima humana sit intellectualis substantia corpori unita ut forma“ (S. 286).

bestehe, sondern aus zwei aufeinander angewiesenen Ko-Prinzipien, *principia quibus*.

Im Unterschied zu Aristoteles kommt bei Thomas, ähnlich wie bei Albertus Magnus, der menschlichen Seele aber ein Sonderstatus zu, der schöpfungstheologisch begründet ist und ihre Unsterblichkeit sichert. Er besteht in der spezifischen, herausragenden Form der Geistseele im Vergleich zu den Seelenformen der anderen Lebewesen: *Je vorzüglicher eine Form ist, um so mehr geht sie in ihrem Sein über die Materie hinaus* (S. 291), bei der menschlichen Geistseele bis zur Unsterblichkeit, ein Unterscheidungsmerkmal, das sie gegenüber allen anderen Seelenformen auszeichne: Die Geistseele ist nicht nur *principium quo*, wie die materiellen Formen, die ganz in die Materie „eingetaucht" sind, sondern auch *principium quod*, d. h. eine Form, die Substantialität verleiht, aber auch „Substantialität hat"[26]. Ohne den Körper ist sie allerdings keine Person im strengen Sinn (vgl. S. th. I, qu29 ar1 ag5)[27] und in ihrer Erkenntnisfähigkeit beeinträchtigt, sie besitzt nicht mehr die *Vollkommenheit der Natur*, aber sie ist trotz dieser Angewiesenheit und Gebundenheit an den sterblichen Körper in der Lage, ohne ihren Körper weiterzuleben. Als Form eines individuellen Körpers ist sie gleichzeitig von diesem Körper getrennt, Form einer Substanz und Substanz. Diese Auszeichnung der menschlichen Geistseele hängt im thomasischen Konzept damit zusammen, dass beim Menschen die Mitteilung der Form unmittelbar durch Gott erfolgt, im Unterschied zu anderen Lebewesen, denen die Form durch die von Gott geschaffene Natur vermittelt wird.

Die Frage, wie das *uniri ut forma* zu verstehen sei, expliziert Thomas im Rekurs auf die zweite aristotelische Bestimmung der Seele. Er gelangt auf diesem Wege zu einem neuen Verständnis der Einheit von Seele und Körper im Menschen. Der entscheidende Schritt ist die Weiterbestimmung des Verhältnisses von Materie und Form als Verhältnis von *potentia* und *actus*, von potentiellem Sein und wirklichem Sein. Die Materie versteht er dabei als reine Potentialität, als *materia prima*, als Möglichkeit zu einem Sein, die, durch die Form aktuiert, zu einem wirklichen Seienden wird. So sind weder Materie noch Form im Menschen für sich bestehende Seiende, denn es gilt: *ex diversis actu existentibus non fit aliquid unum per se* (De an. qu.un. ar11 co). Die *anima intellectiva* ist das „eigentliche Konstitutivum des Menschen als des einen Wesens aus Geist und Materie".[28]

Diese thomasische Version eines Einheitsmodells ist, nach Schneider, durch eine „metaphysische Wendung" gekennzeichnet. Das ist nicht strittig,

26 E. Gilson, Der Geist der mittelalterlichen Philosophie, Wien 1950, S. 207. Vgl. oben die Position von Albertus Magnus.

27 Zitiert nach: S. Thomae Aquinatis opera omnia, hg. v. Roberto Busa, Stuttgart-Bad Cannstatt 1980.

28 Theodor Schneider, Die Einheit des Menschen. Die anthropologische Formel ‚anima forma corporis' im sogenannten Korrektorienstreit und bei Petrus Johannis Olivi. Ein Beitrag zur Vorgeschichte des Konzils von Vienne, Münster/W. 1973, S. 25.

wohl aber, dass sie sich damit, wie er meint, vom „aristotelischen Hylemorphismus“ (ebd., S. 20) unterscheide. Denn es ist, wie sich oben zeigte, gerade das entscheidende Merkmal von Aristoteles’ hylemorphistischem Seelenmodell, mit dem er dualistische Positionen konterkariert, dass er bei seiner Weiterbestimmung der Seele in ihrem Verhältnis zum Körper im zweiten Buch von ‚*De anima*‘ auf seine Überlegungen in ‚*Metaphysik*‘ Theta 6 rekurriert. Dort geht es ganz allgemein um die Frage, inwiefern das εἶδος, die Form, als Prinzip des Einsseins von Mannigfaltigem gedacht werden kann. Die Lösung, die Aristoteles auf dem Weg einer Übertragung des Begriffspaars δύναμις und ἐνέργεια aus dem kinetischen auf den ontologischen Bereich gewinnt, besteht gerade darin, εἶδος (Form) und ὕλη (Materie) als Korrelate eines Verhältnisses aufzufassen. Die ὕλη wird also verstanden als δύναμις im Sinne der Möglichkeit zu einem substantiellen Sein, das εἶδος als ἐνέργεια, als Verwirklichung dieser Möglichkeit. Dieses ontologische Substanzmodell überträgt Aristoteles in ‚*De anima*‘ auf die Seele und ihr Verhältnis zum Körper mit der Bemerkung, dass gerade lebendige Substanzen im Vergleich zu leblosen am meisten Substanzcharakter haben, weil sie das Prinzip ihrer Bewegung, d. h. zur Verwirklichung ihrer Möglichkeiten, in sich selbst haben. Ihr Sein ist Selbstvollzug. Bei dieser Bestimmung der Seele als ἐντελέχεια ist die Frage müßig, ob Leib und Seele eine Einheit bilden (vgl. 412b6–8).

Thomas folgt der aristotelischen Argumentation auch beim nächsten Schritt, wenn er die Weiterbestimmung der Seele qua ἐντελέχεια eines Körpers als πρώτη ἐντελέχεια aufnimmt und sie als *actus primus* definiert. Diese Bestimmung erhält aber eine andere Bedeutung. Er unterscheidet einen *duplex actus formae*: den *actus primus*, den er als *materiae informatio*, als Vermittlung substantiellen Seins, versteht – *sicut vivificare corpus* –, und den *actus secundus*; gemeint sind *operationes* im akzidentellen Bereich, die von den Vermögen der Seele ausgehen (*ut calefacere*): *et talis actus formae supposito attribuitur. alius vero actus formae est materiae informatio quae est actus primus; sicut vivificare corpus est actus animae; et talis actus supposito formae non attribuitur* (‚*De veritate*‘, qu27 ar3 ra25).

Diese Interpretation der πρώτη ἐντελέχεια als *actus primus* markiert die schöpfungstheologische Umdeutung der aristotelischen Vorstellung vom Lebendigen. Denn die πρώτη ἐντελέχεια ist bei Aristoteles eine Art Aktivzustand, der das Wesen der lebendigen Seienden charakterisiert. Die Seele als Form ist die Lebendigmacherin, ζῆν ποιεῖ, und wird bei allen Lebewesen von Individuum zu Individuum weitergegeben. Nach christlichem Verständnis wird dagegen die besondere Form der unsterblichen Geistseele dem Menschen durch Gott, den *dator formarum*, „von außen“ gegeben, sie unterscheidet sich von ihren Vermögen, die alle nur Modi akzidentellen Wirkens sind. Diese Zweiteilung klingt noch in Eckharts Unterscheidung von *generatio* und *alteratio* nach, derzufolge alles substantielle Werden dem göttlichen Wirken, alles akzidentelle Werden dem menschlichen Wirken zukommt.

Aufs Ganze gesehen, nutzt Thomas das aristotelische Seelenmodell, um die Einheit von Körper und Geistseele als Wirkung der *forma substantialis* in der *materia* zu denken. Diese hylemorphistische Einheit ist eine Einheit *per se*, ein unmittelbares Einssein, ohne jede vermittelnde Instanz, ohne *forma substantialis media*, „ohne vermittelnde substantiale Form".[29] Es gibt keinen menschlichen Körper ohne Seele, und keine menschliche Seele ohne einen Körper, jedenfalls solange der Mensch als körperlich-seelische Einheit in der Welt lebt. Sowohl Albertus Magnus als auch Thomas von Aquin vertreten ein in Grundzügen hylemorphistisches Modell der Einheit der menschlichen Seele. Differenzen resultieren, nach Hellmeier, aus einem unterschiedlichen Formverständnis. Während bei Thomas die Form „das innerliche Prinzip der zusammengesetzten Substanz ist", sei bei Albert das Merkmal der Form – sogar etymologisch betrachtet – gerade das „Draußen bleiben". Und eine Form ist, nach Albert, umso mehr Form, je mehr sie der Materie äußerlich bleibt: *Forma enim est quasi foris manens dicta, et quanto plus manet foras materiam substantia et esse et operatione, verius habet nomen formae.*[30] Hellmeier verweist in diesem Zusammenhang auch auf zwei oben schon zitierte Textstellen, in deren Interpretation Albert sich nicht nur von Aristoteles, sondern auch von dem Aristoteles-Kommentator Thomas unterscheide: So nehme Albert das platonische Beispiel von Kapitän und Schiff, das Aristoteles als Gleichnis für das Verhältnis von Seele und Körper ablehnt, zustimmend auf. Vor allem aber deute er den Satz des Aristoteles in B 1, es sei nach seiner Definition der Seele gar nicht mehr die Frage, ob Seele und Körper eins sind (412b6–8), gegen dessen Intention. Während Aristoteles damit sagen will, das Problem der Einheit stelle sich nicht mehr, da zwischen Form und Materie im Akt eine Einheit besteht, deute Albertus Magnus diesen Satz anders. Die Frage sei überflüssig, da der Akt und das, wovon er Akt ist, immer verschieden seien: *forma aliqua et secundum aliquem modum est extra.* Die Form bleibe in gewissem Sinne „draußen" und „geht also offensichtlich nicht vollständig in das von ihr konstituierte Kompositum ein."[31]

[29] Vgl. Schneider, 1973, S. 18, Anm. 35.

[30] Zitiert nach Hellmeier, 2011, S. 301, Anm. 17.

[31] Hellmeier, 2011, S. 300.

2. Die averroistische Gegenposition Sigers von Brabant: Die Einheit als *unitas composita* – Körper, Seele, separater Intellekt

Die ‚*Quaestiones in tertium De anima*'[32] (wohl 1265/66) Sigers von Brabant, eines Lehrers der Philosophie an der Pariser Artistenfakultät, wurden von den Theologen, die ihm eine Grenzverletzung vorwarfen, weil er es gewagt hatte, auch theologische Fragen zu behandeln, als Frontalangriff auf die christliche Lehre von der Unsterblichkeit der individuellen Seele verstanden und heftig bekämpft. Sie war auch ein Angriff auf das Konzept von der Einheit des Menschen, wie es Albertus Magnus und Thomas von Aquin entwickelt hatten.

Siger stützt sich auf die lateinische Übersetzung der aristotelischen Schriften – ‚De anima' lag in der Übersetzung Jakobs von Venedig vor, die neuen Aristoteles-Übersetzungen des Wilhelm von Moerbeke waren noch nicht erschienen – und auf die Aristoteles-Kommentare des Averroes zu ‚*De anima*', der ‚*Metaphysik*' und ‚*Physik*'. In den zeitgenössischen Debatten um die Einheit der menschlichen Seele stellt insbesondere die Intellekttheorie des Averroes eine scharf konturierte Position dar. Er will mit seiner Lehre von der Überindividualität und Separatheit des *intellectus materialis* die Möglichkeit wissenschaftlicher Erkenntnisse begründen. Mit Averroes' Begriff des *intellectus materialis* ist die Einheit der menschlichen Geistseele aufgelöst.

Siger schließt sich weitgehend der Argumentation von Averroes an. Aus der aristotelischen Definition der Seele, die den νοῦς nicht einbezogen habe, ergebe sich zunächst die Frage, ob das Vegetative, das Sinnliche und das Denkvermögen derselben Seelensubstanz angehören. Schon bei den antiken Kommentatoren habe die Definition zu Diskussionen über die „Abgetrenntheit" des νοῦς und sein Verhältnis zu den anderen Teilen der Seele geführt.

Wenn das Denkvermögen, argumentiert Siger, in derselben Substanz wie das Vegetative und das Sensitive wurzelte – dies nahmen Albert und Thomas von Aquin an –, dann müsste die als Einheit gedachte Seele mit ihrer dreifachen Kraft von außen kommen, weil ja der Intellekt nach Aristoteles auf jeden Fall „von außen" komme. Alle drei Kräfte kämen dann von außen, unterschieden sich aber doch durch ihr Verhältnis zum Körper. Denn der Intellekt könnte ohne den Körper tätig sein, das Vegetative und das Sensitive wären dagegen an den Körper gebunden, da sie aus der Materie gebildet sind und gerade nicht von außen kommen. So ergäbe sich eine sinnlose Verdopplung: einem aus der Materie gebildeten vegetativen und sensitiven Seelenvermögen stünde ein von außen kommendes vegetatives und sensitives Seelenvermögen gegenüber.

[32] Wir zitieren nach der folgenden Ausgabe: ‚Quaestiones in tertium De anima' hg., übers., eingel. und mit Anm. vers. von Matthias Perkams, Freiburg/Br. u. a. 2007.

Dagegen müsse aber grundsätzlich, wie Siger im *oppositum* festhält, eine Kraft, die nicht in der Materie gründet, und eine Kraft, die in der Materie gründet, unterschieden werden. Und genau diesen Sachverhalt halte Aristoteles fest, wenn er den Intellekt als einfach, nicht-materiell und unvermischt bezeichnet. Daraus müsse man den Schluss ziehen, dass es keine Seelensubstanz mit einer dreifachen Kraft gebe und dass das Vegetative und das Sensitive folglich nicht derselben einen Substanz angehörten wie das Intellektive, sondern einer zusammengesetzten Seele, die keine *unitas simplex*, sondern eine *unitas composita* sei.

Wenn also nur der Intellekt „von außen" kommt, ergibt sich die weitere Frage, ob er neu geschaffen wurde oder ob er von Ewigkeit her ist. Siger antwortet mit einer eigenartigen Unterscheidung: *intellectus factum est aeternum et non factum novum* (S. 66). Denn der Intellekt sei, wie er mit einer zweifelhaften Berufung auf Aristoteles ausführt, wie die Welt von der ersten Ursache geschaffen. Alles, was diese Ursache, die einfach und unveränderlich ist, hervorbringt, ist kein *novum factum*, sondern *factum aeternum*. Alles andere aber, das neu hervorgebracht wird, geht auf eine Ursache zurück, die sich im Wirken verändert. Der Intellekt sei ewig, ein einziges ewiges *factum*, das nicht durch die Individuen vervielfältigt werde. Geschaffen wurde der Intellekt, nach Siger, in einem Moment der Dauer, nicht der Zeit, da seine Hervorbringung nicht am Ende einer den Hervorbringenden verändernden Hervorbringung geschah; und er ist immateriell, andernfalls wäre er vermischt und nicht abgetrennt und könnte dadurch nicht alle Formen aufnehmen. Seine Immaterialität bedingt seine Unvergänglichkeit, die ihm aber nicht wegen seiner Abgetrenntheit, sondern durch die erste Ursache zukommt (S. 91).

Was das Verhältnis von Intellekt und Körper anbetrifft, stellt sich für Siger in *Quaestio* 7 die Frage, ob der Intellekt die *perfectio* des Körpers *quantum ad substantiam vel quantum ad potestatem suam*, hinsichtlich seiner Substanz oder seiner Wirksamkeit, sei. Diese Frage ergibt sich für ihn, weil er anders als Albertus Magnus die Seele qua Entelechie des Körpers nicht als *actus*, sondern als *perfectio* versteht. Man kann, nach Siger, von einer Vollendung des Körpers durch den Intellekt nicht in Bezug auf seine Substanz sprechen. Der Intellekt verleihe ihm „das Sein des Zusammengefügten", das *esse coniuncti* des körperlich-geistigen Wesens. Er vollende den Körper nur in Bezug auf seine Wirksamkeit (*quantum ad suam potestatem*), weil er den Körper durch seine Zusammenarbeit (*quoad suam cooperationem*) vollende (S. 100). Mit dieser Annahme eines überindividuellen in allen Menschen wirkenden Intellekts wird die substantiale Einheit des Individuums aus Körper und Geist zugunsten einer bloß kooperativen Verbindung umgedeutet und zugleich die Unsterblichkeit der individuellen Seele negiert.

3. Der Widerstand gegen die hylemorphistische Position von Seiten einer „platonisierenden" Theologie und ihre These von der *pluralitas formarum*

Die an Aristoteles anschließende hylemorphistische Auffassung von der Einheit des Menschen, insbesonders die Position des Thomas von Aquin, wurde in Paris von Seiten des Weltklerus und von Franziskanertheologen angegriffen, die eher einer platonisch-augustinischen Position anhingen. Seele und Körper bilden demnach eine Verbindung aus zwei Seienden, die selbstständig existieren können. Für die „Augustinisten" im oben genannten Sinn waren in der Anthropologie die Lehrstücke von der Pluralität der Formen, von der geistigen Materie, von den *rationes seminales*, von der *forma corporeitatis* und von der zumindest minimalen Aktualität der *materia prima* nach wie vor von Bedeutung.

Gegenüber diesen Positionen bildete Thomas' von Aquin Einheitsthese eine unerhörte Neuerung, die heftige Reaktionen auslöste. Die intellektive Seele ist nach Thomas, wie sich zeigte, die substantiale Form des Körpers, die regelnd und ordnend die materielle Potentialität aktuiert. Jede Art von Aktualität der *materia prima*, wie sie die Franziskaner annahmen, jede dingliche Zweiheit und jede *forma corporeitatis* ist ausgeschlossen. Dieses Konzept stellte die traditionelle Lehre vom Menschen in Frage. Dass die intellektive Seele die einzige Form im Menschen sein sollte, wurde als glaubenswidrige Neuerung vernommen. Vor allem Franziskanertheologen protestierten. Für John Peckham, Magister in Paris und Oxford und zuletzt Erzbischof von Canterbury, verstößt die hylemorphistische *novella* nicht nur gegen die philosophische Wahrheit, sondern beleidigt auch die Heiligen und geht verächtlich mit der überlieferten Lehre von der Vielfalt der Formen um, die bisher die ganze Welt akzeptiert habe. Die „Söhne des hl. Franziskus", namentlich Alexander von Hales und Bonaventura, vertreten die *solidior et sanior doctrina*[33] von der *pluralitas formarum* (ebd., S. 865f.). Da die Seele, nach Bonaventura, schon bevor sie den Körper formiert, alles hat, was sie braucht, ist ihre Zuwendung zum Körper nicht Ausdruck ihrer Angewiesenheit auf ihn, sondern ein Akt der Liebe. Die Seele ist ein selbstständiges Seiendes und fungiert daneben noch als Form des Körpers (vgl. II Sent. ds18 qu2 ar1 sc1). Sie ist eine eigenständige Entität, die sich mit einer anderen eigenständigen Entität, dem Körper, verbindet, von dem sie sich aber auch wieder trennen kann. Seele und Körper bilden in dieser Perspektive ein Konglomerat aus zwei Seienden, die für sich existieren können und daher keine

---

[33] John Peckham, Registrum Epistolarum III, hg. v. Charles T. Martin, London 1885, III, S. 901, zitiert nach Schneider 1973, S. 57, Anm. 203.

Einheit im eigentlichen Sinne bilden.[34] Die *novitas* von der Einheit der Form, die Thomas von Aquin aufgebracht habe, sei *tota contraria, quae quicquid docet Augustinus* (ebd., S. 901). Wenn diese verwegene These hartnäckig festgehalten wird, muss sie, wie Robert Kilwardby forderte, als Irrtum gebrandmarkt werden. Eine lehramtliche Verurteilung erfolgte dann auch am 18. März 1277 in Oxford.

In der Kontoverse um die Einheitsthese zeigten sich exemplarisch die Schwierigkeiten und Widerstände gegen die Adaption der aristotelischen Seelenlehre, die im Vergleich zu dem platonischen Konzept eines Dualismus von Körper und Geist weniger Anschlussmöglichkeiten für das christliche Menschen- und Weltverständnis bot und vor große Schwierigkeiten stellte. Aus Sicht der Franziskanertheologen und des Weltklerus war die Einheitsthese nicht nur heidnischen Ursprungs, sondern stand teilweise im Widerspruch zu den christlichen Dogmen von der Erbsünde, der Eucharistie, der Inkarnation und war also ganz unbrauchbar bei der Explikation der Mysterien der Theologie[35]. Gegen das thomasische Konzept der *materia prima*, die keinerlei Form und Aktualität und keine *rationes seminales* haben sollte, wandte Wilhelm de la Mare, eine zentrale Figur im Korrektorienstreit, vehement ein, dass man weder *ex parte animae* noch *ex parte materiae primae* die kirchliche Lehre von der Erbsünde plausibel vermitteln könne, wenn man die thomasische „Einformthese" (Schneider) zugrundelegte.[36] Sie war für die „Augustinisten" ein Ärgernis. In einem Brief an Peter von Conflans charakterisiert Robert Kilwardby die, wie er sagt, *materia naturalis prima*: Sie ist nicht ohne jede Bestimmung, sondern sie hat körperliche Dimensionen und ist voll von *rationes originales*, d. h. *formae incompletae*, aus denen die Natur alle Körper hervorgehen lässt. Was nicht natürlicherweise hervorgeht, wird durch das ewige Wort geschaffen. Zu unterscheiden seien auch *caro et actus eius*, das Fleisch, das die Natur hervorbringt, und der Intellekt, der von Gott erschaffen wird. Außerdem führe die Einheitsthese auch mit Bezug auf die Eucharistie zu unhaltbaren Folgerungen. *Si presentia intellectus cum corpore aufert formas, que ante fuerunt [...], sequitur [...], quod non esset ibi vera caro uel uerus sanguis Christi* (ebd.).[37] Wenn die eine Form alle anderen aufhebt, bleibe keine *forma corporeitatis*, sondern nur *materia prima* und nicht Fleisch und Blut Christi. Gehe man von der thomasischen These aus, jener *fatua positio vel imaginatio phantastica*, bereite auch die Explikation der Inkarnation unüberwindliche Schwierigkeiten. Denn wie soll Christus aus Maria Fleisch angenommen haben, wenn es keine *forma corporeitatis* gebe? Wo es aber keine *forma carnis* gebe, da gebe es keine *caro*. Der Intellekt jedenfalls kann nicht die

34 Vgl. Dominik Perler, Transformationen der Gefühle. Philosophische Emotionstheorien 1270–1670, Frankfurt/M. 2011, S. 52.

35 Vgl. Schneider, 1973, S. 57–63.

36 Vgl. Wilhelm de la Mare, ‚Correctorium fratris Thomae', zitiert nach Schneider (1973), S. 60.

37 Brief an Peter von Conflans, zitiert nach Schneider, 1973, S. 61, Anm. 221.

forma carnis, in quantum caro sein, also muss es eine andere *forma carnis* geben. Eine weitere Schwierigkeit komme hinzu. Wenn nämlich, wie die Tradition annimmt, der Körper Christi bei der Menschwerdung sogleich und ohne Verzug gebildet und ihm im selben Moment die Seele eingeflößt wurde, dann mussten bei der Ankunft der Seele im Körper alle früheren Formen vernichtet werden. Die thomasische These stellt auch, wie Wilhelm de la Mare mit Bezug auf Fragen der Christologie argumentiert, die Identität des *corpus Christi* in Frage. Wenn nämlich der Körper Christi nur eine einzige substantielle Form und keine andere Form gehabt hätte als die *forma intellectiva*, dann wäre nach dem Tod, nach deren Trennung vom Körper nur die *materia prima* und kein Körper übriggeblieben oder eine andere Form wäre introduziert worden. Außerdem wäre der Körper Christi zu seinen Lebzeiten und der begrabene und auferweckte Körper nicht derselbe.[38] Der christliche Glaube halte aber fest, dass es der numerisch eine Körper gewesen sei, den Christus in Maria annahm, den sie gebar, der am Kreuz hing und drei Tage im Grab lag.[39] Ein ähnliches Problem ergibt sich, nach John Peckham, für die Reliquienverehrung. Denn wenn die Seele als einzige substantielle Form den Körper im Tod verlassen habe, sei dieser nur noch in äquivoker Weise Körper und eigentlich nur noch *materia prima.* Der Körper des Heiligen zu Lebzeiten und der Leichnam seien nicht mehr identisch.

In seinem ‚*Correctorium fratris Thomae*‘, das die „augustinische Position“ ausführlich behandelt und zusammenfasst, betont Wilhelm noch einmal die Dualität von Körper und Seele, die kein *unum simpliciter* wie bei Thomas bilden, sondern je für sich ein selbstständiges Sein haben. Die Vielheit der Formen ist in eine Ordnung eingefügt. Die untergeordneten Formen sind nicht vollendet und *in potentia respectu ulterioris complementi;* ihre Potenzen werden durch die höheren aktuiert, dadurch werden die Teile miteinander verbunden und das Ganze durch eine *forma ultima* zu einer Einheit konstituiert. Richard von Mediavilla spricht in seiner Schrift ‚*De gradu formarum*‘ (1286) in diesem Zusammenhang von einer *subordinatio essentialis* der *forma sensitiva* gegenüber der *forma rationalis.*[40]

Die Diskussionen, die durch die aristotelische Bestimmung der Seele und die darauf sich stützende These des Thomas von Aquin ausgelöst wurden, führten in der zweiten Hälfte des 13. Jh.s zum Korrektorienstreit und einer scharfen Abgrenzung zweier Schulen, der dominikanischen mit ihrer Einheitsthese und der franziskanischen, deren Vertreter eine Vielheit der Formen lehrten.

---

38 Vgl. Ludwig Hödl, *Anima forma corporis*, in: ThPh 41 (1966), S. 536–556.

39 „Si enim remansit sola materia, non erat corpus; ergo nec idem corpus numero, materia enim prima non est corpus.“ Wilhelm de la Mare, ‚Correctorium fratris Thomae‘, zitiert nach Schneider (1973), S. 62.

40 Vgl. Schneider, 1973, S. 123–127.

4. Die Unterscheidung von Wesen und Kräften der Seele bei Thomas von Aquin und die Gegnerschaft der „Augustinisten"

Die Seele als substantiale Form des Körpers ist, nach Thomas, nicht nur Seins-, sondern auch Tätigkeitsprinzip; jedes Seiende ist tätig *secundum quod est actu.* Diese Feststellung markiert den Punkt, an dem sich, bedingt durch theologische Gründe, ein tiefgreifender Unterschied zum „Philosophen" auftut. Für Aristoteles besteht, wie sich zeigte, das substantiale Sein der Seele in einem Aktivzustand, in einem „Sich-am-Leben-Halten", ohne dass alle Lebensvollzüge ständig aktuiert sein müssen. Thomas dagegen unterscheidet in der ‚*Summa*' bei der Auslegung der aristotelischen Definition der Seele als πρώτη ἐντελέχεια, die er als *materiae informatio* durch den göttlichen *dator formarum* deutet, Wesen und Kräfte, substantiales Sein und Tätigsein.[41] Das substantiale Sein der Seele ist jetzt das *principium remotum operationis*, aus dem nicht unmittelbar, sondern mittels der Seelenkräfte, alles Wirken hervorgeht (vgl. S. th. I, qu54 ar3; qu77 ar1 co). Die Wesenheit wirkt nicht als *principium quod*, sondern als *principium quo* durch ihre Potenzen als nächste und unmittelbare Prinzipien des Wirkens. Die operativen Potenzen sind dagegen das *principium quo proximum et immediatum agendi.* Die Seelenkräfte fließen aus der Wesenheit, die ohne die *potentiae* ebensowenig existenzfähig ist, wie die *potentiae* ohne die *essentia* agieren können. Die Seelensubstanz ist immer schon mit den Potenzen ausgestattet gemäß dem Adagium: *Qui dat esse, dat consequentia ad esse* (wer das Sein gibt, gibt, was zum Sein gehört).[42]

Zwischen dem Wesen und den Kräften der Seele besteht für Thomas ein realer Unterschied.[43] Mit dieser These nimmt er Stellung in der mit Augustinus beginnenden Auseinandersetzung um Identität oder Differenz von *essentia* und *potentiae operativae* der Seele. Augustins Position ist nicht eindeutig. Einerseits behauptet er: „Die Seelenkräfte inhärieren dem Geist, der ihnen gegenübersteht wie eine Substanz den Akzidentien"[44], andererseits scheint er zur Identitätsthese zu neigen: „Liebe und Erkenntnis inhärieren [...] dem Geiste nicht wie das Akzidens dem Subjekt."[45] In der ‚*Quaestio disputata de anima*', ar12, lehnt Thomas die Identitätsthese ab und vertritt eine strikte Realdistinktion von

---

41 Vgl. Pius Künzle, Das Verhältnis der Seele zu ihren Potenzen. Problemgeschichtliche Untersuchungen von Augustin bis und mit Thomas von Aquin, Freiburg/Schweiz 1956, S. 171–218.

42 Zitiert nach Siwek, 1956, S. 87.

43 Auch Albertus Magnus unterscheidet zwischen Wesen und Kräften der Seele.

44 Michael Schmaus, Die psychologische Trinitätslehre des heiligen Augustinus, Münster/W. 1927, S. 404.

45 Schmaus, 1927, S. 256.

Wesen und Kräften der Seele.[46] Er begründet sie zunächst mit den Folgen, die sich aus einer Nichtunterscheidung ergäben: Wenn die Seelenkräfte mit dem Wesen der Seele identisch wären, müssten sie immer am Wirken sein; denn das Wesen der Seele, als Lebensprinzip, ist als *forma* immer *actu*, „am Leben", die Seele nimmt aber nicht ständig wahr und denkt auch nicht ständig. *Si ergo ipsa essentia animae esset immediatum operationis principium, semper habens animam actu haberet opera vitae; sicut semper habens animam actu est vivum* (S. th. I, qu77 ar1 co). Das aber ist für Aristoteles das Argument, die οὐσία, das wesentliche Sein von Lebewesen, gerade als πρώτη ἐντελέχεια und nicht als ἐντελέχεια zu bestimmen. Er trägt damit dem besonderen Seinscharakter lebendiger Wesen Rechnung.

Die Unterscheidung von Wesen und Kräften der Seele versucht Thomas im ‚*Sentenzenkommentar*' am Beispiel des Feuers zu veranschaulichen. Dessen Wesen besteht nicht darin, dass es brennen kann. Seine *forma substantialis* wirkt nicht, nur vermittels ihrer Qualitäten, ihrer Potenzen, wirkt es wärmend oder verbrennend. Und so gilt für die Seele: *Da die Seele eine Substanz ist, geht von ihr keine Tätigkeit aus, außer durch Vermittlung des Vermögens* (eig. Übers.).[47]

Das substantiale Sein eines Dinges ist also, nach Thomas, von seinen Vermögen als akzidentellen Bestimmungen unterschieden. Der theologische Hintergrund dieser Argumentation tritt in der ‚*Quaestio disputata de anima*' a12 deutlich hervor. Nur Gottes Wirken ist ein substantiales Wirken, Schöpfung, d. h. ein Hervorbringen aus dem Nichts, nur bei ihm sind *esse* und *agere* identisch. Das Wirken des Menschen dagegen setzt ein bereits bestehendes Seiendes voraus, das verändert, aber nicht erschaffen wird. Es ist letztlich nur akzidentelles Wirken. Aristoteles macht genau diesen Unterschied nicht. Zwar spricht er im zwölften Buch der ‚*Metaphysik*' von dem substantialen Sein eines Seienden als ἐνέργεια – als vollkommenem, dauerhaftem Vollzug aller Möglichkeiten. Er trägt aber dem Sein des endlichen Lebendigen Rechnung, indem er es als πρώτη ἐντελέχεια im Sinne einer ἐνέργεια mit δύναμις-Charakter bestimmt. Dass das Wesen der Seele des Lebendigen gerade in seinem spezifischen Leistungsvollzug besteht, verdeutlicht er mit seinem Beispiel vom Auge, dessen Wesen in der Tätigkeit des Sehens liegt, ohne dass es immer sieht.

Seine ontotheologische Position legt Thomas auch an anderen Stellen dar. In Quodlib. X, a5 argumentiert er: Überall dort, wo sich *esse* und *essentia*, Sein und Wesen eines Dinges unterscheiden, muss auch das *agere* vom *esse* verschieden sein. *In keiner geschaffenen Substanz ist Sein und Wirken identisch. Das kommt nur Gott allein zu. Die Wesenheit aber ist das Prinzip des Seins, das Vermögen das Prin-*

[46] Vgl. Rodrigo Guerizoli, Die Verinnerlichung des Göttlichen. Eine Studie über den Gottesgeburtszyklus und die Armutspredigt Meister Eckharts, Leiden u. a. 2006, S. 62–68.

[47] „Ab anima, cum sit substantia, nulla operatio egreditur, nisi mediante potentia" (I, d3 qu4 a2). Vgl. dagegen bes. H 1, Kap. 1, 1.5.

zip des Wirkens.[48] Ähnlich argumentiert er in der ‚*Quaestio disputata De spiritualibus creaturis*', a11. In der ‚*Quaestio de anima*' a12 stellt Thomas die beiden Positionen einander gegenüber. Nach der Identitätsthese ist das Wesen der Seele, *essentia*, das unmittelbare Prinzip des Wirkens. Das aber widerspreche dem Grundsatz, dass Wirkendes und Bewirktes zusammenstimmen müssen, *utrumque esse conforme.* Da das, was das endliche Wirkende wirkt, wegen der Differenz von *esse* und *essentia* nichts Substantiales sein kann, sei es unmöglich, dass das *principium quo* des Wirkens zur *essentia* gehört. Da also die Potenzen keine substantialen Wirkungen hervorbringen, können sie nicht identisch mit dem Wesen der Seele sein. Immer muss von der Wirkung auf das Wirkprinzip geschlossen werden, und immer muss zwischen Wirkung und Ursache eine Proportion bestehen. Wenn das Prinzip des Wirkens der Kategorie der Substanz angehört, muss auch das Wirken substantial sein, und dann sind *esse* und *agere* identisch. Diese Identität von Sein und Wirken und, daraus resultierend, substantiales Wirken ist nur bei Gott möglich. Das Wirken des Menschen dagegen ist ein Akzidens und bringt nur Akzidentelles hervor. Die Potenzen der Seele sind Akzidentien und von ihrer *essentia*, die nicht unmittelbar tätig ist, realiter verschieden. Auch in der ‚*Summa*' argumentiert Thomas ähnlich. Der Akt, auf den die Potenz gerichtet ist, liegt im Genus des Akzidens. Die Seele dagegen ist kein Akzidens, sondern Substanz. Also kann die *potentia operativa* nicht das Wesen der Seele sein. Der Mensch handelt durch ein Vermögen, das von seiner Substanz verschieden ist.

Diese Fundamentalunterscheidung von Wesen und Kräften der Seele bedeutet aus Sicht von Thomas eine realistische Einschätzung des Menschen angesichts eines allmächtigen Schöpfergottes, in dem allein es eine Identität von *esse* und *operatio* geben kann. Diese Identität ist das Maß, an dem das endliche Sein und Wirken gemessen werden. *Es ist aber unmöglich, dass etwas, was nicht reiner Akt ist, sondern dem etwas Potentialität beigemischt ist, seine Aktualität sei, weil nämlich Aktualität mit Potentialität unvereinbar ist.* Gott allein ist *actus purus. Allein in Gott ist seine Substanz sein Sein und sein Wirken*[49] (eig. Übers.).

In der Diskussion um die Einheit des Menschen wird sich Eckhart weitgehend der Position des Thomas von Aquin und Albertus Magnus anschließen und wie diese die Seele als *unica forma corporis* definieren, aber auch starke eigene Akzente setzen. Zwei Aspekte an den zeitgenössischen anthropologischen Debatten sind für sein Konzept der *unio mystica* wichtig: Erstens, das hylemorphistische Einheitsmodell von Seele und Körper des Aristoteles, das jede Art von Zweiheit ausschließt und für Eckhart ein anschauliches Bild der

---

48 „In nulla enim substantia creata est idem esse et operatio; hoc enim solius Dei est. Essentia autem est essendi principium, potentia vero operationis" (Quodlib.n. 10, qu3 ar1 co).

49 „Impossibile est autem quod aliquid quod non est purus actus, sed aliquid habet de potentia admixtum, sit sua actualitas, quia actualitas potentialitati repugnat. solus autem deus est actus purus. unde in solo Deo sua substantia est suum esse et suum agere" (S. th. I, qu54 ar1 co).

mystischen Einheit im Seelengrund darstellt. Zweitens, die durch die Schöpfungstheologie bedingte thomasische Dichotomie von Wesen und Kräften und die Differenz von substantiellem und akzidentellem Wirken, die er im ‚*Johanneskommentar*' durch seine Adaption der aristotelischen Unterscheidung von γένεσις und κίνησις auf den Begriff bringt. Das Wesen der Seele, in dem sich das Einswerden der menschlichen Seele mit Gott vollzieht, rechnet Eckhart zum Übernatürlichen; er denkt die *unio* als Überformung des Seelengrundes durch den göttlichen Intellekt. Die übernatürliche *unio* vollzieht sich nach dem analogen naturalen Modell der *conformatio*.

Zweites Kapitel: Die Auseinandersetzungen um die Intellekttheorie im 13. Jahrhundert und ihre Vorgeschichte – die Transformationen des aristotelischen νοῦς-Modells

Die intellekttheoretischen Debatten bilden im Mittelalter eine ausgedehnte, unübersichtliche Gemengelage, in der griechische, arabische, persische und lateinische Lehrstücke und Theoreme nebeneinanderstehen, miteinander konkurrieren, sich vermischen. Die Auseinandersetzungen hatten ihren Ursprung und ständigen Bezugspunkt in der aristotelischen νοῦς-Theorie, die in einer Vielzahl von peripatetischen und neuplatonischen Interpretationen durch arabische und christliche Ausleger im Mittelalter präsent war. Aristoteles hatte wichtige Fragen nicht eindeutig entschieden. In ‚*De anima*' Gamma 4 und 5 hatte er dargelegt, dass der νοῦς in der menschlichen Seele, aber auch getrennt, χωριστός, also zugleich ἔνυλος νοῦς und selbstständige Substanz sei; da die „Getrenntheit ein Substanzkriterium" (Hübner) ist, scheint die Getrenntheit seine Immanenz und umgekehrt die Immanenz seine Getrenntheit auszuschließen. Dieser vermeintliche Widerspruch war seit der Spätantike ein Quellpunkt intellektheoretischer Diskussionen und Kontroversen. Hinzukam das Problem der Potentialität des νοῦς. Aristoteles hatte in ‚*De anima*' Gamma 4 und 5 die reine, bestimmungslose δύναμις des νοῦς παθητικός, die formierte δύναμις des νοῦς δυνάμει und den ἐνεργείᾳ νοῦς unterschieden und keine weiteren Entwicklungsstufen des νοῦς angenommen. Wenn aber nach ‚*De generatione animalium*' (736b27–29) der νοῦς von außen, θύραθεν, kommt und dabei nicht wie das Wahrnehmungsvermögen bereits voll funktionsfähig ist, sondern erst allmählich das Denken lernt, lag es nahe, diese Entwicklung genauer zu differenzieren und weitere Potentialitätsstufen einzufügen, wie dies seit al-Kindi bis zu Albertus Magnus auch geschah.

Diese mehr oder weniger offenen Fragen trieben eine Fülle von Lösungsversuchen hervor, die die aristotelische Position „oft bis zur Unkenntlichkeit" (Habermas) transformierten. Eine wirkungsgeschichtlich bedeutsame Weichenstellung vollzog bereits in der Spätantike Alexander von Aphrodisias, als er die Spannung der aristotelische These von der Transzendenz und Immanenz des νοῦς zugunsten seiner Transzendenz auflöste: Der νοῦς gehört nun, anders als bei Aristoteles, nicht mehr zur menschlichen Seele; er wirkt, nach Alexanders Schrift ‚περὶ νοῦ', von außen auf den menschlichen Denkprozess ein und vervollkommnet ihn. In der *coniunctio* mit dem transzendenten νοῦς vollendet sich der menschliche Intellekt und wird *intellectus adeptus.*

Die arabischen Philosophen al-Kindi und al-Farabi interpretierten den aristotelischen νοῦς ποιητικός, den Alexander als getrennt und transzendent bestimmt hatte, neuplatonisch zur *causa prima* um, von der alles Sein ausströmt und zu der es zurückkehrt, und unterschieden vier Intellektformen, auf die die *intelligentia prima* einwirkt und den menschlichen Intellekt bis zum *intellectus adeptus* entwickelt. Nach al-Farabi ist das Denken eine Aufstiegsbewegung, in deren Verlauf sich die menschliche Selbstrealisierung im *intellectus adeptus* vollendet. Der aktive Intellekt ermöglicht das Erkennen, vergleichbar etwa der platonischen Idee des Guten. Avicenna wiederum differenzierte noch einmal den Begriff der Potentialität und deutete die höchste Stufe des Intellekts wieder als *intellectus adeptus*, der durch die *coniunctio* mit dem transzendenten *intellectus agens* erworben wird.

Der Aufstieg bis zur *coniunctio* mit dem transzendenten Intellekt wurde, beginnend bei al-Farabi und sich über Avicenna und Averroes bis zu Albertus Magnus fortsetzend, als epistemischer Heilsweg verstanden, besonders emphatisch von Averroes. Wenn der Prozess der *conformatio* durch den *intellectus agens* vollendet ist, gleicht der Mensch Gott. Schon bei Alexander von Aphrodisias erhält das Verhältnis von göttlichem und menschlichem νοῦς, das Aristoteles nur umrisshaft dargestellt hatte, ein religiöses Gepräge (Merlan). Mit der Vorstellung eines transzendenten, überindividuellen Intellekts, der auf das menschliche Erkennen einwirkt und sich mit ihm verbindet, versucht Averroes auch seine zentrale Frage zu beantworten, wie die „Individualität des Denkens und die Allgemeingültigkeit der Gedanken" (Wirmer) verbunden werden können.

Im lateinischen Okzident zeigen sich im Werk des Albertus Magnus, in den ‚*Quaestiones*' Sigers von Brabant und in dem Traktat ‚*De unitate intellectus contra Averroistas*' des Thomas von Aquin drei ganz unterschiedliche Positionen, die sich auf die aristotelische Philosophie berufen. So übernimmt Albert in einigen Schriften die aristotelische Dichotomie des νοῦς und lehnt die These vom Einwirken eines transzendenten *intellectus agens* auf den menschlichen Intellekt zur Erklärung des Erkenntnisvorgangs ab; in anderen Schriften, in denen er mehrere Potentialitätsstufen unterscheidet, beschreibt er den Intellekt, der vom diskursiven Denken bis zum Denken der reinen Geister aufsteigt und auf diesem Weg den Erkenntnis- und Seinsmodus wechselt, mit neuplatonischen Kategorien. Diese Version verbindet er mit dem averroistischen Theorem der *coniunctio*. Nach Siger von Brabant, der sich an Averroes anschließt, ist die Allgemeingültigkeit des Gedachten nur mit der Annahme der numerischen Einheit eines überindividuellen, ewigen Intellekts möglich. Im Zentrum von

Thomas' Kritik an den „Averroisten" und insbesondere an der Position Sigers stehen seine Aussagen über den ontologischen und epistemologischen Status des Intellekts. Gegen die These von der Separatheit des Intellekts betont Thomas, dass nicht ein überindividueller Intellekt, sondern der einzelne Mensch denkt, dessen Erkennen wesentlich auf die *conversio ad phantasmata* angewiesen bleibt.

1. Der transzendente νοῦς ποιητικός (*intelligencia agens*) und die Entwicklung des menschlichen Intellekts bei Alexander von Aphrodisias – νοῦς ἐπίκτητος, *intellectus adeptus*

Eine frühe Weichenstellung erfolgte bei Alexander von Aphrodisias, auf den sich arabische und christliche Autoren bezogen. Mit ihm erreichte die Kommentierung der aristotelischen Schriften in der Spätantike einen ersten Höhepunkt.[1] Er gilt als der Kommentator schlechthin und als der „zweite Aristoteles". „Die Größe und Beständigkeit seines Ruhmes verdankt Alexander zweifellos seiner Lehre von der Seele und von der Vernunft."[2] Sein Einfluss auf die arabische Philosophie war, nach Gabriel Thery und Etienne Gilson, bedeutend. Von den drei Schriften Alexanders zur Intellekttheorie: ‚περὶ νοῦ' (‚*De intellectu*'), ‚περὶ ψυχῆς' (‚Über die Seele') und dem Kommentar zu ‚*De anima*' des Aristoteles sind im vorliegenden Zusammenhang vor allem die ersten beiden von Bedeutung. Beide nehmen sie einen transzendenten νοῦς ποιητικός (*intelligencia agens*) als Ursache für die Entwicklung des menschlichen Denkvermögens an. Die Weise, wie diese Ursache wirkt, beantworten sie aber unterschiedlich.

Die Schrift ‚περὶ νοῦ'[3], eine frühe Bezugnahme auf die aristotelische νοῦς-Theorie[4], wurde von Ishaq ibn Hunain im 9. Jahrhundert aus dem Griechischen ins Arabische und im 12. Jahrhundert von Gerhard von Cremona aus dem Arabischen ins Lateinische übersetzt.[5] Verglichen mit dem griechischen Text, enthält diese Übersetzung eine Veränderung der aristotelischen Begrifflich-

---

1 Vgl. Hellmut Flashar, Aristoteles. Lehrer des Abendlandes, München 2013, S. 65.

2 Paul Moraux, Der Aristotelismus bei den Griechen, Berlin, New York 2001, S. 317.

3 Die Schrift, ein Appendix des Traktats ‚Περὶ ψυχῆς', zitieren wir nach der Ausgabe von Ivo Bruns, ‚Alexandri Aphrodisiensis *de anima liber cum mantissa*', Berlin 1887. Ihre Echtheit ist nicht unumstrittem; vgl. Moraux, 2001, S. 386–394.

4 Vgl. Moraux, 2001, S. 392.

5 Alexander Aphrodisiensis, ‚*Liber de intellectu et intellecto*', hg. v. Gabriel Théry, Le Saulchoir 1926, S. 74–82.

keit: die Wiedergabe des νοῦς ποιητικός im Sinne von νοῦς θύραθεν mit dem Begriff *intellectus adeptus*. Diese Veränderung macht es notwendig, zunächst von dem griechischen Text auszugehen.

Alexander unterscheidet mit Berufung auf Aristoteles drei Modi des Intellekts (S. 106–108). Erstens, den νοῦς *ὑλικός* als reine Möglichkeit, vergleichbar der Materie, aber nicht Substrat für materielle Formen (S. 106,20) – in der lateinischen Fassung wird er *intellectus materialis* (S. 74,3) genannt. Er ist das Vermögen der Seele, alles zu werden, und ist leer von allen Formen der Dinge. Hätte er schon eine Form, würde diese ihn hindern, alle zu erkennen, so wie das Sehen Farben nur sieht, wenn es selbst ohne Farbe ist. Das gilt analog für alle Sinnesvermögen (S. 106,31).[6] Der zweite Modus ist der habituelle Intellekt: νοῦς, ἕξιν ἔχων τοῦ νοεῖν (S. 107,21).[7] Der Intellekt hat nun eine Erkenntnisdisposition, d. h. er ist jetzt in einer Verfassung, vergleichbar der von Handwerkern, die ihr Handwerk gelernt haben und jederzeit von sich aus tätig werden können: er ist in der Lage δι' αὑτοῦ ποιεῖν (vgl. S. 107,23).[8] Davon unterschieden ist als dritter νοῦς (107,29) der νοῦς ποιητικός. Durch ihn erhält der νοῦς *ὑλικός* seinen Habitus, vergleichbar dem Verhältnis von Licht und Farben. Wie das Licht die potentiell sichtbaren Farben *actu* sichtbar macht,[9] so bewirke der νοῦς ποιητικός, dass im νοῦς, der reine Möglichkeit ist, eine noetische Hexis entsteht: ἕξιν ἐμποιῶν αὐτῷ τὴν νοητικήν (S. 107,33f.). Der νοῦς ποιητικός ist als ἐνεργείᾳ νοῦς (S. 108,18), der immer aktiv ist, als reine Form, die Ursache, αἴτιον (S. 108,20), dafür, dass der menschliche Intellekt die potentiell erkennbaren intelligiblen Formen von den materiellen Gegenständen abstrahieren kann (vgl. S. 108,16–109,1). Denn was dem νοῦς ὑλικός diese Fähigkeit verleiht, kann, so referiert Alexander eine Interpretation des aristotelischen νοῦς θύραθεν (S. 110,4ff.), keine mit der Materie verbundene, sondern nur eine reine Form sein.[10] Das ist der νοῦς ποιητικός, der ἐνεργείᾳ νοῦς, als aktuell Intelligibles; sobald der Mensch ihn denkt, sind reine Formen im menschlichen Intellekt. Auf der Grundlage des aristotelischen Theorems von der ἐνέργεια-Identität[11] argumentiert Alexander, dass bei der Erkenntnis einer derartigen reinen Form, anders als bei der Erkenntnis materieller Formen, „eine vollständige Identität mit dem Erkannten und damit eine Präsenz dieses Erkannten im Erkennenden

---

6 Lateinische Fassung: „Non enim sentit nisi id quod est a se diversum“ (S. 75,18).

7 Eigene Übersetzung: „der Geist, der einen Habitus zum Denken hat.“ Lateinische Fassung: „habet habitum, ut intelligat“ (S. 76,8f.).

8 Lateinische Fassung: „per se operari opera sua“ (S. 76,12).

9 Lateinische Fassung: „ut videantur in effectu“ (S. 76,22).

10 Vgl. Moraux, 2001, S. 389.

11 ὁ κατ' ἐνέργειαν νοῦς ὁ αὐτός ἐστι τῷ κατ' ἐνέργειαν νοητῷ (S. 108,12f.); lat. Fassung: „intellectus qui est in effectu est id quod est intellectum in effectu“ (S. 76,41f.). Zur ἐνέργεια-Identität vgl. oben erster Hauptteil.

stattfindet".[12] Durch dessen Präsenz werde das menschliche Denkvermögen entfaltet und in die Lage versetzt, auch potentiell intelligible Formen von den materiellen Gegenständen zu abstrahieren. Nach Wirmer waren diese Überlegungen Alexanders, die sich auch in ‚περὶ ψυχῆς' (‚Über die Seele') finden, „die wichtigste Grundlage für die mittelalterliche Theorie der sogenannten „Konjunktion" (ebd., S. 320) mit dem aktiven Intellekt. Der νοῦς ποιητικός, der reine Form ist, kommt „von außen", θύραθεν (S. 108,22–109,1), in den menschlichen Intellekt. Er ist *kein Teil und kein Vermögen unserer Seele, sondern kommt von außen in uns, wenn wir ihn denken* (eigene Übers.).[13] Diesen νοῦς ποιητικός bezeichnet Alexander mit Berufung auf Aristoteles als unsterblich (S. 108,30f.). In dem bereits erwähnten Referat einer Interpretation des νοῦς θύραθεν ist die Rede von einem Entwicklungsprozess, an dessen Ende der habituelle Intellekt, der νοῦς ἕξιν ἔχων, schließlich als „vollendeter νοῦς", νοῦς τελειοθείς, sowohl die reinen Intelligibilia erkennen als auch die sinnlichen Objekte von sich aus intelligibel machen kann, weil er selbst „wirkend", ποιητικός, geworden ist (S. 110,30–111,2).[14]

Alexanders Schrift ‚περὶ ψυχῆς' (‚Über die Seele'),[15] die Philoponos ausdrücklich vom Kommentar zu *‚De anima'* abhebt, wurde im neunten Jahrhundert wieder von Ishaq ibn Hunain ins Arabische übersetzt – Averroes hat diese Übersetzung benutzt.[16] Ausgehend von der aristotelischen Einteilung der Seelenformen in die vegetative, die sensitive und die Vernunftseele als höchster Seelenform, beschreibt er hier zunächst drei Stufen des menschlichen Intellekts im Rahmen eines Entwicklungsprozesses, der auf Natur, vor allem aber auf Anstrengung und Übung des Menschen beruht: erstens, den νοῦς ὑλικός (S. 81,24f.), der als reine, bestimmungslose Anlage bei allen Menschen von Natur vorhanden ist: als von allen Formen freie Fähigkeit, intelligible Formen ohne Leiden aufzunehmen (S. 84,24–85,5), er ist potentiell der „Ort der Formen". Zweitens, den νοῦς ἐν ἕξει – er ist das ausgebildete Denkvermögen, das von sich aus jederzeit in Denken übergehen kann, weil es bereits die Begriffe, die es aus den sinnlichen Dingen abstrahiert hat, in sich enthält (S. 86,5f.). Diese Entwicklung des νοῦς ἐν ἕξει geschieht nicht wie in ‚περὶ νοῦ' durch die Einwirkung des transzendenten νοῦς, sondern durch Eigentätigkeit der menschlichen Vernunft. Die Perfektionsstufe, die „Form, die Hexis und die Voll-

---

12 Wirmer, 2008, S. 320. Diese vollständige Identität ist beim Erkennen der materiellen Formen nicht gegeben, „weil diese unabhängig von unserem sie abstrahierenden Erkenntnisakt nur eine Existenz in materiellen Dingen haben und an diese auch gebunden bleiben" (ebd.).

13 οὐκ ὢν μόριον καὶ δύναμίς τις τῆς ἡμετέρας ψυχῆς, ἀλλ' ἔξωθεν γινόμενος ἐν ἡμῖν, ὅταν αὐτὸν νοῶμεν (S. 108,22–24).

14 Vgl. Moraux, 2001, S. 390.

15 Alexanders *‚De anima liber cum mantissa'* zitieren wir nach der Ausgabe von Ivo Bruns, Berlin 1887.

16 Vgl. Moraux, 2001, S. 355.

endung", εἶδος καὶ ἕξις ὢν καὶ τελειότης τοῦ φυσικοῦ (S. 82,1f.), die der natürliche Intellekt erreichen kann, ist als dritte Stufe des Intellekts der νοῦς ἐπίκτητος, der erworbene νοῦς (S. 82,1), der sich nur aus einem aktiven Gebrauch der Vernunft (κατ' ἐνέργειαν νοῦς, (S. 82,6) bei denen entwickelt, die sich üben und intensiv lernen – wie es z. B. in den Wissenschaften geschieht.

Die menschliche Vernunftseele entfaltet sich also von den unteren Vermögen an zunächst weitgehend eigendynamisch, ohne direkte Einwirkung des transzendenten νοῦς ποιητικός, auf den sie sich zuletzt richtet und dem sie angeglichen wird. Als Kind besitzt der Mensch noch keine entwickelte Vernunft, aber mit dem νοῦς ὑλικός die Möglichkeit, Vernunft durch Übung und Unterricht zu erwerben. Durch diese Anstrengungen erlangen wir den νοῦς ἐπίκτητος, den erworbenen νοῦς (S. 81,13–82,15). Über den genannten Formen steht der transzendente νοῦς ποιητικός; er ist getrennt, leidenslos und unvermischt, Attribute, die auch Aristoteles dem νοῦς ποιητικός in ‚*De anima*' III, 5 zuspricht. Nach Alexander ist er reiner Akt und reine Intelligibilität ohne jede Materie. Er ist letzte Ursache der Existenz der Denkobjekte (S. 88,26) und ihrer Intelligibilität, so dass diese für die abstrahierende Tätigkeit der menschlichen Vernunft geeignete Objekte darstellen;[17] er wirkt aber – im Unterschied zur Position von ‚περὶ νοῦ' – nicht von Anfang an auf die Entwicklung des menschlichen Denkvermögens ein.[18]

Alexander unterscheidet zwei Arten des Intelligiblen. Neben den mit Materie verbundenen Formen, die der *intellectus materialis* im Laufe seiner Entwicklung selbstständig zu abstrahieren lernt, gibt es die reinen *intelligibilia*, d. h. Formen, die ohne jede Materie existieren und nicht vergehen. Diese zu erkennen ist der materielle Intellekt nicht in der Lage: *Der Intellekt nun, der dies erkennt, ist jener, der nicht vergeht, nicht der zugrundeliegende materielle Intellekt. Der*

---

17 Vgl. Moraux, 2001, S. 380 und 388.

18 In seinem Kommentar zu Aristoteles' ‚*De anima*', der nur aus Zitaten späterer Kommentatoren, z. B. des Philoponos, des Ps.-Philoponos, Themistios und Plutarch bekannt ist, unterscheidet Alexander wieder einen dreifachen νοῦς, aber mit anderer Akzenturierung, die eher seiner Aufteilung aus ‚Περὶ νοῦ' nahekommt: Erstens, den νοῦς δυνάμει, der reine δύναμις ist. Er ähnelt in seiner Potentialität der Materie, unterscheidet sich aber dadurch von ihr, dass er nicht zu einer konkreten Substanz wird, wenn er eine Form aufnimmt. Zweitens den νοῦς καθ' ἕξιν, die habituelle, schon formierte Vernunft, das entwickelte Denkvermögen, das z. B. Erwachsenen zukommt, die sich bereits Wissen angeeignet haben. Drittens, den ἐνεργείᾳ νοῦς, der von außen, θύραθεν, kommt; Dieser vervollkommnet den potentiellen νοῦς. Er ist vollkommen, einfach, immer aktual, „getrennt, leidenslos und ungemischt"; er lenkt das Weltall. Die ersten beiden Formen des νοῦς gehören zur menschlichen Seele, die untrennbar mit dem Körper verbunden ist und mit ihm stirbt. Alexander trennt in seinem Kommentar also konsequent und anders als Aristoteles einen sterblichen Teil der menschlichen Vernunftseele vom göttlichen νοῦς ab. Mit dieser Interpretation bekommt, nach Merlan, die Frage nach dem Verhältnis des göttlichen νοῦς zum menschlichen νοῦς ein besonderes Gewicht und ein religiöses Gepräge.

materielle Intellekt vergeht nämlich durch das Vergehen der Seele, zu deren Vermögen er gehört; und wenn dieser Intellekt vergeht, dann vergeht durch sein Vergehen [auch] sein Habitus, seine Potenz und seine Vollendung (Übers. nach Wirmer, 2008, S. 239, Anm. 12).[19] Der Intellekt, der nicht vergeht und die reinen *intelligibilia* erkennt, ist, wie Alexander betont, der aristotelische νοῦς ποιητικός, der in uns als νοῦς θύραθεν wirkt: *Der Intellekt in uns, der das erkennt, was nicht vergeht, das ist dieser Intellekt, der in uns abgetrennt ist, nicht vom Vergehen betroffen ist und den Aristoteles den von außen kommenden Intellekt, den νοῦς θύραθεν nennt* (Übers. nach Bruns).[20] Er ist etwas Göttliches (τι θεῖον, S. 91,5) in uns.[21]

Die *conditio humana* stellt sich für Alexander folglich so dar: Wenn der menschliche Intellekt die von den materiellen Gegenständen abstrahierten Formen denkt und im *intellectus habitualis* speichert, bleibt er wie das vergängliche Gedachte sterblich. Dementsprechend weist Alexander am Anfang von ‚περὶ ψυχῆς' (‚Über die Seele') ausdrücklich darauf hin, dass der menschliche Intellekt ein mit dem Körper verbundenes und – wie andere Vermögen auch – auf den Körper angewiesenes Seelenvermögen ist, das mit dem Körper vergeht. *Wir wissen auch, dass die Seele Form für den Körper ist, keine für sich allein bestehende Substanz, auf Grund ihrer Tätigkeiten, und zwar weil der Seele keine ihrer Tätigkeiten zukommen kann, ohne dass ihr vom Körper her eine Bewegung entsteht* [...]. *Auch das intellektuelle Begreifen, da es nicht ohne die Vorstellung zustande kommt, geschieht mittels des Körpers. Und da nun der Seele keine der Tätigkeiten zukommen kann ohne eine Bewegung vom Körper, so ist klar, dass sie etwas des Körpers ist und nicht von ihm abtrennbar.*[22] Wenn der Intellekt dagegen die actu intelligiblen Formen des immer actu erkennenden νοῦς ποιητικός erkenne, werde er diesem angeglichen, ihm immer ähnlicher und unvergänglich. Wenn dieser νοῦς ποιητικός im Menschen aktuiert wird, erkennt er als *intellectus* sich selbst im *intellectum* (S. 88,3–10). Moraux spricht von einem Assimilationsvorgang.[23]

Auf die Unterschiede und Widersprüche zwischen den beiden Schriften Alexanders hat Averroes in seinem ‚*De anima-Kommentar*' hingewiesen: *Was er aber in einer gewissen Abhandlung gesagt hat, die er Über den Intellekt nach der Auffassung des Aristoteles geschrieben hat, scheint dem zu widersprechen, was er in der*

---

19 καὶ ὁ νοῦς ἄρα ὁ τοῦτο νοήσας ἄφθαρτός ἐστιν, οὐχ ὁ ὑποκείμενός τε καὶ ὑλικός (ἐκεῖνος μὲν γὰρ σὺν τῇ ψυχῇ, ἧς ἐστι δύναμις, φθειρομένῃ φθείρεται, ᾧ φθειρομένῳ συμφθείροιτο ἂν καὶ ἡ ἕξις τε καὶ ἡ δύναμις καὶ τελειότης αὐτοῦ (S. 90,13–16).

20 ὁ οὖν νοούμενος ἄφθαρτος ἐν ἡμῖν νοῦς οὗτός ἐστιν, (ὅτι χωριστός τε ἐν ἡμῖν καὶ ἄφθαρτος νοῦς, ὃν καὶ θύραθεν Ἀριστοτέλης λέγει, νοῦς ὁ ἔξωθεν γινόμενος ἐν ἡμῖν) (S. 90,23–91,2).

21 Im Arabischen wird, nach Moraux, 2001, S. 391, νοῦς θύραθεν oft mit al-aql al-mustafad übersetzt (lateinisch: *intellectus adeptus*; deutsch: „erworbener Intellekt"), vgl. auch Wirmer, 2008, S. 239, Anm. 13.

22 Zitiert nach Wirmer, 2008, S. 179, Anm. 43.

23 Moraux, 2001, S. 381.

Schrift Über die Seele gesagt hat.[24] Diese Widersprüche versuchte er in einer zusammenfassenden Deutung der alexandrischen Intellektlehre aufzulösen, indem er die Vollendung des menschlichen Denkvermögens, die durch direkte Einwirkung des transzendenten νοῦς und durch eigene Anstrengung des Menschen geschehen kann, als Prozess einer Überformung des menschlichen Intellekts durch den νοῦς θύραθεν beschrieb. Der νοῦς ποιητικός, der von außen in den Menschen kommt, wird zur Form in uns: *Aber wenn jemand alle Darlegungen dieses Mannes erwägt und sie zusammenbringt, wird er sehen, dass er annimmt, dass, wenn der Intellekt, der in Potenz ist, sich vervollkommnet hat, dann der aktive Intellekt sich mit uns verbindet, [und dass] wir durch ihn die abgetrennten Dinge erkennen und durch ihn die wahrnehmbaren Dinge aktuell intelligibel machen, insofern er selbst zur Form in uns geworden ist. Es ist, als ob er mit dieser Darlegung meint, dass wenn der Intellekt, der in Potenz ist, sich vervollkommnet hat und vollendet ist, dann dieser Intellekt sich mit ihm verbindet und zur Form in ihm wird, und wir dann durch ihn andere Dinge erkennen; nicht so, dass der materielle Intellekt ihn selbst erkennt und wegen dieses Erkennens eine Verbindung mit diesem Intellekt entsteht, sondern die Verbindung dieses Intellekts mit uns ist die Ursache dafür, dass er [d. h. der materielle Intellekt] ihn erkennt und wir durch ihn die anderen abgetrennten Dinge erkennen.*[25]

Wenn man die beiden griechischen Texte ‚περὶ νοῦ' und ‚περὶ ψυχῆς' vergleicht, dann fällt noch ein weiterer Unterschied auf: In ‚περὶ ψυχῆς' kommt der Begriff des νοῦς ἐπίκτητος (der erworbenen Vernunft) als Vollendungsstufe des menschlichen νοῦς vor, in ‚περὶ νοῦ' gibt es diesen Begriff nicht. Die Rede ist dort nur von dem νοῦς ποιητικός, der von außen im Menschen wirkt und das menschliche Denkvermögen als νοῦς θύραθεν in Gang setzt. In ‚*De intellectu*', der lateinischen Übersetzung von ‚περὶ νοῦ' aus dem Arabischen, wird der im Menschen als νοῦς θύραθεν wirkende transzendente νοῦς ποιητικός mit dem Begriff *intellectus adeptus* wiedergegeben (vgl. S. 77,11ff.; 80,21): *Man sagt von ihr [sc. Intelligencia in effectu], dass sie der intellectus adeptus agens ist, der weder Teil noch Vermögen der Seele in uns ist; vielmehr kommt er in uns von außen, nämlich*

---

24 „Quod autem dixit in quodam tractatu quem fecit de Intellectu Secundum Opinionem Aristotelis, videtur contradicere ei quod dixit in libro de Anima" (Wirmer 2008, S. 240).

25 „Sed cum aliquis intuebitur omnes sermones istius viri et congregabit eos, videbit ipsum opinari quod, quando intellectus qui est in potentia fuerit perfectus, tunc intelligentia agens copulabitur nobiscum, per quam intelligemus res abstractas, et per quam faciemus res sensibiles esse intellectas in actu, secundum quod ipse efficitur forma in nobis. Et quasi intendit per hunc sermonem quod, intellectus qui est in potentia quando fuerit perfectus et completus, tunc copulabitur cum eo iste intellectus et fiet forma in eo, et tunc intelligemus per ipsum alias res; non ita quod intellectus materialis intelligat ipsum et propter illud intelligere fiat continuatio cum hoc intellectu, sed continuatio istius intellectus nobiscum est causa eius quod intelligit ipsum et intelligimus per ipsum alias res abstractas" (S. 242).
Den Gedanken der Überformung wird Eckhart in seiner Lehre von der Gottesgeburt, als Überformung der *lîdenden vernunft* durch den göttlichen *intellectus agens* insbesondere in Predigt 104 und im ‚*Johanneskommentar*' aufnehmen.

wenn wir durch die intelligencia in effectu erkennen (eigene Übers.).[26] Dazu stimmt, wie Moraux (S. 391, Anm. 331) festhält, dass der „griechische Ausdruck νοῦς θύραθεν im Arabischen oft mit al-ʻaql al-mustafad und daher in arabisch-lateinischen Übersetzungen mit *intellectus adeptus* bzw. *acquisitus* wiedergegeben wird."

Die in diesem Zusammenhang sich aufdrängende Frage nach dem Ursprung der in der arabischen und scholastischen Philosophie des Mittelalters verbreiteten Lehre vom *intellectus adeptus* wird in der Forschung kontrovers diskutiert. Nach Zeller[27] geht sie auf Alexanders νοῦς ἐπίκτητος und νοῦς καθ' ἕξιν zurück, als Verfassung des menschlichen νοῦς, in der er von sich aus tätig werden kann. Dagegen betont Gilson[28] den Unterschied zwischen dem νοῦς ἐπίκτητος Alexanders und dem *intellectus adeptus* der Araber, der eher dem νοῦς θύραθεν Alexanders entspreche. Er nimmt an, dass es sich bei der Übersetzung von νοῦς θύραθεν mit *intellectus adeptus* um die Rückprojektion einer „anderweitig entwickelten" Lehre handele. Finnegan weist in seiner ausführlichen Diskussion des Problems auf Inkonsistenzen in Gilsons Argumentation hin, räumt aber ein, dass der Übersetzer von ‚περὶ νοῦ' den Ausdruck erworbener Verstand einer älteren Überlieferung entnommen hat.[29] Moraux lässt die Frage der Herkunft des Begriffs offen, hält aber eine die beiden Positionen aus ‚περὶ νοῦ' und ‚περὶ ψυχῆς' im Sinne eines „oberflächlichen Alexandrismus" hamonisierende Interpretation für möglich, wie sie auch Averroes vertreten habe: Demzufolge könne man sagen „dass unsere erworbene Hexis, unsere erworbene Fähigkeit zum Denken, nichts anderes sei als der in uns anwesende göttliche νοῦς θύραθεν. Dies könne dazu geführt haben, dass der νοῦς θύραθεν von ‚περὶ νοῦ' mit *intellectus adeptus* übersetzt wurde. Es könne aber auch eine eigene arabische Intellektlehre Ursprung der Gleichsetzung sein. Zuletzt hat Marc Geoffroy[30] darauf hingewiesen, dass die arabische Tradition und al-Farabis Interpretation von ‚*De intellectu*', mit der sich auch Averroes in seinem großen ‚*De anima-Kommentar*' auseinandersetzt, dazu geführt haben, dass der

26 „dicitur de ea [sc. intelligencia in effectu] quod ipsa est intellectus adeptus agens qui nec est pars nec virtus anime in nobis; sed fit in nobis ab extrinsecus, scilicet cum nos intelligimus per illam" (ebd., Z. 10–13).
Elemente der peripatetischen Abstraktionslehre verwendet Eckhart in Predigt 104, wenn er von dem Erkenntnisvorgang im natürlichen Bereich aus in einem Analogieverfahren das Geschehen in der Gottesgeburt erläutert.

27 Vgl. Eduard Zeller, Die Philosophie der Griechen in ihrer geschichtlichen Entwicklung, Teil III,1, Leipzig ²1865, S. 712, Anm. 3.

28 Etienne Gilson, Les sources gréco-arabes de l'augustinisme avicennisant, in: AHDLMA 4 (1929), S. 22–107.

29 Vgl. James Finnegan, Texte arabe du ‚περὶ νοῦ' d'Alexandre d'Aphrodise, in: Mélanges de l'Université Saint-Joseph, Beyrouth 1956, S. 159–202.

30 Vgl. Marc Geoffroy, La tradition arabe du Περὶ νοῦ d'Alexandre d'Aphrodise et les origins des quatre degrés de l'intellect, in: Aristotele e Alessandro di Afrodisia nella traditione araba, hg. v. Cristina D'Ancona und Giuseppe Serra, Padua 2002, S. 191–231.

Begriff des νοῦς θύραθεν, den Alexander den biologischen Schriften des Aristoteles entnommen hat (‚*De generatione animalium*', 736b20–29) und der dort den νοῦς ποιητικός beschreibt, insofern er ‚von außen' in uns kommt, im Arabischen unter dem Namen des ‚erworbenen Intellekts' (al-aql al-mustafad) „als eine besondere Form von Intellekt beziehungsweise als besondere Entwicklungsstufe des menschlichen Intellekts, verschieden vom aktiven Intellekt, aufgefasst wurde".[31] Er nimmt damit – in ähnlicher Weise wie Gilson – eine „Rückwirkung" der arabischen Tradition auf den alexandrischen Text an, die nicht nur in der aus dem Arabischen übersetzten lateinischen Version des Textes fortwirkte, sondern auch zur Entwicklung des Lehrstücks von den vier Intellekten beitrug.

In der lateinischen Tradition des Mittelalters – und insbesondere bei Eckhart – wird der Begriff des *intellectus adeptus* auch wieder mit dem des νοῦς θύραθεν verbunden, nicht als Entwicklungsstufe des menschlichen Intellekts, sondern als Überformung des menschlichen Intellekts durch den göttlichen – eher im Sinn des Averroes und seiner Interpretation von Alexanders ‚περὶ νοῦ'.

Wenn man diese Diskussion überblickt, sind die Transformationen der aristotelischen νοῦς-Lehre in den genannten Schriften Alexanders deutlich erkennbar: ‚περὶ νοῦ' behält die aristotelische Zweiteilung des νοῦς in νοῦς παθητικός und νοῦς ποιητικός bei, trennt aber die zwei Modi des νοῦς ποιητικός, νοῦς δυνάμει *und* νοῦς ἐνεργείᾳ, die Aristoteles in ‚*De anima*' Gamma 4 und Gamma 5 unterscheidet; den ständig aktiven νοῦς verschiebt er ganz in die Transzendenz und setzt ihn mit dem göttlichen νοῦς gleich; den *δυνάμει* νοῦς dagegen verortet er im Endlichen als Entwicklungsstufe des νοῦς παθητικός. Mit dieser eindeutigen Tranzendent-Setzung des νοῦς ἐνεργείᾳ als ständiger Aktivität ist er – im Unterschied zu Aristoteles' Konzept vom νοῦς *in der Seele* – eindeutig kein Vermögen der menschlichen Seele mehr. Obwohl Aristoteles die Schwierigkeiten eines transzendenten νοῦς sieht, hält er daran fest, dass er zur menschlichen Seele gehört.[32] Dem göttlichen νοῦς schreibt er im Unterschied zu Alexander keinerlei direkte Einwirkung auf die Entwicklung des menschlichen Intellekts zu.

Anders als in ‚περὶ νοῦ' geht Alexander in ‚περὶ ψυχῆς' nicht von einer anfänglichen direkten Einwirkung des transzendenten νοῦς ποιητικός auf die Entwicklung des menschlichen Denkvermögens aus; neu ist auch die Erweiterung des aristotelischen Modells auf ein Dreier- bzw. Vierermodell durch die Einführung des Begriffs des νοῦς ἐπίκτητος als Vollendungsstufe des habituellen Intellekts sowie der Gedanke der Assimilation des menschlichen an den transzendenten νοῦς im Zuge eines weitgehend eigendynamischen Perfektionierungsprozesses.

---

31 Wirmer, 2008, S. 318.

32 Vgl. Seidl, 2013, S. 235.

Diese Transformationen haben nicht nur tiefgreifende Auswirkungen auf die weitere peripatetische Intellekttheorie, sondern auch auf die Aristoteles-Rezeption Eckharts. Bedeutsam ist vor allem der Gedanke der Einwirkung des transzendenten νοῦς und die dadurch bewirkte Verbindung der göttlichen Vernunft mit der menschlichen, die Averroes als Überformung des menschlichen Intellekts deutete. Überformung und *intellectus adeptus* sind Theoreme, auf die Eckhart bei der begrifflichen Präzisierung seiner Lehre von der Einheit mit Gott in der Gottesgeburt zurückgreift. Im *‚Johanneskommentar'* bezieht er sich explizit auf den Begriff des *intellectus adeptus*, der eine Wirkung des göttlichen *intellectus agens* im menschlichen Intellekt ist. In Predigt 104 beschreibt Eckhart die Gottesgeburt im Rahmen des peripatetischen Intellektmodelles als Überformung der *lîdenden vernunft* durch den göttlichen *intellectus agens.*

2. Die Verbindung von aristotelischem Hylemorphismus und neuplatonischen Theoremen in der Lehre von den vier Intellekten – al-Kindi, al-Farabi

Die aristotelisch-peripatetische Intellekttheorie erfährt seit dem 9. Jahrhundert im Zuge ihrer Rezeption durch arabische Philosophen und Avicenna wesentliche Veränderungen und Differenzierungen. Al-Kindi (800–870), der „Philosoph der Araber", wie ihn Zeitgenossen nannten, nahm in der Zeit seines Aufenthalts am Kalifenhof aktiv an dem großen Übersetzungsprogramm teil; er gab Übersetzern, die bereits in Bagdad tätig waren, Aufträge, weitere philosophische Texte, vermutlich Schriften Platons, der Neuplatoniker und naturphilosophische Schriften des Aristoteles zu übersetzen, korrigierte die Übersetzungen und bemühte sich um eine einheitliche philosophische Terminologie im Arabischen.[33]

In seiner Schrift *‚De intellectu'*[34] führt er, mit Berufung auf Platon und Aristoteles, eine Vierzahl von Intellekten ein. Er trifft eine weitreichende Richtungsentscheidung, indem er die bereits peripatetisch transformierte νοῦς-Lehre des Aristoteles neuplatonisch interpretiert und den Denkvorgang entsprechend strukturiert: die *intelligentia agens* ist die *causa prima*, die Ursache aller Intellekte. Er verwendet auch Alexanders von Aphrodisias Begriff des

[33] Vgl. Ulrich Rudolph, Islamische Philosophie. Von den Anfängen bis zur Gegenwart, München ^{2}2008, S. 15–17.

[34] Wir zitieren nach der Ausgabe von Albino Nagy: Die philosophischen Abhandlungen des Jaqub Ben Ishaq Al-Kindi, Münster/W. 1887.

intellectus adeptus, der ein Effekt der Einwirkung der transzendenten *intelligentia agens* auf das menschliche Denkvermögen ist.

Al-Kindi unterscheidet vier Arten des Intellekts (S. 1,10–2,3): An oberster Stelle, außerhalb der Seele, steht der *intellectus, qui semper est in actu*, die *intelligentia prima* – eine Hypostasierung des aristotelischen νοῦς ποιητικός; dieser erste Intellekt ermöglicht den individuellen Erkenntnisvorgang. Vom ersten Intellekt unterscheidet er drei Intellekte als Erkenntnisstufen in der einzelnen Seele: erstens, den *intellectus, qui in potentia est in anima* – er entspricht etwa dem aristotelischen νοῦς παθητικός in ‚*De anima*' Gamma 5; zweitens, *den intellectus, cum exit in anima de potentia ad effectum*, der bereits Wissen erworben hat – er entspricht dem νοῦς δυνατός oder νοῦς δυνάμει in Gamma 4; und schließlich den *intellectus demonstrativus* – vergleichbar dem νοῦς ἐνεργείᾳ in ‚*De anima*' – der das erworbene Wissen aktualisiert und nach außen sichtbar macht. An einer anderen Stelle (S. 5) von ‚*De intellectu*' beschreibt al-Kindi den Erkenntnisvorgang und die Entwicklung des menschlichen Denkvermögens: Wie die Seele in ihren Sinnesvermögen die Form eines Gegenstandes ohne Materie aufnehme, so rezipiere sie im Intellekt die intelligible Form, die dann in der Seele *in effectu* sei. Diese Form erhält sie von der *intelligentia prima*, die immer *actu* ist. Das Denkvermögen der Seele als *intelligens in potentia* erreiche durch die Einwirkung der *intelligentia prima* einen höheren Zustand. *Diese Form also, die schon ohne Materie ist und ohne Vorstellung, ist der von der intelligencia prima, die immer actu ist, erworbene Intellekt der Seele* (eig. Übers.).[35] Die Seele hat nun alle Formen in sich, sie sind erworbenes Wissen. Und wenn dies geschieht, sind die intelligible Form und der Intellekt eines, *res una, scilicet intelligens et intellecta* (S. 7,15f.), es ist, aristotelisch gesprochen, eine ἐνέργεια-Identität. Aber das *intellectum in anima* und der *intellectus primus* sind nicht *una res*.

Auch al-Farabi (870–950) nahm wie al-Kindi an dem Prozess der Übersetzungen der griechischen Werke teil. Er lebte in einem Kreis Bagdader Intellektueller, vielfach syrische Christen, die aus dem Syrischen ins Arabische übersetzten. Anders als al-Kindi, der nur einzelne aristotelische und neuplatonische Werke kannte, überblickte er „das gesamte Erbe, das auf Arabisch vorlag und das war [...]: praktisch der ganze Aristoteles, dazu die Kommentare von Alexander von Aphrodisias, Porphyrios, Themistios, Ammonios, Johannes Philoponos u. a.; Platon in Auswahl, häufig vermittelt über spätantike Kompilationen; die bereits erwähnten Neoplatonica."[36] An al-Kindi anknüpfend, interpretiert al-Farabi den Denkprozess neuplatonisch als eine Aufstiegs- und Assimilationsbewegung, in der sich die menschliche Vernunft perfektioniert. Bei der Beschreibung dieses Vorgangs verwendet er hylemorphistische Begriffe. Die Aufteilung

---

35 „haec igitur forma, quae iam materiam non habet nec phantasiam, est intellectus adeptus animae ab intelligentia prima, quae est specialitas rerum, quae est in actu semper" (S. 5,9–12).

36 Rudolph, 2008, S. 30.

des Intellekts führt er auf Aristoteles zurück,[37] er nimmt al-Kindis Viererschema auf (S. 117,82f.), das er durch zwei Neuerungen verändert: Erstens ist der *intellectus adeptus* von vornherein Teil des Viererschemas: er unterscheidet den *intellectus in potencia*, den *intellectus in effectu*, den *intellectus adeptus* und die von außen wirkende, transzendente *intelligencia agens*. Zweitens führt er den Aspekt der Reflexion der menschlichen Vernunft auf sich selbst ein und versteht den *intellectus adeptus* als höchste Stufe einer Perfektionierung und Assimilierung des menschlichen Intellekts an den transzendenten Intellekt:[38] Indem der menschliche *intellectus in potencia* intelligible Formen aus der Materie aufnimmt, geht er in den Modus des *intellectus in effectu* („bereits zum Denken disponierter Intellekt") über. Wenn dieser durch Einwirkungen der transzendenten *intelligencia agens* (S. 122,257–259) und durch eigene Anstrengung möglichst viele Formen aufgenommen hat, erkennt er in ihnen sich selbst. *Wenn aber die Seele das erkennt, was bereits erkannt in ihr ist, erkennt sie etwas, was nicht außerhalb ihres Wesens ist* (eig. Übers).[39] Damit ist die Perfektionsstufe des *intellectus adeptus* („erworbener Intellekt") erreicht, den al-Farabi hylemorphistisch beschreibt: *Der erworbene Intellekt ist gewissermaßen die Form des intellectus in effectu; der intellectus in effectu aber ist gewissermaßen die Materie und das Subjekt für den erworbenen Intellekt* (eig. Übers.).[40] Diese Erkenntnisstufe ist durch Reflexivität gekennzeichnet und bildet, wenn im Zuge der Vollendung des *intellectus in effectu* durch den *intellectus adeptus* möglichst viele Formen materieller Erkenntnisobjekte erkannt worden sind, eine Voraussetzung für die Aufnahme rein intelligibler Formen. Dieser Vorgang ist eine Aufstiegs- und Assimilationsbewegung: *Wenn du dich von der ersten Materie erhebst, gelangst du stufenweise zu der Natur, die aus körperlichen Formen in materiellen Stoffen besteht, von diesen aufsteigend, gelangst du zu jener Wesenheit und danach gelangst du, wenn du weiter hinaufsteigst, zum intellectus adeptus und dann gelangst du zu dem, was den Sternen ähnlich ist [...]. Schließlich gelangst du zur ersten Ordnung der separaten Dinge. In diesen Ordnungen ist die Ordnung der intelligencia agens die erste* (eig. Übers.).[41] Die

37 Liber Alpharabii de intellectu et intellecto, hg. v. Etienne Gilson, in: AHDLMA 4 (1929), S. 115–126; vgl. auch Rudolph, 2008, S. 35.

38 Vgl. den ausgezeichneten Aufsatz von Jörn Müller, Der Einfluss der arabischen Intellektspekulation auf die Ethik des Albertus Magnus, in: Wissen über Grenzen. Arabisches Wissen und lateinisches Mittelalter, hg. v. Andreas Speer und Lydia Wegener, Berlin u. a. 2006, S. 545–568, und Dag Nikolaus Hasse, Das Lehrstück von den vier Intellekten in der Scholastik: von den arabischen Quellen bis zu Albertus Magnus, in: RTPM, 66,1 (1999), S. 21–77.

39 „Cum autem ipsa [i.e. anima] intelligit id quod est intellectum in effectu, tunc non intelligit aliquid quod sit extra suam essenciam" (S. 119,161–163).

40 „intellectus adeptus est quasi forma intellectui in effectu; intellectus vero in effectu est quasi materia et subiectum intellectui adepto" (S. 121,207–209).

41 „Cum autem erexeris te a materia prima, gradatim pervenies ad naturam que est corporales forme in materiis hylearibus, a quibus iterum ascendendo pervenies ad illam essenciam et deinde ascendendo superius pervenies ad intellectum adeptum et tunc pervenies

Seele nähert sich durch ihre *virtus ad assimilandum* (S. 121,236) – „Assimilationskraft“ – immer mehr der transzendenten *intelligencia agens* an. Dann ist die *tätige Intelligenz [...] von jener Art wie der erworbene Intellekt.*[42] Hier findet der Mensch sein höchstes Ziel, seine *perfeccio ultima* (S. 123,310). Der *intellectus adeptus* ist die Vollendung der menschlichen Seele im Prozess ihrer Selbstrealisierung und -transzendierung.[43]

3. Avicennas Intellektlehre als Theorie der Erkenntnis

Eine wirkmächtige Version der Lehre von den vier Intellekten stammt von Avicenna, die er in seiner Schrift ‚*Liber de anima*‘ entwickelt.[44] Sie wurde um die Mitte des zwölften Jahrhunderts von dem Juden Avendauth und Dominicus Gundissalinus in Toledo ins Lateinische übersetzt. Drei Aspekte seiner Intellektlehre sind im vorliegenden Zusammenhang von besonderer Bedeutung. Avicenna versteht die Lehre von den vier Intellekten vor allem als eine „Theorie der Erkenntnis“, indem er die vier Intellekte als „verschiedene Grade der Aktualisierung des menschlichen Intellektes“[45] darstellt. Er erweitert darüber hinaus das Vierer-Schema im Zusammenhang mit seiner Unterscheidung von primären und sekundären *intelligibilia* durch eine Differenzierung des Begriffs der Potentialität. Schließlich beschreibt er die höchste Stufe des Erkennens als Überformung des potentiellen durch den transzendenten aktiven Intellekt in der *coniunctio*. Diese höchste Stufe nennt er den *intellectus adeptus.*

Nach dem „Verhältnis der theoretischen Seelenkraft zu den abstrakten Formen“[46] unterscheidet er erstens „ein Verhältnis von absoluter Potentialität“, das ist der Fall beim „materiellen Intellekt“ (*intellectus materialis*). Er ähnle der ersten Materie, die noch ohne jede Form ist. Zweitens „ein Verhältnis von möglicher Potentialität“, bei dem im Intellekt die primären *intelligibilia* vorhanden sind. Diese werden nicht erworben, sondern gehören zur Grundausstattung des menschlichen Intellekts. Es handle sich z. B. um Sätze, wie „das Ganze

---

ad id quod est simile stellis [...] a quo iterum cum erexeris te, pervenies ad primum ordinem eorum, que sunt separata. Ex quorum ordinibus primus est ordo intelligencie agentis“ (S. 121,224–232).

42 „intelligencia [...] agens [...] illius speciei cuius est intellectus adeptus“ (S. 122,267f.).

43 Vgl. Müller, 2006, S. 551.

44 Zu Avicennas Intellektlehre vgl. die o.g. Abhandlungen von Hasse, 1999, S. 28–40 und Müller, 2006, S. 552f.

45 Hasse, 1999, S. 29.

46 Im Folgenden zitiert nach der deutschen Übersetzung aus dem Arabischen von Hasse, 1999, S. 29f.; die lateinischen Übersetzungen werden zitiert nach Avicenna, *Liber de anima*, hg. v. Simone van Riet, Louvain u. a. 1972.

ist größer als der Teil“ und „Dinge, die einem dritten gleich sind, sind auch untereinander gleich“ (S. 29f.). Dieser Intellekt ist der *intellectus in habitu.* Neben diesem gibt es drittens „ein Verhältnis von vollendeter Potentialität“, es ist der *intellectus in effectu.* Er speichert auch die intelligiblen Formen, die nach den primären *intelligibilia* erworben werden. Auf dieser Stufe sind die beiden intelligiblen Formen, die primären und die sekundären *intelligibilia*, im Intellekt vorhanden:[47] er „erkennt, wann er will und ohne Schwierigkeiten der Erwerbung von Formen. Sie kann auch ‚potentieller Intellekt‘ genannt werden in Hinsicht auf den nachfolgenden (Intellekt).“ (ebd., S. 30). Diese vierte Stufe nennt Avicenna ein „Verhältnis von absoluter Aktualität“.[48] *In diesem Fall sind die intelligiblen Formen in (der Seele) vorhanden, und (die Seele) betrachtet sie aktuell und erkennt sie und erkennt, dass sie sie aktuell erkennt* (S. 30). Das, was dann in der Seele ist, sei etwas, was von außen, durch die *coniunctio* mit dem transzendenten aktiven Intellekt, erworben wird. *Er wird ‚erworbener Intellekt‘ genannt, da uns später [...] klar werden wird, dass ein potentieller Intellekt nur aufgrund eines Intellektes aktuell werden kann, der immer in Aktualität ist, und dass, wenn der potentielle Intellekt mit diesem Intellekt, der in Aktualität ist, eine Art von Kontakt hat, im (potentiellen) Intellekt bestimmte Formen eingeprägt werden, die von außen erworben sind.*[49]

Diese höchste Stufe des *intellectus adeptus* nennt Avicenna auch eine *virtus* des *intellectus in effectu* [...]: *quia, cum voluerit, coniungetur intelligentiae a qua emanat in eam forma intellecta. Quae forma est intellectus adeptus verissime et haec virtus est intellectus in effectu.*[50]

„Der lateinische Westen hat aus Avicennas ‚*De anima*‘ reich geschöpft [...] die scholastische Theorie von den vier Intellekten (ist) im Wesentlichen durch dieses Buch angeregt worden.“[51] Das Lehrstück erscheint im Westen zum ersten Mal in dem Buch ‚*Liber de anima*‘ des Dominicus Gundissalinus, der den „Akzent fort von einer Theorie verschiedener Erkenntnisarten des Intellekts hin zu einem Entwicklungsmodell der Reifung des Intellekts“[52] verschiebt. Einflussreich war auch der anonyme Traktat ‚*De anima et de potentiis eius*‘, der wahrscheinlich an der Artistenfakultät in Paris entstand und das Lehrstück als „Theorie des syllogistischen Erkenntnisaktes“ (ebd., S. 47) präsentiert. Hasse führt noch einen anonymen Traktat ‚*De potentiis animae et obiectis*‘ und die Autoren John Blund und Jean de la Rochelle an, der sich stärker an Avicenna anschließt.

---

47 Auf den Zusammenhang des Erwerbs der intellibiblen Formen mit dem Finden des Mittelterms im Syllogismus weist ausführlich Hasse hin (S. 32–35).

48 Die Notwendigkeit dieser vierten Stufe als Erklärung für die Aktualisierung des *habitus* wird von Albertus Magnus später in Frage gestellt.

49 Vgl. Hasse, 1999, S. 30.

50 Van Riet, 1972, V, 6, S. 150,64–66.

51 Hasse, 1999, S. 40f.

52 Hasse, 1999, S. 43.

4. Averroes' Lehre von der Separatheit und Überindividualität des Intellekts und die Bedeutung der *coniunctio* für die Validität menschlicher Erkenntnisse

Für die arabischen Philosophen war, nach Wilpert, die Aristotelesauslegung des Alexander von Aphrodisias vor allem wegen seiner „monopsychistischen Deutung" des tätigen Verstandes und die „dadurch bedingte metaphysische Erklärung für das Zustandekommen unseres Erkennens durch eine Art Teilhabe an diesem überindividuellen Nus"[53] von Interesse. Insbesondere Averroes geht es in der Auseinandersetzung mit den Aristoteles-Kommentatoren im ‚Großen Kommentar' zu ‚*De anima*' um den „kognitiven Prozess", um die Frage, wie die „Individualität des Denkens und die Allgemeingültigkeit der Gedanken"[54] verbunden werden können. Es ist das zentrale Thema seiner Intellekttheorie. Da er Wissen wie Aristoteles in den ‚*Analytica Posteriora*' als Wissen aus Gründen, als notwendiges, begründetes Wissen versteht, fragt er nach den Bedingungen, wie dieses Wissen erworben und der Intellekt als „Grund unerschütterlicher Gewissheit" ausgewiesen werden kann.[55] Bei diesem Unternehmen setzt sich Averroes mit den Thesen Alexanders von Aphrodisias auseinander. Mit seiner über Alexander hinausgehenden These von der Überindividualität und numerischen Einheit des *intellectus materialis* will er die Möglichkeit allgemeiner, wissenschaftlicher Erkenntnisse aufweisen und darstellen, wie das menschliche Erkenntnisvermögen beschaffen sein muss, um solche Erkenntnisse zu erlangen.[56]

4.1 *Averroes' Kritik an Alexander von Aphrodisias*

Bei Alexander von Aphrodisias bleibt, so Averroes, die Frage offen, wie ein materieller Intellekt, der vergänglich ist, sich mit Ewigem verbinden kann (vgl. S. 241). *Wer annimmt, der materielle Intellekt sei entstehend und vergänglich, kann* [...]

---

53 Paul Wilpert, Die Ausgestaltung der aristotelischen Lehre vom Intellectus agens bei den griechischen Kommentatoren und in der Scholastik des 13. Jahrhunderts, in: Aus der Geisteswelt des Mittelalters, hg. v. Albert Lang u. a., Münster/W. 1935, S. 452.

54 Wirmer, 2008, S. 376 in seiner analytisch präzisen Kommentierung.

55 Vgl. seine Schrift ‚Die entscheidende Abhandlung und die Urteilsfällung über das Verhältnis von Gesetz und Philosophie', hg. v. Franz Schupp, Hamburg 2009.

56 Averroes hat, so Wirmer (S. 327), drei Theorien über die Natur des materiellen Intellekts entwickelt; im Folgenden wird, auch mit Blick auf Eckhart, ein „Kernelement dieser Lösung" (S. 341) berücksichtigt.

keine natürliche Weise finden, auf die wir uns mit den abgetrennten Intellekten verbinden können.[57] Das ist ein Argument, das Averroes auch im Zusammenhang mit seiner Deutung des alexandrischen *intellectus adeptus* anführt (vgl. S. 238ff.). Im vierten *commentum* seines ‚*Großen Kommentars*' folgt er zunächst Alexander, in dem er das Denkvermögen, das alles aufzunehmen vermag, als ‚*intellectus materialis*' bezeichnet. Dessen Natur analysiert er im umfangreichen fünften *commentum* und grenzt sich dort scharf von anderen Kommentatoren ab. Dabei unterscheidet er die Potentialität des *intellectus materialis* von der Potentialität der *materia prima*, der untersten, nicht weiter zurückführbaren Materie der Elemente. Er charakterisiert, wie bereits im *commentum* 4, den *intellectus materialis*, Aristoteles resumierend, als reine Möglichkeit, materielle intelligible Formen aufzunehmen. Auf diese Weise ist er aktuell keine der Formen, bevor er erkennt. Im Unterschied zur reinen Potentialität der ersten Materie nimmt er allgemeine Formen nicht nur auf, sondern erkennt sie, die erste Materie dagegen, die der Möglichkeit nach alle wahrnehmbaren Formen ist, rezipiert die individuellen Formen, ohne sie zu erkennen (S. 161). Damit hängt ein weiterer Unterschied zusammen: Während der *intellectus materialis* die Formen der Dinge, sie universalisierend aufnimmt, rezipiert die Materie die Formen und individualisiert sie. Der Intellekt universalisiert, die Materie individualisiert die Form. Und so definiert Averroes den materiellen Intellekt als das, *was potentiell alle Intentionen der materiellen universalen Formen ist, aktuell aber keines der Seienden, bevor er es erkennt.*[58]

Daraus ergibt sich für Averroes erstens, dass der *intellectus materialis* nichts Konkretes ist, weder ein Körper noch ein Seelenvermögen in einem Körper, sondern als reine Rezeptivität eine Substanz mit eigenem Sein – ein *quartum genus esse*. Denn wäre er seiner Natur nach etwas Konkretes, würde er die Formen aufnehmen, insofern sie verschieden und konkret sind. Dann aber wären die in ihm existierenden Formen nur potentiell erkannt. Deshalb muss *diese Natur, die Intellekt genannt wird*, die Formen anders aufnehmen als deren Materien. Der Intellekt ist daher weder von der Art der Materie, in der eine Form enthalten ist, noch die erste Materie selbst, weil sonst die Aufnahme der Form in der Materie und die im Intellekt nicht verschieden wären. Der *intellectus materialis* ist also in seiner Natur sowohl von der Natur der Materie als auch von der Natur der Form und der des Zusammengesetzten verschieden (S. 162). Er ist eine Substanz, die die intelligiblen Formen aufzunehmen vermag. Daraus ergibt sich zweitens, dass die Formen, die der *intellectus materialis* aufnimmt, in keiner Weise etwas Individuelles an sich haben dürfen. Nur so seien allgemeine

57 „Qui autem ponit intellectum materialem esse generabilem et corruptibilem nullum modum [...] potest invenire naturalem quo possumus continuari cum intellectibus abstractis" (S. 234).

58 „quod est in potentia omnes intentiones formarum materialium universalium, et non est in actu aliquod entium antequam intelligat ipsum" (S. 160).

Aussagen möglich. Das intelligible Erkennen ist allgemein. Averroes orientiert sich bei diesem Ansatz an den ‚*Analytica Posteriora*', in denen Aristoteles als Bedingungen des Wissens neben ‚Notwendigkeit' und ‚Begründung' noch ‚Allgemeinheit' anführt.

Von dieser Position aus kritisiert Averroes die Thesen Alexanders von Aphrodisias. Wenn der materielle Intellekt als endliches, „erzeugtes Vermögen" wie alle anderen Vermögen der Seele dem Wesen nach im Körper wäre, dann wäre auch die intellektuelle Tätigkeit, die nicht ohne Vorstellung möglich ist, nicht vom Körper abtrennbar und verginge mit ihm. Der materielle Intellekt wäre also ein auf Grund der Mischung, die in den Körpern stattfindet, im Körper entstandenes Vermögen, *preparata ad recipiendum intellectum qui est in actu* (S. 182), „das bereit ist, den aktuellen Intellekt aufzunehmen."

Averroes behauptet, dass diese Position Alexanders weit von Aristoteles entfernt sei, der gerade betone, dass der *intellectus materialis* abtrennbar, ohne körperliches Organ, einfach, unveränderlich und unvermischt mit dem Körper sei; und wenn Alexander sich bei seiner These, dass der *intellectus materialis* vergänglich sei, auf die aristotelische Definition der Seele als erster Vollendung eines natürlichen, organischen Körpers berufe und sie auf alle Teile der Seele übertrage, dann widersprächen diese Behauptungen klar der Lehre des Aristoteles, der ausdrücklich festhalte, dass einige Vermögen abtrennbar sind (S. 186, 188).

Gegen Alexanders Interpretation des aristotelischen Satzes, dass der *intellectus materialis* leidenslos, nichts Konkretes und kein Körper oder ein Vermögen in einem Körper sei, sondern das Vorbereitetsein (*preparatio*) selbst und nicht das Subjekt der Bereitschaft – er gliche also mehr der Bereitschaft in einer unbeschriebenen Tafel als der Tafel, die bereit ist, beschrieben zu werden (S. 182f.) – wendet Averroes ein, dass Aristoteles die Substanz des Bereitseienden (*preparati*) und nicht eine Substanz der Bereitschaft meine. Und Alexander könne nicht zugleich sagen, die Bereitschaft sei eine Substanz und das Subjekt dieser Bereitschaft sei weder ein Körper noch ein Vermögen in einem Körper. Wenn er den *intellectus materialis* als reine Bereitschaft definiert, dann übersieht er, dass ‚Bereitschaft' ein Akzidens ist.[59]

Auch in Bezug auf den *intellectus adeptus* im Sinne des νοῦς θύραθεν, der nach Alexander von außen in uns kommt, wenn wir durch ihn erkannt haben, sieht Averroes ein Problem. Wenn Alexander von einem Aufnehmen des *intellectus agens* im habituellen Intellekt spreche, bleibe der daraus resultierende Zustand ganz ungeklärt; denn damit nehme das Endliche etwas Ewiges auf, und dadurch würde das Erzeugte ewig, was unmöglich sei. Die Frage, wie der vergängliche materielle Intellekt sich mit dem unvergänglichen Intelligiblen verbinden kann, bleibe also offen.

---

59 Vgl. dazu Wirmer, 2008, S. 384–390.

4.2 *Die Lehre von den zwei Subjekten der Intentionen.* Coniunctio – *der transzendente* intellectus agens *als* forma in nobis

Im dritten Hauptteil des fünften *commentum* entwickelt Averroes seine eigene Position am Leitfaden dreier Fragen. Die erste Frage – *wie die theoretischen Intelligibilia entstehend und vergänglich sein und das sie Bewirkende und Aufnehmende ewig sein (können), und welcher Bedarf besteht, einen wirkenden und einen aufnehmenden Intellekt einzuführen*[60] – leitet sogleich ins Zentrum der Problematik. Averroes beantwortet sie mit seiner Lehre von den zwei Subjekten der Intentionen.

Den Begriff der Intention verwendet er bereits in der ‚*Epitomé*', er ist eine Übersetzung aus dem Arabischen und bezeichnet die Form eines Erkenntnisobjekts.[61] Den *sensibilia*, den wahrnehmbaren Dingen, kommt, nach Averroes, im Wahrnehmungsvermögen ein höherwertiges Sein zu als in ihrer Materie außerhalb der Seele; er spricht in diesem Zusammenhang, an Aristoteles anschließend, von ‚Entelechie'. Die Höherwertigkeit führt er auf das Sein der Intention in der Seele zurück, die ohne Materie ist. Die Intention hat also zwei Seinsweisen. Eine in den Dingen und eine in der Seele. Die vom Wahrnehmungsvermögen aufgenommene Intention behält ihre Beziehung zum Gegenstand; in ihr wird der Gegenstand selbst und nicht sein Bild erkannt.

Im ‚Mittleren Kommentar' nimmt Averroes zunächst das aristotelische Theorem von der ἐνέργεια-Identität auf: die Tätigkeit des Wahrnehmbaren außerhalb der Seele, wenn es das Wahrnehmungsvermögen bewegt, und die Tätigkeit des Wahrnehmungsvermögens, wenn es vom Wahrnehmbaren bewegt wird, sind identisch, nicht aber dem Sein nach; denn das Sein der sensiblen Intention außerhalb des Sinnes ist verschieden von ihrem Sein innerhalb des Sinnes. In dieser Begründung zeichnet sich ab, dass es Averroes vor allem um die Differenz der zwei Seinsweisen der Intention innerhalb und außerhalb des Sinnes geht, durch die er im weiteren Verlauf Singularität und Allgemeinheit des Erkennens sichern will.

Im ‚*Großen Kommentar*' entwickelt Averroes seine These von den zwei Subjekten der Intention weiter. Das Erfassen durch die Sinneswahrnehmung wird *durch zwei Subjekte vollendet [...], von denen eines das Subjekt ist, durch das die Wahr-*

---

60 „quomodo intellecta speculativa erunt generabilia et corruptibilia et agens ea et recipiens erit eternum, et que est indigentia ad imponendum intellectum agentem et recipientem" (S. 194).

61 Vgl. David Wirmer, Der Begriff der Intention und seine erkenntnistheoretische Funktion in den De-anima-Kommentaren des Averroes, in: Erkenntnis und Wissenschaft. Probleme der Epistemologie in der Philosophie des Mittelalters, hg. v. Matthias Lutz-Bachmann u. a., Berlin 2004, S. 35–67.

nehmung wahr wird (und das ist das Wahrgenommene außerhalb der Seele), das andere aber das Subjekt ist, durch das die Wahrnehmung eine existierende Form ist (und das ist die erste Vollendung des Wahrnehmungsfähigen).[62] Die beiden Elemente, Wahrnehmungsvermögen und Wahrnehmungsgegenstand, versteht er als Materie und Form, durch deren Verbindung kein Drittes, sondern eine Einheit beider entsteht: *sensibile in actu est sensus in actu.* Dieses Modell überträgt er auch auf die *intelligibilia* und zwar sowohl auf materielle als auch auf reine *intelligibilia.* Auch sie haben zwei Subjekte, *von denen eines das Subjekt ist, durch das sie wahr sind, nämlich die Formen, die wahre Vorstellungen sind, das zweite aber jenes, wodurch die Intelligibilia eines der Seienden der Welt sind, und dies ist der materielle Intellekt.*[63] Somit sind „alle Erkenntnisgegenstände hylemorphische Komposita, deren Form den Referenten stellt, durch den sie wahr sind, das heißt, ihren intentionalen Gehalt, und deren Materie den Ort zur Verfügung stellt, auf dem sie auf einem neuen und höheren Niveau der Abstraktion existieren können als sie in der Außenwelt oder in einem niederen Erkenntnisvermögen existieren."[64]

Wie nun der kognitive Erkenntnisprozess abläuft, erläutert Averroes im *commentum* 5 (S. 198ff.; 224f.) und im *commentum* 36 (S. 276ff.). Er beschreibt dort diesen Prozess als *moveri ad continuationem* (S. 278), d. h. als Weg des menschlichen Intellekts zur *coniunctio* mit dem transzendenten Intellekt bis zur *assimilatio.* Dabei sind zunächst drei Elemente zu unterscheiden: der *intellectus agens*, der *intellectus materialis* und die materiellen Formen im individuellen Vorstellungsvermögen, die nur potentiell intelligibel sind. Im *commentum* 5 (S. 198f.) argumentiert Averroes ausgehend von dem aristotelischen Vergleich des Wahrnehmens und Denkens mit dem Licht. Wie die Farbe den Sehsinn nur bewegt, wenn sie vom Licht aktuiert wird, so bewegen die Vorstellungsintentionen, die im Individuum sind, den materiellen Intellekt nur, wenn sie aktuell intelligibel gemacht worden sind; und er folgert: *Deshalb musste Aristoteles den aktiven Intellekt (intellectus agens) einführen* [...]*; er ist es, der diese Intentionen aus der Potenz zum Akt führt.*[65] An einer weiteren Stelle des *commentum* 5 (S. 224f.) argumentiert Averroes, an Aristoteles anschließend, mit einer Reihe von analogen Relationen: Der transzendente *intellectus agens* verhält sich zum *intellectus materialis* wie das Licht zum Diaphanen: wie das Licht die Vollendung des Diaphanen ist, so ist der *intellectus agens* die Vollendung des *intellectus materialis;* wie das Diaphane von der Farbe nicht bewegt wird, wenn es nicht vom Licht

62 „perficitur per duo subiecta, quorum unum est subiectum per quod sensus fit verus (et est sensatum extra animam), aliud autem est subiectum per quod sensus est forma existens (et est prima perfectio sentientis)" (S. 196).

63 „quorum unum est subiectum per quod sunt vera, scilicet forme que sunt ymagines vere, secundum autem est illud per quod intellecta sunt unum entium in mundo, et istud est intellectus materialis" (S. 196).

64 Deborah Black, Models of the Mind, S. 337f., zitiert nach Wirmer, 2008, S. 377.

65 „Et propter hoc fuit necesse Aristoteli imponere intellectum agentem [...]; et est extrahens has intentiones de potentia in actum" (S. 198f.).

erleuchtet wird, so nimmt der *intellectus materialis* die *intelligibilia* nicht auf, wenn er nicht vom *intellectus agens* erleuchtet wird; und schließlich: wie das Licht die potentielle Farbe aktuiert, so dass sie das Diaphane bewegen kann, so aktuiert der *intellectus agens* die potentiell intelligiblen Intentionen, so dass der *intellectus materialis* sie aufnimmt.

Averroes schließt diesen Gedankengang mit dem Hinweis auf den Begriff des *intellectus adeptus* ab: *Wenn der materielle Intellekt [mit uns] verbunden sein wird, insofern er durch den wirkenden Intellekt vollendet wird, dann sind wir mit dem wirkenden Intellekt verbunden; und dieser Zustand heißt Erwerbung und erworbener Intellekt.*[66] Damit bezieht sich Averroes wahrscheinlich auf das *commentum* 36, wo er den von Alexander aus der arabischen Übersetzung von ‚Περὶ νοῦ' und aus ‚Περὶ ψυχῆς' bekannten Begriff verwendet – allerdings, wie Wirmer anmerkt, „ohne ihn für seine eigene Theorie ausdrücklich zu übernehmen"[67]. Das Zustandekommen dieser *dispositio* des materiellen Intellekts wird an dieser Stelle nur angedeutet. Wie Averroes im *commentum* 36 ausführt, geht es dabei um die Perfektionierung des Intellekts durch eine Folge von Denkakten, in denen immer mehr potentiell intelligible Formen durch den *intellectus agens* aktuell intelligibel gemacht werden und im *intellectus materialis* präsent sind, bis schließlich der *intellectus agens zur forma in nobis* wird. An dieser Stelle seiner Argumentation ist für Averroes ein anderer Gesichtspunkt wichtig: Er meint, mit diesem Ansatz das Problem der Einheit und Vielheit des *intellectus materialis* gelöst zu haben. *Wenn wir daher annehmen, die intelligible Sache, die bei mir und bei dir ist, sei vielfach in dem Subjekt, durch das sie wahr ist, nämlich den Formen der Vorstellung, und eine in dem Subjekt, durch das sie ein seiender Intellekt ist (und das ist der materielle), [dann] werden diese Fragen vollkommen gelöst.*[68]

Im *commentum* 36 grenzt sich Averroes noch einmal von der Position Alexanders und anderer Kommentatoren ab, die den *intellectus materialis* als entstanden und vergänglich ansetzen, und argumentiert, wie schon im *commentum* 5, mit dem Vergleich des *intellectus materialis* mit dem Diaphanen: *Für uns aber, da wir annehmen, dass der materielle Intellekt ewig ist und die theoretischen Intelligibilia entstehend und vergänglich sind in der Weise, die wir genannt haben, und dass der materielle Intellekt beide erkennt, nämlich die materiellen Formen und die abgetrennten Formen, [für uns] ist offensichtlich, dass das Subjekt der theoretischen Intelligibilia und des aktiven Intellekts entsprechend dieser Weise ein und dasselbe ist, nämlich der*

66 „Et cum intellectus materialis fuerit copulatus secundum quod perficitur per intellectum agentem, tunc nos sumus copulati cum intellectu agenti; et ista dispositio dicitur adeptio et intellectus adeptus" (S. 224).

67 Wirmer, 2008, S. 225, Anm. 132.

68 „Cum igitur posuerimus rem intelligibilem que est apud me et apud te multam in subiecto secundum quod est vera, scilicet formas ymaginationis, et unam in subiecto per quod est intellectus ens (et est materialis), dissolvuntur iste questiones perfecte" (S. 226).

materielle [Intellekt].[69] Und wie das Diaphane Farbe und Licht zugleich aufnimmt, obwohl das Licht die Farbe sichtbar macht, so ist der *intellectus materialis* das Subjekt der theoretischen *intelligibilia* und des *intellectus agens.* Und das bedeutet: Wenn sich die theoretischen *intelligibilia* über die Vorstellungsformen mit uns verbinden, dann verbindet sich der *intellectus agens* durch seine Verbindung mit den theoretischen Intentionen mit uns. Dieser Vorgang wiederhole sich in immer neuen Erkenntnisakten, durch die der menschliche Intellekt mit dem transzendenten *intellectus agens* verbunden und der *intellectus agens* zur *forma in nobis* wird. So behauptet er, den Modus gefunden zu haben, in dem es möglich sei, dass sich der *intellectus agens* schließlich mit uns verbindet, am Anfang aber nicht mit uns verbunden ist. Es ist ein Prozess der Überformung des materiellen Intellekts: *Weil ja nun das, wodurch etwas seine eigentümliche Tätigkeit ausübt, die Form ist, wir aber durch den aktiven Intellekt unsere eigentümliche Tätigkeit ausüben, so muss der aktive Intellekt Form in uns sein.*[70]

Diese Überformung geschieht, nach Averroes, nicht auf einmal, sondern allmählich und mittelbar durch die intelligiblen Formen, die der *intellectus materialis* von den Vorstellungen erhält: *Und es ist offensichtlich, dass dann, wenn alle theoretischen Intelligibilia potentiell in uns existieren, er potentiell mit uns verbunden sein wird; und wenn alle theoretischen Intelligibilia aktuell in uns existieren, dann wird er aktuell mit uns verbunden sein. Wenn nun einige in Potenz sind und einige in Akt, dann wird er teilweise mit uns verbunden sein und teilweise nicht, und dann wird man von uns sagen, wir bewegten uns auf die Verbindung hin.*[71] Wenn diese Bewegung vollendet ist, erkennt der Mensch durch den ihm eigenen Intellekt, *per intellectum sibi proprium,* alle Seienden und wirkt durch eine ihm eigentümliche Tätigkeit auf alle Seienden und gleicht daher, wie Averroes mit Berufung auf Themistius sagt, in dieser Weise Gott : *Der Mensch gleicht daher, wie Themistius sagt, in dieser Weise Gott darin, dass er in gewisser Weise alle Seienden ist und in gewisser Weise sie [alle] erkennt, denn die Seienden sind nichts anderes als seine Erkenntnis,*

69 „Nos autem cum posuerimus intellectum materialem esse eternum et intellecta speculativa esse generabilia et corruptibilia eo modo quo diximus, et quod intellectus materialis intelligit utrunque, scilicet formas materiales et formas abstractas, manifestum est quod subiectum intellectorum speculativorum et intellectus agentis secundum hunc modum est idem et unum, scilicet materialis" (S. 276).

70 „Quoniam, quia illud per quod agit aliquid suam propriam actionem est forma, nos autem agimus per intellectum agentem nostram actionem propriam, necesse est ut intellectus agens sit forma in nobis" (S. 278).

71 „Et manifestum est quod, cum omnia intellecta speculativa fuerint existentia in nobis in potentia, quod ipse erit copulatus nobiscum in potentia. Et cum omnia intellecta speculativa fuerint existentia in nobis in actu, erit ipse tunc copulatus nobis in actu. Et cum quedam fuerint potentia et quedam actu, tunc erit ipse copulatus secundum partem et secundum partem non; et tunc dicimur moveri ad continuationem" (S. 278).

und die Ursache der Seienden ist nichts anderes als seine Erkenntnis. Wie wunderbar ist dieser Rang, und wie außergewöhnlich ist diese Seinsweise.[72]

Eine andere Stelle des ‚*Großen Kommentars*' enthält Aussagen darüber, wie Averroes das Verhältnis von *intellectus agens* und *intellectus materialis* in der *coniunctio* innerhalb seines hylemorphistischen Modells zugleich als Einheit und Zweiheit denkt. Sie sind nämlich zwei wegen der Verschiedenheit ihrer Tätigkeiten, nämlich zu beformen und beformt zu werden. *Einer sind sie aber, weil der materielle Intellekt durch den aktiven vollendet wird und ihn erkennt. Und auf diese Weise, sagen wir, in welcher der Intellekt mit uns verbunden ist, erscheinen in ihm zwei Vermögen, von denen eines aktiv ist, während das andere zur Gattung der leidenden Vermögen gehört.* Das Verhältnis von *intellectus agens* und *intellectus materialis* erläutert Averroes weiter, indem er Alexanders von Aphrodisias Vergleich des *intellectus agens* mit dem Feuer aufnimmt. *Wie treffend hat ihn Alexander mit dem Feuer verglichen, denn das Feuer ist von Natur aus dazu beschaffen, durch ein in ihm existierendes Vermögen jeden Körper zu verändern, wobei es jedoch in gewisser Weise von dem, was es verändert, eine Einwirkung erfährt und sich ihm in gewisser Weise angleicht; das heißt, es erwirbt von ihm eine Form des Feuers, die geringer ist als die Form des Feuers des Verändernden. Diese Lage ist sehr ähnlich derjenigen des aktiven Intellekts gegenüber dem passiven [d. h. der Vorstellung] und den Intelligibilia, die er erzeugt, denn einerseits erzeugt er sie und andererseits nimmt er sie auf.*[73] An dieser Stelle beschreibt Averroes eine Entwicklungsstufe des menschlichen Intellekts vor der *coniunctio* mit dem *intellectus agens*: der *intellectus materialis* nimmt zuerst die materiellen Formen auf, bevor er die reinen *intelligibilia* und den aktiven Intellekt erkennt.[74]

Mit der Lehre von den zwei Subjekten und der *coniunctio* wird, nach Averroes, einsichtig, wie sich dieser Intellekt mit uns verbindet (S. 279) und wie die theoretischen *intelligibilia* entstehend und vergänglich und das sie Bewirkende und Aufnehmende ewig sein können. Außerdem seien damit die Objektivität des Gedachten und die Individualität des Denkens gewährleistet und alle Fragen beantwortet. Averroes folgt einer Linie, die bereits bei Alexander von Aphrodisias angelegt ist, den aristotelischen νοῦς ποιητικός als transzendente, nicht mit dem Körper verbundene Größe zu begreifen, die auf den menschlichen Denkprozess einwirkt. Die Interpretation dieses Einwirkens als Überformung findet er in ‚Περὶ νοῦ' und ‚Περὶ ψυχῆς', indem er ihre widersprüchlichen Ansätze vermittelt. Anders als bei al-Farabi, der den *intellectus adeptus* als eine

72 „Homo igitur secundum hunc modum, ut dicit Themistius, assimilatur Deo in hoc quod est omnia entia quoquo modo, et sciens ea quoquo modo; entia enim nichil aliud sunt nisi scientia eius, neque causa entium est aliud nisi scientia eius. Et quam mirabilis est iste ordo, et quam extraneus est iste modus essendi" (S. 280).

73 Zitiert nach: Commentarium magnum in Aristotelis De anima libros, hg. v. F. Stuart Crawford, Cambridge/Mass. 1953, S. 450,213–451,230; Übers. Wirmer, S. 343.

74 Vgl. Wirmer, 2008, S. 343. Den alexandrischen Vergleich wird Eckhart in seinem ‚*Johanneskommentar*' mit einer anderen Akzentuierung aufnehmen, s. u. H 4, Kap. 2, 2.2.2.

Entwicklungsstufe des menschlichen Intellekts charakterisierte, wirke der *intellectus agens* von außen (als νοῦς θύραθεν) in uns und werde schließlich zur *forma in nobis* (S. 243). Mit dem alexandrischen Ansatz sei aber das Problem, wie sich der transzendente Intellekt mit unserem Intellekt verbinde, nicht gelöst. Erst mit der Theorie von der Überindividualität des *intellectus materialis*, den zwei Subjekten und der *coniunctio* sind, nach Averroes, die offenen Fragen beantwortet.

5. Die menschliche Geistseele als individuelle Einheit versus numerische, überindividuelle Einheit des Intellekts – die Kritik des Thomas von Aquin an den „Averroisten": „Der einzelne Mensch denkt"

Die erkenntnistheoretischen und ontologischen Probleme der averroistischen Position sind nicht verborgen geblieben. In seinem Traktat ‚*De unitate intellectus contra Averroistas*' kritisiert Thomas von Aquin[75] in scharfer Form die These des Averroes von der numerischen Einheit des *intellectus possibilis* in allen Menschen, die Siger von Brabant um die Mitte des 13. Jahrhunderts an der Pariser Artistenfakultät rezipiert hatte. Dessen Schrift ‚*Quaestiones in tertium De anima*'[76]enthalte gravierende Irrtümer über den Intellekt. Siger vertrete eine „Irrlehre", die nicht nur der Wahrheit des christlichen Glaubens, sondern auch dem Geist der Philosophie widerspreche. Sie stehe insbesondere im Gegensatz zur aristotelischen Lehre und zerreiße den Zusammenhang von Metaphysik, Erkenntnis- und Seelenlehre.

Was die epistemologischen Probleme anbetrifft, hat Thomas in seinem Traktat eingewandt, dass zwar gelte: *intellectus in actu est intelligibile in actu,* nicht aber: *intellectus in potentia est intelligibile in potentia.* Der Begriff einer Sache, wie er potentiell in den Vorstellungsbildern vorliegt, ist nicht aktuell intelligibel und daher auch nicht mit dem Intellekt *in actu* eins. Er ist mit uns verbunden, sofern er in den Vorstellungsbildern ist. Wenn der Begriff aber Form eines überindividuellen *intellectus possibilis* ist, kann er nicht mit uns

---

[75] Wir zitieren nach folgender Ausgabe: Thomas von Aquin, Über die Einheit des Geistes gegen die Averroisten. De unitate intellectus contra Averroistas, Übers., Einf. und Erl. von Wolf-Ulrich Klünker, Stuttgart 1987. Dem lateinischen Text liegt die kritische Ausgabe von Leo W. Keeler, Sancti Thomae Aquinatis tractatus de unitate intellectus contra averroistas. Editio critica, Rom 1936, zugrunde.

[76] Siger von Brabant, ‚Quaestiones in tertium De anima', hg., übers. eingel. und mit Anm. vers. von Matthias Perkams, Freiburg/Br. 2007.

verbunden sein. Die eigentliche Frage bleibt also bestehen. Wenn der *intellectus possibilis*, der nach Averroes intelligibel und überindividuell ist, die allgemeinen, intelligiblen Intentionen aufnimmt, ohne sie zu individuieren, wird die Verbindung der Intentionen zum denkenden Individuum abgebrochen. Auf der einen Seite stehen also die Vorstellungen des Individuums, auf der anderen die intelligiblen Intentionen, die gerade nicht individuell, nicht singulär, sondern allgemein sind, aber aus den Vorstellungen gewonnen sein sollen.

In der Konsequenz dieses Einwands ergeben sich weitere Probleme.[77] Das erste entsteht bei der Frage der Aktuierung der Intentionen. Dazu bedarf es auf beiden Ebenen, der sinnlichen Wahrnehmung und des Intellekts, eines initial aktuierenden Prinzips. Averroes veranschaulicht diesen Sachverhalt im *commentum* 5 an der *proportionalitas* (S. 198), am „Entsprechungsverhältnis" (Wirmer), zwischen dem Subjekt, das den Sehsinn bewegt, und dem Subjekt, das den Intellekt bewegt. Eine solche *proportionalitas* weist aber Schwachstellen auf. Denn in der Wahrnehmung ist das Subjekt, durch das die sensiblen Intentionen wahr sind, außerhalb der Seele, das Subjekt jedoch, durch das die intelligiblen Intentionen wahr sind, liegt innerhalb der Seele. Außerdem ist bei der Wahrnehmung das Licht etwas dem Erkenntnisvorgang Äußerliches, es ist ein äußeres Prinzip, während der *intellectus agens* in seiner Lichthaftigkeit zur Erkenntnis gehört. Hinzukommt, dass bei den intelligiblen Intentionen das erste und das zweite Subjekt sich in ihrer Seinsweise unterscheiden. Während bei der Rezeption der sinnlichen Form die Existenzweise der Intention in den beiden Subjekten, dem sinnlichen Gegenstand und dem Wahrnehmenden, und damit die sinnliche Ebene nicht verlassen wird, muss beim intelligiblen Vorgang die intelligible Intention aus den sinnlichen Vorstellungsbildern gewonnen werden und damit der Schritt vom Sensiblen ins Intelligible, vom Singulären ins Allgemeine vollzogen werden. Das erste Subjekt sind also die Vorstellungen, die potentiell, nicht aktuell intelligibel sind. Das zweite Subjekt ist ein intelligibles Aufnehmendes, der *intellectus materialis*. Das ist ein Bruch im „Entsprechungsverhältnis".

Das zentrale erkenntnistheoretische Problem der These von der Einzigkeit und Separatheit des *intellectus possibilis*, das Thomas immer wieder anspricht, betrifft das Verhältnis zu den Vorstellungsbildern. Die Intentionen im zweiten Subjekt der sinnlichen Ebene bewegen den *intellectus possibilis*, aber sie können ihn nicht allein bewegen. Sie sind zwar der Potenz nach intelligibel und allgemein, aber von sich aus nicht in der Lage, von der Potenz in den Akt überzugehen.[78] Sie bleiben deshalb auf ein aktuierendes Prinzip, auf die „Mit-Wirkung" (Wirmer) des *intellectus agens* angewiesen. Die aktuierten Intentionen bleiben, nach Averroes, mit den Vorstellungsbildern verbunden; denn sie sind keine reinen *intelligibilia*, sondern entstehen und vergehen. Die Vorstellungen sind

---

77 Vgl. Wirmer, 2008, S. 199f.

78 Vgl. Wirmer, 2008, S. 371.

immer Subjekte der *intelligibilia,* die nur verbunden mit ihnen existieren. Dass die *intelligibilia* mit zwei Subjekten verbunden sind, einem ewigen, dem materiellen Intellekt, und einem vergänglichen, der Vorstellung, bedeutet, dass die aktuierten Intentionen mit dem sinnlichen Bereich verbunden bleiben, also keine reinen *intelligibilia* darstellen. Wie jedoch sollen sie dann auf den materiellen Intellekt wirken? Trennt man aber die *intelligibilia* ganz von den Vorstellungsbildern, dann werden sie ganz von ihrem Substrat und damit vom menschlichen Individuum gelöst. Mit dieser Separation wäre zwar die Allgemeinheit der Erkenntnis gesichert, sie wäre überindividuelle intelligible Erkenntnis, aber der einzelne Mensch würde nicht mehr im eigentlichen Sinn erkennen.

Averroes' These von der numerischen Einheit des *intellectus materialis* hat Siger von Brabant in seinen ‚*Quaestiones in tertium De anima*' aufgenommen. Er betont den Sonderstatus des Intellekts, den er als einfach, immateriell, unvermischt und als *factum aeternum* charakterisiert. Ziel seiner Einheitsthese ist ähnlich wie bei Averroes der Nachweis, dass Individualität des Denkens und Allgemeinheit des Gedachten nur möglich sind, wenn man einen einzigen überindividuellen, ewigen Intellekt annimmt. Dass ein einziger Intellekt in allen Menschen ist, dafür spricht, so argumentiert er in der neunten *quaestio,* dass er eine immaterielle Form ist, die ihrer Art nach eine ist. Wenn der Intellekt „nach der Zahl der Menschen" gezählt würde, dann wäre er, wie schon Averroes lehre, eine Kraft im Körper. Die Einwände, dass die Beweger der Himmelskreise sich gemäß ihrer Sphären vervielfältigen und alle Menschen Wissen erwürben, wenn einer Wissen erwirbt – denn wenn es einen Intellekt in allen Menschen gäbe, dann wäre alles Gedachte eins –, versucht Siger in seiner *solutio* mit der aristotelischen These zu widerlegen, dass es an der Materie liege, dass ein Zeugendes etwas hervorbringt, was der Zahl nach, aber nicht der Art nach verschieden ist. Da aber der Intellekt immateriell sei, vervielfältige er sich nicht der Zahl nach. Zentrales Argument für die Einzigkeit des Intellekts ist für ihn der ontologische Status des Intellekts, der eben nicht Entelechie des Körpers sei und d. h., nicht durch seine Substanz den Körper vollende. Er bleibe einer in allen Menschen.

Was die Verbindung des Intellekts mit uns betrifft, folgt Siger weitgehend Averroes: weil die Intentionen im Vorstellungsvermögen nach der Zahl der Menschen gezählt werden, wird auch der Intellekt durch die Intentionen gezählt; und wie die Intentionen in den verschiedenen Menschen verschieden sind, ist auch der Intellekt verschieden, obwohl er seiner Substanz und Wirksamkeit nach einer ist. Der Intellekt ist als Aufnehmender einer in allen Menschen, als Aufgenommener aber vielfältig.

Die These Sigers, dass der Intellekt und damit die *anima intellectiva,* nicht die substantielle Form des Körpers sei, sondern als *substantia separata* für sich bestehe und daher nicht durch die Materie vervielfältigt werden könne, unterzieht Thomas in seinem Traktat einer scharfen Kritik. Er eröffnet die Auseinandersetzung mit einer Analyse der aristotelischen Definition der Seele als „erster Wirklichkeit, *actus primus*, eines natürlichen, mit Organen ausgestatteten Körpers“, die seiner Meinung nach, anders als die averroistische Interpretation, den Intellekt zur menschlichen Seele rechnet. Der aristotelische Satz: *Wenn man also eine allgemeine Bestimmung für jede Art Seele geben soll, so ist sie die erste vollendete Wirklichkeit des natürlichen, mit Organen ausgestatteten Körpers* (412b5) ist daher nicht so zu verstehen, als schließe er eine allgemeine Bestimmung der ganzen Seele aus. Im Gegenteil: Der Satz nimmt den Intellekt mit in die Seelendefinition hinein. Dass die Seele *actus primus corporis physici organici* ist, gilt nach Thomas' Verständnis für jede Seele, also auch für die *anima intellectiva* des Menschen. Das bestätige der unmittelbare Kontext in ‚*De anima*‘: ‚*Damit wurde im allgemeinen zum Ausdruck gebracht, was die Seele ist: ihrem Begriff nach ist sie eine Wesenheit, Substanz, das bedeutet: sie ist das Was-Sein dieses Leibes*‘, *d. h. die wesenhafte Form (forma substantialis) eines natürlichen, organischen Körpers* (Übers. leicht verändert).[79] Sie ist Substanz als Form eines Körpers und als Substanz Form des Körpers (vgl.Schneider). Das gilt auch für das Kompositum Mensch: die Geistseele realisiert den Menschen als Ganzes. Thomas zeigt auf eine wichtige Unterscheidung bei Aristoteles, die in der Argumentation der Averroisten übersehen werde: *Es macht nämlich einen Unterschied, ob die Seele insgesamt die Wirklichkeit des Leibes ist oder ob ein Teil von ihr Wirklichkeit des Leibes ist.*[80] Um das Missverständnis auszuräumen, seine allgemeine Definition der Seele gelte nicht für die Geistseele, weise der Philosoph im Folgenden darauf hin, dass auch Teile zur Seele gehören können, die nicht *actus* eines Körpers sind, wie z. B. Geist und Wille, *intellectus et voluntas* (n. 175, S. 24). Daraus, dass der Intellekt nicht *actus* des Körpers ist, kann daher nicht gefolgert werden, dass die Geistseele nicht *actus* des Körpers ist. Das heißt, in der Geistseele des Menschen wird der menschliche Intellekt „als an Sinnlichkeit gebundener Intellekt nur vollzogen, wenn sie als forma die materia aktualisiert, wenn sie im Kompositum Mensch die ihr wesensnotwendige Leiblichkeit gewonnen hat“.[81] Thomas hält sogar fest, dass für Aristoteles eine vom Leib getrennte Seele gar nicht wirklich lebendig sei: *Nam cum satis probaverit animam esse actum corporis, quia separata anima non est vivens in actu* (n. 176, S. 24).Daraus folgt epistemologisch: Zum menschlichen Erkenntnisvorgang gehören Sinnlichkeit und Intellekt, ohne die *conversio ad phantasmata*, die der Intellekt aus der Sinnlichkeit gewinnt, ist menschliches Erkennen nicht möglich.

Nach Thomas kommt der menschlichen Seele mit dem Intellekt ein Tätigkeitsprinzip zu, das zwar über die Seele mit dem Körper verbunden ist, aber

---

79 „„Universaliter quidem dictum est quid sit anima; substantia enim est quae est secundum rationem; hoc autem est quod quid erat esse huius corporis‘, i. e. forma substantialis corporis physici organici“ (n. 175, S. 23).

80 „Aliud enim est animam esse actum corporis, et aliud partem eius esse corporis actum“ (n. 175, S. 24).

81 Schneider, 1973, S. 23.

über die Möglichkeiten der Materie hinausgeht. Aristoteles will, nach Thomas, zeigen, dass der Intellekt ein Teil der Seele ist, dass sich sein *modus operandi* aber deutlich von dem der anderen Seelenteile unterscheidet. Der „Geist der Seele", wie Thomas in Anlehnung an Aristoteles' νοῦς ἐν τῇ ψυχῇ formuliert, bleibt trotz seiner Verbindung mit dem Körper unvermischt, er besitzt keine Organe wie das Sensitive und entfaltet seine Fähigkeiten in der Seele, nicht im Körper. Thomas bestimmt also die Relation von Intellekt und Körper im Menschen grundsätzlich anders: Der Intellekt ist zwar vom Körper abgesondert, weil er keine Kraft im Körper, sondern eine Kraft in der Seele ist. Diese wiederum ist die Wirklichkeit, *actus*, des Körpers, indem sie diesem Sein verleiht. Der Intellekt dagegen ist zwar nicht die Wirklichkeit des Körpers, aber er ist Teil der Seele (vgl. n. 191, S. 39). Und da die Seele *actus* des Körpers ist, ist er auch mit dem Körper verbunden.

Die averroistische Position trennt Intellekt und Seele, eine Verbindung zwischen beiden gibt es nur im Erkenntnisakt über die Vorstellungskraft mit ihren Phantasmen. Als Begründung dafür, dass ihrer Meinung nach in Aristoteles Definition der Seele der Intellekt nicht als Teil der Seele enthalten sei, berufen sich die Averroisten darauf, dass der νοῦς nach Aristoteles vom Körper abgesondert und abgetrennt sei wie das Ewige vom Vergänglichen. Als Teil der Seele wäre er Form des vergänglichen Körpers; etwas Ewiges wäre Form eines Vergänglichen. Außerdem komme der Intellekt von außen; jede Form jedoch, die *actus* der Materie ist, entstehe aus der Möglichkeit der Materie. Der Intellekt käme dann also gerade nicht von außen in die Seele. Besonders fragwürdig erscheint den Averroisten die christliche Annahme, dass die Form der Seele eine Zeitlang im Körper und dann ohne Körper existieren soll. Unsterblich ist für sie nur der Intellekt, nicht die menschliche Seele.

Thomas versucht diese Fragen mit einer Differenzierung des Begriffs der Form zu lösen, die sowohl die substantiale Einheit des Menschen als auch die Unsterblichkeit der menschlichen Seele gewährleisten soll. Er zielt darauf ab, die *anima intellectiva* zugleich als Form des Körpers und als unsterblich zu erweisen. Dies sei ihr als vorzüglichster Form möglich; denn je edler eine Form ist, umso mehr überschreitet sie die Materie. Sie überdauert den von ihr formierten Körper, präexistiert aber nicht, wie Thomas mit Bezug auf Met. 11 behauptet (vgl. n. 196, S. 42f.). Sie ist ewig, wenn sie vom sterblichen Körper getrennt ist. Um diese Position zu begründen, unterscheidet Thomas erstens Formen, die nur in Verbindung mit der Materie existieren und tätig sein können, und zweitens Formen, die unabhängig von der Materie, aber auch in Verbindung mit ihr wirken können und das *compositum* überdauern.[82] Die intellek-

[82] Auf die Frage, ob ein solcher körperloser Intellekt überhaupt noch denken kann, da doch gilt, dass der Intellekt nicht ohne Vorstellungen denkt, entgegnet Thomas lediglich, dass der Intellekt ohne Körper wie die *substantiae separatae* denken werde.

tive Seele gehört als Form des Körpers zum zweiten Typ und ist unvergänglich, sie ist *actus* des Körpers.

Der averroistischen These von der Einzigkeit und Überinidividualität des Intellekts stellt Thomas im dritten und vierten Kapitel seines Traktats die These von der Einheit der individuellen Geistseele entgegen. Als Ausgangspunkt (n. 216, S. 59) wählt Thomas den aristotelischen Satz: „Die Seele ist das, wodurch wir leben, wahrnehmen und denken". Er gilt ihm als Quintessenz der aristotelischen Lehre. Der einzelne Mensch lebt und denkt; und dieses individuelle Denken ist in einer Form als Tätigkeitsprinzip begründet, die zugleich Form des Körpers ist.

Dieses Argument ist insbesondere gegen die These des Averroes gerichtet, dass weder der *intellectus agens* noch der *intellectus possibilis* ein Teil der Seele ist, sondern eine vom Körper getrennte Substanz darstellt, die über die Vorstellungen des Individuums mit diesem verbunden ist. Thomas bezieht sich dabei explizit auf die Lehre von den zwei Subjekten, die erklären soll, wie es möglich sei, dass der einzelne Mensch denkt, während der mögliche Intellekt denkt. Gegen diese Position, die in etwa auch Siger von Brabant vertritt, führt Thomas drei Argumente an (n. 217–220, S. 60–63).

Das erste bezieht sich auf die Genese des Menschen. Nach Aristoteles und Theophrast erfolgt, wie Thomas referiert, die Verbindung des Intellekts mit dem Menschen nicht, wie die averroistische These behauptet, im Akt der Wahrnehmung, sondern bereits bei der Zeugung (vgl. n. 218, S. 61). Das zweite Argument stellt die Lehre von den zwei Subjekten als Erklärung des Erkenntnisvorgangs grundsätzlich in Frage (vgl. n. 219, S. 61f.). Denn, so argumentiert Thomas, die *species intelligibiles* in den Vorstellungen sind nur der Möglichkeit nach intelligibel, im möglichen Intellekt dagegen sind sie von den Vorstellungen abstrahiert und *actu intelligibel*, d. h. Formen des möglichen, überindividuellen Intellekts. Daraus folge, dass der mögliche Intellekt durch die *species intelligibiles* nicht mit den individuellen Vorstellungen verbunden ist. Die von Averroes behauptete Relation wäre der zwischen Spiegel und sich spiegelndem Menschen vergleichbar. Sie wäre gar keine wirkliche Verbindung, weil die *repraesentatio*, die der Spiegel leistet, keine *actio* des Menschen wäre. Ebensowenig kann die *actio* des möglichen Intellekts einem bestimmten Menschen zugeschrieben werden, so dass dieser einzelne Mensch denken würde. Das dritte Argument bezieht sich auf die verschiedenen Funktionen von *species intelligibilis* und *potentia intellectiva* (vgl. n. 220, S. 62f.). Angenommen, eine und dieselbe *species* wäre die Form des möglichen Intellekts und zugleich in den Vorstellungen, dann könnte eine solche Verbindung noch kein individuelles Denken begründen; denn durch die *species intelligibilis* wird etwas gedacht, durch die *potentia intellectiva* denkt der einzelne Mensch. Der averroistische Ansatz läuft dagegen darauf hinaus, dass der einzelne Mensch nicht denkt, da die *species intelligibiles* im möglichen Intellekt sind. Diese Konstellation – ein Individuum mit Vorstellungen, das nicht denkt, und ein möglicher Intellekt, in dem die *species intelligibiles* gedacht werden – vergleicht Thomas mit einer Wand, auf der Farbe aufgetragen ist. Die *species sensibilis* der Farbe ist im Gesichtssinn. So wie nun die Wand nicht sieht und die Farbe vom Gesichtssinn gesehen wird, so würde, im averroistischen Modell, der einzelne Mensch nicht denken, sondern nur der mögliche Intellekt. Das zerreißt den Zusammenhang, der offen zu Tage liegt. So wie das Sinnenwesen sieht, das eine *potentia* des Sehens hat, in der die *species sensibiles* sind, so denkt der einzelne Mensch, der die *potentia intellectiva* hat, in der die *species intelligibiles* sind. So kann, nach Thomas, die averroistische Lehre von der Einheit des Intellekts nicht erklären, was sie erklären will: das individuelle Denken.

Aber auch die Lösungsversuche anderer Autoren, die die Relation von Intellekt und Körper als Verbindung von Beweger und Bewegtem (vgl. n. 221, S. 63) – z. B. von Seemann und Schiff – interpretieren, tragen nichts zur Lösung des Problems bei. Denn wie das Denken des Seemannes nicht das Denken des Ganzen aus Seemann und Schiff ist, so kann das Denken nicht Denken des Ganzen, nämlich des Sokrates, sondern ausschließlich des Intellekts sein, der für sein Denken sich auf Sokrates und den Körper stützt.

Aufs Ganze gesehen, scheitern, nach Thomas, alle Ansätze, die den Intellekt vom Individuum und seinem Körper trennen. Sie können nicht erklären, dass der einzelne Mensch denkt. Dies ist nur möglich, wenn man den Intellekt als ein Vermögen der Seele versteht, die wiederum Form des Körpers ist.

Der zweite Teil von ‚*De unitate intellectus*', der mit dem vierten Kapitel beginnt, bringt weitere Argumente gegen die Lehre von der Einheit des Intellekts ins Spiel. Die Widerlegung erfolgt auf der Linie der These von der intellektiven Seele als *actus corporis*. Thomas argumentiert insbesondere *ex consequentiis* der averroistischen These. Denn gäbe es nur einen Intellekt, so verschwänden die Unterschiede in den Willensentscheidungen der Menschen (vgl. n. 232, S. 71) und es gäbe nur eine Denktätigkeit für alle Menschen, die auch nicht über die Vorstellungen individuiert wäre (vgl. n. 240, S. 77f.).

Den letzten Einwand der Averroisten, dass nur materielle Formen numerisch viele sein können, der Intellekt aber keine materielle Form und deswegen der Zahl nach einer sei, kontert Thomas mit der Unterscheidung einer durch die Materie verursachten numerischen Vielheit und einer numerischen Vielheit der *substantiae separatae* (vgl. caput 5). Auch reine Geister, die Engel, bilden keine numerische Einheit, sondern sind aufgrund der Unterschiede in ihrer Form numerisch eine Vielheit. Und so kann auch der Intellekt als Vermögen der Seele, die *actus corporis* ist, durch die Materie individualisiert werden.

Überblickt man die beiden Abhandlungen, die ‚*Quaestiones*' Sigers und den Traktat des Thomas, zeigen sich zwei intellekttheoretische Positionen, die sich in ihrer Unterschiedlichkeit beide auf die aristotelische Philosophie berufen. Mit seiner Einheitsthese intendiert Siger, ähnlich wie Averroes, zu zeigen, dass Individualität des Denkens und Allgemeinheit des Gedachten nur möglich sind, wenn man einen einzigen überindividuellen, ewigen Intellekt annimmt. Im

Zentrum von Thomas' Kritik an den „Averroisten" und insbesondere an der Position Sigers von Brabant stehen seine Aussagen über den ontologischen und epistemologischen Status des Intellekts. Gegen die These von dessen Separatheit betont Thomas die aristotelische These, dass menschliches Erkennen wesentlich auf die Sinnesvermögen, auf die *conversio ad phantasmata*, angewiesen ist und dass der einzelne Mensch denkt. *Impossibile est quod intellectus possibilis sit unus tantum omnium hominum* (n. 245, S. 83).

6. Die unterschiedliche Positionierung des Albertus Magnus gegenüber der Vier-Intellekte-Lehre: aristotelischer *intellectus agens* als Vermögen der Seele und neuplatonischer Aufstieg des Intellekts zur *coniunctio cum Deo*

Für die Intellektheorie des Albertus Magnus sind drei Schriften von besonderer Bedeutung: ‚*De homine*', der ‚*De anima-Kommentar*' und ‚*De intellectu et intelligibili*'. Sie enthalten vier unterschiedliche Versionen.[83] Die ersten beiden (in ‚*De homine*' und eine Version aus dem ‚*De anima Kommentar*') sind stark am aristotelischen Intellektmodell orientiert; Version drei (im ‚*De anima Kommentar*') ist eher averroistisch geprägt und Version vier (in ‚*De intellectu et intelligibili*') interpretiert das Erkennen in neuplatonischem Sinn als Aufstiegsbewegung. Die beiden letzten Versionen verbinden die aristotelische Dichotomie des Intellekts mit den Theoremen des *intellectus adeptus* und der *coniunctio*, die Albert als Überformung des *intellectus materialis* durch den *intellectus agens* der menschlichen Seele denkt; sie ist eine Selbstperfektionierung und Selbstrealisierung des Intellekts, ähnlich wie bei al-Farabi; der *intellectus adeptus* ist in dieser Version Vollendungsstufe. In Version 4 dagegen ist die *coniunctio* eine Überformung des menschlichen *intellectus materialis* durch den göttlichen Intellekt, eine *coniunctio cum deo*, die sich am Ende einer neuplatonisch verstandenen Aufstiegsbewegung vollzieht. Der *intellectus adeptus* ist hier nur eine Vorstufe der Vollendung im *intellectus assimilativus* als höchster Stufe der *perfectio*. In den Versionen 1–3, die sich auf natürliche Erkenntnisvorgänge beziehen, nimmt Albert keinen transzendenten *intellectus agens* an.

[83] Die neuere Forschung unterscheidet drei Phasen der Intellekttheorie Alberts; vgl. Henryk Anzulewicz, Entwicklung und Stellung der Intellekttheorie im System des Albertus Magnus, in: AHDLMA 70 (2003), S. 171–198; vgl. auch Hasse, 1999, S. 62–76, und insbesondere Müller, 2006, S. 554–559.

In seiner Schrift ‚*De homine*‘[84] (um 1242) setzt sich Albert kritisch mit der peripatetischen Vier-Intellekte-Lehre von al-Kindi bis Avicenna auseinander. Er folgt dabei im Wesentlichen der aristotelischen Zweiteilung des Intellekts in νοῦς ποιητικός und νοῦς παθητικός in ‚*De anima*‘ Gamma 5, zu der der νοῦς δυνάμει, das formierte Erkenntnisvermögen in Gamma 4 gehört. Diese Einteilung erscheint bei Albert als Trichotomie von *intellectus agens, intellectus possibilis* und *intellectus speculativus*; diesen bezeichnet er an anderen Stellen als *intellectus adeptus* (vgl. Ed.Paris. 35, S. 451b). Bezogen auf das aristotelische Modell, lasse sich die Vielzahl der Intellekte, die die Araber und Perser einführten, mit Hilfe der Analogie, die einen Mittelweg zwischen Univozität und Äquivozität darstelle, auf eine Einheit, auf ein *primum* hin zusammensehen, den *intellectus speculativus*, und zwar in jeweils anderer Weise: der *intellectus agens* als wirkend, der *intellectus possibilis* als rezipierend, der *intellectus in habitu* als vorbereitend, der *intellectus demonstrans* so, wie ein Akt dem *habitus* folgt.[85] Eine vierte Stufe des Intellekts als absolute Aktualität anzunehmen, lehnt er ab, da der *intellectus possibilis* die intelligiblen Formen empfängt und behält und jederzeit von sich aus in Aktivität übergehen kann, wie er kritisch gegen Avicenna anmerkt (vgl. ebd., 35, S. 498b).

Albert führt also die Vielzahl der peripatetischen Unterscheidungen auf die aristotelische Zweiteilung des Intellekts zurück. Daher kann er darauf hinweisen, dass der in seinem Dreierschema – *intellectus agens, intellectus possibilis, intellectus speculativus* – angenommene dritte Intellekt sich vom *intellectus possibilis* nicht seinem Wesen, sondern nur seinem Potentialitätsgrad nach unterscheide.[86] Bei Eckhart ist dieses dritte Moment die *mügelîche vernunft,* die er mehr auf die Seite des göttlichen *intellectus agens* rechnet.[87]

Der ‚*De anima-Kommentar*‘[88] Alberts enthält zwei unterschiedliche Ansätze, in denen er die dreistufige Struktur erweitert, die bei Aristoteles für alle seelischen Phänomene gilt: Erstens, δύναμις (*potentia*) als reine Potentialität, zweitens πρώτη ἐντελέχεια/erste ἐνέργεια (*perfectio prima*) als formierte Potentialität, ἕξις (*habitus*), und drittens, zweite ἐντελέχεια /zweite ἐνέργεια als Vollzug, Vollendung. Aristoteles unterscheidet also in ‚*De anima*‘ (417a21–30) zwei Formen von Potentialität und unterlegt sie mit Beispielen: die erste δύναμις, die

[84] Wir zitieren nach folgenden Ausgaben: Albertus Magnus, ‚De homine‘, hg. v. Henryk Anzulewicz und Joachim Söder, Münster/W. 2008 (Editio Coloniensis) und nach der Ausgabe von Auguste Borgnet (Editio Parisiensis).

[85] „supra dictae divisiones sunt analogi, quod medium est inter univocum et aequivocum: sunt enim illae partes ordinatae ad unum, scilicet ad intellectum speculativum, et agens ordinatur ad ipsum ut efficiens, possibilis vero ut recipiens, ille vero quem Avicenna vocat in habitu, ordinatur ad ipsum ut praeparans: ille vero quem Alkindius vocat demonstrantem, sequitur ipsum sicut actus consequitur habitum“ (ebd. 35, S. 451a).

[86] Vgl. Hasse, 1999, S. 65.

[87] S. u. H 3, Pr. 103 u. 104 u. H 4, Kap. 2, 1.

[88] Wir zitieren ‚*De anima*‘ nach der Ausgabe von Clemens Stroick, Münster/W. 1968 (Ed.Colon. Bd. 7,1).

reine Potentialität, ist die des Kindes, das noch nichts gelernt hat, dem wir aber aufgrund seiner Zugehörigkeit zur *species* Mensch als einem Wesen, das Wissen haben kann (417a23f.), diese Fähigkeit zusprechen; die zweite δύναμις ist für Aristoteles die formierte δύναμις, ἕξις, d. h. die Potentialität des Menschen, der schon etwas gelernt hat und „der jederzeit, wenn er will und wenn kein äußerer Umstand ihn hindert, sein Wissen ausüben kann“ (417a28). Es ist der Status der πρώτη ἐντελέχεια (*perfectio prima*), einer ἐνέργεια mit δύναμις-Charakter (s. o.), den er vom tatsächlichen Vollzug, ἐντελέχεια (zweite ἐνέργεια), unterscheidet.

Im *‚De anima-Kommentar‘*, in dem sich Albert auf die obige Aristoteles-Stelle bezieht, der er auch ein Beispiel entnimmt, führt er, über Aristoteles hinausgehend, eine Differenzierung des Begriffs der Potentialität im Bereich der ersten Stufe ein: *Und diese Potentialität, die vor der ersten Vollendung und dem habitus liegt, hat zwei Stufen; sie kann nämlich entfernt und nah sein; entfernt ist sie, wenn wir zum Beispiel einen Knaben der Möglichkeit nach wissend nennen, nahe aber, wenn wir jemanden der Möglichkeit nach wissend nennen, der schon die Werkzeuge und Prinzipien kennt, mit denen man Wissen erwirbt, das man nicht von einem Lehrer durch Lernen erhält, nämlich dass zum Beispiel* [...] *jedes Ganze größer ist als sein Teil und was ein und demselben gleich ist, auch untereinander gleich ist, und dergleichen* [...]. *Auf andere Weise nennen wir den der Möglichkeit nach wissend, der schon einen habitus des Wissens hat. Ein habitus ist nämlich etwas, wodurch jemand etwas wirkt, wann er will, wenn ihn nichts von außen oder zufällig daran hindert* (eig. Übers.).[89]

Damit schaltet Albert der *perfectio prima* (πρώτη ἐντελέχεια) bzw. dem *habitus* (ἕξις) zwei Potentialitäten vor: eine *potentia remota,* es ist die Potentialität des Jungen, der noch nichts weiß, die dem aristotelischen Beispiel für die reine, die erste δύναμις, entspricht; und außerdem – anders als Aristoteles und im Anschluss an Avicenna, von dem auch das entsprechende Beispiel stammt – eine *potentia propinqua*; es ist die Potentialität dessen, der von Natur, nicht durch Lernen, die Werkzeuge und Prinzipien kennt, durch die man Wissen erlangt. Mit dieser Differenzierung des Bereichs der Potentialität legt Albert implizit ein Vierer-Schema des Intellekts zugrunde. Es handelt sich um eine Transformation des aristotelischen Modells, eine peripatetische Erweiterung im Anschluss an Avicenna.

Ein explizites Vierer-Schema – *intellectus possibilis, intellectus universaliter agens, intellectus speculativus, intellectus adeptus* – verbunden mit einem Auf-

---

89 „Et haec potentia, quae est ante perfectionem primam sive ante habitum, habet gradus duos; potest enim esse remota et propinqua, remota quidem, sicut dicimus puerum potentia scientem, propinqua autem, sicut dicimus potentia scientem eum qui iam novit instrumenta et principia, quibus accipitur scientia, quae discens a doctore non accipit, sicut [...] quod omne totum sua parte maius est, et quod uni et eidem aequalia inter se sunt aequalia, et huiusmodi [...]. Alio modo dicimus potentia scientem eum qui iam habet habitum scientiae [...]. Habitus enim est, quo quis aliquid agit, ‚quando voluerit‘, si nihil eum exterius et per accidens prohibeat“ (Ed.Colon. 7,1, S. 98,48–99,6).

stiegsmodell, in dem der *intellectus adeptus* die Vollendungsstufe der menschlichen Vernunft darstellt, entwickelt Albert an anderer Stelle seines ‚*De anima-Kommentars*'.[90] Ausgangspunkt ist eine erkenntnistheoretische Frage, die *quaestio gravissima* (ebd., S. 215,19), die Aristoteles nicht gelöst habe, wie nämlich die menschliche Vernunft, die auf die Hinwendung zu den Vorstellungsbildern, *conversio ad phantasmata*, angewiesen ist, reine *intelligibilia* erkennen könne. Bei seinem Lösungsansatz folgt Albert, wie er bemerkt, *in parte* (S. 221,72) al-Farabi und rekurriert mit seiner Formulierung vom *moveri ad continuitatem et coniunctionem* auf die *coniunctio*-Theorie des Averroes. Er beschreibt die Perfektionierung des menschlichen Intellekts als eine Aufstiegsbewegung, in der durch Studium und Belehrung und durch das Einwirken des Lichts des *intellectus agens* immer mehr abstrahierte Formen im *intellectus possibilis* aufgenommen werden, der sich so mehr und mehr dem *intellectus agens* annähere: *Und so empfängt in allem der mögliche Intellekt beständig das Licht des tätigen Intellekts und wird dadurch sich ähnlicher und ähnlicher von Tag zu Tag. Und das nennen die Philosophen bewegt werden hin zur Verbindung und Vereinigung mit dem tätigen Intellekt* (eig. Übers.).[91] Wenn er alle *intelligibilia* empfangen habe, besitze er das Licht des *intellectus agens* als eine ihm selbst anhängende Form. Dann verhalte sich der *intellectus agens* zum *intellectus possibilis* wie die Form zur Materie. *Und dieses so Zusammengesetzte wird von den Peripatetikern erworbener und göttlicher Intellekt genannt* (eig. Übers.).[92] Der Zustand der Vollkommenheit ist also ein Zustand der Überformung des *intellectus possibilis* durch den *intellectus agens* – in Anlehnung an Averroes – ohne dass Albert die averroistische Lehre von der Separatheit und Überindividualität des Intellekts übernimmt: *Dicimus intellectum agentem humanum esse coniunctum animae* (S. 466b). Alberts Lösung der *quaestio* besteht also darin, dass er die *coniunctio* als sukzessive Überformung des *intellectus possibilis* durch den *intellectus agens* versteht, die über den *intellectus speculativus* zum *intellectus adeptus* als letzter Stufe vollkommener Einheit führt. Durch das Licht des *intellectus agens* wird der *intellectus possibilis* zum Licht. Der Mensch erkennt jetzt nicht nur sich selbst und die verschiedenen Intelligenzen, sondern auch Gott und wird Gott ähnlich: *Und dann ist der Mensch vollkommen, um jenes Werk zu wirken, das sein Werk ist, insofern er Mensch ist, und das ist das Werk, das Gott wirkt, und das besteht darin, ganz durch sich selbst die getrennten Dinge zu betrachten und zu*

---

90 Ein ähnliches, erweitertes Aufstiegsmodell findet sich in ‚De intellectu et intelligibili'. Wir zitieren diese Schrift nach der Ausgabe von Auguste Borgnet (Ed.Paris. 1890, Bd. 9).

91 „et ideo in omnibus his accipit continue intellectus possibilis lumen agentis et efficitur sibi similior et similior de die in diem. Et hoc vocatur a philosophis moveri ad continuitatem et coniunctionem cum agente intellectu" (S. 221,89–93).

92 „Et hoc sic compositum vocatur a Peripateticis intellectus adeptus et divinus" (S. 222,4f.), vgl. H 4, Kap. 2, 2.2.2.

erkennen (eig. Übers.).[93] Dieser Vollkommenheitszustand muss, nach Albert, bereits in diesem Leben erreichbar sein, weil es sonst keine innerweltliche *felicitas contemplativa* gäbe: *Uns scheint, dass in diesem Leben eine Verbindung mit dem intellectus agens hergestellt wird und der Mensch dann durch den intellectus agens die separata erkennt, weil sonst vom Menschen die kontemplative Seligkeit in diesem Leben nicht erreicht würde* (eig. Übers.).[94]

In seiner Schrift ‚*De intellectu et intelligibili*'[95] erweitert Albertus Magnus das Schema um den *intellectus assimilativus* und interpretiert die Intellektformen im Rekurs auf neuplatonische und augustinische Theoreme als Stufen eines intellektuellen Aufstiegs.[96] Ausgangspunkt ist der *intellectus possibilis*; er wird durch das Licht des *intellectus agens* zur Basis für den *intellectus principiorum (intellectus formalis)* und dieser für den *intellectus in effectu*, in dem die *intelligibilia* vorliegen; dieser ist Voraussetzung für den *intellectus adeptus* und Ort vollkommener Selbsterkenntnis, *adipiscitur anima notitiam suiipsius* (S. 517a). Er ist aber nicht die letzte Vollendungsstufe, sondern Ausgangspunkt für den *intellectus assimilativus*, der bis zum göttlichen Intellekt aufsteigt und mit ihm vereinigt wird.

Dieser Aufstieg in eine höhere Erkenntnis- und Seinsordnung ist dem Menschen, anders als in ‚*De homine*'[97], nicht erst nach dem Tod, sondern schon im irdischen Leben möglich. Wenn der menschliche Intellekt in einem Abstraktionsvorgang sinnliche Formen aus der Materie gewinnt, dann sind diese durch *oppositio, disparatio* und *diversitas* gekennzeichnet. Wenn er dagegen in den Bereich der reinen, separaten Intelligenzen, der Wesen ohne Materie, vordringt, denkt er Formen, die einfach und unteilbar und vereint sind, weil er sie in der ersten Ursache sieht (vgl. 515b). In diesem Erkennen erkennt er alle Objekte und sich selbst in Gott als der ersten Ursache, in der jede Form als *forma idealis* enthalten ist: *per huiusmodi intellectum coniungitur Deo* (517b).

Der Wechsel von der sinnlichen in die intelligible Welt, in eine höhere Seins- und Erkenntnisordnung, ist wegen des Zusammenhangs der beiden Welten möglich, den Albertus Magnus neuplatonisch als einen von der ersten Ursache ausgehenden Emanationszusammenhang denkt. Die *causa prima* teilt

---

93 „Et tunc homo perfectus est ad operandum opus illud quod est opus suum, inquantum est homo, et hoc est opus, quod operatur deus, et hoc est perfecte per seipsum contemplari et intelligere separata" (S. 222,6–9).

94 „nobis videtur, quod in hac vita continuatur cum agente formaliter, et tunc per agentem intelligit separata, quia aliter felicitas contemplativa non attingeretur ab homine in hac vita" (S. 224,84–87).

95 Vgl. insbesondere das neunte Kapitel des zweiten Buches: *De intellectu assimilativo et qualiter anima perficitur in illo.*

96 Von neuplatonischen Einflüssen spricht auch Müller, 2006, S. 562–564; auf andere Einflüsse weist Loris Sturlese hin, Vernunft und Glück. Die Lehre vom ‚intellectus adeptus' und die mentale Glückseligkeit bei Albert dem Großen, Lectio Albertina Bd. 7, Münster/W. 2005.

97 „dicimus, quod anima post mortem intelligit per formam ordinis universi, sicut et intelligentia separata" (ebd. 35, S. 486a)

sich in ihrer Gutheit mit – *bonum est diffusivum sui* – und wendet die *participantia* auf sich zurück – *bonum est finis.* Sie ist die Quelle allen Seins und Erkennens, von der alles ausfließt, und das Ziel, in das alles zurückfließt. *Es ist* [...] *das Beste von allen guten Dingen, bei der Rückführung der menschlichen Seele zu sich auf die Güte und Freigebigkeit der ersten Ursache zu blicken* (eig. Übers.).[98] Die Rückführung der Seele in den göttlichen Bereich setzt ihre Reinigung von sinnlichen Elementen voraus und bewirkt nicht nur eine Vervollkommnung des menschlichen Erkennens, sondern auch des menschlichen Seins entsprechend der Aufnahmefähigkeit des Rezipierenden,[99] je weniger Materie, desto aufnahmefähiger. Im Zuge der *purgatio* und Perfektionierung der Seele gelangt sie über sich hinaus in eine höhere Erkenntnisordnung und wird mit immer höheren Stufen des Intellekts verbunden: *Dies ist hier zu bemerken, dass sich der menschliche Intellekt mit jedem höheren Intellekt verbindet, der eine der Formen der Welt ist; aus dessen Licht fließen Formen und Species der Ordnung in ihn und so kommt eine gewisse Kenntnis dieser Ordnung zustande, die im Verhältnis zu seiner Aufnahmefähigkeit steht. Und weil alles, was in etwas geschieht, entsprechend der Möglichkeit des Aufnehmenden geschieht, deshalb wissen solche Intellekte sehr genau von jener Ordnung Bescheid, entweder immer oder häufig, so dass manche meinen, sie prophezeiten. Wer aber dem einfachen ersten und göttlichen Intellekt verbunden ist, der ist göttlich und hervorragend in den Wissenschaften und den Tugenden* (eig. Übers.).[100] Der Mensch gehört, wie aus Parallelen in der ‚*Metaphysik*' und in ‚*Ethica*' hervorgeht, zwei Welten an und dadurch sind ihm verschiedene Modi des Erkennens mitgegeben: die der sinnlichen Welt verbundene *ratio physica*, die diskursive, forschende Vernunft, und der *intellectus*, der sich auf die Betrachtung der göttlichen Dinge richtet und etwas Göttliches (*divinum quiddam*) in uns ist.[101] Der Mensch ist, wie es an anderer Stelle heißt, zwei Menschen: *einer gemäß dem Intellekt, durch den er mit*

---

98 „Est autem hoc quoddam omnibus mirabilibus mirabilius omnibus bonis melius, advertere de bonitate et largitate causae primae in reducendo ad se animam hominis" (ebd., S. 520a).

99 Eckhart bezieht sich im ‚*Johanneskommentar*' auf dieses Theorem, s. u. H 4, Kap. 1, 1 u. 2.

100 „Hic autem hoc notandum, quod cuicumque superiorum intellectuum intellectus applicatur humanus, qui est una de formis mundi, a lumine istius influunt in ipsum formae et species sui ordinis: et ideo quaedam notitia illius ordinis efficitur in ipso per analogiam cuius potest illa recipere. Et quia omne quod fit in aliquo, fit in eo secundum potestatem suscipientis ipsum: et ideo tales intellectus denunciant subtilius de ordine illo, vel ut semper vel ut frequenter, ita quod a quibusdam prophetizare putantur. Qui autem simplici primo et divino intellectui coniunctus est, divinus est et optimus in scientiis et virtutibus" (ebd., S. 517b).
Dass die Überformung des Menschen – als Überformung durch den göttlichen intellectus agens – einhergeht mit einer Potenzierung der Wirkmächtigkeit des Menschen, ist ein zentraler Gedanke in Eckharts Lehre von der Gottesgeburt, s. u. Pr. 104, und ‚*Johanneskommentar*'.

101 Vgl. Sturlese, 2005, S. 26f.; Müller, 2006, S. 563 u. Anm. 107.

Gott verbunden ist [...] und einer gemäß dem forschenden Verstand, durch den er an Zeit und Raum gebunden ist (eig. Übers.).[102]

Das Aufstiegsmodell Alberts ist, so scheint es, eine Verbindung des averroistischen *coniunctio*-Modells mit der neuplatonischen Lehre von der *causa prima.* Im Hintergrund stehen die augustinischen Dichotomien von *ratio inferior - ratio superior* und *mundus sensibilis - mundus intelligibilis,* jene eine Welt dialektischer Vielheit, diese eine in sich einheitliche Welt der *intelligentiae,* die Albert wie Augustinus in den Intellekt Gottes einbezieht. Den beiden Welten entsprechen unterschiedliche Formen und unterschiedliche Erkenntnisweisen, die, wie in ‚*De causis*', nach der Aufnahmefähigkeit des Erkennenden gestuft sind. Der Seinsordnung entspricht eine Erkenntnisordnung, in der der Mensch aufgrund seines Intellekts aufsteigt, indem er mit immer höheren Stufen des Intellekts verbunden wird, bis er schließlich den einfachen ersten, göttlichen Intellekt erreicht hat und vergöttlicht wird.

Albert entwickelt also, insgesamt betrachtet, ein Konzept, in dem er arabische, neuplatonische und augustinische Lehrstücke verbindet. Er sprengt das arabische Vier-Intellekte-Schema[103] und stellt es in den größeren Zusammenhang einer christlichen Vorstellung von der *vita beata,* in der dem *intellectus adeptus* eine „Schlüsselstellung"[104] zukommt.

Dieser Position Alberts in ‚*De intellectu et intelligibili*' kommt Eckhart nicht nur im Predigtzyklus ‚*Von der êwigen geburt*' immer wieder nahe und bleibt ihr doch auch fern. In Predigt 104 z. B. ist Selbstreflexion, die bei Albert den *intellectus adeptus* auszeichnet, ein Merkmal der *mügelîchen vernunft,* die er am Übergang der Seele zur Einheit mit Gott situiert, vergleichbar dem *intellectus adeptus,* der in ‚*De intellectu et intelligibili*' den Übergang zum *intellectus assimilativus* und zur *coniunctio* bildet. Im Unterschied zu Albert vollzieht sich dagegen der Aufstieg in eine höhere Seins- und Erkenntnisordnung nicht aufgrund menschlicher Eigentätigkeit in einem Prozess der Selbstperfektionierung, sondern in einer durch göttliche Zuwendung ermöglichten Transzendierung der Natur in die Übernatur; auch von Alberts Ideal der *felicitas contemplativa* grenzt sich Eckhart nicht nur in Predigt 104 energisch ab.

Insgesamt bot der vielfältig ausdifferenzierte intellekttheoretische Diskurs, der an einigen Beispielen dargestellt wurde, Eckhart eine breite Basis für sein philosophisch anspruchsvolles spirituelles Konzept. Er formuliert es in dem Predigtzyklus ‚*Von der êwigen geburt*' und im ‚*Johanneskommentar*' mit dem Begriffsinstrumentarium der Intellekttheorie als *conformatio* des Seelengrundes durch den göttlichen *intellectus agens.*[105] Wo es um das natürliche Erkennen und

---

[102] Homo enim duo homines est: secundum intellectum, scilicet secundum quem deo connexus est [...] et secundum rationem inquisitivam, secundum quam tempori et continuo coniunctus est (Ed.Paris. 7, S. 629a).

[103] Vgl. Hasse, 1999, S. 75.

[104] Müller, 2006, S. 559.

[105] Vgl. bes. H 4, Kap. 2, 2.2.2.

die Einheit der intellektiven Seele geht, schließt er sich der thomasischen Position an: Der Intellekt des natürlichen Menschen ist ein Vermögen der Seele, das im theoretischen und praktischen Bereich das Denken und Handeln leiten soll. Über diesem Bereich steht die übernatürliche Seins- und Erkenntnisordnung, in dem der transzendente göttliche *intellectus agens* selbst zum *werkmeister* wird und den Seelengrund, das eigenschaftslose „passive" Vermögen der individuellen menschlichen Seele, die *lîdende vernunft,* überformt. Für die Darstellung dieses hylemorphistischen Prozesses nutzt Eckhart auch die Begriffe *intellectus adeptus* und *coniunctio* aus der peripatetischen und neuplatonischen Tradition. Das hylemorphistische Konzept ist für Eckharts *unio*-Verständnis von besonderem Interesse, weil es die höchstmögliche Einheit seiner Elemente jenseits jeder Zweiheit annimmt, wie er mit Berufung auf Aristoteles' Behauptung der ununterscheidbaren Einheit von Seele und Körper in ‚*De anima*' darlegt (vgl. H 4, Kap. 2, 2.2.3). Die Einheit der Seele mit Gott im Seelengrund ist eine Einheit, bei der es sinnlos ist, ihre Komponenten unterscheiden zu wollen.

Drittes Kapitel: Kontroversen um die ‚*Nikomachische Ethik*' des Aristoteles und die Frage nach dem Glück

Die von Platon und Aristoteles maßgebend ausgearbeitete Idee des βίος θεωρητικός war seit der Väterzeit – christlich transformiert als erkennende Teilhabe am Göttlichen – ein Brennpunkt der Auseinandersetzungen mit der griechischen Kultur. Hier beginnen Theologen, insbesondere Origenes, Augustinus und Ps.-Dionysios, das griechische Ideal der θεωρία umzuwerten. Die Werke dieser Autoren sind die Schaltstellen, an denen die wirkungsmächtigen Muster für eine christliche Kontemplationsmystik entstehen. Die patristischen Paradigmen ähneln sich darin, dass sie den im philosophischen θεωρία-Ideal implizierten Anspruch, durch Vernunfttätigkeit Autarkie und Glück zu erlangen, als Ausdruck des menschlichen Selbsterlösungswillens ablehnen, ohne das Bedingungsverhältnis von θεωρία und Glück preiszugeben. Dabei wird die θεωρία in unterschiedlicher Nuacierung immer energischer in der kirchlichen *communio* verankert und der Eigentätigkeit des Menschen, der nun ganz auf die göttliche Gnade angewiesen ist, entzogen. Sie wird dem Glauben unterstellt und als *visio beatifica* ins Jenseits verlagert.

Bis zur Rezeption der aristotelischen Ethik im Mittelalter verliefen die Diskussionen um das Wesen des höchsten Glücks und die damit zusammenhängenden Fragen, ob vollkommenes Glück schon im irdischen Leben oder erst im Jenseits erlangt werden könne und inwiefern Gott seine eigentliche Ursache sei, weitgehend im Zeichen Augustins. Mit der Aristoteles-Rezeption im 12. und 13. Jahrhundert wurde der Gegensatz der christlichen Lebenslehre zu zentralen Thesen der ‚*Nikomachischen Ethik*' manifest: dass der Mensch die εὐδαιμονία durch die Tätigkeit der Seele gemäß ihrer höchsten Tugend erwirbt, ohne dass Gott auf den Menschen einwirkt; und dass dieses Glück kein transzendentes, jenseitiges sei, sondern in dieser Welt durch Eigentätigkeit und nicht durch göttliche Gnade erworben werden könne.

Im Folgenden soll zunächst Augustins christliche Umdeutung des Zusammenhangs von Vernunfttätigkeit und Glück, danach die mittelalterliche Rezeption der εὐδαιμονία-Lehre exemplarisch bei Albertus Magnus mit Blick auf Eckharts Lehre von der Seligkeit im *gotlîden* untersucht werden.

1. Die Infragestellung der Sinnautonomie der Theorie und die Verchristlichung des Ideals des vollkommenen Lebens

Aristoteles hatte, wie sich zeigte, einen Begriff des menschlichen Glücks entwickelt, in dem theoretische Tätigkeit – verbunden mit praktischer Klugheit – und vollkommenes, erfülltes Leben ineins gesetzt werden. „Das Subjekt der Theorie und das Subjekt des gelingenden Lebens"[1] sind identisch. Dieser den Menschen zutiefst beglückende theoretische Erkenntnisbezug zum Seienden ist der Kern der εὐδαιμονία; er gründet in der Erfahrung einer vorgängigen Zusammengehörigkeit von Sein und Erkennen, die Aristoteles' Feststellung auszudrücken versucht, dass die Seele der Möglichkeit nach alles sei.

Das Ideal des theoretischen Lebens ist während der ganzen Antike und Spätantike in Geltung geblieben und in Stoa und Neuplatonismus weiter entfaltet worden. In der θεωρία vollendet sich der Mensch. „Wenn es heißt, dass die Philosophie im Sein ihren höchsten Gegenstand überhaupt erfasse, wenn der Mensch ‚Betrachter des Himmels' genannt wird, als Teil und Gegenbild des Alls, wenn so in der ‚theoria' seine höchste Lebensform gesucht wird, so haben wir in allen diesen verschiedenen Formulierungen immer das ‚philosophische Leben' vor Augen, das, seinem Gehalt nach immer wieder anders gefasst und in anderer Beleuchtung gesehen, dennoch diesen typischen Zusammenhang von Sein und Erkenntnis nicht durchbricht".[2]

In den ‚*Retractationes*' (um 428), Selbstkorrekturen an den eigenen Schriften, kritisiert Augustinus, der in seinen Werken sich stark an platonisch-neuplatonischen Theoremen orientiert hatte, wenige Jahre vor seinem Tod (430) seine Umdeutung der Idee des philosophischen Lebens, des βίος θεωρητικός, zum christlichen Ideal. Er schränkt dort deutlich das früher den Platonikern erteilte Lob[3] ein – dass man nämlich bei Ihnen die christliche Logos-Lehre finde und sie dem Christentum näherstünden als alle anderen Philosophen – und betont den Unterschied von „wahrer Religion" und Philosophie. Seine Selbstrevision betrifft Essentialia der von ihm behaupteten Konkordanz zwischen griechischer Philosophie und christlicher Religion, zwischen Wissen und Glauben, die nun auseinandertreten. Es ist der „erste epochale Schub des Misstrauens in die Theorie, als das Glücklichwerden eine Sache der jenseitigen Hoffnung, des menschlich nicht bewirkbaren Heils geworden war, obwohl immer noch definiert als *visio beatifica*, als Wahrheitserwerb, als erfüllende

---

1 Hans Blumenberg, Der Prozess der theoretischen Neugierde, Frankfurt/M. ³1984, S. 20.

2 Joachim Ritter, *Mundus intelligibilis*. Eine Untersuchung zur Aufnahme und Umwandlung der neuplatonischen Ontologie bei Augustinus, Frankfurt/M. 1937, S. 122.

3 Eckhart nimmt im Prooemium zu seinem ‚*Johanneskommentar*' dieses Lob zustimmend auf – als ‚Beleg' für die Konsonanz von christlicher Lehre und Philosophie.

Theorie".[4] Augustinus übernimmt nun zwar die Vorstellung von der θεωρία als höchstem Glück, interpretiert sie aber christlich um im Sinne eines Weges aus der Welt ins jenseitige Reich Gottes. In den Frühschriften bilden die Weisheit des Philosophen und der Glaube des Christen keinen Gegensatz, in der Spätphase treten sie auseinander. „In dieser Entgegenstellung der jenseitigen christlichen und der diesseitigen philosophischen Seligkeit ist das ganze Schicksal des philosophischen Lebens auf christlichem Boden enthalten."[5] Immer aber hält Augustinus an dem Bedingungsverhältnis von Erkenntnis und Glück fest. Der Weg aus der Welt ist die stufenweise Verwirklichung der Teilhabe an Gott durch Erkenntnis. Aber es ist nicht das epistemische Wissen, das zum Heil führt, sondern ein soteriologischer Weg mit Christus als Mittler, der mit einem anderen Erkenntnismodus verbunden ist.

In seinem Dialog ‚*De beata vita*' (um 386)[6] behandelt Augustinus ausführlich die Frage nach dem Glück.[7] Den Ausgangspunkt bildet der Sachverhalt, dass alle Menschen glücklich sein wollen: *beatos nos esse volumus*. Da aber der Mensch als zeitliches und mit Mängeln behaftetes Wesen nicht im Besitz dauerhaften Glücks ist, versucht er diesen Zustand durch sein Streben nach Glück aufzuheben. Glück ist der natürliche Bestimmungsgrund des Strebevermögens (*appetitus, amor*) des endlichen Lebewesens. Worin aber Glück bestehe, darüber gehen die Meinungen auseinander, und mit diesem Dissens droht der Ansatz, der sich am Glücksverlangen orientiert, in der Registrierung einer Vielzahl von Glücksvorstellungen zu enden. Um diese Aporie zu vermeiden, lenkt Augustinus die Diskussion auf die Frage nach dem Objekt des *appetitus*, aus dessen Besitz Glück entspringt. Dass Glück jedenfalls nicht einfach ein Zustand beliebiger Wunscherfüllung ist, schließt er daraus, dass zwar jeder, der nicht hat, was er will, unglücklich, darum aber nicht jeder, der besitzt, was er will, glücklich sei. Denn nur wer Gutes begehrt, sei im Zustand der Wunscherfüllung glücklich, wer nach Schlechtem trachtet, unglücklich. Mit diesem Argument kommen Aspekte ins Spiel, die die Objekte des Strebens mit moralischen Kriterien messen. Sie unterbrechen den eudämonistisch geprägten Gedankengang, der die Frage, wie wir glücklich, und nicht, wie wir glückswürdig werden können, in den Vordergrund rückt und deshalb Glück ebenso als Kriterium der Sittlichkeit wie umgekehrt Sittlichkeit als Kriterium des Glücks ausgeben kann. Die kritische Frage, was man denn nun begehren dürfe und ersehnen solle, beantwortet er mit Rekurs auf eine Diskussion der ontologischen Beschaffenheit des Objekts des Willens. Irdische Güter, die nicht immer sind, können nicht glücklich machen; denn wer liebt, was er verlieren kann, lebt in Furcht, und in Furcht leben be-

---

4 Blumenberg, 1984, S. 10.

5 Ritter, 1937, S. 139.

6 Wir zitieren den Dialog in folgender Ausgabe: Aurelius Augustinus, De beata vita, Übers., Anm., Nachw. von Ingeborg Schwarz-Kirchenbauer und Willi Schwarz, Stuttgart 2006.

7 Der Duktus der einleitenden Überlegungen ähnelt in Grundzügen dem aristotelischen in der ‚*Nikomachischen Ethik*'.

deutet nicht glücklich sein. Glück besteht in der furchtlosen Sicherheit des Besitzes eines unverlierbaren Gutes. Weil also der Mensch, um glücklich zu sein, sich das erwerben muss, was immer bleibt und nicht durch einen Schicksalsschlag vernichtet werden kann, Gott aber ewig ist und immer bleibt, kann nur der, der Gott besitzt, glücklich sein. *Deum igitur, inquam, qui habet, beatus est* (2,11). Dieses Sein bei Gott, in dem das Streben nach Glück zur Ruhe kommt, nennt Augustinus *deo perfrui* (4,34), und das bedeutet: *contemplatio, visio dei*, Schauen Gottes, das sich aber erst im Jenseits vollendet.

Auch in seiner Darstellung der Vision in Ostia hält er an dem Bedingungsverhältnis von Schau und Glück fest, verschiebt aber das vollkommene Sehen und damit das vollkommene Glück auf das Jenseits. Die Glückseligkeit der Heiligen besteht im Sehen Gottes von Angesicht zu Angesicht in einer *visio intellectualis*. Mit diesem Ansatz transformiert Augustinus die Bedeutung von Glück und von θεωρία, *visio*, an zwei entscheidenden Stellen. Erstens verlegt er das vollkommene Glück des Menschen, das Haben Gottes in der *visio*, in das Leben nach dem Tod. Zweitens reduziert er die menschliche Eigentätigkeit. Für Aristoteles dagegen besteht, wie sich zeigte, das Glück nicht im Haben eines unvergänglichen Objekts, sondern in einer innerweltlichen Tätigkeit, die um ihrer selbst willen angestrebt wird. Glück ist eine diesseitige Verfassung des Menschen, es beruht vor allem auf der Eigenleistung der menschlichen Vernunft.

Die ‚*Confessiones*‘[8] beschreiben einen Aufstiegsweg – eigentlich eine Einkehr in die Tiefe der Seele. Er verläuft über drei Stufen, ein Muster, das Augustinus wohl aus Plotins ‚*Enneaden*‘ (z. B. I, 6) bekannt war. Allerdings betont Augustinus bei der Darstellung der *visio dei*, dass das unwandelbare Licht, das der Geist „in dem blitzenden Moment eines zitternden Erblickens“ (17,23) schaut, jenseits des Erkennenden und ganz anders ist. Wegen der Differenz zwischen Schöpfer und Geschöpf und der daraus resultierenden Dependenz des Geschöpfs kann der Mensch nicht von sich aus, nicht aus eigener Kraft sich auf dieses Licht zubewegen, sondern bedarf der Vermittlung. „Und ich suchte den Weg, auf dem ich die Kraft gewänne, die mich rüsten könnte zum Genusse Deiner, und ich fand ihn nicht, bis dass ich Ihn umfing, ‚den Mittler zwischen Gott und den Menschen“ (18,24). Damit wird das philosphische Aufstiegsmodell christlich interpretiert und als unvollständig dargestellt.

In seinem Spätwerk stellt Augustinus die „Sinnautonomie der Theorie“ (Blumenberg) in Frage. Dadurch schafft er Raum für den Glauben. Der epistemische Aufstiegsweg, der bei den Neuplatonikern durchaus mit praktischen Elementen verbunden ist, wird als Heilsweg in Frage gestellt – epistemisches Wissen und Heilswissen treten auseinander. „Die Theorie als ‚natürlicher‘ Zugang zur Wahrheit und damit zur Daseinserfüllung ließ sich nicht wiedergewinnen. Das essentielle Bedingungsverhältnis von Theorie und Eudaimonie

8 Die ‚Confessiones‘ zitieren wir nach folgender Ausgabe: Augustinus, Bekenntnisse, eingel., übers. und erl. von Joseph Bernhart, Frankfurt/M. 1987.

war aufgelöst."[9] Der Glaube wird zur neuen, nicht mehr anfechtbaren Bedingung des Glücks. Nicht die Weisheit der Philosophen, die ihre Erkenntnisse sich selbst als Leistung zuschreiben, sondern die demütige Erkenntnis der Wahrheit vermittelt die Teilhabe an Gott. So wandelt sich Augustins Vorstellung vom Glück als Haben Gottes „vom Haben durch Erkennen zum Haben durch Glauben".[10] Er relativiert den Anspruch der heidnischen Philosophen, durch eigenständige Tätigkeit sich Autarkie zu erwerben, mit dem Hinweis auf die Endlichkeit und die Angewiesenheit des Menschen auf die vorgängige Zuwendung Gottes. Die *fruitio dei* ist nur anfangshaft in dieser Welt, in ihrer Fülle aber erst im Jenseits möglich.

2. Die Anfänge der Rezeption der ‚*Nikomachischen Ethik*' im 12. und 13. Jahrhundert – leitende Fragestellungen

Eine erste Übersetzung der ‚*Nikomachischen Ethik*', die aber lediglich die Bücher II und III enthielt – sie wird als ‚*Ethica vetus*' bezeichnet – erschien noch im 12. Jahrhundert. Anfang des 13. Jahrhunderts entstand die ‚*Ethica nova*', von der nur das erste Buch und einige Fragmente überliefert sind.[11] 1246/47 übersetzte Robert Grosseteste die gesamte ‚*Nikomachische Ethik*' aus dem Griechischen ins Lateinische. Daneben gab es lateinische Übersetzungen aus dem Arabischen durch Hermannus Alemannus.

Die ersten, meist anonymen Kommentare zur ‚*Ethica vetus*' und ‚*Ethica nova*' sind wohl nach 1240 entstanden, wofür es nur einige Anhaltspunkte gibt – so nennt Ps.-Peckham eine *alia translatio*, gemeint ist, nach Georg Wieland, die Übersetzung des Averroes-Kommentars zur ‚*Nikomachischen Ethik*', die Hermannus Alemannus 1240 abgeschlossen hatte; in diese Zeit fällt auch der Robert Kilwardby zugeschriebene Kommentar zur *editio longior* der ‚*Ethica vetus*', eine von Hermannus aus dem Arabischen übersetzte Ergänzung des dritten Buches. Diese Kommentare erkennen die Gegensätzlichkeit der aristotelischen und der christlichen Position nicht immer in ihrer vollen Schärfe und deuten sie in christlichem Sinne um: Der Mensch erlangt sein Glück nicht in dieser Welt – denn alle Menschen sind, nach Augustinus, solange sie sterblich sind, auch notwendig elend (vgl. De civitate dei, IX, 15) –, sondern durch die Gnade Gottes erst im Jenseits. Die *contemplatio* in dieser Welt ist deswegen nicht das beglückende Ziel, sondern ein Stadium auf dem Weg ins jenseitige Glück.

---

9 Blumenberg, 1984, S. 57.

10 Rudolf Lorenz, Fruitio dei bei Augustin, in: ZKG 63 (1950/51), S. 108.

11 Vgl. Georg Wieland, *Ethica, Scientia practica*. Die Anfänge der philosophischen Ethik im 13. Jahrhundert, Münster/W. 1981, S. 34.

Der anonyme Kommentar von Avranches zur ‚*Ethica vetus*' handelt, der Vorlage entsprechend, ausführlich von den Tugenden und berührt das Thema Glück nur kurz. Die Tugend vermittelt das Glück: *est enim de virtute, prout est illud, quo habetur felicitas.*[12] Denn sie stellt die Verbindung mit der ersten Wesenheit her, von der die Seele ihre *perfectio* erhält, indem sie das *summum bonum* erkennt und liebt. Dieser affektiv getönte Begriff der Glückseligkeit hat, wie G. Wieland (S. 145) feststellt, mit dem der ‚*Nikomachischen Ethik*' nichts zu tun.

Im anonymen Kommentar von Paris greift der Autor die aristotelische Einteilung der Lebensformen auf und bewertet sie. Das Genussleben und das Leben als Politiker führen nicht zum Glück, weil jenes nur die vegetative Seele und dieses nur die sinnliche Seele erfüllen; und auch das kontemplative Leben kann Glückseligkeit nicht vermitteln, sondern nur Gott allein. Der Kommentator sieht das Problem, dass das aristotelische Konzept, Glück durch Eigentätigkeit zu realisieren, nicht ohne Weiteres mit der christlichen Position eines Gottes vereinbar ist, der das höchste Gut ist und an dem der Mensch nach Gottes Willen durch Erkenntnis und Liebe teilhaben kann. Der Mensch ist nicht das *principium sufficiens*, sich mit dem *summum bonum* zu verbinden. Im Diesseits ist die Seligkeit durch eine *vita contemplativa* nicht zu erreichen.

Der Autor des anonymen Kommentars von Neapel steht auf dem Boden der augustinischen These von der Unmöglichkeit menschlichen Glücks in dieser Welt: *omnia haec vivunt cum labore et poena; quare* [...] *secundum hanc vitam non erit felicitas.*[13] Nur Gott als erste Ursache ist vollkommen und in seiner Vollkommenheit glückselig; denn Glück ist nichts anderes als höchste Vollkommenheit, die menschliche *perfectio* dagegen eine Verbindung von Akt und Potenz, die auf die Einwirkung Gottes angewiesen sei. Eine vollkommene Glückseligkeit ist für den Menschen erst im Jenseits möglich.

Der Kommentar Ps.-Peckhams zur ‚*Ethica nova*' *behandelt* das Thema Glückseligkeit ausführlicher als die bisher genannten Kommentare. Dabei zeigt sich wieder, dass die aristotelische Position – die εὐδαιμονία bestehe in der Tätigkeit des höchsten menschlichen Vermögens – nicht ohne Uminterpretationen mit der christlichen Position vereinbar ist, die davon ausgeht, dass Gott allein dem Menschen Glückseligkeit mitteilt. Der Kommentator versucht diese Differenz aufzuheben, indem er annimmt, dass der Mensch sich eigenständig Tugenden erwerben kann, die ihn für den Empfang der Glückseligkeit, die von Gott kommt, disponieren. Der Gegensatz der beiden Positionen bleibt aber im Wesentlichen bestehen. Die einen sagen: Gott als oberstes Gut ist die subsistierende Glückseligkeit und die menschliche Glückseligkeit ein Geschenk Gottes, auf das er sich durch Tugendübung vorbereitet. Das Glück ist also zumindet ein

12 Zitiert nach G. Wieland, 1981, S. 144, Anm. 63.

13 Zitiert nach G. Wieland, 1981, S. 157, Anm. 120.

wenig die Leistung des Menschen. Die anderen sagen: Die alles dominierende Ursache des menschlichen Glücks ist Gott.

Zwei Fragen werden also vor allem diskutiert: Ist die *felicitas contemplativa* schon in dieser Welt zu verwirklichen oder erst im Jenseits erreichbar? Kann der Mensch sie durch Eigentätigkeit erwerben oder ist sie ein Gnadengeschenk Gottes?

3. Die Frage nach dem *summum bonum* bei Albertus Magnus

Die Rezeption der aristotelischen Ethik durch Albertus Magnus markiert gegenüber den frühen Auseinandersetzungen in verschiedener Hinsicht einen Neuanfang. Um die Mitte des 13. Jahrhunderts startete Albert sein riesiges Projekt der Kommentierung des ‚*Corpus Aristotelicum*'. Gut 15 Jahre später lagen 36 Kommentare vor, darunter zwei zur Ethik, ‚*Super Ethica*' und ‚*Ethica*'. In Köln begann er 1250 die ‚Nikomachische Ethik', die Robert Grosseteste 1247 aus dem Griechischen ins Lateinische übersetzt hatte, in Vorlesungen zu behandeln. Er „ist der erste Autor des lateinischen Mittelalters, der dieses Gründungsdokument der abendländischen Ethik (sc. die Nikomachische Ethik) in toto kommentiert hat".[14] Das Kommentarwerk war nicht nur ein aufwändiges, extensives, sondern auch ein riskantes Unternehmen, das an der Artistenfakultät Beifall fand, aber sonst, wie Albert sich beklagte, auf erbitterten Widerstand von „Ignoranten" stieß, die wie „wilde Tiere" gegen das vorgehen, was sie nicht kennen; insbesondere im eigenen Orden hatte Albert starke Widersacher. Der Widerstand hatte, vom christlichen Standpunkt aus betrachtet, durchaus ein *fundamentum in re*. Denn mit der ‚*Nikomachischen Ethik*' lag eine praktische Philosophie vor, die den Anspruch stellte, eine eigene, selbständige Wissenschaft zu sein und Leitlinien für ein vernünftiges Leben vorzugeben, nach denen der Mensch durch Eigentätigkeit innerweltliches Glück erwerben kann. Damit trat sie in Konkurrenz zu einer Ethik auf der Basis der christlichen Glaubenslehre mit ihrem Versprechen jenseitigen Glücks durch die Gnadenzuwendung Gottes. Albert ist fasziniert vom aristotelischen Konzept des Glücks als Selbstperfektionierung in der Welt durch eigene Tätigkeit, sucht aber dieses Neue mit dem christlichen Selbst- und Weltverständnisses in Einklang zu bringen.

In Alberts Kommentaren zur ‚*Nikomachischen Ethik*' – ‚*Super Ethica*' und ‚*Ethica*' - lassen sich zwei Konzepte der *felicitas* unterscheiden,[15] die durch eine zunehmende neuplatonische Prägung gekennzeichnet sind. In seinem ersten

[14] Müller, 2009, S. 295.
[15] Vgl. ebd., S. 297.

Kommentar, ‚*Super Ethica*', versucht er den aristotelischem Glücksbegriff mit dem christlichen zu vereinbaren, indem er eine „geschaffene" von einer „ungeschaffenen" Glückseligkeit unterscheidet; erstere bezieht sich auf die Vervollkommnung des Lebens in der Welt (*secundum statum perfectionis viae*), die andere auf die Vervollkommnung des Menschen im Jenseits (*secundum statum perfectionis patriae*).[16] Dieser stark an Grundgedanken der ‚*Nikomachischen Ethik*' anschließende Kommentar enthält den Ansatz einer philosophischen Ethik ohne Theologie.[17] Mit Bezug auf das aristotelische Wissenschaftskonzept betont Albertus Magnus die Differenz der Disziplinen und die Selbstständigkeit der Philosophie gegenüber der Theologie. Er akzentuiert – im ausdrücklichen Gegensatz zu Augustinus –, dass wir in der Welt durch eigene Tätigkeit (*per operationes nostras*) die *felicitas* in ihren beiden Formen, als *felicitas civilis* und *felicitas contemplativa*, erreichen können. Gott ist in Bezug auf die Vervollkommnung des Menschen in der Welt nur die *causa remota*, die menschliche Eigentätigkeit aber die *causa proxima* seines Glücks. In seinem zweiten Kommentar, ‚*Ethica*', zeigt sich verstärkt eine neuplatonisch ausgerichtete Verchristlichung der aristotelischen Ethik durch die vorgängige ontotheologische Fundierung des *bonum humanum* in einem *summum bonum*, das allein *bonum per se* ist. Hier wird der Gegensatz zu Aristoteles besonders deutlich, demzufolge für jedes Lebewesen sein Leben ein *bonum per se* ist, und zwar im doppelten Sinne seines letzten Worumwillen und seines Wozu, seines ἔργον. Albertus Magnus sucht in ‚*Ethica*' den naturalistischen Ansatz des Aristoteles mit der neuplatonischen *causa-prima*-Lehre und deren Partizipationsmodell zu verbinden. Die *perfectio* des Menschen wird eingebunden in einen universalen *ordo*. Gleichwohl betont Albert die Bedeutung der Eigentätigkeit des Menschen sowohl hinsichtlich der Vervollkommnung seiner praktischen wie seiner theoretischen Vernunftvermögen in der *vita activa* und *vita contemplativa*. Insgesamt ist Alberts Ethik seit seinem zweiten Kommentar zur ‚*Nikomachischen Ethik*' durch eine zunehmende Intellektualisierung seines Glücksbegriffs gekennzeichnet. In der Auseinandersetzung mit neuplatonischen und peripatetischen Schriften entwickelt er ein Aufstiegsmodell, in dem der Mensch die Vollendung seiner Vernunftnatur in einer *coniunctio cum Deo* noch im Diesseits durch Überformung seines Intellekts mit entsprechend erweiterten Erkenntnismodi findet: *felicitas est vivere secundum intellectum adeptum*.[18] Hier kommt zunehmend das neuplatonische Ideal einer inneren, weltabgewandten Vollendung, eines Herauswachsens aus der

[16] Eine Unterscheidung auf die Eckhart möglicherweise anspielt, wenn er in Predigt 101 eine Vollkommenheit des Menschen im natürlichen Sinn von der Vollkommenheit im spirituellen Sinn unterscheidet – mit der Pointe, dass diese Vollkommenheit bereits in dieser Welt möglich ist.

[17] Vgl. Müller 2009, S. 297.

[18] Vgl. ebd., S. 312.

Gemeinschaft, zum Tragen. Damit ist auch eine Abwertung der *vita activa*[19] und ein Verständnis der praktischen Tugend nicht als Steuerung, sondern als Reinigung von den Affekten, als Loslösung von der Materie, verbunden.

Die beiden Ansätze haben ihre Parallele in unterschiedlichen Versionen seiner Intellekttheorie, die er in Auseinandersetzung mit der peripatetischen Lehre von den vier Intellekten und im Zuge seiner Rezeption neuplatonischer Theoreme entwickelte.

In beiden Ethik-Kommentaren intendiert Albert, eine Ethik auf philosophischer Basis zu schaffen. Diesem Zweck dienen auch seine wissenschaftstheoretischen Überlegungen, mit denen er die Kommentare einleitet und in denen er den Unterschied zwischen einem philosophischen und einem theologischen Zugang zu den zu behandelnden Fragen erläutert. Wenn Albert in ‚*Super Ethica*'[20] seinen Gegnern vorwirft, sie wollten „den Gebrauch der Philosophie verhindern", dann heißt das für ihn, sie wollten die Philosophie als selbstständige Wissenschaft neben der Theologie verhindern. Für Albert aber sind Philosophie und Theologie zwei verschiedene Wissenschaften mit je eigenem Wissensbegriff und eigener Methodik. Das philosophische Wissen erwirbt die Vernunft durch Studium und Unterricht. Das theologische Wissen ist für die Vernunft allein nicht erreichbar und setzt göttliche Erleuchtung voraus. Dementsprechend zielt der Philosoph auf Begründung seiner Aussagen und auf rationale Beweise. Er erkennt die Wahrheit durch den *habitus* der Weisheit, der Theologe durch das ihm von Gott eingegebene Licht, er stützt sich auf die erste Wahrheit *propter se et non propter rationem*[21]. Für den Theologen ist das letzte Ziel und das höchste Glück die *contemplatio* Gottes im Jenseits, der Philosoph dagegen zielt auf eine *visio*, in der Gott „irgendwie" schon im Diesseits gesehen wird. Diese Schau trennt Albert klar von der *visio beatifica* ab. Denn dort wird Gott unmittelbar, jenseits von Verstand und Vernunft, betrachtet. Der Philosoph dagegen erkennt in diesem Leben Gott nicht in seiner Substanz, sondern nur insoweit als er Gegenstand des schlussfolgernden Denkens ist, nicht in unmittelbarer Schau des Wesens Gottes, sondern nur mittelbar, diskursiv (vgl. Super Eth. 2, S. 774,80–775,13). Aber trotz dieser Limitationen kann der Mensch schon in diesem Leben sein Glück erwerben, und zwar durch sein eigenes Tun (ebd., S. 757,50–58). Unsere Tätigkeit ist die nächste Ursache unseres Glücks, Gott aber die *causa universalis*, von der letztlich alles Gute kommt (vgl. Super Eth. 1, S. 170,65–74). Dem Argument Augustins, dass die *felicitas* eine *operatio virtutis* sei, die Tugend aber Gott in uns vollbringe, so dass also Gott die Seligkeit in uns

---

19 Auch eine Änderung des Verhältnisses zu den Affekten, bei denen es – im Unterschied zu Aristoteles – nicht um deren Steuerung, sondern um purgatio, um Reinigung von ihnen geht.

20 ‚Super Ethica' zitieren wir nach der Editio Coloniensis 14,1–2, hg. v. Wilhelm Kübel, Münster/W. 1987.

21 Vgl. Loris Sturlese, Die deutsche Philosophie im Mittelalter: von Bonifatius bis zu Albert dem Großen (748–1280), München 1993, S. 339f.

erwirke, begegnet Albert mit der Distinktion, dass Augustinus an dieser Stelle von den *virtutes infusae* spreche, mit denen der Moralphilosoph nichts zu tun habe. Auch den Einwand, dass in Gott das *optimum* sei, von ihm alles Gute komme und deshalb die *felicitas* als das Beste unmittelbar von Gott kommen müsse, entkräftet er mit seiner Unterscheidung, dass zwar jedes *bonum* von Gott als der ersten Ursache stamme, dass es aber aus Gott vermittels der *causae proximae* hervorgehe. Albert schaltet also immer *operationes naturae* dazwischen und vermeidet es, von einer *actio dei in nobis* zu sprechen (vgl. ebd. 1, S. 55,65f.). Gott ist zwar die *causa prima*, er wirkt aber nicht als *causa propinqua*, sondern als *causa remota*, d. h. *mediantibus aliis causis proximis*, mittels anderer nächster Ursachen. Deshalb gilt, dass die Glückseligkeit in unserer Macht steht, *est in potestate nostra, quia acquiritur per operationes nostras* (ebd. 1, S. 170,67f.). Und dies gilt für beide Formen der *felicitas*, die Albert im Anschluss an Aristoteles unterscheidet: die *felicitas contemplativa* und die *felicitas civilis*. Beide sind wie bei Aristoteles schon in diesem Leben erreichbar. Die *felicitas civilis* definiert Albert als *perfectum bonum in ordine civilium* (ebd. 1, S. 34,28), als vollkommenes Gut in der bürgerlichen Ordnung. Sie besteht in der Tätigkeit der Klugheit, der gegenüber den anderen Tugenden eine übergeordnete leitende Funktion zukommt (vgl. ebd. 1, S. 59,3–6). Sie bezieht sich auf den Bereich der Kontingenz. Das vollkommene Glück liegt aber in der *felicitas contemplativa*, die der Mensch im *actus sapientiae* (ebd. 2, S. 499,39f.) erlangt. In der Tätigkeit der Weisheit steigt er über die Physik und Mathematik zur *contemplatio divinorum* auf und findet dort das höchste, das kontemplative Glück. Es besteht letztlich in der *operatio* einer einzigen, die anderen intellektuellen Tugenden hervorrufenden Tugend der *sapientia*: *Sic igitur dico, quod felicitas contemplativa est operatio unius virtutis tantum elicitive, scilicet sapientiae* (ebd. 2, S. 748,21–23). In ihr findet, nach Albert, die Vervollkommung der Vernunft ihr Ziel und das Erkenntnisstreben, von dem der erste Satz der ‚*Metaphysik*' des Aristoteles spricht, seine Vollendung.

Alberts zweiter Kommentar zur ‚*Nikomachischen Ethik*', die ‚*Ethica*', entwickelt ein gegenüber ‚*Super Ethica*' deutlich verändertes Konzept des kontemplativen Glücks. Es enthält Erweiterungen und Modifikationen seiner zunächst stark an Aristoteles orientierten Intellektlehre, die wohl auf arabische Philosophen, insbesondere al-Farabi und Averroes, und den Neuplatonismus zurückgehen. Darin kommt dem *intellectus adeptus* als Vollendungsstufe des menschlichen Intellekts eine zentrale Rolle zu. Glücklich leben heißt jetzt *vivere secundum intellectum adeptum*. Dieser Intellekt ist, ähnlich wie bei al-Farabi, das Ergebnis einer Selbstperfektionierung des menschlichen Erkenntnisvermögens und der Überformung des intellectus possibilis durch den *intellectus agens*.[22] Der entscheidende Unterschied dieses neuen Konzepts gegenüber dem in ‚*Super Ethica*' besteht in Alberts Annahme eines Wechsels im Erkenntnismodus[23] von

22 Vgl. ‚*De intellectu et intelligibili*' (Ed.Paris. 9, S. 514b).

23 Vgl. Müller, 2009, S. 304f.

einem diskursiven zu einem intuitiven Modus, den der Mensch auf der höchsten Stufe der Entwicklung seiner Vernunft vollzieht. Er erlangt die Fähigkeit zur unmittelbaren Wesensschau der Dinge, vergleichbar der der reinen Intelligenzen. Es ist ein Erkennen, in dem der Intellekt nicht mehr auf äußere Objekte angewiesen ist, sondern in einer Reflexion auf seine eigenen Denkinhalte erkennen kann: *non indiget vehiculo*, ein Erkennen „ohne Mittel", wie Eckhart im Predigtzyklus ‚*Von der êwigen geburt*' sagt.[24] Thomas von Aquin, der in diesem Punkt Aristoteles näher steht, lehnt diese Möglichkeit eines natürlichen menschlichen Erkennens ohne Mittel, d. h. ohne *conversio ad phantasmata*, ab. Für Albert ist diese höchste Stufe des Erkennens im *intellectus adeptus* die Frucht von *studium* und *labor*[25], sie beruht auf der Eigentätigkeit der Vernunft, die bei ihrem Aufstieg bis zur intuitiven Schau wie in ‚*Ethica*' nicht auf die Einwirkung eines transzendenten *intellectus agens* (wie bei Alexander und Averroes) angewiesen ist.

Über diesen Status des *intellectus adeptus* geht Albert noch einmal hinaus, indem er die neuplatonische Vorstellung vom Aufstieg mit peripatetischen hylemorphistischen Gedanken verbindet. Der *ascensus*, der mit Katharsis und Loslösung vom Sinnlichen beginnt, führt den Menschen immer mehr in den Bereich des Geistes und schließlich in der *coniunctio, wie er mit Averroes sagt,* in die erste Ursache zurück. Der *intellectus adeptus* ist unter dieser Perspektive eine Vorstufe zum *intellectus assimilativus*. Der Intellekt vollendet sich im Reich des Geistes, in der *conformatio cum deo*. Auf dieser höchsten Stufe der Vollendung des Intellekts, in seinem Überformtwerden durch den göttlichen Intellekt, tritt der Aspekt der Eigentätigkeit des Menschen zurück.

Mit dieser Kombination peripatetischer und neuplatonischer Elemente in seinem Konzept des vollkommenen, glücklichen Lebens entfernt sich Albert zunehmend vom aristotelischen Begriff der εὐδαιμονία. So wird durch das neuplatonische Ideal der Entmaterialisierung und Vergeistigung – die Natur ist verdunkelter Geist – der Charakter der praktischen Klugheit verändert, die weniger auf die Steuerung der Leidenschaften, als vielmehr auf die gänzliche Befreiung von ihnen ausgerichtet ist. Die praktischen Tugenden sind nur ein Übergangsmoment. Bei Aristoteles ist dagegen die praktische Klugheit nicht nur eigenständig, sondern auch ein unentbehrliches und bleibendes Element des Glücks.

Alberts Ausrichtung der Selbstperfektionierung auf das Ziel der Vergeistigung verändert auch das aristotelische Konzept vom theoretischen Leben und vom Menschen als φύσει ζῶον πολιτικόν. Da alle Fähigkeiten des Lebewesens Mensch erst in der funktionierenden Gemeinschaft mit anderen Menschen sich

---

24 Bei Eckhart handelt es sich um einen Wechsel vom natürlichen in einen übernatürlichen Bereich, in dem Gott der *werkmeister* im Menschen wird.

25 Vgl. ‚*De intellectu et intelligibili*' (Ed.Paris. 9, S. 514b).

entfalten und vervollkommnen lassen, ist auch das gute theoretische Leben nur in der Gemeinschaft, in der Freundschaft mit anderen, realisierbar.

Alberts Verbindung aristotelischer und neuplatonischer Theoreme in ‚*Ethica*' lässt sich paradigmatisch an seinen Ausführungen zum Begriff des *bonum* verdeutlichen, die er im zweiten Traktat des ersten Buches seinem Kommentar voranstellt. Was das *bonum* sei, müsse geklärt sein, bevor man erkennen kann, worin das *bonum hominis* bestehe (S. 348,6f.).[26] Aristoteles hatte, wie sich zeigte, in der ‚*Nikomachischen Ethik*' die These vertreten, dass das höchste Gut für den Menschen, die εὐδαιμονία, in der Tätigkeit des νοῦς, seines obersten Seelenvermögens, besteht. Das Glück ist eine innerweltliche *perfectio*, die der Mensch durch sich selbst realisiert. Diese Aspekte der Innerweltlichkeit des Glücks und seiner Konstituierung durch die Eigentätigkeit des Menschen, die auch bei Albert im Zentrum stehen, übergehen die ältesten Kommentare zur ‚*Ethica vetus*' und zur ‚*Ethica nova*'; sie betonen die Jenseitigkeit und Gnadenhaftigkeit des Glücks. An Alberts Einführung des Begriffs des bonum in ‚*Ethica*' wird nun ersichtlich, wie er einerseits an dem aristotelischen Konzept der Eudaimonie festhält, es aber andererseits christlich adaptiert und anschlussfähiger macht, indem er es in ein neuplatonisches Partizipationssystem mit einem obersten *bonum per se* als Ursache aller *bona* einbindet.

Albert übernimmt im ersten Kapitel die Definition Avicennas: *Gut ist, was seine höchste Vollkommenheit erreicht hat, und dafür gibt er als Grund an, dass das Gute vom Ziel her bestimmt wird.*[27] Dem *bonum qua perfectum* fehlt nichts und nichts kann ihm hinzugefügt werden, weil es das Ziel, das ihm gesetzt war, erreicht hat. Die zweite Bestimmung des *bonum*, bei der Albert sich auf Stoiker und Peripatetiker bezieht, ist die des „Erstrebten": *bonum est, in quod est appetitus omnium* (S. 349,8). Albert verbindet hier das *bonum* qua Worumwillen mit dem *bonum qua* Wozu zunächst ex negativo mit dem Hinweis, dass das Streben nicht aufhört, solange die *perfectio* nicht erreicht ist: *non cessat appetitus* (S. 349,11).

Bei der nun folgenden Diskussion des *bonum* als Transzententale neben *ens* und *verum* setzt sich Albert mit dem Einwand des Boethius auseinander, dass aufgrund der Konvertibilität von *ens* und *bonum* ‚gut' nicht als Perfektion verstanden werden könne, da es möglich sei, dass Seiende nicht in der Lage sind, die Perfektion ihrer Natur zu erreichen, aber doch ‚gut' genannt werden können allein aufgrund ihres Seins. Er begegnet diesem Einwand, indem er, die aristotelische Unterscheidung von δύναμις und ἐνέργεια aufnehmend, den Begriff des *bonum* differenziert und an einem Beispiel erläutert: Der Mensch ist

[26] Den Traktat zitieren wir nach Jörn Müller, Der Begriff des Guten im zweiten Ethikkommentar des Albertus Magnus. Untersuchung und Edition von *Ethica*, Buch I, Traktat 2, in: RTPM 69,2 (2002), S. 348–370.

[27] „bonum est, quod ultimam sui perfectionem adeptum est, et huiusmodi dicti assignat rationem dicens, quod bonum determinatur a fine" (S. 348,8–10).

zunächst Mensch der Möglichkeit nach, *potentia* (ebd., S. 349,22f.), und er vollendet sich dann, wenn er *in actu* das vollzieht, was ihm seiner Natur nach möglich ist. *Ab ultima perfectione unumquodque bonum est, quando optime potest perficere ea, quae sunt secundum suam naturam* (ebd., S. 350,9f.). Demnach ist jedes Seiende aufgrund seines Seiendseins zwar schon „anfangshaft", *in inchoatione* (ebd., S. 350,19) gut, aber noch nicht vollkommen in seiner von der Form ausgehenden Tätigkeit, in der das natürliche Streben seine Erfüllung findet. Von der *‚Nikomachischen Ethik'* aus betrachtet, dreht Albert die Schrittfolge der Argumentation um. Er beginnt nicht mit der Definition des Guten als des Worumwillen, sondern des Wozu, der spezifischen Leistung, in deren Vollzug sich das Seiende vollendet. Im Vordergrund steht also nicht das vom *appetitus* Erstrebte, sondern das *bonum* als durch die Ordnung der Natur eines Seienden vorgegebene *perfectio.* Aus diesem Ansatz des ersten Argumentationsschrittes wird erkennbar, dass Albert die Frage nach dem *bonum* – durchaus im Sinne des Aristoteles – zunächst ganz innerweltlich und auf eine innerweltliche Teleologie bezogen ansetzt und daran festhält, dass das Gute etwas ist, das durch Eigentätigkeit erreicht werden kann, dass er aber zugleich den aristotelischen Naturalismus zu reduzieren sucht, indem er das *bonum* als *perfectio* dem *bonum* als vom *appetitus* Erstrebtem voranstellt.

Diese Ausrichtung wird in den folgenden Kapiteln dadurch verstärkt, dass Albert das aristotelische Konzept in ein neuplatonisch geprägtes Partizipationssystem einfügt: Das *bonum qua perfectum* ist durch das höchste, das göttliche *bonum* selbst gut, das *causa prima* und Ziel ist, in das alles zurückstrebt. Das zweite Kapitel vollzieht also einen Schwenk vom *bonum* als Erstrebtem und durch Tätigkeit Erworbenem zum *bonum per se.* Der Ausdruck *per se* bedeutet, nach Albert, zweierlei, erstens ‚nicht *per accidens*', zweitens ‚nicht *per aliud*'. Daraus ergibt sich die Frage, ob es ein *bonum* gebe, das *per substantiam* und nicht nur *per accidens* und durch sich und nicht durch etwas anderes gut ist: ein substantielles, durch sich selbst seiendes *bonum.* Da es nun viele *bona* gibt, schließt Albert, muss es ein *bonum* geben, das die Ursache aller *bona* ist, sonst gäbe es keine Einheit in der Vielheit und ein *regressus in infinitum* wäre unvermeidlich. Es existiert also ein *bonum per se*, das *substantialiter et non propter aliud bonum est* (S. 351,18). Die vielen *bona*, die nicht *per se bona* sind, stehen gegenüber dem *bonum per se* als Ursache der Gutheit der vielen *bona* in einem Partizipationsverhältnis. Das bedeutet, dass alle Partizipierenden *per accidens* haben, was das Partizipierte *per se* hat, so wie der Mensch nicht *per accidens* weiß sein könnte, wenn nicht das Weiße, an dem er teilhat, *per se* weiß wäre. Und analog verhält es sich beim *bonum.* Da der Mensch *per accidens* gut ist, muss es etwas geben, das ein *bonum per se* ist.

Gegner von Alberts Position nehmen im Folgenden Argumente auf, die Aristoteles in der *‚Nikomachischen Ethik'* gegen die platonische Annahme eines *bonum per se* (1096a11–1097a14) ins Feld führt. Es gibt, sagen die *adversarii*, verschiedene *bonitates*, die weder eine generische noch spezifische Einheit bilden.

Die *bonitas* des Pferdes unterscheide sich von der des Esels oder der des Hauses: *Quot sunt genera entium, tot sunt bonitates singulorum diversae genere* (S. 352,16f.) (wieviele Gattungen der Seienden, soviele dem *genus* nach verschiedene Gutheiten). Also gebe es kein erstes *bonum per se* (352,19). Diese Schwierigkeit versucht Albert mit Rekurs auf die *analogia proportionis* zu lösen. Das göttliche *bonum* als erstes und einziges *bonum per se* lässt die endlichen *bona* an seiner Gutheit und Vollkommenheit teilhaben, und zwar proportional: *Dem Verhältnis nach, proportione, ist etwas per se gut, das weder per accidens noch durch ein anderes gut ist, im Hinblick auf das alle bona durch eine gewisse Ähnlichkeit gut sind.*[28] Das erste *bonum* vervollkommnet alle *bona*, und in Hinsicht auf es wird jedes *bonum* proportional *bonum* genannt. *Proportio enim ad unum est similitudo habitudinum ad unum* (S. 354,7f.). Das *primum bonum* ist wesensmäßig gut und die Wirkursache alles Guten, seine *forma bonitatis* ist proportional in allen *bona*. Es selbst hat keine Wirkursache für seine Gutheit.

Das Schlusskapitel *Quid sit uniuscuiusque bonum* nimmt noch einmal die aristotelische Argumentationslinie des ersten Kapitels auf: Jedem Seienden kommt ein spezifisches *bonum* zu, und dieses besteht jeweils darin, durch Tätigkeit seine *perfectio in esse et posse* zu verwirklichen und so zur *felicitas contemplativa* und *felicitas civilis* zu gelangen.[29] *Bonum igitur hominis est secundum*

---

[28] Proportione autem aliquid est per se bonum, quod non per accidens bonum est nec per aliud, ad quod respiciendo per similitudinem quandam habitudinum omnia bona bona sunt (S. 353,2–5).

[29] Das antike Ideal des innerweltlichen Glücks durch θεωρία und πρᾶξις, das Albert aufgenommen hatte, war attraktiv. In seiner Abhandlung ‚*De summo bono*' stellt Boethius Dacus gleich zu Beginn, Aristoteles zustimmend, fest, dass das höchste Gut dem Menschen secundum optimam suam virtutem (ebd., S. 369,8) zukommen muss, und das sind die ratio und der intellectus mit seinen zwei Potenzen, potentia speculativa und potentia practica. Die cognitio veri et operatio boni et delectatio in utroque (ebd., S. 371,63f.) verschafft eine vita voluptuosissima (ebd., S. 371,47f.), lustvolles Leben, Glück. Wer zu einem solchen Leben in der Lage ist, lebt schon in dieser Welt ein glückliches Leben. Das ist der Philosoph, der nur nach der Weisheit strebt, das Niedere dem Höheren unterwirft, die Tugenden übt und nicht sündigt; er lebt nach der Ordnung der Natur. Vernunfttätigkeit vermittelt ihm den innerweltlichen autarken Glückszustand eines Lebens in Weisheit und Autonomie. Das höchste Gut im Sinne des letzlich Erstrebten ist, wie bei Aristoteles, kein transcendens, sondern eine Verfassung des menschlichen Lebens, die durch den innerweltlichen Leistungsvollzug der Vernunft hergestellt wird. Thesen dieser Art wies der Bischof von Paris, Stephan Tempier, 1277 zurück. Er verurteilte die Sätze: quod non est excellentior status quam vacare philosophie (Art. 40), und: quod felicitas habetur in ista vita, et non in alia (Art. 176). Ähnliche Thesen wie Boethius vertraten Aubry von Reims und Arnulfus Provincialis, die sich auf Averroes bezogen. Aubry von Reims zitiert Averroes' Prolog zum achten Buch der aristotelischen ‚*Physik*': „Wie Averroes [...] sagt, ist das Sein des Menschen von seiner letzten Vollendung her ein Sein, das durch die theoretischen Wissenschaften vollendet wird. [...] Damit der Mensch also nicht unvollkommen bleibt und durch sein natürliches Streben enttäuscht wird, ist das Studium der Philosophie von ihm in einem dauernden Bemühen des Geistes sorgfältig auszuüben und beständig zu erstreben" (zit. nach Perkams, 2007, S. 14). Auch Arnulfus Provincialis preist in

naturam hominis posse perfecta et optima perficere. Beispiel ist der Mensch, der sich in seinem ganzen Wesen von der *potentia* in den Akt entwickelt und so vom Knaben zum Mann wird (S. 369,17). Von Anfang an sind im Menschen die Samen des Guten, *semina boni*, ausgesät, sie sind der Anfang des Guten, *inchoatio boni.* Das *bonum hominis* liegt darin, dass er die mit seiner Natur und seinem Wesen gegebenen Möglichkeiten in der Tätigkeit vollendet. Neben dieser innerweltlich-naturalistischen Position, die sich auf Aristoteles bezieht, steht eine neuplatonische, auf Partizipation ausgerichtete, die die Welt auf ein absolutes *bonum* bezieht, das als *diffusivum sui* an seiner Gutheit teilhaben lässt; *felicitas duas habet intentiones. Unam quidem, quia summum bonum est. Secundam autem in quantum refertur ad operationem*" (‚*Ethica*', Ed.Paris. 7, S. 59 a).

In Bezug auf die *felicitas contemplativa* unterscheiden sich die Positionen Alberts in den beiden Kommentaren. Nach ‚*Super Ethica*' kann der Mensch zwar schon im Diesseits durch Eigentätigkeit eine *felicitas contemplativa* erwerben. Es ist aber ein Glück, das durch die Grenzen der menschlichen Vernunft bestimmt ist und sich erst durch Gott im Jenseits vollendet. Der Mensch erkennt schon in diesem Leben die einfachen Wesenheiten, *simplices quiditates*, jedoch nicht unmittelbar, *uno intuitu* wie die abgetrennten Substanzen, sondern *resolvendo et ratiocinando* (ebd. 2, S. 452,42f.), diskursiv und sinnbildlich. Zwar ist der menschliche Intellekt in seiner Wirkweise nicht grundsätzlich von der der reinen Intelligenzen verschieden, aber er erkennt die einfachen Wesenheiten nur im Kontinuum und in der Zeit. Die höchste Form der Erkenntnis, die in dieser Welt das Glück bedeutet, ist an Sinnlichkeit und Diskursivität gebunden. Auch in ‚Ethica' kann der Mensch schon in diesem Leben sich durch Tätigkeit kontemplatives Glück erwerben; aber er kann sogar, indem er die Erkenntnisordnung wechselt, erkennend in die Region der reinen Geister aufsteigen und bis zur *conformatio* seines Erkennens durch Gott gelangen.

An Alberts Begriff von Glück wird Eckhart in mehrfacher Hinsicht anknüpfen, vor allem was den präsentischen Charakter des menschlichen Glücks schon in dieser Welt und die Möglichkeit des Wechsels in der Erkenntnisordnung betrifft.[30] Er wird sich aber auch energisch distanzieren, wenn es um die Frage der aktiven Anteilnahme des Menschen an diesem Geschehen geht. Die Gottesgeburt, die höchste Möglichkeit des Menschen, findet, nach Eckhart, in diesem Leben statt, wenn der Mensch durch den göttlichen *werkmeister,* nicht durch eigene Initiative und Tätigkeit, von der Natur in die Übernatur erhoben wird. Die Überformung des Seelengrundes durch Gott ist nicht die Belohnung

seiner ‚*Divisio scientiarum*' das philosophische Leben: „Alles Wissen aber, durch das in diesem Leben die Denkseele vollendet wird, ist in der Philosophie enthalten, und daher muss das Interesse des Menschen mit aller Bemühung zu den erstrebenswerten Umarmungen der Philosophie angeregt werden, damit er durch sie seine Vervollkommnung erreicht" (zitiert nach Perkams, 2007, S. 24). Die beiden Magister der Artistenfakultät propagierten ein Ideal, das den massiven Protest der Theologen hervorrief.

30 In Predigt 104 und im ‚*Johanneskommentar*' mit zum Teil wörtlichen Anleihen.

der menschlichen Selbstperfektionierung und Vervollkommnung, sondern ein Akt der göttlichen Gnade. Eckhart fordert vom Menschen: *passive se habere.* Das ist, ihm zufolge, im Verhältnis zu Gott die einzig richtige Haltung. Eckharts Vollkommenheitsideal ist im Unterschied zu Albert auch nicht rein kontemplativ, sondern mit Praxis verbunden. Die Veränderungen, die durch die göttliche *conformatio* des Seelengrundes eintreten, betreffen Denken und Handeln des Menschen.

Dritter Hauptteil: Meister Eckharts Transformation der aristotelischen Lehre von der Seele, ψυχή, von der Vernunft, νοῦς, und vom guten Leben in deutschen Predigten

Die Aristoteles-Rezeption Meister Eckharts fällt in eine Phase heftiger doktrinaler Auseinandersetzungen, die seit der Mitte des 13. Jahrhunderts einsetzten. In seinen deutschen Predigten bezieht sich Eckhart implizit und explizit auf diese Debatten und setzt das nun verfügbare Wissen und Argumentationspotential gezielt ein, um sein Konzept der Einheit mit Gott zu entfalten. Bei diesem Verfahren werden sowohl der aristotelische als auch der christliche Referenzbereich transformiert, ein markantes Beispiel wechselseitiger Konstitution und Konstruktion.[1]

Im Mittelpunkt des dritten Hauptteils stehen die vier Predigten des Zyklus ‚*Von der êwigen geburt*' (Pr. 101–104). Diesen vorgeschaltet sind Predigten, in denen Eckhart Dichotomien einführt: Wesen und Kräfte der Seele, *ratio inferior* und *ratio superior*, äußeres, der Welt zugewandtes, und inneres, Gott zugewandtes Auge; die Vernunft als Herr und als Knecht; schließlich *mügelîche* und *würkende vernunft*. Sie kennzeichnen unter jeweils verschiedenen Aspekten die *conditio* des Menschen als Angehörigen zweier Welten, der geschaffenen, raumzeitlichen und einer anderen, zeitlosen Welt, die in der natürlichen gegenwärtig und erfahrbar ist. Diese Präsenz beschreibt Eckhart mit dem neuplatonischen Bild des Überfließens Gottes in die Seele und mit dem aristotelisch-peripatetischen Gedanken der Überformung.

Das erste Kapitel untersucht, wie Eckhart mit diesen Dichotomien zwei Grundmerkmale des aristotelischen Verständnisses der menschlichen Seele – ihren autopoietischen Charakter, ihr Wirken aus sich selbst, und ihre Ausrichtung auf die Welt, ihren Objektbezug und ihre ‚Äußerlichkeit' – aufhebt. Die

1 Neuerdings wird dieser Vorgang mit dem sperrigen Begriff ‚Allelopoiese' bezeichnet, vgl Böhme 2011.

Konstruktionsprinzipien seines „neuen" christlichen Selbst- und Weltverständnisses – Eckhart ist sich der Originalität seines Denkens durchaus bewusst[2] – läuft auf die Dekonstruktion der tragenden Elemente des aristotelischen Ansatzes hinaus und bedient sich dabei dessen begrifflichen und gedanklichen Repertoires: mit einer radikalen Umwertung von Aktivität und Passivität und mit der Transformation zentraler Theoreme der aristotelischen Wahrnehmungs- und νοῦς-Theorie, insbesondere bei der Neuauslegung der ἐνέργεια-Identität im Akt des Erkennens und des „Leerseins" als Bedingung von Wahrnehmen und Denken.

Das zweite Kapitel interpretiert die Predigten 101–104, in denen Eckhart unter der leitenden Frage nach einem nicht im natürlichen, sondern im spirituellen Sinn vollkommenen Leben, die er mit seinem zentralen Thema der Gottesgeburt verbindet, geradezu systematisch zentrale Theoreme der Philosophie des Aristoteles dekonstruiert. Er relativiert eine Theorie, die das Denken an Bilder, die der Wahrnehmung entspringen, gebunden sieht. Dem aristotelisch-thomasischen Konzept der Intentionalität, das Eckhart nicht für verkehrt und illegitim, sondern lediglich für natürlich erklärt, stellt er seine Lehre vom bilderlosen Seelengrund entgegen, der nur auf Gott gerichtet ist und in dem Gott im Schweigen geboren wird. Die bilderlose Innerlichkeit, nicht die bilderreiche Außenwelt soll zum eigentlichen Mittelpunkt des Menschen werden. Dabei untergräbt Eckhart mit begrifflichen Mitteln, die der Philosophie des Aristoteles entstammen, dessen Konzept des Wissens und ordnet es einem Unwissen unter, das er *unerkantez bekantnisse* nennt. Eckharts Umkehrung der aristotelischen Auffassung von der *vita beata* besteht im Kern darin, dass vollkommenes Leben nicht in einem Wirken der höchsten Vermögen der Seele, sondern im Wirken Gottes in der Seele, d. h. einem Erleiden Gottes im Seelengrund, besteht. Mit Gott als „werkmeister" in der Seele ist für Eckhart eine innere Freiheit und Wirkmächtigkeit verbunden, die alle Grenzen und Einschränkungen natürlichen Wirkens überschreitet.

[2] Vgl. Pr. 101.

Erstes Kapitel: Duale Strukturen in Eckharts Auffassung von Seele und Vernunft – die Dekonstruktion des aristotelischen Konzepts der autopoietischen Seele und die Umwertung des Verhältnisses von Aktivität und Rezeptivität

1. Eckharts Verschärfung der thomasischen Realdistinktion von Wesen und Kräften der Seele

In seiner Lehre von der Seele folgt Eckhart weitgehend der aristotelisch-thomasischen Auffassung von der einheitsstiftenden Funktion der Seele (1). Er nimmt auch Thomas' von Aquin Unterscheidung von Wesen und Kräften auf, weicht aber von ihm ab, wenn es um das Wesen der Seele, den Seelengrund, und den Intellekt geht (2).[1]

(1) Wie Thomas definiert er die Seele im Anschluss an Aristoteles als *forma substantialis corporis,* die dem Kompositum aus Körper und Seele Sein und Leben vermittelt.[2] Die Seele heißt so, *wand si dem lîbe leben gît und ein forme des lîbes ist* (DW III, S. 440,2f.). Dass die Seele Seins- und Lebensprinzip des Körpers ist, schließt die Annahme aus, sie sei eine Entität in einer anderen. Beide zusammen bilden eine strukturierte leib-seelische Einheit: Da es in jedem Seienden, das aus Form und Materie besteht, nur eine substantielle Form gibt, verleiht die Seele dem Leib das *esse simpliciter.* Sie ist daher allen Gliedern unmittelbar gegenwärtig. Sie *giuzet* (sich) *in alliu glit* (DW II, S. 214,3), *adest singulis membris se tota* (LW III, n. 93, S. 80,5). Sie ist in jedem Glied ein und dieselbe und wird von den vielen Gliedern nicht geteilt, sondern einigt sie in sich, sie *bleibt ungeteilt*

---

[1] Die Übersetzungen entnehmen wir der Kritischen Ausgabe der Lateinischen und Deutschen Werke Meister Eckharts: LW I: Konrad Weiss; LW II: Josef Koch; LW III: Karl Christ, Josef Koch; LW IV: Ernst Benz, Bruno Decker, Josef Koch – DW I, II, III, V: Josef Quint; DW IV: Georg Steer.

[2] S. o. H 1, Kap. 1, 1.2 und H 2, Kap. 1.

und eint die einzelnen Teile in sich, so dass sie eine Seele, ein Leben, ein Sein und ein Lebendigsein haben.[3]

Was für das *esse* gilt, gilt aber nicht für das *agere*. Die Seele ist zwar *secundum totalitatem essentiae* (in ihrer ganzen Wesenheit), nicht aber *secundum totalitatem virtutis* (in ihrer ganzen Wirkfähigkeit) in jedem Teil des Körpers – darin stimmt Eckhart wieder mit Thomas überein. So teilt die Seele als Wesensform des Leibes allen Gliedern Sein und Leben mit, nicht aber die einzelnen Perfektionen wie zum Beispiel Sehen oder Hören. *Alliu diu werc, diu diu sêle würket, diu würket si mit den kreften* [...] *und niht mit dem wesene. Allez ir ûzwürken haftet iemer an etwaz mittels.* (DW IV, S. 344,43–46). Mit den Augen sieht sie, mit den Ohren hört sie; durch ihre Kräfte steht sie mit der Welt in Verbindung, diese aber sind auf jeweils bestimmte Qualitäten eingeschränkt, *potentiae alligatae – diu kraft, dâ mite ich sihe, dâ mite enhoere ich niht* (DW I, S. 338,5) – oder bleiben wie die Vernunft als Kraft trotz ihrer Immaterialität auf eine *conversio ad phantasma* angewiesen. Die Seele ist folglich nicht *principium immediatum operationis*, denn sonst müsste sie ständig ihre *opera vitae* wirken, so wie sie eben ständig ihren Körper belebt, sondern sie wirkt durch ihre Kräfte.

Dass Eckhart Sein und Wirken so strikt trennt, ist ein Schritt zur christlichen Transformation des Begriffs der autopoietischen Seele. Indem er das Wirken in die Kräfte der Seele und damit in den akzidentellen Bereich verlegt und den Seelengrund als nichtwirkend ansetzt, kann er diese dichotomisierte Seele in eine Theologie einfügen, derzufolge substantielles Wirken nur dem allmächtigen Schöpfergott als *actus purus* möglich ist, der als Idenität von Sein und Wirken subsistiert.

(2) Eckhart nimmt wie Thomas eine Realdistinktion von Wesen und Kräften der Seele an. In den Deutschen Predigten hält er diesen Unterschied mit den Termini *wesen*, *grunt* und *krefte* fest, in den Lateinischen Werken mit den Termini *essentia* und *potentiae*: *das Wesen der Seele (ist) ferne vom Reich dieser Welt, weil sie in einer andern Welt oberhalb* [...] *des Intellekts und des Willens, ist.*[4] Statt *essentia* gebraucht Eckhart auch *substantia*: *‚Haupt' nennt (Salomon) das Verstandesvermögen oder den Geist oder auch die Seelensubstanz selbst, von der alle Vermögen ausfließen.*[5] Er wendet sich damit wie Thomas gegen die Identitätsthese, deren Vertreter die Einfachheit der Seele nur bei einer Nichtunterscheidung von *essentia* und *potentiae* gewahrt sehen.[6] Wirken als *actus secundus* eines Seienden und Wesen verhalten sich wie Akzidens und Substanz. In ihrem Grunde wirkt die Seele nicht; *in dem wesene enist kein werk* („im Wesen ist kein Werk") (DW IV,

---

3 „manens indivisa singulas partes in se unit, ut ipsarum sit una anima, una vita, unum esse et unum vivere" (LW I, n. 10, S. 155,7f.).

4 „essentia animae longe est (ab hoc) regno et mundo, quia (in) alio supra potentias, intellectum et voluntatem, est" (LW IV, n. 121, S. 115,3–5).

5 „Caput vocat intellectivum sive mentem vel etiam ipsam substantiam animae, de qua omnes fluunt potentiae" (LW IV, n. 448, S. 374,9f., vgl. DW II, S. 370,11f.; S. 230,1).

6 Vgl. Pius Künzle, 1956, S. 181.

S. 344,48f.) und es ist ohne alle Bestimmungen. Die *essentia* liegt oberhalb aller Kräfte, die aus ihr hervorgehen, jenseits aller Kreaturen und sogar Gottes, sofern er gut und wahr ist. Mit dieser Feststellung geht Eckhart über Thomas hinaus, und er verbindet sie noch mit einer „seelsorgerische(n) Botschaft",[7] indem er immer wieder auf die Gefahren hinweist, die dem Wesen der Seele, dem Seelengrund, durch die Kräfte drohen. *Will dîn ouge alliu dinc sehen und dîn ôre alliu dinc hoeren und dîn herze alliu dinc bedenken, in der wârheit: in allen disen dingen muoz dîn sêle zerströuwet werden* (DW IV,1, S. 418,117–419,119) und sie stirbt, wenn sie sich ganz an die Dinge verliert (vgl. DW II, S. 301). Der Seelengrund kann durch diese Hinwendung zur Welt, durch die *vremden bilden*, Schaden leiden.

2. *Vernünfticheit* als Kraft und als Wesen der Seele und die augustinische Unterscheidung von *ratio inferior* und *ratio superior*

Wie versteht nun Eckhart das Wesen der Seele, den Seelengrund? Seiner Aussage, dass er gänzlich ohne Wirken und ohne jede Bestimmung sei, scheinen andere zu widersprechen, in denen er den Seelengrund als *vernünfticheit* (DW I, S. 304,7) bezeichnet. Wie stimmen diese beiden Aussagen zusammen?

In der Predigt 61 *Misericordia domini* (DW III, S. 35–47) geht Eckhart von Augustins Einteilung der Erkenntnisarten[8] in *genus corporale* (S. 388,5f.), *genus spiritale* (S. 388,6) und *genus intellectuale* (S. 388,10) aus; zudem führt er Augustins Unterscheidung zwischen *ratio inferior* als *ratio scientiae* und *ratio superior* als *contemplatio aeternorum* ein. *Ratio inferior* und *ratio superior* sind zwei Funktionen der einen *ratio.*

Eckhart nimmt die augustinischen Unterscheidungen auf und modifiziert sie im Rekurs auf aristotelisch-thomasische Lehrsätze. Er nennt drei Erkenntnisarten. Erstens das *bekantnisse der crêatûren*, die man mit den *vünf sinnen begrîfen mac* (S. 37,3f.), *daz sinnelîche bekennen* (DW III, S. 316,1f.): Es geht auf die äußeren, materiellen Dinge in Raum und Zeit und erfasst sie nur als Erscheinungen, nicht in ihrem *quod quid est.* Zweitens das *geistlich bekantnisse* (DW III, S. 242,5). Es ist *geistlîcher* (DW III, S. 37,5) als die *sensatio*, weil es einen Gegenstand ohne dessen sinnliche Gegenwart in seinem Vorstellungsbild erkennen kann, bleibt aber als *rationale inferius* (LW I, n. 141, S. 608,4) auf die aus der Sinnlichkeit stammenden *phantasmata* (Vorstellungsbilder) angewiesen. Hier folgt Eckhart einem Lehrsatz, den Thomas im Anschluss an Aristoteles entwickelt.

---

7 John Margetts, Die Satzstruktur bei Meister Eckhart, Stuttgart u. a. 1969, S. 169.

8 ‚*De Genesi ad litteram*' in: Corpus Scriptorum Ecclesiasticorum Latinorum Bd. 28, S. 379–435.

Denn ‚ohne das‘ von den Sinnen aufgenommene ‚Vorstellungsbild gibt es kein Denken‘.[9] Drittens das *lûter geistlich bekantnisse* (DW III, S. 38,1f.), die *ratio superior.* Beide Erkenntnisarten, *ratio inferior* und *ratio superior*, bezeichnet er als *vernünfticheit.* Die höchste Erkenntnis aber, die *ratio superior*, vollzieht sich im Geist, ist ohne sinnliche Elemente und ohne *conversio ad phantasma*, ohne die eine Erkenntnis auf den beiden unteren Stufen nicht möglich ist. Sie stammt unmittelbar, *immediate* (LW I, n. 141, S. 609,12), von Gott, ist also eine *operatio divina*: sie dringt in das reine Sein Gottes ein und nimmt Gott in seinem *blôzen eigenen wesene* (DW I, S. 182,10). Sie erkennt *got genzlîche, wie er ein ist an der natûre und drîvaltic an den persônen* (DW III, S. 38,4f.).

Eckhart beschreibt also Sinnlichkeit und *ratio inferior* sowohl mit augustinischen als auch mit aristotelisch-thomasischen Kategorien, bei der höchsten Erkenntnisart geht er eigene Wege. Denn er hebt die höchste Erkenntnisart nicht nur graduell von den anderen ab, sondern interpretiert sie als gnadenhafte Überhöhung. Das *lûter geistlich bekantnisse* verortet er im Grund der Seele. Er spaltet das augustinische Modell auf und rechnet die *ratio inferior* den Potenzen der Seele, die *ratio superior* dem Wesen der Seele zu. In ihm vollzieht sich das *lûter geistlich bekantnisse* (DW III, 38,1f.). Damit scheint er allerdings die Trennung von Wesen und Kräften der Seele ein Stück weit aufzuheben, indem er das höchste Erkennen in den Grund der Seele verlegt, der ohne jedes Wirken sein soll. Er löst diesen Widerspruch auf, indem er in eigenwilliger Weise wesentliche Elemente der aristotelischen Wahrnehmungs- und νοῦς-Theorie in seinem Konzept einer *operatio divina* im Seelengrund adaptiert. Aus der Wahrnehmungstheorie übernimmt er das Theorem der ἐνέργεια-Identität[10], aus *‚De anima‘ B 1* und der νοῦς-Lehre in Gamma 5 das Theorem der hylemorphistischen Einheit, wie sich unten zeigen wird.

Festzuhalten ist, dass Eckhart den Terminus *vernünfticheit* in mehrfacher Bedeutung verwendet.[11] Er bezeichnet an mehreren Stellen damit erstens die diskursive Vernunft (vgl. LW III, n. 267, S. 223,12f.), eine *potentia animae, ratio inferior*; eine ‚Seelenpotenz‘, die durch *înwertwürkunge* („Einwärtswirken“) (DW I, S. 158,4) gekennzeichnet und der anderen Potenz, dem Willen, *voluntas*, gegenübersteht, die nach außen gerichtet ist. Zweitens bedeutet *vernünfticheit* – ebenso wie *intellectus* – das Wesen der Seele, den Seelengrund, *ratio superior,*[12]

---

9 „Nam ‚sine phantasmate‘ accepto a sensu ‚non est intelligere‘“ (LW I, n. 113, S. 579,9f.).

10 Vgl. Bernhard Welte, Meister Eckhart als Aristoteliker, in: Auf der Spur des Ewigen. Philosophische Abhandlungen über verschiedene Gegenstände der Religion und Theologie, Freiburg/Br. 1965, S. 197–210, s. o. H 1, Kap. 2, 1.2.

11 Vgl. Benno Schmoldt, Die deutsche Begriffssprache Meister Eckharts. Studien zur philosophischen Terminologie des Mittelhochdeutschen, Heidelberg 1954, S. 74–96. Rainer Manstetten, Esse est deus. Meister Eckharts christologische Versöhnung von Philosophie und Religion und ihre Ursprünge in der Tradition des Abendlandes, Freiburg/Br. u. a. 1993, S. 362–374.

12 Vgl. Largier, 1993, I, S. 844–854.

das Innerste (DW I, S. 173,11; DW I, S. 304,7), die *edele kraft*, die mit nichts etwas gemein hat (DW I, S. 182,10f.). Sie ist abgeschieden, jenseits von Raum und Zeit und ohne alle Bestimmungen und gänzlich ohne Wirken.

Den Unterschied zwischen den Kräften der Seele und dem Seelengrund beschreibt Eckhart auch mit dem augustinischen Bild von den beiden Augen der Seele: *Diu sêle hât zwei ougen, einz inwendig und einz ûzwendig. Daz inner ouge der sêle ist, daz in daz wesen sihet und sîn wesen von gote âne allez mitel nimet: daz ist sîn eigen werk. Daz ûzer ouge der sêle ist, daz dâ gekêret ist gegen allen crêatûren* (DW I, S. 165,4–8).[13] Die Seele blickt mit ihrem äußeren Auge auf die geschaffene Welt, mit ihrem inneren Auge auf Gott. Dass Eckhart das Schauen Gottes im Seelengrund als spezifisches Werk des inneren Auges bezeichnet, scheint wiederum der Behauptung zu widersprechen, dass die Seele in ihrem Grunde nicht wirkt. Beide Erkenntnisarten werden als Sehen qualifiziert und dadurch einander angeglichen, was zur Annahme verleiten könnte, dass Gott in analoger Weise gesehen werden könnte wie die äußeren Dinge. Das weist Eckhart entschieden zurück. *Sumlîche einveltige liute waenent, sie süln got sehen, als er dâ stande und sie hie. Des enist niht. Got und ich wir sint ein* (DW I, S. 113,6f.).[14] Gott ist kein Gegenüber des Seelengrundes und der Seelengrund kein erkennendes Organ, sondern der ‚Ort' der Einheit mit Gott im *gotlîden.*[15]

3. Der Doppelcharakter der *vernünfticheit* als Herr und Knecht; *würkende* und *mügelîche vernunft* und die aristotelische Dichotomie des νοῦς (Pr. 37)

In Predigt 37 (DW II, S. 210–223)[16] legt Eckhart einen Vers aus den ‚*Königsbüchern*' aus: *Herr, mein Mann, dein Knecht, ist tot* (IV, Rg 4,1). Grundlage seiner Interpretation ist einerseits die thomasische Unterscheidung zwischen Wesen

[13] „Die Seele hat zwei Augen, ein inneres und ein äußeres. Das innere Auge ist jenes, das in das Sein schaut und sein Sein ganz unmittelbar von Gott empfängt: dies ist sein ihm eigenes Werk. Das äußere Auge der Seele ist jenes, das da allen Kreaturen zugewendet ist."

[14] „Manche einfältigen Leute wähnen, sie sollten Gott (so) sehen, als stünde er dort und sie hier. Dem ist nicht so. Gott und ich, wir sind eins."

[15] Dazu grundlegend: Alois M. Haas, Gottleiden – Gottlieben. Zur volkssprachlichen Mystik im Mittelalter, Frankfurt/M. 1989, passim; und ders., Seelenfunken (*scintilla animae*), in: Sprachbilder und Bildersprache bei Meister Eckhart und in seiner Zeit, hg. v. Cora Dietl und Wolfgang Achtner, Stuttgart 2015 (MEJb 9), S. 322f.

[16] Nach Ruedi Imbach ist die Predigt nach dem ersten Pariser Magisterium Eckharts entstanden; vgl. Deus est intelligere. Das Verhältnis von Sein und Denken in seiner Bedeutung für das Gottesverständnis bei Thomas von Aquin und in den Pariser Quaestionen Meister Eckharts, Freiburg/Schweiz 1976, S. 165.

und Kräften der Seele und andererseits die in der aristotelischen Dichotomie von νοῦς ποιητικός und νοῦς παθητικός enthaltene Unterscheidung von Rezeptivität und Aktivität der menschlichen Vernunft. Er nutzt die Perikope, um den Doppelcharakter der *vernünfticheit* herauszuarbeiten: als Seelenkraft ist sie in ihrem Verhältnis zur Sinnlichkeit „Herr"; in ihrem Wesen Gott gegenüber „Knecht". So beschreibt er mit Bezug auf die aristotelische Ethik einerseits die Ordnungsfunktion der natürlichen Vernunft als Seelenkraft im Verhältnis zu den Affekten und kennzeichnet die *vernünfticheit* als Wesen der Seele durch eine Umkehrung der Aktiv-Passivstrukturen im Verhältnis zu Gott: hier ist ihre eigentliche Tätigkeit das *passive se habere.*

Eckhart geht so vor, dass er mit Bezug auf eine Perikope aus dem *‚Johannesevangelium'* (Joh 4,1–42) – das Gespräch Jesu mit der Samariterin am Brunnen – einzelne Ausdrücke des Leitzitats der Reihe nach auslegt und so seine Homilie in drei Abschnitte gliedert. Im ersten interpretiert er das Wort *man* (1), im zweiten *kneht* (2), im dritten den Ausdruck *zwêne süne* (3). Es sind Leitwörter, die die zentrale Thematik der Predigt umreißen.

(1) Zunächst behandelt Eckhart die Bedeutung des Ausdrucks *man in der sêle* (S. 211,1–215,3) und setzt ihn in eine Reihe von Synonymen – *vünkelîn der vernünfticheit, houbet in der sêle, vünkelîn götlîcher natûre, götlich lieht, ein zein* und *ein îngedrücket bilde götlîcher natûre.* Durch dieses Fünklein als Haupt der Seele, den Seelengrund, fließt Gott in alle Kräfte der Seele, so wie die Seele in alle Glieder sich ergießt. Was er mit dem Ausdruck *man in der sêle* meint, erläutert er im Rekurs auf das Gespräch Jesu mit der Samariterin am Brunnen, in dessen Verlauf ihr Vorleben zur Sprache kommt. Eckhart legt diese Geschichte intellekttheoretisch aus und zieht daraus Schlüsse für das spirituelle Leben. Die fünf Männer, die die Frau hatte, bedeuten die fünf Sinne. Sie haben die Frau in ihrer Jugend *nâch allem irm willen und nâch irm geluste* (S. 213,5) („nach ihrem Willen und Gelüst") besessen – denn sie lebte nicht *secundum rationem et ratio ipsam non regeret* (vgl. LW II, n. 221, S. 185,1). Dem einen Mann, den sie nun im Alter hat, das ist die Vernunft, dem folgt sie nicht. Wenn aber die Vernunft tot ist, steht es schlecht um die Seele. Eckhart betont ganz im Sinn der aristotelischen Tradition den Rang der Vernunft als einer ordnenden Instanz in der Seele: Gegenüber der Sinnlichkeit soll sie herrschen. Das heißt, der Mann in der Seele, ist in einer wohlgeordneten Seele der Herr. Wo nicht die *vernünfticheit*, sondern die Sinne den Ton angeben, wird die Ordnung zerstört. An dieser Stelle zeigt sich, wie Eckhart einen wesentlichen Aspekt des aristotelischen Begriffs der Seele, eine sinnvolle innere Ordnung zu schaffen, aufnimmt und wie er ihn zugleich christlich transformiert. Denn ein weiteres Merkmal der Seele – das Wirken aus sich selbst – übernimmt er nicht. Die ordnende Kraft ist nicht die menschliche Seele selbst. Gott fließt über den Seelengrund, das *Oberste*, das *Fünklein der Vernunft*, in ihre Kräfte.

(2) An dieser Stelle kehrt Eckhart zum alttestamentlichen Leitzitat zurück und geht zur Auslegung des zweiten Begriffs, *kneht*, über (S. 215,4–217,5). Im

Verhältnis zu Gott ist die *vernünfticheit* nicht Herr, sondern Knecht, d. h. jemand, der etwas für seinen Herrn *enpfaehet und beheltet* (S. 215,5), („empfängt und bewahrt").[17] Warum Knecht-Gottes-Sein der Vernünftigkeit und nicht Intellekt und Willen als Kräften der Seele zukommt und Knecht-Sein im Verhältnis zu Gott die höchste Auszeichnung bedeutet, erläutert Eckhart im Folgenden unter zwei Gesichtspunkten: Erstens: Alle sinnlichen und geistigen Kräfte richten sich auf Gott wegen bestimmter Attribute; der Wille sucht das Gute, der Intellekt Gottes Weisheit; die Vernünftigkeit hingegen *dringet ûf in daz wesen* (S. 216,3) („dringt hinauf in das Sein"). *Si versinket in daz wesen und nimet got, als er ist lûter wesen* (S. 216,5),[18] ohne alle Attribute. Damit ist ein zweiter Punkt verbunden, der *vernünfticheit* im Sinne von Knecht-Gottes-Sein vor allen Kräften der Seele auszeichnet: Im Unterschied zu den Kräften, die in Gott etwas suchen und etwas von ihm nehmen wollen, ist sie reines Empfangen. In diesem reinen Empfangen und Bewahren Gottes gleicht sie den obersten Chören der Engel: Die Throne nehmen Gott in sich auf, und er ruht in ihnen; die Cherubim erkennen Gott und bleiben in diesem Erkennen; die Seraphim sind der „Brand". Wie die Engelchöre nimmt die Seele Gott auf und bewahrt ihn in sich.[19] In diesem Teil der Predigt klingt zum ersten Mal das Thema ‚Rezeptivität', ‚Passivität' an, das im Verlauf der Homilie bei der Auslegung des Ausdrucks ‚zwei Söhne' mit Bezug auf die aristotelische Unterscheidung von νοῦς ποιητικός und νοῦς παθητικός weiter entfaltet wird. Auffallend ist jedenfalls, dass er den Gegensatz Herr – Knecht hier nicht im Sinne von Beherrschung und Unterwerfung, sondern von Einwirken und Aufnehmen deutet.

(3) Im Folgenden interpretiert Eckhart den zweiten Satz des Zitats und nimmt den Doppelcharakter der *vernünfticheit* unter mehreren Aspekten auf, indem er den Ausdruck ‚zwei Söhne' expliziert (S. 218,1–223,5). Er bedeutet dreierlei: die ‚zwei Söhne' bezeichnen erstens die zwei Antlitze der Seele, wie er mit Avicenna (De anima I, 5) festhält. Das eine ist *gekêret in dise werlt und ze dem lîbe* (S. 218,4), das andere auf Gott gerichtet; in dem einen Vermögen vollbringt sie *tugent und kunst und heilic leben* (S. 219,1) („Tugend und Kunst und heiligmäßiges Leben"), in dem anderen wirkt ununterbrochen das göttliche Licht. Es ist *daz oberste der sêle*, in dem ständig die ewige Geburt des Sohnes geschieht.

In dieser Passage, die den Doppelcharakter der Vernunft noch einmal anspricht, wird die aristotelische Grundierung des Seelenmodells Eckharts deutlich sichtbar, nämlich in der Bedeutung der *vernünfticheit* für die Gestaltung und Steuerung des praktisch-pragmatischen Bereichs des Lebens. Mit dem Begriffspaar *tugent* und *kunst* nimmt Eckhart im Kern die aristotelische Unter-

---

17 Möglicherweise handelt es sich auch hier um einen umdeutenden Bezug auf ein aristotelisches Diktum. Aristoteles sagt in der Metaphysik vom Wissenden: Er ist „mehr Herrscher als Diener" (982a 16). S. u. Eckharts Kritik am epistemischen Wissen, H 3, Kap. 2, Pr. 101, 2.2.

18 „Sie versinkt in das Sein und nimmt Gott, wie er lauteres Sein ist."

19 Der Vergleich stimmt aber, streng genommen, nur für die beiden ersten Chöre.

scheidung der Tugenden der φρόνησις, der praktischen Klugheit, und der τέχνη, des Herstellenkönnens, auf, die dem kontingenten Bereich zugewandt und wesentliche Elemente des guten Lebens sind. Es wird aber auch klar, dass er zwar Elemente der aristotelischen Philosophie aufnimmt, sie aber umdeutet. Die Vernunft, das Herrschende, der Mann in der Seele, muss zugleich Knecht Gottes sein, um die Affekte zu beherrschen. Diese Herrschaft der Seele ist somit nicht in ihrer eigenen Ordnungskraft, sondern in der Herrschaft Gottes im Seelengrund begründet. Aus dieser Passage wird auch klar, dass der passive Aspekt im Seelengrund nicht quietistisch verstanden werden darf. Das reine Empfangen, *passive se habere*, ist mit Eigentätigkeit, praktischer Klugheit und technischem Können kompatibel. Die zwei Antlitze der Seele sind die zwei Seiten der Seele, die in ihrem Grunde *vernünfticheit* ist.

Die ‚zwei Söhne' sind zweitens Erkenntnis und Wille, von denen die Erkenntnis als erste aus der *vernünfticheit* ausbricht, dann der Wille aus ihnen beiden (S. 219,8–10) hervorgeht. Auf diese Bedeutung geht Eckhart nicht weiter ein.

Die ‚zwei Söhne' bedeuten drittens die *mügelîche vernunft*, die alles werden kann, und die *würkende vernunft*, die alles machen kann. Bei seiner Explikation bezieht sich Eckhart nun ausdrücklich auf Aristoteles. *Nû sprichet ein heidenischer meister: ‚diu sêle hât in dirre kraft mügelicheit, alliu ding ze werdenne geistlîche'. In der würkenden kraft glîchet si sich dem vater und würket alliu ding in ein niuwez wesen* (S. 220,2–221,1).[20] Und er fährt fort: Gott hätte der wirkenden Vernunft die Natur aller Kreaturen eingedrückt, wenn sie schon vor der Erschaffung der Welt existiert hätte. Eckhart nimmt also in dieser Passage die aristotelische Unterscheidung von *νοῦς* παθητικός und νοῦς ποιητικός auf und adaptiert sie, indem er sie in die Schöpfungtheologie einbaut: Im weiteren Verlauf vergleicht er die zwei menschlichen Formen der Vernunft mit den zwei Erkennnisweisen der Engel, der Erkenntnis im Morgenlicht und der Erkenntnis im Abendlicht, eine Unterscheidung, die er von Augustinus und Thomas übernimmt. In der „möglichen Kraft" gleicht die Vernunft der natürlichen Erkenntnis der Engel, dem Abendlicht, in ihrer „wirkenden Kraft", in der sie alle Dinge hinauf in Gott trägt und alle Dinge ist, dem Morgenlicht.

Im Abendlicht sieht der Engel alle Dinge in seinem natürlichen Licht (S. 222,1f.); denn als separate, rein geistige Substanz jenseits von Raum und Zeit erkennt er die Sinnendinge nur in sich selbst, in den *species intelligibiles*, den intelligiblen Formen, die ihm Gott vor der Schöpfung verliehen hat. Inwiefern gleicht nun die *mügelîche vernunft* dem Abendlicht des Engels? Der Vergleichspunkt ist das ‚Innehaben' der intelligiblen Formen der Dinge. Im Unterschied zum Engel, der die ganze Welt schon geistig in sich trägt, liegen in der mensch-

---

[20] „Nun sagt ein heidnischer Meister: ‚Die Seele hat in dieser Kraft (in der möglichen Vernunft) das Vermögen, geistig alles zu werden'. In der wirkenden Kraft gleicht sie dem Vater und wirkt alles zu einem neuen Sein."

lichen Seele, die nicht vor der Erschaffung der Welt war, die Erkenntnisobjekte nicht als *intelligibilia actu* vor, sie hat aber in der möglichen Vernunft das Vermögen, *alliu dinc ze werdenne geistlîche* (S. 220,3), „geistig alles zu werden", wie Eckhart mit einer die aristotelische Charakterisierung des νοῦς παθητικός aufnehmenden Formulierung sagt. Dazu ist allerdings die Leistung der *würkenden vernunft* notwendig, die die *species intelligibiles* aus den sinnlichen Dingen gewinnt[21] und auch in der Lage ist, die Dinge im Morgenlicht zu erkennen. Im Morgenlicht erkennt der Engel die Geschöpfe unmittelbar in ihrem göttlichen Ursprung, nicht wie sie in sich selbst sind, in ihrem *esse formale*, sondern in ihrem *esse virtuale* (vgl. LW I, n. 77, S. 238,2–7). Wer die Dinge in ihrem *esse virtuale* erkennt, erkennt sie im *verbum dei*, in ihrer Idee in Gott, und bringt sie gewissermaßen in ihren Ursprung zurück. Dieses Zurückbringen ist der Vergleichspunkt; denn von der *würkenden vernunft* sagt Eckhart, dass sie alle Dinge hinauf in Gott trägt und *alliu dinc in ein niuwez wesen* (S. 221,1), „alles zu einem neuen Sein", wirkt. In der *mügelîchen kraft* („möglichen Kraft") gleicht somit die Vernunft der natürlichen Erkenntnis der Engel, dem Abendlicht, in ihrer *würkenden kraft* („wirkenden Kraft") dem Morgenlicht. Damit räumt Eckhart der wirkenden Vernunft keinen Vorrang gegenüber der möglichen Vernunft ein. Eine solche Annahme[22] würde die grundsätzliche Unterscheidung von *vernünfticheit* als Kraft und als Wesen der Seele übersehen, die dieser Predigt und der Predigt 104 zugrundeliegt, wo Eckhart einen natürlichen Bereich und einen übernatürlichen Bereich unterscheidet, in dem sich die Verhältnisse von Wirken und Erleiden umkehren.[23]

Diese Unterscheidung zeigt sich in der vorliegenden Predigt in folgenden Punkten. Erstens: Der zentrale Mittelteil der Predigt handelt vom *kneht*, von der *vernünfticheit*, die in ihrem Wesen rezeptiv, „Aufnehmen" und „Aufbewahren" ist; und dieses Aufnehmen findet im Seelengrund statt, nicht in den Seelenkräften, wie es mögliche und wirkende Vernunft im natürlichen Erkennen sind. Zweitens: Das Wirken der Vernunft ist in Eckharts Verständnis ein naturaler Vorgang, Gottes Wirken in der Seele aber als *operatio divina* reine Gnade. Die wirkende Vernunft des Menschen bleibt in ihrem Wirken ganz auf der Ebene der Natur, auf der übernatürlichen Ebene vermag sie nichts. Soll die Einheit mit Gott zustande kommen, muss alle natürliche Tätigkeit aufhören. Gottes Wirken in der Kreatur ist gnadenhaft.[24]

Zwischen dem natürlichen und dem übernatürlichen Bereich besteht aber eine gewisse Analogie (vgl. Pr. 104). Wie im natürlichen Bereich der *intellectus possibilis* für den *intellectus agens* die Möglichkeit bietet, die *species intelligibilis*,

[21] Vgl. LW IV, n. 109 und Predigt 104: im Licht der wirkenden Vernunft werden die Sinnendinge so aufbereitet, dass sie vom möglichen Intellekt aufgenommen werden können.

[22] Vgl. Maarten J. F. M. Hoenen ‚*Vir meus servus tuus mortuus est*', in: Lectura Eckhardi II, hg. v. Georg Steer und Loris Sturlese, Stuttgart 2003, S. 89–110.

[23] S. u. Pr. 104.

[24] Vgl. Largier, 1993, II, S. 904.

die er aus dem sinnlichen Material herausgearbeitet hat, aufzunehmen – die mögliche Vernunft wird „schwanger“ –, so ist im übernatürlichen Bereich Gott der *intellectus agens*, der die Gottesgeburt in der reinen Potentialität des *intellectus possibilis*, im Seelengrund, vollzieht.[25] Diese Analogie stellt Eckhart auch in Predigt 104 auf.

In Predigt 37 nutzt Eckhart die aristotelische Unterscheidung, um eine Kongruenz der christlichen Schöpfungsordnung mit den philosophischen Aussagen über die Funktionen der denkenden Seele darzulegen. Die Erkenntnisweisen der Engel sind unter dieser Perspektive ein Spiegelbild der Erkenntnisweisen der menschlichen Seele, mit einem Akzent auf den Funktionen der natürlichen Vernunft.

4. Die Transformation des aristotelischen Theorems der ἐνέργεια-Identität – ein Modell der Einheit der Seele mit Gott

Die strikte Unterscheidung zwischen Kräften und Wesen der Seele, zwischen Natur und Übernatur, hindert Eckhart nicht daran, Theoreme der Wahrnehmungs- und νοῦς-Theorie des Aristoteles, mit denen dieser als φυσικός die natürlichen Vorgänge des menschlichen Erkennens beschrieben hatte, auf das Verhältnis der Seele zu Gott im Seelengrund zu übertragen. Die Umwertung von Aktivität und Rezeptivität in dieser Relation wird besonders deutlich in seiner Aufnahme des aristotelischen Satzes vom „Leersein“ als Voraussetzung der Rezeptivität und seiner Transformation des aristotelischen Theorems von der ἐνέργεια-Identität.

Wahrnehmen und Denken sind, nach Aristoteles, zunächst Möglichkeit; beide Vermögen müssen „leer“ – das Auge muss „farblos“, der νοῦς παθητικός bestimmungslos sein, um die sensiblen bzw. intelligiblen Formen rezipieren zu können. Eckhart nimmt diesen Satz auf – das Auge muss *ledic sîn aller varwe* (DW I, S. 201,3), die Vernunft nackt – und verallgemeinert ihn: *allez, daz nemen sol und enpfenclich sîn, daz sol und muoz blôz sîn* (DW V, S. 28,8f.).[26] Dann überträgt er ihn auf den religiösen Bereich und leitet daraus Handlungsanweisungen ab: Der Mensch soll seiner selbst entäußert und alles dessen, was er empfangen soll, ledig sein. Er soll *pure passive* und *super nudo* (LW III, n. 397, S. 338,5f.) („rein

[25] Vgl. auch LW IV, n. 109, wo Eckhart davon spricht, dass im Licht der natürlichen wirkenden Vernunft die Sinnendinge so aufbereitet werden, dass sie „würdig sind“, vom möglichen Intellekt aufgenommen zu werden. Vgl. Schmoldt, 1954, S. 87. Zum Lichtvergleich von Gamma 5 und zum Abstraktionsvorgang vgl. auch Pr. 104.

[26] „Alles, was aufnehmen und empfänglich sein soll, das soll und muss leer sein.“ Vgl. Welte, 1965, S. 199f.; 207f.

passiv“ und „im Bloßsein“) jede Gabe Gottes annehmen. *Dona dei dantur relinquenti omnia et omne, quod deus unus non est* (ebd., n. 396, S. 337,6f.).

Das Verfahren, *divina* und *naturalia* wechselseitig zu erhellen und z. B. erkenntnistheoretische Sätze ethisch-religiös zu wenden, ist auch bei Eckharts Auslegung der Einheit mit Gott nach dem Modell der ἐνέργεια-Identität erkennbar, die er aber an entscheidender Stelle verändert. In ‚*De anima*‘ behauptet Aristoteles, dass die Wirklichkeit des Wahrnehmbaren und die Wirklichkeit des Wahrnehmens ein und dieselbe sind, ihr Sein aber nicht dasselbe ist (425b26f.). Diese Identität ist nur in der aktualen Wahrnehmung gegeben und sie findet im Aufnehmenden, Leidenden, statt; nicht der empirische Gegenstand wird aufgenommen, sondern das εἶδος ohne Materie, z. B. das εἶδος ‚rot‘, aber nicht der Träger dieser Qualität. Die Identität ist also eine formale, die zustande kommt durch die Wirkung der wahrnehmbaren Form auf das Sehvermögen. Sehen und Gesehenwerden sind ein und derselbe Vorgang, eine einzige Bewegung. Sehendes und Gesehenes haben ihre eigentliche Wirklichkeit im Akt des Sehens. Ohne das Sichtbare könnte das Sehvermögen nichts sehen, und das Sichtbare wäre ohne ein Sehvermögen überhaupt nichts Sichtbares. Jede der beiden Möglichkeiten kann ohne die andere nicht verwirklicht werden.

Eckhart übernimmt dieses Theorem aus der aristotelischen Naturlehre – *sihe ich blâwe oder wîze varwe, diu gesiht mînes ougen, daz dâ sihet die varwe, daz selbe, daz dâ sihet, daz ist daz selbe, daz dâ gesehen wirt mit dem ougen* (DW I, S. 201,3–5)[27] – und wendet es auf das Schauen Gottes an: *Daz ouge, dâ inne ich got sihe, daz ist daz selbe ouge, dâ inne mich got sihet; mîn ouge und gotes ouge daz ist ein ouge und ein gesiht und ein bekennen und ein minnen* (DW I, S. 201,5–8).[28] Im Vollzug des Erkennens sind Gott und Mensch eins, allerdings mit zwei wichtigen Umakzentuierungen. Erstens, nicht durch die Erkenntnisleistung des menschlichen Vermögens erkennen wir, sondern durch Gott selbst, der uns erkennt. *Got machet uns sich selber bekennende, und bekennende machet er uns sich selber bekennende, und sîn wesen ist sîn bekennen, und ez ist daz selbe, daz er mich machet bekennende und daz ich bekenne* (DW III, S. 320,8–10).[29] Das Erkennen des Menschen erkennt, indem es von Gott erkannt wird; die menschliche Erkenntnis Gottes und die Erkenntnis, durch die Gott den Menschen erkennt, sind ein einziger Vorgang trotz der einseitigen Verteilung von Aktivität und Passivität. *Ez ist ze wizzene, daz daz ein ist nâch dingen: got bekennen und von gote bekannt ze*

27 „Sehe ich blaue oder weiße Farbe, so ist das Sehen meines Auges, das die Farbe sieht – ist eben das, was da sieht, dasselbe wie das, was da gesehen wird mit dem Auge.“

28 „Das Auge, in dem ich Gott sehe, das ist dasselbe Auge, darin mich Gott sieht; mein Auge und Gottes Auge, das ist ein Auge und ein Sehen und ein Erkennen und ein Lieben.“

29 „Gott macht uns sich selbst erkennen, und erkennend macht er uns sich selbst erkennen und sein Sein ist sein Erkennen, und es ist dasselbe, dass er mich erkennen macht und dass ich erkenne.“

sînne und got sehen und von gote gesehen ze sînne. In dem bekennen wir got und sehen, daz er uns machet gesehende und bekennende (DW III, S. 310,3–311,1).[30]

Die zweite Modifikation, die Eckhart bei der Übertragung des Theorems vom natürlichen auf den übernatürlichen Bereich vornimmt, besteht darin, dass er die Einheit mit Gott im Akt des Schauens bzw. Erkennens als seinsverleihenden Akt versteht, während er für den natürlichen Bereich in enger Anlehnung an ‚*De anima*' 425b26 festhält, dass es sich bei der ἐνέργεια-Identität nicht um eine Einheit im Sein handelt. So konstatiert er im ‚*Johanneskommentar*': *Obwohl nämlich das sinnlich Wahrnehmbare dem Auge nicht Sein verleiht, insofern es Auge ist oder etwas ist, noch auch das Auge dem sinnlich Wahrnehmbaren Sein verleiht, insofern es etwas ist – denn insofern sind der Sinn und das sinnlich Wahrnehmbare zwei Wesen – so sind sie doch eins, insofern das eine wirklich sieht und das andere wirklich gesehen wird; in ein und demselben verwirklicht sich das Sehen des einen und das Gesehenwerden des andern.*[31]

Was den übernatürlichen Bereich – die Übertragung auf die Einheit mit Gott – anbetrifft, deutet Eckhart die ἐνέργεια-Identität zur göttlichen Seinsverleihung um. Gott gibt der Seele, indem er sie ansieht, Sein und Leben, und die Seele erhält Sein und Leben, indem sie Gott anschaut. *Dâ got die crêatûre anesihet, dâ gibet er ir ir wesen; dâ diu crêatûre got anesihet, dâ nimet si ir wesen* (DW I, S. 173,6f.).[32] ‚*Haec est vita aeterna, ut cognoscant te solum*' (ebd., LW III, n. 107, S. 92,7f.).[33] Wenn der Mensch von Gott erkannt wird, erhält er sein ganzes Sein von Gott allein. Und dieses Sein bedeutet nicht *Für-sich-sein, sondern Zu-Gott-sein, zu Gott als Ursprung, der das Sein gibt.*[34] Beim Erkennen Gottes in der *vernünfticheit*, im Seelengrund, handelt es sich folglich nicht um die Tätigkeit einer Seelenkraft, sondern um eine dynamische ontologische Relation, in der die Seele in den göttlichen Lebensprozess integriert wird. Diese Teilhabe ist vom Menschen nicht durch Eigentätigkeit zu erzwingen.

Eckhart nimmt also die aristotelische ἐνέργεια-Identität auf, deutet sie aber in einer religiösen Applikation tiefgreifend um. Das Übergewicht der *supranaturalia* verleiht der Konkordanz von Natürlichem und Übernatürlichem einen neuen Akzent. Das Erkennen ist nicht mehr im aristotelischen Sinn ein Akt der theoretischen Vernunft, sondern gleicht eher der paulinischen γνῶσις

30 „Man muss wissen, dass Gott zu erkennen und von Gott erkannt zu werden, Gott zu sehen und von Gott gesehen zu werden, der Sache nach eins ist. Darin erkennen wir Gott und sehen, dass er uns sehen und erkennen macht."

31 „Licet enim sensibile non det esse oculo secundum id quod oculus est sive ens est, nec etiam oculus dat sensibili esse secundum id quod ens est – nam secundum hoc duo sunt sensus et sensibile – tamen ut actu sunt, hoc videns, illud visum, sic unum sunt, uno sunt et eodem actu sunt hoc videns, illud visum" (LW III, n. 107, S. 91,10–14).

32 „Wenn Gott die Kreatur ansieht, gibt er ihr damit ihr Sein, wenn die Kreatur Gott ansieht, empfängt sie damit ihr Sein."

33 „Das ist das ewige Leben, dass sie dich allein erkennen."

34 „non sibi esse, sed deo esse, deo, inquam, ut principio dante esse" (ebd., S. 92,11).

als ein „Einbezogenwerden in das Heilsgeschehen“[35]. Das menschliche Erkennen Gottes ist mehr ein Erkanntwerden von ihm: *jetzt aber kennt ihr Gott, vielmehr seid ihr von Gott erkannt* (Gal 4,9).

35 Rudolf Bultmann, Art. ‚γινώσκω, γνῶσις‘, in: ThWB I, S. 710.

Zweites Kapitel: Eckharts mystische Umbesetzung des aristotelischen Konzepts vom guten Leben: Gottesgeburt im Seelengrund und Seligkeit des *gotlîdens* – der Predigtzyklus ‚*Von der êwigen geburt*' (Pr. 101–104)

Die Predigten DW IV,1,101–104[1] bilden, wie sich aus der gesamten Überlieferung ergibt, einen Zyklus.[2] Sie sind „handschriftlich und überlieferungsgeschichtlich gut für Eckhart bezeugt, besser sogar als viele andere Predigten, die in die Stuttgarter Ausgabe der Bände I–III aufgenommen wurden"[3]. Die Handschrift Cod. 221 der Mainzer Stadtbibliothek von 1454, die „erschließbar von einer sehr frühen und textlich verlässlichen Vorlage (Z) abgeschrieben wurde, bezeugt in der Überschrift zur ‚rede von der êwigen geburt', die sich im Wortlaut an Pr. 104 anschließt, den Bestand von vier Predigten"[4]. Ihrer literarischen Form nach tragen die Predigten Züge eines Lehrgesprächs, *collatio,* mit einer ausgeprägten Frage-Antwort-Struktur. Es sind aufeinander abgestimmte Quaestionenpredigten, die etwa zwanzig Fragen behandeln.

Der liturgische Ort des Zyklus ist der Weihnachtskreis des Kirchenjahres.[5] Den Predigten liegen Texte aus dem Introitus des Sonntags in der Oktav von

---

1 Die Predigten und ihre Übersetzungen zitieren wir nach der kritischen Ausgabe: Meister Eckhart. Die deutschen Werke, 4. Band. Teilband IV,1: Meister Eckharts Predigten (Pr. 87–105), hg. v. Georg Steer, Stuttgart 2003; die Übersetzungen sind 2019 erschienen.

2 Interpretationen des Zyklus: Caroline F. Mösch, *Daz disiu geburt geschehe.* Meister Eckharts Predigtzyklus ‚*Von der êwigen geburt*' und Johannes Taulers Predigten zum Weihnachtsfestkreis, Freiburg/Schweiz 2006; Rodrigo Guerizoli, Die Verinnerlichung des Göttlichen. Eine Studie über den Gottesgeburtszyklus und die Armutspredigt Meister Eckharts, Leiden u. a. 2006; Karl-Heinz Witte, Von der Psychologie des Lassens und Empfangens zu einer Ontologie der absoluten Präsenz. Entwicklungslinien von den frühen Traktaten zu den späten Predigten Meister Eckharts, in: Meister Eckhart und Augustinus, hg. v. Rudolf K. Weigand und Regina D. Schiewer, Stuttgart 2011 (MEJb 3), S. 137–194.

3 Georg Steer, Predigt 101 ‚*Dum medium silentium tenerent omnia*', in: *Lectura Eckhardi* I, hg. v. Georg Steer und Loris Sturlese, Stuttgart 1998, S. 265f.

4 Georg Steer in der kritischen Ausgabe DW IV,1, S. 319.

5 Vgl. Mösch, 2006, S. 39f.

Weihnachten (Pr. 101), aus dem Evangelium des Festes der Erscheinung des Herrn (Pr. 102) und aus dem Evangelium des Sonntags in der Oktav der Erscheinung, des Festes der hl. Familie (Pr. 103 und 104), zugrunde.

Die vier Predigten weisen Gemeinsamkeiten mit den ‚*Reden der Unterweisung*' und den ‚*Quaestiones Parisienses*' in Bezug auf den Vernunftbegriff auf, ferner mit zwei lateinischen ‚*Sermones et Lectiones super Ecclestiastici*' (c. 24,23–31), was die Gottesgeburt betrifft. Mit dem ‚*Sapientiakommentar*' (18,14) stimmen die Predigten 101 und 104 in der Darstellung des Lichtcharakters des *intellectus agens* überein. Auf Grund dieser Bezüge nimmt Steer an, dass der Zyklus „in zeitlich engstem Zusammenhang mit diesen Werken entstanden" ist: „nach Abschluss der ‚Reden der Unterweisung' und vor Fertigstellung des ‚*Sapientiakommentars*', etwa in der Zeitspanne 1298–1305."[6]

Inhaltlich und in ihrem argumentativen Duktus sind die Predigten eng aufeinander bezogen. Ihr gemeinsames Hauptthema ist die „ewige Gottesgeburt", die in der Trinität und in jedem Einzelnen als ein und dieselbe Geburt stattfindet. Eckhart entwickelt hier in kritischer Auseinandersetzung mit wesentlichen Elementen von Aristoteles' Seelenlehre und seinem Ideal des guten Lebens die Grundzüge eines im geistlichen Sinne vollkommenen Lebens und eines spirituellen Heilswegs: *Wan daz ich hie spriche, daz sol man verstân von einem guoten, volkomenen menschen, der ‚in dem wege gotes gewandelt hât und noch wandelt', niht von einem natiurlîchen, ungeüebeten menschen, wan der ist zemâle verre und unwizzende ihtes iht von dirre geburt* (S. 336,8–10).[7] Unter verschiedenen Aspekten und mit wechselnden Schwerpunkten stellt er sein Programm eines auf Verinnerlichung aller wesentlichen Bezüge basierenden Lebens dar, das aristotelische Grundannahmen aufnimmt, uminterpretiert, auf den Kopf stellt. Der archimedische Punkt seiner Argumentation liegt in der Bibel, die für ihn alle Wahrheit enthält, und in den Büchern der Kirchenväter, insbesondere Augustins und des Ps.-Dionysios. Die zentralen Gedanken des Zyklus, die gnadenhafte Vollendung des Menschen in der Gottesgeburt und die Überlegenheit dieser christlichen Wahrheit gegenüber dem aristotelischen Vollkommenheitsideal, sind von Anfang an in allen Predigten präsent. Aspekte dieser Thematik entfal-

---

6 Georg Steer, Meister Eckharts Predigtzyklus *von der êwigen geburt*. Mutmaßungen über die Zeit seiner Entstehung, in: Deutsche Mystik im abendländischen Zusammenhang. Neu erschlossene Texte, neue methodische Ansätze, neue theoretische Konzepte. Kolloquium Kloster Fischingen 1998, hg. v. Walter Haug und Wolfram Schneider-Lastin, Tübingen 2000, S. 276.

7 „Denn, was ich hier spreche, das soll man von einem guten, vollkommenen Menschen verstehen, der ‚auf dem Weg Gottes gewandelt ist und noch wandelt', nicht von einem natürlichen, ungeübten Menschen, denn dieser ist vollkommen fernab und lebt in völliger Unwissenheit bezüglich dieser Geburt."

tet Eckhart schrittweise in den vier Predigten, die aufeinander aufbauen und einen deutlichen Progress aufweisen.[8]

Predigt 101: *Dum medium silentium tenerent omnia* – „Der Seele ihren natürlichen Lauf umkehren"

Thema der Predigt ist die ewige Gottesgeburt in der Trinität und ihre Bedeutung für den Menschen in seiner zeitlichen Existenz. Damit verbindet Eckhart die Frage nach den wesentlichen Merkmalen eines „guten, vollkommenen Menschen", die er in Abgrenzung von den Bestimmungen und dem Vollkommenheitsideal des natürlichen Menschen entfaltet, wie sie in der philosophischen Tradition überliefert und bei christlichen Rezipienten des aristotelischen Ideals vom guten Leben aufgenommen wurden. Kritische Ansatzpunkte sind erstens die Ausrichtung des natürlichen Menschen auf die Objektwelt, bei der sich Eckhart mit der aristotelischen Theorie der Intentionalität auseinandersetzt; zweitens die Annahme, dass Vollkommenheit und höchstes Glück des Menschen, nach Aristoteles, durch den Vollzug der obersten menschlichen Fähigkeiten der Vernunft, durch Eigentätigkeit, erworben werden kann, und schließlich drittens das Konzept des Wissens, das für Aristoteles die höchste inhaltliche Bestimmung der menschlichen Lebensform ist.

In der Einleitung der Predigt (S. 335,2–342,35) nimmt Eckhart eine programmatische Akzentuierung der Thematik vor. Er bezieht sich zunächst auf die traditionelle Auffassung von den *tres nativitates* und die entsprechende Dreiteilung des Themas der Gottesgeburt, wie sie in Weihnachtspredigten behandelt wurde und ihm aus der theologischen Literatur bekannt war. So unterscheidet Hugo Ripelin eine *triplex* nativitas: *scilicet divina, humana, gratuita: prima est ex Patre, secunda ex matre, tertia fit in mente. De Patre nascitur aeternaliter; de matre temporaliter; in mente spiritualiter.*[9] Eckhart greift diese Tradition auf und unterscheidet erstens die ewige Geburt in der Trinität, *die got der vater hât geborn und gebirt âne underlâz in êwicheit* (S. 335,2f.),[10] zweitens die Verzeitlichung der ewigen Geburt, die sich *in der zît in menschlîcher natûre* (ebd.) vollzogen hat[11] und drittens die ewige Geburt *in mir,* und er fügt hinzu: *daz si in mir geschehe, dâ liget ez allez ane* (S. 336,5).[12] Diese drei „Geburten" sind die eine ewige Geburt. Das bedeutet, dass die Geburt in der Zeit und in menschlicher Natur nicht die

8 Zu den vier Predigten sind die kenntnisreichen, überaus nützlichen Anmerkungen und Verweise auf Parallelen in anderen Predigten und in den Lateinischen Werken bei Georg Steer in seiner kritischen Ausgabe DW IV,1 zu vergleichen.

9 Zitiert nach Steer, 1998, S. 282.

10 „die Gott der Vater in Ewigkeit ohne Unterlass geboren hat und gebiert."

11 „in der Zeit in menschlicher Natur geboren ist."

12 „dass sie in mir geschehe, daran liegt alles."

nativitas ex matre, ein einmaliges historisches Geschehen, dessen an Weihnachten gedacht wird, meinen kann, sondern die geistige Geburt Jesu in Maria. Die Geburt des Sohnes in der Trinität, die geistige Geburt Christi in Maria und die Sohnesgeburt in uns ist die eine ewige Geburt. Mit diesem Ansatz, den er in den Predigten 102 und 104 wiederholt, bricht er mit der traditionellen Dreiteilung.[13] Er bezeichnet seinen Zuhörern den eigentlichen Schwerpunkt seiner Predigt und bekräftigt diese Ausrichtung mit einem Augustinus-Zitat: *daz disiu geburt iemer geschehe und aber in mir niht engeschihet, waz hilfet mich daz* (S. 336,4f.).[14]

Damit vollzieht Eckhart von Anfang an eine energische Wende nach innen, die auch in der eigenwilligen Kombination zweier Bibelstellen, die die Leitsätze seiner Predigt bilden, zum Ausdruck kommt.[15] Er legt nämlich eine Passage zugrunde, die im ersten Teil dem Introitus des Sonntags nach Weihnachten entnommen ist (Sap. 18,14f.) und im zweiten Teil aus dem Buch Hiob stammt (4,12): *Ein wort sprichet der wîse man: ‚dô alliu dinc wâren enmitten in einem swîgenne, dô kam von oben her nider von dem küniclîchen stuole‘* (vgl. Sap. 18,14f.) *‚in mich ein verborgen wort‘* (Hiob 4,12) (S. 338,11f.).[16] Eckhart setzt somit den Anfang seines Weisheitszitats „Als alle Dinge mitten im Schweigen waren, da kam von oben hernieder, vom königlichen Stuhle“ mit der Übersetzung eines Teilsatzes aus dem Buch Hiob fort: „in mich ein verborgenes Wort“; in der lateinischen Übersetzung heißt es: *Porro ad me dictum est verbum absconditum.* Eckhart ändert das *ad me* in seiner Übersetzung in ein „in mich“ um.

Das aus zwei Bibelstellen kombinierte Schriftwort bildet den Ausgangspunkt der leitenden Frage, wie die ewige Geburt in uns geschehe und in der guten Seele vollbracht werde. Damit ist eine weitere entscheidende Richtungnahme für die Predigt gesetzt: Da, wie Eckhart betont, die ewige Geburt nur in der guten, vollkommenen Seele stattfindet, wird die Frage der Gottesgeburt von vornherein verbunden mit der Frage nach dem guten, vollkommenen Menschen. Mit der ausdrücklichen Erklärung, dass er hier nicht vom natürlichen, im weltlichen Leben möglicherweise vollkommenen, im spirituellen Leben aber *ungeüebeten menschen* (S. 337,9f.) spreche, der von der Gottesgeburt nichts weiß, kündigt er schon seinen Gegenentwurf zum philosophischen Vollkommenheitsideal an.

Von diesem Zuschnitt der Thematik ausgehend, formuliert Eckhart in der Einleitung drei Schwerpunkte, die den Gedankengang seiner Predigt strukturieren. Erstens: Wo in der Seele findet die Gottesgeburt statt? Seine Antwort auf diese Frage – der Ort der Gottesgeburt ist die bilderlose Innerlichkeit des

13 Vgl. Steer, 1998, S. 282–284.

14 „dass diese Geburt immer geschehe, in mir aber nicht geschieht, was hilft mir das?“

15 Vgl. Steer, DW IV, S. 334.

16 „Ein Wort spricht der weise Mann: ‚Als alle Dinge mitten im Schweigen waren, da kam von oben herab von dem königlichen Stuhl‘ ‚in mich ein verborgenes Wort‘.“

Seelengrundes – entwickelt er im ersten Teil der Predigt in Auseinandersetzung mit der aristotelisch-thomasischen Intentionalitätslehre. Die darin enthaltene Relativierung aller Formen natürlichen Erkennens dient ihm zugleich als Kontrastfolie, um die zentrale Frage, wie der Vater den Sohn in der Seele gebiert, zu beantworten. Er gebiert ihn, wie er ihn in der Ewigkeit gebiert: im innertrinitarischen Erkenntnisvorgang, als *ein volkomen însehen in sich selber und ein abgründic durchkennen sîn selbes mit im selber, niht mit keinem bilde* (S. 351,88f.).[17]

Zweitens: Wie soll sich der Mensch zu diesem Werk der Gottesgeburt verhalten? Ist es ihm nützlicher, *daz er ein mitewürken mit disen habe und dâ mite er werbe und verdiene, daz disiu geburt in im geschehe und geborn werde?* (S. 340,24f.).[18] Eckhart nennt die Alternative: entweder die eigene Vernunft zu gebrauchen und sich der Gottesgeburt auf dem Wege einer *theologia naturalis* zu nähern oder aber sich gänzlich aller Erkenntnisbilder zu entschlagen und sich in einem „Gott-Erleiden" rezeptiv zu verhalten, um Gott in sich wirken zu lassen.

Drittens: Was ist der Nutzen dieser Geburt? Die Einleitung schließt mit einer kurzen methodischen Bemerkung: *Ich will iu dise rede bewaeren mit natiurlîchen reden, daz ir ez selber möhtet grîfen, daz ez alsô ist* (S. 342,33f.).[19] Eckhart scheint also zunächst nach derselben methodischen Richtlinie zu verfahren wie im ‚*Johanneskommentar*' und einen übernatürlichen Sachverhalt, die Gottesgeburt, *mit natiurlîchen reden* zu explizieren. Im selben Satz, in dem er eine begründende Darlegung ankündigt, weil diese seinen Hörern besser eingehe, sagt er aber, dass er der Schrift mehr glaube als seiner eigenen Vernunft. Damit kündigt er implizit schon eine Positionierung an, die er im Laufe des Predigtzyklus und schon am Ende von Predigt 101 in aller Deutlichkeit vornimmt: die Überordnung der biblischen Wahrheit über die Vernunftwahrheit der Philosophie. Er nimmt die Philosophie in Dienst, um biblische Wahrheiten zu explizieren.[20]

---

17 „ein vollkommenes Hineinsehen in sich selber und ein unergründliches Durch-und-Durch-Erkennen seiner selbst mit sich selbst, nicht mit einem Bild."

18 „dass er ein Mitwirken mit diesen habe und dass er damit sich bemühe und verdiene, dass diese Geburt in ihm geschehe und geboren werde."

19 „Ich will euch diese Rede mit natürlichen Beweisgründen als wahr erweisen, damit ihr es selbst erfassen könnt, dass es so ist."

20 Vgl. Bernard McGinn, Eckhart, Freedom, and the Bible, in: Meister Eckhart und die Freiheit, hg. v. Christine Büchner und Freimut Löser, Stuttgart 2018 (MEJb 12), S. 117.

1. Der „Ort" der Gottesgeburt im Seelengrund – bilderlose Innerlichkeit versus Intentionalität

In der Predigt 101 spielen wie im gesamten Zyklus zwei Theoreme eine tragende Rolle. Erstens die Unterscheidung von Wesen und Kräften der Seele – eine tiefgreifende Transformation der aristotelischen Seelenlehre. Eckhart übernimmt sie, stark modifizierend, von Thomas von Aquin. Zweitens die aristotelische Intentionalitätstheorie, die Thomas zu einer *species*-Theorie ausgebaut und christlich adaptiert hatte. Eckhart schränkt sie auf den natürlichen Bereich ein und nutzt sie als Kontrastfolie für das eigentliche Geschehen im Innersten des Menschen.

1.1 Die Problematisierung des natürlichen Erkennens – seine Angewiesenheit auf „Mittel"

Die Leitfrage des ersten Hauptpunktes der Predigt (S. 343,36–353,106) nach dem Ort der Gottesgeburt in der Seele, die mit der Frage nach dem Wie der Gottesgeburt verbunden ist, nimmt Eckhart zunächst mit Bezug auf das zugrundegelegte Bibelwort auf: *Ach, herre, wâ ist daz swîgen und wâ ist diu stat, dâ diz wort îngesprochen wirt?* (S. 343,37f.).[21] Er beantwortet sie in einem ersten Schritt (S. 343,38–346,54) durch Rekurs auf die Unterscheidung von Wesen und Kräften der Seele als Gegensatz von Innen und Außen. Der Ort der Gottesgeburt liegt *in dem lûtersten, [...] in dem edelsten, in dem grunde, jâ, in dem wesene der sêle, daz ist in dem verborgensten der sêle* (S. 343,38–40).[22] Dieses Innerste ist durch Wesensmerkmale gekennzeichnet, die in deutlichem Gegensatz zu aristotelischen Bestimmungen der menschlichen Seele und ihrer Vermögen stehen. Für Aristoteles ist der Mensch ein „Weltwesen"[23], das mit der Welt in Kongruenz steht. Seine Erkenntnisvermögen, sowohl die Wahrnehmung als auch das Denken, das durch eine Hinwendung zu den phantasmata erkennt, sind auf die Gegenstände der Welt ausgerichtet. Eckhart dagegen ordnet alle Bestimmungen der menschlichen Seele, ihre Tätigkeiten, insbesondere die des Erkennens, ihre kognitive und voluntative Ausrichtung auf die äußere Objektwelt (die „Kreaturen") und deren Vermittlung durch Bilder, den Kräften der Seele zu und un-

---

21 „Ach, Herr, wo ist das Schweigen und wo ist die Stätte, wo dieses Wort eingesprochen wird?"

22 „Es ist in dem Lautersten [...], in dem Edelsten, in dem Grund, ja, in dem Sein der Seele, das ist: in dem Verborgensten der Seele."

23 Welsch, 2012, S. 36.

terwirft diese einer Epoché.[24] Im Wesen der Seele gibt es kein Wirken. Die Kräfte fließen zwar aus dem Grund, aber sie wirken dort nicht. Im Grund *ist aleine ruowe und ein vîren ze dirre geburt und ze disem werke, daz got der vater aldâ sprichet sîn wort* (S. 345,51f.).[25]

Den Gegensatz von Wesen und Kräften der Seele akzentuiert Eckhart, indem er in einem zweiten Schritt den Aspekt der Vermittlung bzw. der Mittel aufnimmt, auf welche die menschliche Seele in ihrem der Außenwelt zugewandten Wirken immer angewiesen ist: *Der mensche hât vil mittels in sînen ûzwendigen werken* (S. 349,74f.).[26] Den Terminus ‚Mittel' verwendet er in mehrfachem Sinne. Mittel des Wirkens nach außen sind z. B. die Kräfte der Seele, die er in Anlehnung an den augustinischen Ternar zusammenfasst: Verstand, Gedächtnis und Wille, mittels derer die Seele etwas erkennt, sich an etwas erinnert und etwas liebt. Auf Mittel angewiesen ist die Seele auch auf der Ebene der sinnlichen Wahrnehmung. Das „Mittel" der Sehkraft sind die Augen – „Mittel" sind also die Organe (S. 344,34f.). Hinter dieser Abstufung der Seelenkräfte steht wohl die aristotelische Auffassung, dass die höheren, z. B. die Vernunft, im Unterschied zu den niederen nicht auf Organe angewiesen sind. Eckhart nimmt diese Unterscheidung in der Weise auf, dass er die oberen Kräfte selbst zum „Mittel" der Seele" erklärt. Insgesamt gilt für das Wirken nach außen: *Allez ir ûzwürken würket si durch etwas mittels* (S. 344,48).[27] Im Seelengrund dagegen gibt es kein Mittel: *dâ ist ‚daz mittel swîgen'* (S. 345,50). Schweigen aber ist ein *medium sine ratione medii.*

Zu dem Grund der Seele haben die Kreaturen keinen Zugang, sie bleiben in den Kräften hängen. Wie die Kreaturen in die Seele gelangen, beschreibt Eckhart in einem eigenen Abschnitt (S. 346,54–347,63). Im Anschluss an die aristotelisch-thomasische Erkenntnislehre fasst er den kognitiven Prozess von der Wahrnehmung bis zum intellektuellen Erkenntnisakt knapp zusammen und setzt dabei eindeutige Akzente: Die Seele erkennt die Kreaturen mittels Bildern, die die Kräfte von ihnen abziehen. Wenn die Kräfte mit der Kreatur in Berührung kommen, dann *nement sie und schepfent bilde und glîchnisse von den crêatûren und ziehent die in sich* (S. 346,57f.).[28] Näher kann die Kreatur nicht in die Seele kommen, und die Seele nähert sich keiner Kreatur, ohne dass sie vorher deren Bild in sich aufgenommen hat. Durch dieses Aufnehmen von Bildern mittels der Kräfte erhalten die Kreaturen *herberge* in der Seele; die Kräfte sind also im

24 Vgl. Martina Roesner, Abgeschiedenheit und Reduktion. Der Weg zum reinen Ich bei Meister Eckhart und Edmund Husserl, in: Meister Eckhart als Denker, hg. v. Wolfgang Erb und Norbert Fischer, Stuttgart 2018, S. 407–428, dort wichtige Hinführung von Fischer.

25 „hier ist allein Ruhe und ein Feiern in dieser Geburt und in diesem Werk, dass Gott der Vater da sein Wort spricht."

26 „Der Mensch hat viel Vermittelndes bei seinen äußeren Werken."

27 „Ihr ganzes Auswirken wirkt sie durch etwas Vermittelndes."

28 „dann nehmen sie und schaffen Bild und Gleichnis von den Geschöpfen und ziehen diese in sich."

Verhältnis zur Kreatur zugleich tätig und empfänglich. Wenn die Seele nun einen Gegenstand erkennen will, sei es ein Stein, ein Pferd, ein Mensch – Eckhart bezieht sich nun wohl auf den intellektuellen Erkenntnisakt – *sô nimet si daz bilde her vür, daz si vor îngezogen hât, und alsô mac si sich mit in vereinen* (S. 347,62f.).[29]

1.2 Nähe und Distanz zur aristotelisch-thomasischen Intentionalitätslehre – das Problem der menschlichen Selbsterkenntnis

In seiner Darstellung des natürlichen Erkenntnisvorgangs nimmt Eckhart die aristotelisch-thomasische Lehre von der kognitiven Bezugnahme des Menschen auf die Welt in Grundzügen auf, allerdings mit bestimmten Akzentuierungen, wie ein kurzer Vergleich zeigt.

Das Kernproblem, wie Wahrnehmung und Intellekt sich auf ihre Gegenstände beziehen, behandelt Aristoteles ausführlich in ‚*De anima*'. Dort bezeichnet er die Wahrnehmung als das, was fähig ist, die wahrnehmbaren Formen ohne Materie aufzunehmen (424a17f.), und den νοῦς als das Vermögen, die intelligiblen Formen zu rezipieren. Wahrnehmung und Denken gleichen sich also darin, dass sie erstens auf die Dinge ausgerichtet sind, um von ihnen die wahrnehmbaren bzw. intelligiblen Formen der Dinge aufzunehmen, und dass zweitens die Dinge auf die Erkenntnisvermögen einwirken und sie durch ihre Wirklichkeit aktuieren. Im Wahrnehmungsvorgang geht die grundlegende Aktivität von den Dingen aus, und das Wahrnehmen beruht auf einem Bewegtwerden und Erleiden (vgl. 416b33f.). Aber dieses Erleiden bedeutet für das Wahrnehmungsvermögen keine „Vernichtung durch das Entgegengesetzte", sondern σωτηρία, Erhaltung, und ἐντελέχεια, Erfüllung (417b 6f.). Mehr noch: Das Aufnehmen und Empfangen des Wahrnehmungsvermögens auf der einen Seite und das Wahrgenommenwerden des Gegenstandes auf der anderen Seite bedeuten für beide Teile die Erfüllung. Im Akt des Wahrnehmens und des Denkens besteht eine formale Einheit von Erkennendem und Erkanntem, die aber keine Einheit im Sein ist.[30]

Die aristotelischen Positionen, die seit der Übersetzung von ‚*De anima*' des Michael Scotus im Lateinischen Westen bekannt waren, bilden im Mittelalter den Ausgangspunkt lebhafter scholastischer Intentionalitätsdebatten.[31] Thomas von Aquin nimmt die aristotelische Theorie des Erkennens auf und baut

29 „so nimmt sie das Bild hervor, das sie zuvor eingezogen hat, und so kann sie sich mit ihnen vereinen."

30 Zur ἐνέργεια-Identität s. o. H 3, Kap. 1, 4 und H 1, Kap. 2, 1.2.

31 Vgl. Perler, 2004, S. 12.

sie weiter aus. Sich kognitiv auf etwas beziehen, heißt, nach Thomas, die Form eines Gegenstandes, d. h. sein „intentionales Sein", aufzunehmen. Die erkennenden Wesen unterscheiden sich von den nicht-erkennenden dadurch, dass sie in der Lage sind, neben der eigenen Wesensform auch die substantielle oder akzidentelle Form von anderen Dingen zu „haben" (S. th. I, qu14 ar1 co);[32] und zwar nicht in materieller Weise, wie eine Wand, die weiß gestrichen wird, die weiße Farbe aufnimmt, sondern ohne Materie. Es gibt demnach zwei Möglichkeiten der Veränderung: eine *immutatio naturalis*, wenn z. B. die Form des Verändernden im Veränderten *secundum esse naturale* aufgenommen wird, wie die Wärme im Erwärmten, und eine *immutatio spiritualis* oder *intentionalis*, wenn die Form des Verändernden im Veränderten *secundum esse intentionale* rezipiert wird, so wie die Form der Farbe in der Pupille (vgl. S. th. I, qu78 ar3 co). Die Farbe hat so an den Dingen ein natürliches Sein, im Wahrnehmungsvermögen ein intentionales Sein. Aus den verschiedenen wahrnehmbaren Formen bildet das Vorstellungsvermögen die *phantasmata*, die nur der Möglichkeit nach intelligibel sind. Aus ihnen gewinnt der Intellekt durch *illuminatio* und *abstractio* die intelligiblen Formen, die *species intelligibiles*, die Eckhart *bilde* nennt. Die intelligible *species* ist die *similitudo* des Wesens eines Gegenstandes und sie ist diese *similitudo* eines Gegenstandes dadurch, dass sie mit ihm die Wesensform gemeinsam hat.[33] Thomas stellt ausdrücklich fest, dass sich das Denken nicht auf die *species*, sondern unmittelbar auf die Dinge richtet. Sie repräsentieren die Gegenstände nicht, d. h. sie sind nicht das, was, sondern das, wodurch erkannt wird, nicht *id quod*, sondern *id quo intelligit intellectus.* Der Intellekt erfasst nicht zuerst die *species* als *id quod*, und die Gegenstände erst in zweiter Linie, sondern bezieht sich durch die Vermittlung der *species* unmittelbar auf die Gegenstände der Welt. Nur in reflexiver Einstellung sind die *species* das *id quod*; dann erkennt der Intellekt *suum intelligere et speciem, qua intelligit* (vgl. S. th. I, qu85 ar2 co). Die Akte der Wahrnehmung und des Intellekts richten sich direkt auf die Gegenstände der Welt, nicht auf irgendwelche sensitiven oder intellektiven Repräsentanten der Gegenstände. Primär wird der Gegenstand erkannt, sekundär, in einem Akt der Reflexion, die *species* des Gegenstandes.

Nähe und Distanz Eckharts zur aristotelisch-thomasischen Position lassen sich an dieser Stelle deutlich erkennen. Erstens, Eckhart schließt mit seiner Darstellung im Grundsatz an die aristotelisch-thomasische Intentionalitätslehre an, derzufolge das Erkennen eines Gegenstandes mittels seines εἶδος bzw. seiner *species* – seines *esse intentionale* – erfolgt. Den Begriff *species* übersetzt er mit *bilde*. Details übergeht er an dieser Stelle, wichtig ist für ihn der Aspekt des Bildes als „Mittel". Diesen Vermittlungscharakter des Bildes betont er auch an einer anderen Stelle der Predigt 101, wenn er feststellt, dass die Erkenntnis-

32 Vgl. Perler, 2004, S. 33 und Jörg Alejandro Tellkamp, Sinne, Gegenstände und Sensibilia. Zur Wahrnehmungslehre des Thomas von Aquin, Leiden 1999.

33 Vgl. Scg, S. 198f.

vermögen, Wahrnehmung und Intellekt, nicht die Bilder erkennen, sondern in den Bildern die Dinge: *Ein ieglich bilde daz enwîset noch enmeinet sich selber niht. Ez ziuhet und wîset alles dâ hine, des bilde ez ist* (S. 353,101f.).[34] Zweitens, die Offenheit des menschlichen Erkenntnisvermögens für die Welt versieht Eckhart mit negativen Vorzeichen. So ist z. B. die Einheit von Erkanntem und Erkennendem – für Aristoteles die „Erfüllung" des Erkenntnisvermögens und seines Gegenstandes – für ihn gerade Problem und Hindernis, weil sich darin eine zu große Nähe zur Kreatur andeute, die die Gottesgeburt behindere. Diese kritische Einstellung zeigt sich auch an seinem Umgang mit der ἐνέργεια-Identität in Predigt 101, der sich auffallend von seiner positiven Aufnahme des Theorems an anderen Stellen unterscheidet.

Die Problematik des natürlichen Erkennens exemplifiziert Eckhart, seinen Gedankengang zu dieser Frage abschließend (S. 348,64–69), an einem Thema, das seit der Antike[35] in ganz verschiedenen Kontexten virulent wird, an der menschlichen Selbsterkenntnis.[36] In diesem Punkt unterscheidet sich seine Position deutlich von der des Thomas von Aquin. Die Angewiesenheit des natürlichen menschlichen Erkennens auf Bilder, die von außen durch die Sinne kommen, verhindert – so seine Annahme –, dass die Seele sich in ihrem Wesen, von dem es kein Bild gibt, selbst erkennt. *Keines dinges weiz si als wênic als sich selber durch des mittels willen* (S. 348,69).[37] Grundlage seiner Argumentation ist wieder die Unterscheidung von Wesen und Kräften der Seele, die in ihrem Wesen frei von allen Vermittlungen und Bildern ist. Das ist die Voraussetzung, dass Gott sich mit ihr *sunder bilde oder glîchnisse* (S. 349,71f.)[38] vereinigen kann.

Mit dieser Position – Selbsterkenntnis ist über Bilder nicht möglich – hebt sich Eckhart deutlich von einer philosophischen Tradition ab, in die auch Thomas von Aquin gehört. Für diesen ist die *conversio ad phantasmata*,[39] die natürliche Gebundenheit des menschlichen Erkennens an Bilder, kein Hindernis wahrer Selbsterkenntnis. Eckharts Aussagen setzen einen Kontrapunkt. *Nim dîn selbes war, und swâ dû dich vindest, dâ lâz dich; daz ist daz aller beste*" (DW V,

---

34 „Ein jedes Bild zeigt und meint sich selber nicht. Es zieht und weist ganz und gar auf das hin, dessen Bild es ist." Vgl. die Parallelen, die Steer, DW IV, S. 353, Anm. 52 anführt.

35 Der delphische Spruch „Erkenne dich selbst" verlangt vom Menschen, sich selbst als sterbliches Wesen und die Grenzen gegenüber den unsterblichen Göttern zu erkennen. Heraklit verbindet Selbsterkenntnis mit Klugheit, σωφροσύνη, versteht sie also auch nicht als einen Akt theoretischer Reflexion. Von anderen Prämissen, z. B. von der Gottebenbildlichkeit des Menschen oder von der sündigen Verfassung des Menschen, gehen christliche Autoren aus.

36 Vgl. Alois M. Haas, *Nim dîn selbes war.* Studien zur Lehre von der Selbsterkenntnis bei Meister Eckhart, Johannes Tauler und Heinrich Seuse, Freiburg/Schweiz 1971.

37 „Von keinem Ding weiß sie so wenig wie von sich selber – wegen des Vermittelnden."

38 „ohne Bilder oder Gleichnisse."

39 Grundlegend: Karl Rahner, Geist in Welt. Philosophische Schriften, Solothurn u. a. 1996.

S. 196,3f.).[40] Damit verlangt er die Preisgabe der *eigenschaft* im Verhältnis des Menschen zu sich selbst. Dieser Verzicht soll die Basis eines neuen Selbst- und Weltverhältnisses sein. Denn die Bezugnahme auf sich selbst als vermeintlich selbständiges Seiendes verhindert gerade ein richtiges Verhältnis zu sich selbst und zu Gott. Die höchste Form der Selbsterkenntnis ist der erkennende Bezug der ihrer selbst entäußerten Seele auf die Einheit mit Gott hin. Wenn sie sich in der *abnegatio sui* überschreitet, erkennt sie sich selbst und alle Geschöpfe in Gott.[41]

Eckharts einseitige Behandlung des Themas ‚Selbsterkenntnis' und seine argumentative Engführung an dieser Stelle erklären sich aus dem Kontext: Er will seine kritische Position begründen, dass das natürliche Erkennen, das auf Bilder angewiesen ist, kein Weg ist, der zur Gottesgeburt führt. Außerdem dient ihm seine Argumentation, die die Defizite natürlicher Erkenntnis und Selbsterkenntnis betont, zugleich als Ausgangspunkt, um die Frage: wie die Gottesgeburt in der Seele geschieht, d. h. wie der Vater seinen Sohn in der Seele gebiert, zu beantworten.

1.3 Das „Wie" der Gottesgeburt – das trinitarische Paradigma der göttlichen Selbsterkenntnis

Ausgangspunkt der Argumentation ist wieder der Aspekt der Angewiesenheit der natürlichen Kräfte des menschlichen Erkennens auf „Mittel". Eckhart stellt eine Hierarchie auf, derzufolge die Qualität eines Vermögens, *mügelicheit* (S. 349,72), sich daran misst, inwieweit es von einem Vermittelnden unabhängig ist, also unvermittelt tätig werden kann. In dieser Rangliste stehen die menschlichen Kräfte und Vermögen weit unten; denn der Mensch braucht bei seinen äußeren Werken viele Mittel (S. 349,74f.). Über ihm stehen die Sonne, die ihr Werk, das Erleuchten, schnell verrichtet, und der Engel, der weniger Mittel bedarf – der Seraphim hat nur ein Bild. Gott aber braucht keines. Er *würket in der sêle âne alle mittel, bilde oder glîchnisse, jâ, in dem grunde, dâ nie bilde înkam dan er selber mit sînem eigenen wesene* (S. 350,82–84).[42]

Auf dieser Grundlage wird im folgenden Abschnitt (S. 350,85–353,106) die Leitfrage der Predigt, „wie die Gottesgeburt in der Seele geschieht", mit einem trinitarischen Paradigma beantwortet, das als Gegenmodell zu allen Formen natürlichen Wirkens und Erkennens konzipiert ist. Eckhart geht in zwei Schrit-

40 „Richte dein Augenwerk auf dich selbst, und wo du dich findest, da lass von dir ab; das ist das Allerbeste."

41 Vgl. auch DW III, S. 149,5–9.

42 „Gott wirkt in der Seele ohne alles Vermittelnde, Bilder oder Gleichnisse, ja, in dem Grund, in den nie Bild hineinkam, außer er selber mit seinem eigenen Sein."

ten vor und bezieht sich zunächst auf das innertrinitarische Geschehen, insbesondere das Verhältnis des Vaters zum Sohn: Der Vater gebiert seinen Sohn in Ewigkeit in einem *volkomen însehen in sich selber.* Es ist ein *abgründic durchkennen sîn selbes mit im selber niht mit keinem bilde* (S. 351,88f.).[43] Eckhart folgt hier im Grundsatz der Tradition, die die trinitarischen Hervorgänge als geistige Lebenstätigkeiten, und speziell den Hervorgang des Sohnes als ständigen Prozess der *generatio,* als Zeugung aus dem Intellekt des Vaters versteht. Nach Augustinus zeugte der Vater, „indem er gleichsam sich selbst aussprach, sein ihm in allem gleiches Wort" (De trinitate XV, 14,7f.)[44]. Auch Justin vergleicht die Zeugung des Sohnes mit dem Hervorgang des Wortes aus der Vernunft (Dialogus 61,2 u. 3). Athenagoras bezeichnet den Sohn Gottes als „Gedanken" und „Wort" des Vaters (Suppl. 10,2), Irenäus nennt ihn hervorgegangen „als ersterzeugtes Wort des Ratschlusses des Vaters" (Epideixis I, 39).

Der wesentliche Punkt an diesem trinitarischen Geschehen ist für Eckhart, dass die Selbsterkenntnis Gottes ohne alle Vermittlung, ohne „Bilder" im Sinne von *species* geschieht.[45]

Die innertrinitarische *generatio* vollzieht sich, nach Eckhart, auch in der Seele ohne jede Vermittlung und ganz in der Weise, wie Gott seinen Sohn in der Ewigkeit gebiert (S. 352,90f.). Ähnlich formuliert er in Predigt 6: Der Vater *gebirt mich sînen sun und den selben sun* (DW I, S. 109,8).[46] Dieser Satz, der in der Bulle ‚*In agro dominico*' „als überaus übel klingend und sehr kühn und der Häresie verdächtig erfunden wurde", geht in seiner Radikalität weit über die Auffassungen der Kirchenväter hinaus, von denen z. B. Hippolyt und Clemens von Alexandrien lehrten, dass die Gläubigen in der Taufe ein christusförmiges Sein empfangen; nach Origenes wird Christus in jedem guten Werk des Menschen geboren.[47] Auch die Predigt 4 ‚*Omne datum optimum*' enthält den häresieverdächtigen Satz: *Der vater gebirt sînen sun in dem êwigen verstantnisse, und alsô gebirt der vater sînen sun in der sêle als in sîner eigenen natûre und gebirt in der sêle ze*

[43] Es ist ein „unergründliches Durch-und-Durch-Erkennen seiner selbst mit sich selbst, nicht mit einem Bild."

[44] Übersetzung nach der Ausgabe von Michael Schmaus, Kempten u. a. 1935.

[45] Eckhart führt an anderen Stellen einen zweiten Begriff von ‚Bild' im Sinne von *imago* ein, den er auf die innergöttliche *generatio* anwendet. Der Vater zeugt den Sohn als sein vollkommenes Ebenbild, in dem er sich vollkommen erkennt. Dieses „Ebenbild" hat für Eckhart nicht den Charakter eines Mittels, es ist vielmehr die *expressa similitudo* seines Urbildes; Bild und Urbild sind auch nicht zwei nebeneinander stehende Substanzen, vielmehr ist das eine im anderen. *Wan daz des andern bilde sol sîn, daz muoz von sîner natûre komen sîn und muoz von im geborn sîn und muoz im glîch sîn* (DW I, S. 265,6–8).

[46] „Er gebiert mich als seinen Sohn und als denselben Sohn."
Manches überspitzt bei Irmgard Kampmann, Ihr sollt der Sohn selber sein! Eine fundamentaltheologische Studie zur Soteriologie Meister Eckharts, Frankfurt/M. u. a. 1996.

[47] Grundlegend Hugo Rahner, Die Gottesgeburt. Die Lehre der Kirchenväter von der Geburt Christi aus dem Herzen der Kirche und der Gläubigen, in: Ders., Symbole der Kirche. Die Ekklesiologie der Väter, Salzburg 1964, S. 13–87.

eigen, und sîn wesen hanget dar an, daz er in der sêle gebere sînen sun (DW I, S. 72,8–11).[48] Und Eckhart fügt noch, seine Aussage zuspitzend, hinzu: *Dâ der vater sînen sun in mir gebirt, da bin ich der selbe sun und niht ein ander* (ebd.)[49]. In dieser Passage sind mehrere, immer gewagtere Argumentationsschritte zu unterscheiden. Erster Schritt: Der Vater gebiert seinen Sohn im ewigen Erkennen, er erkennt ihn in sich als mit sich gleich. Dieser Satz entspricht der kirchlichen Trinitätslehre. Der nächste ist bereits von den Zensoren beanstandet worden: Der Vater gebiert seinen Sohn in der Seele ganz so wie in sich. Diese Aussage steigert er noch in einem dritten Schritt, indem er behauptet: Wo der Vater seinen Sohn in mir gebiert, da bin ich derselbe Sohn und nicht ein anderer. Gott gebiert mich als seinen Sohn. Diese wie blanke Hybris klingenden Sätze verteidigt Eckhart mit dem Hinweis auf das Einssein Gottes, das jede Vielheit ausschließe: *In deo enim nec cadit aliud nec aliter. Nec habet filium in eternitate nisi unum, qui est primogenitus in multis fratribus in eandem ymaginem transformatis, qui non dividitur in multis, sed multos in se unit* (LW V, S. 487,16–20).[50] An anderen Stellen relativiert Eckhart seine Aussagen deutlich, wenn er im Sinne der Orthodoxie korrekt zwischen Sohn-Sein von Natur und Sohn-Sein von Gnade (LW III, n. 106, S. 90,11f.; DW III, S. 109,9) unterscheidet. Die emphatischen Sätze über das Sohnsein könnten sogar als Versuch gedeutet werden, die Majestät und Einzigkeit Gottes zu wahren. „Ihm (Eckhart) [...] ging es so unmittelbar um Gott und um die unvermittelte Abhängigkeit des Geschöpfs von Gott, dass die Herkunft der Seinswirklichkeit von Gott ihm als das Herkommen Gottes selbst zu ihm, als sein Herkommen von Gott erschien.“[51]

1.4 *Bilderlosigkeit als Bedingung der Seligkeit – ein neuer Begriff vollkommenen Lebens*

Die Schlussfolgerung Eckharts, dass die Einung der Seele mit Gott sich ohne irgendein Bild vollziehen muss, provoziert den aus aristotelischer Perspektive naheliegenden Einwand der Zuhörer, dass in der Seele doch von Natur aus nichts als Bilder seien (S. 352,93). Diese *obiectio* kontert Eckhart mit dem Hin-

[48] „Der Vater gebiert seinen Sohn im ewigen Erkennen, und ganz so gebiert der Vater seinen Sohn in der Seele wie in seiner eigenen Natur, und er gebiert ihn der Seele zu eigen, und sein Sein hängt daran, dass er in der Seele seinen Sohn gebäre.“

[49] „Wo der Vater seinen Sohn in mir gebiert, da bin ich derselbe Sohn und nicht ein anderer.“

[50] Eigene Übersetzung: „In Gott gibt es nämlich kein anderes und kein anders, und er hat nicht nur einen Sohn in Ewigkeit, der Erstgeborene in vielen Brüdern, die in dasselbe Bild verwandelt wurden, der Sohn, der nicht in viele zerteilt ist, sondern viele in sich eint.“

[51] Hans Urs von Balthasar, Herrlichkeit. Eine theologische Ästhetik, Einsiedeln 1965, III,1, S. 391.

weis auf die möglichen Konsequenzen, die sich aus dieser Vorstellung ergäben. Wäre der Einwand stichhaltig, könnte die Seele niemals zur Glückseligkeit gelangen. Denn gäbe es in der Seele nur Bilder, die ja nie auf sich selbst, sondern immer auf das hinweisen, dessen Bilder sie sind, nämlich die endlichen Dinge, dann könnte sie nur durch diese Dinge selig werden. Das sei jedoch unmöglich, da Gott keine Kreatur schaffen könnte, in der der Mensch seine Glückseligkeit findet; das bedeutete auch, dass Gott nicht mehr letztes Ziel und höchste Seligkeit wäre. Die Seligkeit des Menschen kann also nicht in den Kräften, sondern muss im Wesen der Seele liegen, in dem es weder Bilder noch Wirken gibt. *Und dâ von muost dû von nôt sîn und wonen in dem wesene und in dem grunde* (S. 353,99).[52] Dort empfängt die Seele Gott bilderlos in seinem einfaltigen Sein. Glück findet sie nicht draußen bei den Dingen, sondern innen, in der Stille des Seelengrundes, in dem Gott ohne alle Bilder wirkt.

Den Einwand der Zuhörer nimmt Eckhart als Vorlage, um zum Kern seiner Aussage zu kommen: der Unterscheidung zwischen der „Vollkommenheit des irdischen Lebens", die in der Verbindung aller natürlichen Tugenden besteht, und der Vollkommenheit „jenes Lebens" (S. 353,98f.), dessen Voraussetzung ist, dass alle Kräfte schweigen, der Mensch sich von allen Objektbezügen löst und „im Grunde" ist, im Schweigen, wo der Vater seinen Sohn gebiert und seine Werke wirkt ohne alle Vermittlung. Offen bleibt an dieser Stelle noch die Frage, ob es sich bei dem Gegensatz „dieses Leben – jenes Leben" um einen strikten Gegensatz oder um die Stufenfolge von „dieser" Vollkommenheit im Sinne der Ausbildung aller menschlichen Tugenden, wie sie die Philosophie lehrt, und „jener", d. h. übernatürlichen Vollkommenheit, handelt.

In der zeitgenössischen Diskussion um die Frage der Diesseitigkeit oder Jenseitigkeit der menschlichen Glückseligkeit bezieht Eckhart eine exponierte Position. Die Gottesgeburt – sie ist für ihn der Inbegriff der Seligkeit – versteht er als ein Geschehen, das, entgegen der traditionellen christlichen Anschauung, nicht im Jenseits, sondern bereits im Diesseits und ohne Unterlass in der Zeit, im Hier und Jetzt, in jedem Einzelnen im Seelengrund stattfindet, der nicht intentional auf die Welt ausgerichtet ist, sondern innen bleibt.

---

52 „Und deshalb musst du notwendigerweise in dem Sein und in dem Grunde sein und wohnen".

2. Der „Beitrag" des Menschen zur Gottesgeburt und das Leben aus Gott

Im zweiten Teil der Predigt behandelt Eckhart die Frage, *waz dem menschen gehoere sînes werkes her zuo ze würkenne, dâ mite er erwerbe und verdiene, daz disiu geburt in im geschehe und volbrâht werde* (S. 354,107f.),[53] und er formuliert sie genauer als Frage nach Vorleistungen im Denken und Handeln: *ob daz iht bezzer sî, daz der mensche etwaz sînes werkes dar zuo tuo, als ein înbilden und ein gedenken an got, oder daz der mensche sich halte in einem swîgenne* (S. 354,108–110).[54]

2.1 *Deaktivierung der Kräfte*

Eckhart stellt sogleich klar, dass es nicht auf kognitive und kontemplative Leistungen ankommt. Die Seelenkräfte müssen deaktiviert, zum Schweigen gebracht werden,[55] um jene Vollkommenheit guter Menschen zu erreichen, *die dâ in sich und an sich gezogen hânt aller tugende wesen, alsô daz die tugende wesenlîche ûz in vliezent sunder ir zuotuon und vor allen dingen daz wirdic leben und diu edel lêre unsers herren Jêsû Kristî in in lebe* (S. 354,113–355,115).[56] Es ist das Allerbeste, *dar man zuo komen mac, in disem lebene [...] dû solt swîgen und lâz got würken und sprechen* (S. 355,116f.).[57]

Damit grenzt sich Eckhart nicht nur gegen antike heidnische Positionen, sondern auch gegen Aristoteles-nahe christliche Auffassungen seiner Zeitgenossen ab, insbesondere des Albertus Magnus. Gut und vollkommen ist der Mensch nicht, wenn er wie der ἀγαθός der Antike sich durch seine Leistungen Tugenden erwirbt und durch eigene Tätigkeit vervollkommnet, sondern wenn er aus Gott lebt und ihn wirken lässt. Voraussetzung dieses neuen Lebens ist, dass alle Kräfte von ihren Werken und Bildern abgezogen und alle Dinge und ihre Bilder preisgegeben werden. Eckhart stimmt so Augustins Behauptung zu, dass Gott alle *virtutes* und letztlich alles Gute in uns wirkt. Diese These lehnt Albertus Magnus ausdrücklich ab. Jedes *bonum* stamme zwar von Gott als der

---

53 „Was dem Menschen im Blick auf sein Werk hierzu zu wirken zugehöre, womit er erwerbe und verdiene, dass diese Geburt in ihm geschehe und vollendet werde."

54 „ob das etwa besser sei, dass der Mensch etwas von seinem Werk dazu tue, wie etwa ein Hineinbilden und ein Denken an Gott, oder, dass der Mensch sich in einem Schweigen halte."

55 Vgl. Guerizoli, 2006, S. 99–111.

56 „die in sich und an sich das Sein aller Tugenden gezogen haben, so dass die Tugenden seinshaft aus ihnen fließen ohne ihr Zutun, und dass vor allen Dingen das würdige Leben und die edle Lehre unseres Herrn Jesu Christi in ihnen lebe."

57 „wozu man kommen kann, in diesem Leben ist: Du sollst schweigen, und lasse Gott wirken und sprechen."

ersten Ursache, werde aber vermittels der *causae proximae,* also durch das Mitwirken des Menschen wirksam.

Als Exempel für den Zustand des Vergessens aller Dinge, seiner selbst und sogar des eigenen Leibes führt Eckhart die Entrückung des Paulus an. Der *raptus* führte ihn zu einem solchen Grad von „Unwissen", dass er sogar das Wissen um den eigenen Körper verloren zu haben schien, wenn er von sich sagt: „Ob ich im Leibe war oder nicht, das weiß ich nicht; Gott weiß es wohl" (2Kor 12,2). Dieser Satz hatte Augustinus im zwölften Buch von ‚*De Genesi ad litteram*'[58] zu einem seiner „tüfteligsten Gedankengespinste" angeregt, „das aber in der Folge sich als Grundlage für eine echt augustinische Spekulation über das Verhältnis von Seele und Leib [...] erweist"[59]. Augustinus gelangt in einer verwickelten Untersuchung zu der Auffassung (S. 386,4–21), dass das Nichtwissen, von dem Paulus spricht, sich nur auf einen bestimmten Punkt bezieht, nämlich auf den Grad der Entfremdung der Seele vom Leib. Paulus lasse es offen, ob die Seele während der Entrückung ganz aus dem Leib fuhr und ihn tot zurückließ oder ob sie das Lebensprinzip des Leibes blieb, während ihr geistiger Teil emporgerissen wurde. Der geistige Teil der Seele sah und hörte jedenfalls das „Unaussprechliche jener Vision" (S. 386,19), nicht irgendein niederes Erkenntnisvermögen.

Über diese Position geht Eckhart hinaus. Nicht einmal der geistige Teil der Seele ist in der Lage, Gott zu schauen, ganz zu schweigen von den unteren Erkenntnisvermögen. Dass sich, wie Augustinus behauptet, Gott auf allen Stufen der Erkenntnis auf übernatürliche Weise in körperlichen Visionen wie am Sinai, in imaginativen wie bei Petrus und Johannes oder in geistigen wie in der Entrückung des Paulus offenbaren kann, in der die Wahrheit *sine ulla corporis similitudine* (CSEL 28,419,13f.) erkannt werde, liegt weit ab von der Position Eckharts. Vergleichbar ist allenfalls ein spiritualistischer Zug von außen nach innen, der bei Eckhart darin kulminiert, dass er alle Seelenkräfte für nicht fähig erklärt, Gott zu erfahren. Der *raptus* Pauli ist für ihn, anders als für Augustinus, der Beweis für die Möglichkeit einer Trennung von Seelenkräften und Seelengrund und der Deaktivierung jener und ein Beispiel für das richtige spirituelle Verhalten des Menschen auf dem Weg zu Gott. Wenn er allen Sinnen und der Unruhe äußerer Werke entflieht und seine Kräfte, alle Dinge und sich selbst vergessend, nach innen kehrt, dann spricht Gott sein Wort und sich selbst in die Seele.

In den Schriften des Ps.-Dionysios, der zweiten Autorität, die Eckhart in diesem Zusammenhang zitiert,[60] um seine Position zu begründen, findet er sowohl eine Bestätigung für seine Forderung nach einer Abkehr von der inten-

---

[58] Die Schrift zitieren wir nach CSEL 28, S. 379–435.

[59] Hans Urs von Balthasar, in: Besondere Gnadengaben und die zwei Wege menschlichen Lebens, Deutsche Thomas-Ausgabe, Bd. 23, Heidelberg u. a. 1954, S. 372f.

[60] Vgl. Guerizoli, 2006, S. 112–116; Mösch, 2006, S. 102–105.

tionalen Ausrichtung auf die Welt als Voraussetzung der Erfahrung der Gottesgeburt als auch eine erste positive Bestimmung dessen, was in der *êwigen geburt* im Menschen geschieht: *dû komest in ein bekantnisse des unbekanten übergoteten gotes* (S. 360,149).[61]

2.2 Unbekantez bekantnisse *und die Kritik des Wissens aus Gründen*

Das Wesen dieses Erkennens erklärt Eckhart im weiteren Verlauf. Er fasst zunächst zentrale Aussagen der Theologie des Ps.-Dionysios zusammen, mit denen er übereinstimmt: dass Gott kein Bild von sich selbst hat, dass er Gutheit, Wahrheit und Sein ist und alle Werke in sich selbst in einem Augenblick ohne Mittel und ohne Bild wirkt und dass ein direktes Verhältnis zwischen Bildlosigkeit und Gottesnähe besteht: *Ie mê dû âne bilde bist, ie mê dû sînes înwürkennes enpfenclîcher bist, und ie mê îngekêret und vergezzener, ie mê disem naeher* (S. 359,143–145).[62] Daraus leitet er mit Ps.-Dionysios die Aufforderung ab, über alle Kräfte, alle Erkenntnisvermögen und über die Vernunft hinauszugehen in die verborgene stille Finsternis, um so in ein Erkennen des unerkannten Gottes zu gelangen. Eckhart komprimiert hier Aussagen des Ps.-Dionysios über die Theophanie des Moses am Sinai, der sich von allem trennt und zum „Gipfel der göttlichen Aufstiege“[63] gelangt. Er taucht in das Dunkel des Nichtwissens ein und ist „darin eingehüllt in das vollkommen Unfassbare und Unsichtbare, dem ganz und gar zu eigen, der alles übersteigt [...]. Dadurch, dass jede Erkenntnistätigkeit aufhört, ist er in einem höheren Sinne mit dem vereint, der völlig unerkennbar ist, und indem er nichts (mehr) erkennt, erkennt er in einer Weise, die die Vernunft übersteigt“ (ebd., 1001A; vgl. ‚*De divinis nominibus*‘ 872AB). Die höchste Erkenntnis Gottes liegt auch für Eckhart jenseits des Intellekts im Nichterkennen – das ist das dionysische Paradoxon, das er aufnimmt. Wesentlich ist daran, dass die Erkenntnis durch Nicht-Erkenntnis keine Tätigkeit ist, die der menschliche Geist aus eigener Kraft zu leisten vermag.

Diese Aussagen veranlassen den fiktiven Dialogpartner nachzufragen, was Gott ohne Bild im Seelengrund überhaupt noch wirken und der Mensch wissen kann. Eckhart beantwortet die Frage mit einer Explikation seines Begriffs des nichterkennenden Erkennens als höchster Form des Erkennens. Er unterscheidet *waz* und *wie* und *daz*. Was Gott im Grunde der Seele und wie er es vollbringt,

---

61 damit „du in eine Erkenntnis des unbekannten, übergotteten Gottes kommst“.

62 „Je mehr du ohne Bilder bist, umso mehr bist du seines Einwirkens empfänglich; und je mehr eingekehrt und vergessener, umso mehr diesem näher.“

63 Pseudo-Dionysios Areopagita, ‚*Über die mystische Theologie*‘ und Briefe, eingel., übers. und mit Anm. vers. von Adolf M. Ritter, Stuttgart 1994, 1000 D.

kann sie nicht wissen. Dieses Nichtwissen erfährt sie aber nicht als etwas Negatives, Niederdrückendes, sondern es weckt und belebt sie. Es löst eine Bewegung in ihr aus, reißt sie *in ein wunder* und *tuot sie disem nâchjagen* (S. 361,156).[64] Denn die Seele *bevindet wol, daz ez ist,* nicht aber *wie noch waz ez ist* (S. 361,156f.); sie weiß also zugleich und weiß nicht, und dieses nichtwissende Wissen treibt sie an. Es ist für die Gottesgeburt das Allernützlichste. Dieses nichtwissende Wissen, das Ruhe, Verweilen und zugleich Bewegung, Nachjagen – also eine dynamische Stabilität – ist, grenzt Eckhart von einem Wissensbegriff ab, der unschwer als der aristotelische identifiziert werden kann. Er setzt sich polemisierend mit dem Begriff des epistemischen Wissens als Wissens von Gründen auseinander, dem er die positiven Prädikate abspricht, die diesem in der aristotelischen Tradition zugesprochen werden, um einige dann als auszeichnende Qualitätsmerkmale seines eigenen Begriffs des nichtwissenden Wissens herauszustellen. *Wenne der mensche weiz der dinge sache, alzehant sô ist er der dinge müede und suochet aber ein anderz ze ervarne und ze wizzenne und quilet und jâmert iemer mê alsô nâch wizzenne und enhât doch kein bîblîben* (S. 361,157–159).[65] Das epistemische Wissen macht – so die Darstellung Eckharts – den Wissenden der Dinge überdrüssig und unruhig, es gibt darin keinen Ruhepunkt, sondern nur ein fortwährendes Weiterschreiten in einer unabschließbaren Reihe und kummervolles Getriebensein. Eckhart relativiert hier den unbeschränkten Wissenstrieb und das „Wissen aus Gründen", dem er ein hohes „Daseinsinteresse"[66] abspricht. Nicht der Weltbezug und die Erforschung des Kosmos – für Aristoteles Elemente eines vernunftgemäßen Lebens, das dem Menschen vollkommene Eudaimonie schenkt –, sondern die Wendung nach innen ist der Weg zum Seelenheil. Mit Augustinus schränkt er die hohe Wertung des Wissens zugunsten des Glaubens ein und votiert für ein *religiose quaerere.* Dabei stuft er das epistemische Wissen als ein Wissen ein, das für den spirituellen Weg des Menschen nicht zielführend ist. Das nicht-erkennende Erkennen verfügt dagegen nicht über Gründe und Ursachen der Dinge, aber es lässt die Seele im Unterschied zum epistemischen Wissen nicht in die Vielheit der Dinge ausschwärmen, sondern hält es im Grunde fest und drängt es dazu, immer weiter im Innen zu suchen. Es bleibt in der Seele und sucht das „verborgene Wort" zu verstehen, das in der Stille ankommt und zugleich verbirgt und offenbart (vgl. S. 362,164f.). Diese Gegenüberstellung der beiden Formen von Wissen und die negative Charakterisierung des epistemischen Wissens, dem Eckhart Eigenschaften zuschreibt, wie sie nach Thomas die *curiositas* charakterisieren, ist von der leitenden Frage nach dem „Wie der Gottesgeburt in der Seele" her zu ver-

64 „Zieht sie in ein Wunder und treibt sie an, diesem nachzujagen."

65 „Wenn der Mensch die Ursache der Dinge weiß, sogleich ist er der Dinge müde und sucht wiederum etwas anderes zu erfahren und zu wissen und quält sich ab und jammert immer mehr so nach Wissen und hat doch kein Dabeibleiben."

66 Blumenberg, 1984, S. 11.

stehen. Auf diese Frage gibt das Konzept des epistemischen Wissens, wie es Aristoteles paradigmatisch formuliert hat, keine Antwort.

Der Bezugspunkt dieses Wissens ist nach Aristoteles' ‚Metaphysik' der Kosmos in seiner ganzen Vielfalt. Epistemisches Wissen gehört zur „Grundausstattung jedes Menschen"[67]. Alle Menschen streben von Natur nach Wissen und, angetrieben vom Staunen über alltägliche und außeralltägliche Phänomene, denken sie nach und philosophieren, „um dem Unwissen zu entgehen". Der Wissende weiß nicht nur wie der Erfahrene das „Dass", sondern immer auch das „Warum", z. B. der Wirkung einer Heilpflanze. „Wir meinen etwas zu wissen", sagt Aristoteles in den ‚*Analytica Posteriora*', „wenn wir erstens die Ursache zu kennen meinen, wodurch ein Sachverhalt ist [...], und wenn wir zweitens meinen, dass es sich nicht anders verhalten kann" (71b9–12). Wissenschaftliches Wissen ist begründetes Wissen und Ausdruck für einen Sachverhalt, der nicht anders sein kann, eine „Notwendigkeitsbehauptung"[68]. Der Wissende weiß also mehr, und dieses Mehr an Wissen bedeutet für ihn ein Mehr an Besitz und Verfügung über die Dinge. Er ist mehr Herrscher als Diener (vgl. 982a16f.), verweilt aber nicht auf einem erreichten Wissensstand, sondern strebt immer weiter nach Wissen, das lebenserhaltend und lebenssteigernd wirkt.

Dieses Wissenskonzept ist, nach Eckhart, für den spirituellen Weg des Menschen nicht geeignet. Wenn Gott in der Seele geboren werden soll, muss dieses weltbezogene epistemische Wissen deaktiviert, „eingeklammert" werden: müssen alle Kräfte der Seele in ihrem Wirken nach außen aufhören und nach innen gewendet werden. Je mehr sich der Mensch von den Kreaturen und ihren Bildern abkehrt, je weniger er in der Welt wirkt und von ihr weiß, umso empfänglicher ist er für Gott und umso mehr erlangt er eine höchste Form von Wissen, ein nichtwissendes Wissen. Nicht der Kosmos ist der Ort des Menschen, sondern die Innerlichkeit; er soll nicht über Phänomene der Welt staunen und sie zu enträtseln versuchen, sondern dem Wunder des verborgenen Gottes im Seelengrund nachjagen. Die reine Empfänglichkeit für Gott, nicht der herrschaftliche Zugriff auf die Welt soll den obersten Rang einnehmen, die Kosmosverbundenheit einer übernatürlichen Innerlichkeit weichen.

Als Beispiel für diese Existenzverlagerung ins Innen führt Eckhart wieder Paulus an (S. 362,169ff.). Dieser hatte in seiner Entrückung in den dritten Himmel Geheimnisvolles gesehen und nach seiner Wiederkehr davon nichts vergessen; *ez was im sô verre inne in dem grunde, dar sîne vernunft niht înkomen enmohte. Ez was im bedecket. Dâ von muoste er nâchloufen und ez ervolgen in im, niht ûzer im.*

---

[67] Höffe, 2006, S. 46.
[68] Scholz, 1930/31, S. 263.

Ez ist zemâle inne, niht ûze, mêr: alles inne (S. 363,172–174).[69] Es ist zugleich ein Haben und ein Nichthaben und umreißt die eigentümliche Situation des christlichen Lebens zwischen Zeit und Ewigkeit. Die Erfahrung der Gottesgeburt im Grund der Seele ist jetzt, wie Eckhart später in Predigt 104 betont, eine seltene und augenblickshafte Vorwegnahme dessen, was das „ewige Leben" heißt.

2.3 Gottesgeburt und ewiges Leben – eine „Ahnung heidnischer Meister"

Nach der Beschreibung der Erfahrung der Gottesgeburt mit dem Vokabular des nichterkennenden Erkennens kommt Eckhart im letzten Abschnitt des zweiten Teils der Predigt (S. 363,176–366,202) zu einer zentralen These über das neue Leben in der Gottesgeburt. Er bezieht sich auf den Dialog zweier „heidnischer Meister", die, seiner Meinung nach, eine Vorahnung hatten, dass sich in diesem nichtwissenden Wissen eine Nähe zum ewigen Leben andeute: ‚*Kündest dû ez begrîfen, sô haetest dû eine samenunge aller güete und haetest êwic leben*' (S. 363,180).[70] Haben diese heidnischen Meister geahnt, dass das *summum bonum* eben nicht in der Eigentätigkeit der Vernunft liegt, sondern im „nichterkennenden Erkennen", im Erleiden des göttlichen Wirkens in uns? Jedenfalls sprächen Augustinus, der Prophet und das ‚*Hohe Lied*' klar aus, was die Heiden möglicherweise erahnt haben. Würden das Strahlen und Glänzen in der Seele vollendet und zur Beständigkeit gebracht, so müsste das das *êwic leben* (S. 364,182) sein. In der Gottesgeburt spürt die Seele, dass für sie ein neues Leben beginnt, das noch nicht vollendet ist. Im gegenwärtigen Status gilt: Es verbirgt sich und offenbart sich; es kommt wie ein Dieb, um der Seele alles zu nehmen und um ihren Geist durch den göttlichen Geist zu ersetzen. Die Seele zerschmilzt, wenn der Geliebte eintritt (‚*Hohes Lied*' 5,6).

Der den zweiten Teil abschließende Einwand eines fiktiven Gesprächspartners bringt Eckharts Argumentation aus der Sicht einer aristotelischen Position auf den Punkt: Mit seiner Kritik an der intentionalen Ausrichtung der Seele auf die Welt und des Erkennens durch Bilder fordere Eckhart nicht weniger als *der sêle irn natiurlîchen louf umbekêren und wider ir natûre tuon* (S. 364,192f.).[71]

---

[69] „es war ihm so weit innen in dem Grund, wohin seine Vernunft nicht hineinkommen konnte. Es war ihm verdeckt. Deswegen musste er nachlaufen und es in ihm erreichen, nicht außerhalb ihm. Es ist ganz und gar innen, nicht außen, vielmehr: völlig innen."

[70] „könntest du es begreifen, dann hättest du die Summe alles Guten und hättest das ewige Leben."

[71] „der Seele ihren natürlichen Lauf umkehren und gegen ihre Natur handeln".

Diesen Einwand beantwortet Eckhart mit einer Gegenfrage: *Waz weist dû, waz adels got geleget habe in die natûre* (S. 365,195),[72] und einem Hinweis auf die Grenzen der Erkenntnisse der Philosophen. Ihre Auffassungen von den höchsten Möglichkeiten natürlichen Erkennens sind, nach Eckhart, dadurch eingeschränkt, dass sie die Grenzen der natürlichen Vernunft nicht überschritten – sie waren mit ihrer Ausrichtung auf die Welt nie in den „Grund" der Seele vorgedrungen. In dieser Aussage ist bereits Eckharts selbstbewusste Antwort auf die Frage nach dem Nutzen der Gottesgeburt in der Finsternis des Nichtwissens enthalten – es ist die Antwort auf die heidnischen Meister der Philosophie, denen zufolge das vollkommene Leben im hellen Licht der Ausübung der höchsten Erkenntnisvermögen des Menschen besteht. Zugleich ist die leitende Frage und das Programm von Predigt 102 vorbereitet: die Frage nach den besonderen Eigenschaften der Seele, nach ihrem „Adel", der es ermöglicht, dass sie in ihrem Grund Ort der Gottesgeburt ist.

3. „Welch ein Nutzen" – die Überlegenheit der Lehre von der Gottesgeburt im nichtwissenden Wissen

Nach der Beantwortung der beiden Fragen, wo und wie die Gottesgeburt im Menschen geschieht und welchen Beitrag der Mensch dazu leisten könne, kommt Eckhart im abschließenden kurzen, aber gewichtigen Teil seiner Predigt zur Frage nach dem Nutzen der Gottesgeburt. Die Ausgangsfrage sei nun gelöst, wie nämlich die Gottesgeburt nicht nur in Ewigkeit, sondern wie sie in uns geschehe. Denn nicht nur der Sohn des himmlischen Vaters wird in dieser Finsternis geboren, sondern auch *dû wirst* [...] *dâ geborn des selben himelschen vaters kint noch keines andern* (S. 366,205)[73] und auch dir wird – wie es im Johannesprolog heißt – „die Gewalt gegeben, Gottes Sohn zu werden". Mit dieser individuellen Gottesbeziehung ist – so Eckhart – eine Lebensmöglichkeit des Menschen erreicht, die alles übersteigt, was Philosophen bisher mit ihrer Vernunft je erreicht haben und erreichen werden. Nicht ohne Schärfe stellt er fest, dass sie noch nie *daz allerminste in disem wizzenne und in disem grunde* (S. 366,209)[74] verstanden haben. Mit dieser kritischen Wendung konstatiert er die absolute Superiorität der christlichen Wahrheit gegenüber den Ansichten der heidnischen Philosophie.

72 „Was weißt du davon, welchen Adel Gott in die Natur gelegt hat?"

73 „du wirst [...] dort als Kind desselben himmlischen Vaters geboren und nicht als eines anderen."

74 nie „das Allergeringste in diesem Wissen und in diesem Grunde verstanden" haben.

Die wesentlichen Elemente seiner Position und ihres ganz anderen Begriffs vom guten Leben und von der vollkommenen menschlichen Seele fasst er abschließend pointiert zusammen. Erstens: Die höchste Möglichkeit des Menschen besteht nicht in der Aktivität seines Erkenntnisvermögens – es wird als inferior eingestuft –, sondern im nichterkennenden Erkennen in der Finsternis der Gottesgeburt. *Swie daz ez doch ein unwizzen heize und ein unbekantheit, sô hât ez doch mê inne dan allez wizzen und bekennen ûzwendic disem* (S. 366,209f.).[75] Zweitens: Dieses Unwissen ist der Motor einer Umorientierung des Menschen weg von der Fixierung auf alle „Wissensdinge" und auf das eigene Selbst; es immunisiert gegen alle Sünden. Drittens: Die Preisgabe des Selbst- und Weltbezugs ist die Bedingung der Gottesgeburt. *Daz meinte Kristus, dô er sprach: ‚wer sich sîn selbes niht enverlougent und niht enlaezet vater und muoter und allez daz ûzerlich ist, der enist mîn niht wert‘. Er will sprechen: wer niht enlaezet alle ûzwendicheit der crêatûren, der enmac in dise götlîche geburt weder enpfangen noch geborn werden* (S. 367,212–215).[76]

4. Die Transformation der aristotelischen Lehre vom Selbstbezug alles Lebendigen (Pr. 6)

Den genannten Zusammenhang behandelt auch Predigt 6 ‚*Iusti vivent in aeternum*‘ (DW I, S. 99–115). Die Gerechten leben ewig und ganz gleich bei Gott (ebd., S. 106,4), und ihr Leben besteht darin, dass sie ohne Unterlass von Gott als Sohn geboren werden. Das Merkmal der vollkommenen Seelen, die in solcher Weise gleich sind, besteht in einem Selbstbezug, der von Vorzugsliebe frei ist. Die gute, gerechte Seele ist *ir selber niht naeher* [...] *dan einem andern* (ebd., S. 107,9f.).[77] Sie hat die Eigenliebe, den *amor sui*, den egoistischen Bezug auf das eigene Leben und seine Güter wie Ehre und Reichtum aufgegeben und damit die ganze Welt gelassen. Der in diesem Sinne Gerechte ist Freund Gottes, Gott gleich: In Pr. 10 und im ‚*Johanneskommentar*‘ (n. 643, 644) nimmt Eckhart unter Bezug auf Aristoteles' Freundschaftsabhandlung und dessen Konzept der vollkommenen Freundschaft als Verhältnis von an ἀρετή Gleichen eine Übertragung auf das Verhältnis des Gerechten zu Gott vor.[78]

---

75 „Obwohl es doch ein Unwissen heißt und ein Nicht-Erkennen, so hat es doch mehr in sich als alles Wissen und Erkennen außerhalb diesem."

76 „Das meinte Christus, als er sprach: ‚Wer sich nicht selbst verleugnet und nicht Vater und Mutter verlässt und alles, was äußerlich ist, der ist meiner nicht wert‘ (Mt 10,37–38). Er will sprechen: Wer nicht alle Äußerlichkeit der Geschöpfe lässt, der kann in diese göttliche Geburt weder empfangen noch geboren werden."

77 „sich selbst nicht näher ist als einem anderen."

78 Largier, 1993, I, S. 861, verweist in seinem profunden Kommentar auf Eckharts Bezugnahme auf die aristotelische Freundschaftslehre in Predigt 10 und explizit im ‚Joh.Komm. n.

In der vorliegenden Predigt nimmt Eckhart eine tiefgreifende christliche Umbesetzung der Lehre des Aristoteles vom affirmativen Bezug alles Lebendigen auf das eigene Leben vor. Sie ist Ausgangspunkt seiner Ethik und seines Begriffs vom vollkommenen Leben. Zur Natur der Seele gehört, nach Aristoteles, der Selbstbezug. Das ist die Grundstruktur des Lebendigen: Das eigene Leben, sein Lebendigsein, ist für das Lebewesen ein Gut in sich (ἀγαθόν), Ziel in einem doppelten Sinn. Es ist sein letztes Worumwillen und sein Wozu, d. h. auch das, was es ständig als sein Werk hervorbringen muss (vgl. 1097b24ff.; 415b1ff.). Dabei fallen im spezifischen Werk, ἔργον, des Lebewesens, das ἔργον im Sinne von Funktion eines Lebewesens und das ἔργον im Sinne von Produkt seiner Tätigkeit zusammen (vgl. ‚*Nikomachische Ethik*' I,1 und I,6). Das Leben des Lebewesens hat innere Instrumentalität, insofern als es sich im Lebens-, d. h. Seinsvollzug, selbst herstellt. Das „gute Leben" – die menschliche εὐδαιμονία – besteht in der Perfektionierung seines Vernunftvermögens im theoretischen und im praktischen Bereich: in einer ἐνέργεια κατ' ἀρετήν.

Eckhart nimmt in Predigt 6 zunächst das aristotelische Theorem auf. Wenn er fragt: *War umbe izzest dû? War umbe slaefest dû? Umbe daz dû lebest. War umbe begerst dû guotes oder êren? Daz weist dû harte wol. Mêr: war umbe lebest dû? Umbe leben, und enweist dennoch niht, war umbe* dû lebest. *So begirlich ist daz leben in im selber, daz man ez umbe sich selber begert* (DW I, S. 105,8–12),[79] dann scheint er in seiner Antwort die aristotelische These aus der ‚*Nikomachischen Ethik*' und ‚*De anima*' B 4 zu übernehmen, dass Sein und Leben dem Menschen ein Gut in sich, ἀγαθόν, seien (1166a19f.; 1170a19f.). Die in diesem Satz enthaltene Folgerung, dass dann Vollzug und Erhaltung seines innerweltlichen Seins und nicht ein transzendentes Ziel das letzte Worumwillen des Menschen seien, zieht er jedoch nicht, sondern sucht sie dadurch zu umgehen, dass er, entgegen der aristotelischen Intention, das letzte Worumwillen noch einmal hinterfragt und nach Gründen sucht, warum das Leben so kostbar und edel ist. Alle Menschen wollen leben, weil ihr Leben *sunder allez mitel vliuzet von gote in die sêle* (ebd., S. 105,13f.).[80] Es wird um seiner selbst willen erstrebt, nicht weil es das eigene, sondern weil es das göttliche Leben ist. Mit dieser unaristotelischen Volte negiert Eckhart die Selbständigkeit des endlichen Lebendigen und interpretiert dessen Interesse am Leben als Liebe zum göttlichen Leben, das als immanentes Lebensprinzip im Endlichen wirkt. Er deutet also die Lehre vom Lebensvollzug als letztem Zweck um, nicht indem er den innerweltlichen Lebensvollzug der Seienden transzendiert und in einem jenseitigen Ziel sich vollenden sieht,

644; „Eckhart liegt viel daran, alle hierarchischen Bezüge im Verhältnis des Menschen zu Gott zu glätten. [...] Ein egalitärer Ton ist hier durchaus präsent."

79 „Warum issest du? Warum schläfst du? – Auf dass du lebest. Warum begehrst du Gut oder Ehre? Das weißt du sehr wohl. Aber: Warum lebst du? – Um des Lebens willen, und du weißt dennoch nicht, warum du lebst. So begehrenswert ist das Leben in sich selbst, dass man es um seiner selbst willen begehrt."

80 „unvermittelt von Gott in die Seele fließt."

sondern radikaler, indem er die Selbständigkeit des endlichen Lebendigen beseitigt und das Leben Gottes als einziges Leben setzt. *Waz ist leben? Gotes wesen ist mîn leben. Ist mîn leben gotes wesen, sô muoz daz gotes sîn mîn sîn und gotes isticheit mîn isticheit, noch minner noch mêr* (DW 1,106,1–3).[81]

Eckhart übernimmt also zunächst die aristotelische Position, versucht aber ihren Naturalismus dadurch zu entschärfen, dass er ihm eine übernatürliche Dimension hinzufügt. Er hebt mit seiner theonomen Lehre, dass nur Gott eigentlich ist und lebt, die Selbstbezogenheit des Endlichen in der des Unendlichen auf. Das endliche Lebendige hängt an seinem Leben, weil es unmittelbar das Leben Gottes ist. Da das Lebendige erstrebt, was der Erhaltung seines Seins dient, erlangt es, indem es das Leben Gottes will, die höchste Form der Selbsterhaltung und Autarkie. Wieder also transformiert Eckhart eine aristotelische Struktur von Grund auf und baut sie in seine eigene Lehre ein.

Fazit:
In der ersten Predigt des Zyklus entwickelt Eckhart ein Programm, um die natürliche Antriebsrichtung der Seele im theoretischen und praktischen Bereich umzukehren. Es ist ein Gegenentwurf, mit dem er die Grundverfassung der Seele, ihre Weltzugewandtheit und Weltbejahung, wie sie Aristoteles entwickelt, in Frage stellt und umdeutet. Eckhart verlangt eine Wendung vom Außen, einer Ausrichtung auf die Welt und ihren Form- und Bilderreichtum als natürlichen Ort der Seele, ins bilderlose, dunkle Innen der Seele. Diese Verinnerlichung von Denken und Handeln setzt eine Epoché der Intentionalität und Deaktivierung der natürlichen Erkenntnisvermögen und Handlungsweisen voraus. *Unbekantez bekantnisse* als ‚Wissen dass' führt zur Seligkeit, nicht das epistemische Wissen als Wissen der Gründe, das auf dem spirituellen Weg nicht weiterhilft. Verzicht auf Bilder und „Passivität" sind Bedingungen der Seligkeit des *gotlîdens* im Hier und Jetzt. An die Stelle der Kosmosverbundenheit soll die Existenzverlagerung in die übernatürliche Innerlichkeit treten. Dann ist die Gottesgeburt im Seelengrund möglich, die mit der innertrinitarischen *generatio* die eine *êwige geburt* bildet.

[81] „Was ist Leben? Gottes Sein ist mein Leben. Ist denn mein Leben Gottes Sein, so muss Gottes Sein mein sein und Gottes Wesenheit meine Wesenheit, nicht weniger und nicht mehr."
Zum aristotelischen Begriff des Lebens vgl. Oehler, 1984, S. 91–93.

Predigt 102: *Ubi est, qui natus est rex Judaeorum* – *enpfenclicheit* als höchste Möglichkeit der Seele und *gotlîden* als Seligkeit

In der Predigt resumiert Eckhart zunächst zentrale Aussagen der Eröffnungspredigt über die Gottesgeburt. Anknüpfend an seine Gegenfrage, „Was weißt denn du vom Adel der Seele?", mit der er gegen Ende der Predigt 101 einen fiktiven Gesprächspartner in die Schranken wies, entwickelt er nun seinen Begriff vom wahren Adel des Menschen und von der Seligkeit des *gotlîdens*, indem er Grundstrukturen der aristotelischen Anthropologie und ihres Vollkommenheitsideals umbesetzt und umwertet: Der „Adel" des Menschen besteht nicht in dem ihn vor anderen Lebewesen auszeichnenden Vermögen, gemäß seiner Vernunft tätig zu werden, sondern in seiner „Empfänglichkeit" für das Wirken Gottes; und die Vollkommenheit des Menschen liegt nicht im Erkennen, sondern in einem *unwizzen* als höchster Form des Wissens; seine Seligkeit ist das *gotlîden*. Anhand von fünf Fragen zum Geschehen der Gottesgeburt differenziert er im Rekurs auf Bibel und Kirchenlehrer seinen Begriff vom guten, vollkommenen Leben.

1. Der Adel der menschlichen Seele: *enpfenclicheit* aufgrund von Gottebenbildlichkeit

Nach einem kurzen Rückbezug auf eine zentrale Aussage der Eröffnungspredigt über die Gottesgeburt behandelt Eckhart zuerst die Frage nach der Eigenschaft der Seele, die sie vor anderen Geschöpfen auszeichnet: Es ist ihre Empfänglichkeit für das Wirken Gottes, die in ihrer Gottebenbildlichkeit gründet.[82] Alle Kreaturen sind zwar ein *vuozstaphe gotes, mêr: diu sêle ist natiurlîche nâch gote gebildet* (S. 409,13f.)[83] und sie allein ist empfänglich für Gott. Als *imago dei* – und das ist kein Bild im Sinne der *species* – ist sie *capax dei* (vgl. LW IV, n. 234, S. 218,1). Als Exempel für die Ebenbildlichkeit der Seele verwendet Eckhart im ‚*Sapientia-Kommentar*' n. 47 das Spiegelbild. Es ist in sich nichts und in seinem Sein völlig von dem, der sich im Spiegel abbildet, abhängig. Es entsteht auch nicht in einem einmaligen Abbildungsvorgang und bleibt dann für sich bestehen, sondern es ist nur, solange sich jemand im Spiegel betrachtet. Das Bild ist nur, indem es sein Sein beständig empfängt. In analoger Weise ist der Seelen-

---

[82] Vgl. Mauritius Wilde, Das neue Bild vom Gottesbild. Bild und Theologie bei Meister Eckhart, Freiburg/Schweiz 2000.

[83] „Fußstapfe Gottes, mehr noch: die Seele ist von Natur nach Gott gebildet."

grund als Bild Gottes in sich nichts. Er hat kein Sein im Sinne der Substanz, ist kein Bereich der Seele, sondern ein Nichtseiendes und doch ein *etwaz*, das in seinem Wesen ganz von seinem Urbild, Gott, abhängt und sein Sein ständig von ihm empfängt. „Seelengrund“ als *imago dei* umschreibt ein Geschehen, in dem das Geschöpf sein Sein von Gott erhält.

Mit dieser Akzentuierung der Empfänglichkeit des Wesens der Seele, die alle Vollkommenheit, göttliches Licht, Gnade und Seligkeit, von Gott erhält, unterscheidet sich Eckhart in einem wichtigen Punkt von Thomas. Dieser definiert in aristotelischem Sinn die Seele als Vermögen zu einer Tätigkeit, jener bezeichnet den Seelengrund als reine Empfänglichkeit, obwohl die Kräfte aus ihm hervorgehen. Mit Eckharts Antwort auf die erste Frage ist vor allem ein Kontrapunkt zur aristotelischen Charakterisierung des Menschen als eines Lebewesens gesetzt, das sich durch sein Vermögen zur Vernunfttätigkeit, ἐνέργεια κατὰ λόγον, durch Denken und vernunftgeleitetes Handeln vor anderen auszeichnet.

2. Gottesgeburt als *inliuchtunge* in der guten Seele und die Verwandlung ihrer Kräfte

Die zweite Frage – *Waz gnâden oder waz nutzes geliget mir denne hie ane?* (S. 412,29f.)[84], wenn die Gottesgeburt in einem Sünder ebenso geschieht wie in einem guten Menschen, und der Adel der menschlichen Natur keinem genommen werden kann – beantwortet Eckhart mit einer Erläuterung des Geschehens der Gottesgeburt in der guten Seele. Durch die Gegenüberstellung wird noch deutlicher was den vollkommenen Menschen nicht nur vom Sünder, sondern auch vom antiken ἀγαθός unterscheidet. Er charakterisiert die Gottesgeburt als eine *inliuchtunge*, ein Erleuchtungsgeschehen, in dessen Verlauf das Licht so reich wird, dass es in die Kräfte und in den äußeren Menschen dringt. Der gute Mensch und der Sünder unterscheiden sich aber darin, dass der Sünder an diesem Überfluss nicht teilhat, weil seine Empfänglichkeit gestört ist: *die wege, dâ daz lieht în solte gân, bekümbert und versperret sint* (S. 413,43);[85] denn seine Kräfte sind auf die äußere Welt fixiert und daher mit Sünde und Bosheit erfüllt. Er wird des Lichtes nicht gewahr und kann von dem göttlichen Überfluss nichts empfangen. Der Nutzen für den guten Menschen dagegen, der das Licht aufnimmt, ist mehrfach. Die Erleuchtung betrifft zunächst sein Handeln; das Licht gibt ihm von innen zu erkennen, was er tun und lassen soll, und erteilt Weisungen, von denen er vorher nichts wusste. Der gute Mensch wird in seinem Handeln und Denken ganz von innen, theonom, gesteuert. Diese Durchlichtung

84 „Was an Gnade oder was an Nutzen liegt für mich nun hieran?“

85 „die Wege, auf denen das Licht hereingehen sollte, [sind] besetzt und versperrt.“

ist auch begleitet von einem Hochgefühl, das die Affekte auf das Göttliche ausrichtet und von der Welt abwendet; „verdrießlich" ist, was nicht Gott oder göttlich ist. Ferner erreichen Erkennen und Einsicht in die Wahrheit eine ungekannte Höhe. Durch ihre Trennung von der Welt und ihre göttliche Durchlichtung erstarken alle Kräfte des Menschen: *sô werdent alle krefte erliuhtet und der ûzer mensche* (S. 414,61f.)[86]. Er ist stark in der Welt, weil er nicht von der Welt ist: Sobald Gott den Seelengrund berührt, dringt das Licht in die Kräfte, und der Mensch vermag dann bisweilen mehr, als ihn irgendjemand zu lehren vermöchte (S. 414,63–415,64). Der Nebensatz enthält eine polemische Spitze gegen eine Ethik, die auf Belehrung von außen setzt; *wan wârheit ist inwendic in dem grunde und niht ûzwendic* (S. 414,59f.).[87] Der Mensch wird nicht durch Erziehung zum guten Menschen, sondern durch das Licht von innen, das kein Lehrer ihm vermitteln kann, wie der Prophet sagt: ‚*ich hân verstanden über alle, die mich ie gelêrten*' (S. 415,64f.).

Mit dem Satz: die *übervlüzzicheit des liehtes, daz in der sêle grunde ist, daz übergiuzet sich in den lîchamen und wirt dâ von vol klârheit* (S. 412,39–413,40)[88] scheint Eckhart sich auf die Lehre von den übersinnlichen Sinnen zu beziehen, die Origenes „sozusagen ‚erfunden' [...] hat",[89] und damit eine nicht-dualistische christliche Tradition aufzunehmen, die nur „sporadische Nachfolge" (ebd., S. 355) gefunden hat.[90] Diese Lehre erwächst aus dem zentralen christlichen Mysterium der Fleischwerdung Gottes. Die Inkarnation ist das dogmatische Fundament einer *cognitio experimentalis*, einer vom göttlichen Geist verwandelten Sinnlichkeit, die nicht dualistisch neben der irdischen steht, sondern nur ihren gnadenhaft transfigurierten Zustand darstellt. Leib und Geist bilden eine durch die Menschwerdung sakralisierte Einheit, die auch in der realen Welt sich manifestiert, wie Eckhart am Beispiel des Paulus zeigt (S. 412,36–38). Als Gott ihn auf dem Weg nach Damaskus mit seinem Licht berührte, da wurde der Widerschein dieses Lichtes auch für seine Weggenossen äußerlich sichtbar.

---

86 „dann werden alle Kräfte und der äußere Mensch erleuchtet."

87 „denn Wahrheit ist innen in dem Grund und nicht außen."

88 „Überfluss des Lichts [...], das im Grund der Seele ist: das gießt sich hinüber in den Leib, und er wird davon voll Klarheit."

89 Hans Urs von Balthasar, Herrlichkeit. Eine Theologische Ästhetik I, Einsiedeln 1961, S. 355.

90 Mit der christozentrischen monastischen Mystik des 12. Jahrhunderts, vor allem Bernhards von Clairvaux, beginnt eine inkarnatorische Spiritualität. An diese Theologie knüpft insbesondere die Frauenmystik an, paradigmatisch Mechthild von Magdeburg und Mechthild von Hackeborn. Vgl. Verf., Die übersinnlichen Sinne, in: Körperinszenierungen in der mittelalterlichen Literatur, hg. v. Klaus Ridder und Otto Langer, Berlin 2002, S. 175–192.

3. Die christliche Öffnung der reinen Selbstbezüglichkeit des aristotelischen Gottes durch die Liebe – die Einung der Seele mit Gott als Ziel Gottes und des Menschen

Die anschließenden Fragen drei und vier bilden eine Einheit. Ihr gemeinsames Thema ist die Ausrichtung der Kräfte in der guten Seele. Ausgangspunkt der dritten Frage ist ein vermeintlicher Widerspruch in Eckharts Argumentation: Wenn das eigentliche Geschehen der Gottesgeburt im Seelengrund stattfindet, was bedeutet es dann, dass die Kräfte sich her *zuo müezigen suln und disem vîren* (S. 415,71)?[91] Was soll die Annahme von Kräften, denen gar keine Funktion zukommt?

Eckhart hebt diese Frage zunächst auf eine grundsätzliche Ebene, die Frage nach Zwecken und nach dem letzten Zweck von Werken. Seine Argumentation setzt beim aristotelischen Theorem von der Finalursächlichkeit an. *Ein ieglîchiu crêatûre würket ir werk durch ein ende. Daz ende ist alwege daz êrste in der meinunge und daz leste in dem werke* (S. 415,73f.).[92] Er geht also, wie angekündigt, von „natürlichen Beweisgründen" aus und überträgt anschließend den aristotelischen, natürliche Bewegungen wie artifizielle Prozesse umfassenden Zweckbegriff[93] auf den übernatürlichen Bereich.

Schon gleich zu Beginn nimmt er einige Änderungen vor. Während Aristoteles verschiedene Arten von Tätigkeiten unterscheidet: sogenannte unvollendete, ἀτελείς, die aufhören, wenn das Ziel erreicht ist, wie z. B. das Bauen, und vollendete, bei denen das Tätigsein selbst der Endzweck ist, wie z. B. Leben und Denken, blendet Eckhart diese Unterscheidung hier aus. Das damit verbundene aristotelische Theorem der Selbstbezüglichkeit, die in allen Formen des Lebens als Merkmal des Seinsvollzugs der endlichen, materiegebundenen Lebewesen und in vollendeter Form als reine ἐνέργεια der νόησις νοήσεως im göttlichen Sein zu finden ist, verändert Eckhart entscheidend: Vom Selbstbezug des endlichen Lebendigen spricht er nun, anders als in Predigt 101, nicht, sondern nur vom Selbstbezug als Merkmal des göttlichen Seins. *Alsô meinet got in allen sînen werken gar ein saelic ende, daz ist: sich selben* und fährt fort, *daz er die sêle mit allen irn kreften in daz ende bringe, daz ist, in sich selben* (S. 415,74–76).[94] Damit wird einerseits die menschliche Selbstbezüglichkeit übersprungen und

[91] „dass sie sich dazu freimachen und in Ruhe sein sollen"?

[92] „Ein jedes Geschöpf wirkt sein Werk um eines Ziels willen. Das Ziel Endzweck ist immer das Erste in der Absicht und das Letzte in dem Werk". Vgl. Thomas von Aquin, Summa theologiae, prima secundae, qu.1; zu Aristoteles s. o. H 1, Kap. 3, 1 und Kap. 1, 2.3.2.

[93] Vgl. Wieland, 2003, S. 234f.

[94] „So meint Gott in allen seinen Werken ein gar seliges Ziel, das ist: sich selbst und dass er die Seele mit allen ihren Kräften zu diesem Ziel bringe, das ist: in sich selbst."

andererseits die absolute Selbstbezüglichkeit des göttlichen Seins als Denkens seiner selbst (Met. XII) gesprengt; denn nun zielt das göttliche Wirken darauf ab, das menschliche Leben in das göttliche zu integrieren. Durch diese umdeutende Applikation aristotelischer Theoreme formuliert Eckhart die christliche Lehre von dem dem Menschen zugewandten Gott neu – es ist ein Beispiel dafür, wie er die „Tiefe christlicher Inhalte" (McGinn) philosophisch aufschließt. Zugleich ist mit dieser Auffassung von der Finalursächlichkeit, die das gesamte menschliche Leben unter den Zweck stellt, in das göttliche Leben einbezogen zu werden, auch der Anspruch verbunden, dass der Mensch seine natürlichen Zwecksetzungen relativiert.

Die vorliegende Stelle ist ein weiterer Beleg für Eckharts zwiespältige Rezeption der antiken Philosophie, deren Theoreme er weder gänzlich verwirft wie etwa Petrus Damiani noch verabsolutiert wie Berengar von Tours im Eucharistiestreit. Mit keiner dieser beiden Positionen stimmt Eckhart überein. Im Fall der Zweckursächlichkeit nimmt er das aristotelische Theorem der Finalität der Lebewesen auf, geht aber nicht von einem Pluralismus der Zwecke der vielen Lebewesen aus, sondern setzt Gott als einzige, oberste Zweckursache aller Lebewesen an. Er besetzt das aristotelische Theorem um.

Auf der Basis dieser Aussagen über den letzten Zweck Gottes (und des Menschen) wendet sich Eckhart nun der Seele und ihren Kräften zu. Seine Argumentation, in der er die Unterscheidung von innerem und äußerem Werk einführt, läuft auf die These hinaus, dass die Kräfte der Seele umso mehr in ihrem inneren Werk behindert werden, je mehr sie auf äußere Zwecke in der Welt gerichtet sind und äußere Werke vollbringen. *Wil si* (die Seele) *krefticlîche würken inwendic, sô muoz si wider heim ruofen allen irn kreften und samenen von allen zerspreiten dingen in ein inwendic würken* (S. 416,82f.).[95] Als Beleg für die Richtigkeit seiner Dichotomie führt er neben Augustinus den heidnischen Wissenschaftler Archimedes an, der so in sein Werk versunken war und seine Außenwahrnehmung so deaktiviert hatte, dass er die tödliche Gefahr, die ihm drohte und schließlich das Leben kostete, nicht bemerkte. Dieser Vorfall dient ihm als „Gleichnis". *Diz was umbe eine natiurlîche kunst ze gewinnenne. Wie unglîche mê wir uns entziehen sollten von allen dingen und samenen alle unsere krefte ze schouwenne und ze bekennenne die einige, ungemezzene, êwige wârheit* (S. 417,91–93).[96] Wenn die Kräfte sich von äußeren Zwecken lösen, erstarken sie. Die Abwendung von äußeren Zwecken befreit sie für ihr inneres Werk.

Was Eckhart mit dem „inneren Werk" meint, geht aus einer Parallele im ‚*Trostbuch*' hervor, wo Eckhart die Unterscheidung von äußerem und innerem

95 „Will sie kraftvoll im Inneren wirken, dann muss sie alle ihre Kräfte wieder heimrufen und sie aus allen verstreuten Dingen in ein inneres Wirken sammeln."

96 „Dies geschah darum, eine natürliche Wissenschaft zu erwerben. Wie ungleich mehr sollten wir uns von allen Dingen zurückziehen und alle unsere Kräfte versammeln, um die eine, unermessliche, ewige Wahrheit zu schauen und zu erkennen."

Werk der Seele am Beispiel des Steines veranschaulicht. *Des ûzer werk ist, daz er nider valle und lige ûf der erde. Daz werk mac gehindert werden, und envellet er niht alle zît noch âne underlâz. Ein ander werk ist noch inniger dem steine, daz ist neigunge niderwert, und daz ist im anegeborn; daz enkan im noch got noch crêatûre benemen noch nieman. Daz werk würket der stein âne underlâz tac und naht* (DW V, S. 39,1–6).[97] Die *neigunge niderwert* ist etwas anderes als das Niederfallen – das äußere Werk. In den lateinischen Schriften nennt Eckhart das innere Werk der Tugend eine *propensio in bonum*. Das heißt, bei dem inneren Werk geht es um eine Ausrichtung der Seele auf Gott, die ihren Adel ausmacht.

Im ‚*Trostbuch*' spricht Eckhart auch davon, dass die Seele in ihrem Streben, Gott nahezukommen, darunter leide, dass sie nicht so viel verwirklichen kann, wie sie will. Diesen Aussagen kommen Stellen in den Predigten 101 und 102 nahe, in denen Eckhart von der Bewegung der Seele im Vorfeld der Gottesgeburt, vom „Nachjagen", spricht.

In einer Zusammenfassung bringt Eckhart noch einmal auf den Punkt, worin das innere Werk besteht. Wenn der Mensch die ewige Wahrheit erkennen will, muss er Sinne, Vernunft und Gedächtnis sammeln und in den Grund lenken, alle anderen Werke preisgeben und *komen in ein unwizzen* (S. 417,96). Die natürliche Zweckrichtung der Erkenntniskräfte soll aufgehoben werden, um die *neigunge, propensio,* zu wahrem Wissen auszulösen, das dem natürlichen Wissen als Unwissen erscheint. In ihrem Kern sind die Kräfte nicht von vornherein schlecht, sie müssen aber in die richtige Richtung, nach innen, gelenkt werden.

Mit Eckharts Forderung nach einer Neuausrichtung des gesamten Apparats menschlicher Kräfte ist die vierte Frage vorbereitet. Sie diskutiert die Möglichkeit der Koexistenz und Koordination des Wirkens der Kräfte untereinander und im Verhältnis zu Gott. Der fiktive Dialogpartner insistiert auf der Möglichkeit eines gedeihlichen Neben- und Miteinanders sowohl der Kräfte untereinander als auch des Wirkens Gottes und der Kreaturen, wenn *ein ieglîchiu kraft ir eigen werk behielte und daz einiu die andern niht enhinderte an irn werken, und daz ez ouch got niht enhinderte an sînem werke* (S. 417,97–99).[98] Gibt es ein natürliches Wissen, das nicht hindert, *alsô als got alliu dinc weiz âne hindernisse?* (S. 417,100).[99]

Diese Frage verneint Eckhart und nennt die Alternative: die Kräfte beziehen sich auf Gott oder auf die Welt. Er verweist zunächst auf die Hierarchie des Erkennens. Zwischen göttlichem und menschlichem Wissen besteht ein unend-

97 „Dessen äußeres Werk ist es, dass er niederfällt und auf der Erde aufliegt. Dieses Werk kann gehindert werden, und er fällt nicht jederzeit noch ohne Unterlass. Ein anderes Werk aber ist dem Stein noch inniger: das ist die Neigung niederwärts, und dies ist ihm angeboren: das kann ihm weder Gott noch Kreatur noch irgendwer benehmen. Dies Werk wirkt der Stein ohne Unterlass Tag und Nacht."

98 wenn „eine jede Kraft ihr eigenes Werk behielte und dass eine die anderen nicht behinderte an ihren Werken, und dass es auch Gott nicht behinderte an seinem Werk."

99 „so wie Gott alle Dinge ohne Hindernis weiß."

licher Unterschied. Gott erkennt in sich alle Dinge in einem Nu ohne Nacheinander. Die Seligen schauen alles in einem Bild in Gott. Das menschliche Erkennen muss dagegen von einem Gegenstand zum nächsten gehen. Die Seele ist an die Kräfte gebunden und zerteilt sich mit ihnen an die Dinge. So zerfließt sie in äußerlichem Wirken und wird in ihrem Inneren schwächer und unfreier. Dieser Selbstverlust an die Dinge verhindert die Gottesgeburt im Seelengrund. Diese erfordert eine ledige, freie Seele, in der nichts als Gott ist und deren kognitive wie voluntative Kräfte umgelenkt werden müssen. Das Umwenden der Seelenkräfte, die auf die Welt und die Kreaturen gerichtet sind, und die Absage an alle natürlichen Bindungen ist die Voraussetzung der Gottesgeburt. Eckhart begründet seine Position mit einem Christus-Wort: „Wer etwas anderes liebt als mich und Vater und Mutter und viele andere Dinge schätzt, der ist meiner nicht wert" (S. 418,113f.).

Die Deaktivierung der Kräfte in ihrem Weltbezug ist – so Eckharts Fazit – die Voraussetzung des inneren Werks. Sie führt *in ein vergezzen und in ein nihtwizzen* (S. 419,122), in dem die Gottesgeburt in Stille und Schweigen erfahren werden kann.

4. *Unwizzen* als *überformet übernatiurlîchez wizzen* und Vollkommenheit – Leiden als Seligkeit

Der letzte Teil der Predigt schließt unmittelbar an die These des vorhergehenden Abschnitts an und beginnt mit dem Einwand: *herre, ir setzet allez unser heil in ein unwizzen* (S. 420,126f.), das klinge wie ein Mangel und bedeute eine Regression auf das Niveau von Tieren, „so einer ist [...] ein Affe, ein Tor". Es sei ein Widerspruch zur Schöpfungsordnung, da Gott den Menschen dazu geschaffen hat, *daz er wizze* (S. 420,127), wie es in der Bibel und wie es in der aristotelischen Bestimmung des Menschen heißt, zu dessen Grundausstattung das Streben nach Wissen gehört: „alle Menschen streben von Natur nach Wissen" (980a21). Eckhart zitiert diesen ersten Satz der ‚*Metaphysik*' sowohl in der Schrift ‚*Von dem edeln menschen*': *alle menschen begernt von natûre bekantnisse* (DW V, 116,10f.)[100] als auch im ‚*Johanneskommentar*': *omnes enim homines naturaliter scire desiderant* (LW III, n. 671, S. 584,8f.).

Eckharts Replik beginnt mit einer Distinktion. Vom Unwissen, das „Mangel und Nichtigkeit" ist, wie z. B. das des „tierischen Menschen", unterscheidet er ein Unwissen, das nicht aus Unwissen, sondern aus Wissen kommt. Er nennt es *ein überformet wizzen. [...] danne wirt geadelt und gezieret unser unwizzen mit dem übernatiurlîchen wizzenne* (S. 420,130–133).[101] In diesem Wissend-werden verhal-

[100] „alle Menschen begehren von Natur nach Erkenntnis."

[101] „dann wird unser Unwissen geadelt und geziert mit dem übernatürlichen Wissen."

ten wir uns, so Eckhart, „leidend“. Damit wird sowohl der aristotelische Begriff von Wissen als höchste menschliche ἐνέργεια auf den Kopf gestellt als auch generell der Vorrang der Tätigkeit gegenüber dem Erleiden aufgehoben: *Und hie in disem, dâ wir uns halten lîdende, dâ sîn wir volkomener, dan ob wir würhten* (S. 421,134).[102] Diese Position untermauert er, indem er ein neues Gegensatzpaar einführt, nämlich Hören und Sehen, die sich in Erkenntniskraft und -modus unterschieden. Mit Berufung auf einen Meister, gemeint ist wohl Bernhard von Clairvaux, der sich wiederum auf das paulinische *dictum* von der *fides ex auditu* (Rom 10,17) bezieht, räumt er dem Hören den Vorrang gegenüber dem Sehen ein; denn man lerne durch das Hören mehr als durch das Sehen, jenes bringe mehr herein, dieses weise mehr nach draußen, was auch ein heidnischer Meister noch bestätigt. Daher werde die ewige Seligkeit mehr im Hören als im Sehen bestehen: *daz hoeren bin ich lîdende, aber daz sehen bin ich würkende* (S. 421,143f.).[103]

Mit diesem Ansatz wendet Eckhart tradierte Hierarchien um. Er stellt das Erleiden über die Tätigkeit und dementsprechend das Hören als Erleiden über das Sehen als Wirken. Was das umgedrehte Rangverhältnis von Hören und Sehen betrifft, gerät er dabei in Gegensatz nicht nur zur θεωρία-Orientierung der griechischen Philosophie, sondern auch zur christlichen Wertschätzung der *contemplatio.*

Platon nimmt in seinem am Sehen orientierten Konzept des theoretischen Lebens ein Bedingungsverhältnis von θεωρία und Glück an. Im *‚Phaidros‘* genießt die Seele nach ihrer Auffahrt zum „äußersten Rand der Welt“ den Anblick der ewigen Ideen. In dieser θεωρία realisiert die Seele ihre höchste Möglichkeit. Auch für Aristoteles bedeutet θεωρία höchste Vollkommenheit und Glück. In dieser philosophischen Tradition konzipiert Plotin den Stufenweg der θεωρία als Prozess der Verinnerlichung, der im ekstatischen Stillstand des Sehens in der Einung mit dem Einen sein Ziel findet. Diese Einung ist eine höchste Weise des Sehens.[104]

Eckharts Position gerät aber auch in Gegensatz zur christlichen Lehre von der *visio beatifica*, der übernatürlichen Erkenntnis des göttlichen Wesens. In der dogmatischen Konstitution *‚Benedictus Deus‘* (1336) definierte Benedikt XII. diese Erkenntnis als Sehen: *Vident (die Seligen) divinam essentiam visione intuitiva et etiam faciali* (Denzinger, n. 530).[105] Auch das Konzil von Florenz (1438/45) bestimmt die jenseitige Gotteserkenntnis als Sehen: *intueri clare ipsum Deum trinum et unum, sicuti est* (Denzinger, n. 693).[106] Die wichtigste biblische Beleg-

[102] „Und hierin, wo wir uns leidend halten, da sind wir vollkommener, als wenn wir wirkten.“

[103] „das Hören bin ich leidend, das Sehen aber bin ich wirkend.“

[104] Vgl. Werner Beierwaltes, Reflexion und Einung. Zur Mystik Plotins, in: ders. u. a. Grundfragen der Mystik, Einsiedeln 1974, S. 27f.

[105] „Die Seligen sehen die göttliche Wesenheit intuitiv und von Angesicht zu Angesicht.

[106] „Gott, den dreieinigen und einen klar zu schauen, wie er ist.“

stelle dafür ist 1Kor 13,12: „Jetzt sehen wir durch einen Spiegel, rätselhaft, dann aber von Angesicht zu Angesicht." Auf diesen Satz beziehen sich die Väter, z. B. Irenäus und Johannes Chrysostomus, wenn sie von der Erkenntnis Gottes als einer Schau von Angesicht zu Angesicht sprechen.[107] Diese griechisch-christliche Tradition stellt Eckhart hier in Frage.

Im letzten Abschnitt der Predigt (S. 422,145–425,165) handelt Eckhart ausführlich von der Seligkeit des Menschen und führt damit seine Antwort auf die Ausgangsfrage nach dem unterscheidenden Merkmal der menschlichen Natur fort. Was die Seele des Menschen vor anderen Lebewesen auszeichnet, ist nicht ihr Vermögen zu Tätigkeiten gemäß der Vernunft, sondern ihre *enpfenclicheit;* per consequens liegen ihre Vollkommenheit und ihr Glück nicht im vernünftigen Wirken, in Theoria und Praxis, sondern im Leiden. Damit formuliert Eckhart in aller Deutlichkeit eine Gegenposition zum aristotelischen Ansatz und dessen Begriff menschlicher Vollkommenheit und menschlichen Glücks. *Unser saelicheit enliget niht an unsern werken, mêr: an dem daz wir got lîden* (S. 422,145).[108] Das ist der Kernsatz dieses Abschnitts und die Quintessenz der Predigt. Mit ihm beginnt eine weitere theologisch-philosophische Explikation, die inhaltlich Aussagen von Predigt 104 entspricht. Der nucleus der Ausführungen Eckharts ist die These von der Ebenbürtigkeit der Seele, dass nämlich der Allmacht Gottes im Wirken ihre grenzenlose Empfänglichkeit für Gott entspricht. *Wan als got unmaezic ist an dem gebenne, alsô ist ouch diu sêle unmaezic an dem nemenne oder enpfâhenne. Und als got ist almehtic an dem würkenne, alsô ist diu sêle abgründic an dem lîdenne* (S. 423,151–424,153).[109] Damit begründet er, dass Gott unsere Seligkeit ins Erleiden gelegt habe (S. 423,147) und beruft sich noch einmal auf Ps.-Dionysios, der den vollkommenen Menschen als *gotlîdenden man* bezeichnet (vgl. S. 424,159). Die Argumentation folgt also auch hier wieder einem aristotelischen Muster, konterkariert durch den christlichen Gedanken der göttlichen Allmacht: das die menschliche Natur vor anderen Kreaturen Auszeichnende liegt in der Empfänglichkeit der Seele. Und in Analogie und zugleich Umkehrung des aristotelischen Satzes, wonach jede Tugendhandlung durch ihre aktive Ausübung gestärkt wird, spricht er von einer Stärkung der Empfänglichkeit durch das wiederholte Empfangen göttlicher Gaben (S. 423,149f.). Daraus ergibt sich als Anweisung: die Seele soll leiden und Gott wirken lassen. Sie soll erkennen mit seiner Erkenntnis und lieben mit seiner Liebe (S. 424,155f.). Hinter der Relativierung der natürlichen Vernunft und ihrer Leistungen verbirgt sich der christliche Gedanke der göttlichen Allmacht, der Eckharts Seelen- und Lebenslehre insgesamt zugrunde liegt und die antike Anthropologie in ihren Grund-

---

[107] Vgl. Adv. haer. IV, 20,5; V, 7,2.

[108] „Unsere Seligkeit aber liegt nicht in unseren Werken, vielmehr: in dem, dass wir Gott leiden."

[109] „Denn wie Gott im Geben maßlos ist, so ist auch die Seele maßlos im Nehmen oder Empfangen. Und wie Gott allmächtig ist im Wirken, so ist die Seele unergründlich im Leiden."

annahmen verändert. Der Vernunftanspruch, der auf die Gesetzlichkeit der Erscheinungen gerichtet ist, mutet in dieser Perspektive der hinter der Natur stehenden Macht und Freiheit des Schöpfers eine Beschränkung zu, „was notwendig theoretischen Willen und religiöse Unterwerfung in Kollision miteinander bringt".[110]

Im Schlussabschnitt urgiert Eckhart noch einmal seine These, dass das Aufgeben aller „Betätigungen", das „Schweigen der Kräfte", Voraussetzungen der Erfahrung der Gottesgeburt in der Seele sind (S. 425,162f.). Der im spirituellen Sinn vollkommene Mensch ist also nicht der tätige, wissende, sondern der erleidende, unwissende. Seine Seligkeit besteht nicht im Wirken, sondern im Erleiden.

Mit der These vom gotlîden als Seligkeit und Vollkommenheit des Menschen stellt Eckhart das aristotelische Bedingungsverhältnis von Tätigkeit und Glück auf den Kopf, nimmt aber mit seiner Behauptung, dass wir bereits in dieser Welt, aber nicht *per operationes nostras*, wie Albert behauptet, die Seligkeit erlangen können, eine auffallende Position ein. Was die Relation von Glück und Tätigkeit betrifft, stellt er sich gegen die aristotelisch-peripatetische Tradition, was den präsentischen Charakter der Seligkeit angeht, stimmt er Aristoteles und Albertus Magnus zu.[111]

Fazit:
In Predigt 102 stellt Eckhart dem aristotelischen Naturalismus sein christliches Konzept von der „wahren Natur" und vom „wahren Adel" des Menschen und seiner Destination entgegen. Er besetzt dabei Grundpositionen der aristotelischen Anthropologie und ihres Vollkommenheitsideals um. Was den Menschen vor anderen Lebewesen auszeichnet und seinen Adel ausmacht, ist nicht die Vernunfttätigkeit, sondern seine *enpfenclicheit,* die in der Gottebenbildlichkeit gründet. Die menschliche Vollkommenheit besteht daher nicht in den höchsten Aktivitäten der Vernunft. An die Stelle eines Erkennens aus Gründen, der aristotelischen ἐπιστήμη, tritt bei Eckhart ein *unwizzen* als überformtes *übernatiurlîches wizzen.* Und der Mensch findet seine Seligkeit nicht in der bestmöglichen Verwirklichung seines Vernunftvermögens, sondern im Gotterleiden. Im Zuge seiner Umdeutung der aristotelischen Zwecklehre löst Eckhart das aristotelische Theorem von der absoluten Selbstbezüglichkeit des Göttlichen auf: die Einung der Seele mit Gott ist (auch) ein Ziel Gottes.

---

[110] Blumenberg, 1984, S. 125.

[111] 1277 verurteilte der Bischof von Paris den Satz: *quod felicitas habetur in ista vita, et non in alia* (Art. 176, Chartularium I, S. 553).

Predigt 103: *Et cum factus esset Jesus annorum duodecim* – Des Menschen Gemüt überflügelt den höchsten Himmel bis in das Allerhöchste

Der Predigt legt Eckhart die Perikope vom zwölfjährigen Jesus im Tempel aus dem Lukasevangelium (Lk 2,42–46) zugrunde, die er frei zitiert und dabei, abweichend vom Text des Evangeliums, zweimal die Begriffe ‚*tempel*' und ‚*menige*' – Kristallisationspunkte seiner Auslegung[112] – einfügt: Die Eltern verlieren den zwölfjährigen Jesus im Tempel. Sie suchen ihn vergebens in der Menge, kehren schließlich in den Tempel zurück und finden ihn dort wieder. Das in dem Bibelzitat angesprochene Verlieren, Suchen und Wiederfinden bezieht Eckhart sogleich auf die Gottesgeburt. Der Tempel, der Ort, wo die Eltern das Kind verlieren und wiederfinden, bedeutet den *ursprunc und* [...] *grunt* [...], *dâ dû ûzkomen bist* (S. 475,9)[113], die Menge, das sind die Kräfte der Seele: Gedächtnis, Vernunft und Wille (ein augustinischer Ternar), die es zu lassen gilt; denn sie zerstreuen und verwickeln in die Dinge der Welt. Eckhart gibt der Perikope damit einen neuen Deutungsrahmen, indem er sie allegorisch unter dem Gesichtspunkt der Dichotomie von Grund und Kräften der Seele und der Voraussetzungen der Gottesgeburt auslegt. Leitfrage der Predigt ist: Wie findet die Seele in den Grund zurück?

Im Hauptteil der Predigt behandelt Eckhart diese Thematik unter zwei Fragestellungen. Die erste untersucht, *ob der mensche dise geburt iht vinden müge in etlîchen dingen, diu doch götlich sint und aber von ûzen îngetragen sint durch die sinne, als etlîche bildunge von gote* (S. 475,15–17)[114]. Sie ist in vier Unterfragen gegliedert, die, als fiktive Einwände formuliert, den erreichten Stand der Diskussion problematisieren und zu weiteren Differenzierungen führen. Sie betreffen vor allem den Begriff der Empfänglichkeit und des nichterkennenden Erkennens. In diesem Zusammenhang differenziert Eckhart sein Modell des Weges der Seele zu Gott durch die Einführung des Begriffs der *mügelîchen enpfenclicheit*, der möglichen Aufnahmefähigkeit, die er mit dem Begriff der *dünsternisse*, der Finsternis, gleichsetzt; danach entfaltet er seine These von der Seligkeit als *gotlîden* durch weitere Bestimmungen. Er nutzt dabei bereits, wie später ausführlich in Predigt 104, das aristotelisch-peripatetische Theorem von der Überformung der Materie durch das Eidos und stellt mit philosophischen Mitteln die Überwindung der heidnischen Philosophie dar. In der zweiten Frage geht es um den Stellenwert von Bußwerken.

---

112 Vgl. Steer, DW IV, S. 475.

113 „Ursprung und [...] Grund [...], woraus du gekommen bist."

114 „ob der Mensch diese Geburt ein klein wenig in etlichen Dingen finden könne, die zwar göttlich sind, aber von außen durch die Sinne nach innen getragen sind, so wie einige Vorstellungen von Gott."

1. *Mügelîche enpfenclicheit* und ihre Überformung in der Gottesgeburt. Die Überbietung des „heidnischen Meisters“

Die Ausgangsfrage, ob der Mensch auf dem Weg über eine *theologia naturalis*, über Vorstellungen von Gott, die die Vernunft durch sich selbst gewinnt, die *êwige geburt* finden könne, verneint Eckhart entschieden. Dass Gott gut, weise, barmherzig ist, sei zwar richtig, aber diese Aussagen kommen alle von außen, durch die Sinne, es ist kein Wissen von innen. *Ez muoz aleine von innen ûf von gote herûzquellen, sol disiu geburt eigenlîche und lûterlîche dâ liuhten* (S. 476,20f.).[115] Das natürliche Licht der Vernunft muss zu einem „lauteren Nichts“ werden und dem göttlichen Licht weichen, wenn Gott in der Seele leuchten soll; kreatürliches Wissen muss vor der göttlichen Weise, Gott zu wissen, zurücktreten und zu reinem Unwissen und Vergessen seiner selbst und aller Kreaturen werden. Die Kräfte und ihr Wirken müssen zum Erliegen kommen.

Zur Begründung führt Eckhart eine Passage aus dem *‚Johannesevangelium‘* an, die Begegnung Jesu mit der Samariterin am Brunnen (S. 477,31ff.), die er allegorisch, als *glîchnisse*, als spirituelle Weisung, deutet, sich weder auf eigenes noch von anderen und von außen vermitteltes Wissen zu verlassen. *Solt dû got götlîche wizzen, sô muoz dîn wizzen komen in ein lûter unwizzen und in ein vergezzen dîn selbes und aller crêatûren* (S. 477,36–38).[116] Er unterstreicht durch dieses Beispiel noch einmal die Unmittelbarkeit des Bezugs der Seele zu Gott, die jede Art der Vermittlung ausschließt.

Gegen die Behauptung, dass der Mensch auf dem Weg über das Wissen seiner natürlichen Vernunft nicht in den Grund der Seele finden kann, erhebt sich Widerspruch. Der fiktive Dialogpartner greift eine Formulierung Eckharts aus Predigt 101 (S. 421,129) auf, dass es nämlich darauf ankomme, dass der Mensch sein Gemüt in ein „nichterkennendes Erkennen“ erhebe, und weist auf den inneren Widerspruch dieses Begriffs hin: *Ist diz diu naehste wîse, daz ich erhebe mîn gemüete in ein unbekantez bekantnisse, daz doch niht sîn enmac?* (S. 478,40f.)[117], und stellt schließlich die Frage: *Sol ich denne zemâle stân in einem dünsternisse?* (S. 478,42f.)[118]. Diese Frage bejaht Eckhart mit allem Nachdruck. Der beste Weg zurück in den Grund der Seele ist, sich völlig in Finsternis und

---

[115] „Es muss einzig von innen herauf aus Gott herausquellen, soll diese Geburt eigentlich und lauter dort leuchten.“

[116] „Sollst du Gott auf göttliche Weise wissen, dann muss dein Wissen in ein lauteres Unwissen und in ein Vergessen deiner selbst und aller Geschöpfe kommen.“

[117] „Ist dies die beste Weise, dass ich mein Gemüt in eine unbekannte Erkenntnis erhebe, was doch nicht sein kann?“

[118] „Soll ich denn ganz und gar in einer Finsternis stehen?“

Unwissen zu versetzen und zwar ganz und gar und ohne Rückfall in die Abhängigkeit von Vergänglichem.[119]

Was aber ist dieses Unwissen und diese Finsternis? Eckhart bestimmt sie weiter als *mügelich enpfenclicheit: Sîn name enist niht anders dan ein mügelich enpfenclicheit* (S. 478,48).[120] Im folgenden Passus (S. 478,47–480,57) beschreibt er diesen hervorgehobenen Zustand der Seele und das Geschehen der Gottesgeburt im Seelengrund, Explikationen aus Predigt 104 vorwegnehmend, mit den aristotelischen Begriffen ‚Materie' und ‚Form'. Die *mügelich enpfenclicheit* ist ein neuer Status der Seele, der durch Loslösung von der äußeren Welt erreicht ist. Eckhart vergleicht sie mit der Materie, die nicht des Seins ermangelt. Es ist eine *mügelich enpfenclicheit, in dem dû volbrâht solt werden* (S. 479,49).[121] Die Vollendung der Seele in der Gottesgeburt denkt er hier als Überformung der Seele durch Gott analog zur Überformung der Materie durch die Form, wie sie Aristoteles annimmt. Dementsprechend versteht er die *mügelich enpfenclicheit* nicht als Materie im Sinne von *materia prima*, als völlig bestimmungslos. Denn sie ist schon präformiert, vorstrukturiert, und weist als das „der Veränderung Zugrundeliegende" eine gewisse Substantialität auf.[122]

Eine Parallelstelle zu diesem Passus findet sich in Predigt 104, wo Eckhart das Geschehen der Gottesgeburt im Rahmen des aristotelisch-peripatetischen νοῦς-Modells beschreibt.[123] Die *mügelich enpfenclicheit* der Predigt 103 ist ein anderer Name für die *mügelîche vernunft* der Predigt 104 (S. 568,42), d. h. für einen Modus der Vernunft im Übergang bzw. an der Grenze ihrer Überformung durch den göttlichen *intellectus agens*.[124] Dieser wird in der Gottesgeburt im Seelengrund zum „Werkmeister" in der menschlichen Seele und tritt an die Stelle des natürlichen *intellectus agens* des Menschen.[125]

Im letzten Teil dieses Abschnitts interpretiert Eckhart das Merkmal der Materie, ihr Bestimmtwerdenkönnen durch die Form, anders als Aristoteles, als „Streben" der Materie nach ihrer Erfüllung. *Dar umbe enist kein widerkêren, mêr: alles ein vür sich dringen und die mügelicheit erlangen und ervolgen. Si enruowet niemer, si enwerde ervüllet mit vollem wesene. Rehte als diu materie niemer engeruowet, si enwerde denne ervüllet mit allen formen, die ir mügelich sint, alsô engeruowet diu vernunft niemer, si enwerde denne ervüllet mit allem dem, daz ir mügelich ist*

---

119 Steer, DW IV,1, S. 478/479, Anm. 16, verweist auf die mügelîche vernunft in Predigt 104, S. 572,72–75.

120 „Ihr Name ist nichts anderes als eine mögliche Aufnahmefähigkeit."

121 „eine mögliche Aufnahmefähigkeit, in der du vollendet werden sollst."

122 Vgl. ‚*Metaphysik*' 1042a32–35; Höffe (Hg.), 2005, ὕλη (Hübner), S. 271–275.

123 Vgl. unten Predigt 104: „erfolget werde nach mügelicheit" und Steer, DW IV, S. 480, Anm. 20, der die Parallele notiert.

124 Vergleichbar dem intellectus adeptus, der z. B. in späten Schriften des Albertus Magnus auch als Vorstufe der Überformung durch göttlichen Intellekt verstanden wird.

125 An anderer Stelle: Predigt 102, S. 420,6: Unwissen als „überformtes Wissen" – möglicherweise auch im Sinne des Gedankens der transformatio bei Paulus, vgl. Steer z. St.

(S. 479,53–480,57).[126] Er konstatiert hier eine *mügelicheit,* eine Disposition des Menschen zum unendlichen Leben und Erkennen, allerdings als Disposition zum *gotlîden.*[127]

Mit einem gewissen Stolz hält er danach die Differenz seiner Lehre gegenüber der des „heidnischen Meisters“ Aristoteles in ‚*De caelo*‘ fest, derzufolge die Natur nichts habe, was schneller wäre als der Himmel (S. 481,58f.): Das menschliche *gemüete* aber überflügelt den Himmel und kann ins Allerhöchste aufsteigen und dort genährt werden, wenn es sein *mügene*, sein Vermögen, konsequent verwirklicht, indem es sich von allem Irdischen lossagt. Dass diese im Adel der menschlichen Natur, ihrer *enpfenclicheit,* angelegte Möglichkeit ins Allerhöchste aufzusteigen, letztlich durch Gnade bewirkt wird, darauf kommt Eckhart am Ende dieses Teils der Predigt noch zu sprechen. An der vorliegenden Stelle kommt es ihm darauf an, die Überlegenheit des Erkennens im göttlichen Erkennen durch Abgrenzung gegenüber der paganen Lehre kenntlich zu machen: Es überschreitet bei weitem das natürliche Erkennen, das stets die eigene Endlichkeit im Kosmos vor Augen hat.

Eine zweite Nachfrage: ob es wirklich für den Weg der Seele in ihren Grund und für die Entwicklung ihrer *mügelicheit* förderlich sei, der Finsternis und dem Unwissen nachzuhängen, bejaht Eckhart ohne jede Einschränkung und führt für seine Position biblische Belegstellen aus dem Propheten Jeremias und den Psalmen an, die von Wüste, Einsamkeit, *verwüesteter ellendicheit*[128] (vgl. S. 482,70) und Einsamkeit sprechen. „Selbstverwüstung“ und Entfremdung von allen Kreaturen sind notwendig, um Gott zu finden.

Der zweite Einwand (S. 483,76ff.) weist insistierend auf das Risiko hin, das mit einer solchen enteigneten, selbstentfremdeten Existenz in der Finsternis des Unwissens verbunden ist, in der die Seele vereinsamt und allen Halt verliert. ‚*wê mir* [...], *ob got mîn ellende alsô lenget, daz er mir weder liuhtende noch zuosprechende noch in mir würkende enist* (S. 483,79f.)[129]. Soll der Mensch in einer solchen Situation, in der er im Nichts steht, nicht Finsternis und Verlassensein mit bewährten Tugendwerken wie z. B. Gebet und Lesung vertreiben? Eckharts Antwort beginnt mit dem tadelnden Hinweis, dass in dieser Vorstellung noch immer ein Rest Eigenwille stecke, der selbstherrlich meint, den menschlichen

---

[126] „Deshalb gibt es kein Zurückkehren, vielmehr: immer ein Vor-Sich-Dringen und Das-Vermögen-Erreichen und -Vollenden. Sie ruht niemals, wenn sie nicht mit vollem Sein erfüllt wird. So, wie die Materie niemals ruht, wenn sie nicht mit allen Formen erfüllt wird, die ihr möglich sind, so ruht auch die Vernunft niemals, wenn sie nicht mit all dem erfüllt wird, was ihr möglich ist.“

[127] Wenn in der Übersetzung von „mügelicheit“, mügelîche empfenclicheit die Begriffe „Anlage“ bzw. „Vermögen“ verwendet werden, ist immer ein Vermögen zu leiden, nicht zu einer Tätigkeit gemeint.

[128] „verwüstetes Entfremdetsein.“

[129] „Weh mir [...], wenn Gott mein Elend auf diese Weise verlängert, dass er mir weder leuchtet noch zuspricht noch in mir wirkt.“

Part und den Part Gottes aufteilen zu können, und steigert sich bis zu einem Garantie-Versprechen: Wenn der Mensch alles Äußere hinter sich gelassen hat und im Nichts verharrt, muss Gott im Menschen wirken: *so wizzest daz, daz got würken und îngiezen muoz, als schiere er dich bereit vindet* (S. 484,89f.).[130] Es wäre sogar ein Mangel in Gott, wenn er nicht in der abgeschiedenen, ledigen Seele wirkte. Dieser Zwang ergibt sich aus dem Wesen Gottes, der sich in seiner Gutheit mitteilen muss: *bonum est diffusivum sui.* „Gezwungen" wird Gott nicht vom Menschen, der aber durch sein Ledigwerden die Voraussetzung dafür schafft, dass er die Gottesgeburt in sich zeitweise erfährt. Eckhart wiederholt hier seinen in Predigt 102 gegebenen Hinweis auf die Voraussetzung der Erfahrung der Gottesgeburt – Preisgabe aller Betätigungen – und nennt noch einmal den Bedingungszusammenhang: wo und wann Gott dich bereit findet, muss er wirken, und versichert, dass Gott kommen müsse, wenn der Mensch den Weg der Loslösung von der Welt gegangen ist.

Diesen engen Konnex von Loslassen des Menschen und Selbstmitteilung Gottes erläutert Eckhart noch einmal hylemorphistisch und im Rekurs auf die Schöpfungstheologie. Er stellt eine Analogie zwischen der Überformung des menschlichen Geistes in der Gottesgeburt und der Beseelung des Embryos im Mutterleib auf: *Alsô schrîbent die meister, daz in dem selben puncten, sô diu materie des kindes ist bereit in der muoter lîbe, in dem selben ougenblicke sô giuzet got în den lebendigen geist, die sêle, diu des lîbes forme ist. Ez ist ein blik bereiten und îngiezen* (S. 485,97–99).[131] Der Vergleich soll die Simultaneität des Übergangs von „Ledigsein" und Gottesgeburt, von einem natürlichen in ein übernatürliches Geschehen veranschaulichen. In dem unmittelbar folgenden Satz: *Wenne diu natûre ûf ir hoehstez kumet, sô gibet got gnâde* (S. 485,99f.),[132] bringt er seine Überlegungen auf den Punkt. Er komplettiert damit seine in den vorherigen Predigten begonnene Beschreibung des Wegs des Menschen zu einem im spirituellen Sinn vollkommenen Leben, die – unter Nutzung aristotelischer Theoreme – das pagane Modell von der Vervollkommnung des natürlichen Menschen konterkariert. Dieser Weg führt nicht über eine Perfektionierung der Vernunftvermögen, weil Eckhart von einem anderen Verständnis von der eigentlichen Natur

---

130 „dann sollst du wissen, dass Gott wirken und eingießen muss, sobald er dich bereit findet."

131 „So schreiben die Meister, dass zu dem selben Zeitpunkt, wenn die Materie des Kindes im Leib der Mutter bereit ist, Gott im selben Augenblick den lebendigen Geist eingießt, die Seele, die die Form des Leibes ist. Es ist ein Augenblick (das) Bereiten und (das) Eingießen."

132 „Wenn die Natur auf ihr Höchstes kommt, so gibt Gott Gnade."
Vgl. Largier, 1993, II, S. 904–909; Alois M. Haas, Aktualität und Normativität Meister Eckharts, in: Eckardus Theutonicus, homo doctus et sanctus. Nachweise und Berichte zum Prozess gegen Meister Eckhart, hg. v. Heinrich Stirnimann und Ruedi Imbach, Freiburg/Schweiz 1992, S. 254–259; Georg Steer, Scholastische Gnadenlehre in mittelhochdeutscher Sprache, München 1966; Zoltan Alszeghy, La teologia dell' ordine sopranaturale, in: Greg 31(1950), S. 414–450.

des Menschen, vom „Adel“ der menschlichen Natur, ausgeht, den er mithilfe einer Umbesetzung des aristotelischen Begriffs der δύναμις als Vermögen der Seele definiert: der Adel besteht nicht in einem Vermögen zu einer Aktivität, sondern zu einem Erleiden. Dementsprechend weist er auch am Ende der Predigt 101 seinen Dialogpartner zurecht und unterstellt ihm Unwissen über den „Adel“ der menschlichen Natur.

In den Predigten zeichnet sich bis hierher eine Stufenfolge[133] ab: Erstens, das Auszeichnende der menschlichen Natur, ihr Adel, liegt in ihrer *enpfenclicheit* für Gott. Das ist der Ausgangspunkt für die Entwicklung zum vollkommenen Menschen im übernatürlichen Sinn. Zweitens, der gute Mensch entwickelt seine Empfänglichkeit weiter zu einer *mügelichen enpfenclicheit*, und hält sich beständig in dieser *mügelicheit* (S. 481,64), ledig und bloss in der Finsternis des Unwissens ohne Wiederkehr; dann ist es ihm möglich, den zu gewinnen, der alle Dinge ist (S. 481,66), und er hat die Möglichkeit, das *mügenne* (S. 481,60), den obersten Himmel zu überholen. Drittens, wenn er diese Stufe erreicht hat, ist der Augenblick der Gottesgeburt gegeben, das *gotlîden*, die höchste Seligkeit als Überformung der Seele durch Gott.

Ein ähnliches, aber mit augustinischen Begriffen formuliertes Aufstiegsmodell findet sich in der Predigt ‚*Von dem edeln menschen*‘. Die Entwicklung des edlen Menschen verläuft gegenläufig zur natürlichen Antriebsrichtung. Eckhart unterscheidet, eng an Augustins ‚*De vera religione*‘ anschließend, sechs Stufen, die von außen nach innen führen und auf denen sich die Weltabkehr des Menschen intensiviert. Auf den ersten drei Stufen wächst der edle Mensch in der Liebe zu Gott, die ihn von innen in seinem Handeln führt und der Sorge und Furcht entfliehen lässt. Gegenüber diesem aktiven Aspekt des Handelns aus Liebe, betonen die weiteren Stufen die passive Seite, das Leiden aus Liebe, und kulminieren im Entbildet- und Überbildetwerden durch Gott. Der innere Mensch lebt nicht sein eigenes Leben, sondern lebt integriert ins göttliche Leben.

2. Zeichen der Gottesgeburt: die Neuausrichtung der Seele in der Welt – „Gott in allen Dingen finden“ statt religiöser Empfindungen

Der dritte Einwand befasst sich mit einem möglichen Missverständnis der Notwendigkeit des Wirkens Gottes in der abgeschiedenen Seele, dass sich nämlich dieses Wirken auch in der menschlichen Erfahrung zeigen müsse: *Wie mac*

---

133 Sie entspricht in etwa der aristotelischen Stufenfolge: reine δύναμις, formierte δύναμις und ἐνέργεια (vgl. Pr. 104).

daz gesîn? Ich enbevinde sîn doch niht (S. 486,107).[134] In seiner Antwort unterscheidet Eckhart das Wirken Gottes, das aufgrund seines Wesens mit Notwendigkeit erfolgt, sobald die Seele abgeschieden ist, und das „Zeigen" dieses Wirkens durch Gott, das völlig in seiner Macht steht und der Verfügungsmacht der Seele ganz und gar entzogen ist. Die Seele kann in gewissen Sinne zwar Gottes Wirken erzwingen, aber nicht sein Sich-Zeigen, d. h. die Erfahrung seines Wirkens: *Daz bevinden enist niht in dînem gewalt, mêr: ez ist in dem sînen, sô ez im vüeget. Er mac sich zöugen, sô er will, und mac sich bergen, sô er will* (S. 486,108f.).[135] Es ist nicht wie bei einem irdischen Zimmermann, der wirkt und nicht wirkt, wie er will. Gott muss wirken, wo und wann er den Menschen bereit findet, aber nicht sich zeigen, d. h. erfahrbar werden. Mit dieser Grenzziehung stellt Eckhart die Erhöhung des abgeschiedenen Menschen, in dem Gott wirkt, nicht in Frage, relativiert aber den Stellenwert der Erfahrung. Wichtiger als die Erfahrung des Wirkens ist, dass Gott wirkt und wirken muss, auch wenn der Mensch dieses Wirken nicht verspürt. Das habe auch Christus gemeint, als er zu Nikodemus sagte: *‚Der Geist geistet, wo er will. Seine Stimme hörst du, und du weißt nicht, woher er kommt oder wohin er fährt‘ (Joh 3,8)* [...], *als ob er hätte sprechen wollen: Du empfängst ihn und weißt doch nichts davon* (S. 486,110–487,113).

Die Relativierung religiöser Erfahrungen, die Eckhart an der vorliegenden Stelle vornimmt, stimmt zu seinen kritischen Äußerungen gegenüber affektiven Zuständen als Zeichen der Präsenz Gottes. In den *‚Reden der Unterweisung‘*[136] behandelt er im zehnten Kapitel (DW V, S. 215–224) die für Religiose immer drängende Frage, ob man in der Liebe Gottes stehe, auch wenn man sie nicht empfindet. Er wendet sich gegen den Gemeinplatz, dass intensive Empfindungen, ekstatische Einheitsgefühle unverwechselbar-eindeutige Wirkungen Gottes und damit sichere Indizien der göttlichen Liebe seien. Seine Kritik begründet er dort mit der Unterscheidung von *wesen* und *ûzbruch* (bzw. *werk*) der Liebe. Der Ausbruch der Liebe, wie „Innigkeit und Andacht mit Jubilieren", die einem flüchtigen Beobachter in die Augen stechen, ist zweideutig und *alwege daz beste niht* (ebd., S. 220,1f.). Denn Glücksgefühle können verschiedenen Ursachen entspringen: sie stammen manchmal aus der Natur oder sind auf den Einfluss des Himmels zurückzuführen oder durch die Sinne eingetragen. Affektive Zustände sind zweideutig. Das Verspüren ist kein verlässliches Kriterium für die Präsenz Gottes. Auch das Wesen der Liebe, das im Willen liegt, ist für

134 „Wie kann das sein? Ich nehme dies doch nicht wahr."

135 „Das Wahrnehmen ist nicht in deiner Macht, vielmehr: es ist in seiner (Macht), sofern es ihm gefällt. Er kann sich zeigen, wenn er will, und kann sich verbergen, wenn er will."

136 Vgl. Markus Enders, *Die Reden der Unterweisung*: eine Lehre vom richtigen Leben durch einen guten und vollkommenen Willen, in: Meister Eckhart: Lebensstationen – Redesituationen, hg. v. Klaus Jacobi, Berlin 1997, S. 69–92; Georg Steer, *würken vernünfticlîchen.* Das ‚christliche‘ Leben nach den *‚Reden der Unterweisung‘* Meister Eckharts, in: Heinrich Seuses *Philosophia spiritualis.* Quellen, Konzept, Formen und Rezeption, hg. v. Rüdiger Blumrich und Philipp Kaiser, Wiesbaden 1994, S. 94–108.

den äußeren Beobachter nicht zu erkennen. *Wer des mêr habe, daz enweiz nieman von dem andern* (ebd., S. 219,6f.). In den ‚*Reden der Unterweisung*' setzt Eckharts Kritik, anders als in Predigt 103, beim kognitiven Aspekt des Affekts an. Die affektive Möglichkeit der Erfahrung ist fehlbar, da sie auf die Annahme eines bestimmten Sachverhalts, die wahr oder falsch sein kann, reagiert. Wenn sie sich als falsch erweist, bezieht sich der Mensch auf ein scheinbares Gut bzw. Übel. Ursache und Ausbruch können einander nicht eindeutig zugeordnet werden.

In Predigt 103 schließt sich an Eckharts Versicherung, dass Gott in der „ledigen" Seele im Seelengrund wirke und sie überforme, auch wenn der Mensch das nicht spürt, ein weiterer Einwurf an (S. 487,121–123). Die Frage ist nun, wie der Mensch wenigstens im Nachhinein durch ein Zeichen erkennen könne, dass in ihm selbst diese Gottesgeburt stattgefunden hat. Von den drei Zeichen, die es dafür gebe, nennt Eckhart im Folgenden nur eines: dass man „in allen Dingen Gott findet"; das heißt, dass die gesamte Aufnahmefähigkeit des Menschen auf Gott ausgerichtet ist und dass die drei Hindernisse,[137] die das Hören des ewigen Wortes verhindern, mit einem Schlag ausgeräumt sind: Die Zeit, die den Menschen daran hindert, in der Ewigkeit zu wohnen, die Vielheit und Mannigfaltigkeit der Dinge, die es ihm unmöglich machen, in der Einheit mit Gott zu leben, und die Materie, die den Weg verstellt, im Geist zu sein.

Dass es aber bei der Überwindung der drei Hindernisse nicht darum geht, die räumlich-zeitliche Welt der vielen Seienden zu verlassen, sondern um eine Neuausrichtung der Seele auch in ihrem Verhältnis zur Welt, zeigt die Parallele in der Predigt 11 *Impletum est,* die von den drei Dingen als „in mir" (DW I, S. 178,7) spricht. Eckhart interpretiert sie als Kategorien des Besitzwillens, der *gîticheit der sêle* (ebd., S. 178,8). Durch ihr mehr und mehr Habenwollen, das auf Zeit, Körperlichkeit und Vielheit ausgreift, verliert sie, was sie besitzt. *Wan als lange sô mêr und mêr in dir ist, sô enkan got niemer gewonen noch gewürken in dir. Disiu dinc müezent iemer ûz, sol got în, dû enhaetest sie denne in einer hoehern und bezzern wîse, daz menige ein sî worden in dir* (ebd., S. 178,10–179,2).[138] In dieser höheren Weise wird die Vielheit zur Einheit, und je mehr Vielheit umso mehr Einheit ist vorhanden, weil das eine in das andere gewandelt ist. Und was vorher Hindernis war, das bringt jetzt sogar voran.

Durch die Gottesgeburt gewinnt der Mensch, ob er sie wahrnimmt oder nicht, Anteil an der Ewigkeit, Einheit und Geistigkeit Gottes. Die Folge ist eine völlige Neuausrichtung im Alltag, eine Umkehrung der Existenz in der Welt. Diese Wende ist das erkennbare Zeichen, dass die Gottesgeburt im Menschen stattgefunden hat (vgl. DW IV,1, S. 488, Anm. 46): *Alliu dinc werdent dir lûter got*

[137] Vgl. Pr. 101 und Pr. 12 ‚*Qui audit me*'.

[138] „Denn solange als mehr und mehr in dir ist, kann Gott nimmer in dir wohnen noch wirken. Diese Dinge müssen stets heraus, soll Gott hinein, es sei denn, du hättest sie in einer höheren und besseren Weise so, dass die Vielheit zur Eins in dir geworden wäre."

(S. 488,136).[139] Die Schlagartigkeit und Radikalität dieser Umkehr veranschaulicht Eckhart am Beispiel eines Blitzeinschlags, der alles, was er trifft, auf der Stelle umwendet. Die Erfahrung Gottes in den Dingen ist ein Zeichen für die Präsenz und das Wirken Gottes im Seelengrund.

3. *Gefangen und befreit in der Liebe* – die Relativierung von Bußwerken und die Bedeutung des guten Willens

Im Schlussteil der Predigt (S. 489,141–492,177) beantwortet Eckhart die zweite Hauptfrage, ob nämlich der gute und vollkommene Mensch, in dem die Gottesgeburt stattgefunden hat und der dafür auch sichere Zeichen hat, noch Bußwerke verrichten soll. Versäumt er im fortgeschrittenen Stadium seiner religiösen Existenz etwas, wenn er sich nicht in *pênitencie* übt?

In seiner Antwort fragt Eckhart zunächst nach dem Zweck von Bußwerken. Sie dienen dazu, resümiert er, den Geist in seinem Streit und Kampf gegen den Leib und das Fleisch zu unterstützen. Denn der Leib ist, wie seine Verwandten, Speise, Trank, Wohlleben (S. 438,12), auf Erden in seiner Heimat, der Geist aber in der Fremde; seine Verwandten sind im Himmel. Bußübungen sollen den Leib unterdrücken und im Zaum halten, damit der Geist sich in der Fremde seiner erwehren könne. Dieser Zweck wird, so Eckharts Argumentation, aber sicherer durch Liebe als durch asketische Übungen erreicht. Denn der Leib werde nicht dadurch, dass man ihm mit Fasten, Wachen, Bußkleidung, Schlafabbruch und Geißelungen Gewalt antut, überwunden, sondern indem man ihn mit der Liebe aufzäumt: *Wilt dû in denne tûsent stunt baz vâhen und beladen, sô lege ime an den zoum und daz bant der minne. Mit der minne überwindest dû in allerschierest unde mit der minne beladest dû in allersêrest* (S. 491,154–156).[140] Man soll ihn durch das Band der Liebe zu Gott fesseln und dadurch dem Geist unterordnen. Nur durch diese Bindung könne der Geist den Leib beherrschen, die asketische Bekämpfung dagegen verschärft nur den Gegensatz und treibt Leib und Geist in extreme Gegenpositionen. Der Leib wird nicht durch Abtötung, sondern durch Liebe gezähmt. Die Zuwendung zu Gott in der Liebe, lässt den Leib vergessen. *Dar umbe enlâget got keinem dinge sô sêre an uns als der minne* (S. 491,156f.).[141]

---

139 „Alle Dinge werden dir lauter Gott."

140 „Willst du ihn aber tausendmal besser gefangennehmen und belasten, dann lege ihm den Zaum und das Band der Liebe an. Mit der Liebe überwindest du ihn am allerschnellsten, und mit der Liebe belastest du ihn auf das allerstärkste."

141 „Darum stellt Gott keinem Ding in uns so sehr nach wie der Liebe." Vgl den ausgezeichneten Aufsatz von Georg Steer, Über die Liebe, in: Meister Eckhart und Augustinus, hg. v. Rudolf K. Weigand, Regina D. Schiewer, Stuttgart 2009 (MEJb 3), S. 221–239.

Ähnlich argumentiert Eckhart auch im 16. Kapitel der ‚*Reden der Unterweisung*', in dem er die Bußwerke, *pênitencie*, gegenüber der Macht der Liebe relativiert (DW V, S. 244–248). *Wâriu und diu aller beste pênitencie ist, dâ mite man groezlîche und ûf daz hoehste bezzert, daz ist: daz der mensche habe ein grôz und volkomen abekêren von allem dem, daz niht zemâle got und götlich ist an im und an allen crêatûren, und habe ein grôz und ein volkomen und ein ganz zuokêren zu sînem lieben gote in einer unbewegelîchen minne* (ebd., S. 244,7–245,2).[142] Gott schaut nicht auf die äußeren Werke, sondern einzig darauf, *waz diu minne und diu andâht und daz gemüete in den werken sî. Wan im enist niht vil umbe unseriu werk, sunder aleine umbe unser gemüete in allen unsern werken* (DW V, S. 247,6–8).[143] Denn das Wesen der Liebe, von dem Eckhart im zehnten Kapitel der ‚*Reden der Unterweisung*' ausführlich spricht, liegt im Willen. *Wer mêr willen hât, der hât ouch der minne mêr* (DW V, S. 219,5f.).[144] Und derjenige Wille ist vollkommen und recht, der selbstlos und ohne jede *eigenschaft* geworden *und in den willen gotes gebildet und geformieret ist* (DW V, S. 218,10f.).[145]

Die hohe Bedeutung der Liebe versucht Eckhart im abschließenden Teil der Predigt mit einem Vergleich plausibel zu machen: *Wan ez ist rehte mit der minne als mit dem angele des vischers* (S. 491,157f.).[146] In seiner Erläuterung des Vergleichs betont er den Aspekt der Passivität, des *passive se habere* des Menschen im Verhältnis zu Gott. Die Stärke der Liebe zu Gott liegt im Gefangen-Werden durch die Liebe Gottes. *Alsô spriche ich von der minne: wer von ir wirt gevangen, der hât daz allersterkeste bant und doch eine süeze bürde* (S. 491,160f.).[147] Damit komme man nicht nur weiter als mit allen Bußübungen, sondern könne alle Widrigkeiten und Prüfungen heiter ertragen. In diesem Gefangensein wird alles, was am Menschen ist, *gotes eigen* (S. 492,168). Diese Enteignung bedeutet, einbezogen zu werden in die göttliche Liebe. Ihre Allmacht begründet Eckhart mit einem Zitat aus dem ‚Hohen Lied', das er interpretierend erweitert: „Die Liebe ist stark wie der Tod", er scheidet die Seele vom Leib, *aber diu minne scheidet alliu dinc von der sêle. Swaz got oder götlich niht enist, daz enlîdet si niht* (S. 492,171f.).[148] Die Folgerungen, die sich aus dieser Wirkmacht der Liebe für das menschliche Verhalten

[142] „Die wahre und allerbeste Buße, mit der man kräftig und im höchsten Maße Besserung schafft, besteht darin, dass der Mensch sich gänzlich und vollkommen abkehre von allem, was nicht völlig Gott und göttlich an ihm selbst und an allen Kreaturen ist, und sich gänzlich und vollkommen seinem lieben Gott zukehre in einer unerschütterlichen Liebe."

[143] „welches die Liebe und die Andacht und die Gesinnung in den Werken sei. Ihm ist ja nicht viel an unseren Werken gelegen, als vielmehr nur an unserer Gesinnung."

[144] „Wer mehr Willen hat, der hat auch mehr Liebe."

[145] „und in den Willen Gottes hineingebildet und -geformt ist."

[146] „Denn es ist mit der Liebe recht wie mit der Angel des Fischers."

[147] „Das gleiche sage ich von der Liebe: wer von ihr gefangen wird, der hat das allerstärkste Band und doch eine süße Bürde."

[148] „aber die Liebe scheidet alle Dinge von der Seele. Was nicht Gott oder göttlich ist, das duldet sie nicht."

ergeben, beschreibt er in Formulierungen, die dem augustinischen Satz *ama et fac quod vis* nahekommen, auch wenn er dieses Diktum an anderer Stelle, in Predigt 29, kritisch einschränkt. Wer in der Schlinge der Liebe gefangen ist, *waz werkes er iemer gewürket oder niht enwürket, daz ist zemâle al ein; er tuo iht oder niht, dâ enliget zemâle niht ane* (S. 492,172–174).[149] Und zugleich ist aber das Geringste, das er wirkt, Gott wohlgefälliger als alle Übungen von Menschen, die eine geringere Liebe haben.

Die Predigt endet mit einem Appell: *Dar umbe lâge aleine disem angele, sô wirst dû saeliclîche gevangen, und ie gevangener, ie vrîer* (S. 492,176f.).[150] Dieses Ausschauen nach der Liebe als „Beitrag“ des Menschen zur Gottesgeburt begegnet auch in einer Parallele in der Predigt 104. Dort beschreibt er im Rahmen des peripatetischen νοῦς-Modells die Verfassung der Seele im Vorfeld der Erfahrung der Gottesgeburt als „Ausschauen“ nach dem Überformtwerden durch den göttlichen *intellectus agens.* Das Einbezogenwerden in den trinitarischen Lebens-Prozess ist nicht nur ein höheres Erkennen, sondern vor allem ein Geschehen der Liebe. Die Seligkeit des Menschen und seine Vollkommenheit bestehen im Erkannt- und Geliebtwerden durch Gott. Mit dieser Akzentuierung der Liebe benennt Eckhart das Proprium des christlichen Selbst- und Weltverständnisses. Es verlangt die Transzendierung der Selbstbezüglichkeit und Öffnung des Menschen zu Gott und zum Mitmenschen. Die Liebe ist das eigentlich Bewegende, das Movens dieser Transzendierung. Sie bewegt Gott zur Inkarnation und den Menschen zur universalen Menschenliebe.

Fazit:

Die Leitfrage der Predigt, wie die Seele in ihren Grund zurückfinden könne, beantwortet Eckhart zunächst negativ: Die natürliche Vernunft mit allen ihren Wissenschaften muss überstiegen und zu einem *lûter unwizzen* werden, das sich und alle Kreaturen vergessen hat. Sie soll sich zu einem nichterkennenden Erkennen (*unbekantez bekantnisse*) erheben und in die Finsternis hineinbegeben, die Eckhart *müglich enpfenclicheit* nennt. Sie ist mit der Materie vergleichbar, allerdings nicht mit der *materia prima*, sondern mit einer vorstrukturierten. Die Überformung durch Gott, deren Erfahrbarkeit der Verfügungsmacht der Seele entzogen ist, erhebt sie in eine Vollendung, die außerhalb des Horizonts der heidnischen Meister ist. Sie ist durch Tugendwerke und Bußübungen nicht erreichbar. Das wahre *vinculum perfectionis* ist die Liebe Gottes, die den Menschen immer tiefer in sich einbezieht.[151]

---

149 „welches Werk auch immer er wirkt oder nicht wirkt, das ist vollkommen Eines; er tue etwas oder tue nichts, daran liegt überhaupt nichts.“

150 „Darum lauere nur dieser Angel auf, dann wirst du selig gefangen, und je gefangener, umso freier.“

151 Vgl. Eckharts Augustinuszitat in seiner Festpredigt: *unum scio, quia non quiescam, donec totus amor fiam* (LW V, S. 99,3).

Predigt 104: *In his, quae patris mei sunt, oportet me esse* – Alles ist mir möglich, wenn ich in Gott bin

Nachdem Eckhart in den Predigten 101–103 seine Lehre vom vollkommenen geistlichen Leben in Grundzügen entwickelt und dabei zentrale Theoreme der aristotelischen Seelen- und Intellektlehre umbesetzt und umbewertet hat, bildet die Abschlusspredigt des Zyklus nun einen Höhepunkt. Eckhart bewegt sich dabei in zwei Erkenntnisordnungen. Für den Bereich des natürlichen Erkennens mit Hilfe der Kräfte der Seele bezieht er sich vor allem auf das aristotelisch-thomasische Modell; bei der Beschreibung der Gottesgeburt im Wesen der Seele nimmt er Elemente eines *coniunctio*-Modells, wie es in der alexandrisch-averroistischen Intellekttheorie diskutiert wurde, und Überlegungen Alberts des Großen zum Begriff des *intellectus adeptus* auf. Er expliziert die Thematik im Erwartungshorizont eines religiös erfahrenen und philosophisch gebildeten Publikums, das sich in den zahlreichen Einwänden und Fragen zu Wort meldet.

Der Predigt legt Eckhart Lk 2,49 zugrunde: „Ich muss in dem sein, was meines Vaters ist" (DW IV,1, S. 565–610), eine Bibelstelle, die sich für die Explikation der ewigen Geburt besonders gut eigne. Zentrales Thema ist das „Gewahrwerden" der Gottesgeburt und die damit zusammenhängenden Fragen der Zeitweiligkeit und Nichtverfügbarkeit dieser Erfahrung, des Verhältnisses von *vita contemplativa* und *vita activa* und der Vereinbarkeit von Schauen Gottes und praktischen Werken. Je nachdrücklicher der fiktive Gesprächspartner in der dialogisch angelegten thematischen Predigt diese in Frage stellt, desto entschiedener entwickelt und begründet Eckhart philosophisch-theologisch seine These von der Einheit von *actio* und *contemplatio* in der Gottesgeburt, die dem Denken und Handeln über die Grenzen der natürlichen Vernunft hinausgehende Möglichkeiten eröffne. Eine rein kontemplative Existenz ohne Verbindung mit praktischer Nächstenliebe lehnt Eckhart ab, akzentuiert aber einen in der *contemplatio* enthaltenen Zug zu Individualismus und spiritueller Freiheit. Die Gottesgeburt macht frei.

Die Predigt ist gegliedert in eine Einleitung mit einem Vers aus dem Evangelium des Festtages, der mit der zentralen Thematik der Predigt, dem Gewahrwerden der Gottesgeburt und ihren Voraussetzungen (1–30), verbunden wird. Im Hauptteil folgen eine erste Quaestio und deren Beantwortung: die Zeitweiligkeit des Gewahrwerdens der Gottesgeburt (31–130). Die anschließenden Einwände und Fragen führen das Thema zunächst unter dem Gesichtspunkt des Verhältnisses von *actio* und *contemplatio* weiter (131–209; Einwand und Antwort); danach wird im Anschluss an einen weiteren Einwand die Gottesgeburt als ein Vorgang beschrieben, der Denken und Handeln von innen heraus verändert und potenziert (210–285). Eine weitere Frage betrifft den „Halt" der ihres *natiurlîchen werkes* beraubten Vernunft, der von Gott die Erkenntnis des *wesens* genommen werde, um sie anzureizen, nach ihm zu suchen (286–354). Wie aber passen Stille und Unruhe des Suchens als Merkmale der Existenz des vollkommenen Menschen zusammen? In Eckharts Sicht steht der Mensch, in dem Gott Wesen und Kräfte durchwirkt, über diesen Gegensätzen (355–425). Die letzte Frage betrifft das Verhalten des Menschen in Bezug auf gute Werke (426–577).

1. Das Gewahrwerden der Gottesgeburt im Seelengrund und die aristotelische Trichotomie der *vernunft*. Eckharts Explikation der Gottesgeburt mit Elementen der aristotelisch-peripatetischen Intellekttheorie

Zu Beginn der Predigt spricht Eckhart von der *êwigen geburt, diu zîtlich ist worden und noch tegelîche geborn wirt in der sêle innerstem* (S. 566,5–7)[152] und bewegt sich damit ganz auf der Linie der Predigt 101, die die „trinitarische Geburt, die geistige Geburt Marias und die Geburt des Sohnes Gottes in der Seele" als „ein und dieselbe Geburt"[153] bezeichnete. Es ist die eine *êwige geburt.*

Die Antwort des zwölfjährigen Jesus an seine Eltern: *Ez ist nôt, daz ich sî in den dingen, diu mînes vaters sint* (S. 565,2f.)[154] nennt, nach Eckharts Deutung, die Bedingungen für das *gewar werden* (S. 566,8f.) dieser Gottesgeburt: Der Mensch muss sich von der Welt und den Sinnen losreißen. *Und daz muoz geschehen mit grôzem gewalt, daz alle krefte ze rücke suln getriben werden und irs werkes abegân* (S. 567,22–25).[155] Diese Abkehr betrifft nicht nur den voluntativen Bereich – der Eigenwille soll gebrochen werden –, sondern ebenso den intellektiven; auch das theoretische Interesse soll zur Ruhe kommen: *Der mensche enmac niht komen ze dirre geburt, er entziehe sich denn aller sîner sinne in allen dingen* (S. 567,18–21).[156] Die Sinne tragen die Welt in die Seele und sind damit Ausgangspunkt für das Wirken der Seelenkräfte des Intellekts und des Willens, die sich auf diese Gegenstände (vgl. DW I, S. 365,3f.) beziehen. Mit Gewalt soll sich die Seele von ihnen lösen und sie vergessen (S. 568,37).

---

152 „von der ewigen Geburt, die zeitlich geworden ist und noch täglich im Innersten der Seele [...] geboren wird."

153 Steer, 1998, S. 281.

154 „Es ist notwendig, dass ich in den Dingen sei, die meines Vaters sind."

155 „Und das muss mit großer Gewalt geschehen, dass alle Kräfte zurückgetrieben werden und sich von ihrem Werk abwenden sollen."

156 „Der Mensch kann nicht zu dieser Geburt kommen, wenn er sich nicht aller seiner Sinne in allen Dingen entzieht."

1.1 *Die Unterscheidung von* würkender, lîdender *und* mügelîcher vernunft

Die erste Frage, die Eckharts fiktiver Gesprächspartner stellt, lautet: Geschieht das *gewar werden* der ewigen Geburt dauernd oder nur bisweilen, wenn sich *der mensche dar zuo vüeget und alle sîne maht dar zuo tuot, daz er aller dinge vergezze und sich aleine hie inne wizze* (S. 568,34–38).[157] Für ihre Beantwortung rekurriert Eckhart auf ein über die Zweiteilung in Predigt 37 hinausgehendes dreiteiliges Intellektschema, das nur in dieser Predigt begegnet.[158] Er unterscheidet *eine würkende, eine mügelîche* und *eine lîdende vernunft.* Dabei erhält die *mügelîche vernunft* eine andere Bedeutung als in Predigt 37 und die *lîdende vernunft* wird neu eingeführt. Die Unterscheidungen bezeichnen drei verschiedene Verfassungen des menschlichen Geistes, die mit seinem Übergang aus dem alltäglichen Zustand natürlichen Wirkens in den Zustand der Abgeschiedenheit und des Gewahrwerdens der Gottesgeburt zusammenhängen:

Erstens: die *würkende vernunft.* Eckhart versteht sie hier als das natürliche Vermögen des menschlichen Geistes. Sie übt sich im vernünftigen Umgang mit den Geschöpfen und führt sie in ihren göttlichen Ursprung zurück oder erhebt sich *ze götlîcher êre und ze götlîchem lobe* (S. 570,49f.). Der Gegenstands- und Tätigkeitsbereich dieser wirkenden Vernunft ist die Welt und die natürliche Gotteserkenntnis (S. 568,42–570,52). Zweitens: die *lîdende vernunft.* Wenn der Fluss der Bilder aus der Vorstellungskraft aufhört, die *würkende vernunft* still und Gott im Menschen zum *werkmeister* wird, kommt der Geist in einen neuen Modus: die *lîdende vernunft. Sô sich aber got des werkes underwindet, sô muoz der geist sich halten in einer lîdelicheit* (S. 570,52–54).[159] In der Gottesgeburt findet so eine gänzliche Umbesetzung der Positionen statt. Im Bereich des natürlichen Erkennens verhält sich der Geist wirkend, in der Erfahrung der Gottesgeburt im Seelengrund dagegen, wo Gott selbst wirkt, ist er in einem Zustand des Leidens. *Sô sol und muoz sich der geist stille halten und got lâzen würken* (S. 571,66–572,68).[160] In ihrem Grunde wirkt die Seele nicht. *Got und ich wir sint ein in disem gewürke; er würket, und ich gewirde* (Pr. 6, DW I, S. 114,4f.).[161] Drittens: die *mügelîche vernunft.* Eckhart bezeichnet sie zunächst als eine Verfassung des Geistes, die am Übergang von der natürlich wirkenden in den Zustand der *lidenden vernunft* und des Gewahrwerdens der Gottesgeburt steht. *Aber diu mügelîche vernunft diu luoget ze*

[157] „Wenn sich der Mensch dazu fügt und alle seine Kraft dazu gebraucht, dass er alle Dinge vergesse und sich allein hierin wisse."

[158] Vgl. Bernard McGinn, Sermo XXIX, ‚Deus unus est', in: Lectura Eckhardi II, hg. v. Georg Steer und Loris Sturlese, Stuttgart 2003, S. 229, Anm. 70.

[159] „Wenn sich aber Gott des Werkes annimmt, dann muss sich der Geist in einer leidenden Haltung halten."

[160] „Dann soll und muss sich der Geist still halten und Gott wirken lassen."

[161] „Gott und ich, wir sind eins in solchem Wirken; er wirkt, und ich werde."

in beiden: swaz got gewürken müge und der geist gelîden, daz daz ervolget werde nâch mügelicheit (S. 570,54–58).[162] Die *mügelîche vernunft* lässt sich damit zunächst verstehen als ein Bewusstsein des Menschen dafür, dass er auf die Einheit mit Gott zulebt, ein Übergangszustand, in dem der Geist sich der Möglichkeit göttlichen Wirkens in der Seele, der Annäherung an die Einheit mit Gott in der Gottesgeburt, bewusst wird. Den Aspekt der Selbstreflexion im Vorfeld dieses Übergangs nimmt Eckhart noch einmal auf, präzisiert Status und Stellenwert der *mügelîchen vernunft* und nennt darüber hinaus ihre Voraussetzungen: *Und ê diz anegevangen werde von dem geiste und von gote volbrâht, sô hât der geist ein anesehen dar zuo und ein mügelich erkennen, daz ez allez wol geschehen mac und möhte, und daz heizet diu mügelîche vernunft* (S. 572,68–73).[163] Der Status der *mügelîchen vernunft* setzt eigene Anstrengungen des Menschen voraus, die durch das Einwirken Gottes vollendet werden. Diesen Aspekt betont noch einmal der folgende Satz: *Sô sich aber der geist üebet nâch sîner maht in rehten triuwen, sô underwindet sich sîn gotes geist und des werkes und denne sô schouwet und lîdet der geist got* (S. 572,75–79).[164] Das Gewahrwerden der Gottesgeburt verlangt also *üebunge*. Die *mügelîche vernunft* scheint Eckhart hier zu verstehen als eine sich selbst transparente Disposition zum *got schouwen* und *got lîden* – die Fassung B spricht von *haltunge* (S. 570,55).

In dieser Trichotomie werden bereits wichtige Elemente von Eckharts Deutung der Gottesgeburt mit Mitteln der peripatetisch transformierten aristotelischen Intellekttheorie sichtbar, die er im weiteren Verlauf der Predigt weiter entfalten wird: Erstens: Eckharts Beschreibung der Gottesgeburt mit Mitteln der Intellekttheorie liegt das alexandrische Modell von der Vollendung des menschlichen Denkvermögens durch das direkte Einwirken eines transzendenten Intellekts auf den menschlichen Intellekt zugrunde, das Averroes – die Versionen von ‚Περὶ νοῦ' und ‚Περὶ ψυχῆς' harmonisierend – als Überformung des *intellectus materialis* durch die *intelligencia agens* gedeutet und im Sinne seiner *coniunctio*-Theorie verstanden hat.[165] Diese Vorstellung nimmt Eck-

162 „Aber die mögliche Vernunft schaut zu ihnen beiden hin: was Gott wirken und der Geist leiden könne, dass das nach Vermögen geschehe."
Nach Georg Steer spielt Eckhart an dieser Stelle mit dem Verbum *ervolgen* auf den *intellectus adeptus* an.

163 „Und bevor dieses vom Geist angefangen und von Gott vollbracht wird, so hat der Geist ein Hinsehen darauf und ein mögliches Erkennen, dass es alles wohl geschehen kann und könnte, und das heißt die mögliche Vernunft."

164 „Wenn aber der Geist nach seinem Vermögen in rechter Treue seine Kräfte gebraucht, so nimmt sich Gottes Geist seiner und seines Werkes an, und dann schaut und leidet der Geist Gott."

165 „Et quasi intendit per hunc sermonem quod, intellectus qui est in potentia quando fuerit perfectus et completus, tunc copulabitur cum eo iste intellectus et fiet forma in eo, et tunc intelligemus per ipsum alias res; non ita quod intellectus materialis intelligat ipsum et propter illud intelligere fiat continuatio cum hoc intellectu, sed continuatio istius intellectus nobiscum est causa eius quod intelligit ipsum et intelligimus per ipsum alias

hart, wie es scheint, in seiner Darstellung der Gottesgeburt als Überformung der *lîdenden vernunft* durch den göttlichen *werkmeister* auf.[166] Ebenso den Gedanken, den er weiter unten ausführt, dass damit Gott in der Seele Wirkursache des menschlichen Denkens und Handelns wird. Die überformende Einwirkung des göttlichen Intellekts findet im Seelengrund statt. Auch Albertus Magnus versteht an einer Stelle seines ‚*De anima-Kommentars*' den Zustand der Vollkommenheit des menschlichen Intellekts als Überformung des *intellectus possibilis* durch den *intellectus agens* – *et fit forma in nobis* – in Anlehnung an Averroes, ohne damit allerdings die averroistische Lehre vom *intellectus materialis* und *intellectus agens* zu übernehmen. Zweitens: In Eckharts Verständnis vom Gewahrwerden der Gottesgeburt werden aber auch die Unterschiede zu Alexander und Averroes sichtbar. Seine Darstellung des Wechsels des Erkenntnismodus des Geistes von der *würkenden* in den Zustand der *lîdenden vernunft* enthält die Auffassung von zwei verschiedenen Erkenntnisordnungen: eines natürlichen Erkennens, in dem die Vernunft als Kraft der Seele aktiv ist, und eines übernatürlichen Erkennens, das die Seele in ihrem Grund, im Wesen, „erleidet" und das eigentlich ein göttliches Erkennen ist.[167]

1.2 *Die drei Modi der* vernunft *und die Diskontinuität der Erfahrung der Gottesgeburt*

Mit seinem Dreier-Schema und dem Begriff der *mügelîchen vernunft* nimmt Eckhart offensichtlich Elemente aus der peripatetischen und scholastischen Weiterentwicklung der aristotelischen νοῦς-Lehre auf. Aus einem Vergleich ergeben sich Ähnlichkeiten, aber auch Unterschiede, die zeigen, wie Eckhart nicht nur Aristoteles, sondern auch die Kommentatoren von seinem Verständnis der Einheit mit Gott her umdeutet, und wie er die thomasische Unterscheidung von Wesen und Kräften der Seele in seiner Bestimmung des höchsten Zustands der Einheit mit Gott konsequent umsetzt. Was die *mügelîche vernunft* betrifft, so bezeichnet sie bei Eckhart erstens einen Übergangs-, keinen Vollendungszustand. Dieser Zustand enthält – wie der *intellectus adeptus* bei den Peripatetikern und Albertus Magnus – ein Moment der Selbstreflexion. Der Vollendungszustand ist bei Eckhart ein Zustand des Leidens, in ihm ist der menschliche Geist Materie, Gott allein Form. Und in dieses *gotlîden* gelangt der menschliche Geist nicht durch immer intensivere Perfektionierung seiner

---

res abstractas" (Wirmer, 2008, S. 242). Der νοῦς ποιητικός werde schließlich zur forma in nobis, vgl. H 2, Kap. 2, 1.

166 Den Gedanken der Überformung verwendet Eckhart auch im ‚*Johanneskommentar*'.

167 Damit transformiert Eckhart das alexandrisch-averroistische Modell, das von zwei Dimensionen des Intellekts ausgeht, einer transzendenten und einer endlichen, die beide „natürlich" sind und in ihrem Zusammenspiel das natürliche Erkennen erklären.

Vernunft, indem er sie mit immer mehr Bildern füllt, sondern gerade durch ihre Deaktivierung und durch ihr Leerwerden von allen Bildern. Einem „Aristote (F)arabisé“ (Alain de Libera)[168], der auf das Leistungsvermögen der natürlichen Vernunft setzt, folgt Eckhart gerade nicht. Zweitens: Die *mügelîche vernunft* ist daher – sieht man sie als Vorstufe des *intellectus adeptus* – nicht zu verstehen als eine Disposition zur Aktivität, sondern als Disposition zum Erleiden, genauer, zu einem Wirken durch Erleiden. Das legt auch eine Stelle im ‚*Johannes-Kommentar*‘ nahe, in der Eckhart bei der Erläuterung des *intellectus adeptus* nicht wie Alexander ein Handwerker-Beispiel verwendet, das den Aspekt des durch Perfektionierung aufgebauten Leistungsvermögens betont, sondern das Beispiel vom Feuer und Eisen. Der göttliche *intellectus agens* erleuchtet als separate Substanz mit seinem Licht unser Erkenntnisvermögen. Durch seine wiederholten Einwirkungen aufgrund vieler Denkakte wird er schließlich, so führt Eckhart, *philosophi aliqui* referierend, aus, mit uns vereint *et fit forma, ita ut operemur opera propria illi substantiae,* [...] *et iste est in nobis secundum ipsos intellectus adeptus* (LW III, n. 155, S. 128,5–10),[169] sinnfällig zu sehen am Wirken des Feuers, *de igne, qui ex continuata calefactione ferro imbibitur et quasi forma factus inhabitat* (ebd., 10–12),[170] so dass das Eisen die Werke des Feuers wirkt. Eine ähnliche Argumentation liegt auch in der vierten Frage der Predigt vor: Wie das Licht in der Luft das Licht der Sonne ist, so geht das Wirken der Vernunft auf Gott zurück.[171] Der Gedanke des Wirkens durch Erleiden, wie ihn das Beispiel vom Feuer und Eisen entfaltet, wird im weiteren Verlauf von Predigt 104, bei der Explikation des praktischen Aspekts der Gottesgeburt, noch von Bedeutung sein. Drittens: Die Aktivierung der *mügelîchen* und der *lîdenden vernunft* hängt ganz von Gott ab: Der *intellectus agens*, Gott, kommt in die Seele, wann er will und es für uns am besten ist (S. 576,115–130), und bleibt, solange die Seele die göttliche Gegenwart ertragen kann.

Mit der Unterscheidung von drei Zuständen der menschlichen Vernunft erklärt Eckhart die Diskontinuität des Gewahrwerdens der Gottesgeburt. Es ist ein Ausnahmezustand, ein Erleiden, in dem der Geist in seinem natürlichen Wirken außer Kraft gesetzt wird. Die *mügelîche vernunft* ist ein von der vergangenen Erfahrung geprägter Habitus und zugleich ein Wissen um die Möglichkeit einer Wiederkehr. Als ergänzendes Argument für die Zeitweiligkeit dieses Zustands führt Eckhart das aristotelische Theorem von der substantiellen Einheit von Seele und Körper im Menschen an, die eine längere Abwesenheit des

---

168 Zitiert nach Müller, 2006, S. 567.

169 „und wird zur Form, so dass wir die Werke, die jener Substanz eigen sind, wirken [...]. Dies ist in uns nach ihrer Lehre der erworbene Intellekt“ (Koch übersetzt: „der erworbene Verstand“).

170 „Durch fortgesetzte Erhitzung wird das Eisen von ihm durchtränkt, und (das Feuer) wird gewissermaßen seine Form und wohnt in ihm.“

171 Vgl. Guerizoli, 2006, S. 175.

Geistes vom Körper nicht zulässt. Der Geist würde sonst seiner Aufgabe, den Körper zu leiten und zu bestimmen, nicht nachkommen.

Als Zwischenfazit lässt sich festhalten: Eckhart stellt erstens das aristotelische Begriffspaar νοῦς ποιητικός – νοῦς παθητικός, das bei den Peripatetikern und in der Scholastik fortwirkt, auf den Kopf: Die leidende, nicht die wirkende Vernunft wird zur höchsten Möglichkeit des Menschen. Diese Umkehrung macht die Differenzen des aristotelischen Ansatzes, der auf Dynamik und ständige Steigerung angelegt ist, und des Ansatzes Eckharts sichtbar, der von einem Gott ausgeht, dessen *proprium* seine Allmacht ist, und der vom Menschen verlangt, dass er sich mit aller Gewalt von der Welt löst. Gott kann in der Seele nur wirken, wenn der Mensch alles lässt, was ihn an die Welt bindet. Die Ausrichtung auf die Welt und das menschliche Streben nach Selbstoptimierung führen, nach Eckhart, in die Irre. An die Stelle der wirkenden Vernunft als höchster Möglichkeit des Menschen tritt die leidende Vernunft und das Gewahrwerden des Wirkens Gottes im Seelengrund. Die Diskontinuität des Gewahrwerdens des Wirkens Gottes im Seelengrund gehört zur *conditio humana.* Zweitens, Eckhart versteht die Gottesgeburt als hylemorphistisches Geschehen[172], in dem Gott als *würkende vernunft* zur Form der reinen Bestimmungslosigkeit der *lîdenden vernunft* wird. Drittens, der δυνάμει-Charakter der Vernunft, bei Aristoteles in ‚*De anima*' Gamma 4 verstanden als formiertes Vermögen zum Denken, wird bei Eckhart zu einer Möglichkeit, Gott zu erleiden – wenn man eine Parallelisierung des aristotelischen νοῦς δυνάμει als Disposition mit der *mügelîchen vernunft* vornehmen will.

1.3 *Zur Einheit von* vita activa *und* vita contemplativa. *Gott als* werkmeister *in der Seele*

In der Predigt folgt nun ein Einwand, der sich für den fiktiven Gesprächspartner aus der Beantwortung der ersten Frage ergibt: Wie ist die Einheit mit Gott, in dem sich die Vernunft in einem Zustand des Erleidens befindet, mit äußeren Werken vereinbar? In seiner Antwort verweist Eckhart zunächst auf Maria und Martha aus dem Lukas-Evangelium, die exemplarisch zwei Lebensformen, die *vita contemplativa* und die *vita activa,* verkörpern, und geht auf deren unterschiedliche Bewertungen ein.[173] Den Vorrang der Verbindung von

[172] Zum Verhältnis von Materie und Form vgl. Rahner, 1996, S. 263; Eberhard Schockenhoff, In Leib und Seele Einer. Zum Verständnis der leib-seelischen Einheit des Menschen, in: Leib und Leben. Perspektiven für eine neue Kultur der Körperlichkeit, hg. v. Martin Hähnel und Marcus Knaup, Darmstadt 2013, S. 216–219.

[173] Vgl. Dietmar Mieth, Die Einheit von vita activa und vita contemplativa in den deutschen Predigten und Traktaten Meister Eckharts und bei Johannes Tauler. Untersuchungen zur Struktur des christlichen Lebens, Regensburg 1969 und ders., Meister Eckhart, München

Schauen und Wirken vor dem reinen Schauen begründet Eckhart zunächst, indem er sich auf Thomas von Aquin beruft, der das tätige Leben immer dort als besser erachtet als das schauende, wo *man in der würklicheit ûzgiuzet von minne, daz man îngenomen hât in der schouwunge* (S. 580,157–159).[174] Die Position des Thomas dient Eckhart als Ausgangspunkt für die Formulierung und Begründung seiner weitergehenden These zur Einheit von *actio* und *contemplatio*, dass nämlich in der Gottesgeburt Schauen und Sich-Verausgaben im Dienst am Nächsten nicht nur zusammengehören, sondern dass das wahre Ziel des Schauens erst erreicht wird, wenn man sich den Mitmenschen in tätiger Nächstenliebe zuwendet: *Dâ enist niht dan einez* (S. 580,159). *In dirre würklicheit enhât man anders niht dan eine schouwelicheit in gote: daz eine ruowet in dem andern und volbringet daz ander* (S. 580,169–581,173).[175] Die Unvollkommenheit eines sich in der Kontemplation erschöpfenden Lebens begründet Eckhart anschließend mit einer Reihe ethisierender Argumente, die er mit der Feststellung eröffnet: *In der schouwunge dienest dû aleine dir selber, aber in der tugentlîchen würkunge dâ dienest dû der menige* (S. 581,175–177).[176] In dieser Perspektive ist das Schauen nur ein Anfangsstadium, in dem noch Elemente des Selbstbezugs enthalten sind, die aber überwunden werden müssen. Mit einem ausführlichen Hinweis auf das neutestamentliche Gebot tätiger Nächstenliebe wendet sich Eckhart gegen die verbreitete Vorstellung von der Trennung der beiden Lebensformen und gegen die Überordnung bzw. das Stehenbleiben bei der *vita contemplativa* als vermeintlichem Ziel des geistlichen Lebens. Die Ausgangsfrage beantwortet Eckhart klar und entschieden: Ein Schauen ohne Wirken soll man aufgeben: *‚der boum, der niht vruht enbringet, den sol man abehouwen‘* (S. 584,208f.). Damit macht er unmissverständlich klar, dass für ihn die höchste Form christlicher Existenz nicht die *felicitas contemplativa* ist, eine Position, wie sie in der peripatetischen Diskussion und auch bei Albertus Magnus zu finden ist.

Der fiktive Dialogpartner gibt sich mit dieser Antwort aber noch nicht zufrieden und setzt mit einer weiter ins Detail gehenden Frage nach: Wie soll diese Einheit von Schauen Gottes und Handeln möglich sein, wenn doch das Schauen Gottes voraussetzt, dass der Geist still und leer von allen Bildern, das menschliche Handeln aber auf Bilder angewiesen ist, die ihm die Vernunft vorgibt. In dem Einwand klingt die aristotelische Position an, derzufolge das νοητόν („das Gedachte") für die νόησις („das Denken") konstitutiv ist: Das

2014, S. 192–196. Eine andere Deutung des Verhältnisses von *actio* und *contemplatio* bei Stephan Grotz, Negationen des Absoluten. Meister Eckhart, Cusanus, Hegel, Hamburg 2009, S. 68–77.

174 „wo man im Wirken aus Liebe ausgießt, was man im Schauen hereingenommen hat."

175 „In diesem Wirken hat man nichts anderes als ein Schauen in Gott: Das eine ruht im anderen und vollendet das andere."

176 „Denn im Schauen dienst du alleine dir selber, aber im Wirken der Tugenden dienst du der Menge."

Denken ist „seinsgebunden".[177] In der *species*-Theorie Thomas' von Aquin wirkt, wie sich oben zeigte, diese These nach.[178] In seiner Antwort, die eine philosophische Begründung für die Einheit von Erleiden Gottes und Wirken in der Welt enthält, interpretiert Eckhart die aristotelische νοῦς-Lehre christlich um, indem er die Wirkungsmacht der Dinge außer Kraft setzt und die Rezeptivität des menschlichen Erkennens neu deutet. Er bezieht sich dabei auf die aristotelische Beschreibung des Zusammenwirkens von νοῦς ποιητικός und νοῦς παθητικός im Erkennen (‚*De anima*' Gamma 5) und verbindet seine eigene Interpretation mit Elementen der thomasischen und der averroistischen Deutung dieses Vorgangs.

Eckhart nimmt in einem ersten Schritt die Unterscheidung einer wirkenden und einer leidenden Vernunft unter dem Gesichtspunkt des Verfügens über ‚Bilder' auf und stellt eine Analogie zwischen dem natürlichen und dem übernatürlichen Bereich her. Bei der Charakterisierung der Tätigkeit der wirkenden Vernunft als natürlichen Vermögens folgt Eckhart mit einigen Modifikationen der Abstraktionslehre des Thomas von Aquin, der verschiedene Schritte unterscheidet:[179] zunächst den – *illuminatio* und *abstractio* im engeren Sinn umfassenden – Abstraktionsvorgang des *intellectus agens*, der die Vorstellungsbilder illuminiert, aus ihnen die *species intelligibiles* herauslöst und sie (als *species impressa*) in den *intellectus passivus* setzt. *Diu würkende vernunft houwet diu bilde abe von den ûzern dingen und entkleidet sie von materie und von zuovalle und setzet sie in die lîdende vernunft, und diu gebirt ir geistlichiu bilde in si* (S. 585,224–586,229)[180] – mit *bilde* sind die *species intelligibiles* („die intelligiblen Formen") gemeint, die die wirkende Vernunft aus den Dingen der Welt abstrahiert. In der Beschreibung dieses Vorgangs stimmt Eckhart weitgehend mit Thomas überein, allerdings mit dem Unterschied, dass er den gesamten Vorgang als eine erste Erleuchtung versteht, wie aus seiner Erwähnung einer zweiten Erleuchtung in der folgenden Passage hervorgeht. An dieser Stelle zeigt sich auch, dass Eckhart, was die Rolle des *intellectus agens* anbetrifft, eher der Position des Aristoteles folgt, wonach der νοῦς ποιητικός die im νοῦς παθητικός potentiell intelligiblen Formen aktuiert. Auf diese Weise, so deutet Averroes den aristotelischen Lichtvergleich in ‚*De anima*', vollende der *intellectus agens* den *intellectus*

---

177 Vgl. Klaus Oehler, Die Lehre vom Noetischen und Dianoetischen Denken bei Platon und Aristoteles. Ein Beitrag zur Erforschung der Geschichte des Bewusstseinsproblems in der Antike, Hamburg ^{2}1985, S. 189.

178 Vgl. Perler, 2004, S. 61–80.

179 S. o. H 1, Kap. 2, 2.3. Allerdings geht Eckhart, anders als andere Vertreter der Scholastik, mit Aristoteles von einer Einwirkung der Gegenstände, dem obiectum cognitum auf die potentia cognoscendi aus, ‚*Johanneskommentar*' n. 109.

180 „Die wirkende Vernunft haut die Bilder von den äußeren Dingen ab und entkleidet sie von Materie und von Zufallendem und setzt sie in die leidende Vernunft, und diese gebiert ihre geistigen Bilder in sie."

materialis.[181] *Und sô diu lîdende vernunft von der würkenden swanger worden ist, sô behebet und bekennet si diu dinc mit helfe der würkenden vernunft. Nochdenne enmac diu lîdende vernunft diu dinc niht behalten in bekantnisse, diu würkende enmüeze sie anderwerbe erliuhten* (S. 586,229–587,235).[182] Eckhart beschreibt diesen Prozess ganz unaristotelisch mit den Metaphern ‚Schwangerschaft' und ‚Geburt'. Die *impositio*, das Hineingeben der *species intelligibilis* in den passiven Intellekt durch den aktiven wurde in der Scholastik auch als *fecundatio*, als Befruchtung, bezeichnet, die zur Bildung des Begriffs, des *verbum*, der *species expressa*, durch den passiven Intellekt führt. Eckhart fügt an dieser Stelle aristotelische Theoreme und ihre peripatetischen Auslegungen in einen christlichen Deutungsrahmen ein, um so die überragende Wirkkraft der *würkenden vernunft* gegenüber der lîdenden vernunft kenntlich zu machen. *Sehet, allez daz diu würkende vernunft tuot an einem natiurlîchen menschen, daz selbe und verre mê tuot got an einem abegescheiden menschen. Er nimet im abe die würkende vernunft und setzet sich selber an ir stat wider und würket selber dâ allez daz, daz diu würkende vernunft solte würken* (S. 587,236–243).[183]

Das ist der Ansatzpunkt für Eckharts zweiten Schritt, die Übertragung der Struktur des Verhältnisses von wirkender und leidender Vernunft im natürlichen Erkennen auf den übernatürlichen Bereich, auf das Verhältnis des göttlichen *intellectus agens* zur menschlichen Seele im Zustand des *passive se habere* in der Gottesgeburt: Wenn der Mensch im Zustand der Abgeschiedenheit seine natürliche wirkende Vernunft zum Schweigen bringt, *muoz sich got von nôt des werkes underwinden und muoz selber dâ werkmeister sîn und sich selber gebern in die lîdende vernunft* (S. 588,246–589,248).[184] Eckhart verbindet hier also den im Anschluss an die aristotelische νοῦς-Lehre entwickelten Gedanken einer hylemorphistischen Einheit, in der der göttliche *intellectus agens* zur Form des Seelengrundes wird, mit dem patristischen Theologumenon von der Gottesgeburt im Menschen. Die Frage der Univozität und Analogie dieser Einheit klammert er an dieser Stelle aus.

Durch die Analogie zwischen der wirkenden Vernunft im natürlichen und dem Wirken Gottes im abgeschiedenen Menschen werden die unendlichen Handlungsmöglichkeiten offenkundig, die sich für den Menschen ergeben,

---

181 Vgl. 430a15–17 und Averroes, S. 224 (Wirmer, 2008).

182 „Und wenn die leidende Vernunft von der wirkenden Vernunft schwanger geworden ist, dann behält und erkennt sie die Dinge mit Hilfe der wirkenden Vernunft. Dennoch kann die leidende Vernunft die Dinge nicht in der Erkenntnis behalten, es sei denn, dass die wirkende Vernunft sie ein zweites Mal erleuchte."

183 „Seht! Alles, was die wirkende Vernunft an einem natürlichen Menschen tut, dasselbe und weit mehr noch tut Gott an einem abgeschiedenen Menschen. Er nimmt ihm die wirkende Vernunft weg und setzt sich selber wiederum an ihre Stelle und wirkt selber da alles das, was die wirkende Vernunft wirken sollte."

184 „dann muss sich Gott notwendigerweise des Werks annehmen und muss da selber Werkmeister sein und sich selber in die leidende Vernunft gebären."

wenn Gott im Seelengrund der *werkmeister* wird: Der natürliche *intellectus agens* ist in seinem Wirken begrenzt. Er ist auf die Außenwelt angewiesen und gewinnt seine intelligiblen Bilder aus den sinnlichen Daten. Außerdem kann er nur Bild um Bild in einem zeitlichen Nacheinander erfassen. Wenn aber der göttliche *intellectus agens* in der Seele wirkt und die Seele reine Rezeptivität für Gott ist, erzeugt er in ihr in einem Augenblick eine Vielzahl von Bildern (vgl. S. 590,257–260). Diese Präsenz und Fülle der Bilder[185] bedeutet eine unbegrenzte Ausweitung der Möglichkeiten menschlichen Denkens und Handelns. Wenn Gott in der Seele wirkt, werden alle Seelenkräfte aktiv, und alle Möglichkeiten, Gutes zu tun, potenziert. Es ist dann der Zustand erreicht, *ita ut operemur opera propria illi substantiae* (LW III, n. 155, S. 128,8f.).[186] An dieser Stelle seiner Argumentation geht es Eckhart um die praktische Dimension der Gottesgeburt und er bekräftigt seine Position durch ein Paulus-Zitat: *Ich vermag alles in dem, der mich stark macht.* Neben diesem Gedanken der Wirkmächtigkeit im Handeln durch die Gottesgeburt enthält diese Stelle zumindest implizit noch einen anderen Aspekt, der eher die Qualität des menschlichen Willens betrifft. Solange der Wille sich auf die von der natürlichen Vernunft vorgestellten Gegenstände bzw. Bilder richtet, bleibt er von der Welt bestimmt. Wenn der Mensch sich aber von dieser Bindung *mit grôzem gewalt* (S. 567,22f.) befreit, wird er in seinem Handeln nur noch von der Liebe Gottes geleitet.[187] Der Wille erreicht einen neuen Status, er wird Grund eines Handelns ohne Warum, vergleichbar Kants „heiligem und schlechterdings gutem Willen, dessen Maximen notwendig mit den Gesetzen der Autonomie zusammenstimmen".[188]

Wie ist dieses menschliche Wirken zu kennzeichnen? An der vorliegenden Stelle geht Eckhart auf diese Frage nicht ein. In der Predigt 39 ‚*Iustus in perpetuum vivet*' (DW II, S. 251–266) handelt er vom Wirken des Gerechten, der in Gott lebt, weil Gott in ihm geboren wird (S. 252,2–4). Zwei Merkmale kennzeichnen sein Wirken: Erstens, es ist ein *Wirken ohne Warum*, d. h. der Gerechte handelt *eigenschaft*-los, ohne das Motiv des Eigeninteresses, ohne Fixierung auf subjektive Zwecke. Er handelt frei, losgelöst von der Anhänglichkeit an Kreatu-

---

185 Vgl. die ähnliche Beschreibung des vollendeten Erkenntnismodus des *intellectus adeptus* in der *coniunctio* bei Albertus Magnus: „Habitis autem omnibus intelligibilibus in toto est coniunctus et tunc vocatur adeptus" (‚*De anima*', S. 225,3–5).

186 „so dass wir die Werke, die jener Substanz eigen sind, wirken."

187 Vgl. McGinn, 2018, S. 124, und in Anm. 35 die Parallelstelle DW I, S. 9,3–6.

188 Die „Heiligkeit des Willens", der, frei von Eigenliebe und äußerer Determination, keinen dem moralischen Gesetz widerstreitenden Maximen folgt, keiner Gebote bedarf und nur dem Sittengesetz gehorcht, ist bei Kant, wie er in der ‚Kritik der praktischen Vernunft' festhält, „eine praktische Idee, welche notwendig zum Urbilde dienen muss, welchem sich ins Unendliche zu nähern das einzige ist, was allen endlichen vernünftigen Wesen zusteht"; zitiert nach der Ausgabe von Wilhelm Weischedel, Immanuel Kant, Werke, Wiesbaden 1960, Bd. IV, S. 143. Vgl. dazu auch John M. Connolly, Freiheit und Wille bei Eckhart und Kant, in: Meister Eckhart und die Freiheit, hg. v. Christine Büchner und Freimut Löser, Stuttgart 2018 (MEJb 12), S. 293–318.

ren und ohne Determination durch Objekte des Wollens. In seinen Werken sucht der Gerechte nichts, auch keinen irdischen oder himmlischen Lohn. Der innere Grund des Wirkens des Gerechten ist Gott selbst. *Denn jene Werke allein [...] sind unsere Werke und göttlich, die von innen kommen und in denen Gott innerlich wirkt, nichts von außen oder äußerlich.*[189] Zweitens, dieses Wirken beruht daher auch nicht auf einem Habitus. In Eckharts Konzept hat der Gerechte sein ganzes Gerechtsein von der Gerechtigkeit, die unabhängig vom Gerechten besteht. Sie ist kein *habitus* des Subjekts, sondern Gott selbst, der dem Gerechten seine Gerechtigkeit verleiht. Mit seinem Handeln ohne Warum erwirbt der Gerechte auch keinen Tugendhabitus, wie ihn die aristotelisch-thomasische Tugendlehre annimmt. Mit der Hypostasierung der Tugenden in Gott überschreitet Eckhart die traditionelle Auffassung der *virtus* als *habitus.* Die Tugenden sind *viel eher so etwas wie sich (je und je) vollziehende Gleichgestaltungen als etwas eingeprägt Innebleibendes, was im Tugendhaften fest verwurzelten Bestand hätte; sie sind in einem beständigen Werden, wie der (Licht)Glanz im Mittel und das Bild im Spiegel.*[190] Die Gerechtigkeit des Gerechten gehört dem Gerechten nicht als feste Qualität seiner Substanz, sondern ist in ihm als unverfügbare Konfiguration, die nur solange besteht, als die Gerechtigkeit Gottes in ihm wirkt. Eckhart Konzept enthält das Paradox eines moralisch autonomen Handelns durch theonome Steuerung.

2. Die haltlose *vernunft*

Es folgt eine weitere Frage (S. 591,286–354), die sich auf die Objektgebundenheit natürlichen Erkennens und die Vermittlung durch Bilder bezieht: Worin findet die Vernunft insgesamt noch Halt, wenn sie aller Gegenstände ihres natürlichen Wirkens und ihrer Bilder beraubt ist – *war ûf ist denne ir enthalten?* (S. 591,289f.).[191] Sie braucht, wie alle Seelenkräfte, die sich immer irgendwo anheften wollen, stets einen Halt für ihr Wirken. Der Fragesteller argumentiert vor dem Hintergrund der aristotelisch-thomasischen Position von der ontischen Gegebenheit des Objekts, das geradezu necessitierend[192] wirkt und für das Erkennen einen Anhaltspunkt und Sicherheit bietet. Die prästabilierte Relation von Erkennen und Erkanntem gewährleistet, nach Aristoteles, eine Infallibilität der Wesenserkenntnis, das „irrtumsfreie Erfassen des Wesens der

---

189 „Illa siquidem opera [...] nostra sunt et divina, quae ab intus sunt et in quibus deus intimus movet et nihil foris aut extra" (LW II, n. 184, S. 520,12f.).

190 „potius quaedam actu configurationes quam quid figuratum immanens et habens fixionem et radicem in virtuoso et sunt in continuo fieri, sicut splendor in medio et imago in speculo" (LW II, n. 45, S. 368,5–7).

191 „Worin hat sie denn ihren Halt."

192 Vgl. Oehler, 1985, S. 189.

Dinge".[193] Thomas folgt Aristoteles auch hierin mit seinem Theorem von der Untrüglichkeit der *simplex apprehensio.*

Eckhart bezieht in dieser Frage eine ganz andere, auch von Thomas sich unterscheidende Position: In seiner *berihtunge* (S. 592,295–596,354), in der er einleitend festhält, dass Gegenstand und Halt der Vernunft „das Wesen", *wesen,* und nicht das Akzidentelle, *zuoval,* sei, spricht er ihr gleichwohl – und zwar in ihren unterschiedlichen Modi – die Möglichkeit einer sicheren Wesenserkenntnis ab. Angelpunkt seiner Argumentation ist die zusätzliche Unterscheidung zwischen dem Wesen und dem „wahren Wesen", *daz blôz lûter wesen* (S. 592,297) der Dinge und zwischen „natürlicher" (S. 594,312) und „übernatürlicher Wahrheit" (S. 594,321), mit der er die Frage der Wissenschaft nach den Gründen – zugleich aristotelisch und nicht-aristotelisch – zur Frage nach den letzten Gründen weitertreibt.[194] Diesen letzten Grund des Wesens der Dinge bezeichnet er als das Wesen Gottes. Es ist für die natürliche Vernunft nicht erkennbar. Darum findet sie bei ihrer Suche auch keine Ruhe. Ausführlich beschreibt Eckhart (S. 592,298ff.) ihre Aktivitäten: Sie arbeitet immer, streift das Akzidentelle ab, d. h. sie abstrahiert; sie will wissen, was etwas ist und was es nicht ist. Bei dieser Suche findet sie keinen Halt, ihre Erkenntnis der Dinge führt nicht zur Erkenntnis ihres wahren Wesens. *Dar umbe gerüeret diu vernunft niemer in disem lebene den grunt der übernatiurlîchen wâhrheit, diu got ist* (S. 594,319–322).[195] Diese Unfähigkeit der natürlichen Vernunft begründet Eckhart damit, dass Gott für sie nicht vorliegt wie ein „wesenhafter Gegenstand", in dem sie einen Haltepunkt finden könnte (S. 595,339–341). Mit diesem Argument nimmt Eckhart das aristotelische Theorem von der Seinsgebundenheit des Erkennens auf und wendet es zugleich gegen den Fragesteller. Das Wesen Gottes ist der Vernunft nicht als ein Objekt gegeben.

An diesem Punkt beginnt ein zweiter Schritt der Argumentation (S. 595,341ff.): die Annäherung der Vernunft an das Wesen Gottes geschieht, wie er betont, auf eine ganz andere Weise, nicht über Tätigkeiten der natürlichen Vernunft, sondern über eine *via passiva.* Das ist der Modus, in dem die Vernunft – ihrer rezeptiven Disposition entsprechend – sein muss, um dem Wesen Gottes näher zu kommen, ohne dass dieser Weg zu einer dauerhaften und sicheren Wesenserkenntnis Gottes führen würde. Eckhart bringt diesen Modus der Vernunft ins Spiel, indem er das Begriffspaar Materie – Form aufnimmt (S. 595,341f.), das er in Predigt 103 eingeführt hatte, um das Verhältnis der *mügelîchen enpfenclicheit,* bzw. der *mügelîchen vernunft,* des Status der Seele, der durch Loslösung von der äußeren Welt erreicht ist, zu ihrer Vollendung

[193] Zur Untrüglichkeitsthese vgl. Perler, 2004, S. 66–70 und 104.

[194] Aristoteles: Die Wissenschaft fragt nach den Gründen, Metaphysik als erste Wissenschaft nach den letzten Gründen.

[195] „Deshalb berührt die Vernunft nie in diesem Leben den Grund der übernatürlichen Wahrheit, die Gott ist."

durch die Überformung in der Gottesgeburt zu bestimmen. *Wand als diu materie niht enruowet, si enwerde denne ervüllet mit allen formen, alsô enruowet diu vernunft niht dan aleine in der wesenlîchen wârheit, diu alliu dinc in ir beslozzen hât. Des wesens benüeget sie aleine* (S. 595,342–596,347).[196] Aber gerade das entziehe ihr Gott *vürbaz und vürbaz* und reize sie damit, immer weiter zu suchen. Er verfolge damit den Zweck, dass sie in ihrem Suchen nicht innehalte und immer mehr von dem „grundlosen Gut“ (ebd., S. 351f.) erreiche und begreife.

Der Fragesteller geht also, nach Eckhart, erstens von einer falschen Annahme aus, die er mit seiner Antwort berichtigt. Der festen Zuordnung von Gegenständen der Welt zum menschlichen Erkenntnisvermögen, die Aristoteles und Thomas als Basis untrüglicher Wesenserkenntnis voraussetzen, wird der Boden entzogen. Für die Vernunft gibt es damit keine sichere Wesenserkenntnis, in der sie Halt finden könnte. Unsicherheit und Unruhe – auch im Bereich des Erkennens – ist ein Merkmal der *conditio humana*. Für den Menschen gilt ganz im augustinischen Sinn: *inquietum est cor nostrum donec quiescat in te.*

Zweitens, die Unruhe und anhaltende Bewegung, mit der der Mensch nach immer tieferer Wesenserkenntnis der Dinge sucht, entspringt nicht der Eigendynamik der menschlichen Vernunft und seinem natürlichen Vermögen als Lebewesen, aus sich selbst heraus tätig zu werden. Sie ist vielmehr das Werk Gottes, der den Menschen in Unruhe versetzt und in Bewegung hält, indem er ihm die Erkenntnis des Wesens immer wieder entzieht, um ihn von den Gegenständen der Welt zur Erkenntnis ihres letzten Grundes, des Wesens Gottes, zu locken, auch wenn dieses letztlich unerkennbar bleibt. Mit dieser Argumentation nimmt Eckhart der Vernunft ein Wesensmerkmal, das sie, nach Aristoteles, kennzeichnet, nämlich aus sich selbst heraus tätig werden zu können, und stellt dagegen eine Vernunft, in der Gott das wirkende Prinzip ist. Diese Deaktivierung und Enteignung der menschlichen Vernunft durch den allwirksamen Gott beschreibt er mit hylemorphistischen Begriffen.

Aus dieser Darstellung der Situation der Vernunft, die ständig von Gott in Bewegung gehalten wird, und der Weisung, alle Kräfte in Ruhe und Schweigen zu versetzen, ergibt sich für die Zuhörer ein Widerspruch, mit dem sich Eckhart im folgenden Abschnitt auseinandersetzt (S. 596,355–601,425). Sie fragen: Wie passen Stille und *lûter ruowe,* tiefe Ruhe, des vollkommenen, abgeschiedenen Menschen mit seinem unruhigen Begehren nach Gott, seinen Lob- und Dankesbekundungen und was es sonst an damit verbundenen Handlungen und Vorstellungen (S. 597,363) geben mag, zusammen? Es ist jedenfalls, entgegnet Eckhart, kein widersprüchliches Verhalten des Menschen. Denn wenn der Mensch sich seiner selbst und aller Dinge ganz enteignet und Gott übereignet

---

196 „Denn wie die Materie nicht ruht, außer sie wird mit allen Formen erfüllt, so ruht (auch) die Vernunft nicht, außer in der wesentlichen Wahrheit, die alle Dinge in sich beschlossen hat. Ihr genügt das Sein allein.“

habe, sei alles, was in ihm geschieht, nicht sein eigenes Handeln, sondern Gottes, dem er sich überlassen hat (S. 598,377f.). Wenn er ganz in Schweigen verharrt und Gott in ihm spricht – Eckhart nimmt hier offensichtlich den Anfang von Predigt 101 auf – dann ist das, was aus ihm spricht, Gottes Wort (ebd., S. 378–382), nicht das des Menschen. Zur weiteren Verdeutlichung zieht er ein *glîchnisse* heran, in dem er die Wirkungen des Sonnenlichts in der Luft mit dem Wirken Gottes in der Seele und den Kräften vergleicht: Die Sonne erhellt mit ihrem Licht die Luft, die es aufnimmt und an die Erde und uns weitergibt, dass wir den Unterschied aller Farben erkennen (S. 599,387f.). Es ist, wie er in Anlehnung an die aristotelische Theorie vom Licht sagt, das Licht, das die Luft „formt", so dass die Farben sichtbar werden; seinem Wesen nach aber ist es in der Sonne.[197] *swie nû daz lieht sî formelîche in dem luft, sô ist es doch wesenlîche in der sunnen* (S. 599,388–390).[198] Das Licht wird von der Luft empfangen, aber es entspringt ihr nicht. Ähnlich ist es in der Seele: Gott gebiert in ihr sein Wort, sie nimmt es auf und gibt es in mannigfacher Weise an die Kräfte weiter, die wie ein Prisma für das Wirken Gottes fungieren: *nû in einer begerunge, nû in guoter meinunge, nû in minnewerken, nû in dankbaerkeit* (S. 599,399–600,401).[199]

Die Quintessenz seiner Argumentation fasst er am Schluss des Abschnitts noch einmal zusammen und fügt eine Handlungsanweisung hinzu. Alles Wirken des abgeschiedenen Menschen, in dem Gott geboren wird, geht auf Gott zurück. Daher sollst du *allez als daz sîn und niht als daz dîn* (S. 600,403f.) nehmen.[200] Lass die ewige Stimme, die in der Wüste ruft, in dir rufen und sei deiner selbst und aller Dinge Wüste. Bestätigung findet Eckhart wieder bei Paulus, 1Kor 12,3: Der Heilige Geist betet in uns, nicht wir (ebd., S. 406–409). Was der Mensch ist und wirkt, ist Gottes, Bewegung ebenso wie Ruhe, ebenso wie Stille und Schweigen. Das Verhalten des Menschen, in dem Gott wirkt, ist also nur scheinbar widersprüchlich und gegen alltägliche Konsistenzerwartungen gerichtet, weil es einer göttlichen Logik folgt.

3. Von der *wâren innerkeit* und Freiheit des vollkommenen Menschen

Die letzte Frage des fiktiven Diskussionspartners und ihre Beantwortung (S. 602,426–610,577) schließt unmittelbar an Eckharts Antwort auf den vorhergehenden Einwand an: Wenn alles Wirken des abgeschiedenen Menschen letzt-

197 Vgl. Aristoteles, ‚*De anima*', B 7.

198 „Wenn nun auch das Licht der Form nach in der Luft ist, so ist es doch dem Sein nach in der Sonne."

199 „jetzt in einem Begehren, jetzt in guter Absicht, jetzt in Werken der Liebe, jetzt in Dankbarkeit."

200 „Alles als das Seine und nicht als das Deine."

lich Gottes Wirken ist und er nichts von außen, sondern alles aus dem Inneren nehmen soll, muss der Mensch dann auf Gottes Wirken warten oder soll er zwischendurch schon einmal beten und in der Schrift lesen oder eine Predigt hören; versäumt er etwas, wenn er diese Werke unterlässt?

Diese Frage nimmt Eckhart zum Ausgangspunkt, um den Zustand der Erfahrung der Gottesgeburt in der *wâren innerkeit* der Seele als einen Zustand zu charakterisieren, in dem der Mensch von allen äußeren Werken und Gelübden, die ihm andere oder er sich selbst auferlegt haben, frei – *ledic* – ist. Und das gilt sowohl für Gelehrte und spirituell Geübte als auch für Laien. Der vollkommene Mensch, der in diesem Zustand *ledic* und *vrî* von aller Eigenliebe lebt, ist aller äußeren Verpflichtungen *ledic.*

Eckhart unterscheidet zunächst zwei unterschiedliche Verfassungen des Menschen, den „äußeren" und den „inneren Menschen", und bestimmt, ähnlich wie in Predigt 103, den Zweck äußerer Werke: sie sind ein Mittel zur Disziplinierung des äußeren Menschen, um ihn zu zähmen und von unangemessenem Treiben abzuhalten. Dazu seien alle frommen Übungen, Beten Lesen, Singen, Wachen (S. 603,456–462) erfunden. Sie sind also gut für den im Äußeren, an „ungöttliche Dinge" verlorenen Menschen. Denn wenn der Mensch erkennt, dass sein innerer Mensch von Gott verlassen ist und Gott nicht in ihm wirkt, sind Tugendübungen notwendig, um ihn wieder zu Gott zurückzuführen.

Für den inneren Menschen aber entfällt mit ihrem Zweck auch die Notwendigkeit frommer Übungen: *Swenne sich aber der mensche vindet wol geordent zu wârer innerkeit, sô lâz küenlîche abe alle ûzwendicheit* (S. 604,478–482).[201] Die Instanz, die über diese Frage entscheidet, ist der Einzelne selbst, er kann sich auch über früher von ihm selbst eingegangene Verpflichtungen und Gelübde hinwegsetzen, von denen ihn weder Papst noch Bischof absolvieren können. Jedes Gelübde sei ein sich Verbinden *ze gote* und niemand könne den Einzelnen davon lösen, es sei denn, er binde sich durch ein höheres Gelübde an Gott. Als Beispiel für die Hierarchie von Verpflichtungen und die Ablösung niedrigerer Verpflichtungen durch höhere führt er den Eintritt in einen Orden an, der Gelübde wie z. B. Beten, Fasten, Pilgerfahrten aufhebe. Eckhart nutzt in seiner Argumentation also eine Vorschrift des kanonischen Rechts, um die Loslösung des Einzelnen von Gelübden zu rechtfertigen. Der entscheidende Punkt aber ist, dass die Instanz, die über diese Befreiung entscheidet, für ihn nicht eine kirchliche Autorität ist, sondern der Einzelne selbst aufgrund der Unmittelbarkeit seiner Gottesbeziehung. Daher ist der Mensch, wenn er in die *wâre innerkeit* kommt und solange sie anhält, aller Verpflichtungen ledig (S. 606,499f.). Die Bindegewalt äußerer Instanzen ist damit aufgehoben und in die Selbstverpflichtung der Innerlichkeit verlegt. Allerdings handelt es sich nicht um eine dauernde, sondern eine zeitweilige Aufhebung von Vorschriften, Regeln, Ge-

201 „Wenn sich aber der Mensch wohl geordnet zu wahrer Innerlichkeit findet, dann lasse du kühn ab von aller Äußerlichkeit."

lübden im außeralltäglichen religiösen Ausnahmezustand: *Sô der mensche wider ze im selber kumet, sô verbringet er diu gelübede von der zît, in dem er sich nû vindet* (S. 606,507–509).[202] Die Werke, die er in der Zeit ausließ, als ihn Gott ganz in Anspruch nahm, hat Gott vollbracht.

Die *wâre innerkeit* hebt den Unterschied zwischen Laien und Klerus tendenziell auf. Denn Eckharts Relativierung der äußeren Werke gegenüber der wahren Innerlichkeit und seine Weisung, nach einem *innerlich bevinden der wârheit* (S. 609,563f.), einer inneren Erfahrung der Wahrheit, zu suchen und Ausschau zu halten, gelten gleichermaßen für „gelehrte und erleuchtete Leute" wie für Laien, deren Religiosität gewöhnlich auf äußere Werke gerichtet ist. Davon handelt der letzte Abschnitt der Predigt (S. 607,519–610,577), der den in der Auftaktpredigt des Zyklus gesetzten Schwerpunkt – die Gottesgeburt als Geschehen im Innersten der Seele – aufnimmt. Auch für Laien gelte, dass er von niedrigeren, äußeren Verpflichtungen, die er z. B. in die Hand eines Priesters abgelegt hat, befreit, *ledic*, ist, sobald er in ein unmittelbares Verhältnis zu Gott kommt. Kriterium für diese Freiheit ist die Gottesnähe, die Gottunmittelbarkeit. Diese Position begründet Eckhart mit zwei Pauluszitaten, von denen das erste – *‚wenn das kommt, was vollendet ist, dann vergeht alles, was halb ist'* (S. 608,538–540; vgl. 1Kor 13,10) – die von ihm erstellte Rangfolge legitimieren soll, während das zweite die Quintessenz seiner Lehre von der Gottesgeburt zum Ausdruck bringt: *‚diu geschrift toetet', daz ist alliu ûzerlîchiu üebunge, ‚aber der geist machet ‚lebendic', daz ist ein innerlich bevinden der wârheit* (S. 609,561–564).[203] Wenn der Mensch diese Innerlichkeit und höchste Gottesnähe erreicht, dann wird er wahrhaft lebendig, er wird, wie es an anderen Stellen heißt, einbezogen in das göttliche Leben. Das ist das Ziel, die Vollendung des nicht nur im natürlichen Sinn vollkommenen Menschen, von dem die Eingangszeilen von Predigt 101 sprechen. Gegen das antike Ideal des ἀγαθός, der sein Leben, seine Fähigkeiten perfektionierend aus sich heraus in die Welt hineinlebt, ist damit ein starker Kontrapunkt gesetzt: Die Vollendung des Menschen liegt in der *innerkeit* und Freiheit[204] des Seelengrundes.

Fazit:

In der Schlusspredigt 104 stellt Eckhart die *unio* der Seele mit Gott als *coniunctio* mit dem göttlichen Intellekt dar. Er nutzt die aristotelisch-peripatetische Intellekttheorie, um einerseits die Diskontinuität der Gotteserfahrung und andererseits die Potenzierung des Denkens und Handelns des Menschen philo-

---

202 „Wenn der Mensch wieder zu sich selber kommt, dann erfüllt er die Gelübde für die Zeit, in der er sich jetzt findet."

203 „‚Die Schrift tötet', das ist alles äußere Übung, ‚aber der Geist macht lebendig', das ist ein inneres Erfahren der Wahrheit."

204 Zur Frage vgl. Meister Eckhart und die Freiheit, hg. v. Christine Büchner und Freimut Löser, Stuttgart 2018 (MEJb 12); darin vor allem die aufschlussreichen Beiträge von John M. Connolly, Bernard McGinn und Freimut Löser.

sophisch zu explizieren, in dessen Seele Gott an die Stelle des menschlichen *intellectus agens* tritt und zum *werkmeister* wird. In dieser Integrierung des Menschen in das göttliche Leben besteht die Vollendung und Seligkeit des nicht mehr im natürlichen Sinn vollkommenen Menschen. Er erlangt damit eine innere Freiheit, die ihn unabhängig macht von geistlichen Instanzen als Mittlern zwischen Mensch und Gott.

4. Zum Zusammenhang von Pr. 101–104: Die Predigten ‚*Von der êwigen geburt*' als christlicher Gegenentwurf zum aristotelischen Ideal des philosophischen Lebens, des βίος θεωρητικός

Eckharts eigenwillige Anverwandlung von Theoremen des Aristoteles und die Umbesetzung von zentralen Positionen seiner Seelen- und Intellekttheorie markieren eine anthropologische Neuausrichtung. Eckhart deutet die aristotelische Lehre vom Lebensvollzug als letztem Zweck des Menschen um, indem er die menschliche Selbsttätigkeit und das Streben nach Selbstoptimierung aufhebt und dem Ideal der aus sich selbst tätigen Vernunft das Ideal der leidenden Vernunft und der Selbstentäußerung entgegensetzt. Erfüllung, Glück findet der Mensch nicht im ποιεῖν, sondern im *passive se habere*. Eckhart setzt in den Predigten also gegen den aristotelischen weltzugewandten „Naturalismus" mit seiner Objekt- und Wissensorientierung und seinem Ideal der Selbstperfektionierung einen theozentrischen Spiritualismus mit einer objektlosen Innerlichkeit und „Passivität". Mit einer konsequenten Entweltlichung der Seele kehrt er die aristotelischen Aktiv-Passiv-Strukturen um, am nachhaltigsten dort, wo er den menschlichen intellectus agens deaktiviert und den Seelengrund zum „Ort" des alleinigen Handelns Gottes macht. Diese innerste Innerlichkeit hebt sich scharf von der Weltlichkeit und Äußerlichkeit der aristotelischen Seele ab. Während für Aristoteles das menschliche Denken an die Welt gebunden, „kosmisches Denken" (Löwith) ist und der Mensch die „wirkende Wirksamkeit"[205] der Dinge, ihre „Präsenz" und „Überzeugungskraft"[206] erfährt, löst Eckhart mit seiner Forderung des Lassens der Welt diesen Weltbezug auf und öffnet eine innere Welt, in der sich Gott gebiert.

---

205 Oehler, 1985, S. 188.

206 Hans Blumenberg, Wirklichkeitsbegriff und Möglichkeit des Romans, in: Nachahmung und Illusion, hg. v. Hans Robert Jauß, München ^{2}1969, S. 11.

Appendix: *Intellectus agens* und *abditum mentis* in der ‚*Expositio libri sapientiae*' (LW II, n. 92–95, S. 425–429)

Bei der Auslegung des Verses *Inexstinguibile est lumen illius* (Sap. 7,10) führt Eckhart mit dem expliziten Bezug auf Aristoteles, ‚*De anima*' III, 5, den *intellectus agens* als eine Kraft der rationalen Seele ein, als *aliquid animae* (n. 93, S. 427,3). Von diesem *intellectus* als Seelenkraft unterscheidet er einen *intellectus* als *superius ‚aliquid*' (n. 94, S. 428,6), der nicht in die rationale Seele *ut natura* gehört. Diesen höheren Intellekt charakterisiert er mit dem augustinischen Terminus als *capax dei* und beruft sich darüber hinaus auf Platon (n. 95, S. 429,1f.).

Ziel der Auslegung Eckharts ist es zu zeigen, dass und inwiefern der Bibelvers 7,10 zweifach ausgelegt werden kann (n. 92, S. 425): bezogen auf die *sapientia increata* und bezogen auf die *sapientia participata,* wobei die letztere Auslegung, wie er im weiteren Verlauf betont, dem eigentlichen Sinn des Bibelverses eher zu entsprechen scheint (n. 93, S. 426,6–8). In seiner Begründung geht er in zwei Schritten vor. Auf den gedanklichen Hintergrund des ersten Schritts – seine Ausführungen zu Sap. 1,15 und die *perfectiones generales* wie z. B. *Gerechtigkeit, Weisheit und dergleichen* (n. 41–45, S. 362–369) – weist er am Ende der ersten Argumentationseinheit explizit hin (n. 93, S. 427,7–9).

(1) Bezogen auf die *sapientia increata,* ist der Sinn des Schriftwortes offenkundig und *nichts Besonderes* (n. 93, S. 426,8). Gott als *sapientia increata,* als Licht, ist *der Allererste und Allerhöchste* (n. 92, S. 425,5f.). Dieses Licht kann nicht erlöschen oder verdunkelt oder von einem Niederen beeinflusst werden. Im zweiten Fall ist die uns mitgeteilte Weisheit, die *sapientia participata*, gemeint, und auch sie soll unvergänglich sein. Diese eigentliche Aussage des Satzes begründet er zunächst (n. 93) mit dem, wie er später einräumt, nicht einheitlichen Sprachgebrauch der Bibel. Die Schrift verwende ‚*lux*' hauptsächlich für Gott; ‚lumen' dagegen bedeute etwas Mitgeteiltes. Wenn es Eccles. 24,6 heiße: ‚*Ich machte, dass am Himmel ein unvergängliches Licht (lumen) aufging*', dann besage dies, dass das *lumen aliquid participatum* [...] *utpote factum*, und *indeficiens,* unvergänglich sei (n. 93, S. 426,10–427,1). ‚*Lumen*' bezeichnet also das partizipierte Licht, das durch die göttliche Weisheit unvergänglich geschaffen wurde. *Unauslöschlich* ist demnach auch das von Gott mitgeteilte Licht der *sapientia participata* (n. 93, S. 427,7f.); dabei handelt es sich, wie bei der Gerechtigkeit, aber nicht um eine feste Qualität, sondern um eine unverfügbare Konfiguration, die darin besteht, dass die göttliche *sapientia* in der geschaffenen wohnt (vgl. n. 45, S. 368,4–8). Als *exemplum maximum* für die Relation von *sapientia participata* und *increata* führt Eckhart in seiner Interpretation von Sap. 1,15, auf die er abschließend verweist (n. 93, S. 427,8f.), das Verhältnis von Leib und Seele an –

mit einer, wie er selbst vermerkt, *ungewöhnlichen* Deutung des aristotelischen Diktums von der Einheit von Leib und Seele: nicht die Seele sei im Leib, sondern der Leib in der Seele. Sie belebe den Leib und gehe nicht mit ihm zugrunde, da sie nicht an die Materie gebunden sei (n. 42, S. 364,8–14).

Mit dem biblischen Sprachgebrauch stimmt, nach Eckhart, der einiger Aristoteles-Kommentatoren überein. Sie bezeichneten den *intellectus agens* als eine Kraft der Seele, *aliquid animae*, weil ihn Aristoteles im dritten Buch von ‚*De anima*' als *lumen* und nicht als *lux* bezeichnet habe.[207] Von einer solchen Unterscheidung ist im griechischen Text von ‚*De anima*' III, 5 allerdings keine Rede.

(2) Wie seine Auffassung von der *sapientia participata* als *inexstinguibilis* genauer zu verstehen ist, erläutert Eckhart in einem zweiten Argumentationsschritt (n. 94, S. 427,10 – n. 95, S. 429,9). Er beginnt mit Rekurs auf eine Unterscheidung des Averroes und bringt den Gedanken der Analogie ins Spiel: Wie man bestimmte Aussagen mit Bezug auf Himmelskörper und auf irdische Körper nur in analoger Weise treffen und verstehen könne, so verhalte es sich auch bei der *sapientia*: Himmelskörpern und irdischen Körpern sei zwar Quantität, Dünne, Dichte gemeinsam, aber doch nur in analogem Sinn, da sie von verschiedener Wesensart seien; in analoger Weise gelte es, zwei *lumina sapientiae participatae* zu unterscheiden – entsprechend der Unterscheidung eines naturhaften *intellectus agens* als einer Seelenkraft und eines Intellekts, der etwas *Höheres und ‚Göttlicheres' ist. Das Licht der Weisheit wird als Licht der Weisheit nicht von den Körpern aufgenommen, aber auch nicht von der vernünftigen Seele, sofern sie Natur oder ein naturhaftes Seiendes ist, sondern allein vom Intellekt, sofern er Intellekt, ‚etwas' Höheres und ‚Göttlicheres' ist, gemäß dem Wort: ‚wir sind von Gottes Geschlecht' (Apg 17,29), sofern wir nach dem Bild des ungeschaffenen Gottes sind. ‚Durch das nämlich ist (die Seele) Bild Gottes, wodurch sie für ihn empfänglich ist', wie Augustinus sagt.*[208] Der Intellekt, der *superius aliquid est et divinius*, ist *capax dei.* Und daraus erhellt, nach Eckhart, *warum das Licht der Weisheit unauslöschlich ist, (nämlich) durch das, wodurch es vom Intellekt aufgenommen wird.*[209]

Wie beim ersten Augustinuszitat zieht Eckhart auch hier im Anschluss an die theologische Begründung einen „philosophischen Beweis" für seine Deutung des Satzes heran – *Plato beweist, die Seele sei durch das unsterblich, wodurch*

---

[207] „Ad hoc facit quod expositores philosophi dicunt intellectum agentem esse aliquid animae, eo quod ipsum vocat lumen, non lucem, in III De anima" (n. 93, S. 427,2–4).

[208] „Lumen quidem sapientiae, sub ratione sapientiae, non recipitur in corporibus, sed nec in anima rationali, ut natura sive ens est in natura, sed in solo (intellectu), in quantum intellectus est, superius ‚aliquid' est et ‚divinius', secundum quod ‚genus dei' sumus, Act. 17, secundum quod ad imaginem sumus increati dei. ‚Eo enim imago est, quo dei capax est', ut ait Augustinus" (n. 94, S. 428,4–8).

[209] „Patet igitur ratio, quare lumen sapientiae hoc ipso est inexstinguibile, quo in intellectu recipitur" (n. 94, S. 428,8f.).

sie für die Weisheit empfänglich und ihr Träger ist[210] – um sie dann noch einmal theologisch zu erweitern und zu präzisieren: Der Ort, wo das *lumen divinum* immer unauslöschlich leuchtet, wenn es auch manchmal verborgen ist, ist nicht der *intellectus* als Seelenkraft, sondern der *intellectus* als Seelengrund. Damit stimme Augustins Lehre überein, dass das *göttliche Licht im Grund der Seele immer leuchtet, wenn es auch verborgen ist.*[211] Nicht die menschliche *sapientia,* sondern die göttliche *sapientia* im *abditum mentis,* dem „Ort", in dem Gott aufgenommen werden kann, ist also unauslöschlich. Das *abditum* ist durch Gott und nicht durch sich selbst ewig und unauslöschlich, und der Mensch wird durch Gott von innen heraus vergöttlicht. Bezogen auf die Ausgangsfrage von Sap. 7,10 bedeutet das: Der Satz der Schrift: *Sapientia lumen inexstinguibile est* bezieht sich auch auf die *sapientia participata,* aber nur in einem analogen Sinn auf den *intellectus* als *lumen naturale* und im eigentlichen Sinn nur auf den *intellectus* als *aliquid superius,* als den „Ort", der das göttliche Licht aufzunehmen vermag. *Das abditum mentis* ist zugleich *factum,* geschaffen, und *indeficiens,* ewig durch seine Empfänglichkeit.

---

210 „Plato probat animam eo esse immortalem, quo capax est et subiectum sapientiae" (n. 95, S. 429,1f.).

211 „item quod ipse Augustinus docet, quod in abdito mentis semper lucet, quamvis lateat, lumen divinum" (n. 95, S. 429,2–4).

Vierter Hauptteil: *Es ist dasselbe, was Moses, Christus und der Philosoph lehren.* Eckharts Adaption und Integration aristotelischer und neuplatonischer Theoreme im *‚Johanneskommentar'*

Das Prooemium

1. Der *‚Johanneskommentar'*, den Eckhart wohl nach dem zweiten Pariser Magisterium verfasst hat,[1] zählt zum *‚Opus expositionum'*. Dieses Werk der Schriftauslegungen sollte zusammen mit dem *‚Opus propositionum'* (Thesenwerk) – geplant waren über 1000 Thesen in 14 Traktaten über ontologische, theologische und ethische Fragen – und dem *‚Opus quaestionum'* (Werk der Fragen), das Abhandlungen zu Einzelfragen enthalten sollte, das *‚Opus tripartitum'* bilden. Für das *‚Opus expositionum'* waren Predigtentwürfe und Schriftkommentare vorgesehen. Überliefert sind über 50 lateinische Predigtentwürfe und sieben Kommentare. Die in der Handschrift C überlieferten *Sermones* sind dort gegliedert in *‚Sermones de tempore'*, Auslegungen der Episteln und Evangelien des Dominikaner-Missales, und *‚Sermones de sanctis'*, Auslegungen von Episteln und Evangelien aus den Messformularen für Heilige, dem *‚Commune sanctorum'*.[2] Von den Kommentaren sind zwei *‚Genesis-Kommentare'*, die Kommentare zu *‚Exodus'*, zu *‚Eccle-*

---

1 Zur Periodisierung der Werke Eckharts vgl. Georg Steer, Die Schriften Meister Eckharts in den Handschriften des Mittelalters, in: Die Präsenz des Mittelalters in seinen Handschriften, hg. v. Hans-Jochen Schiewer und Karl Stackmann Tübingen 2002, S. 209–302. Loris Sturlese, Meister Eckhart in der Bibliotheca Amploniana. Neues zur Datierung des *‚Opus tripartitum'*, in: Die Bibliotheca Amploniana. Ihre Bedeutung im Spannungsfeld von Aristotelismus, Nominalismus und Humanismus, hg. v. Andreas Speer, Berlin u. a. 1995, S. 434–446.

2 Vgl. Josef Koch in seiner Einführung, LW III, S. XIX.

siasticus', zum *Johannesevangelium*', zum ,*Weisheitsbuch*' und zum ,*Hohen Lied*' erhalten.

Der ,*Johanneskommentar*' ist in zwei großen Eckhart-Handschriften überliefert: in der Berliner Handschrift (B) und in der Kueser Handschrift (C), die beide, nach Karl Christ, auf eine gemeinsame Vorlage zurückgehen.[3] B ist, nach den Editoren, älter und zuverlässiger als C. Sie ist von Christ und Koch als Leithandschrift ihrer Ausgabe zugrundegelegt worden.

Eckhart interpretiert den Text nicht Vers für Vers, sondern greift einzelne Worte und Passagen heraus, die für ihn die göttliche Wahrheit in ihrer ganzen Fülle enthalten. So umfasst die Auslegung des ersten Kapitels des Johannesevangeliums mehr als ein Drittel des gesamten Kommentars; davon sind wieder mehr als zwei Drittel auf den Prolog ausgerichtet.[4]

2. Das *Prooemium* beginnt mit einem Ezechiel-Zitat: ,*Ein mächtiger Adler mit weiten Fittichen, langgestreckten Gliedern, in buntem Gefieder kam zum Libanon und trug das Mark der Zeder davon. Den Wipfel ihres Laubes riss er ab und brachte ihn in das Land Kanaan*' (Ez 17,3). Dieser Satz erfüllt sich, nach Eckhart, in Johannes. Er ist der Adler und er hat *in sinu patris* (n. 1,8f.), im Innersten der Gottheit, das tiefe Wort aufgenommen, das er den Menschen mitteilt: *Am Anfang war das Wort.* Er überragt, was Augustinus bestätige, die anderen Evangelisten *an Tiefe der göttlichen Mysterien* und blickt in das göttliche Licht, ohne geblendet zu werden, wie der Adler in die Sonne. Als Lieblingsjünger Christi hatte er einen unmittelbaren Zugang zur *sapientia celestis* – er schöpfte *den Trank himmlischer Weisheit* [...] *aus der Quelle selbst* – und war darauf bedacht, den Menschen mit dem Satz *im Anfang war das Wort* das Mysterium der Trinität und die Göttlichkeit Christi anzuvertrauen. Damit ist die zentrale Thematik der *expositiones* angesprochen: die Gottessohnschaft Christi und die mit dessen Inkarnation eröffnete Möglichkeit des Menschen, „aus Gott geboren" zu werden; das ist, nach Eckhart, der Kern der Botschaft des Evangeliums, das Mark, die *medulla*, die der Adler Johannes[5] aus der Gottheit zu den Menschen bringt.

Für die Interpretation des Prologs formuliert Eckhart eine doppelte Intention: Er beabsichtige, die Lehren des christlichen Glaubens und der Schrift beider Testamente mit Hilfe der *rationes naturales philosophorum* auszulegen.[6] Er begründet dieses Verfahren zunächst mit dem Hinweis auf Rom 1,20, wo Paulus von der Möglichkeit natürlicher Gotteserkenntnis spricht: wie der Mensch „das

---

3 Vgl. Karl Christ, Eine neue Handschrift von Meister Eckharts Kommentar zum Johannes-Evangelium, in: ZBB 51(1934), S. 10–29.

4 Vgl. Koch, ebd., S. XVI.

5 An anderen Stellen bedeutet der Adler *in figura* den Intellekt (Ex. n. 265, S. 214,4–7; Eccl. n. 9, S. 238,2f.); in der Predigt ,*Von dem edeln menschen*' bedeutet er die edle Natur des Menschen: *Daz unser herre heizet einen edeln menschen, daz nemmet der wîssage einen grôzen adeler* (DW V, S. 118,28f.).

6 Vgl. Kurt Flasch, Die Intention Meister Eckharts, in: Sprache und Begriff. Festschrift für Bruno Liebrucks, hg. v. Heinz Röttges u. a., Meisenheim am Glan 1974, S. 292–318.

Unsichtbare an Gott“ durch die Geschöpfe erkennen kann, und mit Bezug auf die Glosse, die auch die Trinität, den „Sohn“ und den „Hl. Geist“ einbezieht. Als weitere Autorität nennt Eckhart Augustinus, der in seinen ‚*Confessiones*‘ (VII, 9,13) berichtet, er habe den ersten Satz des ‚*Johannesevangeliums*‘ und große Teile des ersten Kapitels in Platons Büchern gelesen.[7] Auch in ‚*De civitate dei*‘ bestätige er diese Sichtweise, wenn er von dem Ausspruch eines Platonikers berichtet, man solle den Anfang des ersten Kapitels *bis zu der Stelle ‚es war ein Mensch, von Gott gesandt‘* mit goldenen Lettern niederschreiben und an weithin sichtbaren Orten aufstellen (X, 29).

Das Zitat deutet auch Grenzen an. Die Konvergenz von Philosophie und christlicher Lehre reicht nur „bis zu der Stelle“, an der von Johannes dem Täufer als Verkünder der Ankunft Christi die Rede ist. Eckhart geht auf diese Einschränkung nicht ein. Augustinus hatte dagegen von partiellen Übereinstimmungen zwischen den Lehren der Philosophen und dem ‚*Johannesevangelium*‘ gesprochen, aber auch auf doktrinale Lücken in ihren Schriften hingewiesen, die gerade zentrale Mysterien des Christentums betreffen. Die Philosophen hätten zwar, führt Augustinus in ‚*De civitate dei*‘ aus, eine schattenhafte Vorstellung von der Trinität gehabt und die Dreipersönlichkeit Gottes erahnt (X, 29), seien aber in ihrem Denken an der Menschwerdung Christi und seinem Kreuzestod gescheitert (vgl. CCL 36, II,2). Niemand könne aber das Meer dieser Welt überqueren, wenn er nicht vom Holz des Kreuzes getragen werde. Und in den ‚*Confessiones*‘ betont er, dass er bei den Platonikern von Inkarnation und Gotteskindschaft nichts gelesen habe (VII, 9,14; vgl. De civ. dei X, 29). Die Schrift enthält also Wahrheiten, die die Philosophie nicht erreichen kann.

Im abschließenden Paragraphen des *Prooemiums* nennt Eckhart seine zweite Intention. Er will zeigen, *wie die Wahrheiten der Prinzipien, Folgerungen und Eigentümlichkeiten in der Natur* [...] *in den Worten der Hl. Schrift* [...] *klar angedeutet sind.*[8] Damit stellt er den doppelten methodischen Anspruch, die *divina* durch natürliche Gründe auszulegen, aber auch das gegenläufige Verfahren zu praktizieren, die *proprietates* der *naturalia* in den Worten der Schrift wiederzufinden. Beide Verfahren wendet Eckhart in seinem Kommentar ständig an, beide gelten ihm als legitim. Die Worte der Schrift sind, wie Eckhart hinzufügt, auch Grundlage für bisweilen eingefügte *expositiones morales*.

Die Möglichkeit beide Verfahren zu kombinieren ist, wie der Kommentar immer wieder betont, schöpfungstheologisch begründet: *divina, naturalia* und *moralia* gleichen sich in ihren Grundstrukturen, weil alles von einem Schöpfer stammt. Aus *einer Quelle und einer Wurzel der Wahrheit* (n. 185) geht alles hervor,

---

7 Vgl. Ruedi Imbach, Hinweise auf Eckharts Auslegung des Johannesevangeliums (Prolog und 1,38) im Vergleich mit Augustin und Thomas von Aquin, in: Meister Eckhart als Denker, hg. v. Wolfgang Erb, Norbert Fischer, Stuttgart 2018, S. 136–141.

8 quomodo veritates principiorum et conclusionum et proprietatum naturalium innuuntur luculenter [...] in ipsis verbis sacrae scripturae (LW III, n. 3, S. 4,14f.).

was wahr ist. Daher besteht zwischen der Botschaft der Bibel und Sätzen der Philosophie, der Naturerkenntnis und der Kunst eine prästabilierte „Konsonanz“[9]: sie erhellen sich wechselseitig. *Denn wie es ein Anzeichen von Anmaßung und Unbesonnenheit ist, nur glauben zu wollen, wenn man eingesehen hat, ebenso ist es ein Anzeichen von Trägheit und nachlässig, das, was man im Glauben annimmt, nicht mit Vernunftgründen und Gleichnissen zu erforschen, zumal ja jedes Geschöpf zum mindesten eine Spur des Schöpfers* [...] *ist.*[10] Mit dieser Begründung ist aber auch der Anspruch verbunden, dass die Bibel als Wort Gottes letzte Quelle der Wahrheit und allen Wissens ist und philosophische Streitfragen – wie z. B. die Frage, *wie die Wesenheiten in die Materie gelangen*, die in der Tradition kontrovers diskutiert wurden – im Rekurs auf die Bibel mit letzter Gewissheit beantwortet werden können.[11]

3. In seiner Verwendung der *rationes naturales philosophorum* bezieht sich Eckhart häufig auf ‚*De anima*‘, auf die ‚*Metaphysik*‘ und ‚*Physik*‘ des Aristoteles, auf Dialoge Platons und auf neuplatonische Schriften, insbesondere auf den ‚*Liber de causis*‘, dessen Rezeption im 12. und 13. Jahrhundert durch den Umstand begünstigt wurde, dass man ihn Aristoteles zuschrieb. Man ging von der Annahme aus, dass es sich bei dieser Schrift um eine Ergänzung der aristotelischen ‚*Metaphysik*‘ handele, in der man einen Traktat über die immateriellen Geistsubstanzen vermisste.[12] Für Eckhart und andere mittelalterliche Autoren lag die Bedeutung dieser Schrift vor allem darin, dass sie den Schöpfungsbegriff einführte und dadurch den Neuplatonismus mit christlichem Denken kompatibler machte. Der ‚*Liber de causis*‘ entfaltet ein System von Ursachen, in dem „das Sein jeder Ursache und jedes Verursachten im Sein und Wirken einer ersten Ursache“[13] gegründet ist, die durch ihre Gegenwart in allem den Zusammenhang des Ganzen konstituiert, indem sie die Gesamtheit der Seienden in einem Akt kreativen Sich-Verströmens als eine hierarchisch gestufte Ordnung hervorbringt und wieder auf sich zurückwendet.

Mit dem neuplatonischen Begriff des Sich-Verströmens der ersten Ursache und der Rückwendung der Seienden auf die *causa prima* ist ein harter Gegensatz zur aristotelischen Philosophie markiert. „Wie ist Seiendes in Beziehung zu

---

9 Eckhart spricht auch von consonare (n. 361, S. 301,6).

10 „sicut enim praesumptionis est et temeritatis nolle credere, nisi intellexeris, sic ignaviae est et desidiosum, quod fide credis, rationibus naturalibus et similitudinibus non investigare, praesertim cum omnis creatura ad minus sit vestigium creatoris“ (n. 361, S. 307,1–4).

11 Vgl. n. 150, S. 124,5–10.

12 Thomas von Aquin erkannte, dass es sich bei dem ‚*Liber de causis*‘ um die lateinische Übersetzung eines arabischen Textes handelte, dessen hauptsächliche Grundlage die ‚*Elementatio theologica*‘ des Proklos war. Im *Prooemium* seines Kommentars zum ‚*Liber de causis*‘ hält er fest, dass diese Schrift „von einem arabischen Philosophen aus dem vorgenannten Buch des Proclus exzerpiert zu sein“ scheint.

13 Werner Beierwaltes, Primum est dives per se. Meister Eckhart und der Liber De Causis, in: On Proclus and his influence in Medieval Philosophy, hg. v. Egbert P. Bos und Pieter A. Meijer, Leiden u. a. 1992, S. 141.

seinem Ursprung strukturiert? In der Antwort auf diese Frage scheidet sich ein streng aristotelisches Denken von einem durch den Neuplatonismus bestimmten Philosophieren."[14] Aristoteles, dessen Naturphilosophie gerade auf dem Prinzip der Selbstständigkeit und Selbstbezüglichkeit alles Lebendigen aufbaut, kennt keinen Schöpfergott. Gott ist das ewige, beste Lebewesen, dem beständige und ewige Fortdauer zukommt, ζωὴ ἀρίστη καὶ αἴδιος (1072b28). Seine Tätigkeit besteht in der Tätigkeit des Geistes, ἐνέργεια νοῦ, der nicht irgendein Objekt, sondern das göttlichste, sich selbst, denkt (1074b33f.), es ist Denken seiner selbst, νόησις νοήσεως (1074b 34). „Sein – Leben – Denken" bilden eine Einheit. Das reflexive Denken des aristotelischen Gottes ist aber „nur die reinste Form der gleichen Selbstbezüglichkeit, die er bei anderen Formen aller Arten von Leben gefunden hatte".[15] Der Kosmos ist ein „Ordnungssystem abgestufter Formen von Selbstbezüglichkeiten" (ebd.), die aber nicht von der obersten Wesenheit geschaffen worden sind. Das höchste Wesen denkt Aristoteles also in Kategorien des Lebendigen und in einem Modell, in dem alle Endlichkeit und Beschränkung einer zeitlichen Existenz aufgehoben sind. Jede Art von γένεσις und κίνησις, die die natürlichen Seienden kennzeichnen, ist beim Gott als unbewegter Wesenheit, ewigem Leben und Denken des Denkens ausgeschlossen. Er ist nicht *causa efficiens*, er bewegt als unbewegter Beweger. Die Frage, wie die Seienden aus ihrem göttlichen Ursprung hervorgehen, stellt sich für Aristoteles nicht. Im ‚*Liber de causis*' dagegen gehen die Seienden notwendig aus der Ursächlichkeit der *causa prima* hervor, die Schöpfung der Dinge ist im Unterschied zum christlichen Schöpfungsbegriff aber ein apersonaler Akt und keine *creatio ex nihilo*.

Eckhart geht im ‚*Johanneskommentar*' selektiv mit seinen philosophischen Vorlagen um: Er nimmt einerseits aus dem ‚*Liber de causis*' neuplatonische Elemente auf – Gott als *causa prima* und Schöpfer einer nach dem Prinzip gestufter Partizipation hierarchisch gegliederten Ordnung – andererseits rekurriert er bei der Beschreibung des Wirkens der ersten Ursache nicht auf das neuplatonische Modell eines kreativen Ausfließens (*fluxus, emanatio*),[16] sondern greift in der ‚*Recollectio*' der Verse 1–14 (n. 132–166) vor allem auf die aristotelische Denkfigur des substantiellen Entstehens, γένεσις, zurück, die er mit neuplatonischen Theoremen verbindet. Dabei kommt ihm entgegen, dass auch Aristoteles bei der Frage, welche Prinzipien den Entstehungsprozessen in Natur und Kunst zugrundeliegen, zwar Unterschiede, aber auch Gemeinsamkeiten zwischen Naturdingen und Artefakten sah. Die „Universalität des Vierursachenschemas"[17], das dieselben Prinzipien enthält, die Naturdinge wie Artefakte in

---

[14] Werner Beierwaltes, Der Kommentar zum ‚liber de causis' als neuplatonisches Element in der Philosophie des Thomas von Aquin, in: PhR 11(1963), S. 192.

[15] Oehler, 1984, S. 93, vgl. H 1, Kap. 1, 2.3.2.1.

[16] Anders verfährt er z. B. im ‚*Sapientia-Kommentar*'.

[17] Wieland, 2003, S. 235.

Bezug auf ihre Entstehung und Natur erklären,[18] ist ein Beispiel für Aristoteles' physiomorphe Deutung der ποίησις und technomorphe Deutung der Natur.

Diese Doppelung eröffnet Eckhart den Weg, das Wirken Gottes als *causa prima* einmal als ποίησις nach dem Modell des Künstlers und ein anderes Mal als Zeugungsvorgang nach dem Modell natürlichen Hervorbringens darzustellen – „immer ist ‚irgendwie' das Hervorgebrachte im Hervorbringenden".

4. Textgrundlage der folgenden Interpretation ist die ‚*Recollectio*' (In Ioh. LW III, n. 132–166, S. 113–137), in der Eckhart seine Auslegungen der Verse 1–14 des Prologs, die sich über 127 Abschnitte erstrecken (n. 4–131), in 34 Abschnitten zusammenfasst. Er nimmt eine eigene Phrasierung der Bibelverse in 15 „Hauptsätze" vor.[19] So zerlegt er den ersten Vers des Prologs in drei Hauptsätze und fasst die Verse 6–8 in einem Hauptsatz (HS 9) zusammen – denen er jeweils eine *ratio naturalis philosophorum* zuordnet.

Die ersten vierzehn Verse des Prologs handeln, nach Eckhart, erstens vom Sohn-Gottes-Sein Christi und seiner innertrinitarischen *generatio,* von der Schöpfung in Christus, der *ratio idealis* der Kreaturen, und von der *conditio humana* vor der heilsgeschichtlichen Wende (V. 1–8), zweitens vom Sohn-Gottes-Werden des Menschen, das durch die Inkarnation möglich wurde (V. 9–14). Die ersten acht Hauptsätze legt Eckhart anhand von philosophischen Theoremen aus, dem aristotelischen Prinzip der Synonymität, der neuplatonischen Trias Sein-Leben-Denken und der *causa-prima*-Lehre. Vom neunten Hauptsatz an geht es um die heilsgeschichtliche Wende, die mit dem Auftreten Johannes' des Täufers und Christi beginnt. Er deutet sie im Rekurs auf die aristotelische Naturphilosophie als „Figuren" akzidenteller Veränderung und substantiellen Entstehens. Die *medulla,* das Innerste, des ‚Johannesevangeliums' entwickelt er in der Auslegung der Hauptsätze 10–14, in der seine *expositiones* kulminieren. Es ist die Botschaft von der Menschwerdung Christi und dem dadurch ermöglichten Gottes-Sohn-Werden des Menschen, die Eckhart mit Begriffen der aristotelisch-peripatetischen Intellekttheorie als Überformung des menschlichen Intellekts durch den göttlichen Intellekt entfaltet.

---

18 Ein Beispiel dafür ist das Prinzip der Synonymität bei der Formursache.

19 Eckhart spricht z. B. vom zehnten Vers als *decimum principale* (n. 151, S. 124,11).

Schematische Darstellung[20]

Hauptsätze	Verse	Vernunftgründe
1. Hauptsatz	„Im Anfang war das Wort“ (V. 1,1)	Das Hervorgebrachte ist seinem Wesen nach im Hervorbringenden (n. 134).
2. Hauptsatz	„Und das Wort war bei Gott“ (V. 1,2)	Zwischen dem Ursprung und dem aus ihm Entsprungenen muss eine Unterscheidung sein; denn sonst brächte etwas sich selbst zum Sein hervor (n. 135).
3. Hauptsatz	„Und Gott war das Wort“ (V. 1,3)	Da das Entsprungene in seinem Ursprung ist, muss es dasselbe wie der Ursprung sein (n. 136).
4. Hauptsatz	„Dieses Wort war im Anfang bei Gott“ (V. 2)	Das Entsprungene und sein Ursprung sind dasselbe (n. 137).
5. Hauptsatz	„Alles ist durch ihn geworden und ohne ihn ward nichts“ (V. 3,1)	Alles, was vom Ursprung selbst gemacht ist, muss durch das aus ihm Entsprungene gemacht werden (n. 138).
6. Hauptsatz	„Was geworden ist, war in ihm Leben“ (V. 3,2–4,1)	Jede *causa essentialis* ist etwas Lebendiges, ist Leben; was aber im Leben ist, ist Leben (n. 139).
7. Hauptsatz	„Und das Leben war das Licht der Menschen“ (V. 4,2)	Wie das Sein im Leben Leben ist, so ist Leben im Geist Licht und Denken (n. 139).
8. Hauptsatz	„Und das Licht leuchtet in der Finsternis und die Finsternis hat es nicht erkannt“ (V. 5)	Die obersten Wesen erfassen alles, die niederen erfassen nicht die höheren (n. 140).
9. Hauptsatz	„Es war ein Mensch, von Gott gesandt, der hieß Johannes. Dieser kam zum Zeugnis, auf dass er Zeugnis gebe von dem Licht, damit alle durch ihn	Der Intellekt des Menschen ist zwar Licht, aber nicht das wahre Licht (n. 141–150).

20 Die „synthetische Übersicht“ Imbachs, 2018, S. 158f. bezieht sich nicht speziell auf die ‚*Recollectio*‘ und geht von anderen Gesichtspunkten aus.

Hauptsätze	Verse	Vernunftgründe
	glaubten. Er war nicht das Licht, sondern sollte Zeugnis von dem Licht geben“ (V. 6–8)	
10. Hauptsatz	„Er war das wahre Licht, welches jeden Menschen erleuchtet, der in diese Welt kommt“ (V. 9)	Alles, was sein Licht anderswoher hat, ist nicht das wahre Licht, sondern Finsternis (n. 151).
11. Hauptsatz	„Und die Welt ist durch ihn geworden, und die Welt hat ihn nicht erkannt“ (V. 10)	Das Licht ist das Sein (n. 152).
12. Hauptsatz	„Er kam in sein Eigen, und die Seinen nahmen ihn nicht auf“ (V. 11)	Das Geschöpf hat sein Sein ganz und gar vom Schöpfer (n. 152).
13. Hauptsatz	„Allen aber, die ihn aufnahmen, gab er Macht, Gottes Söhne zu werden“ (V. 12–13) ... „die nicht aus dem Blut noch aus dem Willen des Fleisches noch aus dem Willen des Mannes, sondern aus Gott geboren sind“ (V. 13)	Das Geschöpf ist Sohn des Schöpfers, und das Seiende der Sohn des Seins (n. 153–154).
14. Hauptsatz	„Er gab ihnen Macht, Gottes Söhne zu werden“ (V. 12) ... „und das Wort ist Fleisch geworden“ (V. 14)	Der *intellectus agens* wird auf Grund vieler Denkakte mit uns vereint und zu unserer Form (n. 155).
15. Hauptsatz	„Und wir haben seine Herrlichkeit gesehen“ (V. 14)	Der Eingeborene vom Vater hat naturgemäß alles, was der Vater hat (n. 156, 157–159; vgl. n. 122)
	Vater, Sohn und Heiliger Geist sind eins (1Joh 5,7)	*Duplex amor* (*amor finis* und *amor concomitans*) als Explicans der trinitarischen Einheit (n. 160–166)

In den o. a. „Vernunftgründen“ bezieht sich Eckhart, z. T. mehrfach, auf folgende philosophische Begriffe und Theoreme:

- das aristotelische Prinzip der Synonymität

- die aristotelische Ursachenlehre
- die neuplatonische *causa-prima*-Lehre
- die neuplatonische Trias Sein-Leben-Denken
- *vivere viventibus est esse* – die neuplatonische Deutung des aristotelischen Satzes aus ‚*De anima*': τὸ δὲ ζῆν τοῖς ζῶσι τὸ εἶναί ἐστιν (415b13)
- Grundbegriffe der aristotelischen Bewegungslehre, γένεσις und κίνησις (*generatio* und *alteratio*)
- die aristotelische Lehre von der *scala naturae* (*scala vitae*)
- den aristotelischen Begriff der Materie (ὕλη) als *potentia* (δύναμις) und der Form (εἶδος) als *actus* (ἐνέργεια)
- das aristotelische Verständnis der Form als inseiende Form (εἶδος ἐνόν), *forma inhabitans*
- die aristotelische hylemorphistische Auffassung der leib-seelischen Einheit als Wirkeinheit und der Form als Wirkprinzip
- Elemente der aristotelischen und peripatetischen Intellekttheorie: *intellectus agens*, *intellectus adeptus*, *coniunctio*-Modell
- die aristotelische Auffassung vom affirmativen Selbstbezug alles Lebendigen
- Elemente der aristotelischen Ethik; die Unterscheidung von *amor finis* und *amor concomitans*

Erstes Kapitel: Das Gottes-Sohn-Sein Christi und die Schöpfung – die Trinität als *exemplar* allen Hervorbringens und Hervorgebrachtwerdens (Hauptsätze 1–8, n. 132–140)

Die ersten Sätze des Prologs deutet Eckhart als Aussagen nicht nur über das Verhältnis der trinitarischen Personen zueinander, insbesondere des Sohnes zum Vater, sondern auch über die Prinzipien allen Hervorbringens in der natürlichen Welt. Die Trinität ist vollkommenes, höchstes Leben, das sich mitteilt; sie ist Ursprung und Muster allen Entstehens.

Den detaillierten Auslegungen der Verse 1–5 in der ‚*Recollectio*' stellt Eckhart eine kurze worttheologische Vorbemerkung zum ersten Satz des Prologs „Im Anfang war das Wort" voran. Sie fasst in komprimierter Form die Kristallisationspunkte seiner *expositio* – das innertrinitarische Hervorgehen des Sohnes aus dem Vater und das Hervorgehen der Geschöpfe aus dem Sohn – zusammen und umreißt das Deutungsmuster seiner Interpretation: das in seinen Grundlagen aristotelische Modell des Hervorbringens in Natur und Kunst, das er mit neuplatonischen Theoremen, insbesondere der Trias Sein, Leben, Denken, verbindet.

Dabei muss man wissen, dass jedes durch ein Wort bezeichnete Ding Wort genannt zu werden pflegt [...]. *Der Grund ist der, dass jedes Ding seinen Ursprung oder seine Ursache ausspricht und kundgibt; das Wort aber ist nichts anderes, noch hat es einen anderen Sinn oder Zweck, als den Gedanken dessen, der spricht, kundzugeben.*[1] Eine ausführlichere Version dieses Gedankengangs findet sich in n. 28 und n. 29 des Kommentars. Dort bezieht sich Eckhart auf Augustins ‚*De diversis quaestionibus*', quaestio 63,[2] der die Übersetzung von λόγος im ersten Satz des Prologs mit ‚Wort' und nicht mit ‚Idee' damit begründet, dass nicht nur die Beziehung zum Vater zum Ausdruck kommen soll, sondern auch ‚*zu all dem, was durch das Wort*

---

1 „Sciendum quod res omnis signata per verbum aliquod solet vocari verbum [...]. Ratio est, quia res omnis dicit et manifestat suum principium vel suam causam; verbum autem non est aliud nec ad aliud nec propter aliud, nisi ut manifestet conceptum mentis eius qui loquitur" (n. 132, S. 113,14–114,3).

2 Vgl. Largier, 1993, II, S. 861.

in wirksamer Macht geworden ist. Denn die Idee wird mit Recht auch dann Idee genannt, wenn nichts durch sie Dasein erhält'. Soweit Augustin.[3]

Der Begriff ‚Idee' ist also zweideutig. Er kann als eine von den Dingen durch den Intellekt abstrahierte kognitive Entität verstanden werden, die später ist als die Dinge, aber auch als Idee, die vor den Dingen, die Ursache der Dinge und ihre „schöpferische Idee" ist (n. 29). In der Trinität geht der Sohn als das Wort des Vaters hervor; als das ausgesprochene Wort des Vaters ist er seiner Natur nach eins mit dem Vater. Und der Sohn als Wort ist zugleich schöpferisches Wort, das vor den Dingen, die Ursache der Dinge, *ratio idealis*, ist, nach der sie geschaffen sind. Der oben zitierte einleitende Satz besagt also: Jedes Ding wird Wort genannt, weil es sein Zweck ist, den *conceptus mentis* dessen, der spricht, darzutun.[4]

Die innertrinitarischen Relationen der göttlichen Personen und die Relation Gottes zur Schöpfung versteht Eckhart als *productio in esse* (n. 133, S. 114,5), als eine Hervorbringung im Sein, und bringt sie mit der *ratio naturalis philosophorum* in Verbindung, derzufolge *jedes Ding eben deshalb, weil es zum Sein hervorgebracht ist, durch ein anderes zum Sein gelangen*[5] muss, ein aristotelischer, im ‚*Liber de causis*'[6] uminterpretierter Satz (vgl. dort *propositio I*).

Für die verschiedenen Weisen der Hervorbringung zum Sein nimmt er eine Hierarchisierung nach dem Kriterium der Immanenz des Prinzipiierten im Prinzip vor: Je mehr das Hervorgebrachte nach Außen hervorgeht, umso mehr hat es Andersheit und Verschiedenheit an sich (n. 133), ein Satz, der sich wohl auf die *propositio XI* des ‚*Liber de causis*' bezieht: *Alle ersten (Wesenheiten) sind in den anderen auf eine Weise, durch die es möglich ist, dass das eine von ihnen in dem anderen ist*[7] – und der das aristotelische Prinzip der Immanenz des Hervorbringenden im Hervorgebrachten (vgl. ‚*Metaphysik*', XII, 3) auf die Relation geistiger Wesenheiten bezieht. Eckhart zielt bei der Bestimmung der innergöttlichen Relationen auf diesen Zusammenhang. *Der Ursprung steigt ganz und gar und mit allen seinen Eigentümlichkeiten in das Abgeleitete nieder. Ich wage zu sagen, (dass er) auch mit seinem Eigenen (niedersteigt) – ‚Ich bin im Vater und der Vater ist in mir' (Joh*

3 „‚ad illa etiam quae per verbum facta sunt operativa potentia. Ratio autem, etsi nihil per illam fiat, recte ratio dicitur'. Hucusque verba Augustini" (n. 28, S. 22,7–9).

4 Was seine Überlegungen zum Verhältnis von Ding und Wort anbetrifft, bezieht sich Eckhart, nach Koch, auf Thomas' Kommentar zu ‚*Peri hermeneias*' (S. 114, Anm. 3). Zur aristotelischen Auffassung des Verhältnisses von Ding und Wort bemerkt Wieland, 1970, S. 121: Wir können von dem Ding selbst nie anders sprechen „als dadurch, dass wir seinen in der Definition auslegbaren Wesensbegriff angeben." Bei Eckhart heißt es: Jedes Ding spricht seinen Ursprung aus.

5 „res omnis universaliter hoc ipso quod producta est in esse, necesse est ab alio quodam produci in esse" (n. 133, S. 114,4f.).

6 Den ‚*Liber de causis*' zitieren wir nach der Ausgabe von Rolf Schönberger und Andreas Schönfeld, Hamburg 2003.

7 „Primorum omnium quaedam sunt in quibusdam per modum quo licet ut sit unum eorum in alio" (Prop.XI (XII) 103, S. 26).

14,10) – so dass nicht nur dieses in jenem, jedes in jedem ist, sondern dieses jenes, jedes jedes ist: ‚Ich und der Vater sind eins‘ (Joh 10,30).[8]

Gemessen am Kriterium der Immanenz steht die innertrinitarische Relation von *producens* und *productum* an oberster Stelle. Sie hat nur wenig von Andersheit und Verschiedenheit an sich: Das Prinzipiierte, Christus als Gottes Sohn, ist nicht etwas anderes, *non est aliud*, sondern nur ein anderer, *alius* (n. 133). Es besteht Gleichheit der Natur und Einheit der Substanz. Diese Relation wird von Eckhart hier, wie an anderen Stellen der *‚Recollectio‘*, nicht nach dem neuplatonischen Modell des Herausfließens, als *effluxus,*[9] sondern, den aristotelischen Begriff der γένεσις aufnehmend, als *generatio* verstanden; γένεσις bezeichnet bei Aristoteles substantielles Werden, d. h. das Entstehen eines Wesens, eines Lebewesens oder eines Artefakts im Unterschied zu einer nur akzidentellen Veränderung, κίνησις.[10] Beide finden sich nur im sublunaren Bereich. Dort kommt den Lebewesen insofern eine Sonderstellung zu, als sie den Ursprung ihrer Bewegung in sich selbst haben und auch ihr Entstehen sich von dem des künstlich Hergestellten unterscheidet.[11]

Eckhart nimmt den Begriff der γένεσις als *generatio* im Sinne substantiellen Hervorbringens auf, behält ihn aber Gott vor; ebenso übernimmt er die aristotelische Auszeichnung der γένεσις des Lebendigen gegenüber allem Herstellen, reserviert ihn aber für die höchste Form der Immanenz des Hervorgebrachten im Hervorbringenden, für den innertrinitarischen Bereich. Auch bei der Aufzählung weiterer Arten des Hervorgehens orientiert sich Eckhart nicht an neuplatonischen Emanationsstufen, sondern an aristotelischen Vorstellungen vom Kosmos: In der Körperwelt kommt dem ersten Beweglichen, dem Himmel, nichts Entgegengesetztes noch eigentlich Verschiedenheit zu, *nec habet contrarium nec proprie diversitatem* (LW III, n. 133, S. 114,11). Denn die Kreisbewegung – Eckhart bezieht sich dabei auf die aristotelische *‚Physik‘* (214a17–28; 264b18) – ist vollendete Bewegung, eine kontinuierliche Kreisbewegung, die keinen anderen Punkt anstrebt, sondern immer zu demselben Punkt zurückkehrt, *ab eodem in idem* (ebd., n. 133, S. 114,10). Verglichen mit der innertrinitarischen *generatio*, ist das Hervorgehen eines Menschen aus einem anderen auf einer tieferen Ebene angesiedelt. Hier gibt es Verschiedenheit und Gegensatz zwischen dem männlichen und dem weiblichen Part, die für ein aktives und ein passives Element in der *generatio* stehen. Beide gehören derselben Art und Natur an, sie haben die gleiche Form, aber es besteht keine Einheit in der Sub-

---

8 „Principium se toto et cum omnibus suis proprietatibus descendit in principiatum. Audeo dicere quod etiam cum suis propriis – Ioh. 14: ‚ego in patre et pater in me est‘ – ut non solum hoc sit in illo, quodlibet in quolibet, sed hoc sit illud, quodlibet quodlibet, Ioh. 10: ‚ego et pater unum sumus‘“ (LW IV, n. 6, S. 8,8–11).

9 Vgl. Beierwaltes, 1992, S. 145–157.

10 Diese aristotelische Unterscheidung wird später als Unterschied von generatio und alteratio in Eckharts Argumentation noch eine wichtige Rolle spielen.

11 S. o., H 1, Kap. 1, 1.3.

stanz.[12] Nach dem Prinzip der abnehmenden Immanenz des Prinzipiierten im Prinzip führt Eckhart schließlich noch eine Weise des Hervorbringens an – das handwerkliche Herstellen –, bei dem es zwischen Hervorbringendem und Hervorgebrachtem eine Gleichheit weder in der Substanz noch in der Natur und Art gibt.

Im Anschluss an diese Hierarchisierung formuliert Eckhart acht philosophische Grundsätze, die für alle Verhältnisse von Hervorbringendem und Hervorgebrachten gelten, und legt auf dieser Basis zunächst die Hauptsätze 1–8 (Verse 1–5) des Prologs aus, entsprechend seiner Intention, zu zeigen, wie sich Sätze des Evangeliums und Sätze der Philosophen gegenseitig erhellen. Das bedeutet mit Bezug auf den ersten Teil, inwiefern die im Prolog enthaltenen Aussagen über die *proprietates personarum divinarum* zugleich über die Natur und Eigentümlichkeit alles Hervorgebrachten, Hervorbringenden und Hervorbringens belehren (n. 137) bzw., wie die Prinzipien der Naturtheorie der Philosophen die Aussagen der Bibel über die innertrinitarischen Relationen und über die Schöpfungsordnung verständlich machen können.

1. Die innergöttliche *generatio* und der Sohn Gottes als *ratio idealis* der Geschöpfe – das aristotelische Theorem der Synonymität und die neuplatonische *causa-prima*-Lehre

Den **ersten Hauptsatz** – *Im Anfang war das Wort* (Vers 1,1) – setzt Eckhart in Beziehung zu dem philosophischen Grundsatz, *dass das Hervorgebrachte seinem Wesen nach irgendwie vorher in seinem Ursprung ist.*[13] Es ist das Theorem der Synonymität, wie es Aristoteles in Lambda 3 der ‚Metaphysik' entwickelt: *Jede Wesenheit entsteht aus einer wesensgleichen.*[14] Das gilt für alle Formen des Hervorbringens, ob durch Kunst, Natur oder Zufall, verschieden ist nur die Weise, wie das Hervorbringende die Form des Hervorgebrachten in sich hat. *Die Kunst hat den Ursprung in einem anderen, die Natur aber in dem Dinge selbst.*[15] Bei den natürlichen Seienden hat also das Hervorbringende die Form auf dieselbe Weise in sich wie das Hervorgebrachte: „ein Mensch zeugt einen Menschen" (ebd.), eine

[12] Ein wesentliches Element der menschlichen generatio und insgesamt alles Lebendigen, wie Aristoteles es sieht, übergeht Eckhart, dass nämlich das εἶδος, die Form, auf der Ebene des endlichen Seienden im Zeugungsprozess weitergegeben wird und damit die Fortdauer und Ewigkeit der Form gewährleistet ist.

[13] „quod productum sit, praesit et quodammodo prius sit in suo principio" (n. 134, S. 115,5f.).

[14] ἑκάστη ἐκ συνωνύμου γίγνεται οὐσία (1070a4f.).

[15] ἡ μὲν οὖν τέχνη ἀρχὴ ἐν ἄλλῳ, ἡ δὲ φύσις ἀρχὴ ἐν αὐτῷ (1070a7f.).

Eiche entsteht aus einer Eiche. Es wird nicht „Beliebiges aus Beliebigem“, wie Aristoteles in der *‚Physik‘* (188a34) sagt. Bei Artefakten, die zwar ἐκ συνωνύμου entstehen, hat der Hervorbringende, z. B. der Architekt, die Form des Hauses nur in seinem Denken, er hat sie aber nicht in derselben Weise wie das fertige Haus.

Im Neuplatonismus wird das aristotelische Prinzip der Synonymität unter der Perspektive der „überfließenden Mächtigkeit“[16] der *causa prima* aufgenommen. So schreibt Proklos in seiner *‚Elementatio theologica‘*, die Grundlage des *‚Liber de causis‘* ist: *Jede Ursache hat in sich das Verursachte vorweggenommen, als erstes seiend, was jenes als zweites ist.*[17]

Eckharts Auslegung zeigt an dieser Stelle exemplarisch, wie er aristotelische Theoreme mit neuplatonischen verbindet. Er knüpft (n. 134) an den aristotelischen Lehrsatz an, allerdings ohne, wie Aristoteles, zwischen dem natürlichen Hervorbringen und dem Herstellen eines Artefakts zu differenzieren. Er bezieht sich zunächst auf das Entstehen natürlicher Wesen, wenn er argumentiert, dass ohne das Innesein in seinem Ursprung das Hervorgebrachte vom Zufall hervorgebracht wäre und das Hervorbringende nicht etwas ihm Ähnliches hervorbrächte. Und mit Bezug auf die „Sinneserfahrung“ und auf Mt 7,16 fügt er hinzu: „Man sammelt nicht Trauben von den Dornen noch Feigen von den Disteln.“ In der ausführlichen Version (n. 4, S. 6) kommt er zu dem Schluss, dass alles im Ursprung enthalten ist *sicut semen in suo principio*, „wie der Same in seinem Ursprung“ oder *sicut ratio et similitudo*, wie „die Idee und das Gleichnis“ (n. 4, S. 6,3).

Wenn alle Dinge in gleicher Weise in Gott als ihrem Ursprung, ihrer *causa prima*, sind, besteht in Gott kein Unterschied in der Weise des Habens ihrer Formen. Eckhart nivelliert vor dem Hintergrund seiner Schöpfungstheologie mit ihrem allmächtigen Schöpfer diese Unterschiede. Wesentlich ist für ihn der Gedanke, dass alles Geschaffene seinen Ursprung in Gott hat. So denkt er diese Immanenz zugleich und gleichrangig nach dem Modell natürlichen Hervorbringens und nach dem Modell des Herstellens.

Diesen Gedankengang führt er in einer Parallelstelle weiter aus. In der *‚Expositio libri Exodi‘* deutet er das *in principio* des ersten Satzes des Alten Testaments als *ratio idealis*, in der Gott alles schuf. *Et hoc est quod Io. 1 dicitur: in principio erat verbum* (LW I, S. 49,14). Gott schuf im *verbum*, dem Inbegriff der Ideen, die Kreaturen. Ihr Sein ist idealiter im Sohn und deswegen göttlich.

Im ersten Teilsatz des Prologs: „im Anfang war das Wort“ ist also in einem doppelten Sinn von Immanenz die Rede; erstens, von der Immanenz des Sohnes im Vater als Wort, zweitens von der Immanenz der Geschöpfe im Sohn,

---

[16] Vgl. Werner Beierwaltes, Proklos. Grundzüge seiner Metaphysik, Frankfurt/M. 1965, S. 131.

[17] πᾶν τὸ αἴτιον ἐν ἑαυτῷ τὸ αἰτιατὸν προείληφε, πρώτως ὂν ὅπερ ἐκεῖνο δευτέρως (Elem.theol. 65.62,16f.).

verbum, als ihrer *ratio idealis*. Der philosophische Satz von der Immanenz des Hervorgebrachten im Hervorbringenden erhellt somit sowohl die innertrinitarische *generatio* als auch die *creatio*.

Beim **zweiten Hauptsatz** – *Und das Wort war bei Gott* (Vers 1,2) – geht Eckhart von dem philosophischen Grundsatz der Differenz von Prinzip und Prinzipiiertem aus. Wenn es keinen Unterschied zwischen Ursprung und dem aus ihm Entsprungenen gäbe, brächte etwas sich selbst hervor. Auf das Verhältnis der göttlichen Personen in der Trinität bezogen, bedeutet dies, dass es in der Gottheit numerische Einheit der göttlichen Natur und reale Verschiedenheit der göttlichen Personen gibt. Und für die Geschöpfe gilt, dass das Prinzip immer sozusagen der Gott für das aus ihm Entsprungene ist, *deus est sui principiati* (n. 135, S. 115,14), da dieses sein Sein von ihm, durch ihn und in ihm hat (ebd.), also auch in seinem *esse formale* ganz von Gott abhängt. Dafür finde sich vieles in den Büchern der Philosophen. Für den Gedanken eines Schöpfergottes, der Aristoteles fremd ist, kann sich Eckhart auf den Demiurgen in Platons ‚*Timaios*' und auf die schöpferische *causa prima* im Neuplatonismus beziehen.[18]

2. Identität und gestufte Teilhabe. Die neuplatonische Trias Sein-Leben-Denken in Gott und im Bereich der Geschöpfe – die Transformation des aristotelischen Satzes τὸ δὲ ζῆν τοῖς ζῶσι τὸ εἶναί ἐστιν (415b13), *vivere viventibus est esse*

In den *explicationes* der **Hauptsätze 3–8** (Verse 1.3–5) führt Eckhart Schritt um Schritt die neuplatonische Trias Sein-Leben-Denken ein, deren Elemente im zwölften Buch der aristotelischen Metaphysik (1072b26–30) zu finden sind[19] und die ihm wohl über den ‚*Liber de causis*' und dessen Darstellung eines von der *causa prima* ausgehenden umfassenden Systems von Ursachen bekannt war. Demnach gehören *esse, vivere, intelligere* zu den Grundzügen allen Seins, des geschaffenen wie des ungeschaffenen.[20] Die Trias bildet eine wichtige philosophische Grundlage von Eckharts Interpretation der Verse 1,3–5 und tritt nun neben das bisher dominierende aristotelische Modell des Hervorbringens in

[18] Vgl. die Anmerkung von Koch z. St.

[19] Vgl. Pierre Hadot, Être, vie, pensée chez Plotin et avant Plotin, in: Les Sources de Plotin, Entretiens sur l' Antiquité Classique, tome V, Fondation Hardt, Vandoeuvres/Genève 1960, S. 107–141; Beierwaltes, 1965, S. 106–118.

[20] Vgl. Beierwaltes, 1965, S. 117.

Natur und Kunst.[21] Er zieht die Trias heran, um damit das Relationsgefüge innerhalb der Trinität nicht nur als Immanenz, sondern als Identität von *esse, vivere, intelligere* zu deuten und um das Verhältnis des Geschaffenen zu Gott als das einer hierarchisch gestuften Teilhabe *secundum modum recipientis* des Seienden, des Lebendigen und des Denkenden darzustellen. Diese neuplatonische Denkfigur verbindet er wiederholt mit aristotelischen Theoremen, insbesondere mit dem Satz aus ‚*De anima*': *vivere viventibus est esse*, den er mehrfach entgegen seiner Bedeutung bei Aristoteles im Sinne einer Partizipation am göttlichen Sein, Leben und Denken verwendet (n. 136;139;141)[22]. In der hierarchisch gegliederten Schöpfungsordnung verortet Eckhart am Ende des ersten Teils auch den Menschen, dessen Situation vor der Ankunft Christi und seines Vorläufers Johannes prekär erscheint: „Das Licht leuchtet in der Finsternis, aber die Finsternis hat es nicht erkannt."

Den **dritten Hauptsatz** – *Und Gott war das Wort* (V. 1,3) – versucht Eckhart durch den oben genannten philosophischen Grundsatz über die Immanenz des Hervorgebrachten im Hervorbringenden – das Theorem der Synonymität – verständlich zu machen: Da das Entsprungene in seinem Ursprung ist, muss es dasselbe wie der Ursprung sein (n. 136). Diese Folgerung stützt er an anderer Stelle, indem er sich auf Theoreme aus der aristotelischen Wahrnehmungs- und Intellekttheorie bezieht und sie in eigenwilliger Weise im Sinne einer *generatio* erweitert: *In allen unsern sinnlichen oder vernünftigen Vermögen muss zuerst ein Erkenntnisbild, ein Kind des Gegenstands gezeugt werden, so dass der Gesichtssinn im wirklichen Sehen ein anderer ist, aber nicht ein anderes als das wirklich Sichtbare, vielmehr das zeugende Sichtbare und sein Kind, wie der Philosoph sagt, im Sehen eins sind, Vater und Sohn, das Abbild und das Abgebildete, und sie als solche, das heißt als wirkliche, gleich ewig sind.*[23] Und Eckhart fügt hinzu: *So ist es auch in der Kunst: denn damit der Maler oder Schreiber mit Kunst male oder schreibe, muss im Geist des Künstlers ein Kind, ein Abbild, ein Sohn von dem Haus draußen, von seinem Vorbild nämlich, gezeugt und gestaltet werden, auf dass er ein Haus zeichne.*[24]

Mit diesen Überlegungen sucht Eckhart die innertrinitarische Relation zwischen Gott Vater und Sohn, die Immanenz des Sohnes im Vater und ihre Identität in der Verschiedenheit der Personen, verständlich zu machen. Dabei

---

21 Vgl. auch das Polyklet-Beispiel in n. 66 und n. 37.

22 Eine Umdeutung, die er, im Unterschied zu anderen Stellen, hier nicht weiter kommentiert, erfährt auch der aristotelische Begriff des Hervorbringens als *productio continua* und *productio ex nihilo*.

23 „In omni potentia sensitiva vel rationali nostra primo omnium necesse est gigni speciem, prolem obiecti, ita quod visus actu est alius, non aliud quam visibile actu, sed sunt unum, ut ait philosophus, parens visibile et proles in visu, pater et filius, imago ipsa et cuius est imago, et coaeterna sunt, in quantum huiusmodi, actu scilicet, sunt" (n. 57, S. 47,17–48,4).

24 „Sic in arte: pictor enim aut scriptor ad hoc quod pingat vel scribat arte, oportet quod in mente artificis generetur et formetur proles, imago, filius a domo extra, ab exemplari scilicet, ad hoc quod domum faciat" (n. 57, S. 48,4–7).

versteht er die Hervorbringung des Sohnes als seines Abbildes durch den Vater als *productio* im Sinne von Zeugung. Die Argumentation entspricht dem Grundgedanken, dass die innertrinitarischen Relationen und die allgemeinen *proprietates* des Hervorbringens von Natur und Kunst sich wechselseitig erhellen.

Eckhart führt darüber hinaus in einem zweiten Argumentationsschritt weitere Vernunftgründe an und verbindet wieder neuplatonische und aristotelische Sätze. Erstens: Alles, was in einem ist, ist nach dem *modus recipientis* in ihm. Zweitens: Das Aufgenommene ist mit dem Aufnehmenden identisch: *necesse est quod principiatum* [...] *sit id ipsum quod principium* (n. 136, S. 116,1f.). Er stützt diese Sätze, die an die *propositiones* XI (XII) und XXIII des *‚Liber de causis‘* anklingen, zusätzlich mit einem frei zitierten Beleg aus dem *‚Liber de causis‘*: *esse in vivere vivere est*, das Sein ist im Leben Leben; und mit einem wörtlichen Zitat aus Aristoteles' *‚De anima‘*: *vivere viventibus est esse* (415b13): Leben ist für die Lebewesen Sein. Die Isolierung dieses zentralen Satzes der aristotelischen Seelenlehre aus seinem argumentativen Zusammenhang in *‚De anima‘* B 4 und seine Verbindung mit dem Satz aus dem *‚Liber de causis‘* ist ein besonders markantes Beispiel für Eckharts schöpfungstheologische Transformation aristotelischer Theoreme auf der Basis ihrer neuplatonischen Rezeption.

Die neuplatonische Trias setzt er dabei auf eine zweifache Weise ein: zur Deutung des Relationsgefüges in seiner höchsten Vollkommenheit von Sein, Leben und Denken als Identität in der Gottheit und zur Deutung der unterschiedlichen Teilhabe des Geschaffenen an der göttlichen Vollkommenheit. Die neuplatonische Trias erklärt auch die nun folgende Umdeutung des Aristoteles-Zitats: *vivere viventibus est esse*. Die Veränderung, die Eckhart an dem aristotelischen Gedanken vornimmt, wird an der vorliegenden Stelle verdeckt. In *‚De anima‘* B 4 (415b8ff.), dem „Ursachenkapitel“[25], legt Aristoteles die Unterschiede und die Superiorität der ontologischen Struktur des lebendigen Seienden dar. So folgt dort dem Satz – *Leben ist für die Lebewesen Sein*[26] – unmittelbar die Begründung: als οὐσία ὡς εἶδος, als Wesenheit im Sinn der Form eines lebendigen Körpers, ist die Seele αἰτία καὶ ἀρχή, Ursache und Grund, und zwar nach den drei unterschiedenen Arten: als Bewegungs- und Zweckursache und als Ursache des Seins (415b10–12). Als Ursache des Seins bewirkt sie, dass aus einem möglichen Seienden ein wirkliches Seiendes wird, nicht im Sinne einer Addition von Teilen, sondern als Einheit eines lebendigen Funktionszusammenhangs. Sie hält das lebendige Seiende, solange es lebt, in einer dynamischen Stabilität. Als Zweckursache ist sie schöpferische Form, εἶδος, und zwar als ἐνέργεια des Lebendigseins, die nicht zu einem Ziel außerhalb unterwegs ist, sondern sich durch Tätigsein in ihrem Sein hält und ständig hervorbringt;

---

25 Vgl. oben die Interpretation von B 4 in: H 1, Kap. 1, 2.3.

26 τὸ δὲ ζῆν τοῖς ζῶσι τὸ εἶναί ἐστιν (415b13).

und sie ist auch darin, verglichen mit leblosen Wesen, am meisten Wesenheit, οὐσία (vgl. B II, 1). Das Sein des Lebendigen ist eine πρᾶξις, die ihren Zweck in sich selbst findet.[27] Es ist keine κίνησις (Bewegung), die aufhört, wenn ihr Ziel erreicht ist, sondern ἐνέργεια, eine vollendete Tätigkeit, und weist damit die gleiche Struktur wie z. B. Sehen und Denken auf. Als Bewegungsursache schließlich ist die Seele Anstoß und Ursache verschiedener Arten von Bewegung und der Entstehung und des Wachstums des lebendigen Seienden. Das Lebendige ist also Ursache seiner selbst, wirkt aus sich selbst und hat, soweit es ihm möglich ist, durch Zeugung an der Ewigkeit seiner Art teil, indem es sein εἶδος weitergibt: „ein Mensch zeugt einen Menschen".

Diesen argumentativen Zusammenhang blendet Eckhart aus und bezieht sich auf Augustinus, der die Trias Sein, Leben, Denken als Grundbestimmung des Menschen versteht. Im Denken ergreift der Mensch sein Sein und sein Leben, im Leben sein Sein und Erkennen. Diese triadische Struktur deutet er als Abbild ihrer substantiellen Einheit in der innergöttlichen Dreiheit der Personen: In der Trinität ist alles in allem, *omnia in omnibus et unum omnia* (De trin. VI, 10,55f.).

Dieser personalen Auslegung der Trias steht bei Proklos eine apersonale gegenüber, die Eckhart durch den *,Liber de causis'* bekannt war und die er mit der augustinischen verbindet. So verweist er in n. 139 der *,Recollectio'* auf die *propositio* XI (XII) des *,Liber de causis': Alle ersten Wesenheiten sind in den anderen auf eine Weise, durch die es möglich ist, dass das eine von ihnen in dem anderen ist. Das ist so, weil im Sein das Leben und der Geist, und im Leben das Sein und der Geist, und im Geist das Sein und das Leben sind.*[28] Eckhart legt diese Sätze im Sinne der innertrinitarischen Einheit von Sein, Leben und Denken in Gott als *causa prima* aus, die höchstes Sein, höchstes Leben und reiner Intellekt ist. Sein, Leben und Erkennen bilden eine personale Einheit, in der das Leben aus dem Sein und das Erkennen aus dem Sein und Leben in drei Personen zeitlos, seit Ewigkeit in einem Akt hervorgehen. Identität bestimmt das Relationsgefüge von Sein, Leben und Denken.

Im *,Liber de causis'* findet Eckhart aber nicht nur ein Modell zur Explikation der innertrinitarischen Einheit, sondern auch eine Erklärung für die gestufte Schöpfungsordnung. So heißt es in der *propositio* XXIII: *Die Erstursache existiert in allen Dingen auf eine einzige Weise, aber nicht alle Dinge existieren in der Erstursache auf eine einzige Weise. Das ist (so), weil, obwohl die Erstursache in allen Dingen existiert, dennoch jedes einzelne Ding sie gemäß der Weise seines Vermögens aufnimmt.*[29] Die

27 Vgl. Wieland, 2003, S. 228–232.

28 „Primorum omnium quaedam sunt in quibusdam per modum quo licet ut sit unum eorum in alio. Quod est quia in esse sunt vita et intelligentia, et in vita sunt esse et intelligentia, et in intelligentia sunt esse et vita" (Prop. XI (XII), 103, S. 26).

29 „causa prima existit in rebus omnibus secundum dispositionem unam, sed res omnes non existunt in causa prima secundum dispositionem unam. Quod est quia, quamvis causa

Stufen des Geschaffenen unterscheiden sich durch ihren unterschiedlichen *modus receptionis,* der nicht von der *causa prima* abhängt, die in allen Geschöpfen gleich präsent ist, sondern von der *potentia,* der Aufnahmefähigkeit der Rezipierenden. Auf die *propositio* XXIII bezieht sich Eckhart offensichtlich bei seiner Auslegung des Verses 1.3, derzufolge die Trias Sein, Leben und Denken auf der Ebene der Schöpfung im Sinne einer gestuften Teilhabe zu verstehen ist. Dementsprechend unterscheidet er bei den Geschöpfen drei Stufen der Teilhabe an der göttlichen Trias: als Seiendes, als Lebendiges und als Denkendes. Und so versteht er den aristotelischen Satz aus ‚*De anima*', *vivere viventibus est esse,* als gleichbedeutend mit dem Satz aus dem ‚*Liber de causis*', *esse in vivere vivere est.* Damit erhält das lebendige Seiende einen völlig anderen ontologischen Status: Aus dem selbständigen Sein des Lebendigen, das bei Aristoteles in mehrfacher Hinsicht Ursache seiner selbst ist, wird eine durch den *modus recipientis* gestufte Teilhabe am göttlichen Sein.

Eckharts Umdeutung des Zusammenhangs von Sein und Leben wird in n. 139 der ‚*Recollectio*' und in der entsprechenden n. 62 der ausführlichen Fassung noch deutlicher. Dort wird erkennbar, wie Aristoteles' Gedanke des Lebendigen als eines aus sich selbst sich Bewegenden in Eckharts Argumentation gegen das natürliche Seiende selbst gewendet wird: Wenn das Sein in den Lebewesen Leben ist und lebendig nur das genannt werden kann, was aus sich selbst oder durch ein inneres Prinzip bewegt wird, dann lebt das nicht wirklich, das einen Beweger oder einen Zweck außer sich hat. Da dies aber bei allen Geschöpfen der Fall ist, folgert Eckhart, dass nur Gott lebt und er allein das Leben ist: *solus deus* [...] *vivit et vita est* (n. 62, S. 51,11f.). Das Leben des Endlichen ist göttliches Leben. „Was geworden ist, war in ihm Leben." Eckhart bricht mit seiner Interpretation die „Kreisform" (Erich Frank) des auf sich selbst bezogenen Lebendigen auf, wie Aristoteles sie sieht, indem er das endliche Leben im göttlichen aufhebt.

Auf die unterschiedlichen Weisen der Partizipation und ihr immanentes Prinzip der Stufung wird Eckhart noch einmal zurückkommen, wenn er mit seiner Auslegung des Verses 4.2 „Und das Leben war das Licht der Menschen" die Position des Menschen innerhalb der Schöpfungsordnung bestimmt und dabei wiederum auf seine Umdeutung des aristotelischen Satzes *vivere viventibus est esse* zurückgreift (vgl. n. 63 und n. 64).

Eckharts Explikation des **vierten Hauptsatzes** – *Dieses [Wort] war im Anfang bei Gott* (V. 2) –, die den Ewigkeitsaspekt des göttlichen Hervorbringens aufnimmt, geht wieder von der *ratio naturalis* aus, dass Hervorbringendes und Hervorgebrachtes identisch sind. Aus dem Satz „Gott war das Wort" folgt demnach der Satz „dies war im Anfang bei Gott", denn wo von Anfang an das eine war, musste immer auch das andere sein: *ab initio quo fuit unum, fuerit semper et*

prima existat in rebus omnibus, tamen unaquaeque rerum recipit eam secundum modum suae potentiae" (Prop. XXIII (XXIV), 176–177, S. 46).

alterum (n. 137, S. 116,9f.). Das *in initio* wird als *ab initio, von Anfang an,* verstanden und heißt *immer*. Die göttliche *processio* ist somit zeitlos, sie erfolgt in Ewigkeit: *dies,* [...] *das Entsprungene, war von Anfang an, das heißt immer bei Gott, nämlich seinem Ursprung.*[30]

In der Parallele (n. 8) spricht Eckhart davon, dass dieses Hervorgehen, das für alle Arten des Hervorgehens aus Gott gilt, zuerst und vor allem in der göttlichen *generatio* stattfindet. Die *processio* ist keine Bewegung in der Zeit, sondern *Ziel und Ende der Bewegung, da es die Substanz und das Sein des Dinges betrifft,*[31] also nicht nur *causa efficiens*, sondern auch Zweckursache ist. Und auch die göttliche Seinsmitteilung in der Schöpfung als *generatio* ist etwas Unzeitliches, Unveränderliches. Im Wort als schöpferischer Idee ist alles von Ewigkeit her in Gott als seinem Ursprung enthalten.

In einer kurzen Zwischenbemerkung fasst Eckhart sein bisheriges Ergebnis im Sinne der zweiten *intentio auctoris* zusammen: Indem Johannes über die „Eigentümlichkeit der göttlichen Personen" redet, belehrt er uns auch über die Natur und die Eigentümlichkeit alles Hervorgebrachten, Hervorbringenden und Hervorbringens. Begründet ist dies in der Exemplarursächlichkeit der „ersten Wesen". Das bedeutet, dass die Schrift als Inbegriff der Wahrheit erster Bezugs- und Orientierungspunkt für den Menschen ist.

3. Die Schöpfung als *creatio continua* und die *conditio humana* vor dem Auftreten Johannes' des Täufers

Von den Hauptsätzen 5–8, Verse 3,1–5, ausgehend, erklärt Eckhart in einem ersten Schritt die Schöpfung *per rationes naturales* als kontinuierliche göttliche Seinsmitteilung an die Geschöpfe, denen keinerlei selbstständiges Sein zukommt (V. 3.1–4.1). In einem zweiten Schritt, der Auslegung der Verse 4,2–5, arbeitet er auf der Basis der neuplatonischen Trias Sein – Leben – Denken und ihrer Rangfolge die ambivalente Position des Menschen in der *regio intellectualis* heraus.

Bei der Auslegung des **fünften Hauptsatzes** – *Alles ist durch ihn geworden, und ohne ihn ward nichts* (V. 3,1) – bezieht sich Eckhart wieder auf das aristotelische Prinzip der Synonymität (Met. 1070a4f.) und verbindet es mit neuplatonischen Theoremen über das Wirken der *causa prima* (propositio Iff.). Die Einheit bedeutet das „Innesein der Wirkung in ihrem Wirkgrund". Das Entsprungene trägt den ganzen Ursprung, insofern er Ursprung ist, in sich: *Alles, was vom Ursprung*

[30] „Principiatum, erat a principio, id est semper, apud deum, principium suum scilicet" (n. 137, S. 116,11f.).

[31] „sed est finis et terminus motus, substantiam rei et esse respiciens" (n. 8, S. 8,12f.).

selbst gemacht ist, muss durch das aus ihm Entsprungene gemacht werden und gemacht sein.[32]

In der Parallele n. 66 heißt es: *Hier muss man wissen, dass überhaupt das Innesein der Wirkung in ihrem Wirkgrund dem entspricht, wodurch das Wirkende förmlich und wesenhaft die Ursache der Wirkung ist. So ist in unserer Kunst die Kunst selbst das, wodurch der Künstler förmlich das Kunstwerk hervorbringt und bewirkt.*[33] Eckhart veranschaulicht dies an einem aristotelischen Beispiel: Polyklet ist nur *per accidens* Ursache der Statue, wesenhaft ist er Ursache der Statue, insofern er die Bildhauerkunst besitzt (n. 66). Das Prinzip der Synonymität zieht er hier als *ratio philosophorum* heran, um die ontologische Unselbstständigkeit und Nichtigkeit des Hervorgebrachten im geschöpflichen Bereich aufzuweisen. Im trinitarischen Bereich ist Christus das Wort des Vaters, das der Vater hervorgebracht hat, und als dieses Wort ist es wiederum die *ratio idealis* aller Geschöpfe. Gott ist in seinem Wort der Schöpfer aller Seienden: „ohne ihn ward nichts". Eckhart bezieht sich in seiner Begründung dieses Satzes explizit auf die *productio* des Künstlers bzw. des Baumeisters; *denn in der Gestalt des Hauses in der Seele drückt sich der Baumeister ganz aus, insofern er Baumeister und Ursprung des Hauses ist. Das besagt also das Folgende: ‚Alles ist durch ihn geworden und ohne ihn ward nichts'.*[34]

Auf die Unterschiede der göttlichen Seinsmitteilung von der *productio* des Künstlers geht Eckhart hier nicht ein, nimmt an anderen Stellen aber deutliche Differenzierungen vor: Bei der Auslegung des Bibelsatzes Gen 1 *Im Anfang schuf Gott Himmel und Erde* in Sap. 1,14 (LW II, n.19ff., S. 339,3ff.) definiert er ‚Schöpfung' (*creatio*) als Mitteilung des Seins, *collatio esse*, und charakterisiert sie als eine *productio rerum ex* nihilo; da jede *productio* ihr Produkt aus dem, was nicht das Produkt ist, Entgegengesetztes aus Entgegengesetztem, herstellt, das Sein aber als Effekt der ersten Wirkursache und das Nichts im Gegensatz zueinander stehen, ist die Schöpfung als Mitteilung von Sein nur als Hervorbringung aus dem Nichts zu verstehen. Gott schuf, damit Seiendes aus dem Nichts hervorgebracht sei: Schöpfung ist die Hervorbringung eines Dinges ohne Zuhilfenahme eines bereits vorhandenen Stoffes. Gott schuf alles im Anfang, *in principio*, d. h. „in sich selbst". Die *collatio esse* hebt die Dinge aus dem Nichts ins Sein, also in Gott, außerhalb dessen es nichts gibt. Der Künstler dagegen stellt eine Statue aus einem schon vorliegenden Material her. Damit wird im *‚Sapientiakommentar'*

---

32 „omnia facta ab ipso principio fiant et facta sint per ipsum principiatum" (n. 138, S. 117,1f.).

33 „ubi sciendum quod universaliter effectus est in suo principio effectivo secundum id et id quo formaliter et per se ipsum efficiens est causa effectus, ut in arte apud nos ars ipsa est illud quo formaliter artifex producit et efficit artificiatum" (n. 66, S. 54,6–9).

34 „forma enim domus in anima est expressiva totius domificatoris, in quantum domificator et principium domus est. Hoc est ergo quod sequitur: ‚omnia per ipsum facta sunt, et sine ipso factum est nihil'" (n. 138, S. 117,5–7).

der Satz „ohne ihn ward nichts" gerade aus dem Unterschied zur *productio* des Künstlers erklärt.

Im *Sermo* 49,3 (LW IV, n. 511, S. 426,5–14) unterscheidet Eckhart drei Stufen des Hervorbringens zum Sein, *triplex gradus productionis in esse*: erstens, die *emanatio*, die nicht willensmäßige Hervorbringung, in der ein Seiendes etwas von sich und aus sich und in sich selbst hervorbringt, indem es die bloße Natur formaliter ergießt, *formaliter profundens.* Zweitens, die *factio*, bei der ein Wesen willentlich etwas aus etwas anderem hervorbringt. Es ist das gewöhnliche, auch das künstlerische Herstellen, das Machen. Drittens, die *creatio*, die Hervorbringung der Geschöpfe als ein willensmäßiges Hervorbringen aus dem Nichts. *Factio* und *creatio* sind gewissermaßen ein Überwallen, *quasi ebullitio*, nach Art der Wirkursächlichkeit und hingeordnet auf ein Ziel (ebd., n. 511, S. 426,9f.).

An anderer Stelle wird die Mitteilung des Seins an die Kreaturen spezifiziert und vom Herstellen abgegrenzt: sie ist keine *actio transiens*, in der der Hersteller das schon vorliegende Material bearbeitet und ihm nach seinem Konzept eine neue Form verleiht (vgl. LW I, n. 17, S. 39,34–40,3). Das Bauen des Baumeisters endet, wenn das Haus hergestellt ist, und es kann auch nach seiner Fertigstellung unabhängig vom Baumeister weiterbestehen. Die Schöpfung dagegen ist, wie Eckhart in Übereinstimmung mit Albertus Magnus und Thomas lehrt, kein äußeres Wirken, sondern ein immanenter göttlicher Akt, der sich auf keine erst zu formierende Materie bezieht. Das Nichts darf nicht als eine Art Stoff oder Raum verstanden werden, aus dem bzw. in den hinein Gott die Dinge schafft (LW I, n. 17, S. 161,10f.). Das Prinzip, in dem Gott schafft, ist sein Wort: die *ratio idealis* aller Dinge. Das Sein der Geschöpfe wird im Sohn hervorgebracht (vgl. auch LW III, n. 60) und ist zwiefach: *Das eine in seinen ursprüglichen Ursachen, jedenfalls im Wort Gottes, und das ist ein festes und beständiges Sein. [...] Das andere (Sein) ist das Sein, das die Dinge in der äußeren Wirklichkeit, in der ihnen eigentümlichen Form haben. Das erste ist das Sein in der Kraft (ihrer Ursache), das zweite ist das durch die (eigene) Form bestimmte Sein, und das ist meist unstet und veränderlich.*[35] Die Geschöpfe sind *virtualiter* in ihrem Ursprung und mit Gott identisch. Das virtuelle Sein ist deswegen höher als das *esse formale*, durch das die Dinge jeweils ein *ens hoc et hoc* werden. *Formaliter* können die Dinge nur *per modum differentiae* in Gott bestehen. Die Kreaturen sind nach ihrem virtuellen Sein in Gott alle gleich, nach ihrem formalen Sein sind sie nichts. Sie sind ein *esse ad aliud*, ein Sein zu Gott, getragen von der kontinuierlichen göttlichen Seinsmitteilung in der *creatio continua*: *Gott hat also alles in der Weise geschaffen, dass er nicht abgelassen hat zu schaffen, sondern immer schafft und zu schaffen an-*

35 „Unum in causis suis originalibus, saltem in verbo dei; et hoc est esse firmum et stabile [...]. Aliud est esse rerum extra in rerum natura, quod habent res in forma propria. Primum est esse virtuale, secundum est esse formale, quod plerumque infirmum et variabile" (LW I, n. 77, S. 238,2–7).

hebt.[36] Es ist ein einseitiges, dynamisches Verhältnis Gottes zu den Geschöpfen. Dem Sein der Geschöpfe kommt keinerlei Selbstständigkeit zu. Das will Eckhart mit philosophischen Gründen begreiflich machen.

Zur Erläuterung des **sechsten Hauptsatzes** – *Was geworden ist, war in ihm Leben* (V. 3,2–4,1, n. 139) – bezieht sich Eckhart noch einmal auf die neuplatonische Trias Sein – Leben – Denken. An der vorliegenden Stelle (n. 139) beginnt er mit dem Theorem der *causa essentialis* und begründet es im Rückgang auf die Trias. *Causa essentialis* kann, seinen Ausführungen in n. 31 entsprechend, nur ein vernunftbegabtes, lebendes Wesen sein, das nicht nur die Form, sondern auch die Idee des Erzeugten in sich hat, im Unterschied zur *causa univoca*. Beispiel ist das Feuer, das zwar die Form des erzeugten Feuers, aber nicht die Idee des Feuers in sich hat. Diesen Gedanken verbindet er mit der *propositio* XI (XII) aus dem ‚*Liber de causis*': *im Sein* (sind) *das Leben und der Geist, und im Leben das Sein und der Geist, und im Geist das Sein und das Leben.*[37] Daraus wird, nach Eckhart, klar, wie in Gott – verstanden als *causa essentialis* aller Geschöpfe – alles Leben enthalten ist: „Was geworden ist, war in ihm Leben". Zur Verdeutlichung führt er noch ein Argument aus dem Bereich des Herstellens an: *denn auch die Gestalt des Hauses im Geist des Künstlers ist Leben.*[38]
Eckhart geht also von der *causa essentialis* als *vivum aliquod* (n. 139, S. 117,8) aus, bezieht sich dann auf die in ‚*De causis*' behauptete Identität von *esse* und *vivere* und auf den philosophischen Grundsatz von der ideellen Präsenz des Hervorgebrachten im Hervorbringenden und interpretiert mit diesen *rationes naturales* den Satz des Prologs: Die Geschöpfe sind im *verbum*, ihrer *ratio idealis*, immanent. Da Gott das Leben ist, sind sie in Gott Leben. Ihr konkretes Sein und Leben sind nur partizipiertes Sein und Leben.

Den gedanklichen Hintergrund von Eckharts Interpretation des **siebten Hauptsatzes** – *Und das Leben war das Licht der Menschen* (V. 4,2, n. 139) – bildet eine Rangfolge innerhalb der Trias, die er in Anlehnung an den ‚*Liber de causis*' (vgl. n. 63 und n. 64) vornimmt. Sie differiert, je nachdem, ob man die drei Elemente abstrakt oder konkret versteht. Abstrakt genommen, steht das Sein an der Spitze, da ihm keine Vollkommenheit fehlen kann. Erkennen und Leben sind im Sein begründet. Versteht man dagegen die Trias konkret, d. h. bezieht man sie auf die Ordnung der *res factae*, deren Merkmal ihre Zeitlichkeit ist, dann nimmt das Seiende den untersten Rang, das Lebendige den zweiten und das Denkende den obersten Rang ein. Diese Abstufung begründet Eckhart mit der unterschiedlichen Teilhabe der Geschöpfe: Alle sind sie Teilhabende,

---

[36] „Sic ergo deus creavit omnia, quia creare non desiit, sed semper creat et creare incipit" (LW I, n. 21, S. 165,2f.). Vgl dazu Christine Büchner, Gottes Kreatur – „ein reines Nichts"? Einheit Gottes als Ermöglichung von Geschöpflichkeit und Personalität im Werk Meister Eckharts, Innsbruck u. a. 2005, bei der allerdings der Bezug auf Aristoteles fehlt.

[37] „in esse sunt vita et intelligentia, et in vita sunt esse et intelligentia, et in intelligentia sunt esse et vita" (Prop. XI (XII), 104, S. 26).

[38] „nam et forma domus in mente artificis vita est" (n. 139, S. 117,11f.).

participantia (n. 63, S. 52,8), und als solche unvollkommen. Aber entsprechend der Natur ihrer Unvollkommenheit gibt es Unterschiede und unterschiedliche Stufen der Teilhabe. *Daher ist ein geschaffenes Ding auf der ersten Stufe seiend, auf einer vollkommeneren lebend, auf der letzten und obersten denkend.*[39]

Der Grund für die jeweils höhere Vollkommenheit ist, dass das jeweils Höhere das jeweils Untere einschließt. *So ist also das Denkende vollkommener als das Seiende, weil es das Seiende einschließt. Desgleichen ist auch das Lebende vollkommener als das Seiende, weil es dieses einschließt.*[40] Darüber hinaus gilt, dass das Unvollkommenere in dem einschließenden Höheren selbst vollkommener ist: Das *inferius* ist vollkommener im *superius.*[41] Die Rangfolge der Trias wird in *propositio* I des ‚*Liber de causis*' mit Blick auf die Stellung des Menschen konkretisiert. So nimmt Eckhart mit Bezug auf ‚*De causis*' an, *dass das Seiende im Lebenden Leben ist als in dem, was zunächst über ihm ist; und das Lebende ist in seinem Oberen, dem Denkenden, Geist.*[42]

In der ‚*Recollectio*' fasst Eckhart diese Überlegungen in der *ratio naturalis* zusammen: *Wie das Sein im Leben Leben ist, so ist das Leben im Geist Licht und Denken,*[43] und verbindet die Trias mit einer Metaphysik des Lichts in der Tradition Augustins und des Neuplatonismus. Damit wird, nach Eckhart, der Prologvers „und das Leben war das Licht der Menschen" erhellt und der Ort des Menschen in der Schöpfungsordnung in einem ersten Schritt bestimmt. Diese Positionierung des Menschen bedarf aber noch einer Ergänzung, die Eckhart in einem zweiten Schritt vornimmt, der zur Interpretation des nächsten Hauptsatzes – „und die Finsternis hat ihn nicht erkannt" – überleitet. Der Mensch gehört zwar zur „Welt des Geistes", nimmt dort aber den untersten Rang ein. Eckhart vergleicht die inferiore Position des Menschen in der Welt des Geistes mit der der Materie in der körperlichen Welt. Die gestufte Ordnung der geistigen Welt ist auch eine Erkenntnisordnung: das niederste Glied einer höheren Seinsstufe erfasst das oberste Glied der niederen und alles was zu ihr gehört. Die *conditio humana* ist durchaus ambivalent.

Das Leben des Menschen in der *regio intellectualis* ist gekennzeichnet durch Licht und Denken, *lux et intelligere* (139,13f.), aber auch durch Licht und Finsternis, das folgt aus der bereits angesprochenen Erkenntnisrelation der Wesen in der Welt des Geistes, deren Kehrseite Eckhart nun im **achten Hauptsatz** – *Und das Licht leuchtet in der Finsternis und die Finsternis hat es nicht erkannt* (V. 5,

---

39 „Hinc est quod res creata primo est ens, perfectius est vivens, postremo et supremo est intelligens" (n. 63, S. 52,11f.).

40 „Sic ergo intelligens perfectius est quam ens, eo quod includit ens. Similiter et vivens perfectius est quam ens, eo quod ipsum includat" (n. 63, S. 52,12–53,2).

41 Das Inklusionsargument zur Begründung einer höheren Rangfolge geht auf Aristoteles' Stufung der scala naturae in ‚*De anima*' zurück.

42 „quod ens in vivente vita est, utpote in suo superiori proximo; et vivens in suo superiori, quod est intelligens, intellectus est" (n. 64, S. 53,6–8).

43 „sicut ens in vita vita est, sic vita in intellectu lux et intelligere est" (n. 139, S. 117,13f.).

n. 140) – thematisiert: die niederen Wesen erfassen nicht die oberen. Und so leuchtet zwar das Licht in der Finsternis, aber *die Finsternis, das heißt das Niedere, hat es nicht erfasst*. Der Mensch in der Welt des Geistes steht weit hinter dem göttlichen Geist zurück. Was aber unter dem Licht ist, ist im Vergleich zum Licht Finsternis (vgl. n. 140). In dieser Lage ist die Menschheit vor dem Erscheinen Christi, den Johannes der Täufer ankündigt und von dem er Zeugnis ablegt. Und so erschließt sich, nach Eckhart, der Sinn des achten Hauptsatzes.

Zweites Kapitel: Das Gottes-Sohn-Werden des Menschen in der Gottesgeburt (Hauptsätze 9–15, n. 141–159)

Der zweite Teil der ‚*Recollectio*' handelt von der heilsgeschichtlichen Wende, die mit dem Erscheinen Christi einsetzt. Er ist in zwei argumentative Einheiten gegliedert: Die erste interpretiert den **neunten Hauptsatz** (V. 6–8) – Johannes ist Zeuge des wahren Lichts, Christus – und legt das Verhältnis von Johannes zu Christus mit Kategorien der aristotelischen Naturphilosophie als Verhältnis von κίνησις und γένεσις, von *alteratio* und *generatio*, aus. Die Relation steht in Eckharts Deutung für die ontologische Differenz von Naturordnung und Heilsordnung, auf die jene teleologisch bezogen ist.

Die zweite argumentative Einheit, Eckharts Auslegung der **Hauptsätze 10–15** (V. 9–14), entfaltet das Mark, *medulla*, des Johannesevangeliums: die Botschaft von der Menschwerdung Christi und der dadurch ermöglichten Überwindung der natürlichen *nativitas*-Ordnung schon in diesem Leben durch die Gottesgeburt, in der Gott die menschliche Seele überformt. Diese *conformatio* erklärt Eckhart mit Begriffen der aristotelisch-peripatetischen Intellekttheorie.[1]

1. Johannes der Täufer als Zeuge des wahren Lichts. Die Deutung des Verhältnisses von Johannes zu Christus mit Grundbegriffen der aristotelischen Bewegungslehre: κίνησις und γένεσις (*alteratio* und *generatio*) (Hauptsatz 9, n. 141–150)

Die Auslegung des **neunten Hauptsatzes**, in der Eckhart die Bedeutung und Funktion Johannes des Täufers erklärt, erstreckt sich über die n. 141–149 und schließt mit einer methodischen Zwischenbemerkung ab (n. 150). Johannes ist

[1] Vgl. oben Pr. 104.

Zeuge des göttlichen Lichts und *figura* allen natürlichen Werdens, der *alteratio*, Christus die *figura* substantiellen Werdens, der *generatio*.

Eckhart nimmt das Begriffspaar aus der aristotelischen ‚*Physik*' auf. Für Aristoteles gehören die Begriffe κίνησις und γένεσις zu den „Fundamentalkategorien der natürlichen Welt",[2] sie sind für ihn der Leitfaden, an denen die Prinzipien der Dinge herausgearbeitet werden. Unter dem Oberbegriff μεταβολή (Umschlag, Veränderung) unterscheidet er zwischen γένεσις als substantiellem Werden, dem Entstehen eines Lebewesens oder Artefakts, und κίνησις als akzidenteller Veränderung an einem Wesen, das sich in der Veränderung durchhält (‚*Physik*' V, 1). Beide Formen der μεταβολή siedelt er im sublunaren Bereich an.[3] Dass ein Mensch entsteht, ist eine γένεσις: „ein Mensch zeugt einen Menschen"; dass aus einem ungebildeten Menschen ein gebildeter wird, ist eine κίνησις.

Eckhart deutet die aristotelischen Begriffe im Sinne der christlichen Schöpfungslehre tiefgreifend um: Es gibt eine Ebene des ewigen göttlichen Seins und eine Ebene der vergänglichen Seienden, die in Gott, dem ewigen Sein, ihren Ursprung haben und auf ihn teleologisch hingeordnet sind. Die endlichen Wesen entstehen in der zeitlosen Seinsmitteilung. Die von Gott mitgeteilte Form ist beim Lebewesen, anders als bei materiellen Dingen, innere Ursache und Ziel. Vom substantiellen Entstehen eines Wesens, der *generatio*, ist der zeitliche Prozess seines Werdens und Vergehens zu unterscheiden; die *alteratio* hängt von *Mittelursachen, Zufallendem und besonderen Zurichtungen ab* (LW II, n. 52, S. 56,3–5). Sie zielt letztlich auf die Aufhebung der Zeitlichkeit.

An der vorliegenden Stelle nimmt Eckhart die aristotelischen Begriffe auf, um mit Mitteln der Naturphilosophie das Verhältnis von Johannes zu Christus zu erhellen und um umgekehrt aus dem Verhältnis von Johannes zu Christus Naturphänomene und darüber hinaus grundsätzliche Fragen der Naturphilosophie, Metaphysik und Ethik zu klären. Er kündigt an (LW III, n. 142), dass mit dem, was Johannes über Christus als Sinnbild der *generatio* bezeugt, auch eine alte Streitfrage der Philosophen – wie nämlich die Wesensformen in die Materie und die Tugenden in die menschliche Seele kommen – mit der Autorität der Bibel letztgültig entschieden werden. Die Lösung dieser Frage wird er abschließend in n. 150 formulieren.

Bei der Interpretation des **neunten Hauptsatzes** – *Es war ein Mensch, von Gott gesandt, der hieß Johannes. Dieser kam zum Zeugnis, auf dass er Zeugnis gebe von dem Licht, damit alle durch ihn glaubten. Er war nicht das Licht, sondern sollte Zeugnis von*

---

2 Wieland, 1970, S. 331.

3 Die Begriffe γένεσις und κίνησις verwendet Aristoteles in mehrfacher Bedeutung. So versteht er in ‚Physik' I, 7 γένεσις im Sinne von jeglicher Veränderung und jedwedem Werden (πάσα γένεσις), d. h. sowohl von Veränderungen, die die Eigenschaften eines Wesens, als auch seine Substanz betreffen. In ‚Physik' III, 1 dagegen ist der Begriff der κίνησις der übergeordnete Begriff für die beiden Arten von Veränderung. Maßgeblich ist aber die Einteilung in ‚Physik' V, 1, die oben zugrundegelegt wird.

dem Licht geben (V. 6–8) – führt Eckhart einleitend die für seine weitere Argumentation wichtige Unterscheidung zwischen *lux* und *lux vera* (n. 141) ein, die Bezeichnung Christi als *lux vera* im zehnten Hauptsatz (n. 151) vorbereitend. Er bezieht sich dabei auf den *‚Liber de causis'*, der von *lumen* und *lumen purum* spricht. Als lauteres Licht ist die Vernunft erste Ursache, von der es in *propositio* V (VI), 58, S. 14 heißt: Sie hört nicht auf, *das durch sie Verursachte zu erleuchten (non cessat illuminare causatum suum).* Diesen Gedanken verbindet Eckhart wieder mit der neuplatonischen Deutung des aristotelischen Satzes aus *‚De anima', vivere viventibus est esse,* und bezieht ihn auf den Menschen: Obwohl für *den Menschen das Denken das Sein* ist, wie *das Leben für die Lebewesen das Sein,* so ist der menschliche Intellekt zwar Licht, aber nicht das wahre Licht.[4] Er nimmt an ihm nur teil, bleibt aber stets hinter ihm zurück, er rezipiert das göttliche Licht nur entsprechend seiner endlichen Seinsweise.[5] Das Licht der natürlichen Vernunft ist eine *lux participata.*[6] Bezogen auf den Prologvers heißt dies: Der menschliche Intellekt ist nur ein Zeuge Gottes und des göttlichen Lichts, in dem keine Finsternis ist (n. 141). Johannes ist der von Gott gesandte Zeuge des wahren Lichts. Er war nicht das Licht, sondern sollte Zeugnis von dem Licht geben. Diese Sätze ergänzt Eckhart durch Selbstaussagen des Johannes, durch die sich dieser in seiner dienenden Funktion als Wegbereiter des Erscheinens Christi zu erkennen gibt.

Die Unterscheidung zwischen *lux* und *lux vera* dient in Eckharts Argumentation zunächst einer ersten Bestimmung des Verhältnisses von Johannes und Christus, ist aber auch der Auftakt seiner nun einsetzenden Interpretation des neunten Hauptsatzes *per rationes philosophorum* (n. 141–150). Darüber hinaus beginnt hier eine neue Argumentationskette, die in der Interpretation des dreizehnten Hauptsatzes – *Er gab ihnen die Macht Söhne Gottes zu werden* – gipfelt, die die Gottesgeburt mit Mitteln der peripatetischen Intellekttheorie als Überformung des menschlichen Intellekts durch den göttlichen Intellekt versteht.

Ähnlich wie im ersten Teil der *‚Recollectio'* fügt Eckhart an dieser Stelle (n. 142) eine methodische Zwischenbemerkung ein, die seine Überlegungen über die wechselseitige Erhellung von *divina* und *naturalia* aus dem Prooemium aufgreift, hier mit einer starken Akzentuierung der zweiten Intention. Ausgangspunkt sind die Prologverse 6–8, die das Verhältnis Johannes' des Täufers zu Christus betreffen und in denen er *Wahrheiten der Naturdinge und ihre Eigentümlichkeiten erforschen*[7] will. In diesem Zusammenhang trifft er eine für seine ganze Interpretation maßgebende Unterscheidung zwischen dem, was über Johannes und Christus gesagt wird (n. 142, S. 119,13f.), und dem, was Johannes

---

4 An dieser Stelle zitiert er den „Philosophen" sogar mit zwei Argumenten. Eines davon bezieht sich auf Gamma 5, die Leerheit des intellectus materialis.

5 Vgl. „quidquid recipitur secundum modum recipientis recipitur" (n. 136).

6 Vgl. H 3, Appendix.

7 „Veritates rerum naturalium et earum proprietates requiramus" (n. 142, S. 119,14f.).

von Christus bezeugt (n. 142, S. 120,3). Die Aussagen über Johannes betreffen die Frage, wie Dinge sich in der Zeit verändern, wie sie werden und zum Sein gelangen (n. 142, S. 120,1f.). Damit wird Johannes zum Sinnbild allen natürlichen Werdens. Was aber Johannes von Christus bezeugt, das mache *die Eigentümlichkeiten der Wesensformen in der Materie und der sittlichen Habitus in der Seele offenbar*[8]; es erhelle die Merkmale der göttlichen *generatio*, substantiellen Entstehens, und erkläre so, gestützt auf die Autorität der Bibel, eine Grundfrage der Philosophie, wie nämlich die *forma substantialis* in die Materie und die sittlichen Habitus in die Seele gelangen.[9] Johannes ist damit die *figura* für zeitliche Veränderungsprozesse in der Natur im Unterschied zur zeitlosen Mitteilung substantiellen Seins durch Gott und für die ontologische Differenz zwischen dem Sein der veränderlichen Dinge und dem göttlichen Sein, in dem die endlichen Seienden Ursprung und Ziel haben. Der gesamte Bereich des natürlichen Entstehens und Werdens, den Aristoteles als Bereich der γένεσις und κίνησις, substantieller und akzidenteller Veränderung, bestimmt, wird von Eckhart insgesamt zum Bereich der *alteratio,* d. h. akzidenteller Veränderung umgewertet, in den nur Gott substantiell verändernd hineinwirkt.

Entsprechend seiner Vorankündigung behandelt Eckhart in n. 143–149 Merkmale, die die *alteratio* im Unterschied zur *generatio* kennzeichnen und die er in den Worten des Bibelverses angedeutet findet (n. 143, S. 120,5f.). Zur Charakterisierung des Verhältnisses von *alteratio* und *generatio* nutzt er Elemente der aristotelischen ‚*Physik*'. Die substantielle Seinsmitteilung beschreibt er mit einem hylemorphistischen Modell als Überformung der auf dem Wege der *alteratio* vorbereiteten Materie durch die göttliche, zeitlose *generatio.* Dieses Modell verwendet er nicht nur zur Erklärung der Entstehung eines Lebewesens, insbesondere eines Menschen, bei dem erst durch die göttliche Mitteilung der Seele von einem substantiellen Entstehen die Rede sein kann, sondern auch zur Erklärung der Gottesgeburt in der Seele mit Mitteln der Philosophie. *Generatio,* göttliche Seinsmitteilung, ist damit nicht nur Anfang, sondern auch Ziel menschlicher Existenz. Das Dazwischen ist der Bereich der *alteratio*, die auf die *generatio* hingeordnet ist. Vor dem Hintergrund dieser teleologischen Ordnung aller natürlichen Veränderungsprozesse auf die göttliche Seinsmitteilung hin sucht Eckhart im Folgenden anhand von sieben Merkmalen der *alteratio* und der *generatio* das Verhältnis des Johannes zu Christus philosophisch zu erhellen.

Erste *proprietas* (n. 143): *Veränderung und Entstehen verhalten sich zueinander wie Bewegtwerden und Bewegt-worden-sein oder wie Werden und Geworden-sein, wie*

[8] „proprietates ipsarum formarum substantialium in materia et habituum moralium in anima" (n. 142, S. 120,3f.).

[9] Eckhart beantwortet diese Frage abschließend in n. 150.

das Ungeformte und Unvollendete zur Form und zum Vollendeten.[10] Diese Relationen versinnbildlichen das Verhältnis von Johannes zu Christus. Eckhart geht es an dieser Stelle vor allem um den ontologischen Status des durch *alteratio* gekennzeichneten endlichen Seienden. Es ist der defiziente Status des aus Materie und Form Zusammengesetzten. Aus dieser *compositio* ergeben sich weitere Merkmale, die Eckhart mit Theoremen der aristotelischen Bewegungslehre weiterentfaltet, zunächst mit einem Satz aus der ‚Physik' – *die Bewegung ist die Wirklichkeit des Unvollendeten*[11] –, der die Defizienz des endlichen Seienden unter dem Gesichtspunkt seiner Zeitlichkeit im Unterschied zur Zeitlosigkeit und Einfachheit des göttlichen Seins unterstreichen soll. Was also über Johannes gesagt wird, soll das natürliche Werden, die *alteratio,* als Veränderung an einem Seienden erhellen, das seine Vollkommenheit noch nicht erreicht hat, aber seinem Ziel entgegenstrebt.

Zweite *proprietas* (n. 144): Die teleologische Beziehung aller natürlichen Veränderungen formuliert die nun folgende *proprietas: Veränderung und Entstehen, Johannes und Christus, verhalten sich zueinander wie Weg und Ziel.*[12] Eckhart findet dieses Merkmal gleich in mehreren Bibelstellen, Lk 1,76 und Joh 1,23. Seine Argumentation entwickelt er im Sinne der aristotelischen Zwecklehre weiter, indem er Form und Ziel gleichsetzt: die Veränderung ist der Weg, der zur Form führt: *alteratio via est dirigens in formam* (n. 144, S. 121,1). Die in der *alteratio* erfolgende Annäherung an die Form unterstreicht er mit einem Satz Avicennas: *motus enim est ipsa forma fluens* (n. 144, S. 121,2), die Bewegung ist die Form selbst im Fluss.

Dritte *proprietas* (n. 145): *Die Veränderung ist ihrem Wesen nach von der Form und wegen der Form und wegen des Entstehens.*[13] Mit diesem Satz wird jede Art von Veränderung in der natürlichen Welt funktional der *generatio* untergeordnet: *alteratio autem servit generationi et formae* (n. 145, S. 121,5f.). Für diese dienende, vorbereitende Funktion von Veränderungsprozessen in der Natur führt Eckhart in einer Parallelstelle ein Beispiel an: *Natûre machet daz holz ze dem êrsten warm und hitzic, und dar nâch sô machet si daz wesen des viures* (DW V, S. 118,8f.).[14] Diese Vermittlungsfunktion der *alteratio* versinnbildlicht Johannes, der „von Christus und wegen ihm" gesandt wurde. Und diese Relation komme in dem Prologvers zum Ausdruck: „Es war ein Mensch, von Gott gesandt, auf dass er Zeugnis gebe von dem Licht".

10 „Alteratio et generatio se habent sicut moveri et motum esse sive fieri et factum esse, sicut informe et imperfectum ad formam et perfectum" (n. 143, S. 120,7–9).

11 ἡ τοῦ δυνάμει ὄντος ἐντελέχεια, ᾗ τοιοῦτον, κίνησίς ἐστιν (201a10f.).

12 „Alteratio, generatio, Iohannes, Christus, se habent sicut via et terminus" (n. 144, S. 120,12f.).

13 „Alteratio secundum id quod est a forma et propter formam est et propter generationem" (n. 145, S. 121,3f.).

14 „die Natur macht das Holz zuerst warm und heiß und danach erst lässt sie das Sein des Feuers entstehen" (S. 504).

Vierte *proprietas* (n. 146): *Die Veränderung bestimmt das ihr Unterliegende nur hinsichtlich des Zufallenden und (nur) durch Zufallendes, das Entstehen bestimmt aber das ihm Unterliegende durch die Wesensform.*[15] Der Bereich natürlichen Entstehens und Werdens ist ein Bereich nur der *alteratio* und betrifft nicht das substantielle Sein der Dinge, das von Gott stammt. Das ist, nach Eckhart, der philosophische Gehalt des Satzes des Johannes (V. 1,31 und 1,33: „ich [...] taufe mit Wasser [...] dieser [Christus] mit dem heiligen Geist".

Fünfte *proprietas* (n. 147): *Die Veränderung ist dazu und deswegen da, damit die in der Materie verborgene Wesensform aus der Möglichkeit zur Wirklichkeit und so zur Kenntnis und Erkenntnis gelange.*[16] Das Verhältnis von *alteratio* zur *generatio* entfaltet Eckhart im Rahmen seines hylemorphistischen Modells weiter, indem er nun den Begriff der Materie aufnimmt, in der die Form verborgen liegt. Das Wesen der Materie ist ihre Möglichkeit: *est enim ipsa substantia materiae sua potentia* (n. 147, S. 122.13f.). Das entspricht dem Begriff der ὕλη und ihrem Verständnis als δύναμις sowie des εἶδος als ἐνέργεια (*actus*) in der aristotelischen Metaphysik, auf die sich Eckhart an dieser Stelle explizit bezieht, wie auch Koch in seiner Anmerkung z. St. feststellt.[17] Im übertragenen Sinn (*in figura*) bedeute das: Johannes ist gekommen – „die Veränderung ist dazu da" – damit Christus, die *forma substantialis*, in Israel offenbar werde. So ist für Eckhart auch eine erste Antwort auf die eingangs (n. 142) angesprochene Frage gegeben, wie die *forma substantialis* in die Materie gelangt: *So ist also die Veränderung von dem Schöpfer der Natur wegen der Wesensform und ihres Entstehens gesandt; Johannes ist von dem Erlöser der Natur gesandt wegen Christus und seiner* Ankunft in der Welt.[18]

Sechste *proprietas* (n. 148): *Veränderung und Entstehen verhalten sich in verschiedener Hinsicht wie Früheres und Späteres.*[19] Eckhart behandelt nun das Verhältnis von Johannes und Christus unter dem Gesichtspunkt der Priorität. Wie der *alteratio*, die die natürlichen materiellen Veränderungsvorgänge bezeichnet, zwar eine zeitliche Priorität gegenüber der *generatio* als Mitteilung der Wesenform zukommt, so geht das Auftreten des Johannes dem von Christus zeitlich voraus. Entscheidend sei aber die Priorität der Absicht und dem Wesen nach, *intentione et natura*. Hintergrund dieser Argumentation ist der aristoteli-

---

15 „Alteratio afficit passum tantum secundum accidentia et accidentibus, generatio vero afficit passum forma substantiali" (n. 146, S. 122,1f.).

16 „Alteratio ad hoc est et propter hoc, ut substantialis forma latens in materia innotescat et cognoscatur de potentia in actum reducta" (n. 147, S. 122,5f.).

17 Vgl. auch: „Res enim cognoscitur, in quantum actu est, IX Metaphysicae" (n. 147, S. 122,6f.). Zu Aristoteles s. o. H 1, Kap. 1, 1.1.

18 „Sic ergo alteratio missa est ab auctore naturae propter formam substantialem et eius generationem, Iohannes missus a redemptore naturae propter Christum et eius adventum in mundum" (n. 147,15ff., S. 122,15–123,2).

19 „Alteratio et generatio se habent ut prius et posterius diversis respectibus" (n. 148, S. 123,3f.).

sche Satz von der ontologischen Priorität der Wesensform als ἐνέργεια gegenüber der ὕλη als δύναμις.[20] Das bedeutet: Im Schöpfergott kommt der *generatio* als Mitteilung der *forma substantialis* eine doppelte Priorität gegenüber der *alteratio* zu: Sie ist früher in der Erkenntnis und der Absicht des Wirkenden und als Ziel der Veränderung. Der Schöpfer hat die Veränderung, wie die fünfte *proprietas* zeigte, wegen der *generatio* geschaffen. „Die Finalität der Natur ist in der ontologischen Struktur des Geschaffenen begründet."[21]

Siebte *proprietas* (n. 149): *Die Zurichtung, die notwendig zur Form führt, gehört nicht zur Veränderung, sondern vielmehr zum Entstehen.*[22] Eckhart führt nun zusätzlich zu dem Begriffspaar Materie – Form den Begriff der *dispositio* ein. Diese „Zurichtung" ist die Voraussetzung für die Mitteilung der Wesensform durch den *dator formarum* in der *generatio* und gehört nicht zur *alteratio*, sondern zur *generatio* und damit nicht zur Materie, sondern zur Form, da sie die Mitteilung der Wesensform in der *generatio* begleitet. Die *dispositio* ist also keine Eigenschaft der Materie, sondern Teil des Überformungsprozesses, ein Formelement.[23] Mit dieser Zuordnung stellt Eckhart klar, dass sowohl im natürlichen als auch im moralischen Bereich alles wesenhafte Sein und alle Tugenden allein von Gott stammen.

Exempel ist das Verhältnis von *iustitia* und *iustus*. Der Gerechte als Gerechter hat sein ganzes Gerechtsein von der Gerechtigkeit, *totum esse suum habet et accipit a sola iustitia* (LW II, n. 64, S. 392,10f.); sie verleiht dem Gerechten sein Gerechtsein, und zwar nicht in einem einmaligen Akt, sondern als ständiges Geschehen, *in continuo fluxu et fieri* (LW II, n. 292, S. 627,4). Sie ist das subsistierende Lebensprinzip des Gerechten, das ihn, solange er in der Gerechtigkeit ist, belebt, ohne dass er über es verfügt. Sie haftet in ihm ebenso wenig wie das Licht in der Luft.

Was Eckhart mit der Zurichtung der Materie als Voraussetzung der Mitteilung der Wesensform durch den *dator formarum* meint, geht aus einer oben bereits interpretierten Stelle hervor: Wenn die *Materie des Kindes* im Mutterleib bereit ist, gießt Gott die Form, die Seele, ein.[24] Eckhart verwendet dieses Beispiel, um auf das analoge Geschehen bei der Vollendung des menschlichen Seins in der Gottesgeburt als Überformung der Seele durch den göttlichen *intellectus agens* zu verweisen – ein philosophisches Modell zur Erhellung des Sohn-Gottes-Werdens, das er auch in n. 155 der ‚*Recollectio*' verwenden wird.

20 Vgl. z. B. 1029a29f.

21 Niklaus Largier, Zeit, Zeitlichkeit, Ewigkeit. Ein Aufriss des Zeitproblems bei Dietrich von Freiberg und Meister Eckhart, Bern u. a. 1989, S. 114.

22 „Dispositio, quae est necessitas ad formam, non pertinet ad alterationem, sed potius ad generationem" (n. 149,11–13).

23 An der vorliegenden Stelle geht Eckhart auf die Frage der dispositio nicht weiter ein, behandelt sie aber wiederholt in den Predigten 103 und 104, u. a. unter dem Begriff der mügelîchen vernunft.

24 S. o. H 3, Pr. 103, 1.

Der *dispositio* der Materie im Vorfeld der Vermittlung der Wesensform bei der Entstehung eines Wesens entspricht in Predigt 103 und 104 in etwa die *mügelîche vernunft.*

An der vorliegenden Stelle versteht Eckhart die *dispositio* gleichsam als Band, das die Form mit der Materie, den Schuh mit dem Fuß verbindet. *Das besagen die Worte des Johannes: ‚er ist mir voraus, dessen Schuhriemen aufzulösen ich nicht würdig bin'.* Das bestätigt noch einmal den kontingenten Status der *alteratio* für die Johannes ein Sinnbild ist; *denn die Veränderung besitzt nicht so große Vollkommenheit oder Würde.*[25]

Die Auslegung des neunten Hauptsatzes beschließt Eckhart in **n. 150** mit einer kurzen Zusammenfassung, die seine Ankündigung in n. 142 aufnimmt und mit der er die Bedeutung des Wendepunkts unterstreicht, der mit dem Auftreten des Johannes verbunden ist: In dem, was Johannes von der *lux vera* bezeugt, werde nämlich manifest, dass die Wesensformen im Reich der Natur wie auch im Bereich der Moral von Gott stammen: *Was aber über die Veränderung und das Entstehen im Hinblick auf die Wesensformen im Reich der Natur gesagt worden ist, gilt entsprechend für die Bildung von Habitus oder Tugenden im geistlichen Leben. Denn bei den Philosophen herrschte dieselbe Verschiedenheit der Ansichten hinsichtlich des Entstehens von Wesensformen und von Tugenden, und Avicenna behauptet, die Tugenden seien ebenso wie die Wesensformen der Dinge von dem Geber der Formen, wobei er diese jenen gleichsetzt.*[26] Das hält Eckhart gegen den vielstimmigen Chor der Philosophen fest. Positiv erwähnt er nur Avicenna, der mit ihm weitgehend übereinstimme; Aristoteles, der eine andere Position bezieht, erwähnt er nicht.

Fazit:

In der ersten argumentativen Einheit (n. 141–150) transformiert Eckhart die Grundstrukturen der natürlichen Welt, wie sie Aristoteles in der ‚Physik' darstellt, und verbindet sie mit der christlichen Heilsordnung: Die natürliche Welt ist bestimmt durch ein dauerndes Werden, *fieri*, das aber, anders als bei Aristoteles, zeitlich begrenzt ist. Substantielles Entstehen vollzieht sich nur in der Seinsmitteilung durch Gott, die Geschöpfe wirken nur akzidentell, ihre *alteratio* ist teleologisch auf die *generatio* hingeordnet. Die ganze Schöpfung ist vom allmächtigen Schöpfer mit einer universalen Teleologie geordnet worden. Die teleologischen Strukturen sind ein Abbild des trinitarischen Lebens.

In der soteriologischen Applikation der Unterscheidung von *generatio* und *alteratio* fungiert Johannes als *figura* der Prozesse natürlichen Werdens, Chris-

---

25 „alteratio enim non tantae perfectionis seu dignitatis est" (n. 149, S. 124,2).

26 „Quod autem dictum est de alteratione et generatione quantum ad formas substantiales in naturalibus, eodem modo se habet circa generationem habituum sive virtutum in moralibus. Nam apud philosophos eadem erat diversitas opinionum circa generationem formarum substantialium et virtutum, et Avicenna ponit virtutes esse a datore formarum sicut formas rerum substantiales, adaequans has illis" (n. 150, S. 124,5–10).

tus als *figura* substantiellen Entstehens. Beide Figuren sind teleologisch aufeinander bezogen.

2. Menschwerdung Christi und Sohn-Gottes-Werden des Menschen – philosophische Evidenzen (Hauptsätze 10–15, n. 151–159)

Die Auslegung der **Hauptsätze 10–15** (V. 9–14) bildet in der ‚*Recollectio*' den eigentlichen Höhepunkt. Mit der Ankunft Christi in der Welt sind die Menschen vor die Wahl gestellt, sich für oder gegen ihn zu entscheiden. Sein universales Heilsangebot wird nicht von allen angenommen (n. 151–152). Denjenigen, die ihn aufnahmen, gab er die Macht, Gottes Söhne zu werden. Diese Möglichkeit des Menschen versucht Eckhart mit verschiedenen *rationes naturales* verständlich zu machen. Er bezieht sich dabei auf die aristotelische *scala naturae* als *scala vitae*, der er drei natürliche Formen des Geborenwerdens zuordnet, und überhöht sie mit einer übernatürlichen *nativitas* (n. 153–154), deren Voraussetzung die Nächstenliebe ist, wie er an anderer Stelle sagt (n. 290). Die Gottesgeburt vollzieht sich als gnadenhafte Überformung der menschlichen Seele (n. 155). Für ihre Darstellung mit Vernunftgründen nutzt Eckhart Theoreme der aristotelischen und peripatetischen Intellekttheorie und diskutiert die Wirkungen der Überformung, die „Früchte" der Gottessohnschaft: die Potenzierung des menschlichen Denkens und Handelns (n. 156–158) mit Rekurs auf ‚*De Anima*' B 1.

2.1 Von der Gleichheit und Gottunmittelbarkeit aller Menschen und ihrem Verhältnis zum wahren Licht – die Universalität des Heilsangebots (Hauptsätze 10–12, n. 151–152)

Den **zehnten Hauptsatz** – *Er war das wahre Licht, welches jeden Menschen erleuchtet, der in diese Welt kommt* (V. 9, n. 151) – interpretiert Eckhart in zwei Schritten. Er verweist zunächst auf den ‚*Liber de causis*' und dessen Bestimmung des *lumen purum* als *causa prima* (Prop. V [VI], 58, S. 14), aus der sich ergibt: *Alles Zweite aber hat sein Licht und Leuchten vom Ersten.*[27] Diese Folgerung ergänzt er mit einer These aus der aristotelischen Bewegungslehre: dass es im Bereich der Natur

---

27 „Omne autem secundum et lucem et lucere habet a primo" (n. 151, S. 124,14f.).

keine reine Selbstbewegung gebe, sondern zu jedem Sich-Bewegen notwendig auch ein Bewegtwerden gehöre.[28] In einem zweiten Schritt legt er unter Berufung auf Augustinus den Relativsatz – *welches jeden Menschen erleuchtet, der in diese Welt kommt* – im Sinne der gleichen und unmittelbaren Gegenwart Gottes in allen Geschöpfen aus. Denn Sein und Licht seien identisch: *‚Lux' id est esse* (n. 151, S. 125,5). *Das* Licht des Seins ist, nach Eckhart, unmittelbar bei allen, bevor sie unterschieden werden. In Gottes ununterschiedenem Sein sind die Geschöpfe selbst auch ununterschieden, gleich und unmittelbar zu Gott und von ihm erleuchtet, analog wie die Seele durch ihr Sein in allen Teilen des Körpers unmittelbar und ohne Unterscheidung sei und alle Teile des Körpers durch ihr Sein „erleuchte"; denn sie sei der Materie vor aller Unterscheidung unmittelbar gegenwärtig. Entsprechend heißt es in einer Parallele in der Predigt 12: *Der nû diu dinc naeme in irm êrsten ûzvluzze, der naeme alliu dinc glîch. Sint sie alsô glîch in der zît, sô sint sie in gote in der êwicheit vil glîcher. Der eine vliegen nimet in gote, diu ist edeler in gote dan der hoehste engel an im selber sî* (DW I, S. 199,3–6).[29]

Auch in n. 94 versteht Eckhart den Relativsatz – *welches jeden Menschen erleuchtet, der in diese Welt kommt* – im Sinne der Gleichheit und Unmittelbarkeit aller Menschen zu Gott. Die Schwierigkeiten vieler Ausleger mit diesem Vers führt er auf zwei falsche Vorstellungen zurück. Erstens, dass sich nicht jedes Geschöpf in gleicher Weise und unmittelbar zu Gott verhalte; zweitens, dass nur die Gnade „Licht" sei. Diesen „Fehlurteilen" begegnet er mit der These, dass nicht nur die Gnade, sondern jede Vollkommenheit, vor allem das Sein selbst, als Wurzel jeder Vollkommenheit ein Licht sei. *Lumen* sei der Ausdruck der gleichmäßigen, gleichen und unmittelbaren Gegenwart Gottes in allen Geschöpfen, die sich auf die Seinsmitteilung und auf alle *perfectiones generales* beziehe.

Die Unterschiedenheit der Geschöpfe beruht auf der Form: *distinctio enim omnis per formam est* (n. 151, S. 125,11f.). Mit diesem Satz knüpft Eckhart an Überlegungen aus dem ersten Teil an, die von neuplatonischen Theoremen ausgehen. Die Form bestimmt jeweils den unterschiedlichen Modus der Rezeption des Seins und die dem *modus recipientis* entsprechenden Modi des Erleuchtetwerdens: alle und alles werden erleuchtet, wenn auch nicht alles gleich-

---

28 Vgl. Wieland, 1970, S. 247.

29 „Wer nun die Dinge in ihrem ersten Ausfluss nähme, der nähme alle Dinge als gleich. Sind sie nun schon so gleich in der Zeit, so sind sie in Gott in der Ewigkeit noch viel gleicher. Nimmt man eine Fliege in Gott, so ist sie edler in Gott als der höchste Engel in sich selbst ist."
Zur Frage der Gleichheit und Unmittelbarkeit aller Menschen zu Gott vgl. Markus Vinzent, Salus extra ecclesiam? Meister Eckharts Institutionenskepsis, in: Mystik, Recht und Freiheit. Religiöse Erfahrung und kirchliche Institutionen im Spätmittelalter, hg. v. Dietmar Mieth und Britta Müller-Schauenburg, Stuttgart 2012, S. 158–168. Vgl. darin auch den aufschlussreichen Aufsatz von Dietmar Mieth.

mäßig und auf dieselbe Weise. In n. 152 bezieht er sich auf eine Seins- und Erkenntnisordnung, in der alle Menschen als Menschen die gleiche Ausgangsposition haben, die sie vor anderen Geschöpfen unterscheidet: Das Licht erleuchtet jeden Menschen.

Die Modi des Erleuchtetwerdens des Menschen – davon sprechen die **Hauptsätze 11 und 12** (n. 152) – sind aber, nach Eckhart, nicht nur durch die Position in der Seinsordnung bestimmt, in der die Form das entscheidende Maß für die Rezeption abgibt, sondern auch durch die freie Wahl. Die Gegenwart des göttlichen Lichts ist an moralische Bedingungen geknüpft: das Licht erleuchtet jeden Menschen, wenn sich auch nicht jeder erleuchten lässt. Die unterschiedliche Stellungnahme des Menschen zur Zuwendung Gottes wiederholt sich in der Geschichte ständig: das Nichterkennen – *das Licht leuchtet in der Finsternis, und die Finsternis hat es nicht erfasst*" (n. 140) – und das Nichtaufnehmen – *er kam in sein Eigen, und die Seinen nahmen ihn nicht auf* – meinen dasselbe (n. 152, S. 126,9f.).

2.2 *Die philosophische Erhellung des Gottes-Sohn-Werdens des Menschen*

Bei seiner Auslegung der Hauptsätze 13–15 mit Hilfe von *rationes philosophorum* geht Eckhart in drei Schritten vor: In einem ersten Schritt charakterisiert er das „aus Gott geboren werden" des Bibeltexts als „übernatürliche *nativitas*" in Abgrenzung gegen drei „natürliche *nativitates*", die er mit den drei aristotelischen Seelenvermögen aus ‚*De anima*' B 3 gleichsetzt. Im zweiten Schritt beschreibt er diese übernatürliche *nativitas* als Überformung der menschlichen Seele durch Gott mit Hilfe des peripatetischen *coniunctio*-Modells. Schließlich erklärt er die Wirkungen dieser Überformung – die Potenzierung des menschlichen Denkens und Handelns – im Rekurs auf Aristoteles' Auffassung der Seele als Form im Sinne von ἐνέργεια, d. h. als Wirkprinzip in einem dafür disponierten Körper.

2.2.1 Die aristotelischen Seelenvermögen als drei Formen natürlicher *nativitas* und deren Transzendierung durch eine übernatürliche *nativitas* (Hauptsatz 13, n. 153–154)

Den **dreizehnten Hauptsatz** – *Allen aber, die ihn aufnahmen, gab er Macht, Gottes Söhne zu werden* (V. 12, Teil 1), *die nicht aus dem Blut noch aus dem Willen des Fleisches noch aus dem Willen des Mannes, sondern aus Gott geboren sind* (V. 13, Teil 2) – verbindet Eckhart mit Matthäus 23,9 – *Einer ist euer Vater, der im Himmel ist* –

und präzisiert dann die Voraussetzungen der Gottessohnschaft: Der Mensch muss die natürliche Vater-Sohn-Beziehung zugunsten der Vaterschaft Gottes aufgeben und alle Bestimmungen der natürlichen *nativitas* außer Kraft setzen. Mit Bezug auf den zweiten Teil des Bibelverses unterscheidet er drei Formen des Geborenwerdens (n. 154, S. 127,7–15) und bringt sie in Verbindung mit der aristotelischen Stufung der Seelenvermögen in ‚*De anima*' (vgl. 414a29–414b19) und dem Modell der menschlichen Seele in der ‚*Nikomachischen Ethik*' (1102a26–1103a10). So ordnet er das Geborenwerden „aus dem Blut" dem vegetativen Seelenteil zu, der der Vernunft nicht gehorcht, das Geborenwerden „aus dem Willen des Fleisches" dem sinnlichen Vermögen, das auf die Vernunft hören, sich ihr aber auch verweigern kann, und das Geborenwerden aus dem „Willen des Mannes" dem Vernunftvermögen, das die Spitze der natürlichen *scala vitae* bildet. Die Vernunft ist der Mann in der Seele (n. 154, S. 127,14). Eckhart bezieht sich also auf eine hierarchisch gestufte Naturordnung und auf den Gedanken von der Herrschaft der Vernunft über die Affekte im natürlichen Menschen.[30]

Die für die übernatürliche *nativitas* notwendigen Verhaltensänderungen behandelt Eckhart an anderer Stelle seines Kommentars. Wer Sohn Gottes werden will, muss den Nächsten lieben wie sich selbst. Diese Forderung universaler Menschenliebe begründet er christologisch: *wer Sohn Gottes werden will, wer will, dass das Fleisch gewordene Wort in ihm wohne, muss den* Nächsten lieben wie sich selbst, *das heißt so sehr wie sich selbst, und muss das Persönliche und Eigene verleugnen. Denn wer die Liebe hat, der liebt in keiner Weise den Nächsten weniger als sich selbst; denn er liebt in allem den einen Gott und alles in ihm. In dem Einen gibt es aber keinen Unterschied, auch nicht den zwischen Juden und Griechen (vgl. Röm. 10,12); in dem Einen gibt es weder mehr noch weniger.*[31] Wer Gottes Sohn werden will, das ist die zentrale Aussage des Textes, muss sich seiner selbst entäußern und das Persönliche aufgeben, so wie Christus in der Inkarnation aus Liebe zum Menschen sich selbst entäußert und menschliche Natur – nicht eine menschliche Person – angenommen hat. *Wilt dû derselbe Christ sîn und got sîn, sô ganc alles des abe, daz daz êwige wort an sich niht ennam. Daz êwige wort nam keinen menschen an sich; dar umbe ganc abe, swaz menschen an dir sî und swaz dû sîst, und nim dich nâch menschlîcher nâture blôz, sô bist dû daz selbe an dem êwigen worte, daz menschlich natûre an im ist. Wan dîn menschlîche natûre und diu sîne enhât keinen underscheit: si ist ein, wan, swaz si ist in Kristô, daz ist si in dir* (DW 1, S. 420,5–11).[32] Das Einssein

---

30 Vgl. oben Pr. 37, H 3, Kap. 1, 3.

31 „Quod volens filius dei fieri, verbum caro factum in se habitare debet diligere proximum tamquam se ipsum, abnegare personale, abnegare proprium. Diligit enim habens caritatem in nullo minus proximum quam se ipsum, diligit siquidem unum deum in omnibus et omnia in ipso. In uno autem nulla est distinctio nec Iudaei etiam nec Graeci, in uno neque magis neque minus" (n. 290, S. 242,4–9).

32 „Darum: Willst du derselbe Christus sein und Gott sein, so entäußere dich alles dessen, was das ewige Wort nicht annahm. Das ewige Wort nahm keinen Menschen an; darum

mit Gott als Sohn verlangt also ein „ethisches Allgemeinwerden“. Dadurch entsteht ein neues Verhältnis zu sich, zum anderen und zu Gott. Richtige Selbstliebe, Gottesliebe und Nächstenliebe bedingen einander, gehören zusammen. So ist auch der das übliche Verständnis von Selbstliebe umkehrende Satz aus Predigt 12 zu verstehen: *Hâst dû dich selben liep, sô hâst dû alle menschen liep als dich selben* (DW I, S. 195,1). Eckharts Ausführungen enthalten ein trinitarisch und christologisch begründetes Gebot universaler Menschenliebe – in dem Einen gibt es keinen Unterschied, auch nicht den zwischen Juden und Griechen (vgl. n. 290, S. 242,8f.).

2.2.2 Die übernatürliche *nativitas* als Überformung (*conformatio*) der Seele durch Gott und das peripatetische *coniunctio*-Modell (Hauptsatz 14, n. 155)

Der aristotelischen *scala naturae* mit ihren natürlichen *nativitates* stellt Eckhart nun bei der Auslegung des **vierzehnten Hauptsatzes** – *Er gab ihnen die Macht, Gottes Söhne zu werden, und das Wort ist Fleisch geworden und hat in uns gewohnt* (V. 14) – das übernatürliche Geborenwerden als Sohn Gottes gegenüber. Begründet ist diese Möglichkeit in der Menschwerdung Gottes. Mit dem christlichen Dogma der Inkarnation ist für Eckhart die Frage der Verbindung Gottes mit dem Menschen theologisch beantwortet. Philosophisch denkt er das Geborenwerden als Sohn Gottes als *conformatio* der menschlichen Seele durch Gott: Es geschieht, *so oft wir dem Göttlichen, folglich Gott, gleichförmig und gleichgestaltet werden.*[33]

Um diese *conformatio* und *configuratio* verständlich zu machen, verweist Eckhart zunächst auf ein Pauluswort: *wenn wir mit unverhülltem Anlitz den Glanz des Herrn schauen, werden wir in dasselbe Bild verwandelt* (2Kor 3,18). Anschließend beginnt er, *aliqui philosophi* referierend, die Überformung des Menschen in der Gottesgeburt mit Vernunftgründen zu erhellen – im vorliegenden Fall nicht mit naturphilosophischen Kategorien und Theoremen des Aristoteles, sondern mit erkenntnistheoretischen Überlegungen im Rahmen einer peripatetisch transformierten aristotelischen Intellekttheorie, wie sie bei Alexander von Aphrodisias in Ansätzen vorliegt, von den arabischen Philosophen aufgenommen und von Averroes systematisch weiterentwickelt wurde.[34]

Der Grundgedanke dieses Modells, das den natürlichen Erkenntnisvorgang

---

entäußere dich dessen, was von einem Menschen an dir sei und was du seist, und nimm dich rein (nur) nach der menschlichen Natur, so bist du dasselbe im ewigen Wort, was die menschliche Natur in ihm ist. Denn deine menschliche Natur und die seine haben keinen Unterschied: es ist eine (und dieselbe); denn, was sie in Christo ist, das ist sie in dir.“

33 „quotiens divinis, per consequens deo, conformamur et configuramur“ (n. 155, S. 128,2f.).

34 S. o. H 2, Kap. 2.

erklären soll, besagt – in der alexandrisch-averroistischen Version – dass durch die Einwirkung eines separaten, transzendenten *intellectus agens* der menschliche Intellekt perfektioniert und eine *coniunctio* des Transzendenten mit dem Endlichen eingeleitet werde. Sie gewährleiste sowohl die Allgemeingültigkeit als auch die Individualität menschlichen Erkennens.[35] Zur Bezeichnung der Vollendung bzw. der Vorstufe dieses Perfektionierungsprozesses wird – auch bei Albertus Magnus – der Begriff des *intellectus adeptus* verwendet.

Eckharts kurzes Referat dieses Modells fasst – mit Anklängen an Formulierungen von Albertus Magnus und Averroes – die wesentlichen Merkmale des Überformungsvorgangs des menschlichen Intellekts in der *coniunctio* zusammen: *Daher behaupteten einige Philosophen, die wirkende Vernunft (Koch: Verstand), die sie für eine (von uns) getrennte Substanz hielten, werde mit uns in den Phantasiebildern vereint kraft des Lichtes jener wirkenden Vernunft, die unser Vorstellungsvermögen erleuchtet und erleuchtend durchdringt. Wird dies oft wiederholt, so wird sie schließlich auf Grund vieler Denkakte mit uns vereint und wird zur Form, so dass wir die Werke, die jener Substanz eigen sind, wirken, beispielsweise die reinen Geister erkennen, wie jene auch. Dies ist in uns nach ihrer Lehre die erworbene Vernunft.*[36]

Auch in der Darstellung der Wirkung dieses Vorgangs lehnt sich Eckhart eng an Albertus Magnus an. Die *conformatio* bewirkt, nach Alberts Darstellung im ‚*De anima-Kommentar*', dass der menschliche Intellekt in die Lage versetzt wird, die Werke des göttlichen Intellekts zu wirken und die reinen *intelligibilia* zu erkennen.[37] Er nennt die Wirkung der Überformung des *intellectus materialis* durch den *intellectus agens* mit den Peripatetikern *intellectus adeptus et divinus*. Eckhart nimmt diese Bestimmung mit Modifikationen auf, die, wie das gesamte Referat, eine gewisse Vorsicht und Distanz erkennen lassen. Dies mag damit zusammenhängen, dass das peripatetische Modell, auf das er sich bezieht, zur Erklärung natürlicher Erkenntnisvorgänge dient. Für den Bereich natürlichen Erkennens geht er aber – besonders deutlich in Predigt 104 – nicht von der Einwirkung eines transzendenten *intellectus agens*, sondern vom Wirken der menschlichen *würkenden vernunft* aus und folgt damit eher dem thomasischen Abstraktionsmodell. In dem argumentativen Kontext, in dem Eckhart das oben genannte Modell anführt, will er aber die übernatürliche *nativitas* und ihre Wirkungen philosophisch verständlich machen. Unter diesem Gesichtspunkt

[35] Siehe ausführlich H 2, Kap. 2, 4. und Kap. 2, 6.

[36] „Unde et philosophi aliqui ponebant intellectum agentem, quem dicebant substantiam separatam, nobis uniri in phantasmatibus mediante lumine intellectus illius agentis, illustrantis et penetrantis illustrando nostrum phantasticum, quo multiplicato ex multo intelligere tandem nobis unitur et fit forma, ita ut operemur opera propria illi substantiae, puta quod intelligamus entia separata sicut et illa et iste est in nobis secundum ipsos intellectus adeptus" (n. 155, S. 128,5–10).

[37] „et tunc homo perfectus est ad operandum opus illud quod est opus suum inquantum est homo et hoc est opus, quod operatur deus, et hoc est perfecte per seipsum contemplari et intelligere separata" (S. 222,6–9).

sind für ihn zwei Aspekte von Interesse: Erstens der Gedanke der Einwirkung des transzendenten auf den menschlichen Intellekt, zweitens die Effekte, die diese Einwirkung und Überformung im menschlichen Denken und Handeln erzeugt. Den zweiten Aspekt verdeutlicht Eckhart am Beispiel des Feuers, das auf Alexander von Aphrodisias zurückgeht und das auch Averroes und Albertus Magnus aufgreifen. Eckhart führt es mit einer eigenen Akzentuierung ein, um deutlich zu machen, dass der neue Status, den der Mensch in der Gottesgeburt erreicht, gerade nicht Ergebnis seiner Eigentätigkeit und der Perfektionierung seiner Anlagen, sondern das Werk Gottes ist: *Etwas Ähnliches sehen wir sinnfällig beim Feuer: durch fortgesetzte Erhitzung wird das Eisen von ihm durchtränkt, und (das Feuer) wird gewissermaßen seine Form und wohnt in ihm. Denn die Hitze, die ja von der Form des Feuers fließt, verrät dessen Natur und wirkt folglich in dessen Kraft derart, dass das Eisen die Werke des Feuers wirkt. Daher wird auch die durchglühte Kohle vom Philosophen als Art des Feuers bezeichnet; sie wirkt die Werke des Feuers: sie glüht, leuchtet und strahlt wider im Sein und in der Form des Feuers.*[38] Das Feuer wird zur Form des Eisens, das daher die Werke des Feuers wirkt. Die Quintessenz dieses Beispiels stimmt, nach Eckhart, mit den Aussagen der Bibel überein: *gemäß dem Wort: ‚euer Licht leuchte vor den Menschen, damit sie eure guten Werke sehen und euern Vater preisen, der im Himmel ist‘* (Mt 5,16). Die Überformung der Seele durch das göttliche Licht in der Gottesgeburt manifestiert sich in den guten Werken des Menschen.

2.2.3 Die philosophische Erklärung der Wirkungen der *conformatio* im Rekurs auf Aristoteles' Bestimmung der Form als Wirkprinzip in der leib-seelischen Einheit in ‚*De anima*‘ B 1 (Hauptsätze 14–15, n. 156–157; Parall. n. 124–128)

In n. 156–157 versucht Eckhart die durch die *conformatio* freigesetzten neuen Wirkungsmöglichkeiten des Menschen im Rückgriff auf die Schrift und die aristotelische Bestimmung der Form als tätiges Prinzip, ἐνέργεια (‚*De anima*‘ B 1), verständlich zu machen und über die Beispiele hinaus auf einer allgemeineren Ebene zu diskutieren: *So bezeugt nämlich ganz allgemein alles Erleuchtete als*

---

[38] „Sic etiam videmus sensibiliter de igne, qui ex continuata calefactione ferro imbibitur et quasi forma factus inhabitat. Calor enim, utpote fluens a forma ignis, naturam sapit illius et agit per consequens in virtute illius adeo, ut ferrum operetur opera ignis. Unde et carbo ignitus species ignis dicitur a philosopho et operatur opera ignis: splendet, lucet et relucet in ipso esse et forma ignis“ (n. 155, S. 128,10–129,1).

solches wie ein vom Licht gesandter Bote, dass das Licht da ist und ihm inne ist.[39] Die Wahrheit dieses allgemeinen Satzes ergibt sich für Eckhart zum einen aus der Schrift; er verweist auf Johannes den Täufer als Zeugen der *lux vera* und auf Joh 5,36: *Die Werke, die ich tue, geben Zeugnis von mir.* Zum anderen ergibt sie sich aus der philosophischen Bestimmung des Verhältnisses von Form und Materie: *So verhält es sich mit jeder der Materie verbundenen Wesensform, [...] die in der Einwohnung ihre Werke ihr [der Materie] mitteilt; und aus den äußeren Werken strahlt wider, dass sie der Materie innewohnt.*[40] Eckhart bezieht sich hier implizit, in der Parallelstelle (n. 124–128) ausdrücklich, auf Aristoteles' Definition der Seele als Form im Sinne der ἐνέργεια eines natürlichen Körpers und seiner Bestimmung des Kompositums als Wirkeinheit: *derart, dass das Sein und jede Tätigkeit nicht mehr eigentlich Sache der Seele, sondern des leib-seelischen Ganzen ist.*[41] Er bekräftigt diesen Bezug durch den direkten Hinweis auf ‚*De anima*' (403a5–10): *so dass man nicht sagt, die Seele sei, nehme wahr und denke, sondern Sein, Wahrnehmen und Denken dem leib-seelischen Ganzen zuschreibt, wie im 1. Buch Von der Seele gesagt wird.*[42] Die Pointe der hylemorphistischen Erklärung der *conformatio* und ihrer Wirkung im Menschen ist die Einheit und Simultaneität von *conformatio* und *actio*: die Wesensform ist Tätigsein – eine christliche ἐνέργεια: ‚*Ihr sucht einen greifbaren Beweis dafür, dass Christus in mir redet*' (2Kor 13,3); ‚*aus euren guten Werken sollen sie euch erkennen und den Herrn preisen*' *(1Petr 2.12).*

Im Abschnitt n. 157, in dem Eckhart den **fünfzehnten Hauptsatz** auslegt, nennt er noch einmal die bisherigen Argumentationsschritte: die Bestimmung der Gottesgeburt als übernatürliche *nativitas* im Unterschied zu den drei natürlichen *nativitates* und damit als Transzendierung der aristotelischen Seelenstufen (1), ihre Explikation mit Vernunftgründen anhand des peripatetischen *coniunctio*-Modells, das er am Beispiel des Feuers verdeutlicht (2), und die Erklärung der aus der *conformatio* resultierenden Potenzierung des menschlichen Denkens und Handelns durch Bezug auf die aristotelische These vom Verhältnis der Seele zum Körper (3).

Der durch die Überformung ausgelöste qualitative Sprung im Erkennen, der die Möglichkeiten der natürlichen Vernunft übersteigt, ist also in der Wirkeinheit der Seele mit Gott begründet. Gott ist in uns und wirkt die Werke: *ipse facit opera.* Als Sohn Gottes lebt der Mensch im Status der Gnade und Wahrheit: *Wir haben, sagt er, seine Herrlichkeit gesehen, nämlich das Wort, das Fleisch geworden*

39 „Sic enim universaliter omne illuminatum, in quantum tale, testatur lucem esse et sibi inesse tamquam nuntius missus a luce" (n. 156, S. 129,4f.).

40 „Sic enim etiam se habet de omni forma substantiali unita materiae [...] et inhabitando opera sua illi communicat; et ex operibus extra relucet ipsam inhabitare" (n. 156, S. 129,8–11). S. o. besonders H 1, Kap. 1, 1.3 und Scholion 1.

41 „adeo ut esse et operatio omnis non sit animae proprie, sed totius coniuncti" (n. 126, S. 109,4f.).

42 „ita ut non dicatur anima esse nec sentire nec intelligere, sed totum compositum ex ipsa et carne dicitur esse, sentire et intelligere, ut dicitur I De anima" (n. 126, S. 109,7f.).

ist und in uns wohnt, voll der Gnade und Wahrheit.[43] In der Parallele n. 127 expliziert er den Teilsatz – *voll der Gnade und Wahrheit* – im aristotelischen Sinn als hylemorphistische Überformung, in der der Mensch alle *perfectiones* erhält. *Wer nämlich durch eine Form überbildet ist, der hat das volle Sein dieser Form, und indem er es hat, sieht er in sich alle Gnade und alle Wahrheit oder alle Vollkommenheit und (alles) Vermögen jener Form, gemäß dem Worte: ‚alle Güter kamen mir zugleich mit ihr‘* (Weish 7,11); *‚mit ihm hat er uns alles geschenkt‘* (Röm 8,32).[44] Der Zustand der Vollkommenheit ist also die Wirkung der Gottesgeburt, in der dem Menschen göttliches Sein mitgeteilt wird: *Communicatur enim nobis esse divinum.*

2.3 Gottes-Sohn-Werden und Gottes-Sohn-Sein – von der Unvollkommenheit des Glaubens und der Bedeutung der Gnade (n. 158–159)

In **n. 158 und 159** geht Eckhart auf den kurzen Relativsatz in V. 14 ein – *die an seinen Namen glauben* –, den er bisher ausgelassen hatte, dem er aber eine besondere Bedeutung zuschreibt. Er stellt zunächst verschiedene Gegensatzpaare nebeneinander: Glauben, *credere*, verhält sich zu schauen oder vollkommen erkennen, *videre, perfecte cognoscere*, wie Meinung, *opinio*, zu Beweis, *demonstratio*. Glauben sei, verglichen mit dem Schauen oder dem vollkommenen Erkennen, zwar etwas Unvollkommenes, aber als ‚feste Überzeugung‘ habe es bereits etwas von der Anschauung der ewigen Dinge. Wegen dieser anfangshaften Vollkommenheit des Glaubens ist der Glaubende zwar noch nicht eigentlich Sohn; *denn diesem kommt es zu, den Vater zu schauen und zu kennen* (Mt 11,27) (n. 158, S. 130,14), aber er ist *der Sohnschaft nicht ganz bar, nec tamen est expers omnino filiationis* (ebd.); der Glaubende verhält sich zu ihr wie die Disposition und das Unvollkommene, *dispositio et imperfectum*. Der Glaube ist gleichsam eine Bewegung und ein Werden, etwas Unvollkommenes, hingeordnet auf das Sohn-Sein. Glauben und Schauen schließen sich also, nach Eckhart, nicht als unvereinbare Gegensätze aus, sondern verhalten sich wie Unvollkommenes zu Vollkommenem, wie Möglichkeit zu Wirklichkeit. Er knüpft damit an den Möglichkeitsbegriff an, den Aristoteles in der ‚*Metaphysik*‘ mit dem Begriffspaar δύναμις und ἐνέργεια einführt und mit Beispielen verdeutlicht: *Unter Wirklichkeit versteht man, dass die Sache vorliege, nicht in dem Sinne, wie man sagt, sie sei dem Vermögen*

[43] „Vidimus, inquit, gloriam eius, verbum scilicet caro factum et habitans in nobis, plenum gratiae et veritatis“ (n. 157, S. 129,17–130,1).

[44] „Informatus enim quicumque forma aliqua esse illius formae plenum habet, et habendo in se videt omnem gratiam et omnem veritatem sive omnem perfectionem et potentiam illius formae, secundum illud sap. 7: ‚venerunt mihi omnia bona pariter cum illa‘; et Rom 8: ‚cum illo omnia nobis donavit‘“ (n. 127, S. 109,12–110,3).

nach.[45] Ein solches Verhältnis besteht zwischen einem Architekten, der gerade ein Haus baut, und dem, der gerade nicht am Werke ist; zwischen Wachendem und Schlafendem; und zwischen einer Hermesstatue aus Holz und dem unbehauenen Holzblock. Die Beispiele bezeichnen jeweils das Verhältnis eines der Wirklichkeit nach Seienden zu einem der Möglichkeit nach Seienden, bei den beiden ersten Beispielen das Verhältnis von Vermögen und Bewegung – einer Person wird eine zweiseitige dispositionelle Qualität, Handlungsfähigkeit, zugeschrieben[46] – beim dritten das Verhältnis von Form und Stoff.

Wenn der Glaube eine *‚feste Zuversicht auf Dinge‘* ist, *‚die man erhofft‘* (Hebr 11,1), dann ist er *eine Bewegung (motus) und ein Werden (fieri) (hingeordnet) auf das Sohnsein* (n. 158). Sohnwerden verhält sich zum Sohnsein wie Unvollkommenheit zur Vollkommenheit und Möglichkeit zur Wirklichkeit, wie Ausgangs- und Zielpunkt der Bewegung. Den Begriff von Bewegung, im aristotelischen Sinn als *vollendete Wirklichkeit des Möglichseienden als solchen*[47] verstanden, hatte Eckhart bereits zur Beschreibung des Verhältnisses von Johannes zu Christus verwendet. Er unterstreicht damit, dass der Glaubende auf dem Weg zur Vollkommenheit, aber noch nicht am Ziel ist, analog wie der Lernende unterwegs zum Gebildetsein ist. Solange der Lernprozess andauert, gibt es immer noch einen „Möglichkeitsrest“, der erst mit der Erreichung des Ziels aufgehoben ist. Analog ist der Glaubende noch nicht eigentlich Sohn, aber auf dem Weg zur Sohnschaft. *An den Namen des Sohnes glaubt also, wer schon Sohn wird, es aber noch nicht ist: ‚alles ist möglich, dem der glaubt‘* (Mk 9,22) (n. 159, S. 131,8f.).

Dieser *motus* von der Unvollkommenheit zur Vollkommenheit, vom Sohnwerden zum Sohnsein ist aber bei Eckhart, im Unterschied zu Aristoteles, keine Bewegung aus eigener Kraft, keine Selbstbewegung, sondern ein Bewegtwerden durch Gott *sine meritis propriis, sola dei gratia* (n. 168, S. 138,10f.; vgl. n. 172, S. 142,4), ohne eigenes Verdienst, nur durch Gnade Gottes.

Fazit:
Die zweite argumentative Einheit handelt von der Überwindung der natürlichen Ordnung durch eine übernatürliche *nativitas:* die Gottesgeburt. Dieses übernatürliche Geschehen versucht Eckhart mit Vernunftgründen verständlich zu machen: Er überhöht das aristotelische Modell der Seelenvermögen in *‚De anima‘*, dessen Stufen er jeweils eine natürliche *nativitas* zuteilt, durch eine übernatürliche Geburt und erklärt sie als Überformung der Seele durch Gott mit dem peripatetischen Modell der *coniunctio* und als Wirkeinheit im Rekurs auf die aristotelische Bestimmung der Form als Wirkprinzips der leib-seelischen Einheit.

---

45 ἔστι δὴ ἐνέργεια τὸ ὑπάρχειν τὸ πρᾶγμα μὴ οὕτως ὥσπερ λέγομεν δυνάμει (1048a30–32).

46 Der Arzt, der heilen kann, kann auch nicht heilen. Seine dispositio ist auf das Entgegengesetzte ausgerichtet.

47 ἡ τοῦ δυνάμει ὄντος ἐντελέχεια, ᾗ τοιοῦτον, κίνησίς ἐστιν (201a10f.).

3. *Generatio* und *spiratio* in der Trinität und die Einbeziehung des Menschen in die göttliche Liebe (n. 160–166)

In den die ‚*Recollectio*' abschließenden Abschnitten n. 160–166 bezieht sich Eckhart nicht mehr auf den Prolog des ‚*Johannesevangeliums*', sondern auf den ersten Brief des Johannes (1Joh 5,7). Er handelt jetzt von der dritten Person in der Trinität, dem Heiligen Geist, der die Liebe ist, wieder mit der Intention, *per naturalia* und *in naturalibus* die *divina* verständlich zu machen, im vorliegenden Fall die Einheit und Verschiedenheit der drei göttlichen Personen *per rationes naturales* zu erklären.[48] In seinem Erklärungsansatz – der Unterscheidung eines *duplex amor* (*amor finis* und *amor concomitans*), einer Liebe zum Ziel und einer Liebe, die das Wirken begleitet – nimmt er aristotelische Theoreme aus der ‚*Nikomachischen Ethik*' auf.

Es ist *notwendig* [...], *den Vater, den Sohn und den Heiligen Geist zu bekennen, und dass ‚diese drei eins sind*' (1Joh 5,7).[49] In der Trinität gibt es, wie Eckhart mit der kirchlichen Trinitätstheologie ausführt (n. 160–161), nicht eine, sondern zwei notionale Akte: das personbildende Erkennen, durch das der Vater den Sohn zeugt *(generatio)*, und das personbildende Wollen, durch das der Vater und der Sohn in der gegenseitigen Liebe den Heiligen Geist hervorbringen *(spiratio)*. Durch diese zwei Hervorgänge entstehen vier real verschiedene wechselseitige Relationen, die mit der göttlichen Wesenheit real identisch sind: *‚diese drei (sind) eins' (1Joh 5,7), und nicht einer; zudem aber, dass sie gleich ewig, gleich vollkommen und gleichen Wesens sind, eins in allem, was zur Natur gehört, verschieden aber nur in dem, und in all dem, was das Zeugen und Gezeugtwerden, das Hauchen und das Gehauchtwerden betrifft.*[50] Es ist das „trinitarische Grundgesetz": *In Gott ist alles eins, soweit nicht ein Gegensatz der Relation besteht: in Deo omnia sunt unum, ubi non obviat relationis oppositio* (vgl. Denzinger n. 703). Aus der göttlichen Einheit in der Dreiheit folgt, dass der Mensch im Sohn-Gottes-Werden auch in die göttliche Liebe einbezogen wird – zur *generatio* gehört die *spiratio*.

---

48 Vgl. den konzis arumentierenden Aufsatz von Bernard McGinn, Sermo IV ‚Ex ipso, per ipsum et in ipso sunt omnia', in: Steer/Sturlese, 1998, S. 289–316.

49 „necessarium est dicere et fateri patrem, filium et spiritum sanctum" (n. 160, S. 132,1f.).

50 „‚hi tres unum sunt', non unus; adhuc autem quod coaeterni sunt, coaequales et consubstantiales, unum in omnibus quae naturae sunt, distincti autem in solis illis et omnibus, quae generare et generari, spirare et spirari sapiunt" (n. 160, S. 132,2–5).

3.1 *Die natürliche Selbstliebe als* explicans *der trinitarischen Vater-Sohn-Liebe*

Bei Eckharts Erklärung der innertrinitarischen Hervorgänge durch Vernunftgründe bildet das natürliche Verhältnis des Vaters zum Sohn den Ausgangspunkt: Der Sohn ist erstens ein anderer, aber nichts anderes. Er hat dieselbe Natur wie der Vater. Zweitens, jedes Hervorbringende bringt etwas ihm Ähnliches hervor, und diese Zeugung ist von Liebe und Zuneigung begleitet; denn jedes Lebewesen liebt das ihm Ähnliche' (Jes.Sir. 13,19); *‚der Vater liebt den Sohn'* (n. 162, S. 133,2). Da nun in der Gottheit der Vater im Sohn sein anderes Selbst zeugt, liebt er, nach Eckhart, im Sohn sich selbst – und das ist die stärkste Liebe, wie er mit Berufung auf Aristoteles sagt: *ein jedes Wesen liebt nun zwar das ihm Ähnliche, mehr aber noch sich (selbst); denn die Liebe zum andern geht aus der Selbstliebe hervor, wie der Philosoph sagt.*[51] Daraus werde verständlich, dass mit der göttlichen *generatio* die *spiratio* verbunden ist: die wechselseitige Liebe des Vaters zum Sohn und des Sohnes zum Vater. Diese Liebe ist der Heilige Geist, als Band zwischen beiden, der *spiritus*, der von beiden ausgeht, „gehaucht" wird. Er ist, wie Eckhart in einem weiteren Argumentationsschritt ausführt, die dritte Person in der einen Substanz der dreifaltigen Gottheit (n. 163).

Die Exemplarität der Dreifaltigkeit sowohl in Bezug auf die *generatio* als auch auf die *spiratio*, fasst Eckhart zusammen: *Es erhellt also, dass es in Gott als der ersten und vorbildlichen Ursache alles Seins und Wesens den Vater, den Sohn und die (von beiden) ausgehende Liebe, den Heiligen Geist gibt, ‚und diese drei sind eins' (1 Joh 5,7): eine Substanz, ein Sein, Leben und Denken. In allen anderen Wesen aber, die von Gott sind, findet sich ganz allgemein bis zu den letzten und niedersten in allem Wirken und Hervorbringen Vater, Sohn und (von beiden) ausgehende Liebe oder Geist, und zwar gemäß dem Grade, in welchem in ihnen das Göttliche spürbar ist, vollkommener und unvollkommener.*[52]

---

51 „Unumquodque autem diligit quidem sibi simile, sed magis se; amor enim ad alterum venit ex amore ad se ipsum, ut ait philosophus" (n. 162, S. 133,6–8).

52 „Patet ergo quod in deo, utpote causa prima et exemplari omnis entis et entitatis, est pater, filius et amor procedens spiritus sanctus, ‚et hi tres unum sunt': una substantia, unum esse, vivere et intelligere. In aliis autem omnibus, quae a deo sunt, secundum quod plus et plus sapiunt divinum, perfectius et imperfectius, universaliter usque ad ultima et infima in rebus invenitur in omni actione et productione pater, filius et amor sive spiritus procedens" (n. 164, S. 135,8–14).

3.2 Amor finis *und* amor concomitans – *Eckharts Begriff des* duplex amor *und die aristotelischen Begriffe des* αἱρετόν, *des Erstrebten, als Finalursache und der* ἡδονή, *der Lust, als Epiphänomen gelingenden Wirkens*

Die Exemplarität der trinitarischen Liebe sucht Eckhart mit dem Begriff des *duplex amor,* der sich in allem Handeln und allem Hervorbringen in Natur und Kunst manifestiere, mit Vernunftgründen zu erhellen. Er unterscheidet dabei erstens die Liebe zum Ziel, von der alles Wirken ausgeht, *amor finis,* und zweitens die Liebe, die das Wirken begleitet, *amor concomitans ipsam actionem* (n. 165, S. 136,3–5). Diese Unterscheidung geht auf aristotelische Theoreme zurück. Mit dem *amor finis* bezieht sich Eckhart auf die Anfangskapitel der ‚*Nikomachischen Ethik*', in denen Aristoteles bei der Frage nach dem höchsten Gut des Menschen feststellt, dass jede Art menschlichen Wirkens, wissenschaftliche Untersuchungen ebenso wie praktisches Handeln und handwerkliches Herstellen, auf ein „Gut" zielen. Dieses ἀγαθόν ist als αἱρετόν, als Erstebtes, Zielursache unseres Wirkens (1094a1–3). Es kann entsprechend den von uns bevorzugten Lebensformen unterschiedlich sein. Im zwölften Buch der ‚*Metaphysik*' sagt Aristoteles vom Göttlichen, dass es *als Geliebtes* bewegt;[53] weil es vollkommen ist, streben wir letztlich danach, so zu sein, wie das Göttliche immer ist. Die aristotelische Formulierung zitiert Eckhart in n. 42 bei seinen Ausführungen über Gott als Zielursache mit ausdrücklichem Bezug auf den „Philosophen": ‚*movet sicut amatum*' (n. 42, S. 35,9f.).

Mit dem *amor concomitans actionem,* der Liebe, die das Wirken begleitet, bezieht sich Eckhart, ohne Aristoteles zu nennen, wortgetreu auf dessen Abhandlung über die ἡδονή in der ‚*Nikomachischen Ethik*' und seine zentrale Aussage über die Lust als Epiphänomen gelingender Tätigkeit (1174b31–33): In n. 165 spricht er mit Bezug auf diese Liebe von der *complacentia sive delectatio in ipsa actione,* vom Wohlgefallen und der Lust beim Wirken selbst.

Mit diesen aristotelischen Unterscheidungen versucht Eckhart die innertrinitarischen Hervorgänge und Relationen verständlich zu machen. Was den *amor finis* betrifft, so ist Gott die Zielursache seines eigenen, personbildenden Wirkens. Indem er seine Vollkommenheit erkennt, zeugt er seinen Sohn. In dieser *generatio* geht die wechselseitige Liebe zwischen Vater und Sohn, der Heilige Geist, als dritte Person in der einen Substanz hervor. Die wechselseitige Liebe dagegen, die die *spiratio* begleitet – *amor concomitans ipsam spirationem* (n. 165, S. 136,8) – ist die Liebe, die den göttlichen Personen gemeinsam ist.

---

53 κινεῖ δὲ ὡς ἐρώμενον (1072b3).

Dementsprechend kann man das Wort auslegen: ‚er hat uns in das Reich des Sohnes seiner Liebe versetzt‘ (Kol 1,13) [...]. *Denn wie der Sohn in der Heiligen Dreifaltigkeit der Sohn Gottes des Vaters ist, so ist er auch der Sohn der Liebe des Vaters, die der Vater selbst ist, ununterschieden vom Vater; (es ist dasselbe) wie wenn man sagte: ‚der Sohn des Vaters, der die Liebe ist‘.*[54] Das bedeutet für das Sohn-Gottes-Werden des Menschen, dass er auch in die göttliche Liebe einbezogen wird.

[54] „Et secundum hoc potest exponi illud ad Col. 1: ‚transtulit nos in regnum filii dilectionis suae‘ [...]; filius enim in trinitate beata sicut est filius dei patris, sic est et filius dilectionis patris, quae est ipse pater, indistincta a patre, ac si diceretur: ‚filius patris, qui est dilectio‘“ (n. 165, S. 136,9–13).

Drittes Kapitel: Die eine Wahrheit und die Diversität ihrer Modi – *Es ist dasselbe, was Moses, Christus und der Philosoph lehren* (n. 184–185)

Vers 9 des Prologs – *Er war das wahre Licht, welches jeden Menschen erleuchtet, der in diese Welt kommt* – bringt nach Eckharts Auslegung in n. 151 die Gleichheit aller Menschen und ihre Unmittelbarkeit zur Erleuchtung durch die göttliche Wahrheit zum Ausdruck. Das schließt unterschiedliche Modi der Rezeption des göttlichen Lichts und des menschlichen Verhaltens gegenüber der Zuwendung Gottes nicht aus:[1] *Nicht alle lassen sich erleuchten.* Bei der Interpretation des vierzehnten Hauptsatzes – *Er gab ihnen die Macht, Gottes Söhne zu werden, denen die an ihn glauben* – unterstrich Eckhart die besondere Disposition der Christen, durch die göttliche Wahrheit erleuchtet zu werden: Sie stehen, durch ihren Glauben privilegiert, am Anfang eines Prozesses von der „Unvollkommenheit" des Gottes-Sohn-Werdens zur „Vollkommenheit" des Gottes-Sohn-Seins. Dieser Weg steht aber allen Menschen offen.

1. Von Moses zu Christus oder: von der Unvollkommenheit zur Vollkommenheit – christozentrischer Universalismus

In den Abschnitten n. 184 und 185 behandelt Eckhart das Thema unterschiedlicher Modi des Zugangs zur göttlichen Wahrheit noch einmal im Zusammenhang mit der Auslegung des Bibelsatzes – *Das Gesetz wurde durch Moses gegeben, die Gnade und Wahrheit ward durch Jesus Christus* (V. 17). Dabei greift er wieder auf die Unterscheidung von Unvollkommenheit und Vollkommenheit zurück,

---

1 Vgl. Pierre Aubenque, Zur Entstehung der pseudo-aristotelischen Lehre von der Analogie des Seins, in: Aristoteles: Werk und Wirkung; Paul Moraux gewidmet, hg. v. Jürgen Wiesner, Berlin 1985, weist S. 234 auf die thomasische Lehre von Seinsempfang und korrelativer Seinsgabe hin: je vollkommener die Form eines Seienden, desto höher seine Teilnahme am Sein.

um einerseits den Gegensatz zwischen Moses und Christus zu verdeutlichen, andererseits um ihm aus der Perspektive einer Teleologie der Wahrheit[2] seinen ausschließenden Charakter zu nehmen, indem er ihn wieder mit den Begriffen Möglichkeit und Wirklichkeit interpretiert. Allen, die sich auf dem Weg zu „irgendeiner Vollkommenheit“ (*qualibet perfectio*) befinden bzw. befunden haben, erkennt er ein Werden in Richtung auf das Sohnsein zu. Unvollkommenheit ist wieder nur der Anfang der Vollkommenheit.

In dem Abschnitt n. 184, S. 153f. charakterisiert Eckhart das Verhältnis von Moses zu Christus zunächst mit dem Gegensatzpaar Unvollkommenheit – Vollkommenheit: Alles, was in der Schrift und in den Geschöpfen der Unvollkommenheit unterliegt, ist Moses, alles was vollkommen ist und zur Vollkommenheit gehört, ist Christus zuzuschreiben. Das besage Hebr 7,19: *Das Gesetz hat nichts zur Vollendung geführt* (n. 184, S. 153,4f.). Das liege an der Unvollkommenheit des mosaischen Gesetzes, verglichen mit der Vollkommenheit der Liebe, für die Christus steht. Jenes war zwar unser Erzieher, *lex paedagogus noster fuit in Christo (ebd., S. 153,9f.)*, aber es beruhte auf dem Prinzip des Zwangs und der Furcht. *Moyses: servus, timor; Christus: filius, amor* und Inbegriff aller Vollkommenheiten. Moses bedeutet ‚Beginn‘, Christus ‚Vollendung‘, sie schließen sich nicht aus, sondern sind Anfang und Ziel eines Werdeprozesses, wie ihn Eckhart analog in n. 158–159 beschrieb: Die Unvollkommenheit derer, die an Christus glauben, ist bereits in der Bewegung *(motus)* des Gottes-Sohn-Werdens, des unvollkommenen Anfangsstadiums, hin zum Ziel der Vollkommenheit des Gottes-Sohn-Sein.[3] Ein solches Verhältnis von *imperfectio* und *perfectio*, das Eckhart mit den Begriffen ‚Möglichkeit‘ und ‚Wirklichkeit‘ interpretierte, liegt nun bei allen Vollkommenheiten und bei allen Menschen vor. *Zu irgend einer Vollkommenheit kommen bedeutet also zu Christus kommen, zum Sohn kommen, zum Schoß des Vaters kommen, Sohn sein, in Christus sein.*[4]

Mit der Vielheit von Vollkommenheiten, die alle in Christus vereinigt sind, verbindet Eckhart hier eine Vielheit der Modi der Approximation: wer sich in spiritueller, moralischer oder geistiger Hinsicht vervollkommnet, sich in einem dieser Bereiche auf Vollkommenheit ausrichtet, der ist auf dem Weg zum Gottes-Sohn-Sein; wer sich dagegen in irgendeinem Bereich von der Vervollkommnung abwendet, entfernt sich vom Gottes-Sohn-Sein. Bei dieser Argumentation stützt sich Eckhart auf seine Lehre von den *perfectiones generales.* Jede *perfectio*, wie z. B. Gerechtigkeit, Liebe, Weisheit, bedeutet, wenn man sie

---

[2] Eckhart zitiert an anderer Stelle zustimmend den Satz Senecas, was auf der Wahrheit beruhe, werde mit der Zeit immer größer und besser. Er begründet ihn mit dem Verweis auf Vorgänge in der Natur: motus enim naturalis in fine intenditur.

[3] Vgl. Alberts Argumentation in ‚*Ethica*‘, wo er diesen Zusammenhang mit den Begriffen Möglichkeit und Wirklichkeit interpretiert. Er bezieht sich dabei wohl auf ‚Metaphysik‘ Theta.

[4] „Venire ergo ad perfectionem quamlibet est venire ad Christum, venire ad filium, venire ad sinum patris, esse filium, esse in Christo“ (n. 184, S. 153,14–16).

verwirklicht, ein Überformtwerden, eine *conformatio* bzw. *configuratio* der Seele durch Christus, den Inbegriff aller Vollkommenheit.

Für alle Menschen ist also der Weg zur Seligkeit offen. Christen sind aber durch ihren Glauben privilegiert: *Wir aber und ‚alle, die zur christlichen Religion gehören', haben das, was an der Vollkommenheit, an Gnade und Wahrheit teilhat, durch Annahme an Sohnes Statt und durch Gnade.*[5] Weil Christus die menschliche Natur angenommen hat, sind die Menschen, die an ihn glauben, durch Gnade an Sohnes Statt angenommen und haben dadurch die Möglichkeit Anteil an seiner ganzen Vollkommenheit, Gnade und Wahrheit zu erlangen. *Wer nämlich durch eine Form überbildet ist, der hat das volle Sein dieser Form, und indem er es hat, sieht er in sich alle Gnade und alle Wahrheit oder alle Vollkommenheit und (alles) Vermögen jener Form.*[6] Eckhart begründet diese Möglichkeit der Teilhabe an der gesamten Vollkommenheit Christi noch einmal mit Rom 8,32: *Mit ihm hat er uns alles geschenkt.* Mit der Menschwerdung Christi beginnt für die Glaubenden das Gottes-Sohn-Werden. Es ist, nach Jak 1,17, das „vollkommene Geschenk, das von oben herabkommt".

2. *Es ist dasselbe, was Moses, Christus und der Philosoph lehren* – höchster Punkt der Konkordanz und christliche Suprematie?

In n. 185 knüpft Eckhart an seine christologische Argumentation an und führt sie, wie er sagt, passend, *congrue,* weiter: Die Inkarnation bilde nach dem weisen Plan Gottes gewissermaßen die vermittelnde Mitte zwischen den trinitarischen Hervorgängen (*processiones*) und der Hervorbringung der Geschöpfe (*productio*) und habe damit an der Natur von beiden Anteil: sie sei sowohl das Abbild des ewigen Hervorgehens als auch das Vorbild der niederen Natur. Das sei der Grund, dass die Schrift angemessen so erklärt werden kann, dass mit ihr übereinstimmt, was die Philosophen über die Natur der Dinge geschrieben haben. Dieses christologische Argument ergänzt er noch durch ein schöpfungstheologisches: *zumal aus einer Quelle und einer Wurzel der Wahrheit alles hervorgeht, was wahr ist, sei es im Sein, sei es im Erkennen, in der Schrift und in der Natur.*[7] Und er schließt diesen Gedankengang mit dem Satz: *Es ist also dasselbe, was Moses, Chris-*

---

5 „Nobis autem et ‚cunctis qui christiana religione censentur', ea quae perfectionis sunt, gratiae et veritatis, per adoptionem sunt et per gratiam" (n. 184, S. 154,4f.).

6 „Informatus enim quicumque forma aliqua esse illius formae plenum habet, et habendo in se videt omnem gratiam et omnem veritatem sive omnem perfectionem et potentiam illius formae" (n. 127, S. 109,12–110,1).

7 „Praesertim cum ex uno fonte et una radice procedat veritatis omne quod verum est, sive essendo sive cognoscendo, in scriptura et in natura" (n. 185, S. 154,16–155,2).

tus und der Philosoph lehren; es unterscheidet sich nur in der Art und Weise, nämlich wie das Glaubbare, das Annehmbare oder Wahrscheinliche und die Wahrheit.[8]

Diese Passage wird in der Forschung meist im Sinne einer Konkordanz von Philosophie und Theologie, einer „inhaltlichen Übereinstimmung und damit Widerspruchsfreiheit" zwischen natürlichem Vernunftwissen und biblischen Glaubenswahrheiten interpretiert. Dagegen hat Markus Enders mit Recht darauf hingewiesen, dass Eckhart an der vorliegenden Stelle „keineswegs eine inhaltliche Kongruenz bzw. Umfangsgleichheit" meint „zwischen der göttlichen Wahrheit einerseits und den Glaubens- und natürlichen Wahrheiten andererseits, wohl aber deren Enthalten- und Aufgehobensein in der Wahrheit selbst, d. h. in Christus, als dem Grund ihrer Wahrheit, der diese partikulären Wahrheiten an Vollkommenheit zugleich unendlich überragt."[9] Ähnlich argumentiert auch Bernard McGinn.[10] Eckhart gehe hier über die Behauptung einer Harmonie „aller drei Kategorien der Wahrheit: divina – naturalia – moralia" hinaus. Zu diesem Ergebnis kommt auch die vorliegende Untersuchung, die von drei Fragen ausgeht: was heißt *dasselbe lehren;* was ist unter den unterschiedlichen Modi des *credibile*, des *probabile vel verisimile* und der *veritas* zu verstehen und was trägt diese Trias zur Erklärung bei, wenn man sie von Eckharts Analogielehre her versteht, die eng an die thomasische anschließt?

Ein Angelpunkt des Problems und seiner Lösung ist wohl das aristotelische πρὸς ἓν λέγεσθαι (im Hinblick auf ein und dasselbe ausgesagt werden). Aristoteles hatte dieses Theorem in ‚*Metaphysik*' Gamma 2 (1003a33–b19) eingeführt und damit die Frage nach dem Verhältnis der verschiedenen Bedeutungen von ὄν beantwortet; ‚seiend' kann nicht synonym von den verschiedenen Seienden ausgesagt werden, wie die Gattung Lebewesen von Mensch und Tier, ist aber auch kein bloß homonymer Begriff, d. h. ein gemeinsames Wort für sachlich Disparates; vielmehr beziehen sich seine Bedeutungen auf einen gemeinsamen Punkt, ταὐτό τι, auf das substantielle Sein (die οὐσία) als ein Erstes, πρῶτον und πρώτως ὄν: *und die anderen werden seiend genannt, dadurch, dass sie von dem in dieser Weise Seienden (der* οὐσία*) Quantitäten, Qualitäten oder etwas anderes sind.*[11] Das substantielle Sein ist also das Identische, in Bezug auf das sie ὄντα genannt werden, sie beziehen sich darauf aber auf eine jeweils andere, bei jeder Kategorie verschiedene Art und Weise. Für dieses πρὸς ἓν λέγεσθαι, das Aristoteles

---

8 „Idem ergo est quod docet Moyses, Christus et philosophus, solum quantum ad modum differens, scilicet ut credibile, probabile sive verisimile et veritas" (n. 185, S. 155,5–7).

9 Markus Enders, Die Heilige Schrift – das Wort der Wahrheit, in: Wie denkt der Meister? Philosophische Zugänge zu Meister Eckhart, hg. v. Rolf Schönberger und Stephan Grotz, Stuttgart 2011 (MEJb 5), S. 65f. Der Aufsatz von Enders ist eine ausgezeichnete Darstellung der Schriftexegese Meister Eckharts.

10 Vgl. Bernard McGinn, Eckhart, Freedom and the Bible, in: Meister Eckhart und die Freiheit, hg. v. Christine Büchner und Freimut Löser, Stuttgart 2018 (MEJb 12), S. 117–136.

11 τὰ δ' ἄλλα λέγεται ὄντα τῷ τοῦ οὕτως ὄντος τὰ μὲν ποσότητες εἶναι, τὰ δὲ ποιότητες, τὰ δὲ πάθη, τὰ δὲ ἄλλο τι τοιοῦτον (1028a18–20).

auch am Beispiel von ‚gesund' und ‚Gesundheit' exemplifiziert, hat Gwilym E. L. Owen den Ausdruck „focal meaning", Brennpunktbedeutung, geprägt; Pierre Aubenque schlägt als Übersetzung „fokale Bedeutungseinheit" vor.[12] In der πρὸς-ἕν-Struktur liegt die Gemeinsamkeit im Beziehungspunkt, nicht in der Beziehung selbst, die eine jeweils andere ist.

Dieses aristotelische Konzept der Aussageweisen eines Terminus, die in unterschiedlichen Relationen zu einem identischen Beziehungspunkt stehen, nimmt Thomas von Aquin auf und transformiert es ontologisch. Im ‚*Sentenzenkommentar*' (I Sent. ds19 qu5 ar2 ra1) unterscheidet er drei Formen von Analogie, von denen zwei im vorliegenden Zusammenhang wichtig sind. Erstens eine Analogie *secundum intentionem tantum, et non secundum esse.* Auf diese Weise wird z. B. ‚gesund' per prius vom Lebewesen, per posterius von der gesunden Speise und von der gesunden Gesichtsfarbe ausgesagt. Gesundheit im eigentlichen Sinne kommt aber nur dem *primum analogatum*, dem Lebewesen, zu, die *analogata inferiora* werden nur wegen ihrer Hinordnung auf die Gesundheit des Lebewesens gesund genannt, die sie entweder fördern oder anzeigen. In Speise oder Gesichtsfarbe ist die Gesundheit nicht formaliter. Das prius und posterius liegt nicht auf der Ebene des Seins, sondern der *intentio.* Zweitens eine Analogie *secundum esse et non secundum intentionem.* Dieser Fall liegt vor, wenn mehrere Seiende unter einen Begriff subsumiert werden, so wie der Begriff Körper univok alle Körper bezeichnet, obwohl sie seinsmäßig verschiedenen Gattungen angehören. Drittens eine Analogie *secundum intentionem et secundum esse.* Sie liegt vor, wenn in den *analogata inferiora* der analoge Begriffsinhalt formell, wenn auch abgeschwächt, vorhanden ist. Alle *analogata* enthalten intrinsecus das Analogon. Beispiel ist das *ens,* das von Substanz und Akzidens analog ausgesagt wird. In ähnlicher Weise kommen Wahrheit und Gutheit den Geschöpfen und Gott analog zu, wenngleich in einer höheren oder niedrigeren Vollkommenheitsstufe.

Die erste und die dritte Form der Analogie werden in der Scholastik häufig als äußere und innere Attributionsanalogie unterschieden, weil im ersten Fall das *primum analogatum* den nachgeordneten Analogaten äußerlich bleibt (Beispiel: ‚gesund'), im zweiten Fall ihnen aber innerlich zukommt (Beispiel: ‚*ens*'), so wie den endlichen Seienden das Sein in Abhängigkeit von Gott. Diese innere Attributionsanalogie ist nur möglich, weil zwischen *primum analogatum* und *secundaria analogata* ein Kausalverhältnis besteht. Da Gott den Geschöpfen Sein mitteilt, kommt ihm das Sein per se zu, den Geschöpfen nur durch Partizipation *secundum rationem minoris perfectionis.* Thomas deutet also die πρὸς-ἕν-Struktur ontologisch zur *analogia entis* um und überschreitet die Konzeption des Aristoteles „im Zuge des [...] Gedankens vom Sein als Akt, als dynamischem Prinzip, als Strom von Vollkommenheit, dessen Kausalität in Strukturen von

12 Gwilym E. L. Owen, The Platonism of Aristotle, London 1965; Aubenque, 1985, S. 237.

Partizipation zu denken ist".[13] Diese Transformation ist, nach Aubenque, eine „Verwechslung des ‚focal meaning' mit der Analogie" (ebd., S. 238).

Eckhart knüpft an die thomasische Analogielehre an. Er trennt in seiner Auslegung von *‚Super Ecclesiastici'* 24,29 das Analoge vom Univoken und Äquivoken: *‚Das Mehrdeutige lässt sich unterscheiden nach den verschiedenen durch es bezeichneten Dingen; das Eindeutige nach den (Art-)Unterschieden desselben Dinges; das Analoge' lässt sich weder nach Dingen noch nach Unterschieden an Dingen gliedern, sondern ‚nach Seinsweisen' eines und desselben Dinges schlechthin.*[14] Von Äquivokation spricht man demnach, wenn ein Prädikat mehrdeutig ist und zwei oder mehrere ganz verschiedene Dinge mit demselben Namen bezeichnet werden. Das Äquivoke lässt sich also nach den verschiedenen durch es bezeichneten Dingen unterscheiden. Ein univokes Prädikat dagegen ist eindeutig und wird von Seienden, die derselben Gattung angehören, im gleichen Sinne ausgesagt, wie z. B. die Gattung ‚Lebewesen' von Hund und Pferd, die im *genus* übereinstimmen und nur durch Merkmale differerieren, die aus ihrer *species* stammen. Bei Sätzen mit analogen Prädikaten wird nicht etwas im gleichen Sinne, univok, von mehreren, wie die Gattung von Dingen derselben Gattung, aber auch nicht derselbe Name von ganz verschiedenen Seienden, äquivok, prädiziert. Es geht hier also weder um verschiedene Dinge, noch um spezifische Differenzen an einem Ding, sondern um verschiedene Modi eines und desselben Sachverhalts. Eckhart erläutert diese Behauptung am Beispiel der Gesundheit. *Eine und dieselbe Gesundheit, die im Sinneswesen ist, sie - und keine andere - ist in der Speise und im Harn, und zwar so, dass von der Gesundheit als Gesundheit ganz und gar nichts in der Speise und im Harn ist, nicht mehr als im Stein; sondern deshalb allein heißt der Harn gesund, weil er jene eine Gesundheit, welche im Sinneswesen ist, anzeigt, wie der Kranz, der nichts vom Wein in sich hat, den Wein.*[15] Das Prädikat „gesund" können wir von Lebewesen, Speise und Urin aussagen, nicht weil Speise und Urin selbst gesund sind, so wie das Lebewesen gesund ist, sondern weil sie zur Gesundheit des Lebewesens in Beziehung stehen. Nur das Lebewesen ist gesund, die Gesundheit also *formaliter* nur im Lebewesen als dem *primum analogatum*, ihm kommt sie *intrinsecus*, den anderen Analogaten überhaupt nicht zu.

Eine solche äußere Attributionsanalogie statuiert Eckhart auch beim *ens*, den übrigen Transzendentalien und den *perfectiones generales*, im Gegensatz zu Thomas, der bei den Transzendentalien eine Analogie „secundum intentionem et secundum esse" angenommen hatte. Er interpretiert, wie Thomas im Falle

---

13 Wolfgang Kluxen, Analogie, in: HWP, Bd. I, S. 221.

14 „‚aequivoca dividuntur per diversas res significatas, univoca vero per diversas rei differentias, analoga' vero non distinguuntur per res, sed nec per rerum differentias, sed ‚per modos' unius eiusdemque rei simpliciter" (LW II, n. 52, S. 280,6–9).

15 „Sanitas una eademque, quae est in animali, ipsa est, non alia, in diaeta et urina, ita quod sanitatis, ut sanitas, nihil prorsus est in diaeta et urina, non plus quam in lapide, sed hoc solo dicitur urina sana, quia significat illam sanitatem eandem numero quae est in animali, sicut circulus vinum, qui nihil vini in se habet" (LW II, n. 52, S. 280,9–281,1).

der inneren Attributionsanalogie, die Vor- und Nachordnung zur ontologischen Abhängigkeit um, aber mit gravierenden Unterschieden gegenüber Thomas. *Seiendes aber oder Sein und jede Vollkommenheit, besonders jede allgemeine, wie Sein, Eines, Wahres, Gutes, Licht, Gerechtigkeit und dergleichen, werden von Gott und den Geschöpfen analog ausgesagt. Daraus folgt, dass Gutheit, Gerechtigkeit und dergleichen ihr Gutsein ganz und gar von einem Wesen außer sich haben, zu dem sie in analoger Beziehung stehen, nämlich Gott.*[16] Das Sein, die Transzendentalien und die *perfectiones generales* sind wie die Gesundheit *formaliter* und *intrinsece* nur im *primum analogatum*, also nur in Gott. Die Geschöpfe haben Sein und Wahrheit und Gerechtigkeit nicht aus sich, sondern *ab alio;* alle *perfectiones* kommen den Geschöpfen nur in analoger Weise durch ihren Bezug auf Gott als Inbegriff des Seins und der Vollkommenheit zu. Eckhart fasst diesen Sachverhalt in einem Syllogismus zusammen: *Was zu einem andern in analogem Verhältnis steht, hat in sich seinsmäßig und wurzelhaft keinen Ansatz zu der Form, auf der dieses Verhältnis beruht. Nun steht aber alles geschaffene Seiende nach Sein, Wahrheit und Gutheit in analogem Verhältnis zu Gott. Also hat alles geschaffene Seiende Sein, Leben und Denken seinsmäßig und wurzelhaft von Gott und in Gott, nicht in sich selbst als geschaffenem Seienden;*[17] es erhält ununterbrochen das Sein als Leihgabe Gottes. *Und so zehrt es immer (von Gott), insofern es hervorgebracht und geschaffen ist, hungert jedoch immer, weil es nie aus sich ist, sondern (immer) von einem andern.*[18] Das Verhältnis zwischen Gott und den Geschöpfen ist ein Analogieverhältnis im Sinn einer äußeren Attributionsanalogie, bei der das Sein allein Gott zukommt und die Geschöpfe ihr Sein in einer beständigen Schöpfung von ihm erhalten.

Eckhart nutzt die zur Attributionsanalogie transformierte πρὸς-ἕν-Struktur, um die ontologische Abhängigkeit aller Geschöpfe und ihrer *perfectiones* von einem ersten Bezugspunkt (*primum analogatum*), auf dessen Sein und Vollkommenheit sie sich in verschiedenen Modi beziehen, philosophisch verständlich zu machen. Der Bezugspunkt für ihr Sein und alle *perfectiones* ist das Sein und die Vollkommenheit Gottes.

Mit dieser „Struktur des Bezugs auf ein Erstes", der ontologisch uminterpretierten aristotelischen πρὸς-ἕν-Struktur, lässt sich, wie es scheint, Eckharts Satz in n. 185 seines ‚*Johanneskommentars*' verstehen. *Es ist also dasselbe, was Moses, Christus und der Philosoph lehren; es unterscheidet sich nur in der Art und*

---

16 „Ens autem sive esse et omnis perfectio, maxime generalis, puta esse, unum, verum, bonum, lux, iustitia et huiusmodi, dicuntur de deo et creaturis analogice. Ex quo sequitur quod bonitas et iustitia et similia bonitatem suam habent totaliter ab aliquo extra, ad quod analogantur, deus scilicet" (LW II, n. 52, S. 281,1–5).

17 „analogata nihil in se habent positive radicatum formae secundum quam analogantur. Sed omne ens creatum analogatur deo in esse, veritate et bonitate. Igitur omne ens creatum habet a deo et in deo, non in se ipso ente creato, esse, vivere, sapere positive et radicaliter" (LW II, n. 53, S. 282,1–5).

18 „Et sic semper edit, ut productum est et creatum, semper tamen esurit, quia semper ex se non est, sed ab alio" (LW II, n. 53, S. 282,5f.).

Weise, nämlich wie das Glaubare, das Annehmbare oder Wahrscheinliche und die Wahrheit. Christus ist, wie Eckhart in n. 184 hervorhebt, Inbegriff aller Wahrheit. Der trinitarische Gott ist in seinen drei Personen zwar wesenhaft Wahrheit, aber sie wird der zweiten Person, Christus, zugeschrieben, appropriiert, und das ist, nach Thomas, nichts anderes, *quam commune trahere ad proprium* (‚*De veritate*', qu7 ar3 co).[19] Christus als die Wahrheit per se ist der Bezugspunkt, auf den hin das *docere* des Moses und des Philosophen gerichtet ist. Ihre Lehren sind analoge Modi, die sich wie das Glaubbare, *credibile,* und wie das Annehmbare oder Wahrscheinliche, *probabile* et *verisimile,* zur göttlichen Wahrheit als dem *primum analogatum* verhalten und in ihm „aufgehoben" (Enders) sind.

19 Vgl. Enders, 2011, S. 94; dort weitere Veröffentlichungen von Enders „zur christologischen Dimension des trinitätstheologischen Verständnisses von Wahrheit".

Schlussbemerkung

Die Untersuchung richtete sich auf einen kurzen Zeitabschnitt der spannungsreichen Begegnung von antiker Philosophie und christlichem Glauben, die in der Spätantike begann und im Hohen Mittelalter mit der Rezeption des „ganzen Aristoteles“ einen dramatischen Höhepunkt erreichte. Seit der Zeit der Kirchenväter verlief dieser Prozess im Zeichen einer *concordia discors*, in der immer wieder Uneinigkeit und heftige Auseinandersetzungen ausbrachen und immer wieder Einigungen und Synthesen zustandekamen. Zwar waren im lateinischen Okzident die paganen Warnungen vor der christlichen Lehre verstummt, es gab sensu stricto kein antichristliches Schrifttum, auf der Gegenseite aber beförderte die paulinische Disqualifikation der Philosophie als Torheit und der seit der Väterzeit weiterhin aufrecht erhaltene Anspruch, im christlichen Glauben die einzig wahre Philosophie zu besitzen, das christliche Überlegenheitsgefühl über die Heiden. Das Verhältnis von Glauben und Wissen blieb agonal und löste sich nicht in ein beziehungsloses Nebeneinander zweier Denkkulturen auf, weil einerseits die christliche Religion der antiken Philosophie auf Dauer in ihrer Welt Raum gab und mit ihrer Hilfe ihr Begriffsinstrumentarium perfektionierte, die Verbindung zu ihr also, anders als der Islam, nicht abbrach, andererseits die Philosophie neue Themen und Herausforderungen in den Auseinandersetzungen mit dem christlichen Glauben entdeckte, so dass die Antagonisten sich immer wieder in Verbindungen wiederfanden, die beiden nutzten und die Tiefe ihres Gegensatzes überdeckten, ohne ihn aufheben zu können.

Glanz und Brüchigkeit dieser über Jahrhunderte hinweg sich immer wieder erneuernden „abendländischen Synthese“ bestätigen sich am Werk Eckharts. Die untersuchten Texte sind Paradigmen der säkularen Auseinandersetzungen des Christentums mit dem kulturellen und philosophischen Wissen der Antike, aus denen europäische Kulturen bis in die Moderne immer wieder ihr Welt- und Selbstverständnis bezogen. Die Elemente der Synthese, philosophisches Wissen und Glauben, sind von Eckhart durchaus zugunsten des Glaubens gewichtet worden: Die christliche Wahrheit steht über der „Torheit der Philosophie“; denn jene biete Erkenntnis und Heil,[1] diese nur Vernunfterkenntnisse, die für die *salus aeterna* bedeutungslos sind. Die rigorose paulinische Grenzziehung übernimmt Eckhart, doch seine Position changiert: Im Predigtzyklus ‚*Von der êwigen geburt*‘ ist das Verhältnis zu Aristoteles kritisch, konfrontativ, auf Dekonstruktion der Hierarchien angelegt. Er eskamotiert aber die Vernunft nicht,

[1] Honnefelder, 2008, S. 21.

sondern verbindet Glauben und Wissen, jedoch so, dass er den Kern der aristotelischen Philosophie – die Selbstbehauptung des Menschen durch Vernunft, die er als Versuch der Selbsterlösung des Menschen durch Vernunft einstuft – entfernt.

Im ‚*Johanneskommentar*' dagegen ist die Bibel der Inbegriff aller Wahrheit und die christliche Theologie, die sich auf die Schrift stützt, die wahre Philosophie. Das Verhältnis zum „Philosophen" und zur Philosophie insgesamt ist hier, aufs Ganze gesehen, nicht auf Konfrontation, sondern auf eine versöhnliche Integration, einen adaptiven Gebrauch der paganen Texte gestimmt. Eckhart nutzt die Philosophie, um christliche Mysterien mit Vernunftgründen verständlich zu machen und für Naturvorgänge biblische Erklärungen zu geben. Seine Annahme der Allgültigkeit der Bibel, für deren Explikation er die begrifflichen Mittel der Philosophie nutzt, ist ein Indikator für seinen Versuch, in der Nachfolge der Kirchenväter eine Einheitswissenschaft zu etablieren, in der Philosophie, Theologie und Ethik eine Einheit bilden. Diese Position war durch die aristotelische Wissenschaftstheorie, die eine Vielheit von Wissenschaften mit jeweils bereichsspezifischen Prinzipien annimmt, überholt.

Dagegen weist sein Konzept einer spirituellen Innerlichkeit, deren Kern die alleinige Gutheit des guten Willens ist, in die Zukunft – es zeigte sich vornehmlich in den deutschen Predigten. Es ist keine theoretisch-epistemische, sondern eine praktische, spirituelle *inwendicheit* (DW 5, 207,2f.), die im ständigen Vollzug des Zunichtewerdens besteht, ein Bereich der inneren Freiheit, und kann, was Eckhart in Predigt 104 nur andeutet, zum Unruheherd für Insurrektionen gegen Mittelinstanzen und Institutionen werden. Das bestätigen die ‚*Reden der Unterweisung*', wenn sie die geistliche Kommunion, die ohne liturgische Einbindung und ohne priesterliche Vermittlung vollzogen wird, der sakramentalen überordnen. Der entscheidende Grund ist der gute Wille. Der Mensch ist unmittelbar zu Gott. Trotz dieser reservatio gegenüber Institutionen und Hierarchien hat sich Eckhart, wie sein Lebenslauf bestätigt, rückhaltlos in die Institutionen hineinbegeben, sie bejaht und sich von ihnen konsumieren lassen. Beides scheint er zusammenzudenken: gottunmittelbare Subjektivität und Preisgabe des eigenen Ego: Allgemeinwerden im *vernihten sîn selbes*. Eckhart ist andeutungsweise ein Beispiel für jenen seit der griechischen Aufklärung und der „Mobilisierung der Innerlichkeit durch das Christentum" immer wieder beobachtbaren Vorgang, dass die abendländische Kultur „jeder institutionellen Integration auch immer erneut den Widerstand der spirituellen Subjektivität als Prinzip der Reformation und schließlich der Revolution entgegengesetzt hat".[2] Eckhart gehört, so scheint es, in diese Tradition. Er ist aber kein „Mystiker mit dem Hammer".

2 Karl-Otto Apel, Transformation der Philosophie, Bd. 1: Sprachanalytik, Semiotik, Hermeneutik, Franhfurt/M. 1976, S. 208. Dass in der mystischen Innerlichkeit revolutionäres Potential liegt, zeigt das Beispiel Thomas Müntzers: Die innere Neuordnung des Got-

tesverhältnisses muss, so fordert er, nach außen gewendet werden und die politischen Verhältnisse verändern. Vgl. Hans-Joachim Goertz, Innere und äußere Ordnung in der Theologie Thomas Müntzers, Leiden 1967. Er nennt Müntzer den „Mystiker mit dem Hammer"; vgl. auch Otto Langer, Ordenunge und empoerunge. Zur Begründung der Revolution in den Schriften Thomas Müntzers, in: Philologische Untersuchungen, gewidmet Elfriede Stutz, hg. v. Alfred Ebenbauer, Wien 1984, S. 257–269; ders. Inneres Wort und inwohnender Christus. Zum mystischen Spiritualismus Sebastian Francks und seinen Implikationen, in: Sebastian Franck (1499–1542), hg. v. Jan-Dirk Müller, Wiesbaden 1993, S. 55–69.

Im religiösen Bürgerkrieg in England soll, nach Hobbes, der absolute Herrscher den Unruheherd des religiösen Innenraums, der politisch wird, befrieden, indem er die Religion zur Privatsache erklärt, vgl. Reinhart Koselleck, Kritik und Krise. Ein Beitrag zur Pathogenese der bürgerlichen Welt, Freiburg/Br. u. a. [2]1959.

Anhang

A Siglen- und Abkürzungsverzeichnis

1. Siglen der Werke Meister Eckharts

a) Werkausgabe

DW I — Meister Eckhart. Die deutschen und lateinischen Werke, hg. i. A. der Deutschen Forschungsgemeinschaft. Die deutschen Werke, 1. Band: Meister Eckharts Predigten (Pr. 1–24), hg. u. übers. von Josef Quint, Stuttgart 1957.

DW II — Meister Eckhart. Die deutschen und lateinischen Werke, hg. i. A. der Deutschen Forschungsgemeinschaft. Die deutschen Werke, 2. Band: Meister Eckharts Predigten (Pr. 25–59), hg. u. übers. von Josef Quint, Stuttgart 1971.

DW III — Meister Eckhart. Die deutschen und lateinischen Werke, hg. i. A. der Deutschen Forschungsgemeinschaft. Die deutschen Werke, 3. Band: Meister Eckharts Predigten (Pr. 60–86), hg. u. übers. von Josef Quint, Stuttgart 1976.

DW IV,1 — Meister Eckhart. Die deutschen und lateinischen Werke, hg. i. A. der Deutschen Forschungsgemeinschaft. Die deutschen Werke, 4. Band, Teilband IV,1: Meister Eckharts Predigten (Pr. 87–105), hg. u. übers. von Georg Steer unter Mitarbeit von Wolfgang Klimanek und Freimut Löser, Stuttgart 2003.

DW IV,2 — Meister Eckhart. Die deutschen und lateinischen Werke, hg. i. A. der Deutschen Forschungsgemeinschaft. Die deutschen Werke, 4. Band, Teilband IV,2: Meister Eckharts Predigten (Pr. 106–117), hg. u. übers. von Georg Steer unter Mitarbeit von Wolfgang Klimanek und Heidemarie Vogl, Stuttgart 2003ff.

DW V — Meister Eckhart. Die deutschen und lateinischen Werke, hg. i. A. der Deutschen Forschungsgemeinschaft. Die deutschen Werke, 5. Band: Meister Eckharts Traktate, hg. u. übers. von Josef Quint, Stuttgart 1963.

LW I — Meister Eckhart. Die deutschen und lateinischen Werke, hg. i. A. der Deutschen Forschungsgemeinschaft. Die lateinischen Werke, 1. Band, erster Hauptteil: I. Magistri Echardi Prologi in Opus tripartitum. Expositio libri Genesis. Expositio libri Exodi secundum recensionem cod. Amploniani Fol. 181 [E]. II. Magistri Echardi Prologi in Opus Tripartitum et Expositio libri Genesis cum Tabulis secundum recensionem Codicis Cusani 21 (C) et Codicis Treverensis 72/1056 (T). III. Liber parabolarum Genesis cum Prologo et Tabula, hg. von Konrad Weiß, Stuttgart 1964.

LW I,2 — Meister Eckhart. Die deutschen und lateinischen Werke, hg. i. A. der Deutschen Forschungsgemeinschaft. Die lateinischen Werke, 1. Band, zweiter Hauptteil: II. Magistri Echardi Prologi in Opus tripartitum et Expositio Libri Genesis secundum recensionem cod. Oxoniensis Bodleiani Laud misc. 222 (L). Adiectae sunt recensiones cod. Amploniani Fol. 181 [E] ac codd. Cusani 21 et Treverensis 72/1056 (CT) denuo recognitae, hg. von Loris Sturlese, Stuttgart 2015.

LW II Meister Eckhart. Die deutschen und lateinischen Werke, hg. i. A. der Deutschen Forschungsgemeinschaft. Die lateinischen Werke, 2. Band: I. Expositio libri Exodi, hg. u. übers. von Konrad Weiß. II. Sermones et Lectiones super Ecclesiastici c. 24,23–31. III. Expositio Libri Sapientiae. IV. Expositionis Cantici Canticorum quae supersunt, hg. u. übers. von Josef Koch und Heribert Fischer, Stuttgart 1964.

LW III Meister Eckhart. Die deutschen und lateinischen Werke, hg. i. A. der Deutschen Forschungsgemeinschaft. Die lateinischen Werke, 3. Band: Magistri Echardi Expositio Sancti Evangelii secundum Iohannem, hg. u. übers. von Karl Christ, Bruno Decker, Josef Koch, Heribert Fischer, Loris Sturlese und Albert Zimmermann, Stuttgart 1994.

LW IV Meister Eckhart. Die deutschen und lateinischen Werke, hg. i. A. der Deutschen Forschungsgemeinschaft. Die lateinischen Werke, 4. Band: Magistri Echardi Sermones, hg. u. übers. von Ernst Benz, Bruno Decker und Josef Koch, Stuttgart 1956.

LW V Meister Eckhart. Die deutschen und lateinischen Werke, hg. i. A. der Deutschen Forschungsgemeinschaft. Die lateinischen Werke, 5. Band: Opera Parisiensia. Tractatus super oratione dominica, hg. und übers. von Bernhard Geyer, Josef Koch und Erich Seeberg. Responsio ad articulos sibi impositos de scriptis et dictis suis. Acta Echardiana, hg. und kommentiert von Loris Sturlese, Stuttgart 2007.

b) Weitere Textausgaben

LE I Lectura Eckhardi. Predigten Meister Eckharts von Fachgelehrten gelesen und gedeutet, Bd. I, hg. v. Georg Steer und Loris Sturlese, koordiniert von Dagmar Gottschall, Stuttgart u. a. 1998.

LE II Lectura Eckhardi. Predigten Meister Eckharts von Fachgelehrten gelesen und gedeutet, Bd. II, hg. v. Georg Steer und Loris Sturlese, koordiniert von Dagmar Gottschall, Stuttgart 2003.

2. Abkürzungsverzeichnis von Serien, Lexika

CCL Corpus christianorum. Series latina
CCCM Corpus christianorum. Continuatio mediaevalis
CSEL Corpus scriptorum ecclesiasticorum latinorum
GCS Die Griechischen Christlichen Schriftsteller der ersten Jahrhunderte
HWP Historisches Wörterbuch der Philosophie
LThK Lexikon für Theologie und Kirche
MEJb Meister Eckhart Jahrbuch
MEJb.B Meister Eckhart Jahrbuch. Beihefte
PG Patrologiae cursus completus. Series graeca
PL Patrologiae cursus completus. Series latina
PRE Paulys Real-Encyklopädie der classischen Altertumswissenschaft
ThWB Theologisches Wörterbuch zum Neuen Testament
TRE Theologische Realenzyklopädie

3. Abkürzungsverzeichnis von Zeitschriften

ADE	Association of Departments of English
AfR	Archiv für Religionswissenschaft
ANR	Antike Naturwissenschaft und ihre Rezeption
AntAb	Antike und Abendland
AGPh	Archiv für Geschichte der Philosophie
AHDLMA	Archives d' Histoire doctrinale et littéraire du Moyen-Age
ALKGMA	Archiv für Litteratur- und Kirchengeschichte des Mittelalters
ARW	Archiv für Religionswissenschaft
BDPh	Blätter für Deutsche Philosophie
Btfth	Bijdragen, tijdschrift voor filosofie en theologie
DVjS	Deutsche Vierteljahrsschrift
Greg	Gregorianum
HSch	Die Höhere Schule
Med	Medioevo
MusHel	Museum Helveticum
MUSJ	Mélanges de l'Université Saint-Joseph
OStAPh	Oxford Studies in Ancient Philosophy
Phil	Philologus
PhJb	Philosophisches Jahrbuch
PhR	Philosophische Rundschau
RMPh	Rheinisches Museum für Philologie
RSPhTh	Revue des Sciences philosophiques et théologiques
RThAM	Recherches de Théologie ancienne et médiévale
RTPM	Recherches de Théologie et Philosophie médiévales
SiC	Science in Context
StGen	Studium Generale
ThPh	Theologie und Philosophie
ThR	Theologische Rundschau
ThRv	Theologische Revue
TThZ	Trierer Theologische Zeitschrift
TvF	Tijdschrift voor filosofie
ZBB	Zentralblatt für Bibliothekswesen
ZKG	Zeitschrift für Kirchengeschichte
ZphF	Zeitschrift für philosophische Forschung

B Literaturverzeichnis

1. Quellen / Primärliteratur

Abaelardus, Petrus, Philosophische Schriften, I. Die Logica ‚Ingredientibus', 3. Die Glossen zu ΠΕΡΙ ΕΡΜΕΝΕΙΑΣ, hg. v. Bernhard Geyer, Münster/W. 1927.

Aischylos, Die Perser, gr.-dt., übertr. v. Georg Lange, München [5]1944.

Alanus: Magistri Alani Regulae caelestis iuris, hg. v. Nikolaus M. Häring, in: AHDLMA 48 (1981), S. 97–226.

Albertus Magnus, De intellectu et intelligibili, ed. Auguste Borgnet (Ed. Paris. 9), Paris 1890, S. 477–521.

- De anima, hg. v. Clemens Stroick (Ed. Colon. 7,1), Münster/W. 1968.
- Super Ethica, Ps 1, Commentum et quaestiones. Libros quinque priores, hg. v. Wilhelm Kübel (Ed. Colon. 14,1), Münster/W. 1968–1972. – Ps 2, Commentum et quaestiones. Libros VI–X, (Ed. Colon. 14,2), 1987.
- Ethica, lib. 1, tr. 2, ed. Jörn Müller, in: RTPM 69,2 (2002), S. 348–370.
- De homine, lat.-dt., übers. und hg. v. Henryk Anzulewicz und Joachim R. Söder, Hamburg 2004 – Teildruck.
- De homine, hg. v. Henryk Anzulewicz und Joachim R. Söder (Ed. Colon. 27,2), Münster/W. 2008.

Alexander von Aphrodisias, De anima liber cum mantissa, hg. v. Ivo Bruns, Berlin 1887.

- Liber Alexandri Philosophi de intellectu et intellecto, hg. v. Gabriel Théry, in: RSPhTh 1 (1926), S. 74–82.

Al-Farabi, De intellectu et intellecto, hg. v. Etienne Gilson, in: AHDLMA 4 (1929), S. 115–126.

- Alfarabis philosophische Abhandlungen, aus dem Arabischen übers. v. Friedrich Dieterici, Frankfurt/M. 1976.

Al-Kindi, Philosophische Abhandlungen, hg. v. Albino Nagy, Münster/W. 1897.

Anselm von Canterbury, De grammatico, in: Opera omnia, hg. v. Franciscus S. Schmitt, Bd. 1, Stuttgart 1968, S. 145–168.

Aristoteles, Opera, hg. v. Immanuel Bekker, Berlin 1831–1870.

- Peri Hermeneias, übers. u. erl. v. Hermann Weidemann, Berlin [2]2002.
- Analytica Posteriora, 2 Bd., übers. u. erl. v. Wolfgang Detel, Berlin 1993.
- Analytica Priora et Posteriora, hg. u. erl. von William D. Ross, Oxford 1964.
- Physik, gr.-dt., 2 Bd., übers. u. erl. v. Hans G. Zekl, Hamburg 1987/88.
- De anima, Aristotele. With translation, introduction and notes by Robert D. Hicks, Hildesheim u. a. 1990.
- De anima, hg. u. erl. v. William D. Ross, Oxford 1961.
- Über die Seele, übers. u. erl. v. Willy Theiler, Darmstadt [2]1966.
- Über die Seele, gr.-dt., übers. v. Willy Theiler, erl. u. hg. v. Horst Seidl, Hamburg 1995.
- Fünf Bücher von der Zeugung und Entwicklung der Tiere, gr.-dt., übers. u. erl. v. Hermann Aubert und F. Wimmer, Leipzig 1860.
- Aristotle's Metaphysics. A revised text with introduction and commentary by William D. Ross, 2 vol., Oxford 1924.
- Metaphysik XII, gr./dt. hg. v. Hans-Georg Gadamer, Frankfurt/M. 1948.

- Metaphysica, hg. v. Werner Jaeger, Oxford 1957.
- Metaphysik, übers. v. Hermann Bonitz, Reinbek1966.
- Metaphysik Z. Text, Übersetzung und Kommentar (2 Bd.), hg. v. Michael Frede und Günther Patzig, München 1988.
- Nikomachische Ethik, hg. v. Olof Gigon, Zürich 1951.
- L'Ethique à Nicomaque. Introdction, traduction et commentaire par René A. Gauthier und Jean Y. Jolif, 2 Bd., Louvain 1958.
- Ethica nicomachea, hg. v. Ingram Bywater, Oxford 1962.
- Nikomachische Ethik, übers. und komment. von Franz Dirlmeier, Darmstadt [4]1967.
- Eudemische Ethik, übers. u. kom. v. Franz Dirlmeier, Berlin [4]1984.
- Magna Moralia, übers. u. kom. v. Franz Dirlmeier, Darmstadt [2]1966.
- Politica, hg. v. William D. Ross, Oxford 1957.

Augustinus, Aurelius, De Genesi ad litteram, CSEL 28, S. 379–435.
- De civitate Dei, hg. v. Bernhard Dombart, 2 Bd., CCL 47/48, Turnhout 1955.
- Vom Gottesstaat, übers. v. Wilhelm Thimme, München u. a. 1977/1978.
- Der Gottesstaat / De civitate dei, lat.-dt., übers. u. hg. v. Carl J. Perl, 2 Bd., Paderborn u. a. 1979.
- Confessiones/Bekenntnisse, lat.-dt., eingel., übers. u. erl. v. Joseph Bernhart, München [2]1960.
- Confessiones, hg. v. Lucas Verheijen, CCL 27, Turnhout 1981.
- De Trinitate, hg. v. W. J. Mountain, CCL 50/50A, Turnhout 1968.
- De beata vita, lat.-dt., Übers., Anm., Nachw. v. Ingeborg Schwarz-Kirchenbauer und Willi Schwarz, Stuttgart 2006.

Averroes, Commentarium magnum in Aristotelis De anima libros, hg. v. F. Stuart Crawford, Cambridge/Mass. 1953.
- Philosophie und Theologie von Averroes. Übers. v. Marcus J. Müller. Mit einem Nachwort von Matthias Vollmer, Weinheim 1991.
- Über den Intellekt. Auszüge aus seinen drei Kommentaren zu Aristoteles' ‚De anima', arab., lat., dt., hg., übers., eingel. u. mit Anm. vers. von David Wirmer, Freiburg/Br. u. a. 2008.
- Die entscheidende Abhandlung und die Urteilsfällung über das Verhältnis von Gesetz und Philosophie, mit einer Einl. und kommentierenden Anm. übers. v. Franz Schupp, Hamburg 2009.

Avicenna, De anima seu Sextus de naturalibus, hg. v. Simone van Riet, Louvain u. a. 1972.

Bernhard von Clairvaux, Sämtliche Werke, hg. v. Gerhard B. Winkler, Innsbruck 1990–1999.

Boethius Dacus, Opuscula, hg. v. Nicolaus G. Green-Pedersen u. a., Hauniae 1976.

Boethius, Anicius Manlius Severinus, The Theological Tractates, with an English Translation by Hugh F. Stewart und Edward Kennard, London u. a. 1953.

Bonaventura, Opera omnia, Quaracchi 1882–1902.

Chartularium Universitatis Parisiensis, hg. v. Heinrich S. Denifle, Tomus I, Bruxelles 1964.

Clemens Alexandrinus, Stromata I–VI, hg. v. Otto Stählin und Ludwig Früchtel, Berlin [4]1985.

D'Andeli, Henri, Bataille des set ars, hg. v. Louis J. Paetow, University of California Press, 1914.

Descartes, René, Über den Menschen (1632). Nach der ersten französischen Ausgabe von 1664 übers. und mit einer historischen Einl. und Anm. vers. v. Karl E. Rothschuh, Heidelberg 1969.
- Meditationes de prima philosophia, in: Oeuvres de Descartes, Bd. VII, hg. v. Charles Adam und Paul Tannery, Paris 1996.

Dionysios Areopagita (Ps.) – die Schriften werden teilweise nach PG zitiert.
- Über die himmlische Hierarchie. Über die kirchliche Hierarchie, eingel., übers. u. mit Anm. vers. von Günter Heil, Stuttgart 1986.
- Über die mystische Theologie und Briefe, eingel., übers. u. mit Anm. vers. v. Adolf M. Ritter, Stuttgart 1994.

Enchiridion Patristicum, hg. v. Marie Joseph Rouet de Journel, Freiburg/Br. [14]1947.

Enchiridion symbolorum definitionum et declarationum de rebus fidei et morum (Denzinger), lat.-dt., übers. u. hg. v. Peter Hünermann, Freiburg/Br. [4]2014.

Gilbert of Poitiers: The Commentaries on Boethius, hg. v. Nikolaus M. Häring, Toronto 1966.

Hegel, Georg Wilhelm Friedrich, Vorlesungen über die Geschichte der Philosophie, in: Werke, hg. v. Eva Moldenhauer und Karl M. Michel, Frankfurt/M. 1971.

Heidegger, Martin, Wegmarken, hg. v. Friedrich-Wilhelm von Herrmann, Frankfurt/M. 1967.

Humbertus de Romanis, Opera de vita regulari, hg. v. Joachim J. Berthier, Rom 1888/1889.

Ioannis Philoponi in Aristotelis de Anima libros commentaria, hg. v. Michael Hayduck, Berlin 1897.

Iustini Martyris Apologiae pro Christianis, hg. v. Miroslav Marcovich, Berlin u. a. 1994.

Johannes Scottus, De divina praedestinatione liber, hg. v. Goulven Madec, CCCM 50, Turnhout 1978.

Kant, Immanuel, Werke in sechs Bänden, hg. v. Wilhelm Weischedel, Frankfurt/M. 1964.

Liber de causis. Mit einer Einl. von Rolf Schönberger. Übers., Glossar, Anm. und Verz. von Andreas Schönfeld, Hamburg 2003.

Nietzsche, Friedrich, Jenseits von Gut und Böse, Kritische Studienausgabe, hg. v. Giorgio Colli und Mazzino Montinari, Berlin u. a. 1999.
- Werke in drei Bänden, hg. v. Karl Schlechta, München 1956.

Nikolaus von Amiens, Ars fidei catholicae, abgedr. bei Dreyer, 1993, S. 76–106; vgl. PL 210, Sp. 595A–618B.

Origenes – die Schriften werden teilweise nach PG und GCS zitiert.
- Contra Celsum, gr.-dt., eingel. u. komm. v. Michael Fiedrowicz, übers. v. Claudia Barthold, Darmstadt 2012.
- Vier Bücher von den Prinzipien, hg., übers., mit kritischen und erläuternden Anm. vers. v. Herwig Görgemanns und Heinrich Karpp, Darmstadt [3]1992.

Peckham, John, Registrum Epistolarum III, hg. v. Charles T. Martin, London 1885.

Platon, Opera, hg. v. John Burnet, Oxford 1903–1949.

Platon, Phaidros. Übers. u. Komm. v. Ernst Heitsch, Göttingen 1993.

Plotins Schriften, übers. v. Richard Harder, fortgef. v. Rudolf Beutler und Willy Theiler, Hamburg 1956–1971.

Porphyrios, Gegen die Christen, 15 Bücher. Zeugnisse, Fragmente und Referate, hg. v. Adolf von Harnack, Berlin 1916.

Proclus, The Elements of Theology, a revised text with translation, introduction and commentary by Eric R. Dodds, Oxford [2]1963.

Siger von Brabant, Quaestiones in tertium De anima, nebst zwei averroistischen Antworten an Thomas von Aquin. Lat.-dt., hg., übers., eingel. u. mit Anm. vers. von Matthias Perkams, Freiburg/Br. 2007.

Sophokles, Antigone, gr.-dt., übers. u. eingel. v. Karl Reinhardt, Göttingen [3]1961.

Spinoza, Baruch de, Opera, Vier Bände, hg. v. Konrad Blumenstock, 2. Band, Ethica, Darmstadt 1967.

Tertullianus, Quintus Septimius Florens, Apologeticum. Verteidigung des Christentums, lat.-dt., hg., übers. u. erl. v. Carl Becker, München [2]1961.

- De anima, hg., mit Einf. und Komm. von Jan H. Waszink, Amsterdam 1947.
Themistii in libros Aristotelis De anima paraphrasis, hg. v. Richard Heinze, Berlin 1899.
Themistii Analyticorum posteriorum paraphrasis, hg. v. Max Wallies, Berlin 1990.
Theophrast, zitiert nach den bei Themistios überlieferten Fragmenten.
Thomas von Aquin, Opera omnia, hg. v. Roberto Busa, Stuttgart-Bad Cannstatt 1980.
- Über die Einheit des Geistes gegen die Averroisten. De unitate intellectus contra Averroistas, Übers., Einf. u. Erl. v. Wolf-Ulrich Klünker, Stuttgart 1987.
- Summa contra gentiles, hg., übers. und mit Anm. vers. von Karl Albert und Paulus Engelhardt, Darmstadt 2001 (Scg).
S. Thomae Aquinatis Summa theologiae, cura et studio Petri Caramello, Taurini 1963.
S. Thomae Aquinatis Quaestiones disputatae de veritate, cura et studio Raymundi M. Spiazzi, Taurini 1964.
Thomas ‹de Aquino›: Prologe zu den Aristoteleskommentaren, hg., übers. u. eingel. von Francis Cheneval und Ruedi Imbach, Frankfurt/M. 1993.
Wilhelm de la Mare, Correctorium fratris Thomae, hg. v. Palémon Glorieux, Le Saulchoir 1927.

2. Forschungsliteratur

Altaner, Berthold, Patrologie. Leben, Schriften und Lehre der Kirchenväter Freiburg/Br. [5]1958.
Alszeghy, Zoltan, La teologia dell' ordine sopranaturale nella scolastica antica, in: Greg. 31 (1950), S. 414–450.
Althoff, Jochen, Aristoteles' Vorstellung von der Ernährung der Lebewesen, in: Aristotelische Biologie. Intentionen, Methoden, Ergebnisse, hg. v. Wolfgang Kullmann und Sabine Föllinger, Stuttgart 1997, S. 351–364.
Andresen, Carl, Antike und Christentum, in: TRE III, S. 50–99.
Anzulewicz, Henryk, Entwicklung und Stellung der Intellekttheorie im System des Albertus Magnus, in: AHDLMA 70 (2003), S. 171–198.
Apel, Karl-Otto, Transformation der Philosophie, Bd. 1: Sprachanalytik, Semantik, Hermeneutik, Frankfurt/M. 1976.
Aubenque, Pierre, Zur Entstehung der pseudo-aristotelischen Lehre von der Analogie des Seins, in: Aristoteles: Werk und Wirkung; Paul Moraux gewidmet, hg. v. Jürgen Wiesner, Berlin u. a. 1985, S. 233–248.
Ax, Wolfram, Zum isolierten ῥῆμα in Aristoteles' de interpretatione 16b19–25, in: AGPH 61 (1979), S. 271–279.
Balthasar, Hans Urs von, Geist und Feuer. Ein Aufbau aus seinen Schriften/Origenes, Salzburg [2]1951.
- Thomas und die Charismatik. Kommentar zu Thomas von Aquin, Summa theologica II-II, q. 171–182, Heidelberg 1954, S. 253–464.
- Einleitung zu: Aurelius Augustinus, Psychologie und Mystik (De Genesi ad Litteram 12), Einsiedeln 1960, S. 5–24.
- Herrlichkeit. Eine theologische Ästhetik, III,1, Einsiedeln 1961.
Beccarisi, Alessandra, Zwischen Averroes, Avicenna und Avicebron. Meister Eckhart und die Noetik im Islam und Judentum, in: Meister Eckhart – interreligiös, hg. v. Christine Büchner, Markus Enders und Dietmar Mieth, Stuttgart 2016 (MEJb 10), S. 223–240.

Beckermann, Ansgar, Descartes' metaphysischer Beweis für den Dualismus – Analyse und Kritik, Freiburg/Br. 1986.
- Das Leib-Seele-Problem. Eine Einführung in die Philosophie des Geistes, Paderborn ²2013.

Beierwaltes, Werner, Der Kommentar zum ‚liber de causis' als neuplatonisches Element in der Philosophie des Thomas von Aquin, in: PhR 11 (1963), S. 192–215.
- Proklos. Grundzüge seiner Metaphysik, Frankfurt/M. 1965.
- Reflexion und Einung. Zur Mystik Plotins, in: ders. u. a., Grundfragen der Mystik, Einsiedeln 1974, S. 7–36.
- Primum est dives per se. Meister Eckhart und der Liber De Causis, in: On Proclus and his Influence in Medieval Philosophy, hg. v. Egbert P. Bos und Pieter A. Meijer, Leiden u. a. 1992, S. 141–169.

Bergh, Simon van den, Perception and Knowledge according to Aristotle, in: Islamic Philosophy and the Classical Tradition, hg. v. Samuel M. Stern u. a., Oxford 1972, S. 27–33.

Bernard, Wolfgang, Rezeptivität und Spontaneität der Wahrnehmung bei Aristoteles: Versuch einer Bestimmung der spontanen Erkenntnisleistung der Wahrnehmung bei Aristoteles in Abgrenzung gegen die rezeptive Auslegung der Sinnlichkeit bei Descartes und Kant, Baden-Baden 1988.

Blumenberg, Hans, Kritik und Rezeption antiker Philosophie in der Patristik. Strukturanalysen zu einer Morphologie der Tradition, in: StGen 12 (1959), S. 485–497.
- Wirklichkeitsbegriff und Möglichkeit des Romans, in: Nachahmung und Illusion, hg. v. Hans R. Jauß, München ²1969, S. 9–27.
- Der Prozess der theoretischen Neugierde, Frankfurt/M. ³1984.

Böhme, Hartmut u. a. (Hg.), Transformation. Ein Konzept zur Erforschung kulturellen Wandels, München 2011.

Bornkamm, Günther, Art. Mysterion, in: ThWB IV, S. 809–834.

Bosl, Karl, Die Grundlagen der modernen Gesellschaft im Mittelalter. Eine deutsche Gesellschaftsgeschichte des Mittelalters, Stuttgart 1972.

Brentano, Franz, Die Psychologie des Aristoteles, insbesondere seine Lehre vom νοῦς ποιητικός, nebst einer Beilage über das Wirken des Aristotelischen Gottes, Darmstadt 1967.

Bröcker, Walter, Aristoteles, Frankfurt/M. ²1957.

Brooks, Cleanth, The well wrought urn: studies in the structure of poetry, New York 1947.

Buchheim, Thomas, Was heißt „Immanenz der Formen" bei Aristoteles?, in: AGPh 84 (2002), S. 223–231.
- „Wie die Hand" und „zusammengewachsene Kraft eines befiederten Gespanns samt Lenker" – Sinnbilder der Seele bei Platon und Aristoteles, in: Abschied vom Seelischen. Erkundungen zum menschlichen Selbstverständnis, hg. v. Hans-Ulrich Rüegger u. a., Zürich 2013, S. 53–68.

Büchner Christine, Gottes Kreatur – „ein reines Nichts"? Einheit Gottes als Ermöglichung von Geschöpflichkeit und Personalität im Werk Meister Eckharts, Innsbruck u. a. 2005.

Bultmann, Rudolf, Zur Geschichte der Lichtsymbolik im Altertum, in: Phil. 97 (1948), S. 1–36.
- Theologie des Neuen Testaments, Tübingen ⁶1968.
- Christentum und Antike, in: ThR 33 (1968), S. 1–17.
- Art. λύπη, in: ThWB IV, S. 314–325.
- Art. γινώσκω, γνῶσις, in: ThWB I, S. 688–719.

Burkert, Walter, Griechische Religion der archaischen und klassischen Epoche, Stuttgart u. a. 1977.

Burnett, Charles, The Coherence of the Arabic-Latin Translation Program in Toledo in the Twelfth Century, in: SiC Bd. 14 (2001), S. 249–288.

Burnyeat, Myles F., Is an Aristotelian Philosophy of Mind Still Credible? (A Draft), in: Essays on Aristotle's De anima, hg. v. Martha C. Nussbaum und Amélie Oksenberg Rorty, Oxford 1992, S. 15–26.

Busche, Hubertus, Die Seele als System. Aristoteles' Wissenschaft von der Psyche, Hamburg 2001.

– psyche/Seele, in: Höffe (Hg.), 2005, S. 505–513.

Campenhausen, Hans von, Griechische Kirchenväter, Stuttgart [4]1967.

Cassirer, Heinrich, Aristoteles' Schrift ‚Von der Seele' und ihre Stellung innerhalb der aristotelischen Philosophie, Darmstadt 1968.

Christ, Karl, Eine neue Handschrift von Meister Eckharts Kommentar zum Johannes-Evangelium, in: ZBB 51 (1934), S. 10–29.

Connolly, John M., Freiheit und Wille bei Eckhart und Kant, in: Meister Eckhart und die Freiheit, hg. v. Christine Büchner und Freimut Löser, Stuttgart 2018 (MEJb 12), S. 293–318.

Conzelmann, Hans, Der erste Brief an die Korinther, Göttingen [11]1969.

Craemer-Ruegenberg, Ingrid, Alberts Seelen- und Intellektlehre, in: Albert der Große. Seine Zeit, sein Werk, seine Wirkung, hg. v. Albert Zimmermann, Berlin u. a. 1981, S. 104–115.

Culler, Jonathan, The Closeness of Close Reading, in: ADE 149 (2010), S. 20–25.

Curtius, Ernst Robert, Europäische Literatur und lateinisches Mittelalter, Bern u. a. [5]1965.

Dangel, Tobias, Hegel und die Geistmetaphysik des Aristoteles, Berlin u. a. 2013.

Davidson, Herbert A., Alfarabi, Avicenna, and Averroes on Intellect. Their Cosmologies, Theories of the Active Intellect, and Theories of Human Intellect, New York u. a. 1992.

Derrida, Jacques, Positionen, Graz u. a. 1986.

Dewey, John, Demokratie und Erziehung, Breslau 1930.

Dibelius, Martin, Botschaft und Geschichte. Gesammelte Aufsätze, hg. v. Günther Bornkamm, Tübingen 1956.

Dilcher, Roman, Lockungen des Aristotelismus. Zum Streit um die Aktualität der aristotelischen Seelenlehre, in: PhR 47 (2000), S. 21–38.

Dod, Bernard G., Aristoteles latinus, in: The Cambridge History of Later Medieval Philosophy, hg. v. Norman Kretzmann u. a. Cambridge 1982, S. 43–79.

Dreyer, Mechthild, Nikolaus von Amiens: Ars fidei catholicae – Ein Beispielwerk axiomatischer Methode, Münster/W. 1993.

– Die literarische Gattung der Theoremata als Residuum einer Wissenschaft more geometrico, in: Philosophy and Learning. Universities in the Middle Ages, hg. v. Maarten J. F. Hoenen, J. H. Josef Schneider und Georg Wieland, Leiden u. a. 1995, S. 123–135.

Ebert, Theodor, Praxis und Poiesis. Zu einer handlungstheoretischen Unterscheidung des Aristoteles, in: ZphF 30 (1976), S. 12–30.

Ehlers, Joachim, Die hohen Schulen, in: ders., Ausgewählte Aufsätze, hg. v. Martin Kintzinger und Bernd Schneidmüller, Berlin 1996, S. 33–77.

Ehrle, Franz, Der Augustinismus und der Aristotelismus in der Scholastik gegen Ende des 13. Jahrhunderts, in: ders., Gesammelte Aufsätze zur englischen Scholastik, hg. v. Franz Pelster, Rom 1970, S. 3–58.

Elm, Ralf, Aristoteles: Dynamis und Energeia: Zum Problem des Vollzugs des Seienden, in: Grundprobleme der großen Philosophen. Philosophie des Altertums und des Mittelalters, hg. v. Josef Speck, Göttingen [5]2001, S. 78–122.

– entelecheia/Entelechie, vollendete Wirklichkeit, in: Höffe (Hg.), 2005, S. 188–193.

Enders, Markus, Die Reden der Unterweisung: eine Lehre vom richtigen Leben durch einen guten und vollkommenen Willen, in: Meister Eckhart: Lebensstationen – Redesituationen, hg. v. Klaus Jacobi, Berlin 1997, S. 69–92.

Ders. und Kühn, Rolf, ‚Im Anfang war der Logos ...', Studien zur Rezeptionsgeschichte des Johannesprologs von der Antike bis zur Gegenwart, Freiburg/Br. u. a. 2011.

– Die Freiheit des Menschen und die Freiheit Gottes. Zu Meister Eckharts und Marguerite Poretes Verständnis der menschlichen und der göttlichen Freiheit im Vergleich, in: Meister Eckhart und die Freiheit, hg. v. Christine Büchner und Freimut Löser, Stuttgart 2018 (MEJb 12), S. 55–79.

Endres, Josef A., Die Dialektiker und ihre Gegner im 11. Jahrhundert, in: PhJb 19 (1906) S. 20–33.

Endress, Gerhard, Der arabische Aristoteles und die Einheit der Wissenschaften im Islam, in: Die Blütezeit der arabischen Wissenschaft, hg. v. Heinz Balmer und Beat Glaus, Zürich 1990, S. 3–39.

– Die Wissenschaften, in: Grundriss der arabischen Philologie, Bd. 3. Supplement, hg. v. Wolfdietrich Fischer und Helmut Gätje, Wiesbaden1992, S. 3–152.

– La via della felicità. Il ruolo della filosofia nell' Islam medievale, in: Storia della filosofia nell' Islam medievale, hg. v. Cristina D'Ancona, Vol. I, Torino 2005, S. XXIII–LII.

Fechner, Gustav Th., Elemente der Psychophysik (zwei Teile), Amsterdam 1964.

Finnegan, James, Texte arabe du ‚περὶ νοῦ' d' Alexandre d' Aphrodise, in: MUSJ, Beyrouth 1956, S. 159–202.

Fischer, Hans R., Selbstorganisation. Kritische Bemerkungen zur Begriffslogik eines neuen Paradigmas, in: Grundprinzipien der Selbstorganisation, hg. v. Karl W. Kratky und Friedrich Wallner, Darmstadt 1990.

Fischer, Norbert, Zu Heideggers Auseinandersetzung mit Kant im Blick auf die Zukunft der Metaphysik, in: Perspektiven der Metaphysik im „postmetaphysischen" Zeitalter, hg. v. Paola-Ludovika Coriando und Tina Röck, Berlin 2014, S. 109–129.

– Hinführung zum Thema ‚Vernunftreligion und Offenbarungsglaube', in: Vernunftreligion und Offenbarungsglaube. Zur Erörterung einer seit Kant verschärften Problematik, hg. v. Norbert Fischer und Jakub Sirovátka, Freiburg/Br. u. a. 2015, S. 5–34.

Flasch, Kurt, Die Intention Meister Eckharts, in: Sprache und Begriff. Festschrift für Bruno Liebrucks, hg. v. Heinz Röttges u. a., Meisenheim a. Glan 1974, S. 292–318.

– Das philosophische Denken im Mittelalter. Von Augustin zu Machiavelli, Stuttgart 1986.

Flashar, Hellmut, Aristoteles. Lehrer des Abendlandes, München 2013.

Föllinger, Sabine (Hg.), Was ist „Leben"? Aristoteles' Anschauungen zur Entstehung und Funktionsweise von Leben, Stuttgart 2010.

Frede, Dorothea, Aristoteles über Leib und Seele, in: Buchheim, 2003, S. 85–109.

Freud, Sigmund, Studienausgabe, Bd. 1, hg. v. Alexander Mitscherlich, Angela Richards und James Strachey, Frankfurt/M. [3]1969.

Freudenthal, Jakob, Über den Begriff des Wortes φαντασία bei Aristoteles, Göttingen 1863.

Fried, Johannes, Karl d. Gr., die Artes liberales und die karolingische Renaissance, in: Karl der Große und sein Nachwirken. 1200 Jahre Kultur und Wissenschaft in Europa, hg. v. Paul L. Butzer, Turnhout 1997, S. 25–43.

Fritz, Kurt von, Die Rolle des Νοῦς. Νοῦς und νοεῖν und ihre Ableitungen in der vorsokratischen Philosophie, in: Um die Begriffswelt der Vorsokratiker, hg. v. Hans-Georg Gadamer, Darmstadt 1968, S. 277–363.

Fuchs, Thomas, Verteidigung des Menschen. Grundfragen einer verkörperten Anthropologie, Berlin 2020.

Gadamer, Hans-Georg, Wahrheit und Methode. Grundzüge einer philosophischen Hermeneutik, Tübingen [2]1965.
Gauthier, René A., Notes sur Siger de Brabant, I. Siger en 1265, in: RSPhTh 67 (1983), S. 201–232.
– Notes sur Siger de Brabant, II. Siger en 1272–1275. Aubry de Reims et la scission des Normands, in: RSPhTh 68 (1984), S. 3–49.
Geoffroy, Marc, L'Almohadisme Théologique d'Averroès (Ibn Rusd), in: AHDLMA 66 (1999), S. 9–47.
– La tradition arabe du Περὶ νοῦ d' Alexandre d'Aphrodise et les origines des quatre degrés de l'intellect, in: Aristotele e Alessandro di Afrodisia nella traditione araba, hg. v. Cristina D'Ancona und Giuseppe Serra, Padua 2002, S. 191–231.
Gigon, Olof, Die Nikomachische Ethik, eingel. und neu übertr., Zürich 1951.
Gilson, Etienne, Les sources gréco-arabes de l'augustinisme avicennisant, in: AHDLMA 4 (1929/30), S. 5–149.
– Die Mystik des hl. Bernhard von Clairvaux, Wittlich 1936.
– Der Geist der mittelalterlichen Philosophie, Wien 1950.
– Die Philosophie des Heiligen Bonaventura, Darmstadt [2]1960; erste Aufl. Hellerau 1929.
Gnilka, Christian, ΧΡΗΣΙΣ. Die Methode der Kirchenväter im Umgang mit der antiken Kultur, Basel u. a. 1984.
Gombocz, Wolfgang L., Sprachphilosophie in der Scholastik, in: Sprachphilosophie, hg. v. Marcelo Dascal u. a., Berlin 1992, S. 56–75.
Grotz, Stephan, Negationen des Absoluten. Meister Eckhart, Cusanus, Hegel, Hamburg 2009.
Grunebaum, Gustav E. von, Der Islam, in: Propyläen Weltgeschichte Bd. 5, Frankfurt/M. u. a. 1963, S. 21–179.
Guerizoli, Rodrigo, Die Verinnerlichung des Göttlichen, Leiden u. a. 2006.
Gutas, Dimitri, Greek Thought, Arabic Culture. The Graeco-Arabic Translation Movement in Baghdad and Early Abbasid Society, London u. a. 1998.
Gutmann, Wolfgang F. und Bonik, Klaus, Kritische Evolutionstheorie: ein Beitrag zur Überwindung altdarwinistischer Dogmen, Hildesheim 1981.
Haas, Alois M., Nim dîn selbes war. Studien zur Lehre von der Selbsterkenntnis bei Meister Eckhart, Johannes Tauler und Heinrich Seuse, Freiburg/Schweiz 1971.
– Gottleiden-Gottlieben. Zur volkssprachlichen Mystik im Mittelalter, Frankfurt/M. 1989.
– Aktualität und Normativität Meister Eckharts, in: Eckardus Theutonicus, homo doctus et sanctus. Nachweise und Berichte zum Prozess gegen Meister Eckhart, hg. v. Heinrich Stirnimann und Ruedi Imbach, Freiburg/Schweiz 1992, S. 205–268.
– Seelenfunken (scintilla animae), in: Sprachbilder und Bildersprache bei Meister Eckhart und in seiner Zeit, hg. v. Cora Dietl und Wolfgang Achtner, Stuttgart 2015 (MEJb 9), S. 293–326.
Habermas, Jürgen, Auch eine Geschichte der Philosophie, Bd. 1: Die okzidentale Konstellation von Glauben und Wissen, Berlin 2019.
Hadot, Pierre, Être, vie, pensée chez Plotin et avant Plotin, in: Les Sources de Plotin, Entretiens sur l'Antiquité Classique, tome V, Fondation Hardt, Genève 1960, S. 107–141.
Hager, Fritz-Peter, Zur Bedeutung der griechischen Philosophie für die christliche Wahrheit und Bildung bei Tertullian und Augustinus, in: AntAb 27 (1978), S. 76–84.
Happ, Heinz, Die Scala naturae und die Schichtung des Seelischen bei Aristoteles, in: Beiträge zur Alten Geschichte und deren Nachleben, hg. v. Ruth Stiehl und Hans E. Stier, Bd. 1, Berlin 1969, S. 220–244.
– Hyle: Studien zum aristotelischen Materie-Begriff, Berlin u. a. 1971.

Harnack, Adolf von, Das Wesen des Christentums, München u. a. 1964.

Harrington, Joel F., Meister Eckhart. Der Mönch, der die Kirche herausforderte und seinen eigenen Weg zu Gott fand, München 2021.

Hartmann, Nicolai, Die Anfänge des Schichtungsgedankens in der alten Philosophie, Berlin 1943.

Hasebrink, Burkhard, Dialog der Varianten. Untersuchungen zur Textdifferenz der Eckhartpredigten aus dem ‚Paradisus anime intelligentis', in: ‚Paradisus anime intelligentis'. Studien zu einer dominikanischen Predigtsammlung aus dem Umkreis Meister Eckharts, hg. v. Burkhard Hasebrink, Nigel F. Palmer und Hans-Jochen Schiewer, Tübingen 2009, S. 133–182.

Hasse, Dag Nikolaus, Das Lehrstück von den vier Intellekten in der Scholastik: Von den arabischen Quellen bis zu Albertus Magnus, in: RTPM 66,1 (1999), S. 21–78.

Haubrichs, Wolfgang, Die Anfänge. Versuche volkssprachiger Schriftlichkeit im frühen Mittelalter (ca. 700–1050/60), Tübingen ^{2}1995.

Heinimann, Felix, Eine vorplatonische Theorie der τέχνη, in: MusHel. 18 (1961), S. 105–130.

Heinzmann, Richard, Anima unica forma corporis. Thomas von Aquin als Überwinder des platonisch-neuplatonischen Dualismus, in: PhJb 93 (1986), S. 236–259.

– Philosophie des Mittelalters, Stuttgart 1992.

Hellmeier, Paul D., Anima et intellectus. Albertus Magnus und Thomas von Aquin über Seele und Intellekt des Menschen, Münster/W. 2011.

Herbart, Johann Friedrich, Psychologie als Wissenschaft: neu gegründet auf Erfahrung, Metaphysik und Mathematik, 2 Bde, Königsberg 1824.

Herzberg, Stephan, arche/Anfang, Ursprung, Prinzip, Herrschaft, in: Höffe (Hg.), 2005, S. 68–76.

– Was ist Aristotelischer Hylemorphismus?, in: Verkörpert existieren. Ein Beitrag zur Metaphysik menschlicher Personen aus dualistischer Perspektive, hg. v. Patricia Wallusch und Heinrich Watzka, Münster/W. 2015, S. 91–107.

Hilt, Annette, Ousia – Psyche – Nous. Aristoteles' Philosophie der Lebendigkeit, Freiburg/Br. u. a. 2005.

Hödl, Ludwig, Anima forma corporis. Philosophisch-theologische Erhebungen zur Grundformel der scholastischen Anthropologie im Korrektorienstreit, in: ThPh 41 (1966), S. 536–556.

– Über die averroistische Wende der lateinischen Philosophie des Mittelalters im 13. Jahrhundert, in: RThAM 39 (1972), S. 171–204.

Höffe, Otfried, Aristoteles, München ^{3}2006.

– (Hg.), Aristoteles-Lexikon, Stuttgart 2005.

Hoenen, Maarten J.F.M., ‚Vir meus servus tuus mortuus est', in: LE II, S. 89–110.

Hoffmann, Ernst, Aristoteles' Philosophie der Freundschaft, in: Ethik und Politik des Aristoteles, hg. v. Fritz-Peter Hager, Darmstadt 1972, S. 149–182.

Holzhey, Helmut, Flug und Fall der Seele – Philosophische Reflexionen in anthropologischer Absicht, in: Langzeit-Psychotherapie: Perspektiven für Therapeuten und Wissenschaftler, hg. v. Ulrich Stuhr u. a., Stuttgart u. a. 2001, S. 17–37.

– Die Austreibung der Seele aus den metaphysischen Diskursen in der Philosophie der Neuzeit, in: Abschied vom Seelischen. Erkundungen zum menschlichen Selbstverständnis, hg. v. Hans-Ulrich Rüegger u. a., Zürich 2013, S. 141–155.

Honnefelder, Ludger, Christliche Theologie als „wahre Philosophie", in: Spätantike und Christentum. Beiträge zur Religions- und Geistesgeschichte der griechisch-römischen Kultur und Zivilisation der Kaiserzeit, hg. v. Carsten Colpe u. a., Berlin 1992, S. 55–75.

- (Hg.), Die Einheit des Menschen: zur Grundfrage der philosophischen Anthropologie, Paderborn 1994.
- Albertus Magnus 1200–2000, in: Albertus Magnus. Zum Gedenken nach 800 Jahren: Neue Zugänge, Aspekte und Perspektiven, hg. v. Walter Senner u. a., Berlin 2001, S. XVII–XXIV.
- (Hg.), Albertus Magnus und die Anfänge der Aristoteles-Rezeption im lateinischen Mittelalter. Von Richardus Rufus bis zu Franciscus de Mayronis, Münster/W. 2005.
- Woher kommen wir? Ursprünge der Moderne im Denken des Mittelalters, Berlin 2008.

Horn, Christoph, homonymos/homonym, in: Höffe (Hg.), 2005, S. 259f.

Hübner, Johannes, Rez. Busche, Die Seele als System, in: PhR 51 (2004), S. 78–83.
- Die Aristotelische Konzeption der Seele als Aktivität in de Anima II 1, in: AGPh 81 (1999), S. 1–32.
- hyle, Materie, in: Höffe (Hg.), 2005, S. 271–275.

Hyldahl, Niels, Philosophie und Christentum. Eine Interpretation der Einleitung zum Dialog Justins, Kopenhagen 1966.

Illmer, Detlef, Formen der Erziehung und Wissensvermittlung im frühen Mittelalter. Quellenstudien zur Frage der Kontinuität des abendländischen Erziehungswesens, München 1971.

Imbach, Ruedi, Deus est intelligere. Das Verhältnis von Sein und Denken in seiner Bedeutung für das Gottesverständnis bei Thomas von Aquin und in den Pariser Quaestionen Meister Eckharts, Freiburg/Schweiz 1976.
- Hinweise auf Eckharts Auslegung des Johannesevangeliums (Prolog und 1,38) im Vergleich mit Augustin und Thomas von Aquin, in: Meister Eckhart als Denker, hg. v. Wolfgang Erb und Norbert Fischer, Stuttgart 2018 (MEJb.B4), S. 135–166.

Ivanka, Endre von, Zur Problematik der aristotelischen Seelenlehre, in: Autour d'Aristote. Recueil d'études de philosophie ancienne et médiévale, Louvain 1955, S. 245–253.
- Plato Christianus. Übernahme und Umgestaltung des Platonismus durch die Väter, Einsiedeln 1964.

Jacobi, Klaus, Diskussionen über Prädikationstheorie in den logischen Schiften des Petrus Abailardus, in: Petrus Abaelardus (1079–1142); Person, Werk und Wirkung, hg. v. Rudolf Thomas, Trier 1980, S. 165–179.
- Die Semantik sprachlicher Ausdrücke, Ausdrucksfolgen und Aussagen in Abailards Kommentar zu Peri Hermeneias, in: Med 7 (1981), S. 41–89.

Jaeger, Werner, Das frühe Christentum und die griechische Bildung, Berlin 1963.

Jonas, Hans, Das Prinzip Leben. Ansätze zu einer philosophischen Biologie, Frankfurt/M. 1994.

Jorissen, Hans, Zum Verhältnis von Bild und Sakrament. Wandlungen des philosophischen Kontextes als Hintergrund der frühmittelalterlichen Eucharistiestreitigkeiten, in: Streit um das Bild. Das Zweite Konzil von Nizäa (787) in ökumenischer Sicht, hg. v. Josef Wohlgemuth, Bonn 1989, S. 97–111.

Jung, Christian, Die doppelte Natur des menschlichen Intellekts bei Aristoteles, Würzburg 2011.

Käsemann, Ernst, An die Römer. Tübingen [3]1974.

Kahn, Charles H., Aristotle on Thinking, in: Essays on Aristotle's De anima, hg. v. Martha C. Nussbaum und Amélie Oksenberg Rorty, Oxford 1992, S. 359–379.

Kamlah, Wilhelm, Christentum und Geschichtlichkeit. Untersuchungen zur Entstehung des Christentums und zu Augustins „Bürgerschaft Gottes", Stuttgart [2]1951.

Kampmann, Irmgard, Ihr sollt der Sohn selber sein. Eine fundamentaltheologische Studie zur Soteriologie Meister Eckharts, Frankfurt/M. 1996.

Kather, Regine, Was ist Leben? Philosophische Positionen und Perspektiven, Darmstadt 2003.

- Der menschliche Leib – Medium der Kommunikation und der Partizipation, in: Leib und Leben. Perspektiven für eine neue Kultur der Körperlichkeit, hg. v. Martin Hähnel und Marcus Knaup, Darmstadt 2013, S. 21–34.

Kluxen, Wolfgang, Analogie, in: HWB I, Sp. 214–227.

Kobusch, Theo, Metaphysik als Lebensform. Zur Idee einer praktischen Metaphysik, in: Die Metaphysik und das Gute. Aufsätze zu ihrem Verhältnis in Antike und Mittelalter, hg. v. Wouter Goris, Leuven 1999, S. 27–56.

- Die Begründung eines neuen Metaphysiktyps durch Origenes, in: Origeniana Septima. Origenes in den Auseinandersetzungen des 4. Jahrhunderts, hg. v. Wolfgang A. Bienert und Uwe Kühneweg, Leuven 1999, S. 63–68.
- Die Grenzen der theoretischen Vernunft, in: Grenzen und Grenzüberschreitungen, XIX. Deutscher Kongress für Philosophie, Vorträge und Kolloquien, hg. v. Wolfram Hogrebe, Berlin 2004, S. 237–256.
- Philosophische Streitsachen. Zur Auseinandersetzung zwischen christlicher und griechischer Philosophie, in: Kaiser Julian ‚Apostata' und die philosophische Reaktion gegen das Christentum, Berlin u. a. 2008, S. 17–40.
- Mystik als Metaphysik des Inneren, in: Meister Eckhart und Augustinus, hg. v. Rudolf K. Weigand und Regina D. Schiewer, Stuttgart 2011 (MEJb 3), S. 17–36.

Koch, Hal, Art. Origenes, in: PRE 18 (1939), Sp. 1036–1059.

Koch, Josef, Von der Bildung der Antike zur Wissenschaft des Mittelalters, in: HSch 15 (1962), S. 94–99.

- Zur Analogielehre Meister Eckharts, in: Altdeutsche und altniederländische Mystik, hg. v. Kurt Ruh, Darmstadt 1964, S. 275–308.

Köhn, Rolf, Monastisches Bildungsideal und weltgeistliches Wissenschaftsdenken. Zur Vorgeschichte des Mendikantenstreites an der Universität Paris, in: Die Auseinandersetzungen an der Pariser Universität im XIII. Jahrhundert, hg. v. Albert Zimmermann, Berlin u. a. 1976, S. 1–37.

Köpf, Ulrich, Religiöse Erfahrung in der Theologie Bernhards von Clairvaux, Tübingen 1980.

Koselleck, Reinhart, Kritik und Krise. Ein Beitrag zur Pathogenese der bürgerlichen Welt, Freiburg/Br. u. a. ^{2}1959.

Kratky, Karl W. und Wallner, Friedrich (Hg.), Grundprinzipien der Selbstorganisation, Darmstadt 1990.

Kremer, Klaus, Meister Eckharts Stellungnahme zum Schöpfungsgedanken, in: TThZ 74 (1965), S. 65–82.

- Die neuplatonische Seinsphilosophie und ihre Wirkung auf Thomas von Aquin, Leiden 1966.
- Das Seelenfünklein (scintilla animae) bei Meister Eckhart: ungeschaffen oder geschaffen? Ein kontroverses Kapitel in der Meister Eckhart-Forschung, in: TThZ 97 (1988), S. 8–38.

Künzle, Pius, Das Verhältnis der Seele zu ihren Potenzen. Problemgeschichtliche Untersuchungen von Augustin bis und mit Thomas von Aquin, Freiburg/Schweiz 1956.

Kullmann, Wolfgang, Aristotelische Biologie: Intentionen, Methoden, Ergebnisse, Stuttgart 1997.

Kurfess, Hans, Zur Geschichte der Erklärung der aristotelischen Lehre vom sog. νοῦς ποιητικός und παθητικός, Tübingen 1911.

Lafleur, Claude, Quatre introductions à la philosophie au XIIIe siècle, Montréal u. a. 1988.

- L'enseignement de la philosophie au XIIIe siècle, Turnhout 1997.

– Le ‚guide de l'étudiant' d'un maître anonyme de la faculté des arts de Paris au XIIIe siècle, Québec 1999.

Lang, Albert, Die Entfaltung des apologetischen Problems in der Scholastik des Mittelalters, Freiburg/Br. u. a. 1962.

– Die theologische Prinzipienlehre der mittelalterlichen Scholastik, Freiburg/Br. u. a. 1964.

Langer, Claudia, Reform nach Prinzipien. Untersuchungen zur politischen Theorie Immanuel Kants, Stuttgart 1986.

Langer, Otto, Ordenunge und empoerunge. Zur Begründung der Revolution in den Schriften Thomas Müntzers, in: Philologische Untersuchungen, gewidmet Elfriede Stutz, hg. v. Alfred Ebenbauer, Wien 1984, S. 257–269.

– Inneres Wort und inwohnender Christus. Zum mystischen Spiritualismus Sebastian Francks und seinen Implikationen, in: Sebastian Franck (1499–1542), hg. v. Jan-Dirk Müller, Wiesbaden 1993, S. 55–69.

– Die übersinnlichen Sinne, in: Körperinszenierungen in der mittelalterlichen Literatur, hg. v. Klaus Ridder und Otto Langer, Berlin 2002, S. 175–192.

– Christliche Mystik im Mittelalter. Mystik und Rationalisierung – Stationen eines Konflikts, Darmstadt 2004.

Largier, Niklaus, Zeit, Zeitlichkeit, Ewigkeit. Ein Aufriss des Zeitproblems bei Dietrich von Freiberg und Meister Eckhart, Bern u. a. 1989.

– „Intellectus in deum ascensus". Intellekttheoretische Auseinandersetzungen in Texten der deutschen Mystik, in: DVjS 69 (1995), S. 423–471.

– Theologie, Philosophie und Mystik bei Meister Eckhart, in: Was ist Philosophie im Mittelalter, hg. v. Jan A. Aertsen und Andreas Speer, Berlin u. a. 1998, S. 704–711.

– Das Glück des Menschen. Diskussionen über beatitudo und Vernunft in volkssprachlichen Texten des 14. Jahrhunderts, in: Nach der Verurteilung von 1277. Philosophie und Theologie an der Universität von Paris im letzten Viertel des 13. Jahrhunderts. Studien und Texte, hg. v. Jan A. Aertsen, Kent Emery, Jr. und Andreas Speer, Berlin u. a. 2001, S. 827–855.

Leclerq, Jean, Wissenschaft und Gottverlangen. Zur Mönchstheologie des Mittelalters, Düsseldorf 1963.

Leiber, Theodor, Funktionalismus und Emergenz in Aristoteles' naturphilosophischer Psychologie, in: PhJb 102 (1995), S. 380–401.

Leppin, Volker, Die Folgen der Pariser Lehrverurteilung von 1277 für das Selbstverständnis der Theologie, in: Geistesleben im 13. Jahrhundert, hg. v. Jan A. Aertsen und Andreas Speer, Berlin u. a. 2000, S. 283–294.

Libera, Alain de, Albert le Grand et la philosophie, Paris 1990.

Lietzmann, Hans, An die Korinther I, II, Tübingen ^{5}1969.

Liske, Michael-Thomas, Lässt sich eine aristotelische Zwischenposition zwischen Dualismus und Physikalismus konzipieren?, in: Die menschliche Seele: Brauchen wir den Dualismus, hg. v. Bruno Niederbacher und Edmund Runggaldier, Frankfurt/M. u. a. 2006, S. 197–220.

Löser, Freimut, Meister Eckharts Freiheitsbegriff in seinen deutschen Texten. Eine Skizze zu historischem Hintergrund, Wortbedeutung und Quellen, in: Meister Eckhart und die Freiheit, hg. v. Christine Büchner und Freimut Löser, Stuttgart 2018 (MEJb 10), S. 13–30 und 137–158.

Löwith, Karl, Gott, Mensch und Welt in der Metaphysik von Descartes bis zu Nietzsche, Göttingen 1967.

Lohr, Charles H., The new Aristotle and ‚science' in the Paris arts faculty (1255), in: L'enseignement des disciplines à la Faculté des arts (Paris et Oxford, XIIIe–XVe siècles), hg. v. Olga Weijers und Louis Holtz, Turnhout 1997.

Lorenz, Rudolf, Fruitio dei bei Augustin, in: ZKG 63 (1950/51), S. 75–132.

Lossky, Vladimir, Schau Gottes, Zürich 1964.

Lutz-Bachmann, Matthias, Hellenisierung des Christentums?, in: Spätantike und Christentum. Beiträge zur Religions- und Geistesgeschichte der griechisch-römischen Kultur und Zivilisation der Kaiserzeit, hg. v. Carsten Colpe, Ludger Honnefelder und Matthias Lutz-Bachmann, Berlin 1992, S. 77–98.

Manstetten, Rainer, Esse est deus. Meister Eckharts christologische Versöhnung von Philosophie und Religion und ihre Ursprünge in der Tradition des Abendlandes, Freiburg/Br. u. a. 1993.

Margetts, John, Die Satzstruktur bei Meister Eckhart, Stuttgart u. a. 1969.

Markschies, Christoph J., Das antike Christentum: Frömmigkeit, Lebensformen, Institutionen, München 2006.

McGinn, Bernard, Mystik im Abendland, 4 Bde., Freiburg/Br. 1994–2008.

– Sermo IV ‚Ex ipso, per ipsum et in ipso sunt omnia', in: LE I, hg. v. Georg Steer und Loris Sturlese, Stuttgart 1998, S. 289–316.

– Sermo XXIX ‚Deus unus est', in: LE II, hg. v. Alessandra Beccarisi, Georg Steer und Loris Sturlese, Stuttgart 2003, S. 205–232.

– Eckhart, Freedom, and the Bible, in: Meister Eckhart und die Freiheit, hg. v. Christine Büchner und Freimut Löser, Stuttgart 2018 (MEJb 12), S. 117–136.

Matthews, Gareth B., De anima 2. 2–4 and the Meaning of Life, in: Essays on Aristotle's De anima, hg. v. Martha C. Nussbaum und Amélie Oksenberg Rorty, S. 185–193.

Meier, Christian, Die Entstehung des Politischen bei den Griechen, Frankfurt/M. 1983.

– Kultur um der Freiheit willen. Griechische Anfänge – Anfang Europas, München 2009.

– Die griechisch-römische Tradition, in: Die kulturellen Werte Europas, hg. v. Hans Joas und Klaus Wiegandt, Frankfurt/M. ^{5}2010, S. 93–116.

Merlan, Philip, Monopsychism, Mysticism, Metaconsciousness. Problems of the Soul in the Neoaristotelian and Neoplatonic Tradition, The Hague 1963.

Meyer, Martin F., Aristoteles und die Geburt der biologischen Wissenschaft, Wiesbaden 2015.

Mieth, Dietmar, Die Einheit von Vita activa und Vita contemplativa in den deutschen Predigten und Traktaten Meister Eckharts und bei Johannes Tauler. Untersuchungen zur Struktur des christlichen Lebens, Regensburg 1969.

– Christus, das Soziale im Menschen. Texterschließungen zu Meister Eckhart, Düsseldorf 1972.

– Kontemplation und Gottesgeburt – die religiöse Erfahrung im Christentum und die christliche Erfahrung des Religiösen bei Meister Eckhart, in: Religiöse Erfahrung. Historische Modelle in christlicher Tradition, hg. v. Walter Haug und Dietmar Mieth, München 1992, S. 205–228.

Minio-Paluello, Lorenzo, Opuscula. The Latin Aristotle, Amsterdam 1972.

Mösch, Caroline F., „Daz disiu geburt geschehe". Meister Eckharts Predigtzyklus ‚Von der êwigen geburt' und Johannes Taulers Predigten zum Weihnachtsfestkreis, Freiburg/Schweiz 2006.

Moraux, Paul, Der Aristotelismus bei den Griechen. Von Andronikos bis Alexander von Aphrodisias, Bd. 3: Alexander von Aphrodisias, hg. v. Jürgen Wiesner, Berlin u. a. 2001.

Mühlenberg, Ekkehard, Dogma und Lehre im Abendland, in: Handbuch der Dogmen- und Theologiegeschichte, Bd. 1: Die Lehrentwicklung im Rahmen der Katholizität, hg. v. Carl Andresen, Göttingen ^{2}1982, S. 406–566.

Müller, Jörn, Natürliche Moral und philosophische Ethik bei Albertus Magnus, Münster/W. 2001.
- Der Begriff des Guten im zweiten Ethikkommentar des Albertus Magnus. Untersuchung und Edition von *Ethica*, Buch I, Traktat 2, in: RTPM 69,2 (2002), S. 348–370.
- Der Einfluss der arabischen Intellektspekulation auf die Ethik des Albertus Magnus, in: Wissen über Grenzen. Arabisches Wissen und lateinisches Mittelalter, hg. v. Andreas Speer und Lydia Wegener, Berlin u. a. 2006, S. 545–568.
- Felicitas civilis und felicitas contemplativa: Zur Verhältnisbestimmung der beiden aristotelischen Glücksformen in den Ethikkommentaren des Albertus Magnus, in: Via Alberti. Texte-Quellen-Interpretationen, hg. v. Ludger Honnefelder u. a. Münster/W. 2009, S. 295–321.

Nagel, Thomas, Geist und Kosmos, Frankfurt/M. [2]2013.

Nestle, Wilhelm, Die Haupteinwände des antiken Denkens gegen das Christentum, in: AfR 37 (1941), S. 51–100.
- Vom Mythos zum Logos. Die Selbstentfaltung des griechischen Denkens von Homer bis auf die Sophistik und Sokrates, Stuttgart 1975.

Norden, Eduard, Die antike Kunstprosa. Vom VI. Jahrhundert v. Chr. bis in die Zeit der Renaissance, Bd. 1, Darmstadt [5]1958.

Nussbaum, Martha C. Aristotle's De motu animalium. Text with translation, commentary and interpretative essays, Princeton 1978.

Nussbaum, Martha C. und Oksenberg Rorty, Amélie (Hg.), Essays on Aristotle's De anima, Oxford 1992.

Oehler, Klaus, Ein Mensch zeugt einen Menschen, in: Einsichten. Gerhard Krüger zum 60. Geburtstag, Frankfurt/M. 1962, S. 230–288.
- Der Unbewegte Beweger des Aristoteles, Frankfurt/M. 1984.
- Die Lehre vom Noetischen und Dianoetischen Denken bei Platon und Aristoteles. Ein Beitrag zur Erforschung der Geschichte des Bewusstseinsproblems in der Antike, Hamburg [2]1985.

Oeing Hanhoff, Ludger, Wesen und Formen der Abstraktion nach Thomas von Aquin, in: PhJb 71 (1963), S. 14–37.

Oepke, Albrecht, Art. ἐν Χριστῷ, in: ThWB II, 534–539.

Owen, Gwilym E. L., The Platonism of Aristotle, London 1965.

Owens, Joseph, Aristotle. The Collected Papers of Joseph Owens, hg. v. John R. Catan, New York 1981.

Patzig, Günther, Leib und Seele – das aristotelische Paradigma, in: Das Gehirn und sein Geist, hg. v. Norbert Elsner und Gerd Lüer, Göttingen 2000, S. 9–27.

Perler, Dominik, War Aristoteles ein Funktionalist? Überlegungen zum Leib-Seele-Problem, in: ZphF 50 (1996), S. 341–363.
- Theorien der Intentionalität im Mittelalter, Frankfurt/M. [2]2004.
- Transformationen der Gefühle. Philosophische Emotionstheorien 1270–1670, Frankfurt/M. 2011.

Peters, Francis E., Aristotle and the Arabs: The Aristotelian Tradition in Islam, New York 1968.

Piché, David, La Condamnation Parisienne de 1277. Nouvelle edition du texte latin, traduction, introduction et commentaire, Paris 1999.

Putnam, Hilary, Philosophy and our mental life, in: ders., Mind, Language and Reality. Philosophical Papers: Vol. 2, Cambridge/Mass. 1975, S. 291–303.
- Aristotle's Mind and the Contemporary Mind, in: Aristotle and the contemporary Science, hg. v. Demetra Sfendoni-Mentzou, Vol. I, New York 2000, S. 7–28.

Rahner, Hugo, Die Gottesgeburt. Die Lehre der Kirchenväter von der Geburt Christi aus dem Herzen der Kirche und der Gläubigen, in: ders., Symbole der Kirche. Die Ekklesiologie der Väter, Salzburg 1964, S. 13–87.
Rahner, Karl, Schriften zur Theologie XII, Zürich u. a., 1975.
- Geist in Welt. Philosophische Schriften, bearb. von Albert Raffelt, Solothurn u. a. 1996.
Rapp, Christof, Wagner, Tim, eidos/Gestalt, Art, Form, in: Höffe (Hg.), 2005, S. 147–158.
Ratzinger, Joseph, Die Geschichtstheologie des heiligen Bonaventura, München u. a. 1959.
Ricken, Friedo, Emanation und Schöpfung, in: ThPh 49 (1974), S. 483–486.
- Der Lustbegriff in der Nikomachischen Ethik des Aristoteles, Göttingen 1976.
- Probleme der Aristotelischen Wahrnehmungslehre, in: PhR 38 (1991), S. 209–224.
- Zur Methodologie von Aristoteles DE ANIMA B 1–3, in: Btfth 59 (1998), S. 391–405.
- Philosophie der Antike, Stuttgart [3]2000.
- hexis/Haltung, in: Höffe (Hg.), 2005, S. 252–254.
Ridder, Klaus, Emotion und Reflexion in erzählender Literatur des Mittelalters, in: Codierungen von Emotionen im Mittelalter, hg. v. C. Stephen Jaeger und Ingrid Kasten, Berlin u. a. 2003, S. 203–221.
Riedweg, Christoph, Mysterienterminologie bei Platon, Philon und Klemens von Alexandrien, Berlin u. a. 1987.
Ritter, Joachim, Mundus intelligibilis. Eine Untersuchung zur Aufnahme und Umwandlung der neuplatonischen Ontologie bei Augustinus, Frankfurt/M. 1937.
Roesner, Martina, Eine Wahrheit in vielerlei Weisen. Zum Verhältnis von Offenbarungstheologie, Metaphysik und Naturphilosophie bei Meister Eckhart, in: Vernunftreligion und Offenbarungsglaube. Zur Erörterung einer seit Kant verschärften Problematik, hg. v. Norbert Fischer und Jakub Sirovátka, Freiburg/Br. u. a. 2015, S. 136–152.
- Abgeschiedenheit und Reduktion. Der Weg zum reinen Ich bei Meister Eckhart und Edmund Husserl, in: Meister Eckhart als Denker, hg. v. Wolfgang Erb und Norbert Fischer, Stuttgart 2018 (MEJb.B 4), S. 407–428.
Roos, Heinrich, Die Stellung der Grammatik im Lehrbetrieb des 13. Jahrhunderts, in: Artes liberales. Von der antiken Bildung zur Wissenschaft des Mittelalters, hg. v. Josef Koch, Leiden u. a. 1976, S. 94–106.
Rosenthal, Franz, Das Fortleben der Antike im Islam, Zürich u. a. 1965.
Rudolph, Ulrich, Islamische Philosophie. Von den Anfängen bis zur Gegenwart, München [2]2008.
Ruh, Kurt, Meister Eckhart: Theologe, Prediger, Mystiker, München 1985.
- Geschichte der abendländischen Mystik, 4 Bd., München 1990–1999.
Sachs-Hombach, Klaus, Psychologie im 19. Jahrhundert: Entstehung und Problemgeschichte, Freiburg/Br. u. a. 1993.
Schark, Marianne, Lebewesen versus Dinge. Eine metaphysische Studie, Berlin u. a. 2005.
- Der aristotelische Begriff des Lebewesens, in: Die menschliche Seele: Brauchen wir den Dualismus?, hg. v. Bruno Niederbacher und Edmund Runggaldier, Frankfurt/M. u. a. 2006, S. 175–196.
Scheeben, Matthias J., Die Mysterien des Christentums, Freiburg/Br. 1941.
Schlier, Heinrich, Der Brief an die Galater, übers. u. erkl., Göttingen [14]1971.
Schmaus, Michael, Die psychologische Trinitätslehre des hl. Augustinus, Münster/W. 1927.
Schmitt, Arbogast, Leben ist Denken (Metaphysik XII 7, 1072b27). Versuch der Erklärung einer Aristotelischen Lehrmeinung, in: Föllinger, 2010, S. 189–224.
Schmoldt, Benno, Die deutsche Begriffssprache Meister Eckharts. Studien zur Philosophischen Terminologie des Mittelhochdeutschen, Heidelberg 1954.

Schneider, Theodor, Die Einheit des Menschen. Die anthropologische Formel ‚anima forma corporis' im sogenannten Korrektorienstreit und bei Petrus Johannis Olivi. Ein Beitrag zur Vorgeschichte des Konzils von Vienne, Münster/W. 1973.

Schockenhoff, Eberhard, In Leib und Seele Einer. Zum Verständnis der leib-seelischen Einheit des Menschen, in: Leib und Leben. Perspektiven für eine neue Kultur der Körperlichkeit, hg. v. Martin Hähnel und Marcus Knaup, Darmstadt 2013, S. 211–226.

Schönberger, Rolf, Die Transformation des klassischen Seinsverständnisses. Studien zur Vorgeschichte des neuzeitlichen Seinsbegriffs im Mittelalter, Berlin u. a. 1986.

Scholz, Heinrich, Die Axiomatik der Alten, in: BDPh 4 (1930/31), S. 259–278.

Schramm, Michael, Göttliches und menschliches Denken bei Themistios, in: RMPh 151 (2008), S. 181–221.

Schrimpf, Gangolf, Der Beitrag des Johannes Scottus Eriugena zum Prädestinationsstreit, in: Die Iren und Europa im früheren Mittelalter, hg. v. Heinz Löwe, Stuttgart 1982, Bd. 2, S. 819–865.

– Art. Johannes Scottus Eriugena, in: TRE 17, S. 156–172.

Schröder, Winfried, Athen und Jerusalem. Die philosophische Kritik am Christentum in Antike und Neuzeit, Stuttgart-Bad Cannstatt 2011.

Schupp, Franz, Einleitung, kommentierende Anmerkungen zu seiner Übersetzung, in: Averroes, Die entscheidende Abhandlung und die Urteilsfällung über das Verhältnis von Gesetz und Philosophie, arab.-dt., Hamburg 2009.

Seidl, Horst, Der Begriff des Intellekts (νοῦς) bei Aristoteles im philosophischen Zusammenhang seiner Hauptschriften, Meisenheim am Glan 1971.

– Einführung in die antike Philosophie. Hauptprobleme und Lösungen, dargelegt anhand der Quellentexte Freiburg/Br. u. a. ²2013.

Shields, Christopher, Soul and Body in Aristotle, in: Oxford Studies in Ancient Philosophy 6 (1988), S. 103–137.

Simonis, Walter, Trinität und Vernunft. Untersuchungen zur Möglichkeit einer rationalen Trinitätslehre bei Anselm, Abaelard, den Viktorinern, A. Günter und J. Frohschammer, Frankfurt/M. 1972.

Siwek, Paul, Psychologia metaphysica, Rom ⁵1956.

Söder, Joachim R., Νοῦς θύραθεν. Über Natur und Vernunft im Ausgang von Aristoteles, in: Honnefelder (Hg.), 2005, S. 375–398.

Sonderegger, Erwin, „... Denn das Sein oder Nichtsein ist kein Merkmal der Sache ...". Bemerkungen zu Aristoteles, De interpretatione 3, 16b22f., in: ZphF 43 (1989), S. 489–508.

Spaemann, Robert, Reflexion und Spontaneität. Studien über Fénelon, Stuttgart ²1990.

Speer, Andreas, Die entdeckte Natur. Untersuchungen zu Begründungsversuchen einer ‚scientia naturalis' im 12. Jahrhundert, Leiden 1995.

Stachowiak, Herbert, Rationalismus im Ursprung. Die Genesis des axiomatischen Denkens, Wien u. a. 1971.

Stallmach, Josef, Dynamis und Energeia. Untersuchungen am Werk des Aristoteles zur Problemgeschichte von Möglichkeit und Wirklichkeit, Meisenheim am Glan 1959.

Steenberghen, Fernand van u. a., Le mouvement doctrinal du XIe au XIVe siècle, Paris 1956.

– Die Philosophie im 13. Jahrhundert, München u. a. 1977.

Steer, Georg, Scholastische Gnadenlehre in mittelhochdeutscher Sprache, München 1966.

– würken vernünfticlîchen. Das ‚christliche' Leben nach den ‚Reden der Unterweisung' Meister Eckharts, in: Heinrich Seuses Philosophia spiritualis. Quellen, Konzept, Formen und Rezeption, hg. v. Rüdiger Blumrich und Philipp Kaiser, Wiesbaden 1994, S. 94–108.

- Predigt 101 ‚Dum medium silentium tenerent omnia', in: LE I, hg. v. Georg Steer und Loris Sturlese, Stuttgart u. a. 1998, S. 247–288.
- Meister Eckharts Predigtzyklus *von der êwigen geburt*. Mutmaßungen über die Zeit seiner Entstehung, in: Deutsche Mystik im abendländischen Zusammenhang. Neu erschlossene Texte, neue methodische Ansätze, neue theoretische Konzepte. Kolloquium Kloster Fischingen 1998, hg. v. Walter Haug und Wolfram Schneider-Lastin, Tübingen 2000, S. 253–281.
- Die Schriften Meister Eckharts in den Handschriften des Mittelalters, in: Die Präsenz des Mittelalters in seinen Handschriften, hg. v. Hans-Jochen Schiewer und Karl Stackmann, Tübingen 2002, S. 209–302.
- Über die Liebe, in: Meister Eckhart und Augustinus, hg. v. Rudolf K. Weigand und Regina D. Schiewer, Stuttgart 2011 (MEJb 3), S. 221–239.

Stock, Brian, Schriftgebrauch und Rationalität im Mittelalter, in: Max Webers Sicht des okzidentalen Christentums. Interpretation und Kritik, hg. v. Wolfgang Schluchter, Frankfurt/M. 1988, S. 165–183.

Sturlese, Loris, Die deutsche Philosophie im Mittelalter. Von Bonifatius bis zu Albert dem Großen (748–1280), München 1993.
- Meister Eckhart in der Bibliotheca Amploniana. Neues zur Datierung des ‚Opus tripartitum', in: Die Bibliotheca Amploniana, hg. v. Andreas Speer, Berlin u. a. 1995, S. 434–446.
- Vernunft und Glück. Die Lehre vom ‚intellectus adeptus' und die mentale Glückseligkeit bei Albert dem Großen, Lectio Albertina Bd. 7, Münster/W. 2005.

Taylor, Alfred E., Plato. The man and his work, London 1926.

Tellkamp, Jörg Alejandro, Sinne, Gegenstände und Sensibilia. Zur Wahrnehmungslehre des Thomas von Aquin, Leiden u. a. 1999.

Tugendhat, Ernst, TI KATA TINOΣ. Eine Untersuchung zu Struktur und Ursprung aristotelischer Grundbegriffe, Freiburg/Br. u. a. 1958.
- Vorlesungen zur Einführung in die sprachanalytische Philosophie, Frankfurt/M. 1976.
- Rezension Wolfgang Wieland, Die aristotelische Physik, in: E. T., Philosophische Aufsätze, Frankfurt/M. 1992, S. 385–401.
- Anthropologie statt Metaphysik, München 2007.

Tweedale, Martin M., Abailard on universals, Amsterdam u. a. 1976.

Vannier, Marie-Anne, Augustin et l'Évangile de Saint Jean, in: Saint Augustin et la Bible, hg. v. Gérard Nauroy und M-A. V., Bern u. a. 2008, S. 215–222.

Vinzent, Markus, Salus extra ecclesiam? Meister Eckharts Institutionenskepsis, in: Mystik, Recht und Freiheit. Religiöse Erfahrung und kirchliche Institutionen im Spätmittelalter, hg. v. Dietmar Mieth und Britta Müller-Schauenburg, Stuttgart 2012, S. 158–168.

Völker, Walther, Das Vollkommenheitsideal des Origenes. Eine Untersuchung zur Geschichte der Frömmigkeit und zu den Anfängen christlicher Mystik, Tübingen 1931.

Vogt, Hermann J., Das Kirchenverständnis des Origenes, Köln u. a. 1974.

Voigt, Uwe, Wozu braucht Aristoteles den ‚Geist von draußen' in seinen biologischen Schriften?, in: ANR 17 (2007), S. 29–38.
- Aristoteles und die Informationsbegriffe. Eine antike Lösung für ein aktuelles Problem? Würzburg 2008.
- Von Seelen, Figuren und Seeleuten. Zur Einheit und Vielfalt des Begriffs des Lebens (ζωή) bei Aristoteles, in: Was ist ‚Leben'? Aristoteles' Anschauungen zur Entstehung und Funktionsweise von Leben, hg. v. Sabine Föllinger, Stuttgart 2010, S. 17–33.

Vollmer, Matthias, Nachwort zu: Philosophie und Theologie von Averroes, übers. v. Marcus J. Müller, Weinheim 1991, S. 146–173.

Wagner, Hans, Aristoteles, De Interpretatione 3. 16b19–25, in: Philomathes. Studies and Essays in the Humanities in Memory of Philip Merlan, hg. v. Robert B. Palmer und Robert Hamerton-Kelly, The Hague 1971, S. 95–115.

Watt, W. Montgomery und Marmura, Michael, Der Islam II, Politische Entwicklungen und theologische Konzepte, hg. v. Christel M. Schröder u. a., Stuttgart 1985.

Weidemann, Hermann, Aristoteles über das isolierte Aussagewort: De int. 3, 16b19–25, in: AGPh 64 (1982), S. 239–256.

Welsch, Wolfgang, Aisthesis. Grundzüge und Perspektiven der aristotelischen Sinneslehre, Stuttgart 1987.

– Der Philosoph. Die Gedankenwelt des Aristoteles, München 2012.

– Mensch und Welt. Eine evolutionäre Perspektive der Philosophie, München 2012.

Welte, Bernhard, Meister Eckhart als Aristoteliker, in: Auf der Spur des Ewigen. Philosophische Abhandlungen über verschiedene Gegenstände der Religion und Theologie, Freiburg/Br. 1965, S. 197–210.

– Meister Eckhart. Gedanken zu seinen Gedanken, Freiburg/Br. u. a. 1979.

Wieland, Georg, Ethica, Scientia practica. Die Anfänge der philosophischen Ethik im 13. Jahrhundert, Münster/W. 1981.

– Plato oder Aristoteles? Überlegungen zur Aristoteles-Rezeption des Lateinischen Mittelalters, in: TvF 47 (1985), S. 605–630.

– Rationalisierung und Verinnerlichung. Aspekte der geistigen Physiognomie des 12. Jahrhunderts, in: Philosophie im Mittelalter. Entwicklungslinien und Paradigmen, hg. v. Jan P. Beckmann u. a., Hamburg 1987, S. 61–79.

Wieland, Wolfgang, Die aristotelische Physik. Untersuchungen über die Grundlegung der Naturwissenschaft und die sprachlichen Bedingungen der Prinzipienforschung bei Aristoteles, Göttingen ^{2}1970.

– Platon und die Formen des Wissens, Göttingen 1982.

– Poiesis. Das aristotelische Konzept einer Philosophie des Herstellens, in: Kann man heute noch etwas anfangen mit Aristoteles?, hg. v. Thomas Buchheim, Hellmut Flashar und Richard A. King, Darmstadt 2003, S. 223–247.

Wikenhauser, Alfred, Die Christusmystik des Apostels Paulus, Freiburg/Br. ^{2}1956.

Wilamowitz-Moellendorff, Ulrich von, Der Glaube der Hellenen I, Darmstadt ^{2}1955.

Wilde, Mauritius, Das neue Bild vom Gottesbild. Bild und Theologie bei Meister Eckhart, Freiburg/Schweiz 2000.

Wilkes, Kathleen V., Psyche versus the Mind, in: Essays on Aristotle's De anima, hg. v. Martha C. Nussbaum und Amélie Oksenberg Rorty, Oxford 1992, S. 109–127.

Wilpert, Paul, Die Ausgestaltung der aristotelischen Lehre vom Intellectus agens bei den griechischen Kommentatoren und in der Scholastik des 13. Jahrhunderts, in: Aus der Geisteswelt des Mittelalters, hg. v. Albert Lang u. a., Münster/W. 1935, S. 447–462.

– Boethius von Dacien. Die Autonomie des Philosophen, in: Beiträge zum Berufsbewusstsein des mittelalterlichen Menschen, hg. v. Paul Wilpert, Berlin 1964, S. 135–152.

Winkler, Norbert, Von der wirkenden und möglichen Vernunft. Philosophie in der volkssprachigen Predigt nach Meister Eckhart, Berlin 2013.

Wirmer, David, Der Begriff der Intention und seine erkenntnistheoretische Funktion in den De-anima-Kommentaren des Averroes, in: Erkenntnis und Wissenschaft. Probleme der Epistemologie in der Philosophie des Mittelalters, hg. v. Matthias Lutz-Bachmann u. a., Berlin 2004, S. 35–67.

– Einleitung und Anmerkungen zu seiner Übersetzung, in: Averroes, Über den Intellekt. Auszüge aus seinen drei Kommentaren zu Aristoteles' ‚De anima', arab., lat., dt., Freiburg/Br. u. a. 2008.

Witte, Karl-Heinz, Von der Psychologie des Lassens und Empfangens zu einer Ontologie der absoluten Präsenz. Entwicklungslinien von den frühen Traktaten zu den späten Predigten Meister Eckharts, in: Meister Eckhart und Augustinus, hg. v. Rudolf K. Weigand und Regina D. Schiewer, Stuttgart 2011 (MEJb 3), S. 137–194.

Wolf, Ursula, Aristoteles' ‚Nikomachische Ethik', Darmstadt [3]2013.

Zeller, Eduard, Die Philosophie der Griechen in ihrer geschichtlichen Entwicklung, Teil III,1, Leipzig [4]1923.

Sachregister

Personenregister